LA LÉGISTIQUE
Comment penser, rédiger et évaluer la loi ?

Papa Assane TOURÉ

LA LÉGISTIQUE
Comment penser, rédiger et évaluer la loi ?

Préface du Professeur Isaac Yankhoba NDIAYE

L'Harmattan Sénégal

Du même auteur

Le droit à l'assistance d'un avocat durant l'enquête dans l'espace UEMOA. L'exemple du Sénégal. 2e édition, 2025

Droit pénal général sénégalais, tome 1 et tome 2, 2024

Les grandes décisions de la jurisprudence de droit pénal général sénégalais Commentées et annotées, 2024

La juridiction compétente, statuant à bref délai dans l'espace OHADA, Un objet judiciaire non identifié ?, 2021

Recueil de textes relatifs au travail législatif et réglementaire du gouvernement Commentés et annotés, 2020

La légistique. Technique de conception et de rédaction des lois et des actes administratifs, une tradition de gouvernance normative., 2018.

La réforme de l'organisation judiciaire du Sénégal commentée et annotée, 2016.

Le traitement de la cybercriminalité devant le juge. L'exemple du Sénégal, 2014.

10 VDN, Sicap Amitié 3, Lotissement Cité Police, DAKAR

senharmattan@gmail.com
senlibrairie@gmail.com

ISBN : 978-2-336-56809-6
EAN : 9782336568096

SOMMAIRE

SIGLES ET ABREVIATIONS

Act. jur. pén.	Actualité juridique pénal
AJDA	Actualité juridique de droit administratif
Al.	Alinéa
Art.	Article
ASERJ	Association sénégalaise d'études et de recherches juridiques
Bull. civ.	Bulletin des arrêts de la chambre civile de la Cour de cassation
Bull. crim.	Bulletin des arrêts de la chambre criminelle de la Cour de cassation
CA	Cour d'appel
CAFORD	Centre africain de formation de recherche et de documentation
CE	Conseil d'État
CEDH	Cour européenne des Droits de l'Homme
CREDILA	Centre de recherches sur le développement des institutions et législations africaines
CS	Cour suprême
Cah. dr. entr.	Cahier de droit de l'entreprise
Cass. Ass. plén.	Assemblée plénière de la Cour de cassation
Cass. Req.	Chambre des Requêtes de la Cour de cassation
Cass.crim.	Chambre criminelle de la Cour de cassation
Ch.	Chambre
Ch. réun.	Chambres réunies
Chr.	Chronique
Coll.	Collection
Concl.	Conclusions
Cons. const.	Conseil constitutionnel

R.D.	Recueil Dalloz
D. Aff.	Recueil Dalloz affaires
Délib.	Délibération
Dir.	Sous la direction de
Doc. fr.	La documentation française
Doct. :	Doctrine
Dr. et patr.	Droit et patrimoine
EDJA	Éditions juridiques africaines
Fasc.	Fascicule
GDJAS	Les grandes décisions de la jurisprudence administrative sénégalaise
Gaz. pal.	Gazette du Palais
Ibid	Ibidem
IR	Informations rapides (Dalloz)
Jurisc-class. pén.	Juris-classeur pénal
JCP, éd. E.	Semaine juridique édition entreprise
JCP, éd. G.	Semaine juridique édition générale
JOAN	Journal officiel de l'Assemblée nationale
JOCE	Journal officiel des communautés européennes
JORS	Journal officiel de la République du Sénégal
JT	Journal des tribunaux
Juris-data	Bases de données juridiques
LGDJ	Librairie générale de droit et de jurisprudence
Litec	Librairie technique
NEA	Nouvelles éditions Africaines
Obs.	Observations
Ord.	Ordonnance
Op. cit.	Opere citato
p. pp.	Page, pages
PA	Les petites affiches

Penant	Recueil Penant
PUAM	Presses universitaires d'Aix-Marseille
PUF	Presses universitaires de France
Pouvoirs	La revue Pouvoirs
RDP	Revue du droit public et de la Science politique en France et à l'Étranger
RIPAS	Revue des institutions politiques et administratives du Sénégal
RSC	Revue de sciences criminelles et de droit pénal comparé
RTD civ.	Revue trimestrielle de droit civil
RTD com.	Revue trimestrielle de droit commercial
RTDH	Revue trimestrielle de droits de l'homme
Rec. lég. et de jurisp.	Recueil de législation et de jurisprudence
RJS	Répertoire de jurisprudence sénégalaise
Rép. pén. et proc. pén.	Répertoire pénal et procédure pénale
Rev. adm.	Revue administrative
Rev. ass. sén.dr. pén.	Revue de l'association sénégalaise de droit pénal
RFDA	Revue française de droit administratif
RIDC	Revue internationale de droit comparé
Rev. jur. pol. ind. coop.	Revue juridique et politique indépendance coopération
Rev. sén. dr.	Revue sénégalaise de droit
Rev. sén.dr. aff.	Revue sénégalaise de droit des affaires
S.	Sirey (périodique)
Sem. Jur.	Semaine juridique
Somm.	Sommaires commentés (Dalloz)

PRÉFACE

Dans l'ouvrage de Monsieur Papa Assane Touré, on retrouve des constantes majeures qui incitent à vouloir retarder la fin de la lecture : la finesse de l'analyse, la clarté du propos et surtout l'utilité du discours. S'il existe un art de bien légiférer, cet ouvrage en est certainement un socle.

Il s'agit d'une étude sur la légistique, méthode pour bien penser le Droit, dans sa conception, dans son élaboration et dans sa mise à disposition.

À une époque où le légicentrisme ne s'embarrasse guère d'hésitation, quoique coïncidant avec l'ère du renouveau du droit africain, faible aperçu du souverainisme ambiant, il a fallu être suffisamment outillé pour disserter sur un sujet aussi ardu et délicat.

Monsieur Papa Assane TOURÉ a su relever le pari de faire savoir et de faire comprendre comment le Droit doit être traduit pour être intelligible et accessible sous sa forme la plus orthodoxe. Un texte mal écrit ou peu compris est fatalement source d'insécurité.

Dans cette perspective, cet ouvrage est une invite à plus de rigueur et de conscience dans la production des normes.

Tout au long du parcours, l'auteur parvient à faire suivre au lecteur les étapes successives qui permettent de contourner et de minorer les défaillances dans la rédaction des prescriptions légales et réglementaires.

Les différents chapitres du livre constituent un condensé d'illustrations toutes orientées vers la fabrique de textes de qualité meilleure qui participent d'une bonne gouvernance normative et institutionnelle.

Tous les contours de la matière sont ainsi mis à découvert dans leur physionomie la plus aboutie, non seulement pour ceux (privilégiés ?) que la République honore d'être au cœur de la création du Droit, mais aussi pour ceux qui sont tenus d'observer ou de faire observer la Règle.

Sous ce regard, l'analyse a suffisamment mis en relief la légistique dans son double aspect formel et substantiel : la présentation et la rédaction, le contenu et l'efficacité des textes.

L'épaisseur du livre aurait pu faire penser à un catalogue, ou à tout le moins, produire un effet –repoussoir pour la lecture ; mais elle a surtout et encore révélé la consistance réflexive d'un auteur qui n'est plus en quête de reconnaissance depuis longtemps établie. C'est aussi certainement parce que Monsieur Touré a l'avantage de pouvoir s'adosser sur une expérience pratique que chacun aurait voulu vivre dans son domaine professionnel.

Finalement, il peut être convenu que l'ouvrage constitue un amas d'enseignements cohérents et de renseignements utiles, pour une légistique de meilleur augure. ; à cet égard, il devrait, sans réserve, pouvoir servir de bréviaire.

Professeur Isaac Yankhoba NDIAYE

INTRODUCTION

1. Enjeux de la gouvernance normative. Les textes législatifs et réglementaires sont la plus haute expression de la volonté générale et l'épine dorsale de l'action de l'État. L'activité normative constitue un des piliers de l'action gouvernementale. En effet, dans la mise en œuvre des politiques publiques, les départements ministériels s'adossent sur des projets de loi ou de décret pour traduire juridiquement les options politiques majeures du Gouvernement. Aussi, importe-t-il d'apporter le plus grand soin à leur élaboration.

2. Notion de légistique. La qualité rédactionnelle et l'efficacité substantielle des textes normatifs constituent un enjeu majeur de gouvernance normative et de sécurité juridique qui sont au cœur d'une discipline appelée « *la légistique* ».

Si le terme « *légistique* » est récent, l'idée d'une science de la législation ou d'une méthode législative est très ancienne[1].

Selon CHEVALLIER, elle constitue une science appliquée de la législation qui cherche à déterminer les meilleures modalités d'élaboration de rédaction et d'application des normes[2].

La légistique désigne l'ensemble des techniques, des normes et principes relatifs à la préparation, à la rédaction, à l'adoption et à l'évaluation des

---

[1] La question de la qualité des textes normatifs, appréciée indépendamment de leur contenu, était déjà présente dès l'Antiquité dans la pensée de CICERON dans son *Traité des lois*. En outre, on parlait à l'époque du roi Louis XI (1423-1483) des légistes du roi qui l'ont puissamment aidé de leurs arguments dans sa lutte contre les grands féodaux. En France, il a fallu attendre la publication de l'ouvrage de Luzius MADER sur l'évaluation législative pour que le concept de légistique fasse un retour en grâce (L. MADER, *L'évaluation législative. Pour une analyse empirique des effets de la législation*, Lausanne, Payot, 1985).

[2] J. CHEVALLIER, « L'évaluation législative : un enjeu politique », in A. DELCAMP ET AL., *Contrôle parlementaire et évaluation*, Paris, 1995, p. 15 ; également, A-M. LEROYER, « Légistique », in D. ALLAND et S. RIALS (dir) , *Dictionnaire de la culture juridique*, Paris, Lamy PUF, 2003, p. 922 et s.

textes législatifs et réglementaires[3]. Il s'agit d'une technique de « *fabrication* » des textes législatifs et réglementaires en tant que sources du Droit. La légistique couvre un champ très large qui concerne en réalité toutes les règles de droit ; c'est-à-dire tous les textes normatifs (Constitution, lois, décrets, arrêtés)[4]. Elle s'intéresse également aux techniques de rédaction des normes communautaires (règlements, actes additionnels, actes uniformes, etc.) ainsi qu'à la transposition des traités internationaux et des directives communautaires. Elle traite également des méthodes de rédaction des amendements aux projets et propositions de loi en discussion, puisqu'une fois adopté l'amendement est intégré au texte définitif. La légistique s'intéresse ainsi au phénomène normatif en général[5].

La légistique doit être soigneusement distinguée des techniques contractuelles. Cette dernière discipline a pour objet les méthodes et les techniques de conception et de rédaction des conventions et des contrats.

Il en est de même des règles de rédaction des mesures d'ordre intérieur (instructions, directives et circulaires) et des courriers et autres documents administratifs (notes, rapport, procès-verbal, note de service, etc.) qui relèvent de la rédaction administrative[6].

---

[3] V. P. A. TOURE, *Légistique. Techniques de conception et de rédaction des lois et des actes administratifs : une tradition de gouvernance normative*, Dakar, l'Harmattan, 2018, n° 6.

[4] Sur la notion de norme, V. E. MAILLARD, « Qu'est qu'une norme juridique ? », *Les cahiers du Conseil constitutionnel* n°21, 2006, pp. 87-92 ; D. SY, « Normativité et juridicité (Brèves réflexions sur la normativité juridique) », *Nouvelles annales africaines,* n°1 2009, p.11-47.

[5] En ce sens, J. GANDOUIN et J.-M. ROUSSIGNOL, *Rédaction administrative Afrique. Maghreb-Afrique subsaharienne,* Armand Colin, 4e édition mise à jour, 2013, p. 183.

[6] M. DIAKHATE, *Rédaction administrative*, Dakar, CREDILA, 2016 ; plus récemment, M. NIASSE, *Traité de rédaction administrative. Devoir de restitution et de partage*, Dakar, l'Harmattan 2025.

La légistique (rédaction normative) se distingue également des méthodes de recherche et de rédaction des travaux académiques ou universitaires (ouvrages, thèses, mémoires, etc.)[7].

3. Légistique et droit. La légistique n'est ni un art, ni une science[8].

Elle n'est pas un art, puisqu'elle n'est pas une activité créatrice ; elle n'exprime pas un idéal.

La légistique n'est pas aussi une science, pour n'être pas fondée sur un ensemble de « *lois* » et de connaissances de valeur universelle. Les règles légistiques peuvent varier d'un État à un autre.

Elle ne constitue pas ainsi une discipline juridique (science juridique) ; la légistique est plutôt une technique et une méthode (technique légistique) qui a pour objet de fixer les principes de rédaction, d'adoption et d'évaluation des actes législatifs et réglementaires[9]. La légistique renvoie à un ensemble de méthodes et de techniques à respecter lors de l'élaboration des textes législatifs et réglementaires en vue d'assurer leur intelligibilité et la sécurité juridique. Elle est au droit ce que la grammaire est au français[10]. Les règles de droit et les règles de légistique procèdent de rationalités différentes.

Le droit dans son aspect objectif vise l'ensemble des règles juridiques applicables aux individus vivant en société et aux rapports entre ces

[7] Sur cette question, D. SAMB, *Manuel et méthodologie et de normalisation à l'usage des étudiants des auteurs, des rédacteurs, des éditeurs et des secrétaires*, Dakar, IFAN, CH. A. DIOP, 1999.
[8] V. D. BATSELE, *Initiation à la rédaction des textes législatifs, réglementaires et administratifs*, Bruxelles, Bruyant, 3eme édition, 2013, n° 08 ; *contra*, Ch. A. MORAND, «Éléments de légistique formelle et matérielle », in Ch. A. MORAND, dir., *Légistique formelle et matérielle*, Aix-en-Provence, PUAM 1999, p. 31 et s. ; C. KLEITZ, « L'art de la légistique », *Gaz. pal.* 07 janvier 2010, n° 07, p. 08.
[9] C. KLEITZ, « L'art de la légistique, », *Gaz. pal.*, 07/01/2010, n° 07, p. 08. Selon cet auteur, la légistique est une « *discipline mystérieuse pour la communauté des juristes* ».
[10] En ce sens, D. BATSELE, *Initiation à la rédaction des textes législatifs, réglementaires et administratifs*, *op. cit.*, n° 08.

individus et la puissance publique. Il est un mode de régulation des rapports sociaux[11].

La légistique, a pour objet de régir les principes et techniques de rédaction et d'adoption des textes normatifs en tant que sources du droit. Elle constitue une technique pour penser et construire le droit.

La situation se complique cependant dans la mesure où le droit lui-même peut prescrire le respect de règles de légistique. On assiste alors à une « *juridicisation* » des règles légistiques[12]. A titre d'exemple, au Sénégal, certaines règles de légistique formelle relatives à l'emploi des majuscules, celles liées à la présentation formelle des subdivisions des textes et celles concernant les textes modificatifs ont été codifiées par le décret n°75-1027 du 10 octobre 1975 relatif à l'emploi des majuscules dans les textes administratifs modifié par le décret n° 80-770 du 24 juillet 1980 ainsi que par la circulaire présidentielle n° 1596 PR/SG/JUR du 17 juillet 1980 relative l'emploi des majuscules et des virgules.

4. Légistique matérielle et légistique formelle. La légistique comporte deux disciplines distinctes. Il s'agit de la légistique matérielle ou substantielle et de la légistique formelle ou communicationnelle[13]. Cette distinction a été proposée par MORAND[14].

La légistique matérielle (ou «*nomologie* ») [15] étudie les règles relatives au contenu de la matière à réglementer, en vue d'assurer la cohérence et la bonne articulation de l'ensemble normatif. Elle détermine la manière avec laquelle un problème est ou doit être réglementé.

---

[11] En ce sens, A. S. SIDIBE, *Droit civil. Droit sénégalais. Introduction à l'étude du droit. Etat des personnes. Famille,* Dakar, CREDILA, 2014, p. 11.

[12] P. DE MONTALIVET, « La juridicisation de la légistique. À propos de l'objectif de valeur constitutionnelle d'accessibilité et d'intelligibilité de la loi », *Cahiers des sciences morales et politiques* 2005, n° 23, p. 99 s. ; P. MALAURIE, « L'intelligibilité des lois », *Pouvoirs* n°114, *La loi*, 2005, pp.131- 137.

[13] M. CHARLES-ALBERT (dir.), « Légistique formelle et matérielle », in *Droit et société,* 1999, n° 46, 2000, p. 731-733.

[14] Ch. A. MORAND, « Éléments de légistique formelle et matérielle », in Ch. A. MORAND, dir., *Légistique formelle et matérielle,* Aix-en-Provence, PUAM 1999, p. 37.

[15] G. CORNU, *Linguistique juridique*, 3e éd., Paris, Montchrestien, coll. Domat droit privé, 2005.

Il s'agit de l'étude de l'ensemble des procédés permettant de renforcer l'efficacité des textes[16] (réalisation d'une étude d'impact, bonne articulation normative, évaluation rétrospective de la loi, etc.). Cette branche de la légistique permet de répondre à la question de savoir comment penser l'acte normatif.

Quant à la légistique formelle (ou « *nomographie* »), elle vise l'ensemble des techniques et bonnes pratiques de rédaction et de présentation formelle des textes, c'est-à-dire les règles de mise en forme destinées à assurer leur qualité rédactionnelle[17]. Elle tend à améliorer la communication législative (présentation formelle des textes, vocabulaire, style, grammaire, ponctuation, etc.). La légistique formelle s'intéresse à la question de savoir comment rédiger le texte normatif.

Autrement dit, la légistique matérielle concerne la manière de rechercher la matière de la norme, alors que la légistique formelle se rapporte à la manière d'exprimer la matière[18].

Ces deux branches de la légistique ont des objets différents mais elles sont en relation étroite. En effet, l'efficacité substantielle du texte normatif (légistique matérielle) dépend de sa qualité rédactionnelle (légistique formelle). Le texte normatif véhicule une pensée que scrutent le juge et l'interprète ; il est porteur d'une « *intention* ». La phase de conception de la législation ou de la réglementation consiste à traduire des solutions qui ont été conceptualisées en un message normatif susceptible d'être communiqué. Or, une mauvaise conception des solutions envisagées peut engendrer un message de mauvaise qualité et des difficultés d'application. Une formulation juridique de piètre qualité envoie aux citoyens un message de mauvaise qualité voire une absence de message.

5. Tradition de gouvernance normative. Le Sénégal a hérité d'une très vieille tradition normative et légistique.

---

[16] A-M. LEROYER, « Légistique », in D. ALLAND et S. RIALS (dir), *Dictionnaire de la culture juridique*, Paris, Lamy PUF, 2003, p. 924.
[17] A-M. LEROYER, *Ibid.*
[18] B. BARRAUD, « La légistique », in *La recherche juridique (les branches de la recherche juridique),* Paris, L'Harmattan, coll. Logiques juridiques, 2016, p. 213 et s.

Il faudra remonter à une période bien antérieure à l'indépendance pour assister à l'élaboration des premiers textes juridiques. Déjà, 1776, après avoir chassé les maures du territoire du Fouta et renversé la dynastie *Deeniyanke*, Thierno Souleymane BAAL convoqua à *Cilony (Horofondé)* une assemblée générale des oulémas et notables du Fouta et formula des recommandations consignées dans un texte appelé « *Constitution de l'Almaamiyat* »[19]. Ce texte majeur, élaboré bien avant la révolution française, fixait les principes constitutionnels d'organisation des affaires de la cité ainsi que les droits et garanties reconnus au peuple[20].

En outre, le mardi 1er janvier 1884, le *Moniteur du Sénégal et dépendances (Journal officiel),* qui paraissait le mardi de chaque semaine, publiait, sous le numéro 1465, un arrêté du Directeur de l'Intérieur du 31 décembre 1883 prolongeant la durée de la session du Conseil général[21].

Dès le lendemain de l'indépendance, les techniques et méthodes de rédaction des textes législatifs et réglementaires ont été fixées par des lois, des décrets, des instructions, des circulaires, notes de service et note de

---

[19] La Constitution de l'*Almaamiyat* comporte les prescriptions suivantes : 1- le Fouta est un et indivisible, le fleuve n'est pas une frontière, car c'est la même population peule qui habite sur les deux rives. Il va de *Dagana* à *Njorol*, de *Hayré Ngal* au Ferlo ; 2- l'égalité de tous devant la justice ; 3- les chefs de village et de province, assisté des *qaadis*, connaîtront les affaires locales, conformément aux prescriptions islamiques, 4- les conflits entre les collectivités voisines sont soumis à l'arbitrage de l'Almamy qui prononce le jugement ou indique la marche à suivre pour régler le différend ; 5- tout individu a droit d'appel auprès de l'*Almamy* s'il se sent lésé par un chef ou par un jugement ; 6- l'impôt, le produit des amendes et tous les revenus doivent être utilisés à des actions d'intérêt général ; 7- l'Almamy responsable de la défense peut requérir les services de tous les hommes valides à cette fin ; 8- orphelins, enfants et vieillards doivent être protégés ; 9- le titre royal de Satigi est banni, le nouveau chef portera désormais le titre d'Almamy ; 10- l'Almamy doit être désigné par le collège des grands électeurs venant des six provinces du Fouta. Cette décision doit être entérinée par le congrès des *Foutankobés*.

[20] B. WANE, « Le Fuuta Tooro de ceerno Suleymaan Baal à la fin de l'Almamiyat (1770-1880», *Revue sénégalaise d'histoire*, 1981, v.2, n° 01, janvier-juin, Dakar, p. 38-50 ; O. KANE, *La première hégémonie peule. Le Fuuta Tooro de Koli Tengella à Almaami Abdul*, Dakar, Karthala, PUF de Dakar, 2004 ; M. Y. SALL, « Les recommandations de Ceerno Suleymaan Baal, fondateur de l'Almaamiyat (1770-1880) », communication présentée au Colloque International des Musulmans de l'Espace Francophone (CIMEF) tenu à Dakar, Sénégal, du 23-26 août 2013 ; M. Y. SALL, *Ceerno Sileymaani Baal. Fondateur de l'Almaamiyat (1776-1890)*, Dakar, Presses universitaires de Dakar, 2014.

[21] *Moniteur du Sénégal et dépendances* (*Journal officiel*), n° 1463 du mardi 1er janvier 1884.

greffe. Mais ces textes qui, pour l'essentiel n'ont pas été publiées au *Journal officiel*, sont d'un accès très difficile[22].

6. Inflation législative. Notre pays a également une intense activité législative et réglementaire[23].

L'augmentation quantitative de la production normative, symptomatique de l'« *inflation législative* », est souvent liée à l'accélération du rythme de production des normes[24]. Le Gouvernement n'hésite pas à recourir, surtout à la suite de l'accession d'un nouveau régime au pouvoir, à des mécanismes d'accélération de la procédure d'élaboration et d'adoption des textes pour atteindre des objectifs de politique publique ; ce qui aggrave l'empilement des textes sans toujours garantir leur qualité[25].

D'ailleurs, l'acte normatif n'est pas toujours considéré comme un véritable instrument juridique au service de la mise en œuvre des politiques de développement. Il est parfois perçu comme un simple outil de communication ou de « *marketing politique* » sans aucun impact sur la gouvernance publique. Sous l'effet d'une forte médiatisation des phénomènes sociaux, la loi a bien souvent plus une fonction déclarative,

---

[22] Certaines de ces instructions et circulaires ne sont disponibles qu'au niveau des Archives nationales, de la Cour suprême, à l'Assemblée nationale et de l'Inspection générale d'État (IGE).

[23] D'après le rapport sur l'activité normative du Gouvernement de l'année 2017 publié par le Secrétariat général du Gouvernement au cours de cette année trente-six (36) lois ont été votées par l'Assemblé nationale, promulguées par le Président de la République et publiées au *Journal officiel*. En outre, deux mille trois cent vingt et un (2.321) décrets ont été validés. Par ailleurs, vingt-deux mille neuf cent soixante-trois (22.963) arrêtés ont fait l'objet d'une numérotation au Secrétariat général du Gouvernement. Les arrêtés sont pour l'essentiel constitués d'actes de la fonction publique (nomination dans des corps, titularisation, avancement, retraite, etc.). En effet, ces derniers types d'arrêtés constituent environ 45% du nombre d'arrêtés numérotés, V. Secrétariat général du Gouvernement, *Rapport sur l'activité normative de l'année 2017*, p. 16.

[24] R. SAVATIER, « L'inflation législative et l'indigestion du corps social », *D.* 1977, chr., p. 43. L'auteur relève que « *la natalité des lois n'est nullement balancée par leur mortalité. Le législateur abolit beaucoup moins qu'il ne légifère* »; J-R. TANCREDE, «Boulimie normative ! », *Les Annonces de la Seine*, n° 13, 28 février 2002, p. 1 ; J. C. ZARKA, « A propos de l'inflation législative », *D.* 2005, point de vue, p. 660 s., spéc. p. 660 ; G. HISPALIS, « Pourquoi tant de loi (s) ? », *Pouvoirs* 2005, n° 114, p. 115.

[25] CH. TOUBOUL, « La légistique et le temps », in *La légistique ou l'art de rédiger le droit*, CJFI, numéro spécial, juin 2008, p. 87 et s.

voire incantatoire qu'une mission de régulation sociale et économique[26]. L'annonce de l'adoption d'un projet de la loi ou de décret en Conseil des Ministres constitue bien souvent un outil de communication gouvernementale.

7. Crise de la technique normative. L'inflation normative ainsi que l'accélération du processus de production des textes se sont accompagnées d'une dégradation de la qualité de la norme. Ainsi, la pratique a permis de constater des manquements persistants aux règles relatives à la rédaction des textes ainsi qu'une détérioration progressive de la qualité de la production normative qui sont préjudiciables à la sécurité juridique. Il n'est pas rare de relever dans les textes publiés au *Journal officiel* des malfaçons et des maladresses rédactionnelles, des renvois erronés ainsi que des problèmes d'articulation entre normes voisines.

Les rapports publics de l'Inspection générale d'État sur l'état de la gouvernance et de la reddition des comptes[27] ont beaucoup insisté sur la dégradation progressive de la qualité du travail normatif au Sénégal. Un auteur, évoquant des techniques de rédaction des textes législatifs au Sénégal, a parlé de « *l'art de mal légiférer* »[28].

Cette crise de la technique législative n'est pas sans incidence sur les interventions du Gouvernement, puisqu'elle est source de difficultés d'interprétations porteuses d'insécurité juridique. En outre, elle

---

[26] CH. LAZERGES, « De la fonction déclarative de la loi pénale », *RSC*, 2004, p. 194 et s.
[27] IGE, *Le rapport public sur l'état de la gouvernance et de la réédition des comptes*, juin 2014, p. 38 et s. : http://www.ige.sn.
[28] I. Y. NDIAYE, « L'art de mal légiférer (propos irrévérencieux sur certains textes de lois) », *Rev.Ass. sén. dr. pén.*, n° 02, juillet-décembre 1995, p. 53 ; également, P. A. TOURE, « Les manquements constatés dans la rédaction des textes législatifs et réglementaires », in *la procédure d'adoption des textes législatifs et réglementaires au Sénégal*, atelier ENA, 28 et 29 avril 2015 ; P. ALBERTINI, *La crise de la loi. Déclin ou mutation ?,* Paris, coll. Essais, Lexisnexis, 2015; A. VIANDER, « La crise de la technique législative », *Droits*, n° 04, p. 75 ; P. DE MONTALIVET « La dégradation de la qualité de la norme constitutionnelle sous la Ve République », *RDP,* 01/07/2012, n° 4, p. 925 ; P. LAVIGNE, « Comment la loi est mal écrite », *D.*1982, chr., p. 299; C. BERGEAL, *Manuel de légistique*, 8e édition, Paris, Berger-Levrault, 2018, p. 27, n° 7.

méconnait le principe d'intelligibilité de la loi[29] et entraîne une perte de légitimité de celle-ci.

8. Absence de cadre légistique de référence. Cette situation préoccupante de notre pratique normative tient en partie à l'absence d'un dispositif légistique de référence au Sénégal. En effet, seules quelques règles de rédaction des textes législatifs et réglementaires ont fait l'objet d'un encadrement juridique parcellaire.

Dès le lendemain de l'indépendance, le Président Léopold Sédar SENGHOR[30], par une véritable approche légistique, avait pensé uniformiser certaines méthodes liées à la présentation formelle des lois et règlements ainsi qu'à l'emploi des majuscules et des virgules dans les textes[31]. Les pouvoirs publics ont même adopté certains mots[32] et fixé les règles de transcription de mots sénégalais et français[33].

---

[29] M. A. FRISON-ROCHE et BARANES, « Le principe constitutionnel d'accessibilité et d'intelligibilité de la loi », *D.* 2000. chron. 361 ; H. MOYSAN, « L'accessibilité et l'intelligibilité de la loi. Des objectifs à l'épreuve de la pratique normative », *AJDA,* 2001, p. 428.

[30] Le Président Léopold Sédar SENGHOR a joué un rôle décisif dans la vérification grammaticale de la Constitution française de 1946. En ce sens, V. *La confection de la loi,* Groupe de travail présidé par Roland DRAGO, membre de l'Académie, Rapport d'étape, mars 2003, p. 132.

[31] V. le décret n°75-1027 du 10 octobre 1975 relatif l'emploi des majuscules dans les textes administratifs (JORS n° 4454 du 08 novembre 1975, p. 1524-1526), modifié par le décret n°80-770 du 24 juillet 1980 abrogeant et remplaçant les articles 3 et 17 du décret n°75-1027 du 10 octobre 1975 relatif l'emploi des majuscules dans les textes administratifs (JORS, n° 4785 du 28 août 1980, p. 1022-1023) et la circulaire présidentielle n° 1596 PR/SG/JUR du 17 juillet 1980 relative l'emploi des majuscules et des virgules (JORS, n° 4785, numéro spécial du 28 août 1980, p. 1021).

[32] V. le décret n° 73-955 du 17 octobre 1973 relatif à l'enrichissement de la langue française modifié notamment par le décret n° 74-430 du 08 mai 1974 complétant le décret n° 73-955 du 17 octobre 1973 relatif à l'enrichissement de la langue française (JORS numéro spécial du lundi 27 mai 1974, p. 811) et par le décret n° 75-311 du 18 mars 1975 (JORS du 12 avril 1975, p. 383). On peut citer également, le décret n° 71-481 du 29 avril 1971 relatif à la désignation des services du Premier Ministre et des services du gouverneur de région et le décret n° 76-154 du 06 février 1976 relatif à l'usage des mots «*gubernatoral*» et « *médiat* » (JORS du 28 février 1076, p. 305).

[33] Le décret n° 63-448 MJ du 03 juillet 1963 portant obligation de placer le prénom avant le nom sur tous actes et documents administratifs (JORS, n° 3616 du 20 juillet 1963, p. 984) ; la loi n° 74-57 du 28 novembre 1974 relative à la transcription des noms propres sénégalais en français (JORS du 09 décembre 1974, p. 1960) et le décret n° 75-262 du 10

L'attachement du Gouvernement de l'époque à la qualité rédactionnelle des textes l'avait même conduit à demander aux agents de l'État de se procurer l'ouvrage de grammaire intitulé *Le Bon usage* de Maurice GREVISSE[34].

Au Sénégal, plusieurs instructions et circulaires ont pris en compte, de façon ponctuelle, certaines méthodes de rédaction des textes normatifs.

L'inspection générale d'État (IGE) a publié un *Manuel pratique de Secrétariat* destiné aux agents de l'État qui rappelle les règles relatives aux abréviations, aux accents, aux symboles et à la ponctuation, etc.

Mais, ce document a un champ limité puisqu'il renvoie pour l'essentiel, s'agissant des méthodes de rédaction et la présentation des textes législatifs et réglementaires, à la circulaire présidentielle n° 1596 PR/SG/JUR du 17 juillet 1980 relative à l'emploi des majuscules et des virgules[35].

9. Définition d'une nouvelle gouvernance normative. À partir de l'année 2014, le Chef de l'État a défini une nouvelle politique normative appelée « *Nouvelle gouvernance normative* ». La mise en œuvre de cette nouvelle politique par la Primature s'est traduite par la signature de plusieurs circulaires en vue de mieux coordonner l'activité normative du Gouvernement. Il s'en était suivi une amélioration notable de la qualité et de l'intelligibilité des textes soumis au Conseil des Ministres, constatée par le rapport de l'Inspection générale d'État sur l'état de la gouvernance et de la réédition des comptes publié en 2015.

Dans ce cadre, la circulaire n° 00041 PM/SGG/SGA/PAT du 06 octobre 2015 sur les règles de présentation et de rédaction des textes législatifs et

---

mars 1975 relatif à la transcription des mots français en langue nationale et des mots sénégalais dans un texte en français (JORS du 05 avril 1975, p. 365) ; la circulaire présidentielle n° 76 PR/DIR/CAB du 31 juillet 1963 relative aux places respectives des prénoms et nom.

[34]V. la circulaire n° 00017 PM/SGG/SAGE du 03 février 1976 relative à l'achat d'ouvrage *Le Bon usage* de Maurice GREVISSE.

[35] V. *Manuel pratique de Secrétariat*, Dakar, Présidence de la République-Inspection générale d'État, 1980, p. 157 et 158.

réglementaires[36] a fixé des normes uniformes de présentation et a rappelé certaines normes de rédaction des textes en vue de faciliter leur intelligibilité et d'assurer la cohésion de l'action administrative[37].

Mais cette circulaire, qui constitue actuellement une référence légistique sûre pour les départements ministériels, ne prend pas en compte toutes les techniques de rédaction des actes normatifs[38].

Face à cette situation, le Secrétariat général du Gouvernement a publié un ouvrage intitulé *Recueil des principaux textes relatifs au travail législatif et réglementaire du Gouvernement commenté et annoté*[39]. Ce document a pour objet de rassembler dans un support documentaire unique près de deux cent (200) textes (lois, décrets, arrêtés, instructions, circulaires, notes) relatifs à l'activité normative du Gouvernement, en vue de faciliter leur accessibilité, leur interprétation et leur bonne application par les agents de l'Etat et les citoyens. Enrichi de commentaires et d'annotations, ce document unique dans l'Administration constitue une source inépuisable d'informations à la disposition des départements ministériels, des services de l'Etat, des étudiants et des citoyens désireux de s'initier aux techniques de conception des textes législatifs et réglementaires.

En l'absence d'un document de référence en matière de légistique, la plupart des techniques de rédaction des textes utilisées résultent seulement de la pratique normative, la technique législative s'apprenant « *sur le tas*», par l'usage et la pratique. La légistique relève plus d'une praxis et de l'expérience empirique que des études académiques.

10. Conception d'un guide de légistique. Le Gouvernement avait un besoin de guidance en matière de légistique. Dans un tel contexte, le Secrétariat général du Gouvernement, sous la supervision du Premier

---

[36] P. A. TOURE, *Recueil des principaux textes relatifs au travail législatif et réglementaire du Gouvernement,* Secrétariat général du Gouvernement, Dakar, l'Harmattan, 2018, p. 16, n° 02.

[37] Sur cette question, A. L. COULIBALY, « Gouvernance normative. Nouvelle dynamique, nouvelle approche ! », in *Le Soleil* du mercredi 21 septembre 2015, p. 12.

[38] Sur cette circulaire, P. A. TOURE, « La circulaire primatorale du 06 octobre 2015 : l'art de mieux légiférer », www.sudonline.sn

[39] P. A. TOURE, *Recueil des principaux textes relatifs au travail législatif et réglementaire du Gouvernement,* Secrétariat général du Gouvernement, Dakar, l'Harmattan, 2018, p. 63.

Ministre, et en collaboration avec plusieurs services de l'État, notamment l'Inspection générale d'État, le Bureau Organisation et Méthodes et l'Inspection générale des Finances, a engagé un vaste chantier de rédaction d'un Guide de légistique.

Ce document, élaboré à l'intention des fonctionnaires et des autres agents de l'Administration de l'État ainsi que des citoyens, a pour objet de rappeler les techniques et les méthodes de rédaction ainsi que les règles relatives à l'adoption et à l'applicabilité des textes législatifs et réglementaires. Il rassemble dans un support référentiel unique tous les préceptes de légistique fixés par les lois, décrets, instructions et circulaires adoptés par les pouvoirs publics depuis le lendemain de l'indépendance jusqu'à nos jours[40]. Le Guide de légistique est un instrument d'aide à la bonne gouvernance normative. Il entend contribuer à la promotion de la bonne qualité rédactionnelle des textes.

Il a une valeur juridique, puisqu'il a été approuvé par décret n° 2024-54 du 17 janvier 2024 portant approbation du Guide de Légistique, ce qui lui confère une valeur décrétale.

Néanmoins, par souci de souplesse, les prescriptions dudit Guide relatives aux techniques de présentation et de rédaction des textes législatifs et réglementaires pourront, au besoin, être précisées par arrêté, instruction ou circulaire du Premier Ministre ou du Secrétaire général du Gouvernement.

11. Objet de l'ouvrage. Le présent ouvrage a pour objet d'étudier les principes et méthodes relatifs à la préparation, à la confection, à l'adoption, à l'entrée en vigueur et à l'évaluation des textes législatifs et réglementaires.

Elle n'emprunte pas la distinction académique entre les règles de légistique formelle et celles relatives à la légistique matérielle.

La présente étude s'est nourrie de plusieurs années de pratiques du contrôle de l'activité normative du Gouvernement acquises au Secrétariat

[40] P. A. TOURE, « Le Guide de légistique du Sénégal : un fascinant outil de gouvernance normative », *Le soleil* n° 16086 du lundi 15 janvier 2024, p. 20.

général du Gouvernement, haut lieu de passage obligatoire de l'ensemble des textes législatifs et réglementaires. Aussi, retient-il une approche pragmatique et empirique orientée vers la pratique de la rédaction des textes normatifs, illustrée par des conseils pratiques et des exemples précis. Il suit les différentes étapes du travail normatif et tente de répondre aux questions que se pose le rédacteur avant de prendre la plume, pendant la conception de l'acte normatif et même après son entrée en vigueur.

En effet, la réalisation d'un projet normatif suppose le recours à des méthodes et techniques assez complexes de conception des textes législatifs et réglementaires. Par ailleurs, une fois le projet de texte conçu et rédigé, son auteur doit se conformer à une procédure et accomplir des formalités nécessaires à son applicabilité.

Il s'articule autour de six chapitres :

- le chapitre premier aborde des considérations générales sur les textes normatifs ;
- le chapitre II concerne les travaux de préparation des textes législatifs et réglementaires ;
- le chapitre III traite des techniques de rédaction des textes législatifs et réglementaires ;
- le chapitre IV est relatif à la procédure d'adoption des textes législatifs et réglementaires ;
- le chapitre V aborde les modalités d'applicabilité des textes législatifs et réglementaires ;
- le chapitre VI est relatif à l'évaluation *a posteriori* des textes législatifs et réglementaires.

CHAPITRE PREMIER :

CONSIDÉRATIONS GÉNÉRALES SUR LES TEXTES NORMATIFS

« *La forme d'un texte, le soin apporté à sa présentation, à la ponctuation et à la rédaction sont révélateurs, le plus souvent, de la conscience avec laquelle ce texte a été élaboré, de son degré de maturité, de la rigueur de la méthode suivie, de la cohérence et de la logique de la pensée de ses rédacteurs* »

(**Léopold Sédar SENGHOR**, in *La circulaire présidentielle n° 1596 PR/SG/JUR du 17 juillet 1980 relative à l'emploi des majuscules et des virgules*)

12. Généralités. Pour bien comprendre l'environnement normatif, il convient de revenir sur les différentes catégories de textes normatifs avant d'analyser les techniques normatives à la disposition du rédacteur.

SECTION PREMIÈRE : LES DIFFÉRENTES CATÉGORIES DE TEXTES NORMATIFS

13. Paysage normatif. Le paysage normatif a connu de profondes mutations avec l'essor croissant du droit international et du droit communautaire. Il est aujourd'hui peuplé d'« *êtres normatifs* » d'une grande diversité.

Conformément au principe de la hiérarchie des normes, la typologie des textes normatifs retenue mettra l'accent sur la Constitution, les traités internationaux, les actes communautaires, les actes législatifs, les ordonnances et les actes administratifs. Il importera également d'étudier la répartition des domaines de la loi et du règlement.

PARAGRAPHE PREMIER : LA CONSTITUTION

14. Loi fondamentale. La Constitution est la loi fondamentale de l'État. Il s'agit de l'ensemble des règles relatives à l'organisation et au fonctionnement des institutions politiques et aux rapports entre gouvernants et gouvernés. La Constitution établit les règles relatives à la dévolution et à l'exercice du pouvoir politique (« *le Code du pouvoir politique* »).

La Constitution a pour objet de poser les règles constitutionnelles initiales qui sont à la base de la fondation de l'État. C'est la manifestation du pouvoir constituant originaire ; il s'agit d'un « *acte juridique fondateur suprême* »[41].

Dans l'histoire constitutionnelle du Sénégal, le pouvoir constituant originaire s'est exprimé à quatre reprises : en 1959, 1960, 1963 et 2001.

À la faveur de l'alternance politique survenue le 19 mars 2000 une nouvelle constitution a été élaborée. Cette Constitution a été adoptée, par référendum, le 07 janvier 2001 et promulguée le 22 janvier 2001[42] ; elle a été plusieurs fois modifiée[43].

---

[41] I. M. FALL, *Évolution constitutionnelle du Sénégal de la veille de l'indépendance aux élections de 2007*, Dakar, CREDILA-CREPOS, 2007, p. 10.

[42] P. D. SY, « Présentation de la nouvelle Constitution », *Nouvelles Annales africaines*, n° 01, 2007, p. 279 et s. ; I. M. FALL, « Constitution de 1963 et Constitution de 2001 : continuité ou rupture ? », *Nouvelles Annales africaines*, n° 01, 2007, p. 311 et s. ; J-M. NZOUANKEU, *Constitution de la République du Sénégal. Texte consolidé, Nzouankeu Alternatives. L'encrier et le porte-plume,* Dakar, édition mai 2017.

[43] La Constitution n° 2001-03 du 22 janvier 2001 portant Constitution (JORS, numéro spécial n° 5963 du 22 janvier 2001, p. 27) a été modifiée par plusieurs lois constitutionnelles. Il s'agit notamment de la loi n° 2006-37 du 15 novembre 2006, modifiant l'article 33 de la Constitution (JORS n° spécial du 11 décembre 2006, p. 2003 ; de la loi n° 2003-15 du 19 juin 2003 portant révision et instituant le Conseil de la République et des Affaires économiques et sociales, la loi constitutionnelle n° 2006-37 du 15 novembre 2006 (JORS numéro spécial du 11 décembre 2006, p. 2003), la loi constitutionnelle n° 2007-06 du 12 février 2007 créant le Sénat (JORS du 10 mars 2007, p. 2387), la loi n° 2007-19 du 19 février 2007, modifiant l'article 34 de la Constitution (JORS du 19 février 2007, p. 2210), la loi constitutionnelle n° 2008-33 du 07 août 2008 (JORS du 08 août 2008, p. 754), la loi constitutionnelle n° 2008-34 du 07 août 2008 (JORS du 08 août 2008, p. 755), de la loi n° 2009-22 du 19 juin 2009 instituant un poste de Vice-Président de la République (JORS numéro spécial du 19 juin 2009, p. 651), de la loi n° 2012-16 du 28 septembre 2012 portant révision de la Constitution (JORS n° 6688 du 28

PARAGRAPHE II : LES TRAITÉS INTERNATIONAUX

15. Notion de traité. Il résulte de l'article 2 de la Convention de Vienne sur le droit des traités du 23 mai 1969 que le traité s'entend d'un « *accord international conclu par écrit entre États et régi par le droit international, qu'il soit consigné dans un instrument unique ou dans deux ou plusieurs instruments connexes, et quelle que soit sa dénomination particulière* ». Il y a, en effet, une pluralité de dénominations des traités. Ils peuvent être appelés « *conventions* », « *protocoles* », « *accords* » ou « *pactes* », etc.

Un traité suppose un concours de volontés entre des sujets du droit international (États ou organisations internationales) ayant pour objet de créer entre les parties des engagements juridiques ayant une force obligatoire ; le traité est soumis au droit international[44].

Il y a plusieurs classifications des traités internationaux[45].

Du point de vue formel, et plus précisément d'après la procédure de conclusion des accords, on distingue les accords en forme solennelle et les accords en forme simplifiée[46].

Le traité en forme solennelle obéit à un formalisme impliquant la négociation, la signature et la ratification ; il est conclu selon la procédure dite longue.

---

septembre 2012, p. 1187), de la loi n° 2016-10 du 05 avril 2016, modifiant la Constitution (JORS n° 6926 du jeudi 07 avril 2016, p. 505), de la loi constitutionnelle n° 2018-14 du 11 mai 2018 portant révision de la Constitution (JORS n ° 7094 du 12 mai 2018, p. 551), de la loi constitutionnelle n° 2019-10 du 14 mai 2019 portant révision de la Constitution (JORS n° 7181 du lundi 20 mai 2019, p. 917) et de la loi n° 2021-41 du 20 décembre 2021 portant modification de la Constitution (JORS n° 7483 du 22 décembre 2021, p. 2017) et loi constitutionnelle n° 2024-15 du 19 décembre 2024 portant révision de la Constitution (JORS n° 7791 du 20 décembre 2024, p. 3750).

[44] M. VIRALLY, « La notion d'accord », *Mélanges R. BINDSCHEDLER*, 1980, p. 159 et s. ; J. A. BARBERIS, « Le concept de traité international et ses limites », *AFDI*, 1984, p. 239-270 ; PH. GAUTHIER, *Essai sur la définition des traités entre Etats*, Bruxelles, Bruyant ; P. DAILLIER et A. PELLET, *Droit international public*, Paris, LGDJ, 7e édition 2002, p. 117 et s.

[45] K. BARUNATILLEKE, « Essai d'une classification des accords conclus par les organisations internationales entre elles ou avec les États », *RGDIP*, 1971, p. 12-91.

[46] Sur cette distinction, V. la circulaire n° 057/PR/SGG du 12 août 1961 relative à la conclusion des traités et accords internationaux.

Quant aux traités en forme simplifiée, ils ne sont pas soumis à la ratification ; ils entrent en vigueur dès leur signature[47]. La signature remplit ici une double fonction ; elle est à la fois un procédé d'authentification du texte et un mode par lequel l'État exprime son consentement ; on dit que le traité est conclu selon une procédure courte.

Toutefois, en dehors de la procédure de conclusion, il n'existe aucune différence de nature entre l'accord en forme simplifiée et l'accord en forme solennelle ; ils ont la même valeur obligatoire à l'égard des États parties[48].

À ses débuts, l'accord en forme simplifiée était limité à certaines questions militaires ou contenait des dispositions destinées à préciser les conditions d'application d'un traité antérieur. Mais son objet s'est progressivement étendu à des problèmes techniques et administratifs voire politiques.

L'élaboration des traités passe par plusieurs étapes. La négociation est réalisée par les plénipotentiaires ou les personnes détentrices des pleins pouvoirs[49].

La circulaire n° 97 PR/SG/JUR 29 décembre 1969 relative à la procédure de préparation des négociations internationales a mis l'accent sur les différentes étapes de la procédure de négociation des traités internationaux en vue de garantir une meilleure coordination entre les ministères[50].

Le cadre de la négociation des accords internationaux est fixé notamment par la circulaire n°122 PR/SG/JUR du 11 novembre 1964 sur les rôles

---

[47] C. CHAYET, « Les accords en forme simplifiée », *AFDI*, 1957, p. 1-13. ; P.F. SMETS, *La conclusion des accords en forme simplifiée : étude de droit international et de droit constitutionnel belge et comparé*, Bruxelles, Bruyant, 1969, p. 105-131.

[48] P. DAILLIER et A. PELLET, *op. cit.*, p. 145.

[49] G. GEAMANU, « Théorie et pratique des négociations en droit international », *RCADI*, 1980, I. v°, 166, p. 369 et s.

[50] Selon la circulaire n° 97 PR/SG/JUR 29 décembre 1969 précitée, la préparation des négociations internationales, de quelque nature qu'elles soient, qu'il s'agisse de négociations de nature commerciale, culturelle, technique ou autres, devra comporter obligatoirement les trois phases. D'abord, le ministère chef de file procède à une étude définissant l'objet de la future négociation, rappelant l'historique des problèmes posés et exposant les options. Ensuite, le ministre chef de file crée un groupe de travail qui impliquera les divers ministères intéressés par la négociation envisagée. Enfin, à partir du rapport final du groupe de travail, le ministre chef de file rédige une communication qu'il expose en Conseil de Cabinet (Conseil des Ministres).

respectifs du Ministère des Affaires étrangères et des ministères techniques dans les négociations internationales, la circulaire n° 2200 du 16 mai 2003 relative à la négociation et à la signature des accords et conventions de toutes natures auxquels notre pays est partie et la circulaire n° 0001 PM/CAB/DIPL du 08 janvier 2004 relative à la négociation et à la conclusion d'accords internationaux engageant le Sénégal et aux relations avec les missions diplomatiques.

La circulaire n°122 PR/SG/JUR du 11 novembre 1964 précitée a posé le principe selon lequel « *le Ministère des Affaires étrangères est exclusivement compétent pour traiter de l'aspect politique des problèmes* ». Cette règle signifie qu'il a la direction exclusive des négociations purement politiques et qu'il doit être associé aux négociations susceptibles d'avoir un aspect politique, c'est-à-dire pratiquement à toutes les négociations.

A l'exception des conventions à caractère monétaire ou financier, pour lesquelles le Ministère chargé de l'Économie et des Finances est compétent, le Ministère chargé des Affaires étrangères « *est responsable, en relation avec les autres départements de la coordination, de la négociation et de la signature des accords et conventions de toutes natures auxquels notre pays est partie* »[51]. A cet effet, les grandes commissions mixtes constituent le cadre institutionnel d'élaboration, d'exécution et d'évaluation de la coopération politique, économique, sociale, culturelle et scientifique avec la plupart des partenaires bilatéraux.

S'agissant plus spécifiquement des accords ou conventions comportant des clauses à incidence fiscale ou douanière, la circulaire n° 00001/PM/SGG/SP du 07 janvier 2011 relative à la signature des accords ou conventions avec des clauses à incidence fiscale ou douanière a rappelé les règles relatives à leur élaboration et à leur signature[52].

---

[51] V. circulaire n° 0001 PM/CAB/DIPL du 08 janvier 2004 relative à la négociation et à la conclusion d'accords internationaux engageant le Sénégal et aux relations avec les missions diplomatiques.

[52] V. la circulaire n° 21 PM du 30 août 1993 rappelle le monopole du Ministère des Finances en ce qui concerne les accords ou conventions contenant des dispositions

D'après cette circulaire, le département ministériel compétent pour négocier et signer la convention transmet d'abord le projet de texte élaboré par ses services au Ministère chargé des Finances pour avis conforme. La lettre de transmission doit motiver le choix des exonérations à accorder à l'autre partie.

Le Ministère chargé des Finances répond dans un délai de quarante-cinq (45) jours à la requête présentée. Son avis lie le département ministériel s'il porte sur des aspects du projet de convention ayant une incidence directe ou indirecte sur les plans financier, fiscal ou douanier[53].

Toutefois, la circulaire n° 00001/PM/SGG/SP du 07 janvier 2011 n'a pas vocation à s'appliquer lorsque des avantages fiscaux et douaniers accordés procèdent de dispositions légales ou réglementaires spécifiques. Il en est ainsi des conventions minières, pour lesquelles les dispositions du Code miner s'appliquent.

L'adoption du traité suppose son authentification c'est-à-dire la procédure qui consiste à déclarer que le texte rédigé correspond à l'intention des négociateurs et qu'ils le tiennent pour définitif.

La signature par le représentant d'un État exprime le consentement de cet État à être lié par un traité. Mais elle confère, en principe, à l'État un statut provisoire au regard du traité ; bien qu'il ne soit pas lié par le traité, l'État signataire a, du fait de sa signature, certains droits et obligations. Il doit, à ce titre, s'abstenir d'actes qui priveraient le traité de son objet et de son but[54]. L'État signataire est même libre de ne pas mener jusqu'à son terme la procédure de conclusion, nonobstant la signature du texte[55].

Toutefois, dans le cadre de la procédure de conclusion des accords en forme simplifiée, la signature constitue, en elle-même, l'expression par l'État de son consentement à être lié par le traité.

---

prévoyant l'octroi d'avantages fiscaux et douaniers et en particulier d'exonérations des droits et taxes.

[53] V. également, art. 716 du Code général des Impôts.

[54] V. art. 18 de la Convention de Vienne sur le droit des traités.

[55] P. DAILLIER et A. PELLET, *Droit international public*, Paris, LGDJ, 7e édition 2002, p. 137.

La ratification, l'acceptation, l'approbation et l'adhésion s'entendent, selon le cas, de l'acte par lequel un État établit sur le plan international son consentement à être lié par un traité[56].

La ratification est l'acte par lequel l'autorité étatique détenant la compétence constitutionnelle de conclure les traités consent à ce que le traité devienne définitif et obligatoire et s'engage solennellement au nom de l'État à l'exécuter[57].

L'acceptation et l'approbation du traité ont la même portée juridique que la ratification.

La circulaire présidentielle n° 0010 PR du 16 mars 1984 relative à la procédure de ratification des accords a décrit minutieusement la procédure de ratification des accords internationaux. D'après cette circulaire, la ratification des conventions passe les étapes suivantes : leur examen par l'Assemblée générale consultative de la Cour suprême, l'adoption de la loi autorisant la ratification par le Conseil des Ministres, l'autorisation parlementaire de ratification ou d'approbation donnée par l'Assemblée nationale, le dépôt ou l'échange des instruments de ratification et la publication de l'accord au *Journal officiel.*

Lorsque le Ministère des Affaires étrangères a participé aux négociations d'un accord, il veille à prendre les dispositions nécessaires en vue de l'introduction de l'accord dans le circuit de ratification. Pour certains accords à caractère technique (par exemple, un accord en matière d'adoption internationale), un autre ministère (Ministère de la Justice par exemple) peut être sollicité pour la rédaction de l'exposé des motifs de la loi autorisant la ratification.

Lorsque l'accord est négocié et signé par d'autres ministères, ceux-ci enverront cet instrument au Ministère des Affaires étrangères.

---

[56] V. art. 2 de la Convention de Vienne sur le droit des traités.

[57] P. DAILLIER et A. PELLET, *Droit international public*, Paris, LGDJ, 7e édition 2002, p. 138 ; F. DEHOUSSE, « La ratification des traités », *S.* 1935, p. 222 ; Ch. ROUSSEAU, « La ratification des traités en France depuis 1946 », in *Évolution du droit public, Études en l'honneur d'Achille MESTRE*, Paris 1956, p. 473-493.

Dans tous les cas, le Ministère des Affaires étrangères, en liaison avec le Secrétariat général du Gouvernement, assure le suivi de la mise en œuvre de la procédure de ratification des accords.

En vertu de l'article 95 de la Constitution, le Président de la République négocie les engagements internationaux. Il les ratifie ou les approuve éventuellement sur autorisation de l'Assemblée nationale. Ainsi, la ratification ou l'approbation de certains traités est subordonnée à une autorisation législative. Aux termes de l'article 96 de la Constitution : « *Les traités de paix, les traités de commerce, les traités ou accords relatifs à l'organisation internationale, ceux qui engagent les finances de l'État, ceux qui modifient les dispositions de nature législative, ceux qui sont relatifs à l'état des personnes, ceux qui comportent cession, échange ou adjonction de territoire ne peuvent être ratifiés ou approuvés qu'en vertu d'une loi* ».

Ces traités ne prennent effet qu'après avoir été ratifiés ou approuvés[58]. L'opération d'autorisation constitue une permission accordée par le Parlement au Président de la République aux fins d'approuver ou de ratifier le traité.

L'acte du Parlement consiste, non pas à ratifier ni même à participer à la ratification de l'accord international, mais simplement à autoriser la ratification ou l'approbation.

D'ailleurs, l'Assemblée nationale ne peut qu'approuver ou désapprouver, dans son ensemble et sans y apporter d'amendement, le texte du traité dont on lui demande l'autorisation de ratification. En d'autres termes, il ne prend pas part à la confection de ce traité sur le plan international. Le refus d'autorisation peut simplement inciter le Gouvernement à le négocier à nouveau, pour revenir solliciter l'autorisation parlementaire en faveur d'un traité modifié de telle sorte qu'il recueille l'approbation parlementaire[59].

---

[58] Ch. ROUSSEAU, « La ratification des traités en France depuis 1946 », in *Évolution du droit public*, Études offertes à Achille Mestre Paris, Sirey, 1956, p. 473-493; P FREYMOND, *La ratification des traités et le problème des rapports entre le droit international et le droit interne*, Paris-Lausanne 1947.

[59] J. DEHAUSSY, « Sources du droit international-Les traités (conclusion et conditions de validité formelle) », *Jurisclass. dr. intern.*, 1993, fasc. 11, n° 33.

L'adhésion est un mécanisme souvent prévu dans les conventions ouvertes lorsque le traité est déjà entré en vigueur. Il s'agit de l'acte par lequel un État qui n'a pas signé le texte du traité, exprime son consentement définitif être lié[60] ; elle a la même portée juridique que la signature et la ratification.

Conformément à la circulaire n° 0027 PM du 12 avril 1977, les accords ou conventions paraphés ou signés par le Sénégal doivent être détenus par les services du Ministère chargé des Affaires étrangères et non par les ministères sectoriels. En effet, la garde et le suivi des engagements internationaux relèvent de la compétence exclusive du Ministère chargé des Affaires étrangères.

PARAGRAPHE III : LES TEXTES COMMUNAUTAIRES

16. Essor du droit communautaire. Le développement des organisations d'intégration est un phénomène majeur des systèmes juridiques contemporains[61]. Ces espaces d'intégration (Communauté économique des États d'Afrique de l'Ouest, Union économique et monétaire ouest-africaine, Organisation africaine de la propriété intellectuelle, Conférence interafricaine de la prévoyance sociale, etc.) produisent bien souvent des normes qui constituent le « *droit communautaire* » ou « *droit de l'intégration* ».

Les normes communautaires comprennent les normes du droit primaire ou originaire constituées pour l'essentiel des traités constitutifs des organisations d'intégration (traité de l'UEMOA, traité de la CEDEAO, traité de la CIPRES, etc.), des traités modificatifs et des protocoles annexés aux traités.

Il y a également les normes du droit dérivé qui sont issues des règles du droit primaire ; il en est ainsi des règlements, des directives, des avis, des actes additionnels, etc.[62].

---

[60] P. DAILLIER et A. PELLET, *op. cit.*, p. 177.

[61] T. ZOGBELEMOU, *Droit des organisations d'intégration économique en Afrique (CEDEAO-CEMAC-UEMOA-ZMAO),* Paris, l'Harmattan, 2014, p. 14 et s.

[62] A. SALL, « Les systèmes normatifs de la CEDEAO et de l'UEMOA : considérations historiques et critiques », *Nouvelles annales africaines*, n° 01, 2007, p. 117 et s.

Dans la typologie des normes du droit communautaire, on retrouve des actes non obligatoires. Il s'agit des avis, des recommandations, des déclarations et des lois types (lois-modèle) qui n'ont pas de force contraignante[63].

L'accent sera mis sur les règlements, les directives, les actes additionnels, les décisions, les actes uniformes et les lois uniformes.

A. Les règlements

17. Concept de règlement. En droit OHADA, les règlements sont des actes de portée générale adoptés par le Conseil des Ministres à la majorité absolue pour l'application du traité, notamment pour les besoins du fonctionnement des institutions et de la mise en œuvre des procédures (art. 4 du traité). On peut citer le Règlement de procédure de la CCJA du 18 avril 1996, modifié par le Règlement n° 001/2014/CM du 30 janvier 2024, le Règlement d'Arbitrage de la CCJA du 23 novembre 2017, le Règlement n° 001/98/CM du 30 janvier 1998 portant règlement financier des institutions de l'OHADA et le Règlement n° 002/98/CM du 30 janvier 1998 portant statut des fonctionnaires de l'OHADA.

Dans plusieurs organisations d'intégration, le règlement est la principale source du droit dérivé. C'est à travers lui que s'exprime le pouvoir normatif des organisations communautaires. Les règlements sont des actes de portée générale obligatoires en toutes leurs dispositions et qui sont directement applicables dans les États membres[64].

En premier lieu, la portée générale des règlements signifie qu'elles contiennent des prescriptions générales et impersonnelles ; il s'agit de la principale condition de la fonction normative.

À cet égard, le règlement s'oppose à la décision qui est un acte à caractère particulier ; il est applicable non à des destinataires limités, désignés et

---

[63] A. Y. SARR, *L'intégration juridique dans l'Union économique et monétaire ouest-africaine et dans l'Organisation pour l'Harmonisation en Afrique du Droit des Affaires*, PUAM, 2008, n° 68.

[64] V. art. 43 du Traité de l'UEMOA et art. 9 du Traité de la CEDEAO issu de l'Acte additionnel A.SA.3/01/10 du 16 février 2010 ; art. 32 du Traité de la CIPRES du 21 septembre 1993.

identifiables, mais à des catégories envisagées abstraitement et dans leur ensemble.

En deuxième lieu, alors que la directive ne lie les États que quant au résultat à atteindre, le règlement est obligatoire en tous ses éléments. À travers cette norme de droit dérivé, le législateur communautaire dispose d'un pouvoir normatif complet puisqu'il peut non seulement prescrire un résultat, mais aussi imposer toutes les modalités d'application et d'exécution du texte communautaire. Le règlement se suffit à lui-même[65].

En troisième lieu, il est directement applicable dans tout État membre. L'applicabilité directe s'oppose à toute formalité nationale d'insertion ou de transposition dans l'ordre interne. Il n'est donc nul besoin d'un acte national qui aurait pour objet d'introduire dans l'ordre interne le règlement en cause et qui conditionnerait son entrée en vigueur[66] ; un tel acte serait superfétatoire et inopportun.

B. Les directives

18. Notion de directive. La directive est une norme qui lie tout État membre destinataire quant au résultat à atteindre tout en laissant aux instances nationales la compétence quant à la forme et aux moyens[67]. Elle n'a pas en principe de portée générale ; elle ne lie, en principe, que ses destinataires, c'est-à-dire les États.

La directive impose une obligation de résultat aux États membres ; bien souvent une échéance est fixée aux États membres pour atteindre le résultat visé.

Contrairement à d'autres normes de droit dérivé (Acte uniforme, Acte additionnel, Règlement, etc.), la directive ne constitue pas une norme directement applicable ; elle n'est pas d'application immédiate.

---

[65] T. ZOGBELEMOU, *Droit des organisations d'intégration économique en Afrique (CEDEAO-CEMAC-UEMOA-ZMAO)*, Paris, l'Harmattan, 2014, p. 14 et s.

[66] S. N. TALL, *Droit des organisations internationales africaines. Théorie générale. Droit communautaire comparé. Droit de l'homme, paix et sécurité*, Paris, l'Harmattan, 2015, p. 250-251.

[67] V. art. 43 du Traité de l'UEMOA et art. 9 du Traité de la CEDEAO issu de l'Acte additionnel A.SA.3/01/10 du 16 février 2010.

L'introduction de cette norme dans l'ordre normatif national suppose sa transposition. Il s'agit de l'opération par laquelle un État membre destinataire de la directive procède à l'adoption de toutes les mesures nécessaires à son incorporation effective dans l'ordre juridique national par les véhicules normatifs appropriés[68].

La directive offre une liberté aux États membres quant à la forme et aux moyens, notamment en ce qui concerne le choix de l'acte juridique de transposition (loi, décret, arrêté, etc.) et s'agissant de la désignation des services chargés de son application. Elle contient une obligation de résultat et non une obligation de moyens.

C. Les actes additionnels

19. Définition. Les actes additionnels sont des actes adoptés par la Conférence des Chefs d'État et de Gouvernement qui ont pour objet de compléter le traité et y sont annexés[69]. Le respect des actes additionnels s'impose aux États membres et aux institutions des organisations communautaires[70]. Ils sont souvent publiés au Bulletin officiel de l'Union. Ils entrent en vigueur après leur publication à la date qu'ils fixent[71].

D. Les décisions

20. Notion. Les décisions sont des actes de portée individuelle en faveur des destinataires qu'elles désignent[72]. Elles peuvent également être prises dans le cadre du contrôle du fonctionnement des institutions de la communauté ou de la réalisation des objectifs de l'organisation

---

[68] Sur l'ensemble de cette question, P. A. TOURE, *La transposition des directives de l'espace de l'UEMOA : entre exigence juridique et technique légistique,* Dakar, l'Harmattan, 2024.

[69] V. art. 19 du Traité de l'UEMOA ; art. 9 du Traité de la CEDEAO issu de l'Acte additionnel A.SA.3/01/10 du 16 février 2010.

[70] R. YOUGBARE, « La nature juridique de l'Acte additionnel dans le système juridique de l'UEMOA à la lumière de l'affaire YAI », *Penant*, n°864, juillet - septembre 2008, p. 340 et s. ; R. YOUGBARE et Y. BATCHASSI, « Les Actes additionnels de l'UEMOA : analyse juridique », in *les cahiers du CEEI*, 1999, n° 1.

[71] V. art. 45 du Traité de l'UEMOA ; A. Y. SARR, *L'intégration juridique dans l'Union économique et monétaire ouest africaine et dans l'Organisation pour l'Harmonisation en Afrique du Droit des Affaires*, PUAM, 2008, n° 24.

[72] V. art. 43 du Traité de l'UEMOA ; art. 9 du Traité de la CEDEAO issu de l'Acte additionnel A.SA.3/01/10 du 16 février 2010.

communautaire. Les décisions ne sont obligatoires que pour leurs destinataires. Les décisions du droit communautaire sont assimilables aux actes administratifs à caractère individuel du droit administratif interne.

Contrairement à la directive qui n'est obligatoire que quant au résultat à atteindre, la décision est obligatoire dans tous ses éléments ; elle peut même prescrire les moyens d'atteindre le résultat escompté. Les États ne conservent que le choix des formes juridiques de sa mise en œuvre dans l'ordre juridique national.

La décision a un effet direct si son destinataire est un particulier ou une entreprise, lorsqu'elle modifie sa situation juridique. Il n'en est pas de même en principe lorsque le destinataire est un État.

En droit OHADA, les décisions sont des actes adoptés par le Conseil des Ministres à la majorité absolue pour les besoins de l'application du traité (art. 30 du traité de l'OHADA). On peut citer la Décision n° 002/CCJA du 4 février 1999 augmentant les délais de procédure en raison de la distance et la Décision n° 05/CM/OHADA/2017 du 26 janvier 2017 fixant les tarifs des actes du greffe de la Cour Commune de Justice et d'Arbitrage de l'OHADA.

E. Les actes uniformes

21. Notion. Les actes uniformes constituent une particularité du paysage normatif de l'Organisation pour l'Harmonisation en Afrique du Droit des Affaires (OHADA) [73]. Il s'agit d'actes pris pour l'adoption des règles communes ayant pour objet l'harmonisation du droit des affaires dans les États-Parties.

Les actes uniformes peuvent intervenir dans le domaine du droit des affaires ; c'est-à-dire l'ensemble des règles relatives au droit des sociétés et au statut juridique des commerçants, au recouvrement des créances, aux sûretés et aux voies d'exécution, au régime du redressement des entreprises et de la liquidation judiciaire, au droit de l'arbitrage, au droit du travail, au droit comptable, au droit de la vente et des transports, et

---

[73] Sur cette question, A. OUATTARA, « De la nature juridique des actes uniformes de l'OHADA », ohadata 02-08.

toute autre matière que le Conseil des Ministres déciderait, à l'unanimité, d'inclure dans le champ du droit des affaires[74].

Les actes uniformes ont instauré un système de répression assez spécifique, postulant un éclatement de l'élément infractionnel, par un doublement des sources du droit pénal uniforme de l'OHADA. En effet, elles peuvent inclure des dispositions d'incrimination pénale. Les États Parties s'engagent à déterminer les sanctions pénales encourues[75].

22. Procédure d'adoption. En vertu de l'article 6 du Traité de l'OHADA, les actes uniformes sont préparés par le Secrétariat permanent de l'OHADA en concertation avec les Gouvernements des États Parties. Ils sont délibérés et adoptés par le Conseil des Ministres après avis de la Cour Commune de Justice et d'Arbitrage.

L'adoption des actes uniformes par le Conseil des Ministres requiert l'unanimité des représentants des États Parties présents et votants et n'est valable que si les deux tiers (2/3) au moins des États Parties sont représentés. L'abstention ne fait pas obstacle à leur adoption.

Ainsi, le processus d'adoption des actes uniformes ne fait pas intervenir les parlements des États Parties ; ce qui traduit une véritable limitation de souveraineté[76].

Le Conseil constitutionnel sénégalais a eu l'occasion d'apprécier la conformité du traité de Port-Louis relatif à l'OHADA aux dispositions de la Constitution. Dans une décision rendue le 16 décembre 1993, la haute juridiction constitutionnelle a jugé que le transfert de compétence, préconisé par l'article 14 du Traité de l'OHADA, n'emporte pas changement de statut international du Sénégal en tant qu'État souverain

---

[74] V. art. 2 du Traité du 17 octobre 1993 relatif à l'OHADA, révisé au Québec le 17 octobre 2008.

[75] V. art. 5 du Traité du 17 octobre 1993 relatif à l'OHADA, révisé au Québec le 17 octobre 2008.

[76] Sur cette question, D. NDOYE, « Le traité de l'OHADA, la Constitution sénégalaise et les principes de droit processuel », *Revue EDJA*, n° 22, juillet-septembre 1994, p. 15 ; P. BOUREL, « A propos de l'OHADA : libre propos sur l'harmonisation du droit des affaires en Afrique », *D.* 2007, n° 14, p. 969 et s. ; U. BABONGENO, « De la contrariété entre les actes uniformes et les Constitutions des États membres de l'OHADA », ohadata D-09-44.

et indépendant. Il s'agit en l'espèce, « *non d'un abandon de souveraineté, mais d'une limitation de compétence qu'implique tout engagement international* »[77].

Les actes uniformes sont publiés au *Journal officiel* de l'OHADA par le Secrétariat permanent dans les soixante (60) jours suivant leur adoption. Ils sont applicables quatre-vingt-dix (90) jours après cette publication, sauf modalités particulières d'entrée en vigueur prévues par ces actes uniformes. Ils sont également publiés dans les États parties, au *Journal officiel* ou par tout autre moyen approprié ; mais cette formalité n'a aucune incidence sur leur entrée en vigueur.

F. Les lois uniformes

23. Particularité des lois uniformes. Les lois uniformes constituent une spécificité de l'espace communautaire de l'Union Monétaire Ouest Africaine (UMOA). La notion de « *loi uniforme* » n'est répertoriée, ni dans la nomenclature des actes communautaires (Directive, règlement, recommandation, avis, etc.), ni dans celle des normes du droit national (loi constitutionnelle, loi organique, loi référendaire, loi ordinaire, etc.). Les lois uniformes sont toujours adoptées par une décision du Conseil des Ministres de l'UMOA qui impartit aux Etats membres un délai pour les transposer dans leurs ordres juridiques nationaux. On peut citer le projet de loi uniforme relative à la répression du faux monnayage et des autres atteintes aux signes monétaires, adopté par une décision du Conseil des Ministres de l'UMOA en date du 24 juin 2016 et plus récemment le projet de loi uniforme portant règlementation bancaire dans les Etats membres de l'union monétaire ouest africaine (UMOA) adopté par une décision n°015 du 16/06/2023/CM/UMOA.

---

[77] Cons. const. n° 03/C/93 du 16 décembre 1993, in I. M. FALL (dir.), *Les décisions et avis du Conseil constitutionnel du Sénégal*, Dakar, CREDILA, 2008, p. 97 et s., obs. A. SALL; pour un commentaire de cette décision, A. SALL, « Observations sous Conseil constitutionnel 16 décembre 1993, traité portant harmonisation en Afrique du Droit des Affaires », *Penant*, n° 837, 1998, p. 223 ; D. NDOYE, «Le traité relatif à l'harmonisation du droit des affaires, la Constitution sénégalaise et les principes du droit processuel », *EDJA*, n°22, juillet-août- septembre 1994, p. 15 ; G. KENFACK DOUAJNI, « L'abandon de souveraineté dans le traité OHADA », *Penant,* 1999, n° 830, p. 125 et s.

Il faut préciser que, contrairement aux règlements de l'UEMOA dont le régime est fixé par le traité de l'UEMOA, les lois uniformes ne sont pas évoquées dans le traité de l'UMOA qui ne lui aménage pas également un régime spécifique (autorité compétente pour les édicter, modalités de publication et d'entrée en vigueur, etc.).

24. Politique d'uniformisation. Les lois uniformes s'inscrivent dans le cadre de la politique d'uniformisation élaborée par l'UMOA[78]. Il résulte des articles 17 et 34 du Traité de l'Union Monétaire Ouest Africaine du 20 janvier 2007 que les Gouvernements des États membres de l'UMOA conviennent d'adopter une réglementation uniforme dont les dispositions sont préparées à son initiative ou à celle de la Banque centrale et arrêtées par le Conseil des Ministres, en vue de permettre la pleine application des principes d'union monétaire.

Cette réglementation uniforme concerne l'exécution et le contrôle des relations financières entre les États membres et ceux n'appartenant pas à l'UMOA, les règles générales d'exercice de la profession bancaire et financière et les activités s'y rattachant, les systèmes de paiement, la répression de la falsification des signes monétaires et de l'usage des signes falsifiés ainsi que la répression du blanchiment de capitaux.

PARAGRAPHE IV : LES ACTES LÉGISLATIFS

25. Norme législative. L'acte législatif renvoie à la loi au sens formel du terme. Il s'agit de l'acte juridique édicté par l'organe disposant du pouvoir législatif et promulgué par le Président de la République. Sous réserve des possibilités de consultation du Peuple (référendum), l'Assemblée nationale vote la loi en respectant une procédure fixée par la Constitution et par le Règlement intérieur de l'Assemblée nationale.

Suivant les diverses fonctions assignées, il existe une diversité de catégories de lois.

---

[78] M. DIAKHATE, *Rédaction administrative au Sénégal*, Dakar, CREDILA, 2016, p. 174.

A. La loi constitutionnelle

26. Notion. Malgré sa suprématie, la Constitution n'est pas une norme immuable ; elle peut faire l'objet de modifications ou de compléments en vue de s'adapter au contexte politique et social. La loi constitutionnelle a pour objet d'apporter des modifications à la Constitution en vigueur selon les règles posées par celle-ci.

La terminologie est souvent fluctuante. Dans la pratique institutionnelle, les lois constitutionnelles symbolisent la manifestation du pouvoir constituant dérivé qui est en aval de la Constitution ; c'est-à-dire qu'elles ont pour objet d'adapter le texte constitutionnel aux besoins exprimés par le régime.

B. La loi organique

27. Concept. La loi organique n'est pas définie par la Constitution. Elle a pour objet de fixer les modalités d'application de certaines dispositions constitutionnelles. Les lois qualifiées « *lois organiques* » sont des lois auxquelles renvoient certains articles de la Constitution[79] et qui en complètent ou en précisent le contenu. La loi organique est à la Constitution, ce qu'un décret d'application est à la loi.

28. Régime constitutionnel. Les lois organiques ont un régime constitutionnel assez particulier.

En premier lieu, elles sont votées et modifiées selon une procédure particulière. En effet, ces lois sont votées et modifiées à la majorité absolue des membres composant l'Assemblée nationale[80] ; c'est-à-dire au moins par la moitié des membres de l'Assemblée nationale plus une voix[81].

---

[79] V. art. 32, 35, 54, 60, 60-1, 64, 67, 68, 70, 87, 89, 91, 93 et 100 de la Constitution du 22 janvier 2001.

[80] V. art. 78, alinéa 1er de la Constitution modifiée.

[81] V. en ce sens, la circulaire n° 78 du 27 septembre 1960 relative aux incidences de l'entrée en vigueur de la Constitution sur les conditions d'exercice du pouvoir législatif, du pouvoir réglementaire et du pouvoir de prendre des décisions individuelles.

En deuxième lieu, les lois organiques sont soumises au principe du contrôle obligatoire de constitutionnalité[82]. La réforme introduite par la loi constitutionnelle n° 2016-10 du 05 avril 2016 portant révision de la Constitution[83] a procédé à la réintroduction du principe du contrôle obligatoire des lois organiques, par leur soumission au Conseil constitutionnel pour contrôle de constitutionnalité avant leur promulgation. L'article 78, alinéa 2 de la Constitution modifiée énonce que les lois organiques « *ne peuvent être promulguées si le Conseil constitutionnel obligatoirement saisi par le Président de la République, ne les a déclarées conformes à la Constitution* ».

L'autorité des lois organiques est inférieure à celle de la Constitution, tout en étant supérieure à celle des lois ordinaires.

Les lois organiques sont intégrées au bloc de constitutionnalité. Le noyau du bloc de constitutionnalité est constitué du corpus constitutionnel, c'est-à-dire du texte constitutionnel, mais aussi de ses textes d'application, notamment des lois organiques qui en sont le prolongement naturel

C. La loi référendaire

29. Notion. La loi référendaire est une loi votée directement par le peuple. Le référendum constitue un mécanisme de démocratie semi-directe[84]. L'article 51, alinéa 2 de la Constitution dispose que le Président de la République peut, sur proposition du Premier Ministre et après avoir recueilli l'avis du Président de l'Assemblée nationale et du Conseil constitutionnel, « *soumettre tout projet de loi au référendum* ».

Ce pouvoir conféré au Président de la République est conforme à l'article 3 de la Constitution qui prévoit que la souveraineté nationale appartient au peuple sénégalais qui l'exerce par ses représentants ou par la voie du référendum.

L'initiative présidentielle, en ce domaine, est subordonnée à une proposition du Premier Ministre. En outre, la consultation de l'Assemblée

---

[82] V. art. 78, alinéa 2 de la Constitution modifiée.
[83] JORS n° 6926 du jeudi 07 avril 2016, p. 505.
[84] M. PERNIER, « Une loi au-dessus de tout soupçon ? », *RDP* 1996, p. 39.

nationale et du Conseil constitutionnel ne lie pas le Président de la République[85]. Cela signifie que, si le Président de la République ne peut organiser de référendum sans proposition du Premier Ministre, il n'a aucune obligation d'en organiser un en cas de proposition de ce dernier ; il dispose ainsi en la matière d'une compétence discrétionnaire mais non autonome[86].

En droit constitutionnel sénégalais, le referendum peut porter sur « *tout projet de loi* ». Dès lors, une proposition de loi ne peut être soumise au référendum.

Le Constituant ne spécifie pas la nature du projet législatif pouvant être soumis au référendum. La loi référendaire peut être une loi constitutionnelle, une loi organique ou même une loi ordinaire.

L'initiative présidentielle, en ce domaine, est subordonnée à une proposition du Premier Ministre. En outre, la consultation de l'Assemblée nationale et du Conseil constitutionnel ne lie pas le Président de la République[87]. Cela signifie que, si le Président de la République ne peut organiser de référendum sans proposition du Premier Ministre, il n'a aucune obligation d'en organiser un en cas de proposition de ce dernier ; il dispose ainsi en la matière d'une compétence discrétionnaire mais non autonome[88].

En droit constitutionnel sénégalais, le referendum peut porter sur « *tout projet de loi* ». Dès lors, une proposition de loi ne peut être soumise au référendum.

---

[85] E. DIARRA, « La procédure législative au Sénégal », *RIPAS*, n° 11, octobre-décembre 1984, p. 717.

[86] L. FAROREU, P. GAIA, R. GHENONTIAN, J-L. MESTRE, O. PFERSMANN, A. ROUX et G. SCOFFONI, *Droit constitutionnel*, Paris, Dalloz, 16eme édition, 2014, p. 685; J.-F. FLAUSS, « Le contrôle de la constitutionnalité des lois référendaires », *LPA*, 1997, n° 75, p. 07.

[87] E. DIARRA, « La procédure législative au Sénégal », *RIPAS*, n° 11, octobre-décembre 1984, p. 717.

[88] L. FAROREU, P. GAIA, R. GHENONTIAN, J-L. MESTRE, O. PFERSMANN, A. ROUX et G. SCOFFONI, *Droit constitutionnel*, Paris, Dalloz, 16e édition, 2014, p. 685; J.-F. FLAUSS, « Le contrôle de la constitutionnalité des lois référendaires », *LPA*, 1997, n° 75, p. 07.

Le Constituant ne spécifie pas la nature du projet législatif pouvant être soumis au référendum. La loi référendaire peut être une loi constitutionnelle, une loi organique ou même une loi ordinaire.

Dans le silence du texte constitutionnel, il reste entendu que le projet de loi soumis au référendum doit relever du domaine de compétence de la loi tel que prévu par l'article 67 de la Constitution.

Le Conseil constitutionnel français s'est estimé incompétent pour examiner, sur le fondement du contrôle de constitutionnalité des lois, la conformité de la loi référendaire à la Constitution[89]. La haute juridiction constitutionnelle a énoncé que : « *Au regard de l'équilibre des pouvoirs établi par la Constitution, les lois que celle-ci a entendu viser dans son article 61 sont uniquement les lois votées par le Parlement et non point celles qui, adoptées par le peuple français à la suite d'un référendum contrôlé par le Conseil constitutionnel au titre de l'article 60, constituent l'expression directe de la souveraineté nationale* »[90].

Au Sénégal, la procédure référendaire a été utilisée à plusieurs reprises. Force est de constater que les pouvoirs publics y ont souvent recours soit pour les besoins de l'adoption d'une nouvelle Constitution, soit pour procéder à des modifications constitutionnelles (référendum constituant).

La loi constitutionnelle n° 63-22 du 07 mars 1963 portant révision de la Constitution de la République du Sénégal a été adoptée par l'Assemblée nationale, soumise pour approbation au référendum le 03 mars 1963 et promulguée le 07 mars 1963.

En outre, à la suite de l'alternance du 19 mars 2000, la Constitution du 22 janvier 2001 a été adoptée par référendum le 07 janvier 2001 et promulguée le 22 janvier 2001.

---

[89] Cons. const. n° 62-20 DC du 06 novembre 1962, Loi référendaire, GDCC, n° 13 : « *il résulte de l'esprit de la Constitution qui a fait du Conseil constitutionnel un organe régulateur de l'activité des pouvoirs publics que les lois que la Constitution a entendu viser dans son article 61 sont uniquement les lois votées par le Parlement et non point celles qui, adoptées par le Peuple à la suite d'un référendum, constituent l'expression directe de la souveraineté nationale* ».

[90] Cons. const. n° 92-313 DC du 23 septembre 1992, Maastricht III.

A cette occasion, et suite à la décision de l'ex-Président WADE de soumettre au référendum le projet de Constitution de 2001, un groupe de députés, se fondant sur l'article 82 de la Constitution et l'article 1er de la loi organique sur le Conseil constitutionnel, a demandé au Conseil constitutionnel de dire et de juger que la procédure référendaire est inapplicable en l'espèce.

Le Conseil constitutionnel, dans une décision du 02 janvier 2001[91], s'est déclaré incompétent au motif que : « *la législation sénégalaise ne contient aucune disposition constitutionnelle ou légale conférant au Conseil constitutionnel compétence pour statuer sur les recours dirigés contre les décisions prises en matière de référendum par le Président de la République* ».

Plus récemment, la consultation référendaire a été utilisée pour les besoins de l'approbation de la loi constitutionnelle n° 2016-10 du 05 avril 2016 portant révision de la Constitution.

D. La loi de finances

30. Typologies. À côté des lois ordinaires, l'article 67 de la Constitution énumère des lois particulières, appelées lois de finances qui « *déterminent les ressources et les charges de l'État dans les conditions et sous les réserves prévues par une loi organique* ».

Les lois de finances prévoient les recettes et les dépenses de l'État ou constatent le résultat d'exécution de cette prévision[92]. En raison de leur caractère prévisionnel, les lois de finances sont considérées non pas comme des lois, impératives ou supplétives, mais comme des « *actes conditions* ».

L'ancienne loi organique n° 2011-15 du 08 juillet 2011 relative aux lois de finances modifiée par la loi organique n° 2016-34 du 23 décembre

---

[91] Cons. const. du 02 janvier 2001, Adja Arame DIENE et autres, in I. M. FALL (dir.), *Les décisions et avis du Conseil constitutionnel du Sénégal,* Dakar, CREDILA, 2008, p. 401, note A. DIEYE.

[92] E. DIARRA, « La procédure législative au Sénégal », *RIPAS*, n° 11, octobre-décembre 1984, p. 706 ; NG. CHANH TAM, *Finances publiques sénégalaises*, Paris, l'Harmattan, 1990, p. 241.

2016 avait transposé la Directive n° 06-2009 CM-UEMOA du 26 juin 2009 relative aux lois de finances. Elle a été abrogée par la loi organique n° 2020-07 du 26 février 2020 relative aux lois de finances dont l'article 5 distingue trois catégories de lois de finances. Selon ce texte, ont le caractère de lois de finances : la loi de finances de l'année, la loi de finances rectificative et la loi de règlement[93].

La loi de finances de l'année prévoit et autorise, pour chaque année civile, l'ensemble des ressources et des charges de l'État. Par la loi de finances de l'année, l'Assemblée nationale autorise le Gouvernement à prélever des recettes et à effectuer des dépenses. Il contient le budget de l'État pour l'année civile. Le budget décrit les recettes et les dépenses budgétaires autorisées par la loi de finances. La loi de finances de l'année comprend le texte de loi proprement dit et les annexes qui l'accompagnent et qui en font partie intégrante.

La loi de finances rectificative a pour objet de modifier, en cours d'année, les dispositions de la loi de finances de l'année.

La loi de règlement constate les résultats financiers de chaque année civile et rend compte de l'exécution du budget ainsi que de l'utilisation des crédits.

Il y a des dispositions qui ne peuvent figurer que dans une loi de finances. Le domaine par excellence des lois de finances est constitué par les dispositions financières qui comprennent les opérations budgétaires et les opérations de trésorerie[94]. Déjà, l'article 67 de la Constitution énonce que les créations et transformations d'emplois publics ne peuvent être opérées que par les lois de finances.

Il en est de même des mesures relatives aux ressources et aux charges de l'État, à la détermination des plafonds de dépenses, à l'équilibre budgétaire et à la trésorerie.

---

[93] Sur cette question, NG. CHANH TAM, *Finances publiques sénégalaises*, Paris, l'Harmattan, 1990, p. 91 ; plus récemment, N. MEDE, *Finances publiques. Espace UEMOA/UMOA*, Paris, l'Harmattan, 2016, p. 257 et s.

[94] A. DIOUKHANE, *Les finances publiques dans l'UEMOA. Le budget du Sénégal*, Paris l'Harmattan, 2015, p. 87.

E. Les lois ordinaires

31. Lois parlementaires. Les lois ordinaires sont celles qui sont votées par l'Assemblée nationale selon la procédure parlementaire ordinaire et qui ont pour objet de régir la vie quotidienne et le fonctionnement des institutions[95]. Ce sont les lois habituelles intervenant sur des sujets variés.

Il y a plusieurs catégories de lois ordinaires ; certaines sont prévues par les textes, d'autres résultent de la pratique normative.

1. Les typologies juridiques de lois ordinaires

32. Catégories juridiques. La Constitution sénégalaise prévoit les lois d'autorisation, les lois d'habilitation, les lois de ratification et les lois de programme[96]. Certains textes évoquent également les lois de programmation des finances publiques.

a. Les lois d'autorisation

33. Notion. La loi d'autorisation est une loi par laquelle l'Assemblée nationale autorise le Président de la République à accomplir une opération ou un acte déterminé. La Constitution a prévu trois catégories de lois d'autorisation.

Il y a les lois d'autorisation par lesquelles l'Assemblée nationale autorise la ratification d'un traité international. En effet, la ratification ou l'approbation de certains traités est subordonnée à une autorisation législative. Aux termes de l'article 96 de la Constitution : « *Les traités de paix, les traités de commerce, les traités ou accords relatifs à l'organisation internationale, ceux qui engagent les finances de l'État, ceux qui modifient les dispositions de nature législative, ceux qui sont relatifs à l'état des personnes, ceux qui comportent cession, échange ou*

---

[95] E. DIARRA, *op. cit.* p. 706.

[96] Le droit constitutionnel sénégalais ignore les lois d'expérimentation qui ont été introduites en France par la révision constitutionnelle du 28 mars 2003. La loi expérimentale est une loi votée en vue de son expérimentation et qui ne deviendra définitive ou générale que si l'expérimentation est concluante. La règle juridique n'est donc pas édictée ni pensée comme une norme définitive, mais comme un essai soumis à examen ; sur cette question, R. DRAGO, « Le droit de l'expérimentation », in *L'avenir du droit, Mélanges Terré*, Paris, Dalloz, PUF, 1999, *Juris-class.*, p. 229 s.

adjonction de territoire ne peuvent être ratifiés ou approuvés qu'en vertu d'une loi »[97].

L'opération d'autorisation constitue une permission accordée par l'Assemblée nationale au Président de la République aux fins d'approuver ou de ratifier le traité.

L'acte édicté par l'Assemblée nationale consiste, non pas à ratifier ni même à participer à la ratification de l'accord international, mais simplement à autoriser sa ratification ou son approbation.

D'ailleurs, l'Assemblée nationale ne peut qu'approuver ou désapprouver, dans son ensemble et sans y apporter d'amendement, le texte du traité dont on lui demande l'autorisation de ratification. En d'autres termes, il ne prend pas part à la confection de ce traité sur le plan international. Le refus d'autorisation peut simplement inciter le Gouvernement à le négocier à nouveau pour revenir solliciter l'autorisation parlementaire en faveur d'un traité modifié de telle sorte qu'il recueille l'approbation parlementaire.

Une loi d'autorisation peut également avoir pour objet d'autoriser une déclaration de guerre. En vertu de l'article 70 de la Constitution, cette décision grave « *est autorisée par l'Assemblée nationale* » au moyen d'une loi ordinaire. Au Sénégal, l'Assemblée nationale n'a pas encore exercé ce pouvoir d'autorisation.

L'adoption d'une loi d'autorisation est nécessaire à la prorogation de l'état de siège et de l'état d'urgence. En vertu de l'article 69 de la Constitution, l'état de siège, comme l'état d'urgence, est décrété par le Président de la République.

Mais le décret proclamant l'état de siège ou l'état d'urgence cesse d'être en vigueur après douze (12) jours, « *à moins que l'Assemblée nationale, saisie par le Président de la République, n'en ait autorisé la prorogation* ». À cet effet, l'Assemblée nationale se réunit alors de plein droit, si elle n'est en session. La sanction du défaut de prorogation par la voie législative de l'état de siège et de l'état d'urgence est la caducité ; de

---

[97] En ce sens, V. la circulaire n° 057/PR/SGG du 12 août 1961 relative à la conclusion des traités et accords internationaux.

sorte qu'en l'absence de prorogation législative dans les douze (12) jours, le régime dérogatoire est considéré comme ayant pris fin de plein droit. Les décisions administratives prises sur le fondement de l'état de siège postérieurement à cette date sont donc dépourvues de base légale.

b. Les lois d'habilitation

34. Définition. Les lois d'habilitation sont celles par lesquelles l'Assemblée nationale habilite le Président de la République, en vertu de l'article 77 de la Constitution, à prendre par ordonnances des mesures qui relèvent du domaine législatif[98]. De telles ordonnances sont dites de législation déléguée[99]. Aux termes de l'article 77 de la Constitution : « *L'Assemblée nationale peut habiliter par une loi le Président de la République à prendre des mesures qui sont normalement du domaine de la loi* »[100].

35. Limites de l'habilitation. Toutefois, l'habilitation est enfermée dans des limites précisées dans la loi d'habilitation.

En premier lieu, il y a des limites de temps. Il appartient à la loi de prescrire la période pendant laquelle le Gouvernement sera autorisé à agir par voie d'ordonnance. À titre d'exemple, la loi sénégalaise n° 60-43 ALS du 20 août 1960[101] énonce, en son article 2, que l'habilitation est caduque si un projet de loi de ratification « *n'est pas présenté au plus tard le 1er janvier 1961* ».

En deuxième lieu, l'habilitation comporte des limites de compétence, en ce que la loi d'habilitation fixe les matières législatives sur lesquelles le pouvoir exécutif peut intervenir.

Au Sénégal, les lois d'habilitation ne précisent pas toujours les domaines d'intervention des ordonnances. Elles se contentent souvent de prévoir une habilitation dans « *les matières relevant de la compétence de*

---

[98] A. BOCKEL, *Droit administratif*, Dakar-Abidjan, NEA, LGDJ, 1978, p. 109.
[99] S. N. TALL, « Les ordonnances en Afrique noire francophone », *Revue EDJA*, n° 64, janvier-février-mars 2005, p. 63.
[100] A. DIEYE, « Les lois d'habilitation en droit comparé. La situation dans quelques États d'Afrique noire francophone et en France », *Annales de l'Université de Toulouse I, Capitole*, tome IV, 2014, p. 133 et s.
[101] JORS du 24 août 1960, p. 857.

l'Assemblée nationale ». À titre d'exemple, la loi n° 59-006 du 26 janvier 1959 a autorisé le Gouvernement à prendre par ordonnance, jusqu'à l'entrée en fonction de la future Assemblée législative, « *des mesures qui sont normalement du domaine de la loi* ». C'est sur le fondement de ce texte législatif que l'ordonnance n° 59-043 SG du 31 mars 1959 créant un Contrôle financier a été signée.

En tout état de cause, l'ordonnance prise au-delà des délais prescrits ou en dehors des matières énumérées dans la loi d'habilitation est irrégulière.

Au Sénégal, plusieurs lois d'habilitation ont été votées par l'Assemblée nationale pour autoriser le Président de la République à intervenir dans le domaine du pouvoir législatif par ordonnance. On peut citer la loi n° 60-43 ANS du 20 août 1960 dont l'article 1er dispose que le Gouvernement de la République du Sénégal est habilité pendant un délai de trois (3) mois à compter de sa date, et en cas de besoin, avant la promulgation, « *à régler par voie d'ordonnance toutes les matières relevant de la compétence de l'Assemblée nationale* ».

La loi n° 60-046 ANS du 07 septembre 1960 a habilité le Gouvernement à prendre pour une durée de trois (3) mois des mesures qui sont normalement du domaine de la loi[102].

La loi n° 89-11 du 17 janvier 1989 portant loi d'habilitation[103] a été plus précise sur la nature des mesures que le Président de la République était habilité à prendre. Ce texte a, dans une période de turbulence économique, autorisé le Président de la République, et ce, pendant deux (2) ans « *en cas d'urgence et de nécessité impérieuse d'intérêt national, à apporter des modifications, par ordonnance aux droits d'importation et d'exportation inscrits au tarif des douanes et aux impôts, droits et taxes prévus par le Code général des Impôts* ». Il s'agissait d'éviter que les

---

102 JORS n° 3400 du 17 septembre 1960, p. 957 et s.; V. également la loi d'habilitation n° 89-62 du 17 janvier 1989 portant loi d'habilitation et la loi d'habilitation n° 99-34 du 11 février 1999 portant loi d'habilitation

103 JORS du 25 février 1989, p. 74.

entreprises ne subissent des préjudices du fait de l'intervention quelquefois tardive de la correction des distorsions[104].

c. Les lois de ratification

36. Notion. Les lois de ratification sont des lois par lesquelles l'Assemblée nationale valide des mesures prises par le Président de la République dans le domaine du pouvoir législatif. Ainsi, l'opération de ratification a pour effet de confirmer *a posteriori* les mesures prises par le Président de la République dans le domaine législatif.

En premier lieu, les lois de ratification peuvent s'inscrire dans le cadre de la procédure d'habilitation législative prévue par l'article 77 de la Constitution. Ce sont des lois par lesquelles l'Assemblée nationale confère une nature législative à des mesures prises par le Président de la République dans le domaine du pouvoir législatif par ordonnance. En vertu de l'alinéa 2 de l'article 77 de la Constitution, les ordonnances deviennent caduques si le projet de loi de ratification n'est pas déposé sur le bureau de l'Assemblée nationale avant la date fixée par la loi d'habilitation. L'Assemblée nationale peut les amender à l'occasion du vote de la loi de ratification.

Pour éviter cette situation, la circulaire du Président du Conseil n° 78 du 27 septembre 1960 relative aux incidences de l'entrée en vigueur de la Constitution sur les conditions d'exercice du pouvoir législatif, du pouvoir réglementaire et du pouvoir de prendre des décisions individuelles a recommandé au Gouvernement de veiller à ce que tout projet d'ordonnance transmis au Conseil des Ministres soit accompagné d'un projet de loi de ratification qui sera transmis à l'Assemblée nationale dès la publication de l'ordonnance.

Le dépôt de la loi de ratification a pour seul effet de maintenir en vigueur l'ordonnance qui demeure un acte administratif aussi longtemps que le

---

[104] V. dans le même sens, la loi n° 91-04 du 11 février 1991 portant loi d'habilitation qui autorise le Président de la République en cas d'urgence et de nécessité impérieuse d'intérêt national, à apporter des modifications par ordonnance aux droits d'importation et d'exportation, inscrits au tarif des douanes et aux impôts, droits et taxes prévus par le Code général des Impôts.

projet de loi n'est pas adopté par l'Assemblée nationale. Seule l'adoption de la loi de ratification a pour effet de conférer à l'ordonnance une nature législative.

Le rejet du projet de loi de ratification par l'Assemblée nationale entraîne par contre l'abrogation des ordonnances prises sur le fondement de la loi d'habilitation.

En second lieu, les lois de ratification peuvent s'inscrire dans le cadre de la mise en œuvre des pouvoirs exceptionnels de crise du Président de la République. Lorsque le chef de l'État décide, au titre des pouvoirs exceptionnels prévus par l'article 52 de la Constitution, de prendre des mesures de nature législative, l'Assemblée nationale est saisie pour ratification, dans les quinze (15) jours de la promulgation de telles mesures mises en vigueur par le Président de la République. L'Assemblée nationale peut les amender ou les rejeter à l'occasion du vote de la loi de ratification. En tout état de cause, ces mesures deviennent caduques si le projet de loi de ratification n'est pas déposé sur le bureau de l'Assemblée nationale dans ledit délai.

d. Les lois de programme

37. Catégorie normative. La loi de programme, prévue par la Constitution, doit être soigneusement distinguée de la loi d'orientation. Aux termes de l'article 67, alinéa 5 de la Constitution : « *Les lois de programme déterminent les objectifs de l'action économique et sociale de l'État* ».

Les lois de programme ont pour objet de définir des objectifs à moyen ou long terme en matière économique et sociale ; elles comportent, en outre, des prévisions de dépenses chiffrées pour la réalisation de ces objectifs.

Cette catégorie normative est dépourvue de tout caractère normatif, pour ne pas comporter des prescriptions légales. La loi de programme définit simplement des objectifs à long ou à moyen terme, elle est dépourvue de portée obligatoire et déroge à l'exigence de normativité des lois.

Les lois de programme sont, en principe, votées suivant la procédure ordinaire d'adoption des lois[105]. Elles sont obligatoirement soumises à l'avis du Conseil économique social et environnemental. Il résulte de l'article 2 de la loi organique n° 2012-28 du 28 décembre 2012 relative à l'organisation et au fonctionnement du Conseil économique social et environnemental que cette institution est obligatoirement saisie pour avis, par le Président de la République, des projets de loi de programme. Le Conseil peut même au préalable être associé à son élaboration.

e. Les lois de programmation des finances publiques

38. Définition. Les lois de programmation des finances publiques ne sont pas prévues par la Constitution. Elles étaient évoquées par l'ancienne loi organique n° 2012-28 du 28 décembre 2012 relative à l'organisation et au fonctionnement du Conseil économique social et environnemental. Selon l'article 2 de ce texte, le Conseil peut être saisi pour avis par le Président de la République, des « *projets de loi de programmation définissant les orientations pluriannuelles des finances publiques* »[106].

Les lois de programmation des finances publiques sont une catégorie particulière de lois de programmation[107], censées encadrer les lois de finances au moyen de quatre mécanismes. Il s'agit de la fixation d'un objectif budgétaire à moyen terme, de la mise en place d'une trajectoire d'ajustement de la situation budgétaire des administrations publiques, de la création d'un mécanisme de correction lorsque les finances publiques s'éloignent des objectifs et de la mise en place d'une institution indépendante.

2. Les typologies issues de la pratique normative

39. Catégories. Il y a des typologies de lois ordinaires résultant de la pratique normative au Sénégal. On distingue, en effet, d'une part, les lois

---

[105] M. DIAKHATE, *Rédaction administrative*, Dakar, CREDILA, 2016, p. 182.

[106] M. HOUSER, « L'adoption de lois de programmation des finances publiques (LPFP) par le Parlement », *RDP*, 2013. 911 s.

[107] F. SAVONITTO, « Les lois de programmation du 20e alinéa de l'article 34 de la Constitution : une nouveauté à abandonner », *RDP*, 2012. 113 s.

d'orientation des lois sectorielles et, d'autre part, les lois rétroactives des lois interprétatives.

a. Lois d'orientation et lois sectorielles

40. Concept de loi d'orientation. La loi d'orientation n'est pas une catégorie juridique répertoriée dans la nomenclature des normes, à l'image, notamment des lois constitutionnelles, des lois organiques, des lois référendaires et des lois ordinaires, etc.

Selon la circulaire n° 0010 PM/SGG/SGA/PAT du 05 juillet 2016 sur l'objet et les techniques de rédaction des lois d'orientation, il s'agit d'une catégorie de loi ordinaire dont la dénomination traduit plus une option stratégique et politique. La loi d'orientation fixe le cadre dans lequel doit être conduite une politique publique dans un secteur d'activité déterminé. Elle constitue, dans un secteur d'activité déterminé, le cadre juridique pertinent dans lequel doit s'ancrer les interventions étatiques.

Au Sénégal, l'une des premières lois d'orientation qui a été publiée au *Journal officiel* est la loi d'orientation n° 71-36 du 03 juin 1971 de l'éducation nationale. Ce texte a été abrogé et remplacé par la loi n° 91-22 du 16 février 1991 portant loi d'orientation de l'éducation nationale, modifiée.

En tant qu'outil législatif au service des interventions de l'État, la norme d'orientation constitue un puissant instrument juridique au service de la définition et de la conduite rationnelle des politiques publiques. Elle contribue, par l'instauration d'un cadre juridique normalisé propre à un secteur d'activité, à la mise en cohérence des objectifs et des options stratégiques des politiques publiques.

La loi d'orientation peut avoir pour objet la normalisation d'un secteur d'activité (société de l'information, agriculture, enseignement supérieur, enseignement professionnel, etc.). Il en est ainsi notamment de la loi n° 2004-16 du 04 juin 2004 portant loi d'orientation agro-sylvo-pastorale et de la loi n° 2008-10 du 25 janvier 2008 portant loi d'orientation relative à la société de l'information.

La loi d'orientation peut également avoir pour objet la fixation des règles uniques d'organisation et de fonctionnement d'organismes publics, à l'image des entités du secteur parapublic ou des agences d'exécution. On peut citer la loi d'orientation n° 2009-20 du 04 mai 2009 sur les agences d'exécution.

Elle fixe les principes et les grandes orientations d'une politique à suivre dans un secteur d'activité déterminé, tout en laissant le soin au législateur, par l'adoption de lois dites sectorielles ou au pouvoir exécutif par voie réglementaire (décrets et arrêtés) d'en fixer les modalités de mise en œuvre.

41. Objet de la loi sectorielle. Quant aux lois sectorielles, tout comme les lois d'orientation, elles constituent des lois ordinaires. Souvent annoncées par les lois d'orientation, elles ont pour objet de déterminer les modalités d'application de la loi d'orientation.

Par exemple, constituent des lois sectorielles par rapport à la loi d'orientation sur la société de l'information :

- la loi n° 2008-08 du 25 janvier 2008 sur les transactions électroniques ;
- la loi n° 2008-09 du 25 janvier 2008 sur le droit d'auteur et les droits voisins ;
- la loi n° 2008-11 du 25 janvier 2008 portant sur la cybercriminalité ;
- la loi n° 2008-12 du 25 janvier 2008 sur la protection des données à caractère personnel.

DOCUMENT N° 1 : LES LOIS D'ORIENTATION

La circulaire n° 0010 PM/SGG/SGGA/PAT du 05 juillet 2016 relative à l'objet et aux techniques de rédaction des lois d'orientation.

REPUBLIQUE DU SENEGAL

…..

Primature

N° 0010 PM/SGG/SGGA/PAT

Dakar, le 05 juillet 2016

Le Premier Ministre

CIRCULAIRE

A

Mesdames et Messieurs les Ministres,

Mesdames et Messieurs les Ministres délégués

Objet : L'objet et les techniques de rédaction des lois d'orientation

Dans un contexte marqué par le renouveau des projets de l'État impulsé par le Plan Sénégal Émergent (PSE), mon attention a été attirée par la tendance des départements ministériels à recourir aux lois d'orientation et par une insuffisante maîtrise par les services producteurs de normes des techniques de conception des lois d'orientation.

Cette situation de la production normative tient souvent à l'incertitude conceptuelle qui affecte cette catégorie législative, préjudiciables à l'intelligibilité des normes et à l'efficacité des interventions du Gouvernement.

La présente circulaire a pour objet de rappeler l'objet de la loi d'orientation et de fixer de façon spécifique les principes régissant la conception et l'élaboration de cette catégorie de norme.

I. L'objet de la loi d'orientation

La notion de « *loi d'orientation* » n'est pas une catégorie juridique répertoriée dans la nomenclature des normes du droit interne, à l'image des lois constitutionnelles, des lois organiques, des lois référendaires et des lois ordinaires, etc.

En réalité, elle constitue une catégorie de loi ordinaire dont la dénomination traduit plus une option stratégique et politique. En effet, la loi d'orientation est une loi qui a pour objet de fixer les principes et les grandes orientations d'une politique à suivre dans un secteur d'activité déterminé, tout en laissant le soin au législateur, par l'adoption de lois dites sectorielles ou au pouvoir exécutif par voie réglementaire (décrets, arrêtés) d'en fixer les modalités de mise en œuvre.

La loi d'orientation fixe le cadre dans lequel doit être conduite une politique publique dans un secteur d'activité déterminé.

A cet égard, la norme d'orientation constitue un puissant instrument juridique au service de la définition et de la conduite rationnelle des politiques publiques ; elle contribue, par l'instauration d'un cadre juridique normalisé propre à un secteur d'activité, à la mise en cohérence des objectifs et des options stratégiques des politiques publiques.

Cependant, la loi d'orientation doit être soigneusement distinguée de la loi de programme prévue par la Constitution. Aux termes de l'article 67 alinéa 5 de la Constitution : « *Les lois de programme déterminent les objectifs de l'action économique et sociale de l'État* ». Les lois de programme ont ainsi pour objet de définir des objectifs à moyen ou long terme en matière économique et sociale ; elles comportent, en outre, des prévisions de dépenses chiffrées pour la réalisation de ces objectifs. C'est d'ailleurs la raison pour laquelle au Sénégal, les lois de programme, qui peuvent prendre la forme de lois portant Programme Triennal d'Investissements Publics (PTIP), sont votées avant l'examen du projet de loi de finances de l'année.

En tant qu'outil législatif au service des interventions de l'État, la loi d'orientation contribue notamment à la normalisation de secteurs d'activités (sécurité intérieure, pastoralisme, enseignement supérieur, formation professionnelle et technique, technologies de l'information et de la communication etc.) ou à la fixation de règles uniques d'organisation et de fonctionnement de structures étatiques (agences d'exécution, organismes du secteur parapublic etc.). Il s'agit du cadre juridique pertinent dans lequel doit se mouvoir l'action et les interventions étatiques dans un secteur d'activité déterminé.

II. Les techniques de rédaction de la loi d'orientation

Les règles ordinaires relatives à la rédaction des actes législatifs et réglementaires prescrites par la circulaire n° 0041 PM/SGG/SGA/PAT/SP du 06 octobre 2015 relative aux règles de présentation et de rédaction des textes législatifs et réglementaires, ont vocation à s'appliquer aux lois d'orientation.

Cependant, le style de rédaction ainsi que le contenu des lois d'orientation présentent quelques spécificités.

A. Le style de rédaction de la loi d'orientation

En principe, les dispositions de la loi doivent avoir une portée normative. La loi, dont la caractéristique essentielle est d'énoncer des droits et des obligations, doit ordonner, permettre, interdire ou punir. Elle ne doit pas comporter des dispositions dépourvues de portée juridique, c'est-à-dire des sortes de déclarations d'intention et des pétitions de principe sans valeur normative. Ces proclamations devraient normalement figurer dans l'exposé des motifs de la loi et non dans son dispositif.

Cependant, de par sa nature, la norme d'orientation sert à impulser, à orienter et à encadrer juridiquement une politique dans un secteur déterminé. Aussi, comporte-t-elle bien souvent des dispositions non normatives, censées orienter la politique du Gouvernement dans le secteur d'activité concerné.

A titre illustratif, l'article 2 de la loi n° 2004-16 du 04 juin 2004 portant loi d'orientation agro-sylvo-pastorale dispose que : « La présente loi tient compte de l'ensemble des activités économiques en milieu rural… »

B. Le contenu de la loi d'orientation

La substance normative de la loi d'orientation varie suivant qu'elle a pour objet la normalisation d'un secteur d'activité ou la fixation des règles uniques d'organisation et de fonctionnement de structures étatiques.

1. La normalisation d'un secteur d'activité

Les lois d'orientation visant à normaliser un secteur d'activité comportent, notamment les éléments suivants :

- **la définition des termes**

Lorsque la loi d'orientation comporte des termes techniques ou des notions ambiguës, il est recommandé d'y insérer un chapitre ou un article intitulé « définition » ou « terminologie », consacré à leur conceptualisation. La définition doit servir à clarifier les termes techniques ou ceux pouvant prêter à confusion ; elle est inutile si elle se contente de donner aux mots la signification qu'ils ont usuellement.

La définition des termes employés dans le texte contribue à circonscrire le champ d'application de la loi d'orientation.

Elle est recommandée dans une loi d'orientation puisqu'elle permet de garantir l'homogénéité des concepts employés dans un secteur d'activité donné. En effet, ces définitions vont valoir même pour les textes d'application de la loi d'orientation.

- **Les principes directeurs**

L'énoncé des principes directeurs contribue à fixer le cadre principiel de la politique envisagée dans le secteur d'activité. Il s'agit de règles juridiques établies en termes généraux destinées à inspirer diverses applications et s'imposant aux textes d'application. Par exemple, le principe de liberté.

Un grand soin doit être apporté à l'énoncé des principes directeurs qui constituent des règles générales irriguant tout le dispositif juridique mis en place par la loi d'orientation.

En bonne règle légistique, le rédacteur ne doit pas se limiter à l'énoncé de ces principes directeurs. Il doit leur affecter un contenu précis, soit en les définissant dans la partie consacrée à la terminologie, soit en précisant dans le dispositif ce qu'ils recouvrent comme suit : « *Le principe de liberté signifie que…* ».

- **Les objectifs et orientations**

Les objectifs constituent les finalités recherchées par la politique publique conduite dans le secteur d'activité. Il peut s'agir de la protection des personnes vulnérables ou de la maîtrise de l'eau etc.

Par exemple : « *la politique de développement agro-sylvo-pastorale vise à....* » ou « *la formation professionnelle et technique a pour finalité...* ».

Les objectifs peuvent être déclinés autour d'un objectif général et d'objectifs spécifiques.

Les orientations de la politique sont les directions stratégiques qu'emprunte cette politique, qui permettront, à l'application, d'obtenir la réalisation d'actions prioritaires. Il peut s'agir de la réforme foncière ou de la sécurité des personnes et des biens, etc.

- **Le cadre institutionnel**

L'instauration d'un cadre institutionnel spécifique à un domaine d'activité permet d'impulser la politique conduite dans ce secteur. Il s'agit de créer des entités chargées d'assurer la mise en œuvre de la politique envisagée aussi bien au niveau national que local.

Il est recommandé d'instituer dans la loi d'orientation ces structures et de déterminer au besoin leur statut, tout en renvoyant à un texte d'application pour fixer leurs règles d'organisation et de fonctionnement.

Il peut même être nécessaire de déterminer dans le texte d'orientation les rapports entre les structures créées ainsi que les rôles et responsabilités d'autres acteurs comme les collectivités territoriales, la société civile, les organisations non gouvernementales et même l'implication des citoyens dans la mise en œuvre de la politique.

- **Les mécanismes de financement**

La mise en place d'un cadre financier incitatif et favorable à la politique définie dans le secteur s'inscrit dans le cadre des mesures d'accompagnement prévues par la loi d'orientation. La loi peut ainsi mettre en place des fonds pour financer le secteur d'activité, instituer des taxes, redevances, impôts ou prévoir des exonérations fiscales.

Les modalités de fonctionnement des fonds, taxes ou redevances crées sont fixées par décret.

Faute de pouvoir insérer ces mesures dans le Code général des impôts, il est fortement recommandé au ministère maître d'œuvre d'élaborer ces dispositions financières en rapport avec les services du Ministère chargé des Finances.

- **Les dispositifs de planification, de suivi et d'évaluation**

Les dispositifs de planification instaurés par la loi d'orientation permettent l'organisation dans le temps de la réalisation des objectifs visés dans un domaine d'activité. Ces mécanismes mettent en œuvre différents moyens, sur une durée et des étapes précises.

Le suivi est le processus systématique du recueil, de l'analyse et de l'utilisation d'informations visant à déterminer en continu les progrès d'une politique en vue de la réalisation de ses objectifs et à guider les décisions relatives à sa gestion.

La mise en place de mécanismes d'évaluation permet d'apprécier l'efficacité de la politique conduite dans le secteur d'activité concerné à l'aide de critères pertinents. Elle porte sur les avancées escomptées et réalisées et examine la chaîne des résultats.

- **Les dispositions d'exécution de la loi d'orientation**

Pour les besoins de la mise en œuvre de la politique définie, la loi d'orientation peut mettre en place un cadre d'exécution, en renvoyant à d'autres lois dites sectorielles ou à des textes réglementaires.

Elle peut même énumérer des réformes à mener par le Gouvernement en vue de l'atteinte des objectifs visés dans le secteur d'activité concerné.

A titre d'exemple, l'article 18 de la loi n° 2008-10 du 25 janvier 2008 portant loi d'orientation relative à la société de l'information a décliné des réformes à engager dans des secteurs prioritaires (santé, justice, propriété intellectuelle, état civil etc.), en vue de l'adoption de règles plus adaptées aux exigences de la société de l'information.

2. La fixation du cadre organisationnel d'entités étatiques

Les lois d'orientation ayant pour objet de fixer le cadre d'organisation d'entités étatiques comportent, notamment les éléments suivants :

- **La définition, le statut et le champ d'application**

Lorsque la loi d'orientation fixe le cadre juridique d'une entité juridique unique, par exemple, les agences d'exécution, il est recommandé que la première disposition de la loi définisse de façon claire cette entité ainsi que les structures qui lui sont assimilées.

Par exemple, l'article premier de la loi d'orientation n° 2009-20 du 4 mai 2009 sur les agences d'exécution propose une définition claire de l'agence d'exécution.

Le statut de l'entité est la condition juridique de l'entité en question (agence d'exécution, autorité administrative indépendante, établissement public, société nationale, sociétés anonymes à participation publique majoritaire etc.)

La fixation du champ d'application de la loi d'orientation est surtout nécessaire lorsqu'elle détermine le cadre d'organisation et de fonctionnement de plusieurs entités étatiques ayant des formes juridiques différentes mais relevant du même régime juridique. A titre d'exemple, l'article 2 de la loi n°90-07 du 26 juin 1990 relative à l'organisation et au contrôle des entreprises du secteur parapublic et au contrôle des personnes morales de droit privé bénéficiant du concours financier de la puissance publique, détermine les entités juridiques qui comprennent le secteur parapublic, à savoir les établissements publics à caractère industriel et commercial, les sociétés nationales et les sociétés anonymes à participation publique majoritaire.

- **Les modalités de création et la tutelle exercée sur l'entité**

Les modalités de création de l'entité renvoient à l'acte juridique créateur de cette structure (loi, décret, arrêté) et éventuellement à l'autorité sur la proposition de la quelle la création de l'entité est décidée ainsi qu'aux formalités à accomplir avant la création de l'entité, notamment les études préalables (étude d'impact, d'opportunité etc.) et les consultations préalables (avis de la Commission d'évaluation des agences d'exécution, du Conseil supérieur de la fonction publique ou du Conseil consultatif du secteur parapublic etc.).

La loi d'orientation fixe également la ou les tutelles exercées sur l'entité. Il s'agit de l'ensemble des moyens de contrôle dont dispose une autorité sur l'entité sous tutelle, en vue de la maintenir dans le respect de la loi.

En principe, ce pouvoir de contrôle est exercé par l'institution de rattachement (la Présidence, la Primature, le ministère) et non par l'autorité dirigeant cette institution (le Président de la République, le Premier Ministre, le ministre).

La tutelle technique est le contrôle exercé par l'administration de rattachement ; il peut s'agir du ministère qui a dans ses missions le service public dont il est prévu de confier à l'entité publique ou du ministère sous l'autorité duquel l'entité est rattachée.

La tutelle financière est exercée par le Ministère chargé des Finances ; il s'agit du contrôle exercé par ce ministère sur la gestion des ressources et des charges de l'entité.

- **Les règles d'organisation et de fonctionnement de l'entité**

Les règles d'organisation et de fonctionnement de l'entité fixent notamment les organes de l'entité, les modalités de gestion et d'administration, la gestion du personnel, les ressources et les charges de l'entité, la comptabilité, les règles de passation des marchés publics, les contrôles exercés sur l'entité (audit des comptes, contrôle des corps de contrôle de l'État) et celles relatives aux modes de dissolution.

La loi d'orientation fixe les principes généraux de l'organisation et du fonctionnement de l'entité en renvoyant à un texte d'application pour en fixer les modalités de fonctionnement.

- **Les dispositions transitoires**

La loi d'orientation peut prévoir des dispositions transitoires différant son applicabilité à une date postérieure à son entrée en vigueur, conformément à la loi n°70-14 du 6 février 1970 fixant les règles d'applicabilité des lois, des actes administratifs à caractère réglementaire et des actes administratifs à caractère individuel, modifiée. Il s'agit d'accorder un délai aux entités ou acteurs concernés par la loi pour se conformer au nouveau dispositif prévu par la norme d'orientation.

Par exemple, « *Les établissements publics à caractère administratif se conforment aux dispositions de la présente loi d'orientation dans un délai de douze mois, à compter de sa date d'entrée en vigueur* ».

J'attache du prix au strict respect et à l'application des directives contenues dans la présente circulaire dont je prescris une large diffusion.

Le Premier Ministre

Mahammed Boun Abdallah DIONNE

Ampliation :

Monsieur le Président de la République (ATCR)

---

b. Les lois rétroactives et les lois interprétatives

42. Lois rétroactives. Le législateur peut prévoir que la loi sera rétroactive, c'est-à-dire qu'elle s'applique à des situations juridiques nées avant son entrée en vigueur. Il s'agit en réalité d'un cas d'entrée en vigueur anticipée du texte normatif.

Les lois rétroactives dérogent au principe de la non-rétroactivité des lois.

En matière pénale, la non-rétroactivité de la loi a été érigée en principe à valeur constitutionnelle. Aux termes de l'article 9, alinéa 2 de la Constitution : « *Nul ne peut être condamné si ce n'est en vertu d'une loi entrée en vigueur avant l'acte commis* »[108].

Malgré l'affirmation de ce principe dicté par un besoin d'assurer la sécurité juridique des personnes, il comporte des exceptions impliquant la rétroactivité de la loi[109].

Dans une décision rendue le 23 juin 1993[110], le Conseil constitutionnel sénégalais s'est prononcé sur la portée du principe de la non-rétroactivité des lois. Il a jugé que ce principe « *n'a de valeur constitutionnelle qu'en matière pénale, conformément aux articles 6 de la Constitution, 8 de la Déclaration des droits de l'homme et du citoyen de 1789 et 11.2 de la Déclaration universelle des droits de l'homme de 1948* ». Dans les autres matières, la non-rétroactivité de la loi est un principe général du droit auquel la loi peut déroger ; il s'ensuit que « *le législateur est en droit de donner un caractère rétroactif à une loi* ».

Le juge constitutionnel a précisé que la rétroactivité d'une loi nouvelle ne peut remettre en cause des situations existantes que dans le respect des droits et libertés de valeur constitutionnelle.

---

[108] V. également l'art. 4 du Code pénal.

[109] Les lois interprétatives, qui constituent une exception au principe de la non rétroactivité des lois, feront l'objet d'une étude spécifique.

[110] Cons. const. n° 11/93 du 23 juin 1993, Rabat d'arrêt, in I. M. FALL, *Les décisions et avis du Conseil constitutionnel du Sénégal,* Dakar, CREDILA, 2008, 89, obs. A. NDIAYE. Pour commentaire de cette décision, V. EL. H. MBODJ, « La mise à mort du rabat d'arrêt ? Observations s/c Conseil constitutionnel : 23 juin 1993 », *Revue EDJA*, n° 23, octobre-novembre-décembre 1994, p. 80.

Il arrive des cas où le législateur déclare expressément rétroactives certaines lois ; ces situations sont rares en droit sénégalais[111]. Les lois rétroactives interviennent souvent dans le cadre de la gestion de la carrière des fonctionnaires. À titre d'exemple, l'article 1er du décret n° 65-295 du 05 mai 1965, qui a fixé au 1er janvier 1962 la date d'effet des intégrations dans le corps de fonctionnaires qu'il énumère, constitue une disposition rétroactive.

En matière pénale, la doctrine admet que les lois édictant des mesures de sûreté peuvent s'appliquer rétroactivement. Ces mesures ont pour objet de prévenir les conséquences d'un état dangereux ; elles sont donc instituées dans l'intérêt des délinquants. Les mesures de sûreté doivent être appliquées même aux délinquants dont les agissements sont antérieurs à l'entrée en vigueur des textes nouveaux. Il en est ainsi des mesures de rééducation et de protection prévues en matière d'enfance délinquante[112].

Les actes contraires au droit international humanitaire peuvent toujours être réprimés en tant que tels, même si à l'époque de leur commission, leur répression n'était pas expressément prévue dans la législation interne de l'État où ils ont été commis ou dans celle de l'État poursuivant.

C'est tout le sens qu'il faudrait donner à l'alinéa 2 de l'article 9 de la Constitution sénégalaise issu de la loi constitutionnelle n° 2008-33 du 07 août 2008. Selon ce texte : « *Toutefois, les dispositions de l'alinéa précédent ne s'opposent pas à la poursuite, au jugement et à la condamnation de tout individu en raison d'actes ou omissions qui, au moment où ils ont été commis, étaient tenus pour criminels d'après les règles du droit international relatives aux faits de génocide, crimes contre l'humanité, crimes de guerre* ».

Le principe de non-rétroactivité de la loi pénale perd sa raison d'être lorsque la loi nouvelle adoucit la répression. La loi pénale plus douce s'applique aux faits commis avant son entrée en vigueur et qui n'ont pas

---

[111] A. S. SIDIBE, *Droit civil. Droit sénégalais. Introduction à l'étude du droit. État des personnes. Famille,* Dakar, CREDILA, 2014, p. 65.
[112] V. les art. 565 et s. du Code de Procédure pénale.

fa… bjet d'une condamnation définitive. Les lois pénales plus douces o… effet rétroactif ; elles régissent les infractions commises bien avant l… ıtrée en vigueur.

…oi de fond est plus douce lorsqu'elle supprime une incrimination …nte par le procédé de la dépénalisation. Elle est également plus … lorsqu'elle exclut une responsabilité pénale ou prévoit des …nstances atténuantes, un fait justificatif ou encore lorsqu'elle …rime une circonstance aggravante.

…urisprudence pénale sénégalaise a eu l'occasion de mettre en œuvre …troactivité « *in mitius* » des lois pénales de fond plus douces à la suite …a dépénalisation de l'émission de chèque sans provision par la loi …forme n° 2008-48 du 03 septembre 2008 relative à la répression des …ractions en matière de chèque, de carte bancaire et d'autres instruments …procédés électroniques de paiement[113].

… **Loi interprétative**. La loi interprétative est à l'origine une création …risprudentielle ; elle a pour objet de clarifier la signification d'une loi …ntérieure qui est équivoque. La loi interprétative a pour vocation de …réciser le sens et la portée d'une loi antérieure ambiguë.

…écemment, dans une décision rendue le 23 avril 2025[114], à propos du …ecours en inconstitutionnalité dirigé contre la loi interprétative de la loi …n° 2024-09 du 13 mars 2024 portant amnistie, le Conseil constitutionnel a eu l'occasion de donner un contenu précis à la notion de loi interprétative. La haute juridiction constitutionnelle a jugé « *qu'une loi est considérée comme interprétative lorsqu'elle se borne à expliciter le sens d'un texte antérieur, dont la signification était obscure ou ambiguë, sans poser une règle nouvelle* ».

---

[113] CA Dakar, n° 103 du 31 janvier 2011, MP et D. A. c/ C. G. L., *inédit* ; CA Dakar, n° 497 du 08 avril 2013, MP c/ M. T., El H. S. et S. M. D., *inédit* ; dans le même sens, CA Dakar, n° 636 du 03 mai 2013, MP et I. c/ M. Kh. D., *inédit* ; CA Dakar, n°398 du 18 avril 2012, MP et M. T. L. c/ A. G. D., *inédit* ; CA Dakar, n° 60 du 21 janvier 2011, MP et S. A. C.-M. Nd. MB. c/ Nd. M. ND., *inédit* ; CA Dakar, n° 1376 du 06 septembre 2013, MP et S.D.V c/ Ph. S., *inédit*.

[114] Cons. const. n° 1/C/25 du 23 avril 2025, Abdou MBOW et 23 autres députés, *inédit*.

La loi interprétative fait corps avec la loi interprétée de sorte qu'elle n'est pas considérée comme une loi nouvelle. C'est pourquoi les lois interprétatives sont par définition des lois rétroactives.

Cette technique est destinée à réparer les malfaçons et les obscurités de la loi, généralement mises en évidence par le juge. Elle consiste à réécrire la disposition d'une loi dont l'interprétation faite par la jurisprudence ne convient pas au législateur et à l'administration, de telle sorte que la disposition de la loi interprétée est censée avoir toujours eu la signification qui lui a été donnée par la loi interprétative. On comprend le souci du législateur, qui devant des interprétations très divergentes d'une loi, de préciser son sens et sa portée.

PARAGRAPHE V : LES ORDONNANCES

44. Catégorie normative particulière. Les ordonnances constituent une catégorie normative particulière. La Constitution a prévu plusieurs variétés d'ordonnances.

Ces ordonnances sont des mesures prises par le pouvoir exécutif dans le domaine du pouvoir législatif sur habilitation de l'Assemblée nationale. En vertu de l'article 77 de la Constitution, l'Assemblée nationale peut habiliter, par une loi, le Président de la République à prendre des mesures qui sont normalement du domaine de la loi. Il s'agit donc d'une extension occasionnelle des pouvoirs du Président de la République, habilité à modifier éventuellement les lois existantes[115]. Les ordonnances traduisent un procédé de législation déléguée par lequel l'Assemblée nationale consent à l'immixtion du Gouvernement dans son domaine en l'autorisant à « *légiférer* ».

45. Régime constitutionnel. En vertu de l'article 77, alinéa 2 de la Constitution, les ordonnances deviennent caduques si le projet de loi de ratification n'est pas déposé sur le bureau de l'Assemblée nationale avant la date fixée par la loi d'habilitation. Le dépôt de la loi de ratification a pour seul effet de maintenir en vigueur l'ordonnance qui demeure un acte

---

[115] A. BOCKEL, *Droit administratif*, Dakar-Abidjan, NEA, LGDJ, 1978, p. 109.

administratif aussi longtemps que le projet de loi n'est pas adopté pa
l'Assemblée nationale.

À la fin de la période d'habilitation fixée par la loi, l'ordonnance demeu encore un acte administratif et peut faire l'objet d'un contr juridictionnel devant la Cour suprême. Le juge de l'excès de pou r vérifie la conformité de cet acte par rapport à la loi d'habilitation, q ie doit pas être violée ou outrepassée.

Seule l'adoption de la loi de ratification a pour effet de do r à l'ordonnance une nature législative. Le rejet du projet de loi de ratif tion par l'Assemblée nationale entraîne par contre l'abrogati de l'ordonnance. À titre d'exemple, sur le fondement de la loi d'hal tation n° 60-43 ALS du 20 août 1960[116], le Président de la Républiqu signé plusieurs ordonnances[117].

Il faut préciser que l'Assemblée nationale ne peut habiliter le P ident de la République à prendre, par ordonnance, des mesures appart ant à des matières relevant d'une loi constitutionnelle[118] ou d'une loi c anique[119].

Les ordonnances peuvent s'inscrire dans le cadre de l' ercice des pouvoirs exceptionnels du Président de la République. n vertu de l'article 52 de la Constitution, lorsque les institutions de République, l'indépendance de la Nation, l'intégrité du territoire nationa u l'exécution des engagements internationaux sont menacées d'une n ière grave et immédiate et que le fonctionnement régulier des pouvoi publics ou des institutions est interrompu, le Président de la Répub ue dispose de pouvoirs exceptionnels.

---

116 JORS du 24 août 1960, p. 857.

117 V. ordonnance n° 60-01 MF du 20 août 1960 relative au fon nnement du Trésor sur le territoire du Sénégal ; ordonnance n° 60-02 MF du 20 août 0 portant création d'un service des Douanes de la République du Sénégal ; ordonnan ° 60-03 MF du 20 août 1960 portant modification de la formule exécutoire ; ordonnar n° 60-04 du 20 août 1960 portant deuxième remaniement du budget de la République énégal (JORS du 24 août 1960, p. 859-860).

118 V. art. 103 de la Constitution.

119 V. art. 78, alinéa 2 de la Constitution.

Au titre des mesures prises en application de l'article 52 de la Constitution, le Président de la République peut prendre des « *mesures de nature législative* » qu'il met lui-même en vigueur. Il peut les amender ou les rejeter à l'occasion du vote de la loi de ratification. l'Assemblée nationale se réunit de plein droit. Il est saisi pour ratification, dans les quinze (15) jours de leur promulgation. Ces mesures deviennent caduques si le projet de loi de ratification n'est pas déposé sur le bureau de l'Assemblée nationale dans ledit délai.

Les mesures présidentielles « *de nature législative* » sont soumises à une procédure de ratification analogue à celle prévue pour les ordonnances de législation déléguée de l'article 77 de la Constitution.

DOCUMENT N° 2 : MODELE D'ORDONNANCE
Ordonnance n° 59-043 SG créant un Contrôle financier du Sénégal

LE PRESIDENT DU CONSEIL,

VU la Constitution du 04 octobre 1958 ;

VU la délibération n° 53-098 du 25 novembre 1958 de l'Assemblée territoriale du Sénégal optant pour le statut de membre de la communauté, rendue exécutoire par arrêté n° 9.996 du 25 novembre 1958 ;

VU la loi n° 59-003 du 24 janvier 1959 portant Constitution de la République du Sénégal ;

VU la loi n° 59-006 du 26 janvier 1959 autorisant le Gouvernement à prendre par ordonnance, jusqu'à l'entrée e fonction de la future Assemblée législative, des mesures qui sont normalement du domaine de la loi ;

VU le décret n° 58-001 du 2 décembre 1958 relatif aux pouvoirs du Président du Conseil de Gouvernement ;

Le Conseil des Ministres entendu en sa séance du 31 mars 1959,

ORDONNE :

Article premier.- Il est institué un service du Contrôle des finances du Sénégal qui prend le titre de Contrôle financier de la République du Sénégal, des budgets annexes, des budgets des établissements publics, et éventuellement des autres collectivités.

Ce service exerce le contrôle de l'exécution des budgets dans les conditions qui seront fixées par un décret en Conseil des Ministres.

Article 2.- Le Contrôle financier pourra, le cas échéant, être chargé par un texte fédéral du contrôle des opérations financières de la Fédération du Mali sur le territoire de la République du Sénégal.

Des accords bilatéraux fixeront les conditions dans lesquelles le Contrôle financier pourra, éventuellement, exercer le contrôle des opérations financières de la communauté et de la République française, effectuées dans le territoire de la République du Sénégal.

Article 3.- La présente ordonnance sera enregistrée et publiée au *Journal officiel* de la République du Sénégal et exécutée comme loi de l'État.

Dakar, le 31 mars 1959

Le Président du Conseil

Mamadou DIA

PARAGRAPHE VI : LES ACTES ADMINISTRATIFS UNILATÉRAUX

46. Notion. L'acte administratif unilatéral, par opposition au contrat administratif, est une décision qui émane d'une autorité administrative[120], c'est-à-dire d'un agent ou organe administratif investi de la compétence, qui a pour objet de modifier l'ordonnancement.

Mais, la jurisprudence du Conseil d'État sénégalais a reconnu la nature d'acte administratif à des actes émanant d'organismes privés délégataires d'une mission de service public. En effet, dans l'arrêt *ASC Dial DIOP* rendu le 27 avril 1994, la haute juridiction administrative s'est déclarée compétente pour connaître d'un recours pour excès de pouvoir dirigé contre une décision du Comité Directeur de la Fédération sénégalaise de Football. Cette décision avait confirmé le verdict de la Commission centrale Statuts-Règlement et Qualification appliquant à l'équipe du Dial DIOP un forfait général. Selon le Conseil d'État, « *l'autorité administrative n'a pu déléguer que la compétence dont elle était investie et qu'il en résulte que les actes accomplis par les organismes délégataires dans les limites de la délégation sont formellement des actes administratifs et par la suite, susceptibles de recours pour excès de pouvoir* ».

Ont notamment, la qualité d'autorités administratives, le Président de la République, le Premier Ministre, les ministres, les autorités déconcentrées (gouverneur, préfet, sous-préfet) et les assemblées délibérantes des autorités décentralisées (conseil municipaux, conseils départementaux,

---

[120] CE n° 18/1994 du 27 avril 1994, ASC Dial DIOP c/ Fédération sénégalaise de Football, in D. SY, *Répertoire de jurisprudence : droit administratif (Recueil des arrêts du Conseil d'État 1993-1994-1995)*, CREDILA, p. 139) ; également, V. CE du 29 novembre 2001, Oumar SECK c/ Fédération sénégalaise de football, *inédit*. Sur cette décision, F. MBODJ, « Les actes administratifs des personnes morales de droit privé à la lumière de la jurisprudence sportive Dial DIOP », in M. BADJI et O. DEVAUX (dir.), in *L'administration en Afrique francophone, Droit sénégalais*, n° 06, novembre 2007, Presses universitaires des sciences sociales de Toulouse, p. 119. En outre, par un arrêt n°13 du 07 avril 2011 (ASC Douanes c/Fédération sénégalaise de Basket-ball), la Chambre administrative de la Cour suprême, saisie d'un recours pour excès de pouvoir, a annulé le procès-verbal n°001 du 19 avril 2010 du bureau de la fédération sénégalaise de Basket pour n'avoir pas été signé.

assemblées d'universités), les organes exécutifs des autorités décentralisées (maires, présidents de conseil départemental, recteurs) ainsi que certaines autorités administratives indépendantes, qui peuvent se voir conférer le pouvoir réglementaire par les textes qui les a instituées[121].

Les actes administratifs peuvent être classés selon plusieurs critères. À cet égard, il y a une classification selon le contenu des actes administratifs et une classification selon leurs auteurs.

A. La classification des actes administratifs selon leur contenu

47. Classification. On peut distinguer les actes réglementaires des actes individuels.

1. L'acte administratif à caractère réglementaire

48. Notion de règlement. Les actes administratifs à caractère réglementaire (règlements) sont des actes unilatéraux de caractère général et impersonnel faisant partie de l'ordonnancement juridique[122]. La Cour suprême se fonde souvent sur la généralité et l'impersonnalité de l'acte pour le qualifier d'acte réglementaire[123]. Les actes administratifs réglementaires relèvent du pouvoir réglementaire[124], c'est-à-dire le

---

[121] En ce sens, M. DIAKHATE, *La rédaction administrative au Sénégal*, Dakar, CREDILA, 2e édition, 2016, p. 183-184. À titre d'exemple, la Commission des Données Personnelles est habilitée à établir et à publier des normes destinées à simplifier ou à exonérer l'obligation de déclaration, pour les catégories les plus courantes de traitement des données à caractère personnel dont la mise en œuvre n'est pas susceptible de porter atteinte à la vie privée ou aux libertés. Ces normes peuvent prendre en compte les codes de conduite homologués par la Commission des Données Personnelles (V. art. 19 de la loi n° 2008-12 du 25 janvier 2008 sur la protection des données à caractère personnel).

[122] Sur cette notion, V. J. M. NZOUANKEU, *La notion d'acte réglementaire en droit français*, thèse, Université de Droit, d'Économie et de Sciences sociales de Paris, Faculté de droit de Paris II., 1976, 546 p.

[123] V. notamment, CS. ch. adm. n° 50 du 25 août 2016, Total Sénégal c/ État du Sénégal , *inédit* : « *Considérant que le décret attaqué eu égard à sa portée générale et impersonnelle a un caractère réglementaire* ».

[124] Sur le pouvoir réglementaire, J. M. NZOUANKEU, « Remarques sur le pouvoir réglementaire au Sénégal » in *Le pouvoir réglementaire des autorités administratives au Sénégal*, Actes du 5eme colloque de la RIPAS, Dakar, 11-15 décembre 1989, *RIPAS*, janvier-décembre 1990, n° 23-24, p. 11 et s. ; B. N. MBAYE, « A propos du pouvoir réglementaire au Sénégal » in *Le pouvoir réglementaire des autorités administratives au*

pouvoir d'édicter des règlements qui sont des actes exécutoires de portée générale et impersonnelle.

L'acte réglementaire peut être un décret (décret réglementaire) ou un arrêté (arrêté réglementaire). Par exemple, un arrêté interdisant le stationnement dans certains lieux est un acte réglementaire.

Il peut même se présenter sous la forme d'une délibération d'un conseil local (conseil municipal ou conseil départemental) ou d'un conseil académique d'une université. En effet, ces organes délibérants exercent leur pouvoir réglementaire par voie de délibérations. Il s'agit d'actes par lesquels ils règlent les affaires de la collectivité[125] ou délibèrent sur les aspects scientifiques, académiques, pédagogiques, disciplinaires ou de recherche relatifs à l'université[126]. Ces délibérations sont même susceptibles de recours pour excès de pouvoir devant la Cour suprême[127].

2. L'acte administratif à caractère individuel

49. Définition. L'acte administratif réglementaire, à l'opposé de l'acte administratif individuel, est une décision ayant pour destinataire une ou plusieurs personnes nommément désignées. Il peut concerner une personne (acte administratif individuel)[128]. Il en est ainsi d'un arrêté de nomination d'un fonctionnaire à un poste. L'acte administratif individuel peut concerner également plusieurs personnes individuellement identifiées et dont les situations sont solidaires (acte administratif

---

Sénégal, Actes du 5e colloque de la RIPAS, Dakar, 11-15 décembre 1989, *RIPAS*, janvier-décembre 1990, n° 23-24, p. 33 et s.

[125] V. art. 20 et 81 du Code général des Collectivités territoriales.

[126] V. art. 14 de la loi n° 2015-26 du 28 décembre 2015 relatives aux universités publiques.

[127] En ce sens, V. CS ch. adm. n°16 du 23 février 2017, la société des Produits Industriels et Agricoles (S.P.I.A.) c/ le Conseil rural de Nguidilé, *inédit ;* CS ch. adm. n°22 du 09 mars 2017, I. D. c/ Conseil municipal de Méouane, *inédit* ; CS ch. adm. n°67 du 22 décembre 2016, M. L. et autres c/ la Commune de Diockoul Diawrigne, *inédit* ; CS ch. adm. n°15 du 23 février 2017, A. B. c/ le Conseil rural de Malicounda-Sous-Préfet de Sindia-Maire de Saly, *inédit*; CS ch. adm. n°15 du 25 février 2016, D. B. & autres c/ Communauté rurale de Ndiagne, *inédit*; CS ch. adm. n°45 du 14 juillet 2016, A. Nd. c/ Préfecture de Mbour-Commune de Ngaparou, *inédit* ; CS ch. adm. n° 34 du 26 mai 2016 , M. R. L. et famille c/ Communauté rurale de Mlomp, *inédit*.

[128] En ce sens, V. la circulaire n° 78 du 27 septembre 1960 relative aux incidences de l'entrée en vigueur de la Constitution sur les conditions d'exercice du pouvoir législatif, du pouvoir réglementaire et du pouvoir de prendre des décisions individuelles.

collectif)[129]. Par exemple, une décision ordonnant la dispersion de manifestants sur la voie publique.

50. Catégorie intermédiaire. Il existe une catégorie intermédiaire entre les actes réglementaires et les actes individuels, appelée « *décisions d'espèce* », ou encore « *actes particuliers* ». La décision d'espèce applique une réglementation préexistante à une situation particulière. Il s'agit en quelque sorte d'une décision intermédiaire en ce qu'elle intervient après l'acte réglementaire qu'elle ne fait qu'appliquer, mais avant l'acte individuel dont elle conditionne l'adoption. Il ne vise pas tel ou tel individu précisément identifié, mais, comme l'acte réglementaire, s'applique indépendamment des personnes concernées. Toutefois, à la différence de l'acte réglementaire, cet acte a pour objet de décider de l'application d'une norme générale préexistante à un cas particulier. Il en est ainsi notamment d'un arrêté constituant une commission de remembrement ou d'une déclaration d'utilité publique.

B. La classification des actes administratifs selon leurs auteurs

51. Typologies. Le critère tiré de l'auteur de l'acte administratif permet d'identifier les actes administratifs suivants : le décret, l'arrêté, la décision et la délibération.

1. Le décret

52. Notion. Les décrets sont des actes administratifs signés par le Président de la République dans le cadre de ses compétences.

En vertu de l'article 43 de la Constitution, le Président de la République signe les décrets. Il exerce le pouvoir réglementaire surtout par voie décrétale[130]. Dans le cadre du régime présidentiel issu de la Constitution

---

[129] Sur cette question, V. J-Y. MADEC, « Le partage du pouvoir réglementaire entre les autorités administratives au Sénégal », in *Le pouvoir réglementaire des autorités administratives au Sénégal*, Actes du 5e colloque de la RIPAS, Dakar, 11-15 décembre 1989, *RIPAS*, janvier-décembre 1990, n° 23-24, p. 108.

[130] A. BOCKEL, Les administration centrales », in *Encyclopédie juridique de l'Afrique*, Tome I, Dakar-Abidjan-Lomé, NEA, 1982, p. 156 ; également V. l'instruction primatorale n° 04 PM du 12 mars 1970 relative à la présentation et à la préparation des décrets.

du 22 janvier 2001, le Président de la République est le détenteur par essence du pouvoir réglementaire.

Les décrets du Président de la République doivent, sauf dans certains cas spécifiques, être contresignés par le Premier Ministre associé à leur exécution.

Les décrets peuvent aussi être édictés par le Premier Ministre. Il résulte, en effet, de l'article 50, alinéa 2 de la Constitution que le Président de la République peut autoriser le Premier Ministre à prendre des décisions par décret. Le Chef de l'État exerce très rarement cette prérogative ; mais en cas d'autorisation présidentielle, le Premier Ministre peut bien édicter des décrets.

À titre d'exemple, on peut citer le décret primatoral n° 2006-12 du 10 janvier 2006 portant création de l'Agence nationale des Expropriations et Relogements (ANER) et le décret primatoral n° 2005-331 du 15 avril 2005 portant nomination du Président du Conseil de Surveillance de l'Agence nationale pour la Relance des Activités économiques et sociales en Casamance.

53. Particularité du droit sénégalais. Le droit sénégalais, dans son état actuel, ignore la distinction française entre les décrets pris en Conseil des Ministres, les décrets en Conseil d'État et les décrets simples. Certains textes qui font encore allusion aux « *décrets pris en Conseil des Ministres* » remontent souvent à une période antérieure à l'adoption de la Constitution du 07 mars 1963[131].

Il est vrai que des décrets font l'objet d'une délibération en Conseil des Ministres, d'autres sont seulement signés par le Président de la République et éventuellement contresignés par le Premier Ministre. Des décrets réglementaires peuvent également être soumis à l'avis de l'Assemblée générale consultative de la Cour suprême ; mais cette

---

[131] V. par exemple, article 1er de l'ordonnance n° 59-043 SG du 31 mars 1959 créant un Contrôle financier ; art. 18, 27, 58 et 97 de la loi n° 61-33 du 15 juin 1961 portant statut général des fonctionnaires, modifiée annoncent l'intervention de « *décrets pris en Conseil des Ministres* » ; en ce sens, M. DIAKHATE, *La rédaction administrative au Sénégal*, Dakar, *CREDILA*, 2016, p. 192.

consultation n'est une obligation pour le Gouvernement que dans des cas limitativement énumérés.

Il n'y a aucune hiérarchie entre le décret adopté en Conseil des Ministres et le décret simple ou celui signé après avis de l'Assemblée générale consultative de la Cour suprême. La circulaire du Président du Conseil n° 78 du 27 septembre 1960 relative aux incidences de l'entrée en vigueur de la Constitution sur les conditions d'exercice du pouvoir législatif, du pouvoir réglementaire et du pouvoir de prendre des décisions individuelles énonce d'ailleurs que « *la circonstance qu'un décret ait été délibéré en Conseil des Ministres ne lui confère pas de prééminence juridique sur les décrets simples* ». Ces différents actes réglementaires sont d'égale valeur juridique.

2. L'arrêté

54. Notion. L'arrêté est un acte administratif émanant des autorités administratives centrales (Président de la République, Premier Ministre et ministres), des autorités administratives déconcentrées (gouverneurs, préfets, sous-préfets) ou décentralisées (maire, présidents de Conseil départemental, recteurs d'université)[132]. Il peut revêtir la nature d'un acte réglementaire (arrêté portant interdiction d'une marche) ou d'un acte individuel (arrêté de suspension d'un fonctionnaire), voire d'un acte ni réglementaire, ni individuel.

a. Les arrêtés des autorités centrales

55. Arrêté présidentiel. Plusieurs catégories d'arrêtés peuvent être édictées par les autorités de l'Administration centrale.

Le Président de la République peut signer des arrêtés. On parle alors d'arrêté présidentiel. Cette prérogative résulte du pouvoir reconnu à tout chef de service de prendre des mesures nécessaires à l'organisation de son service.

---

[132] J-Y. MADEC, « Le partage du pouvoir réglementaire entre les autorités administratives au Sénégal », in *Le pouvoir réglementaire des autorités administratives au Sénégal, Actes du 5e colloque de la RIPAS*, Dakar, 11-15 décembre 1989, *RIPAS*, janvier-décembre 1990, n° 23-24, p. 107 et s.

En pratique, le Président de la République prend des arrêtés surtout pour les besoins de l'organisation et du fonctionnement de ses services. C'est ainsi qu'il organise son cabinet par voie d'arrêtés. Par exemple, les membres du Cabinet du Président de la République, les ministres conseillers, les ambassadeurs itinérants, les conseillers spéciaux, les conseillers techniques et les chargés de mission, etc. sont nommés par arrêté du Président de la République[133].

56. Arrêté primatoral. Il s'agit aussi des arrêtés primatoraux, des arrêtés ministériels, des arrêtés conjoints et des arrêtés interministériels[134].

Le Premier Ministre organise également les services de la Primature par voie d'arrêtés. Le Directeur de Cabinet du Premier Ministre ainsi que les conseillers techniques et les autres membres du cabinet du Premier Ministre sont nommés par arrêté primatoral[135].

En outre, le Premier Ministre peut exercer le pouvoir réglementaire qui lui est reconnu par l'article 57 de la Constitution, par arrêté.

57. Arrêté ministériel. L'arrêté ministériel est celui édicté par un ministre seul dans son domaine de compétence. Par exemple, l'arrêté du Ministre de la Justice installant un tribunal est un arrêté ministériel.

L'arrêté conjoint est pris par deux ministres. Par exemple, l'arrêté du Ministre de la Justice et du Ministre de l'Économie des Finances et du Plan n° 0087661 du 14 septembre 1993 fixant le barème des provisions constitue un arrêté conjoint.

On parle d'arrêté interministériel lorsqu'il est édicté par plus de deux ministres. Par exemple, l'arrêté des Ministres chargés du Commerce, de l'Environnement et de la Santé publique réglementant la fabrication, l'importation, la détention en vue de la vente, la mise à la disposition du consommateur de produits ou matériaux générateurs de déchets,

---

[133] V. le décret n° 2007-909 du 31 juillet 2007 relatif à l'organisation de la Présidence de la République, modifié.

[134] Sur cette question, J. GANDOUIN et J.-M. ROUSSIGNOL, *Rédaction administrative Afrique. Maghreb-Afrique subsaharienne,* Armand Colin, 4e édition mise à jour, 2013, p. 189.

[135] V. art. 2 du décret n° 2014-1175 du 17 septembre 2014 relatif à l'organisation et au fonctionnement de la Primature.

conformément à l'article L 40 du Code de l'Environnement, constitue un arrêté interministériel.

Les arrêtés conjoints ou interministériels sont co-signés par les ministres titulaires de la compétence ; ce qui signifie que ceux-ci en sont les coauteurs.

Les ministres peuvent édicter des arrêtés individuels ou des arrêtés réglementaires.

Par exemple, un ministre peut signer un arrêté pour nommer le chef d'un service rattaché à son cabinet.

DOCUMENT N° 3 : MODELE D'ARRETE INTERMINISTERIEL

REPUBLIQUE DU SENEGAL

Un Peuple – Un But – Une Foi

Ministère de ………………………..

Ministère de…………………………

Ministère de…………………………..…

Arrêté interministériel n°… portant …

LES MINISTRES,

VU la Constitution ;

VU le décret n° ….-…. du ……. portant nomination du Premier Ministre ;

VU le décret n° ….- …. du …….. fixant la composition du Gouvernement ;

VU le décret n° …-… du ……… portant répartition des services de l'État et du contrôle des établissements publics, des sociétés nationales et des sociétés à participation publique entre la Présidence de la République, la Primature et les ministères, modifié par le décret n°……. ;

VU le décret n°…du… relatif aux attributions du Ministre de (ministre cosignataire de l'arrêté) ;

VU le décret n° …du… relatif aux attributions du Ministre de (ministre cosignataire de l'arrêté) ;

VU le décret n° …du… relatif aux attributions du Ministre de (ministre cosignataire de l'arrêté) ;

Sur la note conjointe du Directeur de... du Directeur de...et du Directeur de… ,

ARRETENT :

Article premier.- ……………………………………………………

Article 2.- ……………………………………………………………...

Article 3.- …………………………………………………………..

Article 4.- Le Directeur chargé de… , le Directeur chargé de … et le Directeur chargé de… procèdent, chacun en ce qui le concerne, à l'exécution du présent arrêté qui sera publié au *Journal officiel.*

Monsieur ….	**Monsieur….**	**Monsieur ….**
Ministre de….	**Ministre de….**	**Ministre de….**
(Signature)	(Signature)	(Signature)

DOCUMENT N° 4 :
MODELE D'ARRETE MUNICIPAL

REPUBLIQUE DU SENEGAL
Un Peuple – Un But – Une Foi
Région de Thiès
Département de Tivaoune
Arrondissement de Méouane
Commune de Taïba NDIAYE

Arrêté municipal n°… portant…………………

LE MAIRE,

VU la Constitution ;
VU la loi n° 64-46 du 18 juin 1964 relative au Domaine national, modifiée ;
VU le décret n° 65-51 du 19 juillet 1965 portant Code des Obligations de l'Administration, modifiée ;
VU le décret n° 2013-10 du 28 décembre 2013 portant Code général des Collectivités territoriales, modifié ;
VU le décret …………………………………………………… ;
VU l'arrêté n°…………………………………………………… ;

ARRETE :

Article premier.- ……………………………………………………………
Article 2.- …………………………………………………………...
Article 3.- …………………………………………………………..

Article 4.- Le présent arrêté sera enregistré et publié partout où besoin sera.

Monsieur
Maire de la Commune de Taïba NDIAYE
(signature)

58. Principe de l'absence de pouvoir réglementaire des ministres. En ce qui concerne le pouvoir réglementaire, la circulaire n° 25/PM/JUR du 24 avril 1975 relative à l'exercice du pouvoir réglementaire[136] a rappelé les conditions d'exercice par les ministres du pouvoir réglementaire. Les prescriptions de cette circulaire ont été précisées par la circulaire n° 0013 PM/SGG/SGA/PAT du 16 novembre 2016 sur l'exercice du pouvoir réglementaire des ministres.

Selon l'instruction générale n° 15 PR. du 1er mars 1968 sur l'organisation du travail gouvernemental : « *la position du ministre est totalement différente de ce qu'elle était sous le régime parlementaire. Les ministres ne sont plus responsables devant l'Assemblée, mais devant le seul Président (de la République). Ils ne disposent d'aucun pouvoir propre, pas plus dans le domaine réglementaire* » [137].

À la différence du Président de la République et du Premier Ministre, les ministres ne disposent pas en principe d'un pouvoir réglementaire propre.

59. Pouvoir réglementaire exceptionnel des ministres. Mais cette règle souffre de deux exceptions majeures.

En premier lieu, les ministres ont le pouvoir de « *fixer l'organisation interne de leur service dans le cadre du décret d'organisation de leur département* ». Cette première exception constitue une consécration de la jurisprudence Jamart[138]. En effet, comme tout chef de service, le ministre dispose du pouvoir réglementaire pour le bon fonctionnement de l'administration placée sous son autorité[139].

Le Conseil d'État a déjà jugé dans son arrêt du 22 avril 2004[140] que « *les ministres ne peuvent prendre de mesures générales par voie d'actes*

---

[136] JORS du 06 octobre 1975, p. 1403.

[137] P. A. TOURE, *Recueil des principaux textes relatifs au travail législatif et réglementaire du Gouvernement,* Secrétariat général du Gouvernement, Dakar, l'Harmattan, 2018, p. 47 et s.

[138] CE du 07 février 1936, Jamart, Lebon 172 ; *S.* 1937. 3, p. 113, note Rivero.

[139] V. l'instruction générale n° 15 PR du 1er mars 1968 sur l'organisation du travail gouvernemental. Selon cette instruction générale, le ministre a le « *pouvoir de prendre des mesures de pure organisation interne dans le cadre des décrets existants* ».

[140] CE n° 16 /04 du 22 avril 2004, A. T. S. et 10 autres c/ État du Sénégal (Ministre de la Recherche Scientifique et Technologique, *inédit.*

réglementaires que lorsqu'une loi ou un décret les y autorise ». Toutefois, ils « *peuvent, comme tout chef de service, prendre les mesures nécessaires au bon fonctionnement des services placés sous leur autorité* ». La haute juridiction administrative a précisé que la circulaire n°0927/MRTS/SEPA/AF du 24 juillet 2003 du Ministre chargé de la Recherche scientifique et technologique, qui après avoir créé de nouvelles directions et divisions administratives et nommé des chefs de service, a affecté aux nouveaux chefs de service les bureaux occupés par les agents de l'ancienne délégation aux affaires scientifiques et techniques, est fondée sur la nécessité d'assurer le fonctionnement régulier de son département.

À cet effet, la circulaire n° 0013 PM/SGG/SGA/PAT du 16 novembre 2016 énonce que l'autorité ministérielle doit s'assurer que les mesures prises par arrêté rentrent dans ses attributions et dans le cadre organisationnel de son département fixé par décret. Le décret portant organisation du ministère détermine généralement les attributions des directions.

Dans ce cadre réglementaire, il reviendra à chaque ministre, sans qu'il soit besoin d'un texte spécial, de préciser, par arrêté, l'organisation et les attributions des divisions et des bureaux, dans la mesure où celles-ci n'ont pas été fixées dans le décret portant organisation du département ministériel.

En second lieu, les ministres disposent d'un pouvoir réglementaire par habilitation législative ou réglementaire. Ils peuvent exercer le pouvoir réglementaire en vertu de la loi. Dans ce cas, le législateur confère de façon expresse aux ministres le pouvoir de prendre par arrêté, des dispositions réglementaires d'application[141]. Il s'agit souvent de domaines très techniques.

---

[141] J. Y. MADEC, « Le partage du pouvoir règlementaire entre les autorités administratives au Sénégal », *RIPAS* n° 23-24, janvier-décembre 1990, *Actes du 5e colloque de la RIPAS*, Dakar du 11 au 15 décembre 1989, p.112.

À titre d'exemple, l'article L 74 du Code du Travail (loi) prévoit que l'organisme devant qui l'apprenti peut passer un examen après la fin de son temps d'apprentissage est désigné par arrêté conjoint du Ministre chargé du Travail et celui chargé de la Formation professionnelle.

Les ministres peuvent également exercer un pouvoir réglementaire par habilitation du Président de la République ou même du Premier Ministre. En vertu de l'article 50, alinéa 1er de la Constitution, le Président de la République peut déléguer par décret certains pouvoirs aux autres membres du Gouvernement, à l'exception notamment des mesures relatives à la défense nationale, à l'accréditation des ambassadeurs, à l'exercice du droit de grâce, à la nomination du Premier Ministre et des ministres, à la soumission d'un projet de loi au référendum, à la promulgation des lois et à l'exercice des pouvoirs exceptionnels de l'article 52 de la Constitution[142].

De nombreux décrets renvoient à des arrêtés ministériels, conjoints ou interministériels pour fixer leurs modalités d'application.

La circulaire n° 0013 PM/SGG/SGA/PAT du 16 novembre 2016 sur l'exercice du pouvoir réglementaire des ministres précise qu'en dehors des deux cas susmentionnés (organisation du service et habilitation législative ou réglementaire), tout texte de nature réglementaire édicté par un ministre est dépourvu de base légale et encourt, dès lors, l'annulation du juge de l'excès de pouvoir.

---

[142] V. également, art. 57, alinéa 5 de la Constitution.

DOCUMENT N° 5 : L'EXERCICE DU POUVOIR REGLEMENTAIRE DES MINISTRES

La circulaire n° 25 PM/JUR du 24 avril 1974 relative à l'exercice du pouvoir réglementaire (JORS du 06 octobre 1975, p. 1403)

CIRCULAIRE

A

Mesdames, Messieurs les Ministres et Secrétaires d'État,

Objet : Exercice du pouvoir réglementaire

Je vous rappelle que constituent des textes réglementaires toutes décisions de portée générale et permanente par opposition aux décisions individuelles qui en sont par définition l'application.

Or, en vertu de l'article 37 de la Constitution,

« Le Président de la République signe les ordonnances et les décrets ».

« Le Premier Ministre assure l'exécution des lois et dispose du pouvoir réglementaire sous réserve des dispositions du précédent alinéa ».

Il en résulte que toute décision de nature réglementaire doit nécessairement être prise par décret et que les ministres n'ont pas de pouvoir réglementaire autonome, sous réserve de deux exceptions :

a) le pouvoir de fixer l'organisation interne de leurs services dans le cadre du décret d'organisation de leur département. Ce décret fixe en général les attributions des directions. Dans ce cadre chacun de vous peut, sans qu'il soit besoin d'un texte spécial, préciser par arrêté l'organisation et les attributions des divisions et bureaux dans la mesure où celles-ci n'ont pas été fixées dans le décret d'organisation ;

b) les pouvoirs qui leur sont délégués de façon expresse par un texte spécial prévoyant que telle mesure sera prise par arrêté par tel ministre.

Il arrive cependant relativement et fréquemment que des arrêts ministériels soient adressés au Secrétariat général du Gouvernement pour enregistrement et publication au *Journal officiel*, qui constituent en fait des textes de nature réglementaire et qui sont donc de ce fait automatiquement illégaux. Je vous demande donc de bien vouloir respecter les principes que je viens de vous rappeler et de veiller soigneusement au respect des compétences définies par la Constitution en vous abstenant de prendre des arrêtés de nature réglementaire.

DOCUMENT N° 6 : L'EXERCICE DU POUVOIR REGLEMENTAIRE DES MINISTRES

La circulaire n° 0013 PM/SGG/SGA/PAT du 16 novembre 2016 sur l'exercice du pouvoir réglementaire des ministres

REPUBLIQUE DU SENEGAL

Primature

Le Premier Ministre

N° 0013 PM/SGG/SGGA/PAT

Dakar, le 16 novembre 2016

CIRCULAIRE

A

Mesdames et Messieurs les Ministres,

Mesdames et Messieurs les Ministres délégués

Objet : L'exercice du pouvoir réglementaire par les ministres.

A l'occasion du contrôle de l'activité normative du Gouvernement, il m'a été donné de constater que la portée du pouvoir réglementaire des ministres n'est pas toujours bien appréhendée.

La présente circulaire a pour objet de rappeler les conditions d'exercice de ce pouvoir par les ministres.

Le pouvoir réglementaire est le pouvoir d'édicter des règlements, c'est-à-dire des actes exécutoires, de portée générale et impersonnelle.

En vertu des articles 43, alinéa 1er et 57 alinéa 2 de la Constitution, le pouvoir d'édicter des règlements appartient au Président de la République et au Premier Ministre.

Ainsi, les ministres ne disposent pas en principe d'un pouvoir réglementaire propre.

Mais ce principe comporte deux exceptions majeures. En effet, ces autorités peuvent exercer ce pouvoir par voie d'arrêtés soit par habilitation (I), soit pour fixer l'organisation interne de leurs services (II).

I. Le pouvoir réglementaire par habilitation.

Les ministres peuvent être habilités à édicter des règlements en vertu d'une disposition législative ou réglementaire.

En premier lieu, ils peuvent exercer un pouvoir réglementaire en vertu de la loi. Dans ce cas, le législateur confère de façon expresse aux ministres le pouvoir de prendre par arrêté, des dispositions réglementaires d'application. Il s'agit souvent de domaines d'activités assez techniques.

A titre d'exemple, l'article L 74 du Code du Travail prévoit que l'organisme devant qui l'apprenti peut passer un examen après la fin de son temps d'apprentissage est désigné par arrêté conjoint du Ministre chargé du Travail et de celui chargé de la Formation professionnelle.

En second lieu, les ministres peuvent également exercer un pouvoir réglementaire par habilitation du Président de la République ou même du Premier Ministre (art. 50 alinéa 1er et art. 57, alinéa 5 de la Constitution). De nombreux décrets renvoient à des arrêtés ministériels, conjoints ou interministériels pour fixer leurs modalités d'application.

Par exemple : « les modalités d'application du présent décret sont fixées par arrêté du Ministre chargé des Finances ».

II. Le pouvoir réglementaire d'organisation du service.

Les autorités ministérielles ont le pouvoir de fixer les règles d'organisation interne de leurs administrations dans la mesure où les nécessités du service l'exigent. En effet, le ministre dispose du pouvoir réglementaire pour le bon fonctionnement de l'administration placée sous son autorité. Ce pouvoir s'exerce en dehors de toute habilitation législative ou réglementaire.

Par exemple : le ministre est habilité à édicter un arrêté pour organiser son cabinet (nomination du directeur de cabinet, des conseillers, etc.).

A cet effet, l'autorité ministérielle doit s'assurer que les mesures prises par arrêté rentrent dans ses attributions et dans le cadre organisationnel de son département fixé par décret. Le décret fixant l'organisation du ministère détermine généralement les attributions des directions.

Ainsi, dans ce cadre réglementaire, il reviendra à chaque ministre, sans qu'il soit besoin d'un texte spécial, de préciser par arrêté l'organisation et les attributions des divisions et des bureaux, dans la mesure où celles-ci n'ont pas été fixées dans le décret d'organisation du département ministériel.

Il est, à cet égard fortement recommandé au ministre de consulter le décret fixant ses attributions ainsi que le décret portant organisation de son département ministériel.

En dehors des cas susmentionnés, tout texte de nature réglementaire édicté par un département ministériel est dépourvu de base légale et encourt dès lors l'annulation du juge de l'excès de pouvoir.

J'attache du prix au respect scrupuleux des prescriptions de la présente circulaire dont vous m'accuserez réception.

Le Premier Ministre

Mahammed Boun Abdallah DIONNE

b. Les arrêtés des autorités déconcentrées

60. Pouvoir réglementaire spécifique. Les autorités administratives déconcentrées, à savoir les gouverneurs, les préfets et les sous-préfets (chefs de circonscription administrative) participent aussi à l'exercice du pouvoir réglementaire[143]. En effet, ces autorités sont les délégués du Président de la République et les représentants du Premier Ministre et de chacun des ministres[144]. À ce titre, même en l'absence de textes spécifiques, ils sont habilités à prendre des mesures appropriées en vue de bien administrer leurs circonscriptions administrations.

Ces autorités bénéficient aussi de délégations spécifiques de pouvoirs émanant des titulaires du pouvoir réglementaire, à savoir le Président de la République ou les ministres. Certains textes de portée générale ont confié des pouvoirs particuliers de police aux autorités déconcentrées. Il s'agit notamment de la loi n° 72-02 du 1er février 1972 relative à l'organisation de l'administration territoriale modifiée, de son décret d'application n° 72-636 du 29 mai 1972 fixant les attributions des chefs de circonscription administrative modifié, de la loi n° 78-02 du 29 janvier 1978 relative aux réunions et du Code général des Collectivités territoriales.

Il résulte de l'article 14 de la loi n° 78-02 du 29 janvier 1978 relative aux réunions que l'autorité administrative responsable de l'ordre public peut interdire toute réunion publique s'il existe une menace réelle de troubles à l'ordre public telle que la surexcitation des esprits à la suite d'événements politiques ou sociaux récents, la prévision de manifestations simultanées organisées par des groupements opposés et si

---

143 Sur cette question, A. BOCKEL, « L'administration territoriale et locale », in *Encyclopédie juridique de l'Afrique*, Tome I, Dakar-Abidjan-Lomé, NEA, 1982, p. 171 et s.

144 V. art. 3, 6 et 9 de la loi n°72-02 du 1er février 1972 relative à l'organisation de l'administration territoriale ; aussi V. art. 1er ,13 et 25 du décret n° 72-636 du 29 mai 1972 relatif aux attributions des chefs de circonscription administrative et des chefs de village modifié par le décret n° 96-228 du 22 mars 1996.

elle ne dispose pas des forces de sécurité nécessaires pour s'y opposer. L'arrêté d'interdiction d'une réunion publique doit être motivé[145].

En vertu de l'article 123 du Code général des Collectivités territoriales, les représentants de l'État exercent les pouvoirs de réprimer les atteintes à la tranquillité (tumulte excité dans les lieux d'assemblée publique, attroupements, bruits et rassemblements nocturnes, etc.) et de maintenir le bon ordre dans les endroits où se font de grands rassemblements (les foires, marchés, réjouissances et cérémonies publiques, spectacles, jeux, cafés, lieux de culte et autres lieux publics)[146].

Une compétence spéciale est reconnue au préfet « *en cas de danger grave ou imminent » pour prendre « toutes mesures de sûreté exigées par les circonstances* » dans le cadre des attributions de police administrative normalement confiées au maire[147].

61. Pouvoir de substitution. Le représentant de l'État dispose d'un pouvoir de substitution vis-à-vis des pouvoirs de police du maire[148]. Selon l'article 124 du Code général des Collectivités territoriales, les pouvoirs qui appartiennent au maire « *ne font pas obstacle au droit du représentant de l'État de prendre, pour toutes les communes d'une circonscription ou pour une ou plusieurs d'entre elles, et dans tous les cas où il n'y aurait pas été pourvu par les autorités municipales, toutes mesures relatives au maintien du bon ordre, de la sécurité, de la salubrité, de la sûreté et de la tranquillité publiques* ».

---

[145] Selon l'article 2 du décret n° 73-703 du 25 juillet 1973 relatif à la création et à l'organisation des villages, toute création de village nouveau doit être consacrée par un arrêté du gouverneur de région sur proposition du préfet après avis du conseil rural et du comité départemental de développement. Cet arrêté ne devient exécutoire qu'après avoir reçu l'approbation du Ministre de l'Intérieur.

[146] G. A. DIOUF, « L'arrêté préfectoral », in *Le pouvoir réglementaire des autorités administratives au Sénégal*, Actes du 5e colloque de la RIPAS, Dakar, 11-15 décembre 1989, *RIPAS*, janvier-décembre 1990, n° 23-24, p. 177 et s.

[147] V. art. 120 du Code général des Collectivités territoriales.

[148] J.C. GAUTRON et M. ROUGEVIN-BAVILLE, *Droit public du Sénégal*, Paris, éditions A. Pédone, 1977, p. 199 ; M. DIAGNE, *Le droit des collectivités locales en Afrique. L'exemple du Sénégal*, Dakar, Panafrika. Silex/Nouvelles du sud, 2010, p. 88 et s.

Ce droit de substitution ne peut être exercé par le représentant de l'État à l'égard d'une commune qu'après une mise en demeure adressée au maire restée sans résultat.

Dans l'arrêt *Bada DIOUF* rendu par le Conseil d'État le 17 août 2000[149], la haute juridiction administrative a rappelé la règle selon laquelle l'exercice par le représentant de l'État (préfet) de son pouvoir de police est subordonné à la mise en demeure du maire. En l'espèce, sur la base d'un rapport de la commission recensant les immeubles menaçant ruine, le Préfet de Dakar, a par arrêté du 27 août 1999, ordonné l'évacuation des immeubles dans un délai d'un an. Le Conseil d'État a annulé ledit arrêté aux motifs qu'il résulte des éléments du dossier qu'aucune mise en demeure n'a été servie au maire, alors qu'il s'agit d'une formalité substantielle.

62. Délégations et subdélégations de pouvoirs. Les autorités déconcentrées édictent aussi des arrêtés par délégation ou subdélégation. Il s'agit en réalité de délégations ou de subdélégations de pouvoirs, par opposition aux délégations de signature. L'instruction n° 17 PM-JUR. du 13 mai 1970 relative à la déconcentration des pouvoirs au sein des départements ministériels recommande d'ailleurs aux ministres de consentir des délégations aux gouverneurs et aux préfets souvent mieux à même que l'administration centrale d'apprécier sur place l'opportunité de telle ou telle décision individuelle relevant de leur département.

La délégation de pouvoirs constitue un véritable transfert de compétence par lequel le délégant se dessaisit des matières déléguées sur lesquelles il ne peut intervenir aussi longtemps que subsiste la délégation. Cette forme de délégation constitue l'une des expressions les plus achevées de la déconcentration administrative.

Par la délégation de pouvoirs, le délégant abandonne son pouvoir de décision, de sorte qu'il serait incompétent pour prendre des actes dans les matières déléguées. L'instruction n° 17 PM-JUR. du 13 mai 1970 énonce que : « *la délégation de pouvoirs donne compétence exclusive au délégataire, le directeur. Le délégant, le Ministre, n'a plus de pouvoir*

---

[149] CE n° 023 du 17 août 2000, Bada DIOUF et autres c/ État du Sénégal, *inédit*.

propre dans la matière déléguée et ne peut plus intervenir (...) il ne peut se substituer à lui pour prendre la décision en question à sa place ».

La décision prise est considérée juridiquement comme émanant du délégataire. En outre, contrairement à la délégation de signature, la délégation de pouvoirs est impersonnelle et permanente ; elle est effectuée ès-qualité. Elle n'est donc pas affectée par le changement d'un des titulaires ; elle ne cesse que par son abrogation expresse[150].

Les délégations ou subdélégations de pouvoirs, concernant souvent des actes administratifs individuels, sont prévues par des textes spécifiques. Il en est ainsi notamment du décret n° 97-347 du 02 avril 1997 portant délégation de pouvoirs du Ministre de l'Intérieur aux gouverneurs de région pour la délivrance de récépissés de déclaration d'associations[151]. Par ce texte, délégation de pouvoirs est donnée aux gouverneurs de région pour délivrer, au nom du Ministère de l'Intérieur, les récépissés de déclaration des associations à but d'éducation populaire et sportive, à caractère culturel, communautaire, socio-professionnel et de participation à l'effort de santé publique[152].

En outre, en vertu de l'article 5 du décret n° 72-636 du 29 mai 1972 relatif aux attributions des chefs de circonscription administrative et des chefs de village, modifié par le décret n° 96-228 du 22 mars 1996, par délégation, il est donné pouvoir au gouverneur, dans les conditions prévues par l'article 52 de la loi n° 61-33 du 15 juin 1961, de suspendre tout fonctionnaire ou agent civil de l'État, en service dans la région qui s'est rendu coupable d'une faute grave et si l'urgence commande le recours à une telle mesure.

---

[150] En ce sens, A. BOCKEL, *Droit administratif*, Dakar-Abidjan NEA, 1978, p. 136-137.

[151] Dans le même sens, V. la circulaire du Ministre de l'Intérieur n° 2919/MINT/DAGAT/DEL/AS du 12 mai 1997 relative à la déconcentration de la procédure de reconnaissance de certaines associations.

[152] Cependant, l'article 2 de ce texte exclut de son champ d'application, les associations religieuses, étrangères, ou celles dont les activités dépassent le cadre d'une région.

Le gouverneur doit en rendre compte aussitôt au Ministre de l'Intérieur, au Ministre chargé de la Fonction publique et au ministre dont relève le fonctionnaire ou l'agent en cause qui doit se prononcer dans le délai de huit (8) jours.

Par ailleurs, il résulte de l'article 5 du décret n° 95-264 du 10 mars 1995 portant délégation de pouvoir du Président de la République en matière d'administration et de gestion du personnel que subdélégation est donnée aux gouverneurs de région, aux préfets et aux sous-préfets, au nom des ministres, sur proposition des chefs de services régionaux intéressés et à l'égard des agents placés sous leur autorité, pour prendre un certain nombre de décisions. Il en est ainsi de la mutation, s'il s'agit d'une mutation à l'intérieur de la région, du département ou de l'arrondissement, de la notation ainsi que de la sanction disciplinaire du premier degré[153] et du deuxième degré. Il en est de même du congé pour examen, du congé de maternité, du congé de viduité et de maladie, du congé de longue durée et de la suspension de fonction.

63. Caractères du pouvoir réglementaire des autorités déconcentrées. À l'inverse du pouvoir réglementaire des ministres, celui donné aux autorités déconcentrées est spécial quant à son aire géographique, puisqu'il est limité à la compétence territoriale de l'autorité.

Il est général quant à son objet en ce qu'il s'applique à tous les règlements de police nécessaires au maintien de l'ordre public.

[153] V. l'art. 1er du décret n° 68-028 du 10 janvier 1968 portant délégation du pouvoir disciplinaire en ce qui concerne les sanctions du 1er et du 2e degré ; également, la circulaire présidentielle n° 19 PR du 10 décembre 1990 relative au rappel de la réglementation relative aux pouvoirs des gouverneurs de régions.

DOCUMENT N° 7 : MODELE DE DECRET DE DELEGATION DE POUVOIRS

REPUBLIQUE DU SENEGAL

Un Peuple – Un But – Une Foi

Ministère de l'Environnement et du développement durable

Décret n°... portant délégation de pouvoirs du Ministre de L'Environnement et du développement durable à...

LE PRESIDENT DE LA REPUBLIQUE,

VU la Constitution ;

VU le décret n° 2017-1531 du 06 septembre 2017 portant nomination du Premier Ministre ;

VU le décret n° 2017- 1533 du 07 septembre 2017 fixant la composition du Gouvernement ;

VU le décret n° 2017-1546 du 08 septembre 2017 portant répartition des services de l'État et du contrôle des établissements publics, des sociétés nationales et des sociétés à participation publique entre la Présidence de la République, la Primature et les ministères, modifié par le décret n° 2018-683 du 27 mars 2018 ;

VU le décret n° 2017-1594 du 13 septembre 2017 relatif aux attributions du Ministre de l'Environnement et du développement durable ;

Sur le rapport du Ministre de l'Environnement et du développement durable,

DECRETE :

Article premier.- Délégation de pouvoirs est donnée à........ (déléguant) pour prendre, au nom du Ministre de l'Environnement et du développement durable...... (pouvoirs délégués), les actes suivants :

.... ;

.... ;

Article 2.- Le Ministre chargé de l'Environnement procède à l'exécution du présent décret qui sera publié au *Journal officiel.*

---

c. Les arrêtés des autorités décentralisées

64. Pouvoir réglementaire. Les autorités décentralisées (maires de ville, présidents de conseil départemental, recteurs) sont dotées d'un pouvoir réglementaire. À partir du moment où certaines responsabilités ont été données à ces autorités, il a paru nécessaire de leur donner également les moyens juridiques de les assumer, notamment le pouvoir d'édicter une réglementation. Il convient de revenir sur le pouvoir réglementaire des autorités décentralisées avant d'étudier sa portée.

- Le pouvoir réglementaire des autorités décentralisées

- **Les arrêtés du maire et du Président du Conseil départemental**

65. Arrêtés municipaux. La loi a confié aux maires des pouvoirs de police administrative. Le maire est chargé, sous le contrôle du représentant de l'État, de la police municipale et de l'exécution des actes de l'État qui y sont relatifs[154]. Il résulte de l'article 119 du Code général des Collectivités territoriales que la police municipale a pour objet d'assurer le bon ordre, la sûreté, la tranquillité, la sécurité et la salubrité publics. Il s'agit d'un pouvoir de police municipale générale[155].

Sous réserve des attributions dévolues aux représentants de l'État et aux maires, le président du conseil départemental, en tant qu'organe exécutif du département, est chargé de préparer et d'exécuter les délibérations du conseil départemental. L'article 34 du Code général des Collectivités territoriales énonce que le président du conseil départemental gère le domaine du département. À ce titre, il exerce les pouvoirs de police afférents à cette gestion, notamment en ce qui concerne la circulation sur ce domaine, sous réserve des attributions dévolues aux représentants de l'État et aux maires.

---

[154] V. art. 118 du Code général des Collectivités territoriales.

[155] M. DIAGNE, *Droit administratif local*, Dakar, IGS, 2003, p. 175 et s. ; M. SARR, *Le maire : la genèse et la singularité du rôle*, Dakar, l'Harmattan 2017, p. 463.

- **Les arrêtés rectoraux**

66. Notion. Quant au recteur, en sa qualité de représentant légal de l'université, il est le responsable du maintien de l'ordre et de la sécurité dans l'université. Il est habilité à prescrire, par arrêté, toutes les mesures nécessaires à la préservation de l'ordre et de la sécurité au sein de l'université. Le recteur est en outre chargé d'exercer le pouvoir hiérarchique sur le personnel de l'université[156]. Il peut, par arrêté, procéder à la nomination de chefs de service. L'article 15 du décret n° 70-1135 du 13 octobre 1970 portant statut de l'Université de Dakar précise que le recteur exerce le pouvoir de nomination et le pouvoir disciplinaire sur le personnel à l'égard duquel ces prérogatives n'ont pas été confiées à une autre autorité. À cet effet, l'autorité rectorale exerce ses attributions par arrêtés réglementaires ou individuels.

3. La décision

67. Notion de décision. La décision est un acte administratif qui a généralement pour objet l'organisation et le fonctionnement interne d'un service administratif. Cette décision dite administrative doit être distinguée de la décision communautaire. La décision est réservée aux mesures d'ordre interne prises par les ministres et les autorités administratives déconcentrées ou décentralisées (gouverneurs, préfets, maires, recteurs, etc.) lorsqu'elles prennent la forme d'un acte administratif[157]. Elle est souvent employée pour prendre des mesures d'exécution. Il en est ainsi de la réorganisation de services, de mesures individuelles ou collectives concernant le personnel administratif, comme la nomination, l'affectation, la mutation, la mise en position de stage, le congé, le licenciement, etc.

Les décisions revêtent souvent la nature d'actes administratifs à caractère individuel. Elles sont édictées souvent lorsque le niveau des agents concernés n'exige pas de prendre un décret ou un arrêté ou même lorsque son auteur n'est pas compétent pour édicter un décret ou un arrêté. Il en

---

[156] V. art. 17 de la loi n° 2015-26 du 28 décembre 2015 relative aux universités publiques.

[157]En ce sens, J. GANDOUIN et J.-M. ROUSSIGNOL, *Rédaction administrative Afrique. Maghreb-Afrique subsaharienne,* Armand Colin, 4e édition mise à jour, 2013, p. 187.

est ainsi notamment des chefs de services régionaux ou départementaux[158].

Les mesures contenues dans les décisions ne concernent pas directement les tiers et la publicité qui leur est donnée ne dépasse pas habituellement le cadre administratif.

Il faut aussi que l'autorité soit juridiquement compétente et tienne son pouvoir de décision d'un texte législatif ou réglementaire qui en précise les contours.

[158] Sur cette question, M. DIAKHATE, *La rédaction administrative au Sénégal*, Dakar, CREDILA, 2e édition, 2016, p. 187.

DOCUMENT N° 8 : MODELE DE DECISION

REPUBLIQUE DU SENEGAL

Un Peuple-Un But-Une Foi

Le Ministère de la Fonction publique,
de la rationalisation des Effectifs
et du Renouveau du Service public

LE MINISTRE,

VU la Constitution ;

VU la loi n°97-17 du 1er décembre 1997 portant Code du Travail, modifiée ;

VU le décret n° 74-347 du 12 avril 1974 fixant le régime spécial applicable aux agents non fonctionnaire, de l'État, modifié;

Sur le rapport du Directeur de ……………………,

DECIDE :

Article premier.- Monsieur …….., né le …….à …… , chauffeur non fonctionnaire, matricule de solde n°……., en service au Ministère de l'Éducation nationale, ayant atteint la limite d'âge légale de retraite, est radié du contrôle nominatif des agents non fonctionnaires de l'État pour compter du …………..

Article 2.- Les droits éventuels à congé de l'intéressé sont liquidés par le Ministère de l'Éducation nationale, conformément aux dispositions de l'article L.151 du Code du Travail.

Article 3.- L'intéressé perçoit en outre une allocation de cessation de service dite Ir indemnité de départ à la retraite 111 pour les services effectués pour la période comprise entre le ………………… et le ……………….., conformément aux dispositions de l'article 40 du décret n° 74-347 du 12 avril 1974 modifié.

Cette indemnité est calculée comme suit :

- 20% du salaire moyen mensuel global …………… au ………………… ;
- 25% du salaire moyen mensuel global du ……………. au ………………;
- 30% du salaire moyen mensuel global du ……………. au ………………

Article 4.- La présente décision sera enregistrée, publiée et communiquée partout où besoin sera.

Le Ministre

Viviane Laure Elisabeth BAMPASSY

4. La délibération

68. Pouvoir de prendre des délibérations. Les organes délibérants de certaines assemblées, à savoir les conseils territoriaux (le conseil départemental et le conseil municipal), ainsi que les assemblées des universités (conseil académique) sont également investis du pouvoir normatif. Ces conseils exercent leur pouvoir réglementaire par voie de délibérations. Il s'agit d'actes par lesquels les organes délibérants de ces collectivités règlent les affaires de la collectivité ou de l'université.

69. Délibérations du conseil départemental. Le conseil départemental est chargé d'administrer le département. Il concourt, par ses délibérations, à l'administration du département.

Le département a compétence pour promouvoir le développement économique, éducatif, social, sanitaire, culturel et scientifique pour réaliser les plans départementaux de développement et organiser l'aménagement du territoire dans le respect de l'intégrité, de l'autonomie et des attributions des autres collectivités territoriales. Il peut engager des actions complémentaires de celles de l'État et des autres collectivités territoriales situées dans la circonscription administrative dans les domaines et les conditions fixées par la loi.

70. Délibérations du conseil municipal. Le conseil municipal assure, par ses délibérations, la gestion des affaires de la commune. Il est compétent pour statuer notamment sur le plan général d'occupation des sols ainsi que sur l'autorisation d'installation d'habitations ou de campements et l'affectation et la désaffectation des terres du domaine national. Il est compétent également pour se prononcer sur le budget de la commune, la protection de la faune et de la flore et la lutte contre les dépravateurs et braconniers, la lutte contre les incendies et la pratique des feux de culture, l'organisation de l'exploitation de tous les produits végétaux de cueillette et des coupes de bois.

71. Délibérations des assemblées des universités. Les assemblées des universités peuvent exercer le pouvoir réglementaire par délibérations. À titre d'exemple, il résulte de l'article 8 du décret n° 70-1135 du 13 octobre 1970 portant statut de l'Université de Dakar que l'Assemblée de l'Université délibère et statue définitivement sur l'organisation des enseignements, les programmes, le régime des études et examens, la scolarité, les biens de l'université et les affaires contentieuses. Elle délibère aussi sur le budget de l'université et des institutions qui lui sont directement rattachées ainsi que sur le budget des facultés de l'Institut fondamental d'Afrique noire (IFAN) et des écoles nationales supérieures.

L'assemblée de faculté a des attributions similaires. Elle délibère notamment sur toutes les questions concernant la vie de l'établissement, sur l'exercice de l'action en justice et sur l'acceptation des dons et legs[159]. L'article 14 de la loi n° 2015-26 du 28 décembre 2015 relative aux universités publiques énonce que le conseil académique de l'université, en tant qu'organe de délibération de toutes les questions d'ordre académique, a pour mission de se prononcer sur les questions scientifiques, académiques, pédagogiques, disciplinaires et de recherche. À ce titre, il délibère notamment sur les programmes et le contenu des programmes, le calendrier universitaire, le régime des études et des examens.

72. Délibérations des organes délibérants. Les organes délibérants des entités relevant du secteur parapublic (sociétés publiques, agences d'exécution, établissements publics, et structures administratives similaires ou assimilées) et des autorités administratives indépendantes édictent également des délibérations.

L'article 21 de la loi d'orientation n° 2022-08 du 19 avril 2022 relative au secteur parapublic, au suivi du portefeuille de l'État et au contrôle des personnes morales de droit privé bénéficiant du concours financier de la puissance publique énonce que l'organe délibérant statue sur toutes les mesures concernant la gestion de l'organisme, notamment le plan stratégique de développement, le règlement intérieur, le programme pluriannuel d'actions et d'investissements, le contrat de performances ou contrat d'objectifs et de moyens, le budget, les acquisitions et aliénations de patrimoine. En outre, les extraits de délibérations de l'organe délibérant

---

159 V. art. 22 du décret n° 70-1135 du 13 octobre 1970 portant statut de l'Université de Dakar.

signés par te président sont transmis aux autorités de tutelle technique et financière de l'organisme quinze jours après la tenue de la séance concernée[160].

En vertu de l'article 233 du Code des Communications électroniques, le Collège est l'organe délibérant et l'instance décisionnelle de l'Autorité de Régulation des Télécommunications et des Postes (ARTP).

L'article 234 dudit code précise que le Collège de l'Autorité de régulation délibère notamment sur les orientations générales, le plan d'action, le programme annuel d'activités, le rapport d'activités, le rapport de gestion, le rapport social de l'Autorité de régulation et le rapport sur la performance de l'Autorité de régulation.

73. Spécificités des délibérations des conseils locaux. Les délibérations des conseils locaux présentent certaines spécificités. En vertu de l'article 243 du Code général des Collectivités territoriales, les délibérations des conseils territoriaux sont transmises au représentant de l'État auprès du département ou de la commune, qui dispose d'un délai de quinze (15) jours pour en demander une seconde lecture.

Ces actes sont exécutoires de plein droit, quinze (15) jours après la délivrance de l'accusé de réception, sauf demande de seconde lecture de la part du représentant de l'État, et après leur publication ou leur notification aux intéressés.

En principe, les délibérations sont exécutoires de plein droit dès qu'il est procédé à leur publication ou à leur notification aux intéressés, après transmission au représentant de l'État[161].

Les délibérations qui interviennent dans les domaines les plus importants restent soumises à l'approbation préalable du représentant de l'État[162] ; il

---

[160] V. art. 28 de la loi d'orientation n° 2022-08 du 19 avril 2022 relative au secteur parapublic, au suivi du portefeuille de l'État et au contrôle des personnes morales de droit privé bénéficiant du concours financier de la puissance publique.

[161] V. art. 243 in fine du Code général des Collectivités territoriales.

[162] M. M. AIDARA, « Brèves réflexions sur la portée de la loi portant Code général des Collectivités locales au Sénégal », in A. SALL et I. M. FALL (dir.), *Actualités du droit public et de la science politique en Afrique, Mélanges en l'honneur de Babacar KANTE*, Dakar, l'Harmattan, 2017, p. 679.

s'agit de celles prises dans les domaines suivants : les budgets primitifs et supplémentaires, les emprunts et garanties d'emprunts, les plans de développement des collectivités territoriales, les conventions financières de coopération internationale comportant des engagements d'un montant fixé par décret, les affaires domaniales et d'urbanisme, les garanties et prises de participation dans des sociétés privées exerçant des activités d'intérêt général à participation publique, les marchés supérieurs à un montant fixé par décret et les contrats de concession d'une durée supérieure à trente (30) ans[163].

À cet effet, ces délibérations et décisions sont transmises au représentant de l'État. Son approbation est réputée tacite si elle n'a pas été notifiée à la collectivité territoriale dans le délai d'un mois à compter de la date de l'accusé de réception par le représentant de l'État.

L'article 246 du Code général des Collectivités territoriales habilite le représentant de l'État à déférer à la Cour suprême les délibérations qu'il estime entachées d'illégalité, dans les deux (2) mois suivant leur transmission.

---

[163] V. art. 245 du Code général des Collectivités territoriales.

DOCUMENT N° 9 : MODELE DE DELIBERATION

REPUBLIQUE DU SENEGAL
Un Peuple – Un But – Une Foi
Mairie de Dakar
Conseil Municipal de Dakar

Délibération n°... portant ...

LE CONSEIL MUNICIPAL,

VU la Constitution ;

VU la loi n° 64-46 du 18 juin 1964 relative au Domaine national, modifiée ;

VU le décret n° 65-51 du 19 juillet 1965 portant Code des Obligations de l'Administration, modifiée ;

VU le décret n° 2013-10 du 28 décembre 2013 portant Code général des Collectivités territoriales, modifiée;

VU le décret .... ;

VU l'arrêté n°... ;

VU la délibération n°...,

DELIBERE :

Article premier.- ....

Article 2.- Le Maire de....et le Receveur municipal..........procèdent à l'exécution de la présente délibération.

Article 3.- La présente délibération sera enregistrée et publiée partout où besoin sera.

Monsieur...
Maire de la Ville de Dakar
(signature)

- La portée du pouvoir réglementaire des autorités décentralisées

74. Pouvoir réglementaire limité. Le pouvoir réglementaire des autorités décentralisées constitue un pouvoir limité.

En premier lieu, elles disposent d'une compétence d'attribution qui suppose un texte législatif (pas de compétence sans texte exprès).

En deuxième lieu, le pouvoir réglementaire des autorités décentralisées, à l'image de celui des autorités déconcentrées, ne peut s'exercer que dans le cadre géographique de la collectivité ou circonscription considérée.

En troisième lieu, il s'agit d'un pouvoir réglementaire secondaire ; la norme réglementaire édictée par l'autorité décentralisée doit respecter les actes réglementaires du niveau supérieur (actes du Président de la République, du ministre, du gouverneur, du préfet, du sous-préfet). Le maire ne peut qu'ajouter aux mesures prises par les autorités étatiques ; il ne peut ni les réduire ni les modifier[164].

En quatrième lieu, la compétence réglementaire des autorités décentralisées est en principe soumise à un contrôle de légalité exercé par le représentant de l'État. L'article 116 du Code général des Collectivités territoriales énonce que les décisions et les arrêtés des maires sont immédiatement adressés au représentant de l'État qui en assure le contrôle dans les conditions prévues par les articles 243 et suivants du Code général des Collectivités territoriales. Ce contrôle de légalité concerne notamment les actes à caractère réglementaire pris par les collectivités territoriales dans tous les domaines qui relèvent de leur compétence, les décisions individuelles relatives à la nomination, à l'avancement de grade ou d'échelon d'agents des collectivités territoriales et les décisions individuelles relatives aux sanctions soumises à l'avis du conseil de discipline et au licenciement d'agents des collectivités territoriales.

Les pouvoirs dévolus par la loi au maire, au président du conseil départemental et au conseil municipal sont importants[165].

---

164 M. DIAGNE, *Droit administratif local*, Dakar, IGS, 2003, p. 178.

165 V. art. 81 et s. du Code général des Collectivités territoriales.

PARAGRAPHE VII : LA RÉPARTITION DES DOMAINES DE LA LOI ET DU RÈGLEMENT

75. Domaines législatif et réglementaire. La Constitution du 22 janvier 2001 a fixé des principes de répartition des domaines législatif et réglementaire en assortissant cette répartition de mécanismes de protection.

A. Les principes de répartition des domaines de la loi et du règlement

76. Principes constitutionnels. La répartition des domaines de la loi et du règlement est fixée par les articles 67 et 76 de la Constitution sénégalaise qui s'est inspirée de la Constitution française de 1958[166]. Il résulte de ces textes constitutionnels que le pouvoir législatif a une compétence d'exception confinée aux matières déterminées par la Constitution, tandis que le pouvoir réglementaire dispose d'une compétence de droit commun.

1. La compétence d'exception du pouvoir législatif

77. Domaine législatif. En vertu des dispositions de l'article 67 de la Constitution, il appartient l'Assemblée nationale de fixer les règles concernant certaines matières et de déterminer les principes fondamentaux concernant d'autres matières.

a. La fixation des règles concernant certaines matières

78. Domaine entièrement législatif. L'article 67 de la Constitution a énuméré des matières « *entièrement législatives* » dans lesquelles la loi fixe les règles en posant les principes généraux et en fixant les modalités d'application.

Il faut préciser que les matières listées par l'article 67 de la Constitution, comme relevant du domaine législatif, n'épuisent par les compétences de

---

[166] V. P. A. TOURE, *Légistique. Techniques de conception et de rédaction des lois et des actes administratifs : une tradition de gouvernance normative*, Dakar, l'Harmattan, 2018, p. 45 et s.

l'Assemblée nationale[167]. D'autres textes de la Constitution énoncent de façon spécifique d'autres matières qui relèvent du domaine de la loi. Ainsi, la loi détermine le sceau et l'hymne national[168]. Les conditions dans lesquelles les partis politiques et les coalitions de partis politiques sont formés, exercent et cessent leurs activités sont déterminées par la loi (art. 4 de la Constitution). Le régime de la presse est fixé par la loi[169]. La loi définit également le statut et fixe les droits et devoirs des partis politiques.[170]. Les matières relevant du domaine exclusif de la loi sont assez nombreuses.

- Les droits civiques et les garanties fondamentales accordées aux citoyens pour l'exercice des libertés publiques

79. Libertés fondamentales. Cette catégorie très large comprend notamment les libertés essentielles telles que la liberté d'association, la liberté du commerce et de l'industrie, la liberté du culte, etc. La Cour suprême a eu l'occasion de préciser cette catégorie dans un arrêt rendu le 29 mai 1965[171]. Dans cette décision, il a été jugé que les dispositions subordonnant l'existence d'une société à un agrément de l'autorité publique affectent les garanties fondamentales accordées aux citoyens pour l'exercice de la liberté de s'associer reconnue par l'article 9 de la Constitution du 07 mars 1963.

Appartiennent aux règles concernant les droits civiques celles qui sont relatives à l'attribution du droit de suffrage, à l'éligibilité, au mode de

[167] En ce sens, V. la circulaire du Président du Conseil n° 78 du 27 septembre 1960 relative aux incidences de l'entrée en vigueur de la Constitution sur les conditions d'exercice du pouvoir législatif, du pouvoir réglementaire et du pouvoir de prendre des décisions individuelles.
[168] V. art. 1er de la Constitution.
[169] V. art. 11 de la Constitution.
[170] V. art. 58 de la Constitution. En ce sens, V. la circulaire du Président du Conseil n° 78 du 27 septembre 1960 relative aux incidences de l'entrée en vigueur de la Constitution sur les conditions d'exercice du pouvoir législatif, du pouvoir réglementaire et du pouvoir de prendre des décisions individuelles.
[171] CS section réunies du 29 mai 1965, Statut de la coopération dans les territoires relevant du Ministère de la France d'Outre-Mer, in *RIPAS*, n° 11, octobre-décembre 1984, p. 938.

scrutin, à la répartition des sièges et au recours éventuellement exercés contre les élections[172].

Au nombre des libertés publiques dont les garanties fondamentales relèvent de la loi figurent le libre exercice du droit d'agir en justice[173], l'institution d'une autorité administrative indépendante chargée de veiller au plein exercice d'une liberté[174] et la liberté d'association[175].

- Les sujétions imposées par la Défense nationale aux citoyens en leur personne et en leurs biens

80. Contenu. Relèvent des sujétions imposées par la Défense nationale aux citoyens, non seulement les règles qui déterminent leurs obligations, mais également celles qui fixent les droits que leur ouvrent ces obligations et notamment le droit aux pensions d'invalidité[176].

En revanche, ne constituent pas des règles concernant les sujétions imposées par la défense nationale, les dispositions relatives à l'ancienneté de grade et les conditions d'avancement des officiers de réserve, mais ne fixant pas les limites d'âge qui leur sont applicables[177].

- Le statut de l'opposition

81. Innovation constitutionnelle. L'énumération du statut de l'opposition dans les matières relevant du domaine exclusif de la loi est une innovation de la Constitution du 22 janvier 2001 dont le préambule reconnaît l'opposition « *comme un pilier fondamental de la démocratie et un rouage indispensable au bon fonctionnement du mécanisme démocratique* ». Le titre V de la Constitution intitulé « *De l'opposition* » comporte un article 58 qui dispose que la Constitution garantit aux partis politiques qui s'opposent à la politique du Gouvernement le droit de

---

[172] Cons. const. du 04 décembre 1962, n° 62-20 L. *Rec. cons. const.*, p. 34.

[173] Cons. const. du 02 décembre 1980, n° 80-119 L *Rec. cons. const.*, p. 7.

[174] Cons. const. du 26 juillet 1984, n° 84-174 DC, JO 28 juillet 1984, p. 2496, Haute autorité de la communication audiovisuelle.

[175] CE du 25 mars 1988, Sté centrale carine pour l'amélioration des races de chiens en France, Req. n° 65175, *Dr. adm.*, 1988, n° 224.

[176] CE du 29 janvier 1965, Ass. Républicaine des anciens combattants et victimes de guerre et sieur Lesage, *Rec. CE*, p. 68.

[177] Contra Cons. const. du 17 novembre 1966, n° 69-58 L. *Rec. cons. const.*, p. 34.

s'opposer. Ce texte ajoute que « *la loi définit leur statut et fixe leurs droits et devoirs* ».

- La nationalité, l'état et la capacité des personnes, les régimes matrimoniaux, les successions et libéralités

82. Domaine législatif. Au Sénégal, les conditions d'acquisition de la nationalité ont été fixées par la loi n° 61-10 du 07 mars 1961 déterminant la nationalité, modifiée[178]. Les dispositions relatives à l'état, à la capacité des personnes, aux régimes matrimoniaux, aux successions et aux libéralités sont prévues dans la loi n° 72-61 du 12 juin 1972 portant Code de la Famille, modifiée.[179]

Le législateur sénégalais considère que la fixation de l'orthographe des noms des personnes relève du domaine exclusif de la loi qui fixe les règles concernant l'état des personnes. C'est pourquoi les règles relatives à la transcription des noms propres sénégalais en français ont été fixées par la loi n° 74-57 du 28 novembre 1974 relative à la transcription des noms propres sénégalais en français[180]. Selon l'exposé des motifs de ce texte, « *l'orthographe du nom patronymique fait partie de l'état des personnes* ». En vertu de l'article 2 du Code de la Famille, la personne s'identifie par son ou ses prénoms et par son nom patronymique, et le nom est attribué dans les conditions fixées par la loi.

Une décision du Conseil constitutionnel français du 17 septembre 1964 a énoncé qu'il appartient au législateur de fixer les règles relatives à l'adoption des personnes nées à l'étranger[181].

Mais « *la détermination du format et les différents modèles de livret de famille ne fait pas partie des règles concernant l'état des personnes* »[182].

[178] JORS n° 3439 du 15 mars 1961, p. 351.
[179] JORS, n° 4243 du 12 août 1972.
[180] JORS du 09 décembre 1974, p. 1960.
[181] Cons. const. du 17 septembre 1964, n° 64-30, *Rec. cons. const.*, p. 41.
[182] CE du 25 juillet 1975, Sté « les éditions des Mairies », *Rec. CE* , tables, p. 819.

- La détermination des crimes et délits ainsi que les peines qui leur sont applicables

83. Crimes, délits et peines. Il appartient au législateur de déterminer les éléments constitutifs des crimes et des délits. La définition d'une infraction punie d'une peine criminelle ou correctionnelle ressortit de la compétence de la loi[183].

La jurisprudence française refuse même à l'exécutif le pouvoir de modifier les dispositions d'un texte, même réglementaire, sanctionnées par une peine correctionnelle[184], considérant qu'une disposition définissant un crime ou un délit et une disposition la réprimant relèvent de la même compétence (législative).

La détermination des peines attachées aux crimes et aux délits relève également de la compétence législative. Mais le législateur n'est pas compétent pour créer des peines contraventionnelles même privatives de liberté ; cette matière relève du domaine réglementaire.

84. Domaine réglementaire. Relève aussi du domaine réglementaire la détermination des contraventions et des sanctions qui y sont attachées. Dans une décision rendue le 12 juillet 2023[185], le Conseil constitutionnel sénégalais a jugé que l'article 67 de la Constitution n'épuise pas le champ des infractions, puisque « *les contraventions restent dans le domaine du règlement, conformément aux dispositions de l'article 76 de la Constitution* ». Ainsi, précise, le juge constitutionnel, les sanctions pénales prévues à l'article 133 de la loi portant Code de l'Environnement « *ne peuvent être que de nature contraventionnelle* » et relèvent, dès lors, du domaine du règlement.

L'exécutif peut donc seul déterminer les faits qui constituent des contraventions et fixer les peines qui leur sont applicables. Au Sénégal, le Code des Contraventions a été institué par le décret n° 65-557 du 21 juillet 1965[186].

---

[183] Cons. const. du 26 juin 1969, n° 69-55 DC.

[184] CE du 02 février 1967, Confédération gén. des vignerons du midi, *Rec. CE*, p. 55.

[185] Cons. const. n° 5/C./2023 du 12 juillet 2023, Samba DANG et autres, *inédit*.

[186] JORS du 23 août 1975, p. 954 et s.

D'ailleurs, c'est pour prendre en compte le domaine réglementaire des contraventions que la loi n° 99-05 du 29 janvier 1999 modifiant certaines dispositions du Code de Procédure pénale[187] a apporté une modification à l'article 4 du Code pénal, en consacrant ce qu'un auteur a appelé « *la réglementalité des contraventions* »[188]. Ce texte énonce que nul crime, nul délit, nulle contravention ne peuvent être punis de peines qui n'étaient prévues par la loi « *ou le règlement* » avant qu'ils fussent commis. Il consacre ainsi un véritable doublement des sources de la légalité pénale.

Dans l'arrêt du 29 mai 1965 précité, la Cour suprême du Sénégal a jugé que les contraventions de simple police relèvent du domaine réglementaire, tandis que relève de la loi, la détermination des infractions dont les plus élevées dépassent le montant maximum des contraventions de simple police.

Le principe de la compétence réglementaire en matière de contravention peut être étendu au droit pénal général des contraventions, c'est-à-dire aux principes généraux du droit pénal des contraventions (état de nécessité, circonstances atténuantes, etc.). Cet élargissement du domaine du règlement n'est pas exclu par l'article 67 de la Constitution[189].

- La détermination des règles de procédure pénale

85. Procédure pénale. En vertu de l'article 67 de la Constitution, la procédure pénale relève du domaine exclusif de la loi. Il s'agit de « *l'ensemble des règles relatives à la constatation des infractions ainsi qu'à l'identification, l'appréhension, la poursuite et le jugement de leurs auteurs* »[190]. Parce qu'elle met en jeu les droits et libertés fondamentaux

---

[187] JORS, n° 5847 du 27 février 1999, p. 836.

[188] D. NDOYE, *Code pénal du Sénégal annoté*, Dakar, *EDJA*, 2009, note sous art. 4, p. 12.

[189] Sur cette question, G. ROUJOU DE BOUBEE, « Les deux sources du droit pénal d'après la Constitution du 04 octobre 1958 », *JCP*, 1961, I, 1638 ; également G. RIVES, « La classification des infractions selon leur gravité en droit sénégalais », *Annales africaines* 1974, p. 185.

[190] F. DESPORTES et L. LAZERGES-COUSQUER, *Procédure pénale*, Paris, Economica, 3e édition, 2013, p. 1.

des citoyens, la procédure pénale fait partie des matières relevant intégralement de la compétence législative[191].

Cette compétence concerne également la procédure de simple police prévue par la loi n°65-61 du 21 juillet 1965 portant Code de Procédure pénale. Au Sénégal, la procédure de jugement des contraventions est encadrée par le titre III du Code de Procédure pénale comportant les articles 509 à 537.

La Cour d'appel de Dakar a eu l'occasion de préciser la compétence législative en matière de procédure pénale dans l'arrêt *Aïssatou Guèye DIAGNE* rendu le 22 août 2012[192]. Dans cette espèce, la cour a jugé que l'article 27, alinéa 3 du décret n° 2009-328 du 08 avril 2009 fixant le statut des notaires, qui subordonne les poursuites contre les notaires à l'autorisation du Garde des Sceaux, Ministre de la Justice, après avis de la chambre disciplinaire, intervient dans le domaine de la loi et méconnait l'article 67 de la Constitution.

Selon la cour, « *ce texte aménage une procédure pénale spéciale dérogatoire aux règles édictées par la loi n°65-61 du 21 juillet 1965 portant Code de Procédure pénale et constitue une garantie supplémentaire pour le notaire ; il viole manifestement ladite loi ainsi que l'article 67 de la Constitution, en s'immisçant subrepticement dans les attributions relevant exclusivement du domaine du pouvoir législatif* ».

Mais les dispositions qui déterminent le nombre, le siège, le ressort des tribunaux, même si elles entraînent des modifications d'autres juridictions du même ordre et du même degré, ne font pas partie des règles concernant la procédure pénale[193].

---

[191] R. GASSIN, « La règle de procédure pénale au sens de l'article 34 de la Constitution », in *Les droits et le Droit, Mélanges B. Bouloc*, Paris, Dalloz, p. 363 ; F. DESPORTES et L. LAZERGES-COUSQUER, *op. cit.*, p. 104.

[192] CA Dakar n° 890 du 22 août 2012, Ministère public c/ A. G. D., in *Bulletin des arrêts rendus par la Cour d'Appel de Dakar en matière pénale*, année 2014, p. 134 ; dans le même sens, CA Dakar, n° 635 du 12 juillet 2010, MP et la Société Nationale d'Assurances Mutuelles dite SONAM c/ S. MB. B., *inédit*.

[193] Cons. const. du 18 juillet 1961, n° 61-64 L. *Rec. cons. const.*, p. 38.

86. Procédures civile, commerciale et administrative. Les règles de procédure civile ne sont pas au nombre de celles qui doivent être fixées par la loi. Le Code de Procédure civile a été institué par le décret n° 64-572 du 30 juillet 1964 portant Code de Procédure civile[194]. Relèvent ainsi du domaine réglementaire, la détermination de la compétence territoriale des juridictions civiles[195], celles relatives au greffe[196] ainsi que l'attribution de l'initiative d'une action en justice à la partie la plus diligente, en lui impartissant un délai à cet effet[197].

Dans un arrêt rendu le 20 juin 1964[198], les sections réunies de la Cour suprême du Sénégal ont jugé que les dispositions des articles 642, 643 et 648 du Code de Commerce français déclarées exécutoires au Sénégal par la loi du 07 décembre 1850, qui règlent la procédure applicable à l'instruction des causes commerciales en première instance et en appel, ont un caractère réglementaire. La cour a jugé, dans la même décision, que les dispositions relatives à la surenchère du sixième dans les ventes par adjudication des immeubles appartenant à des mineurs ainsi qu'à la procédure d'homologation du procès-verbal de partage constituent des règles de procédure civile ; elles ont, dès lors, un caractère réglementaire.

Les règles de la procédure administrative contentieuse relèvent également de la compétence réglementaire[199]. Il en est ainsi des dispositions relatives à la fixation des délais de recours contentieux administratif[200] et

---

[194] Sur cette question, A. CISSE, « Nouvelles dispositions du Code de Procédure civile. Décret n° 2013-1071 du 06 août 2013. L'appel des jugements des tribunaux régionaux », *Lex Hebdo*, n° 1216 du lundi 16 septembre 2013, p. 1 ; J. HERON, *Droit judiciaire privé*, Paris, Montchrestien, 1991, p. 17, n° 13 ; P. A. TOURE, « Le décret n° 2013-1071 du 06 août 2013 modifiant le Code de Procédure civile : entre l'accélération de la cadence judiciaire et la préservation des droits des parties au procès », *EDJA*, n° 102, juillet-août-septembre 2014, p. 49 et s.

[195] V. le décret n° 2015-1145 du 03 août 2015 fixant la composition et la compétence des cours d'appel, des tribunaux de grande instance et des tribunaux d'instance

[196] Cons. const. du 10 mars 1966, n° 66-37 *L. Rec. cons. const.*, p. 25.

[197] Cons. const. du 27 avril 1977, n° 77697 *L. Rec. cons. const.*, p. 55.

[198] CS n° 02 C du 20 juin 1964, *RLJ*, arrêts de la Cour suprême, 1967, p. 68 ; *Penant,* n° 705, janvier-février-mars 1965, p. 81.

[199] J. MOREAU, « Le caractère réglementaire ou législatif de la procédure administrative contentieuse », in *Mélanges M. Waline,* 1974, p. 635.

[200] CE du 15 mars 1971, *Rec. CE,* p. 208.

à la fixation de la procédure à suivre devant les tribunaux administratifs, dès lors qu'elles ne concernent ni les modalités de recouvrement d'une imposition ni le principe général relatif aux droits de la défense[201].

En droit sénégalais, la procédure administrative contentieuse est prévue par les articles 729 à 733 du Code de Procédure civile.

En outre, les règles de la procédure contentieuse en matière fiscale devant les juridictions civiles ont un caractère réglementaire dès lors qu'elles ne mettent pas en cause une règle ou un principe fondamental visé par l'article 34 de la Constitution française.

- Les règles relatives à l'amnistie

87. Amnistie. Le législateur fixe les règles relatives à l'amnistie[202]. Il s'agit d'une mesure qui ôte rétroactivement à certains faits commis à une période déterminée leur caractère délictueux[203]. Dans l'affaire dite *EZZAN* du 07 janvier 2005 portant loi d'amnistie jugée le 12 février 2005[204], le Conseil constitutionnel sénégalais a précisé les contours de la compétence législative en matière d'amnistie.

Dans cette affaire, suite à l'adoption de la loi précitée qui a amnistié de plein droit, toutes les infractions criminelles ou correctionnelles en relation avec les élections générales ou locales perpétrées entre le 1er janvier 1983 et le 31 décembre 2004 ainsi que celles commises en relation avec le décès de Monsieur Babacar SEYE, ex-vice-président du Conseil constitutionnel, un groupe de députés a saisi le juge constitutionnel d'un recours en inconstitutionnalité dirigé contre la loi dite EZZAN.

Le Conseil constitutionnel a jugé, sur le fondement de l'article 67 de la Constitution, que: « *le législateur peut faire disparaitre pour l'avenir tout caractère délictueux à certains faits pénalement répréhensibles, en interdisant toute poursuite à leur égard et en effaçant les condamnations*

---

[201] Cons. const. du 21 décembre 1972, n° 72-75 *L. Rec. cons. const.*, p. 36.

[202] Cons. const. du 07 juin 2013, déc. n° 2013-319 QPC, consid. 5.

[203] G. CORNU, *Vocabulaire juridique*, Paris, PUF, 2004, p. 63.

[204] Cons. const. n° 91/2005 1/C/2005 du 12 février 2005, affaire de la loi n° 2005-01 du 07 janvier 2005 portant loi d'amnistie dite loi EZZAN, in I. M. FALL, *Les décisions et avis du Conseil constitutionnel du Sénégal*, Dakar, CREDILA, 2008, p. 473, obs. A. DIEYE.

qui les ont frappées ; qu'il lui appartient de déterminer les infractions amnistiées en fonction de critères objectifs et, au besoin, les personnes auxquelles doit s'appliquer le bénéfice de l'amnistie ; que ni la Constitution, ni aucune norme de valeur constitutionnelle ne limitent le pouvoir du législateur d'amnistier des catégories quelconques d'infractions qu'elles soient punies de peines criminelles, correctionnelles, ni des faits déjà amnistiés sous réserve du respect de l'intangibilité des droits acquis ».

Dès lors, précise le juge constitutionnel, en laissant le soin au juge d'interpréter la loi et au pouvoir réglementaire la compétence pour prendre des mesures individuelles de réintégration, le législateur n'a pas violé les articles 67 et 76 de la Constitution.

La haute juridiction constitutionnelle a ajouté qu'il est de la nature de la loi d'amnistie de faire disparaître pour l'avenir tout caractère délictueux de certains faits pénalement répréhensibles. Ainsi, « *la dérogation apportée au principe de la séparation des pouvoirs trouve son fondement dans les dispositions de l'article 67 de la Constitution qui font figurer au nombre des matières qui relèvent de la loi la fixation des règles concernant l'amnistie* ». Pour le Conseil constitutionnel, la compétence reconnue par l'article 67 de la Constitution au législateur pour fixer les règles relatives à l'amnistie lui confère un large domaine de compétence dans la détermination des infractions amnistiées.

Récemment, la loi n°2024-09 du 13 mars 2024 portant amnistie a amnistié, de plein droit, tous les faits, susceptibles de revêtir la qualification d'infraction criminelle ou correctionnelle, commis entre le 1er février 2021 et le 25 février 2024 tant au Sénégal qu'à l'étranger, se rapportant à des manifestations ou ayant des motivations politiques y compris celles faites par tous supports de communication, que leurs auteurs aient été jugés ou non.

- La création de nouveaux ordres de juridictions

88. Création de nouveaux ordres de juridictions. La loi fixe les règles concernant « *la création de nouveaux ordres de juridictions* »[205]. *Dans le langage juridique, l'ordre de juridiction renvoie à un « ensemble distinct et hiérarchisé de juridictions de même nature* »[206]. La notion *« d'ordres de juridiction* » vise l'existence de hiérarchies de tribunaux ayant à leur tête une juridiction souveraine. Il en est ainsi des juridictions de l'ordre administratif et des juridictions de l'ordre judiciaire.

Au Sénégal, dès le lendemain de l'indépendance, l'option a été prise de passer d'une organisation judiciaire dualiste à une organisation judiciaire unitaire[207].

Le législateur a mis en place un système judiciaire fondé sur l'unification de l'ordre juridictionnel, qui est la conséquence de la suppression des juridictions administratives[208]. Malgré l'introduction de la spécialisation au sommet de la hiérarchie judiciaire par la réforme de 1992, suivie de la restauration de la Cour suprême en 2008, le système judiciaire s'est toujours accommodé de l'unité de juridiction.

En tout état de cause, toute remise en cause du système d'unification juridictionnelle, par la création de nouveaux ordres de juridictions (juridictions administratives, judiciaires, coutumières) exige l'intervention d'un texte de nature législative.

---

205 V. art. 67 de la Constitution.

206 G. CORNU, *Vocabulaire juridique*, Paris, PUF, 2014, V° ordre de juridiction, p.716.

207 V. K. MBAYE, « L'organisation judiciaire », *Penant*, n° 705, janvier-février-mars, 1965, p. 27 ; M. M. TOURE, « Histoire de l'organisation judiciaire du Sénégal : l'unification des juridictions et l'unicité de la juridiction suprême », *Rev. sén. dr.*, n° 17 juin 1975, p. 51 ; A. KANTE, « Réflexions sur l'organisation judiciaire au Sénégal (1830-1992) », in M. BADJI et O. DEVAUX, *Droit sénégalais*, n°05, De la justice coloniale aux systèmes judiciaires africains contemporains, Toulouse, Presses de l'Université des Sciences sociales de Toulouse, 2006, p. 199-221; plus récemment, P. A. TOURE, *La réforme de l'organisation judiciaire commentée et annotée*, Paris, l'Harmattan, 2016, p. 24 et s.

208 A. DIOP, « L'organisation judiciaire sénégalaise en matière administrative », *Rev. jur. ind. et coop.*, n° 4, 1969, p. 944 ; K. MBAYE, « L'organisation judiciaire actuelle », in *Encyclopédie juridique de l'Afrique*, Tome IV, Dakar-Abidjan-Lomé, NEA, 1982, tome 4, p. 38 et s.

89. Compétence réglementaire : création de juridictions. Toutefois, la création de nouvelles juridictions n'est pas visée dans la liste des matières relevant du domaine de la loi. Or, l'article 76 de la Constitution énonce que les matières qui ne sont pas du domaine législatif ont un caractère réglementaire.

En conséquence, du moins en principe, la création de nouvelles entités juridictionnelles relève du domaine réglementaire.

Au Sénégal, les juridictions de base (cours d'appel, tribunal de grande instance, tribunal d'instance, tribunal du travail) ont été créées à la suite de modifications du décret portant aménagement de l'organisation judiciaire. Les tribunaux régionaux et les tribunaux départementaux, remplaçant les anciens tribunaux de première instance et les justices de paix, avaient été créés par le décret n° 84-1195 du 22 octobre 1984 portant aménagement de l'organisation judiciaire.

90. Limites à la compétence réglementaire. Le législateur déroge bien souvent au principe de la création des nouvelles juridictions par décret.

D'une part, il faut réserver le cas des hautes juridictions que sont le Conseil constitutionnel, la Cour suprême, la Cour des Comptes et la Haute Cour de Justice. Ces juridictions sont, en effet, instituées par la Constitution, qui renvoie expressément à des lois organiques pour fixer leurs règles de compétence d'organisation et de fonctionnement.

D'autre part, il est également dérogé au principe de la création des juridictions par décret, en ce qui concerne les juridictions d'exception. Ces entités juridictionnelles spéciales ont été toujours instituées par des lois ordinaires. Il en est ainsi de l'ex Cour de Répression de l'Enrichissement illicite créée par la loi n° 81-54 du 10 juillet 1981, du Tribunal militaire institué par la loi n° 94-44 du 27 mai 1994 portant Code de Justice militaire et du tribunal pour enfants créé par la loi n° 65-61 du 21 juillet 1965 portant Code de Procédure pénale[209]. La Cour de Sûreté de l'État, supprimée de l'architecture judiciaire par la loi n° 92-31 du 04

[209] H. DEME, « Le mineur délinquant de moins de 13 ans devant la Justice : entre théorie et pratique », *Revue EDJA*, n° 77, avril-mai-juin 2008, p. 23.

juin 1992[210], avait également été instituée par la loi n° 73-47 du 04 décembre 1973, en remplacement du Tribunal spécial[211].

Dans son arrêt du 18 août 2014, la Cour de Répression de l'Enrichissement illicite a jugé que : « *Toutes les juridictions à compétence nationale ont été créées par une loi spéciale distincte de la loi n°84-19 du 02 février 1984 fixant l'organisation judiciaire du Sénégal. Il en est ainsi, sans que l'énumération ne soit exhaustive, du Tribunal militaire, de la Haute Cour de Justice et de la Cour de Répression de l'Enrichissement illicite* »[212].

La création des juridictions pénales d'exception par voie législative ne saurait étonner. En effet, les textes particuliers portant création de ces juridictions aménagent en même temps des règles relatives à leur compétence ainsi que la procédure pénale à suivre devant elles. Or, il résulte des dispositions de l'article 67 de la Constitution que la procédure pénale relève du domaine exclusif de la loi. En conséquence, les textes portant création et fixant les règles d'organisation et de fonctionnement des juridictions pénales d'exception ne peuvent avoir pour support normatif que la loi.

Le Conseil constitutionnel français a considéré que constitue un nouvel ordre de juridiction, tout type de tribunal, original par la compétence qui lui est attribuée ou par la composition qui lui est donnée, alors même qu'il relève en appel ou en cassation de juridictions existantes[213]. Dès lors, la création d'une juridiction à compétence exclusive en matière pénale[214] ou d'un tribunal militaire à compétence spéciale[215] relève de la compétence législative.

---

[210] JORS, n° 5470 du 04 juin 1992, p. 267.

[211] Sur la Cour de sûreté de l'État, M. M. TOURE, « Histoire de l'organisation judiciaire du Sénégal : l'unification des juridictions et l'unicité de la juridiction suprême », *Rev. sén. dr.*, n° 17, juin 1975, p. 62 ; G. RIVES, « Le droit criminel sénégalais », *Rev. sén. dr.*, juin 1974, n° 15, 7e année, p. 45

[212] CREI, n°03/2014 du 18 août 2014, MP et État du Sénégal (AJE) c/ K. W. et autres, *inédit*.

[213] Cons. const. du 18 juillet 1961, déc. n° 61-14 *L, Rec. Cons. const.*, 1961, p. 38.

[214] Cons. const. du 18 juillet 1961, précité.

[215] CE ass. du 02 mars 1962, Rubin de Servens, *Rec. CE,* p. 143.

Si la création de nouvelles juridictions relève, en principe, du domaine réglementaire, un arrêté du Ministre de la Justice fixe leur date d'installation. C'est ce qui résulte de l'article 2 du décret du 20 juillet 2015 portant aménagement de l'organisation judiciaire. Aux termes de ce texte : « *Un arrêté du Ministre de la Justice fixe la date d'installation de chacun des tribunaux de grande instance et tribunaux d'instance* ».

À titre d'exemple, l'arrêté ministériel n° 2266 MJ/DSL en date du 15 février 2000[216] a procédé à l'installation des tribunaux départementaux de Bambey, Bignona, Foundiougne, Nioro et Oussouye.

- Le statut des magistrats

91. Domaine de la loi. La loi fixe les règles relatives au statut des magistrats ; qu'il s'agisse des magistrats du siège ou des magistrats du parquet[217]. Le législateur organique doit notamment fixer des garanties d'impartialité et d'indépendance des magistrats (inamovibilité des magistrats du siège, institution du Conseil supérieur de la Magistrature, etc.) et définir les conditions d'accès aux fonctions de magistrat, le déroulement de la carrière, les positions des magistrats ainsi que leur régime disciplinaire[218].

La Constitution précise d'ailleurs en son article 90 que la compétence, l'organisation et le fonctionnement du Conseil supérieur de la Magistrature ainsi que le statut des magistrats, y compris les magistrats de la Cour des Comptes sont fixés par une loi organique. Le statut des magistrats est fixé par la loi organique n° 2017-10 du 17 janvier 2017 portant statut des magistrats[219]. La loi organique n° 2016-26 du 05 août 2016 abrogeant et remplaçant la loi organique n° 99-13 du 17 février 1999 portant statut des magistrats de la Cour des Comptes[220] encadre le statut des magistrats de la Cour des Comptes.

---

[216] JORS du 18 mars 2000, p. 294.

[217] Sur l'inclusion des magistrats du parquet, Cons. const. du 11 août 1993, déc. n° 93-326 DC, *Rec. Cons*. const., 1993, p. 217.

[218] Cons. const. du 19 juillet 2010, déc. n° 2010-611 DC.

[219] JORS n° 6986 spécial du 18 janvier 2017, p. 75.

[220] JORS n° 6958 du samedi 20 août 2016.

La compétence du pouvoir réglementaire dans cette matière est assez limitée. La loi organique ne saurait confier à un règlement le soin de fixer les conditions d'affectation de magistrats du siège sans avoir déterminé au préalable les garanties qui assurent le respect du principe d'inamovibilité[221].

Le Conseil constitutionnel sénégalais a rappelé cette règle, dans sa décision rendue le 09 janvier 2017[222], à l'occasion du contrôle de la constitutionnalité de la loi organique abrogeant et remplaçant l'ordonnance n° 60-16 du 03 septembre 1960 portant loi organique sur l'organisation et le fonctionnement du Conseil supérieur de la Magistrature (CSM). Le juge constitutionnel a considéré que l'article 5 de ladite loi organique, qui dispose que les modalités de fonctionnement du CSM ainsi que l'organisation de son secrétariat sont fixées par décret, n'est pas conforme à l'article 90 de la Constitution. Selon ce texte, les règles de fonctionnement du CSM sont fixées par une loi organique. Le Conseil constitutionnel a indiqué que : « *La compétence dévolue au législateur organique, fondée sur la nécessité d'assurer le respect des garanties dues aux magistrats, s'oppose au renvoi à un texte de caractère réglementaire pour la détermination des principes fondamentaux de fonctionnement du Conseil supérieur de la Magistrature, notamment ceux relatifs aux conditions du quorum requises pour la régularité des délibérations ou la majorité exigée pour l'adoption des décisions ; que le renvoi à un décret pour la détermination des modalités de fonctionnement du Conseil supérieur de la Magistrature ne saurait, sans violer l'article 90 de la Constitution, viser d'autres règles que celles ayant pour objet de fixer les modalités techniques de fonctionnement relatives, notamment, à l'élection des membres, à la proclamation des résultats des élections, à la convocation des réunions ou à la tenue des procès-verbaux des délibérations* ».

Selon le juge constitutionnel sénégalais, les modalités de fonctionnement du Conseil supérieur de la Magistrature, pour lesquelles le législateur organique renvoie à un décret, devraient concerner seulement les règles

---

[221] Cons. const. du 26 janvier 1967, n° 67-31 DC, *Rec. Cons. Const.*, p. 19.

[222] Cons. const. n° 01/C/2017 du 09 janvier 2017, *inédit*.

techniques de son fonctionnement relatives, notamment, à l'élection des membres, à la proclamation des résultats des élections, à la convocation des réunions ou à la tenue des procès-verbaux des délibérations. Elles ne sauraient renvoyer aux conditions du quorum requises pour la régularité des délibérations ou la majorité exigée pour l'adoption des décisions du CSM.

- L'assiette, le taux et les modalités de recouvrement des impositions de toutes natures

92. Fiscalité. Il appartient au législateur de fixer les règles relatives à l'assiette et au taux des impositions. Le régime des impositions est entièrement fixé par la loi. Il revient au pouvoir législatif de déterminer les modalités de l'impôt. L'assiette des impositions vise la détermination de la matière imposable. Il s'agit de la base sur laquelle le législateur assoit l'impôt, c'est-à-dire la matière imposable et ses méthodes d'évaluation.

Quant au taux, il constitue le pourcentage prélevé sur la matière imposable.

Les modalités comprennent les règles régissant le contrôle, le recouvrement, le contentieux, les garanties et les sanctions applicables à une imposition.

Le recouvrement de l'impôt désigne l'opération par laquelle l'administration fiscale procède à la perception de l'impôt dû par le contribuable et le fait entrer dans les caisses du Trésor public.

L'impôt est défini comme une prestation pécuniaire requise régulièrement des particuliers par voie d'autorité, sans contrepartie déterminée, en vue de la couverture des dépenses publiques et de la réalisation de la politique économique et sociale de l'État[223]. L'impôt a un caractère pécuniaire, obligatoire, définitif et n'implique aucune contrepartie ; il s'agit de prélèvements qui ne répondent pas au critère de la redevance pour service rendu ni à celui de la cotisation sociale.

---

[223] E. H. D. BA, *op.cit*, p. 13.

Dans l'affaire dite *des appels entrants* jugée le 08 novembre 2012[224], la Chambre administrative de la Cour suprême a annulé le décret n° 2011-1271 du 24 août 2011 abrogeant et remplaçant le décret n°2010-632 du 28 mai 2010 instituant un système de contrôle et de taxation des communications téléphoniques internationales entrant en République du Sénégal. Selon la haute juridiction, la quote-part prélevée en vertu de ce décret sur le coût des appels téléphoniques internationaux entrant au Sénégal, constitue un impôt donc une ressource de l'État qui ne peut être créée par voie réglementaire.

93. Redevances. La redevance, contrairement à l'impôt, n'est pas un prélèvement obligatoire. Elle est payée en contrepartie d'un service rendu ; c'est le prix payé par les usagers d'un service public. La redevance admet une contrepartie, mais contrairement à la taxe, elle doit être proportionnelle au service reçu en échange[225]. En vertu de l'article 10 de la loi organique n° 2020-07 du 26 février 2020 abrogeant et remplaçant la loi organique n° 2011-15 du 08 juillet 2011 relative aux lois de finances, la rémunération des services rendus par l'État ne peut être établie et perçue que si elle est instituée par décret pris sur rapport conjoint du Ministre chargé des Finances et du Ministre concerné.

La Cour suprême du Sénégal a confirmé l'appartenance des redevances au domaine réglementaire. Dans un arrêt du 27 juillet 1967, les hauts magistrats de la Cour suprême ont énoncé que les redevances minières, perçues en contrepartie du droit concédé à un particulier d'exploiter une mine n'ont pas le caractère d'imposition de toutes natures. Leur établissement et la fixation de leur taux relèvent de la compétence réglementaire[226].

La Chambre administrative de la Cour suprême, dans un arrêt du 09 mars 2017[227], a eu l'occasion de faire une nette distinction entre la redevance

---

[224] CS ch. adm. n° 59 du 08 novembre 2012, SONATEL c/ État du Sénégal, *inédit*.

[225] E. H. D. BA, *Droit fiscal*, Paris, l'Harmattan, 2015, p. 18.

[226] CS n° 03 du 25 juillet 1967, Taux de la redevance pour certains produits miniers, *RLJ*, 2e partie arrêts de la Cour suprême, année 1967, 8e volume, p. 04.

[227] CS ch. adm. n° 18 du 09 mars 2017, la SONATEL c/ la Commune de Podor-État du Sénégal, *inédit* ; CS ch. adm. n° 09 du 09 février 2017, la SONATEL c/ Commune de Mboumba-Etat du Sénégal, *inédit* : « *La délibération attaquée porte sur une redevance*

et la taxe. Selon la haute juridiction : « *les sommes contestées par la SONATEL, improprement qualifiées de taxes, s'analysent plutôt en des redevances qui sont la contrepartie de l'occupation du domaine public au sens de l'article 15 du décret n° 2005-1185 du 06 décembre 2005 relatif aux prérogatives et servitudes des exploitants des réseaux de télécommunications ouverts au public* ». La cour a estimé que la délibération du Conseil municipal de Podor, ayant créé cette redevance, qui ne fait pas partie des impositions de toutes natures prévues par la Constitution en ce qu'elle est la rémunération d'un service rendu, n'est pas entachée d'illégalité.

94. Cotisations sociales. Les cotisations sociales sont, comme les impôts, des prélèvements forcés ; elles comprennent l'ensemble des charges sociales supportées par l'employeur ou par le salarié et servant à financer les dispositifs ou organismes publics chargés de la protection sociale (sécurité, accidents de travail, allocations familiales, retraite complémentaire, etc.)[228].

Contrairement à l'impôt, les prélèvements de sécurité sociale donnent droit à une contrepartie directe tels que le remboursement de soins ou le versement d'une pension de retraite. En outre, l'imposition institue une solidarité plus large que la solidarité professionnelle.

Il appartient également au pouvoir réglementaire de fixer les règles relatives aux cotisations sociales.

95. Taxe. La taxe est une prestation pécuniaire obligatoire, comme l'impôt. Mais contrairement à l'impôt, elle est requise des particuliers à l'occasion d'un service rendu. En vertu de l'article 9 de la loi organique n° 2020-07 du 26 février 2020 abrogeant et remplaçant la loi organique n° 2011-15 du 08 juillet 2011 relative aux lois de finances, les taxes parafiscales perçues dans un intérêt économique ou social au profit d'une

---

qui, ne faisant pas partie des impositions de toutes natures en ce qu'elle est la rémunération d'un service rendu, peut être fixée par voie réglementaire ; Qu'il s'ensuit que le Conseil municipal de Mboumba est compétent pour fixer les montants et modalités de recouvrement d'une redevance pour l'utilisation du domaine public situé sur son périmètre communal » ;

[228] E. H. D. BA, *op.cit.* p. 18.

personne morale de droit public ou privé autre que l'État, les collectivités territoriales et leurs établissements publics administratifs sont établies par décret pris sur le rapport du Ministre chargé des Finances et du Ministre concerné.

Toutefois, la taxe ne constitue pas une contrepartie monétaire à ce service. Par exemple, la taxe d'enlèvement des ordures ménagères.

Un arrêt de la Chambre administrative de la Cour suprême rendu le 24 mars 2016 a déjà jugé que la délibération du conseil municipal, qui a fixé les modalités d'assiette et de perception ainsi que les taux maxima de la taxe sur la publicité empiète sur le domaine de la loi et est entachée d'illégalité[229].

Dans la pratique, la distinction entre la taxe et l'impôt est souvent difficile en raison notamment des fluctuations terminologiques. Ainsi, la taxe sur la valeur ajoutée (TVA) est un impôt et non une taxe.

96. Taxe parafiscale. La taxe parafiscale est un prélèvement perçu dans un intérêt économique ou social au profit d'une personne morale de droit public ou privé autre que l'État et ses démembrements. Contrairement à l'impôt et à la taxe, qui sont perçus dans un intérêt purement budgétaire au profit de l'État et des collectivités territoriales, la taxe parafiscale est perçue pour un intérêt économique ou social. Conformément à l'article 9 de la loi organique n° 2020-07 du 26 février 2020 relative aux lois de finances, les taxes parafiscales sont établies par décret pris sur le rapport du Ministre chargé des Finances et du ministre intéressé[230].

- Le régime d'émission de la monnaie

97. Monnaie. La compétence du législateur s'étend traditionnellement aux conditions dans lesquelles l'institut d'émission exerce son monopole[231] et met en œuvre sa politique monétaire[232].

---

[229] CS, ch. adm. n° 21 du 24 mars 2016, Régi Pub S.A., Régidak Cauris com c/ Commune de Mermoz-Sacré Cœur, *inédit*.
[230] E. H. D. BA, *op. cit.*, p. 17.
[231] Cons. const. du 03 août 1993, déc. n° 93-324 DC, *Rec. Cons. const.*, 1993, p. 208.
[232] Cons. const. du 17 mars 1964, déc. n° 64-27 DC.

Toutefois, l'aménagement des conditions dans lesquelles sont contrôlés les instituts d'émission ne relève pas de la compétence législative[233].

- Le régime électoral de l'Assemblée nationale et des assemblées locales

98. Élections à l'Assemblée nationale et aux assemblées locales. Au nombre des règles relatives au régime électoral de l'Assemblée nationale et des assemblées, figurent notamment celles qui sont relatives à l'attribution du droit de suffrage, à l'éligibilité, au mode de scrutin et à la répartition des sièges des assemblées. Il en est de même de celles qui concernent l'ouverture des recours pouvant être éventuellement exercés contre les élections et les effets des décisions juridictionnelles par lesquelles il est statué sur ces recours[234].

Mais il appartient au pouvoir réglementaire d'édicter les mesures d'application qui sont nécessaires à la mise en œuvre de ces règles.

Il a été jugé que la fixation des règles relatives à l'organisation des référendums relève également du pouvoir réglementaire[235].

Dans l'arrêt *Parti démocratique sénégalais* rendu par la Cour suprême le 21 février 1978, la haute juridiction a jugé que l'ancien article 56 de la Constitution a expressément prévu que le régime électoral de l'Assemblée nationale ainsi que celui des assemblées locales sont fixés par la loi ordinaire et non par la loi organique. Dès lors, l'ancien article L 50 du Code électoral, issu de la loi n° 77-57 du 26 mai 1977, qui a fait du passage à l'isoloir une faculté, n'est pas contraire à la Constitution[236].

- Les garanties fondamentales accordées aux fonctionnaires civils et militaires de l'État

99. Garanties accordées aux fonctionnaires. Les garanties fondamentales accordées aux fonctionnaires comprennent le principe du recrutement par concours. Constituent également des garanties

---

[233] Cons. const. du 17 mars 1964, précité.
[234] Cons. const. du 04 décembre 1962, n° 62-20 *L. Rec. Cons. const.*, p. 34.
[235] CE du 10 septembre 1992, Meyet, *Dr. adm.*, 1992, n° 477.
[236] CS du 21 février 1978, Parti démocratique sénégalais, *GDJAS*, tome I, *RIPAS*, 1984, obs. J.M. NZOUANKEU, p. 161.

fondamentales accordées aux fonctionnaires, le droit à pension[237], la fixation de l'âge de la retraite des fonctionnaires[238] et le droit au traitement après service fait[239], même s'il appartient au pouvoir réglementaire de fixer les modalités de revalorisation des rémunérations[240].

Mais les conditions d'admission aux concours[241], les modalités de consultation des dossiers individuels par un jury et celles relatives au choix du jury ne relèvent pas des garanties fondamentales accordées aux fonctionnaires[242].

- Les nationalisations d'entreprises et les transferts de propriété d'entreprises du secteur public au secteur privé

100. Nationalisation d'entreprises. Le législateur est seul compétent pour décider d'une nationalisation[243] et de son champ d'application[244]. Les règles concernant les nationalisations d'entreprises comprennent la fixation des critères devant présider à la nationalisation, les conditions précises de l'indemnisation juste et préalable[245] et la détermination des sociétés devant être nationalisées conformément aux critères retenus[246].

Le régime d'indemnisation consécutive à une spoliation doit être défini par une loi. Il comprend notamment les modalités d'intervention de l'autorité judiciaire[247], les conditions d'obtention des indemnités principales et accessoires[248] ainsi que les sanctions applicables aux

---

237 Cons. const. du 16 janvier 1986, n° 85-200 DC.
238 Cons. const. du 12 septembre 1984, n° 84-179 DC.
239 CE ass. du 07 décembre 1962, Féd. gén. des fonctionnaires CGT-FO, *AJDA* 1963, p. 165.
240 CE du 16 décembre 1985, M. Saint Germain, Req. n° 57103.
241 Cons. const. du 19 février 1963, n° 63-23 L. Rec. Cons. const., p. 29.
242 Cons. const. du 15 juillet 1976, n° 76-67 DC Rec. Cons. const., p. 35.
243 Sur cette question, A. K. BOYE, *L'acte de nationalisation*, Dakar-Abidjan-Lomé, Berger-Levrault, NEA, 1979.
244 Cons. const. du 16 janvier 1982, n° 82-132 ; Cons. const. 11 février 1982, n° 82-139 DC.
245 Cons. const. du 21 décembre 1981, n° 81-132 DC, *Rec. const*. 1982, p. 18.
246 Cons. const. du 16 janvier 1982, déc. n° 81-132 DC, *Rec. cons. const.*, 1982, p. 18.
247 Cons. const. du 09 février 1965, déc. n° 65-39 L. *Rec. Cons. const.*, 1965, p. 73.
248 Cons. const. du 03 novembre 1977, déc. n° 77-101 L. *Rec.cons. const.*, 1977, p. 70.

personnes qui ont mis le bénéficiaire du droit de préemption dans l'impossibilité d'exercer ce droit[249].

Mais les modalités pratiques de l'expropriation sont fixées par voie réglementaire[250].

101. Transferts de propriété d'entreprises du secteur public au secteur privé. S'agissant du transfert de propriété d'entreprises du secteur public au secteur privé, le Conseil d'État français a jugé que le critère unique de l'appartenance d'une entreprise au secteur public résulte du contrôle de la majorité de son capital social, ensemble ou séparément, par l'État et tout organisme ou entreprise publique[251].

b. La fixation des principes fondamentaux concernant certaines matières

102. Domaine semi-législatif. L'article 67 de la Constitution a déterminé un domaine « *semi-législatif* » dans lequel la loi ne détermine que les principes fondamentaux[252].

La Constitution ne définit pas la notion de « *principes fondamentaux* ». En France, c'est la distinction entre les dispositions de mise en cause et celles de mise en œuvre qui permet de distinguer les principes fondamentaux des modalités d'application. En effet, l'article 67 de la Constitution réserve à la loi, les principes fondamentaux, c'est-à-dire les règles d'une matière qui, par l'importance de leur incidence, ont un caractère déterminant à l'égard de la règle ou du principe intéressé. On admet qu'il s'agit de normes posées par le législateur dans une branche juridique pour créer un droit, imposer une obligation ou prévoir une

---

[249] CE du 04 juin 1965, Haudy, *Rec. CE,* 1965, p. 336.

[250] Cons. const. du 24 octobre 1969, déc. n° 69-58 *L Rec. cons. const.*, 1969, p. 34, modalités de la déclaration d'utilité publique.

[251] CE du 22 décembre 1982, Comité central d'entreprise de la société française d'équipement de la navigation aérienne, *Rec. CE*, p. 436.

[252] Sur cette question, J. M. NZOUANKEU, « Les domaines respectifs de la loi et du règlement en droit sénégalais », *RIPAS* n° 11, octobre-décembre 1984, p. 889 et s.

institution[253]. Relève ainsi des principes fondamentaux, une règle qui pose le principe de l'extinction d'un droit ou d'une obligation[254].

Une fois ces principes posés, il revient au pouvoir réglementaire d'en fixer les modalités d'application.

Il revient au législateur de fixer les principes fondamentaux relatifs à l'organisation générale de la Défense nationale, à la libre administration des collectivités territoriales, de leurs compétences et de leurs ressources, à l'enseignement, au régime de la propriété, des droits réels et des obligations civiles et commerciales, à celui du droit du travail, du droit syndical, de la sécurité sociale, du droit syndical et de la sécurité sociale et au régime de rémunération des agents de l'État.

- L'organisation générale de la Défense nationale

103. Gouvernance de la défense nationale. Rentre dans le cadre de l'organisation générale de la Défense nationale, le principe selon lequel c'est l'autorité civile qui détient l'ensemble des pouvoirs en vue de la défense civile et de la sécurité intérieure du territoire[255]. Au Sénégal, la défense nationale est organisée par la loi n° 70-23 du 06 juin 1970 portant organisation générale de la défense nationale, modifiée.

Il appartient en revanche au pouvoir réglementaire de prendre des mesures qui ne sont que les modalités d'application de ces principes[256]. Par exemple, le décret n° 96-177 du 29 février 1996, modifié fixe l'organisation et les attributions du Conseil supérieur de la Défense nationale[257].

---

[253] J. I. SAYEG, « Le pouvoir réglementaire en droit social », in *Le pouvoir réglementaire des autorités administratives au Sénégal, Actes du 5e colloque de la RIPAS*, Dakar, 11-15 décembre 1989, *RIPAS*, janvier-décembre 1990, n° 23-24, p. 187.

[254] A. KANTE, *Droit social sénégalais. Droit du travail. Droit de la protection sociale*, Dakar, l'Harmattan, 2017, p.24.

[255] Cons. const. du 09 mai 1967, n° 67-45 *L. Rec. cons. const.*, p. 29

[256] Cons. const. du 09 mai 1967, *précité.*

[257] JORS n° 6111 du samedi 13 octobre 2001.

- La libre administration des collectivités territoriales, de leurs compétences et de leurs ressources

104. Libre administration des collectivités territoriales. En vertu de l'article 104 de la Constitution, les collectivités territoriales constituent le cadre institutionnel de la participation des citoyens à la gestion des affaires publiques. Elles s'administrent librement par des assemblées élues[258]. Leur organisation, leur composition et leur fonctionnement sont déterminés par la loi.

Relève du domaine législatif, les dispositions, constituant des garanties de libre administration des collectivités territoriales, mais aussi des établissements publics qui leur sont rattachés ou des organismes regroupant des collectivités territoriales[259]. Il en est de même de la détermination du domaine de la tutelle administrative s'exerçant sur les collectivités territoriales et les établissements publics qui leur sont rattachés[260].

Le législateur est seul compétent pour décider d'un transfert de compétence d'une collectivité territoriale à l'État. Toute nouvelle attribution, toute nouvelle charge donnée auxdites collectivités ressort du domaine législatif.

Dans un arrêt rendu le 22 mai 1968[261], la Cour suprême du Sénégal a jugé que la fixation des limites d'une commune ne relève pas des principes fondamentaux de la libre administration des collectivités territoriales au sens de l'article 56 de la Constitution du 07 mars 1963. La Cour régulatrice a estimé en conséquence que l'ordonnance n° 60-39 du 22 octobre 1960, ratifiée par la loi n° 61-53 du 23 juin 1961, qui a fixé les limites territoriales de la commune de Kaolack, est intervenue dans une matière réglementaire.

---

[258] A. DIOUKHANE, « Le principe de la libre administration des collectivités locales » in *La régionalisation : approche sénégalaise et expérience française,* Dakar, CREDILA, 1998, p. 95-115.
[259] CE sect. du 25 février 1992, n° 351539.
[260] Cons. const. du 12 mai 1964, n° 64-29 *L.,Rec. cons. const.* , p. 37
[261] CS n° 8/C/68 du 22 mai 1968, Commune de Kaolack, *RIPAS*, janvier-décembre 1990, n° 23-24, p. 943.

Le Conseil constitutionnel sénégalais, dans sa décision rendue le 11 décembre 2001[262], a estimé que ne violent pas le principe de la libre administration des collectivités territoriales ainsi que l'article 67 de la Constitution, la loi n° 2001-09 du 21 novembre 2001 qui a institué en lieu et place des assemblées élues des collectivités territoriales et, à titre transitoire, pour une période de six (6) mois, des délégations spéciales constituées par arrêté du Ministre chargé des Collectivités territoriales. Selon le juge constitutionnel, la délégation spéciale a pour objet d'assurer la continuité de l'activité des collectivités territoriales.

- L'enseignement

105. Enseignement public. La jurisprudence reconnait une large compétence au législateur pour encadrer l'accès à l'enseignement et son organisation, spécialement en ce qui concerne l'enseignement public[263]. Concernent ainsi le principe fondamental de l'enseignement et relèvent donc de la compétence législative, le principe de la liberté des candidatures au baccalauréat[264] et l'indépendance des personnels enseignants par rapport aux étudiants[265]. Il en est de même de la compétence exclusive des enseignants concernant l'appréciation, la notation[266] et de la détermination des objectifs de l'enseignement[267].

Il a été jugé que la limitation du nombre d'étudiants pouvant avoir accès à certaines études et l'institution en ces domaines d'un concours de recrutement relèvent du domaine de la loi[268].

---

[262] Cons. const. n° 84/2001 du 11 décembre 2001, affaire des délégations spéciales, in I. M. FALL, *Les décisions et avis du Conseil constitutionnel du Sénégal*, Dakar, CREDILA, 2008, p. 437, obs. A. SALL ; sur cette décision, V. M. ZAKI, « Droit d'amendement des députés et le principe de libre administration des collectivités locales : observations sous Décision 4/C/2001 du Conseil constitutionnel sénégalais, 11 décembre 2001 » : http://afrilex.u-bordeaux4.fr/droit-d-amendement-des-deputes-et.html

[263] J.Y. PLOUVIN, « La notion de principes fondamentaux de l'enseignement », *RDP,* 1979, p. 59.

[264] CE du 04 novembre 1977, Syndicat nat. des lycées et collègues et sté des agrégés, *Rec. CE*, p. 419.

[265] CE du 05 avril 1974, Leroy, *Rec. CE*, p. 214.

[266] CE du 14 novembre 1975, Min. c/ Simon, *Rec. CE*, p. 569.

[267] Cons. const. du 21 avril 2005, déc. n° 2005-512 DC.

[268] Cons. const. du 19 décembre 1991, n° 91-167 DC.

Toutefois, la création d'un diplôme nouveau, les modalités de validation d'études par un diplôme n'ayant pas de valeur universitaire[269] et la durée d'une formation conduisant à la délivrance d'un diplôme[270] ne touchent pas aux principes fondamentaux de l'enseignement[271].

- Le régime de la propriété, des droits réels et des obligations civiles et commerciales

106. Propriété, droits réels et obligations civiles et commerciales. La protection du droit de propriété ne concerne pas seulement les particuliers, mais également les personnes publiques[272]. Concernent les principes fondamentaux du régime de la propriété, la privation des droits d'un propriétaire ou d'un titulaire de droits réels[273] et la détermination des biens soumis à une servitude d'occupation temporaire[274].

La notion d'« *obligations civiles et commerciales* » renvoie au lien qui unit un créancier à son débiteur en donnant au premier le droit d'exiger du second une prestation ou une abstention[275].

Il appartient au pouvoir législatif d'instituer une prescription entraînant à terme l'extinction d'une obligation[276], de soumettre des contrats à des conditions spéciales[277].

Le législateur doit préciser les règles constitutives des sociétés commerciales. Il en est ainsi des modalités de création d'un nouveau type

[269] CE du 09 juillet 2010, n° 327663, Féd. nat. Libre Pensée et a., *JurisData,* n° 2010-011134.
[270] Cons. const. du 03 février 2011, déc. n° 2011-223 L.
[271] CE du 10 mars 1993, Fédération des établissements hospitaliers d'assistance privée à but non lucratif, Req. n ° 111-264.
[272] Cons. const. du 21 juillet 1994, déc. n° 94-346 DC : *Rec. Cons. const.*, 1994, p. 96. ; Cons. const. du 22 août 2002, déc. n° 2002-460 DC, consid. 10 à 13 : *Rec. Cons. const.*, 2002, p. 198 ; Cons. const. du 26 juin 2003, déc. n° 2003-473 DC, consid. 26 à 28 : *Rec. Cons. const.*, 2003, p. 382.
[273] Cons. const. du 04 décembre 1962, déc. n° 62-61 L : *Rec. Cons. const.*, 1962, p. 36.
[274] Cons. const. du 29 février 1972, déc. n° 72-71 L . *Rec. Cons. const.*, 1972, p. 27.
[275] V. art. 1er du Code des obligations civiles et commerciales.
[276] CE du 04 juillet 1969, Ordre avocats Cour d'appel Paris et a., *Rec. CE,* 1969, p. 358.
[277] Cons. const. du 04 juin 1984, déc. n° 84-137 L : *Rec. Cons. const.*, 1984, p. 113.

de société civile[278], de la possibilité pour une entreprise de déroger au droit commun des sociétés anonymes[279].

L'exécutif peut définir le cadre d'application du droit des sociétés. À ce titre, il peut imposer l'obligation de publier des documents utiles à l'information des actionnaires et des tiers[280], de fixer le lieu où doivent être accomplies les formalités nécessaires à la constitution d'une société[281] et de définir le statut des sociétés à responsabilité limitée sans modifier les rapports entre les associés et altérer les caractéristiques fondamentales de ce type de société[282].

La Cour suprême du Sénégal, dans un arrêt du 29 mai 1965, a eu l'occasion de préciser l'appartenance des principes fondamentaux relatifs au régime des obligations civiles et commerciales au domaine législatif. Elle a jugé que les règles relatives aux différentes catégories de sociétés civiles ou commerciales, aux conditions d'adhésion à ces sociétés, à la constitution du capital, aux modalités essentielles de désignation des organes de ces sociétés et à la responsabilité encourues par les sociétaires, à la dissolution des sociétés, « *touchent aux principes fondamentaux du régime de la propriété et des obligations civiles et commerciales et relèvent en conséquence du domaine de la loi* »[283].

- Le régime du droit du travail, du droit syndical et de la sécurité sociale

107. Droit du travail, droit syndical et sécurité sociale. C'est au législateur qu'il appartient de déterminer les principes fondamentaux du droit du travail, du droit syndical et de la sécurité sociale.

---

278 CE du 18 décembre 1989, n° 87584, Desaunay ; Cons. const. du 02 juillet 1965, déc. n° 65-35 L : *Rec. Cons. const.*, 1965, p. 79.
279 Cons. const. du 14 octobre 1960, déc. n° 60-9 L, *Rec. Cons. const.*, 1960, p. 38.
280 Cons. const. du 02 juillet 1965, déc. n° 65-35 L.
281 Cons. const. du 13 septembre 1979, déc. n° 79-110 L, *Rec. Cons. const.*, 1979, p. 49.
282 CE du 29 novembre 1985, n° 56697, SARL Verrerie cristallerie d'Arques, J.G. Durand et Cie.
283 CS n° 3/C65 du 29 mai 1965, Statut de la coopérative dans les territoires relevant du ministère de la France d'outre-Mer, *RIPAS*, janvier-décembre 1990, n° 23-24, p. 95.

Le droit du travail est le droit qui régit les rapports individuels et collectifs entre employeurs et travailleurs, aussi bien dans le secteur privé que dans le secteur public, à l'exception des fonctionnaires et des stagiaires ainsi que les institutions destinées à mettre en œuvre ces règles[284]. Relève de la notion de principe fondamental, la règle qui crée ou éteint un droit ou une obligation (droits aux congés payés, obligation pour l'employeur de motiver une décision de licenciement, prescription extinctive, présomption irréfragable de non-paiement, etc.).

Toute disposition relative au principe d'une obligation imposée aux employeurs ou aux employés relève de la compétence législative. Une disposition ayant pour effet de modifier les obligations relatives aux conditions de travail et de rémunération relève de la compétence législative[285].

Les dispositions mettant en cause le principe de la liberté contractuelle d'embauche, de rémunération ou de fixation des conditions de travail sont relatives au principe fondamental du droit du travail. La détermination de la durée du travail ou des rémunérations salariales par des contrats librement débattus entre les parties concerne également les principes fondamentaux du droit du travail[286].

Tandis que relève du domaine réglementaire, comme constituant des modalités d'application, la règle qui détermine les conditions d'acquisition, d'exercice d'un droit ou d'extinction d'une obligation (durée des services effectifs ouvrant droit aux congés payés annuels, détermination du nombre de jours de congés acquis, etc.)[287].

---

[284] J. I. SAYEG, « Le pouvoir réglementaire en droit social », in *Le pouvoir réglementaire des autorités administratives au Sénégal*, Actes du 5eme colloque de la RIPAS, Dakar, 11-15 décembre 1989, *RIPAS*, janvier-décembre 1990, n° 23-24, p. 186 ; H-J. TAGUM FOMBENO, *Droit du travail sénégalais*, Dakar, l'Harmattan, 2017, p. 16-17 ; A. KANTE, *Droit social sénégalais. Droit du travail. Droit de la protection sociale*, Dakar, l'Harmattan, 2017, p. 17.

[285] Cons. const. du 29 mai 1979, n° 79-11 FNR, *Rec. cons const.*, p. 57.

[286] Cons. const. du 12 juillet 1967, n° 67-46 L., *Rec. cons const.*, p. 31.

[287] J. I. SAYEGH, *Droit du travail sénégalais,* Paris, LGDJ, NEA, 1987, p. 80.

Dans un arrêt du 09 février 1965[288], la Cour suprême du Sénégal a jugé que les dispositions de l'article 144, alinéa 2 du Code du Travail « *ne sont relatives ni aux principes fondamentaux du droit de travail, ni à ceux du droit syndical ou de la sécurité sociale* ». Selon ces dispositions, les permissions exceptionnelles accordées aux travailleurs à l'occasion d'événements familiaux ne peuvent être déduites de la durée du congé acquis ; elles indiquent notamment la limite annuelle dans laquelle les autorisations d'absence peuvent être accordées aux travailleurs et fixent les conditions dans lesquelles les autorisations peuvent être accordées et leurs effets sur le cours du contrat.

Dans un autre arrêt rendu le 05 mai 1969, la Cour suprême du Sénégal a estimé que les dispositions de la loi n° 66-68 du 04 juillet 1966 fixant le statut général du personnel des cadres moyens et supérieurs des établissements publics à caractère industriel ou commercial ne rentrent pas dans la définition de l'ancien article 56 de la Constitution et ont en conséquence un caractère réglementaire. Ces dispositions concernent notamment les modalités de classement, d'avancement et d'évaluation à l'échelle supérieure des agents statutaires, les conditions de recrutement, de rémunération des heures supplémentaires, la fixation des échelles indiciaires et l'octroi d'une indemnité d'intérim.

Les hauts magistrats ont cependant estimé que les dispositions qui ont pour effet de soustraire le directeur général, le directeur ou le chef de l'établissement employeur à l'application du Code du Travail relèvent du domaine législatif pour concerner les principes fondamentaux relatifs au régime du droit du travail[289].

Relève du droit syndical les règles relatives à la constitution, au fonctionnement, au regroupement et à la dissolution des syndicats.

---

[288] CS n° 1/C/65 du 09 février 1965, Code du Travail, *TPOM* n° 177, p. 3829 ; *Annales africaines* 1978, p. 105.

[289] CS n° 01/C/69 du 05 mai 1969, Statut général du personnel des cadres moyens et supérieurs des établissements publics à caractère industriel ou commercial, *Rev. sén. dr.*, n° 6, p. 75.

La sécurité sociale est l'ensemble des règles et institutions d'assistance et de protection collective des travailleurs et des fonctionnaires contre les risques sociaux[290].

La jurisprudence française a interprété très largement la notion de « *sécurité sociale* », en y rattachant l'ensemble des régimes sociaux[291], même quand ils relèvent d'un autre code que celui de la sécurité sociale. Il en est ainsi notamment du régime des accidents du travail et des prestations familiales[292], celui de la sécurité sociale dans les mines[293] et des pensions[294].

Constituent des principes fondamentaux de la sécurité sociale, la mise en place d'allocations prénatales[295], d'allocations temporaires d'invalidité[296] ou d'allocations spéciales en faveur de certaines catégories de travailleurs[297].

- Le régime de rémunération des agents de l'État

108. Rémunération des agents de l'État. L'expression « *régime de rémunération des agents de l'État* » désigne les règles fixant les éléments de rémunération selon les catégories professionnelles, grades et indices des agents fonctionnaires et non fonctionnaires de l'État[298].

---

[290] J. I. SAYEG, « Le pouvoir réglementaire en droit social », in *le pouvoir réglementaire des autorités administratives au Sénégal,* Actes du 5e colloque de la RIPAS, Dakar, 11-15 décembre 1989, *RIPAS*, janvier-décembre 1990, n° 23-24, p. 186 ; A. KANTE, *Droit social sénégalais. Droit du travail. Droit de la protection sociale*, Dakar, l'Harmattan, 2017, p. 27.

[291] Cons. const. du 07 avril 1960, n° 60-04 L., *Rec. cons const.*, p. 31.

[292] Cons. const. du 17 décembre 1970, n° 70-66 L., *Rec. cons const.*, p. 47.

[293] Cons. const. du 07 juin 1977, n° 77-09 FNR, *Rec. cons const.*, p. 75.

[294] Cons. const. du 12 mai 1964, n° 64-29 L., *Rec. cons const.*, p. 37.

[295] Cons. const. du 22 décembre 1961, n° 61-17 L., *Rec. cons const.*, p. 43.

[296] Cons. const. du 06 octobre 1976, n° 76-93 L., *Rec. cons const.*, p. 63.

[297] Cons. const. du 22 février 1979, n° 79-106 L., *Rec. cons const.*, p. 43.

[298] V. Sur cette question, EL. B. GAYE, « La rémunération des agents de l'administration », in *La fonction publique sénégalaise,* Actes du 1er colloque sur les institutions du Sénégal, *RIPAS*, n° 14, octobre-décembre 1985, p.269-278 ; J. I. SAYEG, « Le pouvoir réglementaire en droit social », in *Le pouvoir réglementaire des autorités administratives au Sénégal*, Actes du 5e colloque de la RIPAS, Dakar, 11-15 décembre 1989, *RIPAS*, janvier-décembre 1990, n° 23-24, p. 186.

La Cour suprême du Sénégal a déjà jugé que l'indemnité spéciale de 20% en faveur du personnel de l'enseignement du premier degré ne constitue pas un principe fondamental du régime de rémunération des agents de l'État[299].

Il en est de même de la fixation du groupe dans lequel sont classés les membres des cabinets ministériels pour le remboursement de leurs frais de transport et de déplacement ainsi que le taux des indemnités mensuelles de cabinet et de la fixation des indemnités de logement et des avantages en nature des membres du Gouvernement et des membres des cabinets ministériels[300].

2. La compétence de droit commun du pouvoir réglementaire

109. Compétence réglementaire de droit commun. Le pouvoir réglementaire est le pouvoir d'édicter des règlements qui sont des actes exécutoires de portée générale et impersonnelle.

Selon les principes de répartition des compétences entre la loi et le règlement, l'exécutif dispose d'une compétence normative de droit commun, qu'il exerce par le biais du pouvoir réglementaire autonome.

Cependant, il faut prendre en compte les situations dans lesquelles le Gouvernement exerce un pouvoir réglementaire subordonné ou exceptionnel.

a. Le pouvoir réglementaire autonome

110. Domaine du pouvoir réglementaire initial. Le pouvoir réglementaire autonome ou initial est le pouvoir réglementaire que le Gouvernement tient, non pas de la loi, mais directement de la Constitution[301].

---

[299] CS du 10 février 1961, *inédit*.

[300] CS n° 03/C/63 du 25 mai 1963, *inédit*.

[301] R. CHAPUS, « De la soumission au droit des règlements autonomes », *D.* 1960, chron, p. 119 ; L. FAVOREU, « Les règlements autonomes existent-ils ? », in *Mélanges Burdeau*, 1976, p. 405 ; du même auteur, « Les règlements autonomes n'existent pas », *RFDA*, 1987, p. 871.

Le pouvoir réglementaire autonome renvoie d'abord aux matières autres que celles qui sont fixées par le pouvoir législatif énumérées par l'article 67 de la Constitution. L'article 76 de la Constitution énonce que les matières qui ne sont pas du domaine législatif ont un caractère réglementaire. Le pouvoir exécutif dispose, à ce titre, d'une compétence de droit commun[302].

111. Support normatif de la création des établissements publics. Au Sénégal, la question de la création des établissements publics pose surtout le problème du vecteur normatif approprié pour créer un établissement public.

Cette question a connu de profondes mutations au gré de l'évolution du système constitutionnel[303].

L'article 39 de la Constitution du 29 août 1960 disposait que la loi fixe les règles concernant « *la création de catégories d'établissements publics* » [304].

Sous l'empire de la Constitution du 07 mars 1963, « *la création des établissements publics* » relevait du domaine exclusif de la loi. Dans l'arrêt Office national des anciens combattants du 26 juin 1968[305], la Cour suprême a décidé que constituent des règles de création des établissements publics, celles qui octroient la personnalité civile et l'autonomie financière à ces organismes, prévoient l'existence d'un patrimoine propre et fixent le principe de la participation à leurs conseils d'administration de représentants désignés.

---

[302] P. LE MIRE, « Acte administratif. Domaines respectifs de la loi et du règlement », *Juris-class., dr. adm.,* 1993, fasc. 106, n° 02.

[303] Sur cette question, P. A. TOURE, *Recueil des principaux textes relatifs au travail législatif et réglementaire du Gouvernement,* Secrétariat général du Gouvernement, Dakar, l'Harmattan, 2018, p. 29 et s.

[304] V. HAMON, « La notion de catégorie d'établissement public », *D. S.*, p. 201 ; O. Dugrip, « La notion des "règles concernant la création des catégories d'établissements publics" dans la jurisprudence du Conseil constitutionnel et du Conseil d'État », Mélanges Roland Drago : Économica, 1996, p. 369.

[305] CS, sect. réun. du 26 juin 1968, Office national des anciens combattants, in *RIPAS*, n° 11, octobre-décembre 1984, p. 944.

C'est pourquoi sous l'empire de la Constitution de 1963, les établissements publics étaient institués par voie législative. Par exemple, l'Office national de l'Assainissement du Sénégal (ONAS) a été créé par la loi n° 96-23 du 22 février 1996 autorisant la création de l'ONAS. Les règles d'organisation et de fonctionnement de l'ONAS sont fixées par le décret n° 96-662 du 07 août 1996. La Compagnie du Théâtre national Daniel Sorano, établissement public à caractère administratif a été créée par la loi n°66-62 du 30 juin 1966 portant création de la Compagnie du Théâtre national Daniel Sorano.

Mais la Constitution du 22 janvier 2001 n'énumère plus la création des établissements publics comme appartenant au domaine législatif. Il résulte de l'article 67 de la Constitution de 2001 que la loi ne fixe ni les règles ni les principes fondamentaux concernant cette catégorie.

Dans la pratique normative, l'identification du support normatif approprié pour créer un établissement public avait donné lieu à des controverses. Certains départements ministériels introduisaient dans le circuit d'adoption des textes des projets de loi ayant pour objet la création d'établissements publics. Il en est ainsi, notamment, de la loi n° 66-62 du 30 juin 1966 portant création de la Compagnie du Théâtre national Daniel Sorano, qui était un établissement public à caractère administratif, de la loi n° 2014-13 du 28 février 2014 portant création de l'Office de Gestion des Forages ruraux (OFOR) qui est un établissement public à caractère industriel et commercial. Mais d'autres ministères proposaient à la place des projets de décret. On peut citer notamment, le décret n° 2017-1106 du 29 mai 2017 portant création et fixant les règles d'organisation et de fonctionnement de la Maison de la Presse (MP) et le décret n°2017-1107 du 29 mai 2017 portant création et fixant les règles d'organisation et de fonctionnement du Grand Théâtre national. La Maison de la Presse et le Grand Théâtre national ont le statut d'établissements publics à caractère industriel et commercial.

Face à cette situation, le Premier Ministre avait saisi, l'Assemblée générale consultative de la Cour suprême d'une demande d'avis, à l'effet de savoir si la création des établissements publics relève du domaine législatif ou de la compétence réglementaire.

Par un avis n° 04-A-2017 du 19 avril 2017, la Commission spéciale de l'Assemblée générale consultative de la Cour suprême avait distingué suivant qu'il s'agisse d'un établissement public à caractère industriel et commercial (EPIC) ou d'une autre catégorie d'établissement public.

S'agissant d'un EPIC, elle a soutenu qu'il ne peut être créé que par voie législative en vertu de l'article 3 de l'ancienne loi n° 90-07 du 26 juin 1990 relative à l'organisation et au contrôle des entreprises du secteur parapublic et au contrôle des personnes morales de droit privé bénéficiant du concours financier de la puissance publique.

En ce qui concerne les autres catégories d'établissements publics, en l'absence d'une disposition constitutionnelle ou légale prévoyant leur création par voie législative, la Cour suprême a estimé que le Gouvernement est autorisé, en application de l'article 76, alinéa 2 de la Constitution, à utiliser le support règlementaire.

Mais, depuis la réforme du secteur parapublic, la question du support normatif de création d'un établissement public a été clairement réglée. En vertu des dispositions de l'article 17 de la loi d'orientation n° 2022-08 du 19 avril 2022 relative au secteur parapublic, au suivi du portefeuille de l'État et au contrôle des personnes morales de droit privé bénéficiant du concours financier de la puissance publique, les établissements publics sont créés par décret. Ce texte ne réserve que le cas des établissements publics locaux qui peuvent être créés par les collectivités territoriales, par délibération spéciale de leur conseil, approuvée par le représentant de l'État.

En réalité, par ce texte, le législateur n'a fait que se conformer aux dispositions constitutionnelles qui n'énumèrent désormais plus la création des établissements publics dans le domaine de la loi.

112. Caractères du pouvoir réglementaire initial. Lorsqu'il exerce un pouvoir réglementaire autonome, le Gouvernement peut intervenir souverainement sans être tenu de respecter des lois existantes qui, d'ailleurs sont absentes, l'Assemblée nationale n'étant pas compétent pour intervenir.

Le pouvoir réglementaire autonome est un pouvoir initial, puisqu'il trouve sa source non pas de la loi, mais directement de la Constitution. Il s'agit d'un pouvoir inconditionné, qui n'est pas subordonné au respect de lois existantes.

Enfin, il constitue un pouvoir illimité, ayant une compétence de droit commun ; son champ d'application n'est pas enfermé dans une liste[306]. Le Gouvernement est le « *législateur de droit commun* » alors que l'Assemblée nationale est le « *législateur d'exception* ».

b. Le pouvoir réglementaire subordonné

113. Notion. Le pouvoir réglementaire subordonné est un pouvoir réglementaire dérivé qui signifie qu'il est subordonné à la loi ou qu'il dérive d'elle ; c'est-à-dire qu'il intervient en vertu d'une loi et en vue de son application[307].

Quelle que soit, la matière, le pouvoir réglementaire est, sur le fondement de l'exécution des lois, toujours compétent pour mettre en œuvre les règles posées par le pouvoir législatif [308] ; c'est pourquoi ce pouvoir est appelé « *pouvoir réglementaire d'exécution* ».

114. Domaine. Les actes réglementaires d'exécution (règlements d'administration publique) ont un domaine très précis.

En premier lieu, le pouvoir réglementaire d'exécution vise des matières énumérées par l'article 67 de la Constitution pour lesquelles la loi ne détermine que les « *principes fondamentaux* ». Dans ces cas, il revient au pouvoir réglementaire de fixer les modalités d'application des lois dans le respect des principes fondamentaux posés par le législateur.

---

[306] A. BOCKEL, *Droit administratif*, Dakar-Abidjan NEA, 1978, p. 106.
[307] J-C. VENEZIA, « Les règlements d'application, in *Mélanges R. CHAPUS*, 1992, p. 673 ; R. LIBCHEBER, « Le décret d'application, norme paradoxale », *RTD.civ.*, 1998, p. 788 ; J. M. AUBY, « L'obligation gouvernementale d'assurer l'exécution des lois », *JCP*, 1953, I, n° 1080 ; J-M. BRETON, « L'obligation pour l'administration d'exercer son pouvoir réglementaire d'exécution des lois. A propos de quelques décisions récentes du juge administratif », *RDP*, 1993,159, p. 1749.
[308] Cons. const. du 03 mai 1961, déc. n° 61-13 L ; Cons. const. du 25 juillet 1979, n° 105 DC.

En second lieu, le législateur n'est pas toujours en mesure de fixer les modalités précises d'application de la loi. Il se borne bien souvent à poser les normes générales, les principes généraux de la législation. PORTALIS disait que les lois sont des « *actes de souveraineté* » alors que les règlements constituent des *« actes de magistrature* ». Selon l'auteur : « *C'est aux lois à poser, dans chaque matière, les règles fondamentales et à déterminer les formes essentielles. Les détails d'exécution, les précautions provisoires ou accidentelles, les objets instantanés ou variables en un mot, toutes les choses qui sollicitent bien plus la surveillance de l'autorité qui administre que l'intervention de la puissance qui institue ou qui crée sont du ressort des règlements* »[309].

La compétence réglementaire résulte d'une habilitation législative explicite. À cet égard, la loi peut prévoir que certaines de ses dispositions seront fixées par décret. Il revient au pouvoir exécutif de compléter l'œuvre législative. C'est au Gouvernement de prendre les mesures d'application nécessaires, par voie de décrets, pouvant être complétés eux-mêmes par des arrêtés ministériels ou émanant des autorités décentralisées ou déconcentrées (chefs de circonscription administrative)[310], voire par des mesures d'ordre intérieur (instructions, circulaires, directives).

L'intervention réglementaire peut être spontanée, c'est-à-dire sans invitation expresse du législateur, en vertu des pouvoirs propres dévolus au pouvoir exécutif. Il résulte de l'article 57, alinéa 2 de la Constitution que le Premier Ministre « *assure l'exécution des lois et dispose du pouvoir réglementaire sous réserve des dispositions de l'article 43 de la Constitution* ». En dehors de toute habilitation législative, le Premier

---

[309] Selon PORTALIS : « *Dans les matières mêmes qui fixent particulièrement son attention, il est une foule de détails qui lui (législateur) échappent, ou qui sont trop contentieux, trop mobiles pour pouvoir devenir l'objet d'un texte de loi* », Projet de Code civil présenté par la commission nommée par le Gouvernement le 24 thermidor an 8.

[310] A. BOCKEL, *Droit administratif*, Dakar-Abidjan NEA, 1978, p. 105 ; A. HAQUET, *La loi et le règlement*, Paris, LGDJ, Système, 2007, p. 107.

Ministre est toujours compétent pour édicter des actes réglementaires d'exécution de lois[311].

115. Caractéristiques du pouvoir réglementaire dérivé. Le pouvoir réglementaire subordonné trouve son fondement et ses limites dans la norme supérieure (la loi) dont il assure l'exécution. Sa légalité est donc conditionnée par le respect de la norme législative[312]. Il s'agit de la manifestation la plus éloquente de la subordination hiérarchique de l'acte réglementaire à l'acte législatif.

D'abord, le règlement subordonné doit être pris dans le cadre du champ d'application de la loi[313].

Ensuite, il ne doit ni ajouter de nouvelles dispositions au texte législatif de base ni en restreindre l'application, sauf si l'acte législatif en prévoit expressément la possibilité.

Enfin, le règlement subordonné ne doit comprendre que des mesures nécessaires à l'application de la loi[314].

D'ailleurs, la circulaire n° 0008 PM/SGG/SGA/PAT du 08 juin 2017 relative à la rédaction des textes d'application des projets de loi ou de décret énonce que les décrets d'application pris en méconnaissance des dispositions du texte législatif de base, sont entachés d'illégalité et peuvent, dès lors, faire l'objet d'une annulation devant le juge de l'excès de pouvoir.

116. Édiction des textes d'application. L'intervention des textes d'exécution est bien souvent une condition de l'application effective du texte législatif[315].

---

[311] P. A. TOURE, *Recueil des principaux textes relatifs au travail législatif et réglementaire du Gouvernement,* Secrétariat général du Gouvernement, Dakar, l'Harmattan, 2018, p. 52 et s.

[312] En ce sens, C. GAUTRON et M. ROUGEVIN BAVILLE, *Droit public du Sénégal*, Paris, éd. Pédone, 2 e éd., 1977, p. 80.

[313] V. en ce sens, la circulaire n° 0008 PM/SGG/SGA/PAT du 08 juin 2017 relative à la rédaction des textes d'application des projets de loi ou de décret.

[314] A. BOCKEL, *Ibid.*

[315] M. GUIBAL, « Le retard des textes d'application des lois », *RDP*, 1974, p. 1039 ; R. LIBCHABER, « Le décret d'application, norme paradoxale », *RTD civ.*, 1998, p. 788 ; H.

Dans l'arrêt rendu par la Cour suprême le 13 février 1985[316], un assistant à la Faculté des Sciences juridiques et politiques de l'Université de Dakar avait fait grief au décret n° 82-844 du 19 octobre 1982 accordant une indemnité de logement aux enseignants des universités d'avoir fixé au 1er juillet 1982 la date à laquelle est accordée l'indemnité de logement alors que la loi n° 81-59 du 09 novembre 1981 portant statut du personnel enseignant des universités n'a pas prévu un différé quant à son application, qui est dès lors immédiate[317].

La Cour suprême a jugé « *qu'une loi ne peut entrer en vigueur que si son application est possible sans l'intervention d'autres textes* » ; ce qui est bien le cas de l'article 49 de la loi n° 81-59 du 09 novembre 1981 qui renvoyait à un décret le soin de fixer le montant de l'indemnité de logement à allouer aux enseignants. Les hauts magistrats ont ajouté qu'en l'espèce, l'intervention du décret attaqué dépendait du vote de la loi de finances n° 82-08 du 30 juin 1982 prévoyant dans le budget les crédits afférents au paiement de l'indemnité de logement, à compter du 1er juillet 1982.

MOYSAN, « De la mise en application de la loi à la qualité de sa rédaction », *JCP* éd. G, février 2010, p. 208 et s.

316 CS, n° 14 du 13 février 1985, Alioune SENGHOR c/ État du Sénégal, *inédit*.

317 Sur cette question, C. T. THIAM, « Le statut des enseignants des universités », in *La fonction publique sénégalaise,* Actes du 1er colloque sur les institutions du Sénégal, *RIPAS*, n° 14, octobre-décembre 1985, p.157-168.

DOCUMENT N° 10
LE SUIVI DES DÉCRETS D'APPLICATION

La circulaire n° 01/PM/SGG/SGA du 29 janvier 1996 relative au suivi des décrets d'application des lois

N° 01/PM/SGG/SGA

Dakar, le 29 janvier 1996

CIRCULAIRE

LE PREMIER MINISTRE

A

Messieurs les Ministres d'État ;

Mesdames et Messieurs les Ministres ;

Madame et Messieurs les Ministres délégués

Objet : Suivi des décrets d'application des lois

J'ai constaté que certaines lois votées, promulguées et publiées au *Journal officiel* n'ont pas connu de début d'exécution au motif que les décrets d'application pourtant prévus par lesdites lois n'ont pas été préparés.

Les lois doivent être appliquées rapidement. Les décrets d'application qu'elles prévoient doivent être adoptés dans les meilleurs délais.

Désormais, je vous demande de veiller à ce que les projets de loi qui prévoient dans leurs dispositions des décrets d'application soient transmis au Secrétariat général du Gouvernement en même temps que lesdits décrets d'application.

Le non-respect de cette obligation entraîne le retour desdits projets aux ministères initiateurs.

J'attache une importance particulière à l'application rigoureuse de cette circulaire.

Habib THIAM

DOCUMENT N° 11
LA RÉDACTION DES TEXTES D'APPLICATION

La circulaire n° 0008 PM/SGG/SGA/PAT du 08 juin 2017 relative à la rédaction des textes d'application des projets de loi ou de décret les textes d'application

N° 0008 PM/SGG/SGA/PAT

Dakar, le 08 juin 2017

CIRCULAIRE

A

Mesdames et Messieurs les Ministres,

Messieurs les Ministres délégués

Objet : Rédaction des textes d'application des projets de loi ou de décret

Références : La circulaire primatorale n° 01/PM/SGG/SGA du 29 janvier 1996 relative au suivi des décrets d'application des lois

Le texte normatif n'est pas toujours en mesure de déterminer les modalités précises de son application. Il se borne bien souvent à fixer les principes généraux de la législation ou de la réglementation en renvoyant à d'autres textes subordonnés (décrets ou arrêtés) les modalités d'application.

Cependant, il m'a été donné de constater que certains textes (loi ou décret), entrés en vigueur depuis plusieurs années, ont annoncé des actes d'application, qui tardent à être édictés par les services des départements ministériels concernés.

Il arrive aussi que des textes d'application transmis à la Primature contiennent des dispositions qui ne trouvent pas leur fondement dans le texte dont ils sont censés fixer les modalités d'application.

Cette situation particulièrement préoccupante impacte très négativement la gouvernance normative. En effet, les principes généraux fixés par les textes législatifs ou réglementaires, même s'ils sont en principe applicables et opposables aux particuliers ainsi qu'à l'Administration, ne peuvent, de fait, faire l'objet de mesures d'exécution, faute d'actes d'application.

En outre, les textes d'application, pris en méconnaissance des dispositions du texte de base, sont entachés d'illégalité et peuvent, dès lors, faire l'objet d'une annulation devant le juge de l'excès de pouvoir.

Pour remédier à cette situation et précisant les prescriptions de la circulaire citée en référence, je vous recommande désormais d'inscrire dans votre agenda législatif et réglementaire et de transmettre au Secrétariat général du Gouvernement, les projets de texte d'application (projets de décret ou d'arrêté) en même temps que les projets de loi ou de décret qui les prévoient.

A cet effet, j'appelle votre attention sur la nécessité de préparer et de rédiger les textes d'application dès la finalisation des travaux de conception du texte de base, tout en veillant à la bonne articulation et à la cohérence d'ensemble du dispositif juridique.

Par ailleurs, relevant du pouvoir réglementaire subordonné, la légalité du texte d'application est conditionnée par le respect de la norme de base. En effet, le texte d'application ne doit, en principe, ni ajouter de nouvelles dispositions au texte de base, ni en restreindre l'application. Il doit, en outre, respecter le champ d'application délimité par ledit texte.

En conséquence, tout projet normatif introduit dans le circuit d'adoption des textes sans se conformer aux prescriptions de la présente circulaire ne sera pas instruit par les services du Secrétariat général du Gouvernement.

J'attache du prix à la bonne application de la présente circulaire dont vous m'accuserez réception.

Ampliation :

Son Excellence Monsieur le Président de la République (ATCR)

c. Le pouvoir réglementaire exceptionnel

117. Notion. La frontière entre les domaines de la loi et du règlement n'est pas imperméable. Dans certaines circonstances particulières, la Constitution accorde aux autorités exécutives un pouvoir réglementaire exceptionnel qu'elles exercent par ordonnance.

- Le pouvoir réglementaire sur habilitation

118. Ordonnances de législation déléguée. Les ordonnances sont des actes pris par le pouvoir exécutif sur habilitation de l'Assemblée nationale[318]. Selon l'article 77 de la Constitution, l'Assemblée nationale peut habiliter par une loi le Président de la République à prendre des mesures qui sont normalement du domaine de la loi. Il s'agit d'une extension occasionnelle des pouvoirs du Gouvernement, habilité à modifier éventuellement les lois existantes[319].

Mais l'habilitation prévue par l'article 77 de la Constitution est exclue s'agissant des lois constitutionnelles et des lois organiques. Il résulte des articles 78 et 103 de la Constitution que la procédure d'habilitation législative n'est pas applicable aux lois constitutionnelles et aux lois organiques. Ainsi, l'Assemblée nationale ne saurait habiliter le Président de la République à prendre, par ordonnance, des mesures qui relèvent du domaine des lois constitutionnelles (modification de la Constitution) ou des lois organiques (par exemple, le statut des magistrats).

Contrairement aux lois et autres actes réglementaires dont l'entrée en vigueur est subordonnée au dépôt au Secrétariat général du

---

[318] S. N. TALL, « Les ordonnances en Afrique noire francophone », *Revue EDJA*, n° 64, janvier-février-mars 2005, p. 47 et s. ; M. VERPEAUX, « Les ordonnances de l'article 38 ou les fluctuations contrôlées de la répartition des compétences entre la loi et le règlement », *Cah. Cons. const.* 2005, n° 19 ; C. BOYER-MERENTIER, *Les ordonnances de l'article 38 de la Constitution du 04 octobre 1958*, Paris, Economica-PUAM, 1996 ; C. BOYER-MERENTIER, « Les ordonnances de l'article 38 de la Constitution. Une place ambiguë dans la hiérarchie des normes », *RFDA,* 1998, p. 924-941 ; M. HEINIS, « Les limites du pouvoir réglementaire sur habilitation législative », *Gaz. pal,*. 1999, 1, doctr. p. 466.

[319] A. BOCKEL, *op.cit*, p. 109.

Gouvernement du *Journal officiel* dans lequel ils sont publiés[320], l'ordonnance entre en vigueur dès sa publication.

- Les pouvoirs exceptionnels du Président de la République

119. Pouvoirs présidentiels exceptionnels. Le Président de la République dispose de pouvoirs exceptionnels[321]. En vertu de l'article 52 de la Constitution, lorsque les institutions de la République, l'indépendance de la Nation, l'intégrité du territoire national ou l'exécution des engagements internationaux sont menacées d'une manière grave et immédiate et que le fonctionnement régulier des pouvoirs publics ou des institutions est interrompu, le Président de la République dispose de pouvoirs exceptionnels.

Il peut, après en avoir informé la Nation par un message, prendre toute mesure tendant à rétablir le fonctionnement régulier des pouvoirs publics et des institutions et à assurer la sauvegarde de la Nation.

Au titre des mesures prises en application de l'article 52 de la Constitution, le Président de la République peut prendre des « *mesures de nature législative* » mises en vigueur par lui-même. Il peut les amender ou les rejeter à l'occasion du vote de la loi de ratification. L'Assemblée nationale se réunit de plein droit. Il est saisi pour ratification, dans les quinze (15) jours de leur promulgation. Ces mesures deviennent caduques si le projet de loi de ratification n'est pas déposé sur le bureau de l'Assemblée nationale dans ledit délai.

Les mesures présidentielles « *de nature législative* » sont soumises à une procédure de ratification analogue à celle prévue en matière d'habilitation législative par l'article 77 de la Constitution.

---

[320] V. art. 3 la loi n° 70-14 du 06 février 1970 fixant les règles d'applicabilité des lois, des actes administratifs à caractère réglementaire et des actes administratifs à caractère individuel.

[321] J. LAMARQUE, « La théorie de la nécessité et l'article 16 de la Constitution », *RDP*, 1961, p. 558.

B. La protection de la répartition des domaines de la loi et du règlement

120. Techniques de protection. Plusieurs techniques juridiques ont été prévues pour garantir le respect des principes de répartition des compétences entre la loi et le règlement.

1. La protection du domaine législatif

121. Protection du domaine législatif. La compétence législative est protégée par deux mécanismes juridiques. Il s'agit du recours pour excès de pouvoir et de l'exception d'illégalité.

a. Le recours pour excès de pouvoir

122. Procès contre un acte administratif. L'acte réglementaire pris en violation du domaine de partage entre la loi et le règlement est entaché d'illégalité. Toute personne, ayant intérêt à agir, peut, dans un délai de deux (2) mois, à compter de la publication de l'acte administratif, saisir la Chambre administrative de la Cour suprême d'un recours pour excès de pouvoir tendant à son annulation[322].

Plusieurs moyens sont susceptibles d'être invoqués devant la juridiction administrative pour obtenir l'annulation d'un acte administratif. Peuvent être soulevés, notamment, l'incompétence de l'autorité qui a édicté l'acte, la violation de la loi, le terme « *loi* » incluant toutes les normes d'une valeur supérieure (Constitution, loi, décret), le défaut de motif et le détournement de pouvoir.

La seule limite à l'étendue du pouvoir de contrôle du juge est liée à l'opportunité de l'acte administratif. En effet, le juge de l'excès de

[322] O. GAYE et M. S. DIOUF, *Le Conseil d'État et la pratique du recours en annulation*, Dakar, éd. 2001 ; M. M. MBACKE, « Le contrôle juridictionnel de l'administration. Le recours pour excès de pouvoir », *EDJA*, juin 1987, p. 09 et s. ; P. M. SY, « Quelques remarques sur l'institution du recours pour excès de pouvoir au Sénégal depuis la création du Conseil d'État », *EDJA*, n° 53, avril-mai-juin 2002, p. 57 et s. ; M. M. MBACKE, « Le Conseil d'État », *Revue EDJA*, n° 20, p. 02 ; D. SY, « Le contrôle de l'exécutif par le Conseil d'État », in *L'État de droit et le contrôle de l'exécutif au Sénégal,* Dakar, p. 103.

pouvoir, comme le juge saisi de l'exception d'illégalité, n'est pas habilité à opérer un contrôle de l'opportunité d'une décision administrative.

b. L'exception d'illégalité

123. Procès dans un procès. L'exception d'illégalité est une contestation incidente de la légalité d'un acte administratif soulevée au cours d'un procès en vue d'obtenir sa neutralisation[323]. Le mécanisme de l'exception d'illégalité permet d'écarter au cours d'un procès l'application d'un acte administratif qui s'est immiscé dans le domaine du pouvoir législatif[324].

La loi n° 2014-26 du 03 novembre 2014 fixant l'organisation judiciaire a réaffirmé la compétence des juridictions pour connaître du contentieux de l'interprétation et de l'appréciation de la légalité des décisions administratives. L'article 8 de cette loi énonce que : « *Les juridictions ont, au cours des instances dont elles sont saisies, compétence pour interpréter et apprécier la légalité des décisions des diverses autorités administratives* »[325].

Le mécanisme de l'exception d'illégalité est une application de la règle « *le juge de l'action (du fond) est le juge de l'exception* ».

---

[323] A. FAYE, « État de droit et contrôle de l'exécutif : Réflexions d'un privatiste sur l'exception d'illégalité en droit sénégalais », *EDJA*, n° 33, avril-mai-juin 1997, p. 36; A. FAYE, « Le contrôle de l'exécutif par les juridictions de droit commun », in *L'État de droit et le contrôle de l'exécutif au Sénégal,* p. 119 et s. ; A.A. BA, « L'exception d'illégalité dans le système sénégalais d'organisation judiciaire », *EDJA*, n° 33, avril-mai-juin 1997, p. 41 ; I. DIALLO, « L'exception d'illégalité dans le système judiciaire sénégalais », *Nouvelles Annales africaines*, n° 1, 2010, p. 152; plus récemment, P. A. TOURE, *La réforme de l'organisation judiciaire commentée et annotée*, Paris, l'Harmattan 2016, n° 249 et s. ; B. SENE, « Le traitement de l'exception d'illégalité en droit sénégalais », *La Balance, Revue semestrielle de L'union des Magistrats Sénégalais*, n° 01, janvier-juin 2017, p. 53 et s.

[324] Pour des applications judiciaires, V. notamment, CS du 05 juillet 1961, Waly SARR c/ Commune de Saint-Louis, *Annales africaines* 1973, p. 257 ; *RLJ* 1961, I, 33 ; *GDJAS*, n° 04, tome 01, p.28 et s., *Rec. Législ. Jursip.* 1962, n° 741, p. 33 ; Trib. 1ère inst. Dakar du 07 avril 1981, MP c/ Cheikh Anta DIOP, *GDJAS*, n° 04, tome 1, p.29 et s. ; CS, n° 106 du 16 décembre 2010, A. A. ND. c/ I. ND., *Cour suprême. Bulletin des arrêts*, n° 02-03, année judiciaire 2010-2011, décembre 2012, p. 125.

[325] B. SENE, « Le traitement de l'exception d'illégalité en droit sénégalais », *La Balance, Revue semestrielle de L'union des Magistrats Sénégalais*, n° 01, janvier-juin 2017, p. 53 et s.

La question de l'appréciation de la légalité d'un acte administratif pose, à l'image du recours pour excès de pouvoir, un problème de contentieux objectif relatif à la légalité d'une décision administrative.

124. Particularités. Toutefois, l'exception d'illégalité se différencie du recours pour excès de pouvoir.

En premier lieu, elle constitue un recours incident (un procès dans un procès) et non une voie d'action principale (un procès contre un acte administratif) ; c'est-à-dire qu'elle dérive d'une instance en cours devant le juge. L'exception d'illégalité constitue un mécanisme de contrôle de la légalité par voie d'exception.

En deuxième lieu, contrairement au recours pour excès de pouvoir, l'exception d'illégalité n'est pas enfermée dans des délais. Elle permet de contester la légalité d'un acte administratif qui n'aurait pas été déférée en temps utile à la juridiction administrative ; elle est perpétuelle[326].

En troisième lieu, l'exception d'illégalité n'a pas pour objet l'annulation de l'acte administratif, mais simplement une décision relative à la légalité de cet acte. S'il s'avère qu'il est illégal, le juge se contente d'écarter son application du litige qui lui est soumis ; l'acte administratif est simplement neutralisé ; mais il reste en vigueur.

Le droit sénégalais a consacré le modèle de l'unité de juridiction. La légalité des actes administratifs constitue une question préalable de la compétence de toutes les juridictions. L'essentiel est que le contrôle par voie d'exception soit exercé à l'occasion d'un litige relevant au principal de la compétence de la juridiction saisie, qu'il s'agisse d'un litige entre un particulier et l'administration ou entre deux particuliers[327]. Toutes les

---

[326] A. FAYE, « État de droit et contrôle de l'exécutif : Réflexions d'un privatiste sur l'exception d'illégalité en droit sénégalais », *EDJA*, n° 33, avril-mai-juin 1997, p. 31 ; A. FAYE, « Le contrôle de l'exécutif par les juridictions de droit commun », in *L'État de droit et le contrôle de l'exécutif au Sénégal*, p. 119 et s. ; A.A. BA, « L'exception d'illégalité dans le système sénégalais d'organisation judiciaire », *EDJA*, n° 33, avril-mai-juin 1997, p. 39.

[327] J.C GAUTRON et M. ROUGEVIN BAVILLE, *Droit public du Sénégal*, Paris, éd. Pédone, 2e éd., 1977, p. 341 ; A BOCKEL, *Droit administratif*, Dakar-Abidjan, NEA, 1978, p. 450 ; J.M. NZOUANKEU, *Les grandes décisions de la jurisprudence*

juridictions sont compétentes pour connaître de l'exception d'illégalité (tribunal d'instance, tribunal de grande instance, tribunal du travail et cours d'appel)[328].

Dans le système judiciaire sénégalais, l'exception d'illégalité peut être invoquée contre tous les actes administratifs, qu'il s'agisse d'actes individuels ou d'actes réglementaires. L'essentiel est que la décision en question revête la nature d'un acte administratif. Le droit sénégalais ne fait aucune distinction entre les actes administratifs réglementaires et les actes administratifs individuels, l'article 8 de la loi n° 2014-26 du 03 novembre 2014 fixant l'organisation judiciaire se contentant de viser « *les décisions des diverses autorités administratives* ».

125. Régime procédural. L'exception d'illégalité obéit à un régime procédural assez original. Elle ne constitue pas une exception au sens processuel du terme. Il ne s'agit pas d'un moyen de défense par lequel le défendeur conteste la régularité de la procédure initiée par le demandeur. L'exception d'illégalité peut être invoquée aussi bien par le demandeur à l'appui de sa demande que par le défendeur pour s'opposer à celle-ci[329].

Lorsqu'elle est invoquée par le défendeur, elle constitue une défense au fond par laquelle ce dernier conteste la légalité d'un acte administratif susceptible de lui être appliqué par le juge.

En procédure pénale, l'exception d'illégalité ne s'analyse pas en une question préjudicielle au jugement au sens de l'article 374 du Code de Procédure pénale, laquelle doit être soulevée avant toute défense au fond. Dans l'affaire *Fadel SECK*, la Cour d'appel de Dakar a rappelé que l'exception d'illégalité ne constitue pas une exception au sens procédural du terme, mais un moyen de défense. D'après les juges d'appel, « *l'exception d'illégalité, en tant que moyen de défense, peut être soulevée*

---

administrative sénégalaise, Tome I, *Contentieux général de la légalité*, 2e éd., publication, Dakar, RIPAS, 1984, p. 30 et s.).

328 En ce sens, P. A. TOURE, *La réforme de la composition et de la compétence des juridictions du Sénégal commentée et annotée,* Dakar, Abis éditions, 2017, p. 208.

329 En ce sens, C. GAUTRON et M. ROUGEVIN BAVILLE, *Droit public du Sénégal*, Paris, éd. Pédone, 2e éd., 1977, p. 341.

à tout moment de la procédure, même pour la première fois en cause d'appel »[330].

En procédure civile, l'exception d'illégalité n'est pas soumise aux rigueurs de l'article 129 du Code de Procédure civile relatif au moment de présentation des exceptions de procédure et fins de non-recevoir formelles. Elle peut être présentée à toute hauteur de la procédure, même après conclusion au fond.

Pour que l'exception d'illégalité soit recevable, la solution du litige doit dépendre de l'examen de la légalité de la décision administrative. En matière pénale, on admet que la décision administrative doit servir de fondement aux poursuites. L'exception d'illégalité doit tendre à contester la légalité de l'acte même qui a servi de base aux poursuites pénales. L'acte administratif à l'encontre duquel l'exception d'illégalité est soulevée doit constituer le fondement même de la décision faisant grief[331].

Dans l'arrêt *Aïssatou Guèye DIAGNE* rendu le 22 août 2012, la Cour d'appel de Dakar a eu l'occasion d'apprécier, de façon incidente, la conformité de l'article 27 du décret n° 2009-328 du 08 avril 2009 relatif au statut des notaires par rapport à l'article 67 de la Constitution[332].

Elle a jugé que l'article 27 du décret fixant le statut des notaires, qui subordonne les poursuites contre les notaires à l'autorisation du Garde des Sceaux, Ministre de la Justice après avis de la chambre disciplinaire, intervient dans le domaine de la loi et méconnait l'article 67 de la Constitution. Les juges de la cour d'appel ont estimé que : « *ce texte aménage une procédure pénale spéciale dérogatoire aux règles édictées par la loi n° 65-61 du 21 juillet 1965 portant Code de Procédure pénale et constituant une garantie supplémentaire pour le notaire ; il viole manifestement ladite loi ainsi que l'article 67 de la Constitution en*

---

330 CA Dakar, n° 454 du 25 juin 1986, Ministère public et F. S. c/ B. D., *inédit.*

331 J.M. NZOUANKEU, *Les grandes décisions de la jurisprudence administrative sénégalaise*, Tome I, *Contentieux général de la légalité,* Dakar, 2e éd., publication RIPAS, 1984, p. 36.

332 CA Dakar, n° 890 du 22 août 2012, MP c/ A. G. D., in *Bulletin des arrêts rendus par la Cour d'appel de Dakar en matière pénale*, année 2014, p. 134 ; ; dans le même sens, CA Dakar, n° 635 du 12 juillet 2010, Ministère public et la Société nationale d'Assurances Mutuelles dite SONAM c/ S. MB. B., *inédit.*

s'immisçant subrepticement dans les attributions relevant exclusivement du domaine du pouvoir législatif».

Le juge a ainsi écarté l'article 27 du décret fixant le statut des notaires du procès avant de condamner la prévenue à six (6) mois d'emprisonnement ferme.

2. La protection du domaine réglementaire

126. Protection du domaine réglementaire. La compétence réglementaire est protégée par deux mécanismes constitutionnels. Il s'agit de l'irrecevabilité prévue par l'article 83 de la Constitution et de la procédure de déclassement.

a. L'irrecevabilité prévue par l'article 83 de la Constitution

127. Mécanisme. Avant la promulgation de la loi, l'article 83 de la Constitution permet au Gouvernement d'opposer l'irrecevabilité d'une proposition de loi ou d'un amendement qui lui paraît relever du domaine du règlement. Aux termes de ce texte, « *S'il apparaît, au cours de la procédure législative qu'une proposition ou un amendement n'est pas du domaine de la loi, le Premier Ministre et les autres membres du Gouvernement peuvent opposer l'irrecevabilité* »[333].

En cas de désaccord, le Conseil constitutionnel, à la demande du Président de la République, de l'Assemblée nationale ou du Premier Ministre, statue dans les huit (8) jours[334].

S'il est saisi, en toute hypothèse avant la fin de la discussion parlementaire, le Conseil ne statue que sur la nature législative ou réglementaire de la proposition ou de l'amendement. Il ne se prononce pas sur sa constitutionnalité.

---

[333] En droit français, E. OLIVA, *L'article 41 de la Constitution du 4 octobre 1958*, Paris, Economica, 1997.

[334] Sur cette procédure, PH. GEORGES, « La procédure législative au Sénégal, *Annales africaines*, 1965, p. 177 ; E. DIARRA, « La procédure législative au Sénégal », *RIPAS*, n° 11, octobre-décembre 1984, p. 722-723. En droit français, E. OLIVA, *L'article 41 de la Constitution du 04 octobre 1958*, Paris, Economica, 1997.

128. Position du problème. S'il est indiscutable que l'immixtion du pouvoir réglementaire dans le domaine du pouvoir législatif constitue une méconnaissance de la Constitution qui fixe les principes de répartition des compétences entre la loi et le règlement[335] , qu'en est-il lorsqu'une loi contient des dispositions de nature réglementaire ? Faudrait-il considérer que cette loi est contraire à la Constitution ?

129. Jurisprudence française. Le Conseil constitutionnel français, saisi dans le cadre de la procédure de contrôle de constitutionnalité des lois, a refusé de censurer une loi au motif qu'elle contient des dispositions de nature réglementaire.

Dans sa décision rendue le 30 juillet 1982, la haute juridiction a énoncé que la Constitution n'a pas entendu frapper d'inconstitutionnalité une disposition de nature réglementaire contenue dans une loi, mais a voulu, à côté du domaine réservé à la loi, reconnaître à l'autorité réglementaire un domaine propre et conférer au Gouvernement le pouvoir d'en assurer la protection contre d'éventuels empiétements de la loi[336].

Selon le juge constitutionnel français, la Constitution permet au Gouvernement de s'opposer au cours de la procédure parlementaire, et par la voie d'une irrecevabilité, à l'insertion d'une disposition réglementaire dans une proposition de loi. En outre, la procédure de déclassement a pour effet, après la promulgation de la loi, de restituer l'exercice de son pouvoir réglementaire au Gouvernement et de lui conférer le pouvoir de modifier cette loi par décret ; ces deux procédures ayant un caractère facultatif.

b. La procédure de délégalisation ou de déclassement

130. Mécanisme. Après la promulgation d'une loi qui est intervenue dans le domaine du règlement, une puissante garantie est reconnue par la Constitution au Gouvernement pour faire respecter la compétence

---

[335] J. M. NZOUANKEU, « Les domaines respectifs de la loi et du règlement en droit sénégalais », *RIPAS* n° 11, octobre-décembre 1984, p. 892.

[336] Cons. const. du 30 juillet 1982, loi sur les prix et les revenus, déc. n° 82-143 DC, *Rec. Cons. const.*, 1982, p. 57 ; dans le même sens, Cons. const. du15 mars 2012, déc. n° 2012-649 DC: *Journal officiel* du 23 mars 2012 ; également, Cons. const. du 21 avril 2005, déc. n° 2005-512 DC ; CE du 15 avril 2011, n° 345141, Teissier; V. aussi CE du 15 mars 2006, n° 288391.

réglementaire, il s'agit de la procédure de délégalisation encore appelée déclassement[337]. Cette procédure est instituée par l'article 76, alinéa 2 de la Constitution.

Selon cette disposition, les textes de forme législative intervenus dans le domaine réglementaire « *peuvent être modifiés par décret si le Conseil constitutionnel, à la demande du Président de la République ou du Premier Ministre, a déclaré qu'ils ont un caractère réglementaire* » en vertu de l'alinéa 1er de l'article 76 de la Constitution[338].

SECTION II : LES DIFFÉRENTES TECHNIQUES NORMATIVES

131. Notion. La technique normative est l'opération juridique utilisée par le rédacteur pour atteindre ses objectifs visés par le projet normatif ; elle permet d'agir sur l'ordonnancement juridique. L'utilisation d'une technique législative adaptée au projet de texte constitue un aspect important de la stratégie normative. La viabilité et l'efficacité du projet normatif dépendent largement de cette opération. Les techniques normatives désignent l'abrogation, le retrait, la modification, l'interprétation et l'approbation.

PARAGRAPHE PREMIER : L'OPÉRATION D'ABROGATION

132. Définition. L'abrogation est une opération normative ayant pour objet de supprimer une disposition ou un texte qui cesse d'être applicable pour l'avenir[339]. Contrairement au retrait, l'abrogation ne dispose que pour

---

337 C. CANS, « La délégalisation. Un encouragement au désordre », *RDP,* 1999, p. 1419 ; Y. GAUDEMET, « Le mécanisme de déclassement des lois (art. 37, al. 2) », *D.* 1980, p. 121 ; J.-L. MESTRE, « De l'ancien sur l'article 37, alinéa 2, de la Constitution », *RFDA,* 2001, p. 301 ; L. FAVOREU, « La procédure de l'article 37, alinéa 2 », *RDP,* 1976, p. 225 ; L. FAVOREU, « La délégalisation des textes de forme législative par le Conseil constitutionnel », *Mélanges offerts à Marcel Waline*, Paris, LGDJ, 1974, TII, p. 429-450.

338 Sur cette procédure en droit sénégalais, E. DIARRA, « La procédure législative au Sénégal », *RIPAS*, n° 11, octobre-décembre 1984, p. 702-816 ; S. SYLLA, « Le contrôle de constitutionnalité des lois au Sénégal », *RIPAS*, n° 11, octobre-décembre 1984, p. 817-888.

339 G. CORNU, *op. cit,* V° abrogation, p. 04.

l'avenir. Dans un arrêt rendu le 11 août 2011[340], la Cour suprême du Sénégal a jugé que l'abrogation d'un décret met fin à son existence « *sans pour autant faire disparaitre dans le passé les effets produits lors de son application* ».

133. Modes d'abrogation : abrogation expresse. Il y a deux modes d'abrogation : l'abrogation expresse et l'abrogation implicite.

L'abrogation est expresse lorsque le texte nouveau abroge formellement les dispositions d'un autre texte antérieur qu'il spécifie.

À titre d'exemple, l'article 830 du Code de la Famille abroge expressément notamment les dispositions du Code civil, les coutumes générales ou locales à l'exception de celles relatives aux formalités consacrant traditionnellement le mariage.

134. Abrogation tacite. L'abrogation est tacite ou implicite lorsque les dispositions de la loi nouvelle se trouvent incompatibles avec celles de la loi ancienne.

135. Articulation normative. Il faut préciser que lorsque l'incompatibilité concerne deux règles générales ou deux règles spéciales, la règle la plus ancienne se trouve abrogée[341].

Cependant, lorsqu'une loi nouvelle édicte une règle spéciale (*lex specialis*) alors que la loi ancienne avait une portée plus générale, la loi ancienne est maintenue sauf en ce qui concerne le domaine spécial prévu par la loi nouvelle. La loi spéciale a plus de force pour être mieux définie. C'est tout le sens de l'adage selon lequel par une loi générale, il n'est pas dérogé aux lois spéciales (*legi speciali per generalem non derogatur*)[342].

Lorsque les deux lois se sont succédé dans l'ordre inverse (la loi spéciale est la loi nouvelle), la loi spéciale doit être regardée comme ayant

---

340 CS ch. adm. n° 31 du 11 août 2011, O. G. et autres, J. P. D. et autres c/ État du Sénégal, in *Bulletin des arrêts de la Cour suprême*, n° 02-03, 2010-2011, décembre 2012, p. 252.

341 A. S. SIDIBE, *Droit civil. Droit sénégalais. Introduction à l'étude du droit. État des personnes et de la famille,* Dakar, CREDILA, 2014, p. 58.

342 J. CARBONNIER, *Droit civil. Introduction. Les personnes*, Paris, PUF, 1974, p.113.

partiellement abrogé la loi générale. On exprime cette règle par l'adage *specialia generalibus derogant.*

PARAGRAPHE II : L'OPÉRATION DE RETRAIT

136. Notion. Le retrait est une opération normative consistant à faire disparaitre un acte administratif pour l'avenir et également à effacer ses effets pour le passé[343]. On utilise également le verbe « *rapporter* » à la place de « *retirer* »[344]. Il s'agit d'une annulation rétroactive qui déroge au principe de la non-rétroactivité des actes administratifs. En principe, « *sauf disposition légale expresse le prévoyant, les actes administratifs ne peuvent pas en principe rétroagir* »[345].

137. Position du problème. La technique du retrait est traversée par deux intérêts contradictoires. Il est souhaitable que l'administration puisse mettre fin à certaines de ses décisions inopportunes ou illégales sans attendre l'intervention d'une annulation contentieuse.

Mais l'annulation rétroactive d'une décision administrative risque de bouleverser les situations déjà nées et entraîner une insécurité juridique. Or, les actes administratifs constituent souvent l'un des supports juridiques de l'activité des particuliers ou des entreprises. Par exemple, un permis de construire donne normalement l'assurance de pouvoir édifier une construction[346].

Les solutions retenues par la jurisprudence administrative sénégalaise varient suivant la nature de l'acte administratif.

138. Actes réglementaires. S'agissant des actes réglementaires, ils régissent les activités des particuliers de façon permanente. Il est évident

---

[343] Sur cette question, P. LOUIS-LUCAS, « Le retrait des actes administratifs individuels », *D.* 1952, ch. p. 107 ; M. WALINE, « Le retrait des actes administratifs », in *Mélanges MESTRE*, 1956, p. 563 ; A. BOCKEL, « La Cour suprême et le problème du retrait des actes administratifs », *Annales africaines* 1971, p. 7 ; *RDP,* 1973, p. 135

[344] Sur la distinction entre le retrait et l'abrogation, V. la circulaire n° 37 PR/SG/JUR du 16 avril 1964 relative au retrait des actes administratifs individuels.

[345] CE, n° 0020 du 30 juillet 1997, Amadou TOUNKARA c/ Etat du Sénégal, *CE Bulletin des arrêts. Années judiciaires* 1993-1997, n° 01, juillet 1998, p. 135.

[346] P. LE MIRE, « La stabilité des situations juridiques », *AJDA* 1980. 203 ; A. BOCKEL, *Droit administratif*, Dakar-Abidjan, NEA, LGDJ, 1978, p. 181.

qu'un changement de circonstances et des besoins peuvent rendre leur adaptation nécessaire. La jurisprudence administrative a très vite admis le principe selon lequel il n'y a pas de droits acquis au maintien d'une situation réglementaire[347]. L'arrêt *Syndicat des Travailleurs de la Justice*, rendu par la Cour suprême le 26 mars 2015[348], a énoncé qu'un décret présidentiel, qui a pour effet de réduire des montants à percevoir trimestriellement par les travailleurs de la Justice au titre du fonds commun des greffes, constitue un acte réglementaire et « il n'y a pas de droits acquis au maintien d'une situation réglementaire ».

139. Actes non réglementaires. Le retrait des actes administratifs non réglementaires est marqué par le principe de l'intangibilité des effets individuels de l'acte administratif. En effet, la sortie de vigueur de l'acte met fin à une situation individuelle de façon rétroactive ; ce qui est de nature à porter atteinte à la sécurité juridique[349].

140. Principe. Le retrait d'un acte administratif individuel, même légal, est en principe impossible conformément au principe des droits acquis et à celui de la non-rétroactivité des lois. L'administration ne peut retirer un acte individuel sauf si une procédure particulière a été prévue par la loi. En effet, la loi prévoit quelquefois la possibilité de mettre fin aux effets de certains actes individuels, en accordant à l'autorité le pouvoir de prendre une nouvelle décision, selon des règles et sur des motifs précisés ; c'est la théorie de l'acte contraire. Ainsi, la révocation, le licenciement, la mise à la retraite ou l'agrément d'une association sont des actes contraires par rapport à la nomination ou à la dissolution d'une association. L'acte contraire suit le principe du parallélisme des formes, lorsqu'une procédure particulière n'est pas prévue par la loi[350].

Ce principe comporte quelques exceptions.

---

[347] CE du 27 janvier 1961, Vannier, R.60, concl. Kahn.
[348] CS n° 29 du 26 mars 2015, Syndicat des travailleurs de la Justice (Sytjust) c/ Etat du Sénégal, in *Cour suprême. Bulletin des arrêts*, n° 9-10, année judiciaire 2015, décembre 2016, p. 244.
[349] P. LOUIS-LUCAS, « Le retrait des actes administratifs individuels », *D.* 1952. Chron. 107
[350] A. BOCKEL, *op.cit.* p. 182 ; D. SY, *Droit administratif*, Dakar, l'Harmattan, 2e édition, 2014, p. 314.

141. Actes administratifs non créateurs de droits. Ces actes sont très divers ; il s'agit notamment des décisions assorties d'une condition suspensive, des actes inexistants, des actes obtenus grâce à des manœuvres frauduleuses déployés par leurs bénéficiaires.

Il y a également des actes non créateurs de droits pour des raisons tirées de l'intérêt général. Ces actes sont dits précaires et ne peuvent créer des droits. Il en est ainsi des mesures de police administrative[351], des autorisations concernant les étrangers et des autorisations d'occuper le domaine public[352]. L'intérêt général s'oppose à ce que ces mesures soient considérées comme définitives.

Toutefois, la Cour suprême a jugé que le permis d'habiter délivré sur des dépendances du domaine privé crée des droits acquis[353].

Le retrait d'un acte administratif unilatéral non créateur de droits est possible à tout moment.

142. Actes illégaux créateurs de droits. La question du retrait des actes administratifs créateurs de droits est marquée par le souci d'autoriser le retrait des actes irréguliers et par l'impératif de garantir la stabilité des situations juridiques.

L'arrêt *Dame Cachet* rendu par le Conseil d'État français le 03 novembre 1922[354] a posé la règle selon laquelle : « *le retrait d'un acte administratif irrégulier est possible aussi longtemps que cet acte est susceptible d'une annulation contentieuse, il devient impossible, dès lors, qu'un juge ne pourrait plus se prononcer* »[355].

Au Sénégal, la circulaire n° 37 PR/SG/JUR du 16 avril 1964 relative au retrait des actes administratifs individuels, a très tôt posé les conditions du retrait. Selon cette circulaire, lorsque l'acte a créé des droits, le retrait n'est

---

[351] CE du 02 février 1957, Dupré, R, 77.

[352] En ce sens, CA Dakar du 19 février 1971, Société Lattès c/ société SERAS, *inédit.*

[353] CS du 30 juillet 1974, Oumar DIOP, *inédit*

[354] CE du 03 novembre 1922, Dame Cachet, *GAJA*, n° 42 ; S. 1925, 03, 09, note Hauriou ; *RDP,* 1922, p. 552, concl. Rivet.; CS 23 mars 1966, Mamadou Lamine DIOP, *RLJ*, 1966, p. 96, *Ann afric*. 1974, p. 284.

[355] I. MICHALLET, « Le retrait des décisions illégales créatrices de droits, retour à l'esprit de l'arrêt Dame Cachet », *Dr. adm.* 2001, chron. 17.

possible qu'à la double condition que cet acte soit illégal et que le retrait intervienne dans le délai du recours contentieux. L'auteur du retrait doit s'assurer que la sortie de vigueur de l'acte administratif « est légalement possible ou qu'il n'y a pas lieu d'observer préalablement une procédure particulière » (respect des droits de la défense, procédure disciplinaire, etc.).

Cette solution a été reprise et précisée par l'arrêt *Samba Ndoucoumane GUEYE* rendu par la Cour suprême le 23 mars 1966[356]. Selon le juge sénégalais: « *s'il appartient à l'autorité administrative lorsqu'une décision ayant créé des droits est entachée d'une illégalité de nature à entraîner l'annulation par la voie contentieuse, de rapporter d'office cette décision, elle ne peut le faire que tant que le délai du recours contentieux n'est pas expiré ; que dans le cas où un tel recours a été formé, l'administration peut encore, même après l'expiration de ce délai et tant que la Cour suprême n'a pas statué, rapporter elle-même l'acte attaqué dans les limites où l'annulation a été demandée par le requérant et en vue de donner satisfaction audit recours* ».

Cette solution jurisprudentielle a été codifiée par l'article 12, alinéa 3 de la loi n° 2021-21 du 2 mars 2021 fixant les règles d'applicabilité des lois, des actes administratifs à caractère réglementaire et des actes administratifs à caractère individuel. Aux termes de ce texte, les actes administratifs individuels « *ne peuvent être retirés lorsqu'ils ont créé des droits qu'avant l'expiration du délai de recours pour excès de pouvoir ouvert à tout intéressé ou avant l'intervention de la décision juridictionnelle sur ce recours* »[357].

Récemment, un arrêt de la Cour suprême du 10 décembre 2015 a rappelé la jurisprudence *Samba Ndoucoumane GUEYE.* Elle a jugé qu'un arrêté municipal rapportant un autre arrêté portant autorisation de construire est

---

[356] CS du 23 mars 1966, *Samba Ndoucoumane GUEYE, Annales africaines* 1974, p. 287 ; *GDJAS*, tome I, 2e édition 1984 p. 185 ; pour une application récente de cette jurisprudence, CS, n° 70 du 10 décembre 2015, *Babacar KEBE c/ Mairie de Dakar,* in *Cour suprême. Bulletin des arrêts*, n° 9-10, année judiciaire 2015, décembre 2016, p. 256.

[357] Sur cette question, J. M. NZOUANKEU, « Remarques sur quelques particularités du droit administratifs sénégalais », *RIPAS*, n° 09, 1984, p. 1-36.

entaché de nullité pour être intervenu plus de deux (2) mois après sa notification à l'intéressé[358].

L'option législative de codification de la jurisprudence française explique en partie l'absence d'évolution de la jurisprudence sur le retrait des actes administratifs[359].

143. Notion d'actes créateurs de droits. L'arrêt *Samba Cor SARR,* rendu par la Cour suprême le 19 avril 1967[360], a contribué à préciser la notion d'actes créateurs de droits. Selon la haute juridiction, une disposition qui modifie favorablement la situation d'un fonctionnaire crée des droits à son profit et ne peut être retirée que pour illégalité et dans le délai du recours pour excès de pouvoir. En conséquence, la cour régulatrice a annulé un arrêté rapportant ladite disposition environ huit (8) mois après son édiction.

Lorsque l'acte individuel intéresse les tiers, la jurisprudence considère que le retrait est encore possible tant qu'il est encore susceptible de recours pour excès de pouvoir ; les délais de recours ne commencent à courir qu'à partir de la publication de l'acte[361].

PARAGRAPHE III : L'OPÉRATION DE MODIFICATION

144. Définition. L'opération de modification consiste à apporter des changements à un texte existant soit en supprimant des dispositions, soit en y insérant des dispositions nouvelles.

Ces réaménagements peuvent avoir pour objet une disposition (alinéa ou paragraphe, etc.), une division du dispositif (article, subdivision de

---

[358] CS, n° 70 du 10 décembre 2015, Babacar KEBE c/ Maire de Dakar, in *Cour suprême, Bulletin des arrêts*, n° 09-10, année judiciaire 2015, décembre 2016, p. 256.
[359] En ce sens, S. A. NDIAYE, « Le régime de sortie de vigueur des actes créateurs de droits illégaux en Afrique : le cas du Sénégal », in A. SALL et I. M. FALL (dir.), *Actualités du droit public et de la science politique en Afrique, Mélanges en l'honneur de Babacar KANTE*, Dakar, l'Harmattan, 2017, p. 566.
[360] CS du 19 avril 1967, Samba Cor SARR, *RLJ* 1967, p. 93, *Annales africaines* 1974, p. 287, *GDJAS*, tome I, 2e édition 1984 p. 196.
[361] CS du 23 mars 1966, *Samba Ndoucoumane GUEYE*, *Annales africaines* 1974, p. 287 ; *GDJAS*, tome I, 2e édition 1984 p. 185.

l'article, etc.) ou une annexe du texte[362]. Même une réécriture de l'intitulé d'un chapitre ou d'une section d'un texte constitue une modification.

L'abrogation partielle d'un texte (abrogation d'une disposition) constitue également une modification, c'est-à-dire une modification par abrogation partielle.

145. Principes directeurs. Il importe de ne pas recourir de façon excessive à la modification des textes ; il faut observer en la matière un principe d'économie, consistant à ne procéder qu'aux changements et réécritures vraiment utiles au regard du but que le rédacteur poursuit.

Il n'est pas recommandé de procéder à des modifications purement esthétiques, voire « *cosmétiques* » ; c'est-à-dire à des modifications qui ont pour seul but d'améliorer la forme d'un texte mal rédigé, lorsque sa signification ne prête pas à discussion. Si le rédacteur doit malgré tout y procéder, il est conseillé d'expliquer dans le document de présentation du texte (exposé des motifs, rapport ou note de présentation) que ces modifications ont un caractère purement formel ; le lecteur pourrait, en effet, penser que les aménagements ont changé la portée du texte[363].

La modification formelle d'un texte aux fins de redresser une erreur purement matérielle survenue lors de la publication au *Journal officiel* (par exemple, une erreur sur le nom du ministre rapporteur) est superfétatoire. En effet, la publication erronée du texte n'affecte en rien sa teneur légale lorsqu'il est signé par l'autorité compétente et peut être redressée par un simple rectificatif au *Journal officiel* (un erratum).

Le rédacteur pourra recourir à la technique de la modification lorsque les dispositions existantes sont en partie incompatibles avec des règles nouvelles ; il en est de même lorsque les circonstances de fait dans lesquelles les dispositions antérieures ont été édictées ont changé par la suite.

---

[362] *CE, Principes de technique législative. Guide de rédaction des textes législatifs et réglementaires,* CE 2008 p. 73

[363] *CE, op. cit,* p. 74

Il n'est pas recommandé de modifier (ou même d'abroger) une disposition modificative qui est entrée en vigueur. En effet, dès qu'une disposition modificative d'un texte originel entre en vigueur, elle épuise instantanément tous ses effets ; son contenu s'y incorpore immédiatement. En d'autres termes, la disposition modificative à une vie juridique éphémère ; dès qu'elle est entrée en vigueur, elle n'est plus susceptible de produire un quelconque effet nouveau ; « *elle est comparable à une boîte vide* »[364].

Par exemple, il n'est pas recommandé de modifier le décret n° 2001-1151 du 31 décembre 2001 modifiant le Code de Procédure civile. Le rédacteur serait plus inspiré de procéder à la modification du décret originel n° 64-572 du 30 juillet 1964 portant Code de Procédure civile modifié.

Il est possible de procéder dans le même texte à la modification de plusieurs autres textes existants. L'essentiel est d'identifier clairement les dispositions des textes modifiées.

La loi n° 2018-15 du 08 juin 2018[365], prenant en compte la consécration de la notion de « *collectivité territoriale* » par la loi constitutionnelle n° 2016-10 du 05 avril 2016 portant révision de la Constitution, a procédé au remplacement de l'expression « *collectivité locale* » dans tous les actes législatifs et réglementaires par celle de « *collectivité territoriale* ». Ainsi, l'ancien « *Code général des Collectivités locales* » est désormais devenu le « *Code général des Collectivités territoriales* ».

La modification doit être réalisée dans le respect du principe de la hiérarchie des normes. Il est certain qu'une loi ordinaire ne saurait apporter des modifications à une loi organique et un arrêté ne peut modifier un décret.

Mais les dispositions délégalisées d'une loi selon la procédure constitutionnelle de déclassement, peuvent être modifiées par décret.

Par exemple, à la suite de la décision du Conseil constitutionnel n° 2/C/2023 du 1er février 2023, ayant délégalisé l'article 2 de la loi n° 2014-

[364] *CE, op.cit*, p. 83.
[365] JORS n° 7107 du 06 juillet 2018, p. 980.

03 du 22 janvier 2014 portant baisse des loyers n'ayant pas été calculés suivant la surface corrigée, ce dernier texte a été modifié par le décret n° 2023-382 du 24 février 2023.

En outre, il n'est pas recommandé de modifier un décret ou un arrêté à l'aide d'une disposition législative ; une telle manière de procéder heurte le principe de la hiérarchie des normes juridiques qui implique le respect du parallélisme des formes. Il s'y ajoute que du moment où les dispositions d'un règlement sont modifiées par la loi, elles acquièrent force de loi et ne pourront à l'avenir être modifiées ou abrogées que par une autre loi[366].

146. Conditions. L'opération de modification intervient généralement lorsqu'il y a un changement de circonstances de fait ou de droit qui justifiait l'édiction de l'acte administratif. Il s'agit de l'application du principe général de l'adaptation de l'action administrative ; un changement de circonstances entraîne une obligation de l'administration de modifier ses actes sous le contrôle du juge[367].

Si ce principe d'adaptation est appliqué largement s'agissant des actes administratifs réglementaires créateurs de droits, il n'en est pas de même des actes individuels puisque le changement de circonstances n'a pas pour effet de contraindre l'autorité administrative à modifier ses décisions. L'administration est habilitée seulement à modifier des actes non créateurs de droits[368].

Le Conseil d'État a jugé, dans l'arrêt *Abdou Lath DIOUF* du 27 juillet 1994[369], que : « *S'il appartient à l'autorité compétente, lorsqu'une décision administrative ayant créé des droits est entachée d'illégalité de nature à entraîner sa modification, de prononcer elle-même d'office cette modification, elle ne peut le faire que dans le délai de recours pour excès*

---

366 M. BESCH, *Traité de légistique formelle*, Publication du Conseil d'État du Grand-Duché de Luxembourg, 2008, p. 83.

367 CE du 10 janvier 130, Despujol, *GAJA*, n° 47.

368 A. BOCKEL, *op. cit*, p. 187; D. SY, *op. cit.*, p. 319.

369 En ce sens, CE, n° 073 du 27 juillet 1994, A. L. D., in *Répertoire de jurisprudence : droit administratif (Recueil des arrêts du Conseil d'Etat 1993-1994-1995),* Dakar, CREDILA, p. 168.

de pouvoir conformément à l'article 5 de la loi n° 70-14 du 06 février 1970 ».

PARAGRAPHE IV : L'OPÉRATION D'INTERPRÉTATION

147. Technique de l'interprétation. La technique normative de l'interprétation est à l'origine une création jurisprudentielle ; elle a pour objet de clarifier la signification d'une loi antérieure qui est équivoque[370]. D'après une jurisprudence française établie, « *une loi ne peut être considérée comme interprétative qu'autant qu'elle se borne à reconnaître, sans rien innover, un droit préexistant qu'une définition imparfaite a rendu susceptible de controverse* »[371]. L'opération d'interprétation a pour vocation de préciser le sens et la portée d'une loi antérieure ambiguë. Il s'agit d'une loi adoptée pour expliciter une autre loi dont le sens ou la portée était incertain par suite de l'obscurité ou de l'insuffisance des termes employés.

La loi nouvelle n'apporte donc pas, théoriquement, de droit nouveau, elle ne fait que déclarer ce qui préexistait. Elle fait corps avec la loi interprétée et a ainsi le même domaine d'application[372]. De sorte qu'elle n'est pas considérée comme une loi nouvelle[373].

Récemment, dans une décision rendue le 23 avril 2025[374], à propos du recours en inconstitutionnalité dirigé contre la loi interprétative de la loi n° 2024-09 du 13 mars 2024 portant amnistie, le Conseil constitutionnel a eu l'occasion d'opérer une distinction claire entre l'opération d'interprétation et la technique de la modification. La haute juridiction constitutionnelle a jugé « *qu'une loi est considérée comme interprétative*

---

[370] J. REYMOND, *Des lois d'interprétation et de leur rétroactivité*, Thèse Aix, 1925 ; N. MOLFESSIS, « La notion de loi interprétative », *RTD civ.* 2002, p. 599.

[371] Cass. 3e civ. du 27 février 2002, n° 00-17.902, *Jurisdata* n° 2002-013243 ; *Bull. civ.* III, n° 53 ; *GAJ civ.*, Dalloz, 13e éd., 2015, n° 10 ; Cass. 3e civ. du 09 décembre 2008, n° 08-10.061 ; Cass. soc. du 08 juin 2011, n° 09-67.051, *Jurisdata* n° 2011-010948 ; *Bull. civ.* n° 142.

[372] X. PRETOT, « Le législateur peut-il s'opposer rétroactivement à la jurisprudence ? Ou de la disparition des lois interprétatives », *RJS* 5/2004, p. 343.

[373] Crim. du 15 avril 2015, n° 14-82.172, *Bull. crim.* n° 93 ; crim. du 25 mai 2016, n° 15-81.511, *Bull. crim.* n° 161 ; crim. du 30 novembre 2016, n° 15-83.168 ; crim. du 15 novembre 2017, n°17-85.272, *Dr. pén.* n° 2, février 2018, comm. 24, note P. Conte.

[374] Cons. const. n° 1/C/25 du 23 avril 2025, Abdou MBOW et 23 autres députés, *inédit*.

lorsqu'elle se borne à expliciter le sens d'un texte antérieur, dont la signification était obscure ou ambiguë, sans poser une règle nouvelle ».

Il a estimé que la loi n° 2024-09 du 13 mars 2024 portant amnistie ne présentait aucune ambiguïté en ce qu'elle incluait dans son champ d'application, pour les avoir expressément cités, les faits se rapportant à des manifestations, et ce indifféremment de l'existence d'un lien avec l'exercice d'une liberté publique ou d'un droit démocratique. Le juge constitutionnel a considéré que la loi interprétative de la loi portant amnistie « *en tant qu'elle restreint le champ d'application de la loi portant amnistie, en excluant des faits que celle-ci couvrait, modifie substantiellement cette dernière* ». Il a précisé qu'en mettant hors du champ d'application de la loi portant amnistie les faits se rapportant à des manifestations ou ayant une motivation politique, lorsque ces faits ne sont pas liés à l'exercice d'une liberté publique ou d'un droit démocratique, l'alinéa premier de la loi interprétative « *pose une règle nouvelle et permet la poursuite de faits déjà amnistiés* ».

Une loi à caractère interprétatif a un effet rétroactif et doit recevoir application dans les procédures non encore définitivement jugées. C'est pourquoi les lois interprétatives sont par définition des lois rétroactives. Elles traduisent la volonté du législateur d'imposer une interprétation de la loi conforme à la volonté qui a été la sienne[375].

La Cour de Cassation française a qualifié d'interprétatives les dispositions de l'article 15 de la loi du 17 juin 1998 qui précisent que l'obligation de dénoncer les mauvais traitements infligés à un mineur s'applique également en cas d'atteintes sexuelles[376]. On comprend le souci du législateur de préciser le sens et la portée d'une loi devant les interprétations divergentes.

Mais le recours à la loi interprétative devient condamnable lorsqu'elle est adoptée à l'occasion d'un procès en cours pour « *forcer la main* » du juge et l'obliger à statuer dans un sens déterminé. La Cour de

---

[375] C. BERGEAL, *Rédiger un texte normatif. Manuel de légistique*, 7e édition, Paris, Berger-Levrault, octobre 2012, p 170.

[376] Crim. du 12 janvier 2000, *Dr. pén.*, 2000, n° 71.

Cassation française a manifesté ses réserves à l'égard d'un tel procédé. Elle décide que : « *la notion de procès équitable s'oppose sauf pour d'impérieux motifs d'intérêt général, à l'ingérence du pouvoir législatif dans l'administration de la Justice afin d'influer sur le dénouement judiciaire du litige* »[377].

PARAGRAPHE V : L'OPÉRATION D'APPROBATION

148. Notion. L'approbation est une technique par laquelle une autorité donne son consentement à la validation d'un acte ; ce qui a pour effet de conférer plein effet à l'acte émanant d'une autorité soumise à son contrôle[378]. Par l'opération d'approbation, le législateur ou l'exécutif confère généralement une valeur législative ou réglementaire à un acte soumis à son contrôle. En effet, elle a pour effet de conférer la valeur juridique de l'acte approbatif à l'acte approuvé. Ainsi, par l'adoption de l'acte approbatif, un acte privé, par exemple, peut se voir conférer une valeur normative.

À titre d'exemple, le plan de l'État, en tant que document décrivant les grandes orientations des politiques publiques pendant une période (par exemple, le Plan Sénégal Émergent), doit faire l'objet d'une approbation législative. C'est ce qui résulte de l'article 67, alinéa 5 de la Constitution. Aux termes de ce texte : « *Le plan est approuvé par la loi* ».

L'opération d'approbation concerne également les programmes triennaux d'investissement (PTIP) souvent arrimés au document de stratégie nationale. Ces programmes déclinent souvent les axes stratégiques de la politique économique et sociale qu'est le Plan Sénégal Émergent (PSE).

Depuis l'accession du Sénégal à la souveraineté internationale, la plupart des plans de l'État ont fait l'objet d'une approbation législative. Il en est ainsi du premier plan quadriennal de développement pour la période de 1961-1964 qui a été approuvé par la loi n° 61-32 du 13 mai 1961.

---

[377] Cass. du 09 juillet 2003, *JCP* 2004 II. 10016, note X. Perrot ; cass. du 23 janvier 2004, *D.* 2004. I. 1108, note P.Y. Gautier.
[378] V. G. CORNU, *op. cit*, V° approbation.

Aussi, la loi n° 89-15 du 15 juin 1989 et la loi n° 91-32 du 26 juin 1991 ont respectivement approuvé le troisième programme triennal d'investissements publics 1989-1992 et le programme triennal d'investissements publics 1991-1994.

En matière d'urbanisme, les plans directeurs d'urbanisme, les plans d'urbanisme de détails, les plans de lotissement expriment les prévisions et les règles d'urbanisme dans le cadre du plan de développement économique et social, du plan national d'aménagement du territoire[379].

Ces plans sont approuvés par décret sur rapport du Ministre chargé de l'Urbanisme après avis de la collectivité territoriale concernée[380].

La technique de l'approbation est présente dans le cadre du fonctionnement des entités du secteur parapublic. Elle est souvent utilisée pour garantir le contrôle de l'État sur l'organisation et le fonctionnement de ces structures. Il résulte de l'article 18, in fine de la loi d'orientation n° 2022-08 du 19 avril 2022 relative au secteur parapublic, au suivi du portefeuille de l'Etat et au contrôle des personnes morales de droit privé bénéficiant du concours financier de la puissance publique que les statuts de la société nationale sont conformes à des statuts-types fixés par décret. Ils sont approuvés par arrêté du Ministre chargé des Finances[381].

En droit des marchés publics, certains textes spéciaux ont prévu l'encadrement de la passation des marchés publics dans des manuels de procédures approuvés par voie décrétale.

À titre d'exemple, l'article 5 de la loi n° 2021-36 du 22 novembre 2021 autorisant la création de la Société nationale de Gestion et d'Exploitation du Patrimoine bâti de l'État (SOGEPA SN) prévoit que la SOGEPA SN est soumise aux dispositions du Code des Marchés publics. Toutefois, elle peut contracter avec des partenaires techniques et financiers sur la base d'un manuel de procédures spécifiques approuvé par décret.

---

[379] V. art. 6 de l'ancienne loi n° 2008-43 du 20 août 2008 portant Code de l'Urbanisme.

[380] V. art. 8, 9 et 14 de l'ancienne loi n° 2008-43 du 20 août 2008 portant Code de l'Urbanisme.

[381] V. le décret n° 88-1725 du 22 décembre 1988 relatif aux statuts types des sociétés nationales.

En outre, l'APIX a été l'une des premières entités à mettre en place un dispositif législatif dérogatoire de passation des marchés publics. En effet, l'article 7, alinéa 4 de la loi n°2007-13 du 19 juillet 2007 autorisant la création d'une société anonyme à participation publique majoritaire dénommée « *APIX SA* », modifiée par la loi n° 2007-33 du 31 décembre 2007 énonce que la société APIX-SA élabore un manuel de procédures qui détermine les règles applicables aux marchés conclus dans le cadre de ses activités de promotion de l'investissement, de marketing, de communication et de services aux investisseurs[382].

La Cour des Comptes, dans son *Rapport public* 2009[383], a considéré, s'agissant du cas de l'APIX, que si la dérogation aux règles de passation des marchés publics est posée par la loi n° 2007-33 du 31 décembre 2007 précitée « *sa modalité pratique, en l'occurrence la fixation de règles par un manuel de procédures approuvé par décret, ne respecte pas la hiérarchie des normes. En effet, un manuel des procédures, même approuvé par décret, ne peut déroger au Code des Marchés publics* »[384].

Mais cette analyse de la haute juridiction financière nous semble discutable, puisqu'en légistique, l'approbation est une technique normative ayant pour objet de conférer une valeur normative à un acte privé (statuts, manuel de procédures, etc.)[385].

Ainsi, par l'effet de l'opération d'approbation du manuel de procédures par décret, ce document se voit conférer une valeur décrétale confortée

---

382 V. art. 1er du décret n° 2011-1013 du 15 juillet 2011 portant approbation des statuts de la société anonyme dénommée « Aéroport International Blaise Diagne Société Anonyme AIBD SA » et approbation de son manuel des procédures de passation des marchés, modifié par le décret n° 2011-2023 du 22 décembre 2011 : « *les marchés et contrats passés par ladite société ne sont pas régis par les dispositions du décret n° 2011-1048 du 27 juillet 2011 portant Code des Marchés publics. En conséquence, les marchés passés par la société AIBD SA sont régis par son manuel de procédures approuvé par décret* »

383 Cour des Comptes, *Rapport public 2009*, p. 102.

384 C'est par erreur que la Cour des Comptes a énoncé que la loi n° 2007-33 du 31 décembre 2007 a prévu l'approbation du manuel de procédures par décret, puisque l'article 7 de ce texte évoque plutôt l'approbation de ce document par le conseil d'administration de la société APIX-SA.

385 V. G. CORNU, *op. cit*, V° approbation ; P. A. TOURE, *Légistique. Techniques de conception et de rédaction des textes législatifs et réglementaires. Une tradition de gouvernance normative*, Dakar, l'Harmattan, 2018, p. 215 et s.

par le fait que toute révision apportée au contenu de ce document suppose l'intervention d'un décret modificatif. Hissé ainsi à la dignité réglementaire, le manuel de procédures, approuvé par décret, peut bien déroger au Code des Marchés publics. Cela est d'autant que le recours à ce manuel pour encadrer les règles de passation des marchés publics trouve son fondement dans la loi.

PARAGRAPHE VI : L'OPÉRATION DE VALIDATION LÉGISLATIVE

149. Définition. La validation est une opération par laquelle le législateur intervient, à titre préventif, pour valider un ou plusieurs actes administratifs susceptibles de faire l'objet d'une annulation contentieuse[386].

Elle vise donc à purger un acte juridique d'une cause de nullité qui l'infecte, afin d'empêcher une éventuelle annulation par les tribunaux. Il s'agit dans tous les cas de pallier les conséquences parfois désastreuses d'une annulation contentieuse[387].

150. Support et objet de la validation. Le support normatif de l'opération de validation peut être une loi constitutionnelle, une loi organique, une loi référendaire ou même une ordonnance, si du moins une loi d'habilitation l'a prévu. Mais c'est souvent le véhicule législatif qui est utilisé pour procéder à une validation d'où l'expression « *validation législative* ».

Il n'y a pas non plus de limite au champ de la validation quant à la nature des actes validés qui peuvent être des actes administratifs réglementaires ou individuels.

---

[386] G. CORNU, p. 1061, V° validation. ; J. MASSOT, « Validation législative », *Rép. cont. adm.*, Dalloz, janvier 2014, n° 1.

[387] B. PACTEAU, « Les validations législatives d'actes administratifs », *PA* 04 avril 1986, p. 4 ; « Les validations législatives sous la VIIeme législature », *Petites affiches*, 04 novembre 1988, p. 2 ; D. PERROT, « Validation législative et actes administratifs unilatéraux », *RDP*, 1983. 983.

En France, la jurisprudence admet de plus en plus que la validation puisse porter sur des actes de droit privé. Son champ d'intervention s'est élargi même aux contrats[388].

151. Portée de la loi de validation. L'adoption de la loi de validation ne met pas définitivement l'acte validé à l'abri de tout risque d'annulation. En effet, l'acte est seulement validé « *en tant que tel* » et son annulation reste possible pour une autre cause qui n'aura pas fait l'objet de la validation.

En outre, une loi de validation, comme toute loi, doit se soumettre au principe de la hiérarchie des normes ; elle doit ainsi se conformer à la Constitution, aux traités et au droit communautaire[389].

152. Régime français de la validation législative. En France, la procédure de validation législative a été utilisée de fait jusqu'en 1980. C'est à partir de cette date qu'elle a été progressivement encadrée sous l'influence du Conseil constitutionnel[390] et de la Cour européenne des droits de l'homme[391].

En raison des contraintes constitutionnelles, le recours à la procédure de validation législative exige des précautions juridiques de la part du rédacteur.

En premier lieu, la validation législative doit être justifiée par un intérêt général et suffisant. Le contentieux des concours de la fonction publique[392] est l'un des domaines de prédilection des lois de validation. En effet, ces lois permettent de garantir la stabilité des situations individuelles et qui risquent d'être fragilisées par l'annulation des résultats de concours. Il a été jugé que constituent un but d'intérêt général,

---

[388] Cons. const. du 09 avril 1996, n° 96-375 DC.
[389] CE du 05 mai 1995, SARL DER, n° 154362.
[390] B. MATHIEU, « Les validations législatives devant le juge constitutionnel », *RFD adm.*, 1995, p. 780 ; F. LUCHAIRE, « Le Conseil constitutionnel et les lois de validation », *RDP,* 1998. 1.
[391] X. PRÉTOT, « Les validations législatives et le droit au procès équitable », *RDP,* 2001. 23 ; X. PRÉTOT, « Le Conseil constitutionnel, la Cour européenne de Strasbourg et les validations législatives », *Mélanges CONAC*, Paris, Economica, 2001, p. 219.
[392] F. CAFARELL, « Contentieux des concours de la fonction publique », *Juriscl. adm.*, 19 juillet 2016 fasc. 1138-10, n° 261.

autorisant l'adoption d'une loi de validation, le souci d'assurer le fonctionnement continu du service public et le déroulement normal de la carrière du personnel[393]. Il est de même de la volonté de mettre fin à des divergences de jurisprudence[394].

En deuxième lieu, il ne peut y avoir de validation de mesures de sanction entendue largement au sens de « toute mesure ayant le caractère d'une punition »[395].

En troisième lieu, la validation doit respecter les décisions de justice ayant force de chose jugée. Le législateur ne peut valider l'acte même qui a été annulé par le juge. La procédure de validation doit respecter les décisions définitives et les droits des personnes qui ont bénéficié d'une décision de justice passée en force de chose jugée.

La validation a posteriori d'un acte dont l'illégalité a été constatée par une décision juridictionnelle passée en force de chose jugée est constitutionnellement impossible, les actes validés ne peuvent normalement être que ceux dont il y a tout lieu de penser qu'ils risquent d'être annulés, mais qui ne le sont pas encore[396]. La validation ne peut être curative à l'égard de l'acte dont l'illégalité a été constatée par une décision passée en force de chose jugée ; elle ne peut être que préventive[397].

La Cour européenne des droits de l'homme a même jugé qu'une loi de validation ne pouvait intervenir dans le cadre d'un procès en cours. La Cour de Strasbourg considère, en effet, que dans ce cas, la loi de validation constitue une intervention de la puissance publique dans un litige en cours et rompt l'égalité des armes entre les parties[398].

---

393 Cons. const. du 22 juillet 1980, n° 80-119 DC.

394 Cons. const. du 13 janvier 1984, n° 93-332 DC.

395 Cons. const. du 30 décembre 1982, n° 82-155 DC.

396 J. MASSOT, « Validation législative », *Rép. cont. adm.*, Dalloz, janvier 2014, n° 9.

397 Cons. const. du 25 janvier 1995, n° 94-357 DC. *Rec. cons. const.*, p. 179.

398 CEDH du 09 décembre 1994, Raffineries Grecques Stran et Stratis Andreatis c/ Grèce, série A, n° 301.

En quatrième lieu, l'acte validé ne doit pas contrevenir à un principe ou une règle de valeur constitutionnelle, sauf si la procédure de validation poursuit elle-même un objectif à valeur constitutionnelle[399].

En cinquième lieu, la portée de la validation doit être strictement définie ce qui signifie que la loi de validation doit indiquer la cause d'illégalité dont elle entend purger l'acte validé[400].

153. Pratique de la validation législative au Sénégal : affaire *Issaga KEITA*. Au Sénégal, la procédure de validation législative a déjà été utilisée par les pouvoirs publics dans l'affaire *Issaga KEITA*. Dans cette espèce, par arrêté du 16 juin 1969, le Ministre, Secrétaire général de la Présidence de la République avait fixé à soixante (60) le nombre de places offertes au recrutement pour l'année 1969-1970 au Centre de formation et de perfectionnement administratif (CFPA) ; vingt (20) places étaient réservées au recrutement sur titres et quarante (40) au recrutement par concours professionnel.

Après le déroulement des épreuves le ministre a pris un nouvel arrêté le 20 octobre 1969, modifiant le premier arrêté en ramenant le nombre de places réservées au recrutement sur titre à vingt (20) et celui des places réservées au recrutement par concours professionnel à trente (30).

Issaga KEITA, secrétaire au Tribunal du Travail de Dakar, candidat au concours professionnel classé trente et unième à l'issue de ce concours, ne fut pas déclaré admis au CFPA. Il a alors saisi la Cour suprême d'un recours pour excès de pouvoir dirigé contre l'arrêté du 20 octobre 1969 et le refus d'admission opposé par lettre du 20 décembre 1969. Il a invoqué un moyen tiré du principe constitutionnel de l'égalité des citoyens devant la loi, de l'accès aux fonctions publiques et des garanties dues aux candidats aux concours administratifs.

Dans son arrêt du 28 avril 1971[401], la haute juridiction a annulé l'arrêté du 20 octobre 1969 et la décision du 20 décembre 1969 rejetant le recours

---

[399] Cons. const. du 19 novembre 1977, n° 97-390 DC.

[400] Cons. const. du 21 décembre 1999, n° 99-422 DC.

[401] CS du 28 avril 1971, Issaga KEITA, Dakar, *GDJAS* tome I, *Le contentieux général de la légalité*, 1984, p. 347.

gracieux. Selon les hauts magistrats : « *En l'absence de dispositions contraires des textes régissant le Centre de Formation et de Perfectionnement Administratifs, la répartition des places à pourvoir entre les deux modalités de recrutement ne pouvait être modifiée légalement après le commencement des opérations du concours* ».

Pour pallier les conséquences de cette annulation, les pouvoirs publics ont procédé, par voie législative, à la validation de l'arrêté du 20 octobre 1969 et de la décision du 20 décembre 1969.

154. Arrêt *Alla NGOM.* La procédure de validation a été également utilisée au Sénégal, dans l'affaire *Alla NGOM et autres* jugée dans le cadre de l'intégration de techniciens du génie sanitaire dans le corps des sous-officiers de l'hygiène. Par des arrêtés des 04 octobre 1989 et 15 avril 1993, le Ministre de la Santé publique et de l'Action sociale avait intégré des techniciens du génie sanitaire diplômés de l'École de Khombole dans le corps des sous-officiers de l'hygiène. Cette décision administrative suscita des contestations de la part des techniciens du génie sanitaire déjà intégrés dans ce corps. Invoquant les dispositions de l'article 9 de la loi n° 81-12 du 04 mars 1981 fixant le statut du personnel du Service national de l'Hygiène, ces derniers ont saisi le Conseil d'État, qui a procédé à l'annulation des arrêtés par des décisions rendues les 26 janvier 1994[402] et 26 avril 1995[403].

A la suite de ces annulations, les requérants ont sollicité du Ministre de la Santé publique et de l'Action sociale qu'il tire les conséquences des décisions du Conseil d'État avec tout ce que cela comporte comme conséquences juridiques. Il s'agissait ainsi de réserver cent soixante-quatorze (174) agents qui avaient totalisé près de dix (10) années d'activités dans leur corps d'origine.

[402] CE n° 02/1994 du 26 janvier 1994, Alla NGOM et autres, in D. SY (dir.), *Répertoire de jurisprudence : droit administratif (Recueil des arrêts du Conseil d'Etat 1993-1994-1995)*, Dakar, CREDILA, p. 106.

[403] CE n° 26/1995 du 26 avril 1995, Alla NGOM et Boubacar NDIAYE c/ Etat du Sénégal, in D. SY (dir.), *Répertoire de jurisprudence : droit administratif (Recueil des arrêts du Conseil d'Etat 1993-1994-1995)*, Dakar, CREDILA, p. 231.

Le Gouvernement a décidé de recourir à la procédure de validation législative en vue « *d'assurer une certaine stabilité dans le fonctionnement du Service national de l'Hygiène en tant qu'instrument de mise en œuvre d'un volet important de notre politique de santé publique* »[404]. Une loi n° 2000-02 du 10 janvier 2000 portant validation d'arrêtés ministériels[405] a ainsi validé les effets des arrêtés du 04 octobre 1989 et 15 avril 1993 portant nomination des sous-officiers de l'Hygiène du cadre du Service national de l'Hygiène[406].

Aussi bien dans l'arrêt *Issaga KEITA* que dans l'affaire *Alla NGOM et autres*, les pouvoirs publics ont adopté des lois pour valider a posteriori des arrêtés ministériels annulés par le juge de l'excès de pouvoir.

Mais à la lumière des principes dégagés par la jurisprudence française, la constitutionnalité de cette technique de validation est douteuse. En effet, la validation doit respecter les décisions de justice ayant force de chose jugée. Le législateur ne peut valider l'acte même qui a été annulé par le juge sans méconnaître le principe constitutionnel de l'indépendance de la Justice, à moins que le législateur poursuive dans ces affaires un objectif à valeur constitutionnelle.

---

[404] V. l'exposé des motifs de la loi n° 2000-02 du 10 janvier 2000 portant validation d'arrêtés ministériels.

[405] JORS du 05 février 2000, p. 63.

[406] On peut également citer la loi n° 66-02 du 18 janvier 1966 validant les dispositions rétroactives figurant dans le décret n° 65-295 du 05 mai 1965 et dans les statuts particuliers (JORS du 05 février 1966, p. 143). Ce texte a validé l'article 1er du décret n° 65-295 MFPT du 05 mai 1965 en tant qu'il fixe au 1er janvier 1962 la date d'effet des intégrations dans les corps des fonctionnaires qu'il énumère. Il valide également les dispositions des statuts particuliers publiés à sa date d'entrée en vigueur ou à publier avant le 31 décembre 1966 en tant qu'elles fixent au 1er janvier 1962 la date d'effet de ces statuts.

CHAPITRE II :

LES TRAVAUX DE PRÉPARATION DES TEXTES LÉGISLATIFS ET RÈGLEMENTAIRES

« Avant donc que d'écrire apprenez à penser »
BOILEAU, *L'art poétique.*

155. Préalables normatifs. La norme juridique n'est que la traduction juridique d'une solution à un problème de société.

Tout texte normatif a pour objectif de résoudre un problème social, politique ou économique identifié, en vue d'atteindre un résultat défini. Par exemple, l'adoption d'un texte aggravant les sanctions pénales prévues en cas d'atteintes dirigées contre un groupe vulnérable (handicapés, femmes, enfants, etc.) tend au renforcement de la protection de ce groupe.

Par ailleurs, pour justifier l'intervention normative, le recours à des solutions non normatives, à savoir des mesures opérationnelle, technique, sociale ou des mécanismes contractuels, etc. doit apparaître comme manifestement inapproprié pour apporter une solution au problème à résoudre. MONTESQUIEU n'écrivait-il pas qu'« *il ne faut pas faire par les lois ce qu'on peut faire par les mœurs* » ?

Une intervention législative ou réglementaire doit se révéler nécessaire et incontournable.

Une fois le problème à résoudre identifié et l'intervention normative jugée nécessaire, l'élaboration des textes doit être précédée d'une étape importante, mais bien souvent négligée, de préparation indispensable à leur efficacité et à leur intelligibilité : il s'agit de la phase exploratoire de l'activité normative.

Ces préalables normatifs s'articulent autour de l'évaluation préalable de l'intervention normative, de la détermination des rédacteurs et de la méthodologie d'élaboration du texte et du respect des concertations préalables.

SECTION PREMIÈRE : L'ÉVALUATION PRÉALABLE DE L'INTERVENTION NORMATIVE : LES ÉTUDES D'IMPACT ET D'OPPORTUNITÉ

156. Mécanisme d'évaluation *ex ante*. L'idée d'une évaluation ex ante de la norme témoigne du besoin ressenti de légitimation des interventions législatives et réglementaires. La réalisation des études d'impact et d'opportunité constitue l'un des outils majeurs des politiques mises en œuvre pour améliorer la qualité de la production normative[407].

Il s'agit d'un mécanisme d'évaluation ex ante permettant d'analyser les retombées potentielles de l'activité normative[408].

Face à l'affaiblissement de la qualité des textes, le recours à une évaluation préalable de leurs effets paraît constituer une solution. Le travail préalable d'expertise autour du projet normatif doit permettre de lutter contre « *l'activisme normatif* »[409].

C'est la raison pour laquelle, lorsqu'une réforme envisagée présente une certaine importance, la réalisation d'une étude d'impact devant l'accompagner constitue un préalable souvent nécessaire.

---

[407] *Guide de légistique, Paris, La documentation française,* 3 e édition, mise à jour 2017, p. 14 ; S. BRACONNIER, « La technique de l'étude d'impact et le renouveau de l'action publique », *RDP,* 1998, p. 817.

[408] V. notamment, A. NOURY, « L'étude d'impact des projets de loi et de décret en Conseil d'État : une tentative de rationalisation du travail gouvernemental », *RRJ*, 2000, p. 599 ; A. HAQUET, « Les études d'impact des projets de loi : espérances, scepticisme et compromis », *AJDA*, 2009, p. 1986 ; I. LIANOS et M. KARLIUK, « L'émergence de l'étude d'impact comme norme de gouvernance en Europe : genèse, diffusion et acteurs », *RFAP,* 2014, n° 149, p. 5-27.

[409] J. SIRINELLI, « La justiciabilité des études d'impact des projets de loi », *RDP* du 1er janvier 2010, n° 05, p. 1367.

Pour mieux appréhender l'importance que revêt l'évaluation normative préalable, il importe d'analyser d'une part, l'objet de l'étude d'impact et d'opportunité avant d'étudier d'autre part, le régime qui lui est applicable.

PARAGRAPHE PREMIER : L'OBJET DE L'ÉTUDE D'IMPACT ET D'OPPORTUNITÉ

157. Définition. Les études d'impact et d'opportunité constituent « un outil d'évaluation et d'aide à la décision »[410]. Elles doivent être réalisées le plus précocement possible dans le processus de décision.

Les études d'impact et d'opportunité peuvent être définies comme des études préalables à l'élaboration d'un texte législatif ou réglementaire ayant pour objet d'identifier les problèmes auxquels le projet normatif entend remédier, de fixer ses objectifs, de déterminer les options envisageables en vue de répondre à l'objectif qui lui est assigné ainsi que les impacts potentiels de l'intervention normative (incidences économique, sociale, budgétaire, environnementale, institutionnelle, etc.)[411].

Le degré d'approfondissement de l'évaluation préalable varie suivant la nature et l'importance de la réforme envisagée, la diversité des questions posées et les difficultés techniques ou juridiques de la matière concernée[412].

Dans certains cas, il pourrait s'avérer nécessaire de mener en parallèle plusieurs études sur des volets particuliers d'un projet de texte. Dans d'autres cas, une seule étude suffit. Quoi qu'il en soit, l'étude d'impact et d'opportunité doit au moins comporter des éléments essentiels de l'évaluation préalable.

158. Objectifs du projet de texte. La formulation d'un ou plusieurs objectifs généraux de la réforme doit être aussi concise que possible.

---

410 V. en France la circulaire Premier Ministre du 15 avril 2009 relative à la mise en œuvre de la révision constitutionnelle, *Journal officiel* 16 avril 2009.

411 Sur l'ensemble de la question, M. PHILIP-GAY (dir.), *Les études d'impact accompagnant les projets de loi*, Paris, *LGDJ*, 2012.

412 *Guide de légistique,* Paris, La documentation française, 3 eme édition, mise à jour 2017, p. 18.

Cette formulation peut être éventuellement complétée par l'énoncé d'objectifs spécifiques. Il est également utile de préciser les indicateurs utilisés pour évaluer l'atteinte de l'objectif poursuivi ou le type d'évaluation ex post envisagé.

Lorsque la réforme envisagée comprend plusieurs volets distincts, il est recommandé de présenter les objectifs pour chacun d'entre eux tout en faisant apparaître la cohérence d'ensemble du projet normatif.

Par exemple, un meilleur financement d'un secteur d'activité peut être un objectif visé par le rédacteur.

159. Options retenues. Cette partie de l'étude permet d'identifier les options envisageables en vue de répondre à l'objectif assigné au projet de texte. À cette étape de l'étude, il peut s'avérer nécessaire d'écarter certaines options soit, qu'elles ne permettent pas véritablement de répondre à l'objectif assigné soit, qu'elles sont incompatibles avec certaines règles supérieures ou avec d'autres objectifs d'intérêt général ou qu'elles apparaissent manifestement impossibles à mettre en œuvre.

Par exemple, la mise en place d'un fonds d'appui à un secteur d'activité peut être une option retenue pour atteindre l'objectif de financement de ce secteur.

160. Impacts prévisibles. L'évaluation consiste non seulement à apprécier les bénéfices escomptés de la réforme envisagée au regard de ses objectifs, mais aussi l'ensemble des conséquences directes ou indirectes qui en résultent.

Les effets positifs et négatifs sont à apprécier dans les différents champs d'analyse pertinents : impact économique, social, budgétaire, environnemental, institutionnel, etc.

Les effets juridiques et administratifs sont à prendre en considération. Les options sont analysées au regard de l'exigence de la sécurité juridique, de la stabilité des situations juridiques ainsi que de l'intelligibilité et de l'effectivité du droit. À cet égard, la liste prévisionnelle des textes d'application nécessaires doit être prise en compte dans la perspective de la mise en œuvre effective de la réforme.

Par exemple, une nouvelle politique minière favorisant l'installation de sociétés minières dans des villages peut avoir des incidences au niveau social (orpaillage, déplacement de villages, de cimetières, etc.), culturel (destruction de totems, perturbation de pratiques cultuelles, etc.) et environnemental (pollution minière, etc.).

PARAGRAPHE II : LE RÉGIME DES ÉTUDES D'IMPACT ET D'OPPORTUNITÉ

161. Obligation de réalisation d'une étude d'impact et d'opportunité. Au Sénégal, les études d'impact et d'opportunité ne sont pas soumises au même régime juridique. En effet, le législateur n'a pas procédé à une systématisation de l'obligation de confection des études d'impact pour tout projet de texte[413].

Toutefois, la conception d'une étude d'opportunité et d'impact n'est une obligation juridique que dans des cas limitativement prévus par la loi ou le règlement. Ainsi, la circulaire n° 02937 PM/CAB/CS/GOUV. SD du 24 octobre 2013 sur le respect de la procédure d'adoption des textes législatifs et réglementaires énonce que les projets de texte devront, être accompagnés par une évaluation de leur incidence budgétaire « *et, le cas échéant, d'une étude d'impact sur le plan organisationnel, social et économique* ».

162. Cas des entités du secteur parapublic. Dans le cadre des entités du secteur parapublic, l'article 16 de la loi d'orientation n° 2022-08 du 19 avril 2022 a innové en exigeant désormais, avant la création des entités du secteur parapublic (établissement public, société anonyme à participation publique majoritaire et société nationale), la réalisation d'une étude d'opportunité par la tutelle technique. Cette étude est complétée le cas échéant d'un plan d'affaires indiquant la nécessité, la pertinence et la viabilité de l'établissement à créer.

Pour rappel, le législateur a procédé à l'élargissement du champ du secteur parapublic. Désormais, les entités de ce secteur comprennent,

---

[413] P. A. TOURE, *Recueil des principaux textes relatifs au travail législatif et réglementaire du Gouvernement,* Secrétariat général du Gouvernement, Dakar, l'Harmattan, 2018, p. 23, n° 11.

d'une part, les organismes publics et, d'autre part, les sociétés publiques[414]. Selon l'article 3 de la loi d'orientation n° 2022-08 du 19 avril 2022 susvisée, les organismes publics sont les établissements publics, les agences d'exécution et autres structures administratives similaires ou assimilées. Ces dernières entités désignent des structures dont les modes d'organisation et de fonctionnement s'apparentent à ceux des agences d'exécution sans en prendre la dénomination, à savoir notamment les fonds, les délégations générales, les hautes autorités et les offices. Quant aux sociétés publiques, elles désignent les sociétés nationales et les sociétés à participation publique majoritaire.

Le périmètre couvert par le secteur parapublic irradie en réalité toute la sphère publique.

Il faut préciser que la réalisation de l'étude d'opportunité a été déjà prévue en ce qui concerne les agences d'exécution par l'article 2, alinéa 3 de la loi d'orientation n° 2009-20 du 04 mai 2009 sur les agences d'exécution. Ce texte prévoit que : « *Le décret de création est accompagné d'une étude d'opportunité et d'impact démontrant la valeur ajoutée du recours à la formule de l'agence* ». L'agence d'exécution est une entité administrative autonome, investie d'une mission de service public. Elle est une personne morale de droit public dotée d'un patrimoine et de moyens de gestion propres[415].

D'après la circulaire n° 4006/ PM du 17 septembre 2014 sur l'étude d'opportunité et d'impact préalable à la création d'une agence d'exécution, cette étude est préparée par l'autorité de tutelle et doit recueillir l'avis de la Commission d'Evaluation des Agences d'Exécution (CEAE), conformément à l'article 2 du décret n° 2020-1493 du 1er juillet

---

414 P. A. TOURE, « La réforme du secteur parapublic : évolution ou révolution administrative ? (1ere partie) » : *Le Soleil* n° 15585 du 10 mai 2022, p. 16 ; A. L. SY, *Le secteur parapublic sénégalais entre réformes et immobilisme. Essai*, Dakar, Editions Edisal, 2025 ; A. SAKHO, *Le droit de la gouvernance d'entreprise*, Dakar, Harmattan, 2025, p. 25.

415 V. art 1er de la loi d'orientation n° 2009-20 du 04 mai 2009 sur les agences d'exécution ; sur les agences d'exécution, V. M. NIANG, *Les agences d'exécution et la modernisation de l'État*, Dakar, l'Harmattan, 2017, p. 44 et s. ; L. G. SAKHO, Les agences publiques d'exécution face au défi de la performance : le cas du Sénégal, Dakar l'Harmattan, 2025.

2020 portant création et fixant les règles d'organisation et de fonctionnement de la Commission d'Évaluation des Agences d'Exécution. La Commission d'évaluation des agences d'exécution a pour mission, notamment, de donner un avis sur l'opportunité de la création d'une agence sur la base du rapport présenté par son autorité de tutelle. Elle est présidée par le Secrétaire général du Gouvernement. Son secrétariat permanent est assuré par le BOM.

163. Extension. D'après la circulaire du Premier Ministre du 17 septembre 2014, l'obligation de réalisation d'une étude d'impact et d'opportunité a vocation à s'appliquer aussi bien aux agences d'exécution qu'aux structures administratives similaires. Le cadre juridique des agences ne définit pas la notion de « *structures administratives similaires* ». Il s'agit en réalité de personnes morales de droit public dont les modalités d'organisation et de fonctionnement s'apparentent à celles des agences sans en prendre la dénomination. Il en est ainsi de certains fonds et délégations ainsi que de certains offices créés comportant souvent un administrateur général et un conseil d'administration.

Cette interprétation de la circulaire primatorale du 17 septembre 2014 est tout à fait justifiée. En effet, le dispositif juridique normalisé prévu pour encadrer l'organisation et le fonctionnement des agences d'exécution s'applique aux agences et aux « *autres structures administratives similaires* ». C'est ce qui ressort de l'article 16 de la loi d'orientation n° 2009-20 du 04 mai 2009 sur les agences d'exécution selon lequel, les agences et les autres structures administratives similaires existantes sont tenues de se conformer à ses dispositions dans un délai de douze (12) mois, à compter de la date de son entrée en vigueur.

164. Faculté de réalisation d'une étude d'impact et d'opportunité. En dehors de la création des entités du secteur parapublic, la réalisation des études d'impact et d'opportunité ne constitue pas, en principe, une obligation juridique avant le dépôt d'un projet de texte.

Cependant, le recours au mécanisme de l'évaluation préalable est recommandé si la réforme envisagée présente une certaine ampleur ou lorsqu'elle a des conséquences financières prévisibles pour l'État, les collectivités territoriales ou les établissements publics ; il en est de même dans l'hypothèse où le projet normatif vient modifier profondément les droits et obligations d'une catégorie sociale déterminée ou le régime applicable à l'ensemble d'une profession.

De façon générale, une étude d'impact et d'opportunité se révèle nécessaire lorsque l'intervention normative est susceptible d'affecter de manière significative la situation des personnes ou des institutions publiques.

A contrario, la réalisation d'une étude d'impact n'est pas généralement utile lorsque l'autorité normative compétente (législateur, Président de la République, Premier Ministre ou ministre, etc.) ne dispose que d'une marge d'appréciation très limitée[416]. Il en est ainsi notamment lorsqu'il s'agit de prendre les dispositions requises pour l'application d'une loi ou la transposition d'une directive communautaire. En effet, dans ces cas, le texte à transposer ou l'acte législatif a bien souvent tranché les principales questions posées par l'intervention normative en renvoyant à un acte de transposition ou d'application pour en fixer les modalités d'internalisation ou de mise en œuvre.

---

[416] *Guide pour l'élaboration des textes législatifs et réglementaires*, Paris, La documentation française, version du 25 septembre 2015, p. 12.

DOCUMENT N° 12
LES ETUDES D'IMPACT ET D'OPPORTUNITE

La circulaire n° 4006/ PM du 17 septembre 2014 sur l'étude d'opportunité et d'impact préalable à la création d'une agence d'exécution

REPUBLIQUE DU SENEGAL

......

PRIMATURE

N°4006 /PM

CIRCULAIRE

LE PREMIER MINISTRE

A

Mesdames, Messieurs les :

Ministres, Ministres délégués et, Ministres, Secrétaires généraux de la Présidence de la République et du Gouvernement

Objet : Étude d'opportunité et d'impact préalable à la création des agences d'exécution

Les dispositions du dernier alinéa de l'article 2 de la loi n° 2009-20 du 04 mai 2009 portant loi d'orientation sur les agences d'exécution rappellent la nécessité de procéder avant leur création à une étude l'opportunité et d'impact qui doit conclure à une amélioration de la situation présente au travers de la création de l'agence.

Cette étude préparée par l'autorité de tutelle technique doit ensuite recueillir l'avis de la Commission d'Évaluation des Agences d'exécution conformément aux dispositions du premier tiret de l'article 2 du décret n° 2010-1811 du 31 décembre 2010 portant création de cette Commission. Au sens des dispositions de cette circulaire et conformément à l'article premier de la loi supra mentionnée, il convient d'entendre par agence d'exécution ou structure assimilée toute personne morale de droit public autre que les différentes catégories d'établissement public investie d'une mission de service public et dotée de l'autonomie financière et de la personnalité juridique.

En outre, les projets de texte à incidence financière à l'image des projets de décret de création d'agences d'exécution doivent être soumis à l'avis du Ministre chargé des Finances en référence aux dispositions du dernier alinéa de l'article 4 de la Directive n° 06/2009/CM/UEMOA du 26 juin 2009 portant lois de Finances au sein de l'UEMOA.

Dans la pratique, il est constaté l'absence systématique d'étude d'opportunité qui accompagne les décrets de création ou, les rares fois où elle est jointe, son caractère sommaire ne permet pas la justification de la prise de décision de l'autorité.

Face à ces manquements et pour éviter les dysfonctionnements constatés de par le passé, je vous demande de veiller désormais dans le cadre de la création des agences ou structures assimilées au strict respect de la réglementation sur la question.

Le canevas de l'étude d'opportunité et d'impact, joint à la présente circulaire, doit servir de référentiel sans toutefois empêcher la prise en compte par les acteurs des spécificités de leur secteur d'intervention.

J'attache du prix à l'exécution de cette instruction.

Le Premier Ministre

Mahammed Boun Abdallah DIONNE

ANNEXE A LA CIRCULAIRE N° 4006
CANEVAS DE L'ETUDE D'OPPORTUNITE

L'étude d'opportunité et d'impact est un principe posé par le décret n° 2010-1811 du 31 décembre 2010 portant création de la Commission d'Évaluation des Agences en son article 2 premiers tirets. Elle justifie essentiellement l'externalisation d'une mission de service public avant la mise en œuvre du cadre légal et règlementaire. Son application réelle peut être un outil de conseil à la disposition de l'autorité dont le pouvoir discrétionnaire n'est pas remis en cause. Le respect strict de ce mécanisme de création d'agences ou de structures assimilées permet à terme une rationalisation à la fois organisationnelle et budgétaire du secteur public. Ainsi, la transmission à la Commission d'Évaluation des Agences et au Ministère chargé des Finances de tout projet de décret de création d'agence ou de structure assimilée accompagné de l'étude d'opportunité y relative est une obligation avant toute validation proposée à l'autorité.

Relativement au canevas, il n'existe pas de modèle universel. Toutefois, le contenu suivant adaptable en fonction du secteur est proposé.

1. Identification des missions pré-existantes et/ou nouvelles dont l'externalisation est proposée ;

2. justification de l'articulation de ces missions avec le document de planification stratégique et opérationnelle définie par le Ministère assurant la tutelle du ou des secteurs concerné (s) ;

3. analyse comparée des modèles actuels et futurs de prise en charge des mission et gestion du ou des secteur (s) :

3.1. diagnostic détaillé du secteur appuyé sur des données chiffrées et des observations soigneusement étudiées et vérifiées afin de permettre une meilleure appréciation des inefficacités et inefficiences. Cette démarche permet de montrer l'existence réelle du problème, sa nature et son ampleur par l'analyse de facteurs socio-économique actuels et futurs. Cet exercice permet de faire ressortir pour chaque problème identifié, notamment :

- ses caractéristiques (son ampleur, sa gravité, etc.) ;
- ses causes et ses conséquences ;
- et le niveau ou l'absence de prise en charge du problème par l'administration centrale.

3.2. Démonstration après ce diagnostic détaillé, des avantages offerts par le nouveau mode de gestion relativement à l'efficience organisationnelle et budgétaire ;

3.3. précision du caractère inéluctable de la décentralisation technique pour la gestion du service ou secteur public considéré en :

- indiquant la nécessité d'impulsion, de développement plus approprié d'un ensemble d'activités (nouvelles ou anciennes), d'un ou de plusieurs secteurs de l'administration publique ;
- démontant l'insuffisance, l'absence ou l'incapacité technique ou managériale de prise en charge par les services centraux d'un ensemble d'activités (nouvelles ou anciennes) ;
- relevant les spécificités de gestion (souplesse, célérité, proximité, etc.) que l'administration centrale ne garantit pas forcément.

4. Présentation synthétique de la structure proposée comme solution alternative, des objectifs assignés à la nouvelle structure, des résultats attendus et de l'estimation des moyens nécessaires à son fonctionnement.

SECTION II :
LES RÉDACTEURS DU PROJET NORMATIF

165. Procédés employés. Plusieurs procédés peuvent être employés pour procéder à la rédaction du projet normatif.

Dans la pratique, les projets de textes législatifs et réglementaires sont préparés par une direction technique du département ministériel, parfois au niveau du cabinet du ministre par des conseillers techniques ou même par un service rattaché au ministère maître d'œuvre, voire par une agence d'exécution placée sous sa tutelle.

À titre d'exemple, un texte portant modification du Code pénal peut être élaboré par la Direction des Affaires criminelles et des Grâces du Ministère de la Justice.

PARAGRAPHE PREMIER : LE RECOURS À UNE EXPERTISE EXTÉRIEURE

166. Démarche du « *faire faire* ». Les rédacteurs des textes ont de plus en plus tendance, par une démarche du « *faire faire* », à recruter un consultant ou un cabinet spécialisé chargé de l'élaboration du texte.

Mais la circulaire n° 00000002 SGG/MSGG/SGA/JUR du 19 mai 2021 relative au recours à une expertise extérieure pour la rédaction des textes législatifs et réglementaires recommande, dans le cadre d'une démarche inclusive et participative, que les textes législatifs et réglementaires soient conçus et rédigés par les services de l'État en relation avec tous les acteurs concernés. À cet effet, un comité ou une commission de rédaction peut être créé par arrêté du ministre maître d'œuvre, qui en fixe les modalités d'organisation et de fonctionnement. Par exemple, pour les besoins de l'élaboration du Code de la Famille, le Gouvernement avait mis en place par décret n° 61-145 du 12 avril 1961, une Commission de Codification composée notamment de professeurs d'université, de magistrats, d'avocats et de personnalités choisies en raison de leurs connaissances en matière coutumière. Cette commission était chargée d'étudier, de rédiger et de soumettre au Gouvernement un projet de Code de la Famille.

Cette démarche méthodologique présente le mérite de garantir l'adaptation des solutions proposées par le projet de texte normatif aux spécificités et aux réalités locales ainsi que l'efficacité des interventions du Gouvernement.

D'ailleurs, le secrétariat général du ministère, le cabinet du ministre, toutes les directions, les services rattachés, et au besoin, les organismes placés sous votre tutelle (agences d'exécution, établissements publics, sociétés nationales, sociétés anonymes à participation publique majoritaire, etc.) doivent être associés à l'élaboration des textes, dans le cadre de réunions d'orientation et de rédaction. La dernière mouture desdits textes doit s'intégrer harmonieusement dans les options majeures de la politique mise en œuvre par le département ministériel en tant que composante de la politique gouvernementale.

De plus, l'implication en amont des services du Secrétariat général du Gouvernement, dans le cadre d'un appui-conseil, contribue à l'amélioration de la qualité rédactionnelle et à l'efficacité substantielle des textes.

167. Nécessaire implication du ministère maître d'œuvre. Cependant, si en raison de la particularité ou de la complexité du sujet traité, il est nécessaire de recourir à une expertise extérieure, il est fortement recommandé que vos services soient associés à toutes les étapes de la conception et de l'élaboration du texte pour leur permettre de s'en approprier la philosophie et les options majeures.

Cette démarche est d'autant plus fondamentale qu'il revient aux services du Ministère maître d'œuvre d'exposer les motifs du texte et d'en soutenir la discussion devant l'Assemblée générale consultative de la Cour suprême (institution consultative), ainsi que les instances d'adoption des textes législatifs et réglementaires, comme le Comité technique de validation des textes législatifs et réglementaires du Secrétariat général du Gouvernement, le Conseil des Ministres et l'Assemblée nationale.

DOCUMENT N° 13 : RECOURS A UNE EXPERTISE EXTERIEURE

La circulaire n° 00000002 SGG/MSGG/SGA/JUR du 19 mai 2021 relative au recours à une expertise extérieure pour la rédaction des textes législatifs et réglementaire

REPUBLIQUE DU SENEGAL

……

PRIMATURE

SGG/SGA/JUR/SP

CIRCULAIRE

A

Mesdames et messieurs les ministres,

Madame et messieurs les secrétaires d'Etat

Objet : Recours à une expertise extérieure pour la rédaction des textes législatifs et réglementaires

L'attention de Monsieur le Président de la République a été appelée sur la tendance de certains départements ministériels à recourir exclusivement à une expertise extérieure, notamment à un cabinet spécialisé ou à un consultant, pour les besoins de la rédaction des textes législatifs et réglementaires.

Ce procédé, qui a quelquefois pour conséquence de dessaisir les services du ministère maître d'œuvre du processus d'élaboration des textes, n'est pas recommandé.

En effet, les textes normatifs constituent la plus haute expression de la volonté des pouvoirs publics ainsi que la traduction juridique des politiques publiques, définies par le Chef de l'Etat dont l'application est confiée aux départements ministériels et aux autres services de l'Etat.

C'est pourquoi, Monsieur le Président de la République vous exhorte de veiller, dans le cadre d'une démarche inclusive et participative, à ce que les textes législatifs et réglementaires soient conçus et rédigés par les services de l'Etat en relation avec tous les acteurs concernés. A cet effet, un comité ou une commission de rédaction peut être créé par arrêté du ministre maître d'œuvre, qui en fixe les modalités d'organisation et de fonctionnement.

Cette démarche méthodologique présente le mérite de garantir l'adaptation des solutions proposées par le projet de texte normatif aux spécificités et aux réalités locales ainsi que l'efficacité des interventions du Gouvernement.

Le Chef de l'Etat rappelle, à cet égard, le rôle central des Cellules juridiques des ministères dans les travaux de conception et de rédaction des textes. Ces services,

rattachés au secrétariat général ou au cabinet du ministre, sont notamment chargés d'une mission de coordination et de contrôle de la qualité des textes normatifs avant leur introduction dans le circuit normatif.
En outre, le secrétariat général du ministère, le cabinet du ministre, toutes les directions, les services rattachés, et au besoin, les organismes placés sous votre tutelle (agences d'exécution, établissements publics, sociétés nationales, sociétés anonymes à participation publique majoritaire, etc.) doivent être associés à l'élaboration des textes, dans le cadre de réunions d'orientation et de rédaction. La dernière mouture desdits textes doit s'intégrer harmonieusement dans les options majeures de la politique mise en œuvre par le département ministériel en tant que composante de la politique gouvernementale.
De plus, l'implication en amont de mes services, qui sont entièrement à votre disposition pour vous accompagner dans le cadre d'un appui-conseil, contribue à l'amélioration de la qualité rédactionnelle et à l'efficacité substantielle des textes.
Lorsqu'en raison de la particularité ou de la complexité du sujet traité, il est nécessaire de recourir à une expertise extérieure, il est fortement recommandé que vos services soient associés à toutes les étapes de la conception et de l'élaboration du texte pour leur permettre de s'en approprier la philosophie et les options majeures.
Cette démarche est d'autant plus fondamentale qu'il vous revient d'exposer les motifs du texte et d'en soutenir la discussion devant les institutions consultatives, à savoir l'Assemblée générale consultative de la Cour suprême, le Conseil économique social et environnemental et le Haut Conseil des Collectivités territoriales ainsi que les instances d'adoption des textes législatifs et réglementaires, comme le Comité technique de validation des textes législatifs et réglementaires du Secrétariat général du Gouvernement, le Conseil des Ministres et l'Assemblée nationale.
Son Excellence, Monsieur le Président de la République attache du prix à la bonne application de la présente circulaire.

Ampliation :
Son Excellence Monsieur le Président de la République (ATCR)

PARAGRAPHE II : LA MISE EN PLACE DES CELLULES JURIDIQUES

168. Institution des cellules juridiques. Compte tenu de la complexité de la technique légistique, il est nécessaire pour les départements ministériels, de mettre en place un service chargé de la rédaction et de la coordination des activités normatives du département. D'ailleurs, par une circulaire n° 0030 CAB/PM/SGG/DSL du 18 décembre 2014 sur la mise en place de l'Agenda législatif et réglementaire du Gouvernement pour l'année 2015, le Premier Ministre a exhorté les ministères à créer des cellules juridiques rattachées au Secrétariat général du ministère ou au Cabinet, selon les cas. Mais, il est fortement recommandé de rattacher la cellule juridique au Secrétariat général du ministère. En effet, en raison de la place privilégiée du secrétariat général ainsi que de sa mission de coordination administrative et technique de l'activité des directions techniques, le rattachement de la cellule juridique au secrétariat général du ministère lui permet de coordonner l'activité normative du département ministériel.

La mise en place des cellules juridiques a été récemment rappelée par la circulaire n° 000260 PM/SGG/DSL/db du 27 mars 2017 relative à la création des cellules juridiques. Ces cellules sont chargées de suivre l'état de mise en œuvre de l'agenda législatif et réglementaire, de participer aux réunions d'évaluation trimestrielles de cet agenda et de veiller à la qualité des projets de loi et de décret avant leur transmission au Secrétariat général du Gouvernement.

Elles ont aussi pour mission d'élaborer, en rapport avec les directions techniques, services et organismes relevant de la tutelle du département, les projets de texte législatif et réglementaire du ministère.

La cellule juridique est un service du ministre ; il doit donc être pourvu en personnel et en moyens suffisants pour accomplir sa mission.

Chaque cellule est dirigée par un coordonnateur, de préférence un juriste, qui sera le point focal au sein du Comité technique de validation des textes législatifs et réglementaires. Il assiste, à ce titre, aux réunions de cette instance, chaque fois que les points inscrits à l'ordre du jour intéressent le département.

SECTION III : LA MÉTHODOLOGIE D'ÉLABORATION DES TEXTES LÉGISLATIFS ET RÈGLEMENTAIRES

169. Méthodologique d'élaboration normative. La rédaction d'un texte législatif ou réglementaire ne saurait être réalisée au mépris d'une approche méthodologique appropriée. Une réforme, qui n'est pas fondée sur une bonne méthodologie, pourrait être vouée à l'échec.

La méthodologie de rédaction des textes doit se fonder sur un diagnostic de la situation de fait et de droit, à travers la réalisation de la situation de référence normative. Ce diagnostic préalable permettra la conception d'une stratégie normative à même de permettre d'atteindre l'objectif du projet normatif.

PARAGRAPHE PREMIER : LA SITUATION DE RÉFÉRENCE NORMATIVE

170. État des lieux. La situation de référence normative se décline autour du diagnostic de l'état du droit et du bilan de la situation de fait.

A. Le diagnostic de l'état du droit

171. Revue normative. Une connaissance précise de l'état du droit relatif au projet de texte constitue un préalable indispensable au choix de la solution à apporter. Il s'agit de ce que l'on appelle la revue normative.

Il est indispensable, avant les travaux de rédaction du texte, de procéder au recensement minutieux de l'état du droit existant, à savoir la législation en vigueur (Constitution, lois organiques, lois ordinaires, etc.) et la réglementation (décrets, arrêtés), voire les actes non réglementaires (instructions, circulaires, directives, notes de service, etc.).

Si le rédacteur intervient dans un domaine encore vierge d'une législation ou d'une réglementation, la revue normative pourrait consister à faire le bilan de l'état du droit international (traités internationaux) et des normes communautaires (directives, règlements, décisions, actes uniformes, actes additionnels, etc.).

Dans le cadre d'une démarche de « *benchmarking* », les concepteurs du projet normatif gagneraient à s'inspirer des cadres juridiques existants dans la sous-région ou dans d'autres États.

À titre d'exemple, dans le cadre de l'élaboration du Code de la Famille, la Commission de Codification mise en place avait procédé au recensement de toutes les coutumes par la diffusion d'un questionnaire détaillé à l'intention des autorités locales[417]. En outre, elle avait rassemblé toute la documentation législative et jurisprudentielle, notamment les textes les plus récents élaborés en matière de statut personnel par des pays musulmans, la législation française de l'époque ainsi que les décisions de justice tant sénégalaises qu'étrangères.

172. Sources d'informations. Les codes et autres textes publiés par les éditeurs privés, notamment par les Éditions Juridiques Africaines (EDJA) sont de précieux outils de travail pour le rédacteur, notamment en raison des commentaires et annotations qu'ils comportent. En outre, le site officiel du Gouvernement[418] constitue également une source importante d'informations.

La Direction des Relations avec les Institutions (DRI) du Ministère du Travail, du Dialogue social, des Organisations professionnelles et des Relations avec les Institutions a conçu un site web[419] dans lequel sont publié plusieurs textes adoptés par l'Assemblée nationale. Ce site, géré par le Centre d'Information et de Documentation sur les Institutions et la Gouvernance, met à la disposition des citoyens des informations authentiques contenues dans des documents officiels produits par des institutions de la République (Assemblée nationale, Conseil économique social et environnemental, etc.). Il publie également des textes adoptés par l'Assemblée nationale ainsi que les rapports officiels des commissions.

Mais ces sources ne sont pas à l'abri d'erreurs. Il peut arriver, par exemple, qu'une saisie inexacte sur le site web d'un éditeur compacte

---

[417] En ce sens, V. la circulaire du Président du Conseil n° 51 du 11 juillet 1961.
[418] http://www.gouv.sn
[419] http://www.dri.gouv.sn

deux alinéas en un seul ou, au contraire, créé deux aliénas alors que la loi n'en prévoyait qu'un seul.

Il est fortement recommandé de se reporter aux textes publiés au *Journal officiel* ainsi qu'aux errata qui font également l'objet d'une publication sur le même support, en cas de divergence entre les différentes sources de publication.

B. Le diagnostic de la situation de fait

173. Diagnostic de l'application des textes en vigueur. Le rédacteur du texte doit également établir un diagnostic de l'application des textes en vigueur. Il s'agit d'identifier les lacunes, les contraintes, les vides et les difficultés de mise en œuvre du cadre juridique et institutionnel traditionnel. Cet état des lieux doit également faire ressortir les opportunités et les atouts de l'application des textes juridiques classiques.

Les insuffisances normatives peuvent trouver leur source dans une inadaptation des règles en vigueur, notamment en cas de divergences d'interprétation judiciaire, de malfaçons de rédaction, de lourdeurs d'une procédure ou d'une complexité excessive des règles applicables. Il s'agit en réalité d'apprécier les nombreux autres facteurs explicatifs des problèmes d'application recensés.

Le diagnostic de fait est souvent réalisé à l'aide d'enquêtes faites auprès des différents acteurs du secteur concerné (administration, citoyen, collectivités territoriales, secteur privé, société civile, médias, chefs traditionnels, religieux, etc.) ou d'études d'évaluation réalisées par des experts faisant l'objet de rapports.

174. Règles de l'audit qualité. L'étude diagnostique de la situation de fait doit se faire conformément aux règles de l'audit qualité, à partir des axes suivants : l'environnement, les acteurs, les méthodes, les moyens et les normes.

À titre d'exemple, la situation de référence normative réalisée dans le cadre d'une réforme du cadre juridique des technologies de l'information et de la communication a permis de faire les constats suivants :

- l'environnement : une absence de volonté politique, un contexte économique et social inadapté à l'éclosion d'une économie numérique, etc.
- les acteurs : une insuffisante formation des magistrats dans les techniques d'investigation en ligne, un manque de spécialisation des officiers de police judiciaire, etc.
- les méthodes : l'inadaptation des techniques d'investigation classiques à l'environnement électronique, l'inadéquation des méthodes de coopération internationale, etc.
- les moyens : l'existence d'une fracture numérique, une insuffisance des moyens de lutte contre la cybercriminalité, etc.
- les normes : l'inadaptation des infractions classiques aux TIC, l'inadéquation du cadre de protection des données à caractère personnel, etc.

Le diagnostic de la situation de fait et de droit présente un grand intérêt au plan légistique.

D'une part, la revue normative permet d'avoir une plus grande visibilité et une meilleure lisibilité sur l'état du droit. Elle évite au rédacteur d'avoir à légiférer ou réglementer des questions déjà prises en charge juridiquement, ce qui pourrait être une source de difficultés d'interprétation et d'application.

D'autre part, le diagnostic de la mise en œuvre de la législation classique constitue le socle à partir duquel s'articuleront les innovations majeures de la réforme. Ces éléments factuels de diagnostic constituent d'ailleurs une partie importante du document de présentation (exposé des motifs, rapport ou note de présentation) du texte proposé. En effet, le document de présentation doit mettre l'accent sur les limites de l'ancien dispositif juridique[420].

L'établissement de la situation de référence normative permet au rédacteur de s'assurer de la nécessité du projet normatif. L'intervention

---

[420] V. *infra*, n° 194.

normative ne doit pas seulement avoir une valeur décorative, voire cosmétique. L'acte normatif doit être utile, c'est-à-dire qu'il doit permettre d'atteindre un objectif d'intérêt général, de résoudre un problème d'importance sociale, politique ou économique.

175. Intérêts. À cet égard, les rédacteurs doivent résister au moins à deux réflexes normatifs : l'effet *Assiduis* et l'effet « *mimétiste* ».

L'effet *Assiduis* est le phénomène par lequel le législateur est porté à légiférer sous la pression des réclamations de catégories sociales, de lobbies[421] ou de divers groupes (syndicats, organisations non gouvernementales, industrie du tabac, institutions internationales, chefs religieux, groupes de hauts fonctionnaires, etc.).

Dans les sociétés démocratiques, l'effet *Assiduis* détourne la norme juridique de sa fonction spécifique qui réside dans la régulation des rapports sociaux pour la satisfaction de besoins d'intérêt général.

Les législations modernes tendent de plus en plus à ériger en principe la non-immixtion des groupes de pression dans la définition des politiques publiques en général. Ainsi, dans le cadre de la lutte contre le tabagisme, le législateur sénégalais a récemment consacré le principe de non-ingérence de l'industrie du tabac dans les politiques nationales de santé. Aux termes de l'article 1er de la loi n° 2014-14 du 28 mars 2014 relative à la fabrication, au conditionnement, à l'étiquetage, à la vente et à l'usage du tabac[422] : « *L'État s'interdit formellement toute ingérence de l'industrie du tabac dans les politiques nationales de santé* ». Ce principe emporte prohibition de toute immixtion de l'industrie du tabac dans les politiques normatives en matière de santé.

L'effet « *mimétiste* » consiste à transposer dans l'ordre juridique national des solutions élaborées dans d'autres systèmes juridiques.

La construction mimétique des textes législatifs et réglementaires présente de grands risques pour le système juridique national surtout en

---

[421] C. BERGEAL, *Manuel de légistique*, 8e édition, Paris, Berger-Levrault, 2018, p. 25, n° 6 ; G. COURTY, « Les lobbies font-ils la loi ? », in *Quelle éthique pour notre temps, Sciences Humaines*, hors-série, n° 22, mai-juin 2017, p. 68.
[422] JORS du 26 avril 2014, p. 570.

ce qui concerne les droits extrapatrimoniaux (droit de la famille, droit des successions, statut personnel, droit pénal, etc.). Devant le pluralisme des droits africains, le mimétisme des institutions européennes a pour effet de détruire les institutions et valeurs traditionnelles positives de l'Afrique en entraînant des difficultés d'application liées à l'inadaptation des mécanismes juridiques importés du droit de l'ex-colonisateur[423].

Dans son *Discours préliminaire du premier projet de Code civil*, PORTALIS écrivait que le législateur « *ne doit point perdre de vue que les lois sont faites pour les hommes, et non les hommes pour les lois ; qu'elles doivent être adaptées au caractère, aux habitudes, à la situation du peuple pour lequel elles sont faites* ».

Le droit coutumier a ses faiblesses. Mais il ne doit pas être considéré comme un facteur de régression. Il faut sans doute l'adapter en conservant ses valeurs positives et en le combinant avec l'apport extérieur ; ce n'est qu'à cette condition qu'elle peut constituer un facteur propice au développement des pays comme le Sénégal[424].

Dans son allocution lors de l'installation du Comité des options du Code de la Famille, M. Alioune Badara MBENGUE, Ministre de la Justice de l'époque, déclarait que : « *La défense des valeurs traditionnelles ne saurait être une fin en soi et qu'il paraît souhaitable de se débarrasser du boulet des habitudes anachroniques ou mal adaptées à notre politique de développement socio-économique* »[425].

PARAGRAPHE II : LA STRATÉGIE NORMATIVE

176. Notion. La stratégie normative, fondée sur une vision claire, a pour objet de décliner les axes majeurs permettant la réalisation des objectifs

---

[423] En ce sens, Guy A. KOUASSIGNAN, *Quelle est ma loi ? Tradition et modernisme dans le droit privé de la famille en Afrique noire francophone*, Paris, Pédone, 1974.

[424] M. ALLIOT, « Les résistances traditionnelles au droit moderne dans les Etats d'Afrique francophone et à Madagascar, in *Études de droit africain et de droit malgache*, Paris, Cujas, 1965 ; P. LAMPUE, « Droit écrit et droit coutumier en Afrique francophone », *Penant*, 1979, p. 247 ; K. MBAYE, « Le droit africain. Ses voies et ses vertus », *Rev. sén. dr.*, juin 1968, n° 03, p. 5 et s. ; M. ALLIOT, « Un droit nouveau est-il entrain de naître en Afrique ? », in *Dynamiques et finalités des droits africains,* Paris, Economica, 1980, p. 489.

[425] V. *Travaux du Comité des options du droit de la famille* multigraphiés, Tome I, p. 1 et s.

du projet de texte. La stratégie normative envisagée permet d'alimenter la matière devant constituer l'ossature du projet normatif.

À titre d'exemple, face au constat de l'inexistence d'infractions spécifiques au numérique, révélé par la situation de référence normative, il peut être nécessaire d'envisager la création d'infractions nouvelles spécifiques au numérique.

Il s'agira de pénaliser des comportements comme l'accès frauduleux au système informatique, l'entrave au fonctionnement du système informatique, l'usurpation d'identité numérique, etc.

En outre, lorsque la situation de référence normative permet de révéler une absence de mécanismes de financement d'un secteur d'activité, il peut être nécessaire de mettre en place par exemple une redevance ou fonds chargé de financer le secteur.

C'est justement sur la base des grands axes de la stratégie normative que le rédacteur pourra déterminer le support normatif devant « *héberger* » le projet de texte (Constitution, loi constitutionnelle, loi organique, loi ordinaire, ordonnance, décret, arrêté, etc.) ainsi que la technique normative appropriée (abrogation, modification, approbation, transposition d'une directive, d'un traité international, etc.).

SECTION IV : LES CONCERTATIONS PRÉALABLES

177. Inclusion normative. L'efficacité et l'efficience des textes normatifs élaborés exigent du rédacteur, dans le cadre d'une démarche inclusive et participative, qu'il se concerte avec une diversité d'acteurs en vue de recueillir leurs avis et observations sur le projet normatif envisagé. Il s'agit de faciliter l'appropriation du texte par les acteurs.

Contrairement aux consultations obligatoires prévues par certains textes, les concertations préalables, sans affecter leur légalité, font obstacle à leur efficacité et à leur bonne application. Les actes législatifs ou réglementaires adoptés au mépris des avis et éclairages des acteurs concernés se révèlent souvent inadaptés, incomplets ou contradictoires.

Le rédacteur serait bien avisé d'engager les concertations avant l'édiction du projet de texte et non pas après la finalisation des travaux de rédaction. En effet, le rédacteur du projet doit recueillir les avis et observations des acteurs impliqués sur les options majeures du texte déclinées dans la stratégie normative.

Les concertations préalables renvoient aussi bien aux concertations avec les acteurs internes, appelées concertations internes qu'à celles impliquant les acteurs extérieurs, qui sont les concertations externes.

PARAGRAPHE PREMIER : LES CONCERTATIONS INTERNES

178. Concertation infra-ministérielle. Le projet de texte proposé doit faire l'objet d'une large concertation au sein du ministère maître d'œuvre[426]. Toutes les directions, les services rattachés, et au besoin, les organismes placés sous la tutelle du ministère maître d'œuvre (agences, établissements publics, sociétés nationales, etc.) doivent être associés à son élaboration[427].

Mais la pratique législative a quelquefois révélé que l'œuvre normative ne traduit que la position de la direction technique initiatrice du texte, ce qui ne favorise pas sa qualité et son efficience.

Ces pratiques ne sont pas recommandées, puisque la norme juridique est censée être un instrument normatif orienté vers la satisfaction d'un intérêt général ; elle ne saurait être la résultante de rapports de force entre des acteurs politiques, sociaux ou économiques guidés par des motivations subjectives ou corporatistes.

En bonne règle légistique, la dernière version du texte transmise à la Primature doit être une traduction parfaite de l'option de l'ensemble des services du ministère, puisqu'il doit s'intégrer harmonieusement dans les

---

[426] Même lorsqu'il s'agit d'une proposition de loi, les concertations préalables sont particulièrement recommandées. Il s'agira pour le parlementaire, qui a initié le texte, de consulter son groupe parlementaire et de recueillir les avis et observations des acteurs concernés.

[427] En ce sens, V. La circulaire n° 006/PM SGG du 16 mai 2000 sur la procédure d'élaboration, d'enregistrement et de publication des projets de loi et de décret.

options stratégiques de la politique de ce département ministériel en tant que composante de la politique gouvernementale.

Selon la circulaire n° 004 du 21 mars 1997 relative à la procédure d'élaboration des textes au sein de chaque ministère, il appartient à chaque département ministériel, lorsqu'il initie un projet de loi ou de décret, d'organiser, préalablement à la transmission du projet au Secrétaire général du Gouvernement, une concertation interne au sein même du ministère, tant entre les différentes directions qu'entre le cabinet et les services.

À cet égard, le secrétaire général du département ministériel maître d'œuvre doit s'assurer de la bonne coordination et de l'implication de toutes les directions et autres services à la conception du texte.

En vertu de l'article 3 du décret n° 2017-313 du 15 février 2017 instituant un Secrétariat général dans les ministères[428], le Secrétaire général assiste le ministre, le ministre délégué et/ou le secrétaire d'État dans l'élaboration, la mise en œuvre et le suivi de la politique du département. Il est chargé de la coordination administrative et technique des activités des différents services du ministère dont il s'assure du bon fonctionnement. Il est également chargé de la coordination avec les autres départements ministériels en vue de l'exécution des décisions interministérielles. Le secrétaire général s'assure du contrôle et de la présentation au ministre des actes soumis à sa signature.

La circulaire n° 24/PM/SGG/ADJ.2 du 07 avril 1978 relative au rôle du secrétaire général de ministère a rappelé que le Secrétaire général du département ministériel est « *la mémoire du ministère* », notamment dans les périodes de remaniement gouvernemental. Il est l'élément de coordination institutionnelle stable du département, garant de la continuation du service public au plus haut niveau. Sa stabilité devrait permettre au nouveau ministre de poursuivre sans discontinuité, l'action entreprise par son prédécesseur.

---

[428] JORS du 16 février 2017, p. 227.

Ainsi, avant la signature par le ministre du document de présentation du texte (rapport ou note de présentation) et la transmission du projet de texte au Secrétariat général du Gouvernement, le secrétaire général du ministère doit s'assurer que le texte a donné lieu à des concertations et à des consultations auprès de l'ensemble des directions et services du département.

PARAGRAPHE II : LES CONCERTATIONS EXTERNES

179. Concertation horizontale. Au-delà des concertations internes au ministère maître d'œuvre, la consultation des autres ministères et services de l'État (agences d'exécution, Bureau Organisation et Méthodes, Contrôle financier, Secrétariat général de la Présidence de la République, Inspection générale d'État, Agence judiciaire de l'État, etc.) est fortement recommandée. La circulaire n° 10/PR du 05 avril 1989 relative à la procédure d'adoption des textes a particulièrement insisté sur la nécessité du respect du « *circuit de concertation interministérielle* ». Il s'agit, selon la circulaire n° 004 du 21 mars 1997 relative à la procédure d'élaboration des textes au sein de chaque ministère, d'une « *concertation horizontale* ».

Avant de procéder à la saisine du Secrétariat général du Gouvernement, en introduisant le projet normatif dans le circuit d'adoption des textes, le ministère initiateur du projet doit recueillir les avis et observations des départements ministériels et structures concernés par ce projet. D'après l'instruction générale n° 15 PR du 1er mars 1968 sur l'organisation du travail, le ministère prend l'initiative du texte en y associant les fonctionnaires des autres départements intéressés.

À titre illustratif, un projet de texte portant création d'un nouveau corps de fonctionnaires élaboré par le Ministère chargé de la Fonction publique, est obligatoirement transmis, pour avis et observations, notamment à la Présidence de la République, au Ministère chargé du Travail, au Ministère chargé de la Justice, au Ministère chargé des Finances, au Bureau

Organisation et Méthodes, au Contrôle financier et à l'Inspection générale d'État[429].

D'ailleurs, à la suite de la transmission du texte au Secrétariat général du Gouvernement, il est procédé au déclenchement de la procédure de consultation interministérielle. En effet, le travail de coordination de l'activité normative accompli par le Secrétariat général du Gouvernement permet de s'assurer de l'implication des autres départements techniques. Dès la réception du texte, la Direction de l'Activité Normative (DAN) le diffuse auprès des ministres et autres services de l'État et transmet les avis et observations de ces structures au ministère maître d'œuvre.

Cette concertation interministérielle est fondamentale puisqu'elle permet d'harmoniser les positions, d'éviter des doublons dans les textes et de faciliter les arbitrages lors des réunions du Comité technique de validation des textes législatifs et réglementaires et du Conseil des Ministres.

Par exemple, la prise en compte de l'avis et des observations du Ministère chargé des Finances sur un texte ayant des incidences financières permettra une adoption plus facile du texte à la réunion du Conseil des Ministres.

La plupart des textes législatifs et réglementaires ont des incidences majeures aux plans économique social voire environnemental. Dans un contexte marqué par le paradigme du « *mieux légiférer* »[430] et dans le cadre d'une démarche inclusive et participative, il est indispensable de recueillir les avis et observations des acteurs non étatiques. Il s'agit des organisations non gouvernementales (ONG), des syndicats, des organisations de défense des droits de l'homme, des partenaires sociaux,

---

[429] Sur les corps de contrôle de l'État, Y. LY, « Les corps de contrôle de spécialisés », in *Le contrôle de l'administration au Sénégal, RIPAS*, janvier-décembre 1986, Dakar, p.85 et s.

[430] A. FLUCKIGER, « Qu'est-ce que mieux légiférer ? Enjeux et instrumentalisation de la notion de qualité législative », in A. FLUCKIGER et Ch. GUY-ECABERT, *Guider les parlements et les gouvernements pour mieux légiférer ? Le rôle des guides de légistique*, Schulthess Medias Juridiques SA (Genève), 2008, p. 11 et s. ; K. GILBERG, « Mieux légiférer au cœur de la révision de l'Acte uniforme relatif au droit commercial général », in *Un nouveau droit commercial pour la zone OHADA*, *Dr. pat*, n° 201, Dossier, mars 2011, p. 55.

des universitaires, des chefs coutumiers et religieux, des citoyens, des associations, des industriels, des partis politiques, etc.[431]

La circulaire n° 10/PR du 05 avril 1989 relative à la procédure d'adoption des textes a encouragé les ministères à recourir dans toute la mesure du possible aux concertations en dehors de l'administration qui ne peuvent « *qu'enrichir le point de vue du Gouvernement lors de la mise au point du texte* ».

Pour ce faire, certains départements ministériels organisent quelquefois des ateliers de partage avec tous les acteurs impliqués en vue de recueillir leurs avis et observations sur les grandes options retenues par le projet de texte.

La circulaire n° 004 du 21 mars 1997 relative à la procédure d'élaboration des textes au sein de chaque ministère évoque, à ce sujet, la nécessité d'une concertation extérieure avec les futurs utilisateurs du texte. Il est donc indispensable de consulter les intéressés en saisissant au besoin les organisations syndicales, les organisations de la société civile ou les ordres professionnels.

À cette étape du processus normatif (concertations préalables), il est important même d'associer les futurs destinataires du texte (citoyens, travailleurs, commerçants, ouvriers, étudiants, enseignants, handicapés, etc.) en vue de recueillir leurs préoccupations et de prévenir des insuffisances et des lacunes[432].

L'exemple le plus illustratif de l'importance des concertations et du consensus entre les acteurs dans l'élaboration des textes est sans nul doute le Code électoral de 1992. Intervenu dans un climat politique apaisé caractérisé par la formation d'un Gouvernement dit de « *majorité présentielle élargie* », ce code, institué par la loi n° 92-16 du 07 février 1992 (partie législative) et par le décret n° 92-267 du 15 février 1992 (partie réglementaire), a été élaboré par une « *Commission cellulaire* » regroupant les représentants de dix-sept (17) partis politiques et des

[431] En ce sens, V. La circulaire n° 006/PM SGG du 16 mai 2000 sur la procédure d'élaboration, d'enregistrement et de publication des projets de loi et de décret.

[432] *Guide pour l'élaboration des textes législatifs et réglementaires*, Mali, août 2016, p.16.

membres de la société civile. Il a fait l'objet d'un large consensus au sein de la classe politique au point d'être dénommé « *Code consensuel de 1992* ». Ce consensus fera dire au Président de la République Abdou DIOUF, avec une certaine emphase, que « *c'est le meilleur code du monde* » et qu'il souhaitait son adoption « *sans changement d'une virgule* » par l'Assemblée nationale. Ce qui fut fait dans un parfait concert[433].

Aussi, le Code électoral consensuel constitue-t-il aujourd'hui « *le substrat du droit électoral sénégalais sur lequel s'agrégeront les couches des diverses réformes ultérieures* » [434] qui seront entreprises pour consolider le système électoral.

En réalité, les concertations préalables contribuent à conforter la pertinence et à légitimer les grandes options fixées par le rédacteur.

---

[433] Sur l'ensemble de cette question, ND. FALL, *Code électoral commenté. De la nécessité d'un outil efficient de lecture des normes et procédures électorales,* Dakar, l'Harmattan, 2017, p. 17.

[434] ND. FALL, *op. cit.*, p. 22.

CHAPITRE III :

LES TECHNIQUES DE RÉDACTION DES TEXTES LÉGISLATIFS ET RÈGLEMENTAIRES

« C'est bien un art que celui de savoir édifier les monuments juridiques ».
C. BERGEAL, *Rédiger un texte normatif. Manuel de légistique*, 7e édition, Paris Berger-Levrault, octobre 2012, p. 17.

180. Techniques rédactionnelles. Les techniques de rédaction des textes normatifs renvoient aux méthodes utilisées pour concevoir et mettre en forme les actes législatifs et réglementaires. Elles comportent les règles générales applicables à tous les textes normatifs ainsi que des règles spécifiques à la rédaction de certains textes.

SECTION PREMIÈRE : LES RÈGLES GÉNÉRALES RELATIVES À LA RÉDACTION DES TEXTES LÉGISLATIFS ET RÈGLEMENTAIRES

181. Complexité de la technique légistique. La rédaction d'un texte normatif exige un appareillage technique et un outillage conceptuel assez spécifiques. Les règles relatives à la rédaction des textes ont pour objet de fixer les techniques de conception concernant les éléments constitutifs des textes ainsi que celles relatives à la codification normative.

SOUS-SECTION PREMIÈRE : LES ÉLÉMENTS CONSTITUTIFS DES TEXTES LÉGISLATIFS ET RÉGLEMENTAIRES

182. Contenu. Les règles de rédaction relatives aux éléments constitutifs d'un texte concernent l'habillage normatif, le dispositif normatif et les annexes.

PARAGRAPHE PREMIER : L'HABILLAGE NORMATIF

183. Enveloppe normative. Le texte normatif ne commence pas brutalement par le premier mot de l'article premier du dispositif pour s'achever par le dernier mot du dernier article. Une enveloppe normative accompagne et « *habille* » le dispositif normatif ; il s'agit des éléments introductifs du texte. L'enveloppe normative comporte plusieurs éléments[435].

Il s'agit de l'appellation officielle de l'État, de la devise et du timbre du ministère maître d'œuvre du texte, de l'intitulé du texte, du document de présentation, du préambule, de l'autorité qui décide, des visas, éventuellement des motifs ainsi que du verbe central.

A. L'appellation officielle de l'État, la devise et le timbre du ministère maître d'œuvre

184. Appellation officielle de l'État. Les règles de rédaction de l'appellation officielle de l'État, de la devise et du timbre du ministère maître d'œuvre sont fixées par la circulaire n° 00041 PM/SGG/SGA/PAT/SP du 06 octobre 2015 relative aux règles de présentation et de rédaction des textes législatifs et réglementaires.

Mais dans la page comportant les visas (s'il s'agit d'un projet d'ordonnance, de décret, d'arrêté ou de décision) ou le dispositif normatif (s'il s'agit d'un projet de loi), ne doivent être mentionnés que l'appellation de l'Etat et la devise nationale.

---

[435] V. P. A. TOURE, *Légistique. Techniques de conception et de rédaction des lois et des actes administratifs : une tradition de gouvernance normative*, Dakar, l'Harmattan, 2018, p. 178.

L'appellation officielle de l'État est mentionnée sur une seule ligne en majuscule, en romain et en gras. La désignation de l'État figure en haut et est alignée à gauche de cette page ainsi qu'il suit : « **RÉPUBLIQUE DU SÉNÉGAL** »

L'appellation officielle de l'État est suivie de la devise nationale qui est écrite en italique et en minuscule, sauf pour les premières lettres ainsi qu'il suit : « *Un Peuple-Un-But-Une Foi* ». Aux termes de l'article 1er, alinéa 3 de la Constitution du 22 janvier 2001 : « La devise de la République du Sénégal est : *Un Peuple-Un But-Une Foi* ».

185. Timbre. Le timbre est la mention d'identification du ministère ou du service ayant initié le texte. Il figure également en haut et à gauche de la première page sous la devise nationale ; il est écrit en romain.

Le timbre doit se limiter à indiquer la dénomination officielle du département ministériel ayant conçu le texte, sans qu'il soit nécessaire de préciser la direction technique ou le service spécifique qui l'a effectivement élaboré.

Par exemple : « Ministère des Affaires étrangères et des Sénégalais de l'Extérieur ».

Dans la première page du texte qui comporte le document de présentation (exposé des motifs rapport ou note de présentation) doit être mentionnée l'appellation de l'Etat, la devise nationale et le timbre du ministère maître d'œuvre.

B. L'intitulé du texte

186. Objet de l'intitulé. L'intitulé est le titre que porte le texte normatif. Il doit permettre d'identifier le support normatif utilisé (loi, ordonnance, décret ou arrêté).

Par exemple : « Projet de loi portant…… ».

L'intitulé remplit deux fonctions essentielles.

D'une part, il permet de déterminer l'objet de l'acte normatif, c'est-à-dire ce sur quoi il porte. Il exige donc une rédaction claire qui permette au lecteur d'identifier immédiatement l'objet du texte.

D'autre part, il facilite l'identification de cet acte. En effet, lorsqu'un texte est dépourvu d'un numéro d'identification, son intitulé permet de ne pas le confondre avec un autre texte du même type et de la même date.

En principe, l'intitulé reste normalement invariable, quelles que soient les modifications apportées ultérieurement au corps du texte primitif.

187. Modification de l'intitulé. Mais il peut être dérogé à cette règle si une adaptation de l'intitulé est rendue nécessaire par suite d'un changement important dans le contenu du texte ou de son champ d'application.

Ainsi, il est possible de modifier l'intitulé d'un décret portant création et organisation d'un organisme public (agence, établissement public, société nationale, etc.), lorsque ses missions initiales ont été étendues.

Par exemple, à la faveur de l'extension des attributions de l'Office du Lac de Guiers (OLAG), créée par la loi n° 2010-01 du 20 janvier 2010, à l'ensemble des lacs et cours d'eau intérieurs, la loi n° 2017-17 du 05 avril 2017 modifiant la loi n° 2010-01 du 20 janvier 2010 a remplacé l'expression « Office du Lac de Guiers (OLAG) » par celle de « Office des Lacs et Cours d'Eau (OLAC) », aussi bien dans l'intitulé du texte que dans son dispositif. De telles modifications ne peuvent avoir lieu que sous la forme d'un article modificatif au sein du dispositif d'un texte modifiant lui-même le texte dont l'intitulé est modifié.

188. Portée juridique de l'intitulé. Contrairement au dispositif, l'intitulé du texte n'a pas de portée normative. Dès lors, en cas de contradiction entre l'intitulé du texte et une règle du dispositif, cette dernière l'emporte.

189. Règles de rédaction de de l'intitulé. À la première page du texte comportant le document de présentation qui comporte par ailleurs un exposé des motifs ainsi qu'un rapport ou une note de présentation, l'intitulé du texte est centré et écrit en gras.

Suivant qu'il s'agit d'un projet ou d'une proposition de loi, il doit être précédé de la mention « projet » ou « proposition », qui signifie que le texte normatif n'est qu'une proposition faite à l'autorité exécutive ou l'Assemblée nationale qui garde un pouvoir d'appréciation quant à la suite à en donner.

Par exemple : « **Projet/ proposition de loi relative à la médecine traditionnelle** »

En ce qui concerne les projets de texte, l'intitulé contenu dans la page comportant les visas (s'il s'agit d'un décret, d'un arrêté ou d'une décision) ou dans celle où est rédigé le dispositif du texte (s'il s'agit d'une loi), est aligné à droite de la page et écrit en gras. Il ne comporte pas le mot « Projet » et est suivi de la mention « n°…» ainsi qu'il suit : « **Décret n°… relatif au contrat de stage** »

En effet, durant le processus d'adoption, le texte ne comporte pas de numéro ; ce n'est qu'après son adoption qu'il porte un numéro. Le numéro qui figure dans l'intitulé est attribué par le Secrétariat général du Gouvernement avant sa publication.

Le premier nombre est celui de l'année de parution (par exemple, 2017) ; le second est un simple numéro d'ordre de sortie des textes (par exemple, 00023).

La date est celle de la promulgation s'il s'agit d'une loi ou celle de la signature s'il s'agit d'une ordonnance, d'un décret, d'un arrêté, d'une délibération ou d'une décision.

Les techniques de rédaction de l'intitulé du texte normatif varient suivant qu'il s'agisse d'un texte autonome, d'un texte modificatif ou d'un texte abrogatif.

L'intitulé d'un texte autonome doit indiquer, de manière aussi claire, précise et concise que possible, la nature de l'acte normatif, son numéro, sa date et son objet essentiel. Le lecteur ne se perdra pas dans un long intitulé empêchant de dégager l'objet exact de l'acte.

Il est recommandé de rédiger l'intitulé en utilisant les formules suivantes :

Projet d'arrêté portant application…/ relatif à …

Lorsqu'un acte réglementaire a pour objet de créer et fixer l'organisation et le fonctionnement d'un organe, il est recommandé de rédiger l'intitulé ainsi qu'il suit : « **Projet de décret portant création et fixant les règles d'organisation et de fonctionnement de...** »

Lorsqu'il s'agit seulement de créer ou d'autoriser la création d'un organisme ou d'un corps, il est recommandé d'utiliser la formule suivante : « **Projet de décret portant création de...** »

Dans l'hypothèse d'un texte modifiant un autre texte, il convient en principe de faire apparaître dans son intitulé une référence au texte à modifier.

Généralement, il suffit de désigner le texte modifié par son numéro, sa date et son intitulé, sans rien ajouter qui se rapporte à l'objet propre du nouveau texte.

Par exemple : **« Projet de loi modifiant la loi n° 65-61 du 21 juillet 1965 portant Code pénal ».**

Lorsque le texte modifié comporte plusieurs modifications, il suffit de mentionner ce texte en ajoutant après sa mention l'adjectif « modifié », sans préciser toutes les modifications qui lui ont été apportées antérieurement[436].

Ces règles s'appliquent aussi bien aux textes législatifs qu'aux actes réglementaires.

Pour la rédaction de l'intitulé des textes modificatifs, les formules suivantes sont recommandées : **« Proposition de loi modifiant la loi n°.... » ;**

« Projet de décret insérant un article 11 bis au décret n°... » (S'il s'agit d'une modification par insertion).

En ce qui concerne les textes abrogatifs, lorsque le texte abroge un autre texte intégralement, l'intitulé suivant peut être utilisé : **« Projet de décret abrogeant et remplaçant le décret n°... » ;**

---

[436] CE, *Principes de technique législative. Guide de rédaction des textes législatifs et réglementaires*, 2008, p. 37.

Mais il est recommandé de se limiter à mentionner dans le titre l'objet du texte, sans faire référence à l'abrogation d'un texte antérieur, dès lors que le texte contient une disposition expresse d'abrogation :

Par exemple : « **Projet de loi relatif au contrat de stage ».**

C. Le document de présentation

190. Document de présentation. Il importe après avoir cerner les contours de la notion de document de présentation, d'étudier son contenu ainsi que sa portée juridique.

1. La notion de document de présentation

191. Notion. L'acte normatif est précédé d'un exposé des motifs s'il s'agit d'un projet ou d'une proposition de loi ou d'un rapport de présentation s'il s'agit d'un projet de décret ou d'ordonnance ou encore d'une note de présentation pour les projets d'arrêté.

Les documents de présentation sont destinés à éclairer respectivement l'Assemblée nationale ou le signataire du texte qu'il s'agisse du Président de la République ou du Premier Ministre ainsi que le ou les ministres contresignataires sur le sens et la portée des dispositions qui lui ou leur sont soumises. Il s'agit du « *support philosophique* » du texte. Le document de présentation constitue la partie argumentaire du texte normatif[437].

2. Le contenu de document de présentation

192. Consistance. De façon générale, quelle que soit la nature du texte, les documents de présentation doivent comporter les éléments suivants :

Le contexte du projet de texte. Il s'agit de l'environnement dans lequel s'inscrit le projet de texte ; il peut s'agir du contexte historique, international, économique, social, juridique, etc.

Les raisons du projet de texte. Le rédacteur doit mettre en lumière les motifs du texte. Il s'agira d'insister sur les limites du cadre juridique

---

[437] V. P. A. TOURE, *Légistique. Techniques de conception et de rédaction des lois et des actes administratifs : une tradition de gouvernance normative*, Dakar, l'Harmattan, 2018, p. 189.

traditionnel, notamment les lourdeurs administratives, les inadaptations, les situations de vide juridique ou d'inadaptation juridique, la non-conformité de textes avec des conventions internationales, l'absence de transposition de directives, etc.

Les objectifs que se fixe le texte. Ce sont les finalités visées par le texte. Il peut s'agir du renforcement de la protection de personnes vulnérables, de la lutte contre les dépenses excessives, etc.

Les innovations du texte. Il s'agit des modifications que le projet apporte au cadre juridique antérieur. Il est fortement conseillé au rédacteur de formuler les innovations du projet normatif sous une forme substantive en utilisant une liste de puces. Par exemple :

« Le présent projet de loi introduit les innovations majeures suivantes :

- l'introduction des principes directeurs de l'aménagement du territoire ;
- la suppression de la taxe rurale ;
- l'encadrement de l'exercice des droits de la défense des associations ».

La structuration du texte. C'est la teneur du texte, c'est-à-dire son économie générale.

Si le texte ne comporte pas beaucoup d'articles, il est recommandé de décliner sa structuration, par un bref résumé des différentes dispositions.

Par contre, s'il s'agit d'un texte long structuré en parties, livres, chapitres ou sections, etc., le document de présentation doit décliner sa structuration, par une liste de puces, en mettant l'accent sur les différents titres (livres, titres ou chapitres du texte) ainsi qu'il suit :

« Le présent projet de loi comprend trois chapitres :

- le chapitre premier est relatif à … ;
- le chapitre II traite de …. ;
- le chapitre III concerne…. »

La pratique consistant à évoquer, dans l'exposé des motifs, le rapport ou la note de présentation, des documents de stratégie ou de politique économique nationale comme le Plan Sénégal Émergent (PSE) a pu être discutée.

Mais une telle pratique est tolérée puisqu'après tout, le document de présentation, qui engage le ministère maître d'œuvre, constitue une prise en charge politique du projet normatif que le ministre présentera en Conseil des Ministres et ensuite au parlement, s'il s'agit d'un projet de loi. Or, les documents de stratégie et de politique économique et sociale constituent des référentiels de toute politique de développement politique et économique.

Dans sa décision en date du 12 février 2016[438], le Conseil constitutionnel sénégalais a estimé que l'exposé des motifs doit indiquer, de manière claire, l'esprit dont procède le texte, les objectifs que l'on cherche à atteindre et les modifications à apporter au droit existant. Il a précisé que : « *pour éviter une personnalisation incompatible avec le caractère général et impersonnel de la règle de droit, l'exposé des motifs ne doit pas comporter de références répétées aux réalisations du Président de la République en fonction* ».

3. La portée juridique du document de présentation

193. Absence de portée normative. Les documents de présentation n'ont pas de portée juridique et l'Assemblée nationale n'en délibère pas ; ils ne peuvent être déférés devant un juge[439]. Dans une décision rendue le 12 juillet 2023, le Conseil constitutionnel sénégalais a jugé que « *l'exposé des motifs est un texte qui indique les raisons pour lesquelles le projet de loi est soumis à l'Assemblée nationale ; qu'il vise à éclairer le sens et la portée des dispositions de la loi, ainsi que la démarche suivie lors de son élaboration, afin d'emporter l'adhésion des députés pour son adoption ; qu'il n'a pas un caractère normatif* »[440].

---

[438] Cons. const. n° 1/C/2016 du 12 février 2016 sur le projet de loi portant révision de la Constitution : http://www.jo.gouv.sn/spip.php?article10779 (consulté le 12 juillet 2016).
[439] CE, section, 19 octobre 2005, Confédération générale du travail et autres.
[440] Cons. const. n° 5/C./2023 du 12 juillet 2023, Samba DANG et autres, *inédit*.

L'exposé des motifs n'est pas soumis à la discussion parlementaire. Il constitue l'un des éléments des travaux préparatoires d'une loi, auquel le juge peut se référer en cas de doute sur les intentions du législateur au même titre que les travaux parlementaires et les réponses des ministres et du rapporteur au cours des débats.

4. Les règles de rédaction du document de présentation

194. Techniques rédactionnelles. Le document de présentation est annoncé à la première page du texte par une formule qui est alignée au centre et écrite en gras et en majuscule ainsi qu'il suit :

« **EXPOSE DES MOTIFS** » (pour les lois) ;

« **RAPPORT DE PRÉSENTATION** » (pour les décrets) ;

« **NOTE DE PRÉSENTATION** » (pour les arrêtés et les décisions).

Par souci de concision, il est recommandé que le document de présentation tienne sur deux pages.

En outre, dans ce document, il est toujours conseillé de qualifier le texte proposé par le rédacteur de « projet » ou de « proposition ». En effet, à l'étape de la rédaction du document de présentation, le texte ne constitue qu'une simple proposition laissée à l'appréciation de l'autorité exécutive ou de l'Assemblée nationale.

Le document de présentation d'un projet de texte se termine par la formule de clôture suivante : « Telle est l'économie du présent projet de loi/de décret/d'arrêté ».

L'exposé des motifs n'a pas à être signé, même s'il a été préparé par une autorité exécutive ; il est simplement destiné à éclairer l'Assemblée nationale sur le sens et la portée des dispositions qui lui sont soumises[441].

Par contre, la signature du rapport ou de la note de présentation par le ou les ministres ou directeurs rapporteurs est obligatoire. Selon la circulaire

---

[441] En ce sens, V. circulaire n° 0009/PM/JUR du 03 février 1977 sur la présentation des exposés des motifs des projets de loi et des rapports de présentation des projets de décret et la circulaire n° 1 PR/SG du 27 février 1985 sur la présentation des exposés des motifs de loi et des rapports de présentation des projets de décret.

n° 0009/PM/JUR du 03 février 1977 relative à la présentation des exposés des motifs des projets de loi et des rapports de présentation des projets de décret, « *tous les rapports de présentation des projets de décret devront être signés du ministre rapporteur avant leur transmission au Secrétariat général du Gouvernement* »[442].

Les rapports de présentation doivent être signés par les ministres eux-mêmes ou en leur absence, par les ministres chargés de leur intérim[443].

Le document de présentation est également revêtu du cachet de l'autorité signataire et mentionne ses nom et prénom ainsi que sa qualité.

---

442 Dans le même sens, V. la circulaire n° 01 PR/SG du 27 février 1985 sur la présentation des exposés des motifs de loi et des rapports de présentation des projets de décret.

443 V. la circulaire du Secrétaire général du Gouvernement n° 0006/PM/SGG/ADJ 1 du 18 janvier 1972.

DOCUMENT N° 14 : LA SIGNATURE DES RAPPORTS DE PRÉSENTATION

La circulaire du Secrétaire général du Gouvernement n° 0006/PM/SGG/ADJ 1 du 18 janvier 1972

REPUBLIQUE DU SENEGAL

………..

PRIMATURE

N°PM/SGG/ADJ 1

Dakar, le 18 janvier 1972

CIRCULAIRE

LE SECRETAIRE GENERAL DU GOUVERNEMENT

à Mesdames et Messieurs les Ministres,
les Secrétaires d'État,
le Délégué général au Tourisme,

Il est parfois arrivé que des rapports de présentation de certains projets de texte règlementaires soient signés par les directeurs de cabinet des ministères. Cette pratique est contraire à l'esprit des règles qui gouvernent la matière de la délégation de signature : elle excède manifestement les limites de celle-ci, fixées notamment par les dispositions de l'instruction n° 15/PM/JUR. du 1er mars 1968.

Les rapports de présentation devront être signés par les ministres eux-mêmes, ou, en leur absence, par les ministres chargés de l'intérim.

Le Secrétaire général du Gouvernement

Alioune DIAGNE

DOCUMENT N° 15 : LA PRESENTATION DES EXPOSES DES MOTIFS DES PROJETS DE LOI ET DES RAPPORTS DE PRESENTATION DES PROJETS DE DECRET

La circulaire n° 0009/PM/JUR du 03 février 1977 ayant pour objet la présentation des exposés des motifs des projets de loi et des rapports de présentation des projets de décret

N° 0009/PM/JUR

CIRCULAIRE
LE PREMIER MINISTRE
A
Messieurs : les Ministres d'État ; les Ministres ; le Secrétaire général de la Présidence de la République ; le Secrétaire général du Gouvernement les Délégués généraux

Objet : Présentation des exposés des motifs des projets de loi et des rapports de présentation des projets de décret

A la suite d'observations formulées de façon réitérée depuis quelque temps par l'Assemblée générale consultative de la Cour suprême et pour donner satisfaction à celle-ci, je vous donne les instructions suivantes quant à la présentation des projets de décret préparés dans vos départements respectifs.

1) Tous les rapports de présentation des projets de décret devront être signés du ministre rapporteur avant leur transmission au Secrétariat général du Gouvernement.

En revanche, les exposés des motifs des projets de loi n'ont pas à être signés par les ministres qui les auraient personnellement préparés, les projets de loi étant présentés à l'Assemblée nationale par le Président de la République.

2) Tous les exposés des motifs des projets de loi et rapports de présentation des projets de décret devront être datés en haut et à droite de leur première page. Cette date correspondra à la réalisation matérielle de ces projets par vos services et au plus tard à la transmission de ces projets au Secrétariat général du Gouvernement.

Je demande au Secrétaire général du Gouvernement, et particulièrement au service de liaison, de veiller avec soin à l'observation des présentes instructions et notamment de faire compléter systématiquement les projets qui lui seraient transmis par les départements ministériels et qui n'observeraient pas les règles ainsi posées.

Dakar, le 03 février 1977

Abdou DIOUF

DOCUMENT N° 16 : LA PRESENTATION DES EXPOSES DES MOTIFS DES PROJETS DE LOI ET DES RAPPORTS DE PRESENTATION DES PROJETS DE DECRET

La circulaire n° 01 PR/SG du 27 février 1985 sur la présentation des exposés des motifs de loi et des rapports de présentation des projets de décret

N° I/PR.SG.

Dakar, le 27 février 1985

CIRCULAIRE

LE PRESIDENT DE LA REPUBLIQUE

A

Mesdames et Messieurs les Ministres,

Madame et Monsieur les Secrétaires d'État.

Objet : Présentation des exposés des motifs de loi et des rapports de présentation des projets de décret.

Il m'a été donné de constater que les instructions contenues dans la circulaire n° 9.PM.JUR du 03 février 1977, relatives à la présentation des exposés des motifs des projets de loi et des rapports de présentation des projets de décret, ne sont pas respectées.

L'Assemblée générale consultative de la Cour suprême le fait d'ailleurs souvent observer au Gouvernement.

C'est pourquoi je vous rappelle :

1°) – que les rapports de présentation des projets de décret doivent être signés du ministre maître d'œuvre, avant leur transmission au Secrétariat du Conseil des Ministres, alors que les exposés des motifs des projets de loi ne le sont pas parce qu'étant présentés à l'Assemblée nationale par le Président de la République.

2°) – que les exposés des motifs des projets de loi et les rapports de présentation des projets de décret doivent être datés avant leur transmission au Secrétariat du Conseil des Ministres pour leur introduction dans le circuit d'adoption.

Je demande au Secrétaire du Conseil des Ministres, de veiller à l'application stricte de ces instructions, en renvoyant aux départements ministériels les projets, au cas où les règles ainsi posées ne seraient pas respectées.

Abdou DIOUF

DOCUMENT N° 17 : MODELE DE DOCUMENT DE PRESENTATION (EXPOSE DES MOTIFS)

REPUBLIQUE DU SENEGAL

....

Un Peuple - Un But - Une Foi

....

Ministère de la Justice

Projet de loi fixant les règles d'applicabilité des lois, des actes administratifs à caractère réglementaire et des actes administratifs à caractère individuel

EXPOSE DES MOTIFS

L'entrée en vigueur des textes législatifs et réglementaires est régie par la loi n°70-14 du 06 février 1970 fixant les règles d'applicabilité des lois, des actes administratifs à caractère réglementaire et des actes administratifs à caractère individuel.

La loi précitée n'a fait l'objet que d'une seule modification sans grande incidence sur le régime de l'applicabilité des actes législatifs et réglementaires. En effet, la loi n°71-07 du 21 janvier 1971 modifiant l'article 2 de la loi n°70-14 du 06 février 1970 a remplacé les mots « Secrétariat général de la Présidence de la République » contenus dans la loi n°70-14 du 06 février 1970 sus indiquée par ceux de « Secrétariat général du Gouvernement » service où le *Journal officiel* est désormais déposé.

En outre, elle a instauré un système complexe de détermination de la date d'entrée en vigueur des textes, subordonnée au dépôt au Secrétariat général du Gouvernement du *Journal officiel* dans lequel ils sont publiés, prorogé d'un délai de trois ou de cinq jours, selon les cas. Dans la pratique, ce système a posé de délicats problèmes de détermination de la date d'entrée en vigueur des textes, accentués par l'irrégularité de la parution du *Journal officiel*.

La loi n°70-14 du 06 février 1970 a opéré une discrimination devenue injustifiée, entre la région du Cap-Vert, les communes de Diourbel, Kaolack, Saint-Louis, Thiès et le reste du territoire national. Aussi, elle ne prend pas en considération le nouveau découpage administratif survenu postérieurement résultant de la loi n°72-02 du 1er février 1972 relative à l'organisation de l'administration territoriale modifiée notamment par la loi n°2008-14 du 18 mars 2008 qui a porté le nombre de régions à quatorze (14).

Par ailleurs, le système d'entrée en vigueur fixé par la loi susmentionnée est devenu inadapté au nouveau contexte juridique et technologique. En effet, face à la mise en ligne partielle du *Journal officiel*, il a paru nécessaire voire indispensable de prendre en considération le support électronique et la valeur juridique qui lui est attachée.

Enfin, la loi n°70-14 du 06 février 1970 a renvoyé à une autre loi les règles d'applicabilité des actes édictés par les autorités administratives déconcentrées (gouverneur, préfet, sous-préfet). Cependant, cette loi n'a jamais été adoptée ; ce qui a créé un vide dans le système sénégalais d'entrée en vigueur des textes.

Ainsi, il est apparu nécessaire de procéder à une réforme en profondeur du système sénégalais d'entrée en vigueur des textes.

Le présent projet de loi introduit les innovations majeures suivantes :

- l'unification de la date d'entrée en vigueur des textes sur toute l'étendue du territoire national ;
- la simplification du dispositif de l'entrée en vigueur des textes désormais subordonnée à leur seule publication au *Journal officiel* ;
- la consécration d'un système de double publication des textes dans le *Journal officiel* sur support papier et sur support électronique ;
- la reconnaissance de la valeur juridique de la publication électronique du *Journal officiel* ;
- l'affirmation du principe de gratuité et de permanence de l'accès au *Journal officiel* électronique ;
- la soumission des actes des autorités administratives déconcentrées aux règles d'entrée en vigueur des textes prévues par le présent projet de loi.

Il comprend cinq (5) chapitres :

- le chapitre premier est relatif aux dispositions générales ;
- le chapitre II traite de la publication des textes ;
- le chapitre III porte sur les structures chargées de la publication des textes ;
- le chapitre IV se rapporte à l'entrée en vigueur des textes ;
- le chapitre V contient les dispositions finales.

Telle est l'économie du présent projet de loi.

D. Le préambule

195. Objet du préambule. Le préambule est une particularité du texte constitutionnel (Constitution)[444] ; c'est-à-dire le texte qui a pour objet de poser les règles constitutionnelles initiales qui sont à la base de la fondation de l'État. Il s'agit de la manifestation du pouvoir constituant originaire ; il s'agit d'un « *acte juridique fondateur suprême* »[445]. En effet, après la mention de l'intitulé, la Constitution commence par un préambule[446].

La Constitution ne comporte qu'un préambule, à l'exclusion d'un exposé des motifs.

Les autres textes (ordonnances, décrets, arrêtés, décisions) ne comportent pas de préambules. Même les lois constitutionnelles, qui ont pour objet d'apporter des modifications au texte constitutionnel initial, sont dépourvues de préambule ; elles ne comportent qu'un exposé des motifs à l'image des lois ordinaires.

Le préambule d'une Constitution est une partie préliminaire qui prend la forme d'une proclamation solennelle des droits et libertés des citoyens ainsi que des principes fondamentaux et de valeurs auxquels le peuple est attaché. Au Sénégal, toutes les Constitutions adoptées, à l'image de la Constitution du 22 janvier 2001, sont précédées de préambules.

196. Rédaction du préambule. La rédaction du préambule commence souvent par la formule : « *Le Peuple du Sénégal souverain,* ». Elle est

---

[444] Les traités internationaux comportent également des préambules ; en ce sens, V. *Guide pour l'élaboration des textes législatifs et réglementaires*, Paris, La documentation française, 2005, p. 275. Mais notre étude sera circonscrite aux préambules des Constitutions.

[445] I. M. FALL, *Évolution constitutionnelle du Sénégal de la veille de l'indépendance aux élections de 2007*, Dakar, CREDILA-CREPOS, 2007, p. 10.

[446] J. GEORGEL, « Aspects du préambule de la Constitution de 1958, *RDP*, 1960, p. 88 ; P.-H. ANTONMATTEI, « Le Préambule de 1946 et la Cour de cassation », *Rev. adm.* 1997, p. 290 ; R. PELLOUX, « Le préambule de la Constitution de 1946 », *RDP* 1947, p. 347 ; du même auteur, « La valeur juridique du Préambule de la Constitution française de 1958 », in *Mélanges Basdevant,* Paris, Pédone, 1960, p. 289 ; D. ROUSSEAU, « Le Conseil constitutionnel et le préambule de 1946 », *Rev. adm.* 1997, p. 160

suivie quelquefois de « *considérants* » qui ont pour objet de justifier les affirmations et proclamations y contenues. Par exemple :

« *Considérant que la construction nationale repose sur la liberté individuelle et le respect de la personne humaine, sources de créativité ;*

Conscient de la nécessité d'affirmer et de consolider les fondements de la Nation et de l'État ; ».

Le contenu du préambule est annoncé par les verbes : « *attacher* », « *affirmer* » « *proclamer* » conjugués à la troisième personne du singulier. Par exemple : « *Attaché à l'idéal de l'unité africaine* ».

Par le préambule, le peuple affirme son adhésion à des textes internationaux comme la Déclaration des droits de l'homme et du citoyen de 1789, la Déclaration universelle des droits de l'homme du 10 décembre 1948, la Convention sur l'élimination de toutes les formes de discrimination à l'égard des femmes du 18 décembre 1979, etc. et à des principes comme celui de la transparence dans la conduite et la gestion des affaires publiques ainsi qu'à la bonne gouvernance[447].

197. Valeur constitutionnelle du préambule. Le préambule donne des indications nécessaires à l'interprétation du dispositif constitutionnel.

La jurisprudence constitutionnelle sénégalaise a eu l'occasion d'attacher une valeur constitutionnelle au préambule de la Constitution[448]. Dans une décision rendue le 16 décembre 1993[449], la haute juridiction constitutionnelle a justifié l'abandon de compétence, préconisé par l'article 14 du Traité de l'OHADA, par les dispositions du préambule de la Constitution selon lesquelles : « *La République du Sénégal ne ménagera aucun effort pour la réalisation de l'unité africaine* ». Selon le Conseil constitutionnel, « *la réalisation de l'unité africaine impliquant*

---

[447] V. la Constitution sénégalaise du 22 janvier 2001.

[448] Sur cette question, V. B. BA, « Le préambule de la Constitution et le juge constitutionnel en Afrique » :http://afrilex.u-bordeaux4.fr

[449] Cons. const. n° 03/C/93 du 16 décembre 1993, in I. M. FALL, *Les décisions et avis du Conseil constitutionnel du Sénégal*, Dakar, CREDILA, 2008, p. 97 et s., obs. A. SALL ; pour un commentaire de cette décision, A. SALL, « Observations sous Conseil constitutionnel 16 décembre 1993, Traité portant harmonisation en Afrique du Droit des Affaires », *Penant*, n° 837, 1998, p. 223.

nécessairement un abandon de souveraineté de la part des États qui y participent, le peuple sénégalais, (...) accepte d'accomplir un tel effort ».

Le juge constitutionnel a estimé que les dispositions du traité de l'OHADA qui prescrivent une limitation de compétences, dans le but, selon les termes mêmes du préambule dudit traité d'accomplir de nouveaux progrès sur la voie de l'unité africaine », sont conformes à la Constitution[450].

A la suite de son homologue français[451], le Conseil constitutionnel a explicitement intégré le préambule de la Constitution dans le « *bloc de constitutionnalité* » ; c'est-à-dire dans les normes auxquelles se réfère le juge constitutionnel pour apprécier la conformité d'une loi ou d'un engagement international à la Constitution[452].

D'ailleurs la formule qui clôt le préambule de la Constitution du 22 janvier 2001 est ainsi rédigée : « *Approuve et adopte la présente Constitution dont le Préambule est partie intégrante* ».

E. L'autorité qui décide ou la mention d'autorité

198. Mention d'autorité. Après l'énoncé de l'intitulé du texte et avant les visas, le rédacteur doit mentionner l'autorité qui décide encore appelée « *la mention d'autorité* ». Il s'agit de la désignation de la ou des autorités ayant édicté le texte. En légistique, la mention de l'autorité qui décide annonce ainsi l'introduction du texte.

L'autorité qui décide peut être le Président de la République (ordonnance, décret ou arrêté présidentiel), un ou des ministres (arrêté ministériel,

---

[450] Sur cette décision, V. J-J. RAYNAL, « Intégration et souveraineté : le problème de la constitutionnalité de l'OHADA», *Penant (Revue trimestrielle de Droit africain),* n° 832, 2000, p. 15 à 17.

[451] Cons. const., 16 juillet 1971, n° 71-44 DC, *Rec. Cons. const.* 1971, p. 29 ; *AJDA* 1971, p. 537, note J. Rivéro ; *D.* 1971, chron. p. 83, note L. Hamon ; *RDP* 1971, p. 1171, note J. Robert.

[452] X. PRETOT, « Bloc de constitutionnalité », *Jurisclass. adm.* 2016, fasc. 1418 ; C. DENIZEAU, *Existe-t-il un bloc de constitutionnalité ?*, Paris, LGDJ, 1997 ; M. BLANQUER, « Bloc de constitutionnalité ou ordre constitutionnel ? », in *Mélanges J. Robert*, Paris, Montchrestien, 1998, p. 227.

conjoint ou interministériel), etc. Il n'est pas nécessaire de préciser la qualité de l'auteur du texte[453].

On écrira : **« LE MINISTRE »** et non **« LE MINISTRE DE L'INTÉRIEUR ».**

La mention de l'autorité qui décide doit être centrée et rédigée en gras et en majuscule suivie d'une virgule ainsi qu'il suit :

LE PRÉSIDENT DE LA RÉPUBLIQUE,

LE MINISTRE, »

La mention d'autorité (l'autorité qui décide) peut être constituée de la désignation de plusieurs autorités (ministres) lorsqu'il s'agit d'un arrêté conjoint ou interministériel.

Par exemple :

LES MINISTRES,

La mention de l'autorité qui décide n'est obligatoire que pour les ordonnances et les textes réglementaires (décret, arrêté, décision et délibération).

Les lois ne comportent pas la mention de l'autorité qui décide. En effet, les actes législatifs ne sont pas élaborés par des autorités exécutives mais constituent la plus haute expression de la volonté du peuple et sont édictés par ses représentants.

F. Les visas

199. Référents. Il importe d'analyser l'objet, la portée juridique et les techniques de présentation des visas.

1. L'objet des visas

200. Objet. Les projets de décret, d'arrêté, de décision et délibération comportent des visas encore appelés « référents ». Il en est de même des projets d'ordonnance, puisque tant qu'elles n'ont pas fait l'objet d'une

---

[453] V. P. A. TOURE, *Légistique. Techniques de conception et de rédaction des lois et des actes administratifs : une tradition de gouvernance normative*, Dakar, l'Harmattan, 2018, p. 199.

ratification législative, les ordonnances revêtent encore la nature d'actes réglementaires[454]. D'ailleurs, en raison de son origine gouvernementale, la présentation formelle de l'ordonnance se rapproche de celle du décret[455].

Les lois, elles ne comportent pas de visas, puisqu'il s'agit de normes cadres.

Ces visas, qui constituent les références du texte, sont appelés visas de référence.

Les visas de référence ont pour objet notamment :

- de préciser la base légale qui donne à l'auteur de l'acte la compétence et le pouvoir de l'édicter ;
- de mettre en évidence les textes dont le projet fait application ou qu'il modifie ou transpose ;
- d'attester du respect des procédures, particulièrement des consultations obligatoires (la Commission d'évaluation des agences, le Conseil consultatif national du Travail et de la Sécurité sociale, le Conseil supérieur de la Fonction publique, etc.)[456] et de la consultation de certaines institutions, comme l'Assemblée générale consultative de la Cour suprême.

Par exemple, le projet d'ordonnance doit viser la loi habilitant le Président de la République à intervenir dans le domaine du pouvoir législatif.

En outre, le projet d'ordonnance ou de décret vise toujours le décret fixant les attributions du ministre rapporteur du texte. Ce visa permet de s'assurer que l'élaboration du projet de texte rentre bien dans les attributions du ministre maître d'œuvre.

---

[454] V. P. A. TOURE, *op. cit.*, p. 200.

[455] J. GANDOUIN et J.-M. ROUSSIGNOL, *Rédaction administrative Afrique. Maghreb-Afrique subsaharienne,* Armand Colin, 4e édition mise à jour, 2013, p. 201.

[456] En vertu de la circulaire n° 00001 PM/SGG/SGA/PAT du 15 janvier 2018 relative au respect de l'obligation de recueillir l'avis des organismes consultatifs, les consultations obligatoires font l'objet d'un visa avant celui de l'avis de la Cour suprême et l'indication du rapporteur du texte.

2. La portée juridique des visas

201. Absence de portée normative. Les visas n'ont pas de portée juridique propre ; ils sont facultatifs.

L'absence de mention de la base légale d'un texte normatif ne le rend pas illégal, dès lors que cette base existe. Inversement, l'omission d'un visa ou une erreur dans les visas est sans influence sur la légalité ou la régularité du texte. Il s'agit d'une formalité non substantielle[457]. De même l'absence du visa d'une consultation obligatoire n'entache pas le texte d'illégalité alors que l'omission de celle-ci est un moyen d'annulation que le juge soulève d'office.

3. Les techniques de présentation des visas

202. Présentation. Les visas doivent être soigneusement présentés.

Ils sont précédés du mot « VU » qui s'écrit en majuscule.

Le texte est visé avec son numéro, sa date et son intitulé suivi d'un point-virgule ; les codes s'écrivent avec un « C » en majuscule[458].

Par exemple : « VU la loi n° 72-61 du 12 juin 1972 portant Code de la Famille, modifié ; »

La circulaire n° 0064/PM/SGG du 20 novembre 1974 relative à la rédaction des visas des décrets proscrit le recours à des formules abrégées ou fantaisistes ; elle prescrit le visa des titres exacts des textes dans leur intégralité.

Les avis des organismes consultés sont mentionnés avec leur numéro et leur date.

Par exemple : « VU l'avis n° 0025/2015 du 02 mai 2015 du Conseil supérieur de la Fonction publique ; »

---

[457] CE sect. 28 juin 1974, Charmasson, n° 79473 ; également, *Guide pratique d'élaboration des textes législatifs et réglementaires, Secrétariat général du Gouvernement du Niger*, édition 2016, p. 11.

[458] V. la circulaire n° 00041 PM/SGG/SGA/PAT/SP du 06 octobre 2015 relative aux règles de présentation et de rédaction des textes législatifs et réglementaires.

Lorsque l'organisme n'a pas émis d'avis dans le délai qui lui était imparti par les dispositions législatives ou réglementaires et qu'il est alors réputé s'être prononcé, il convient de viser l'acte par lequel l'organisme a été saisi en utilisant la formule suivante : « VU la saisine du … en date du… ; »

Dans ce dernier cas, le visa est placé, le cas échéant, après celui des avis qui ont été effectivement rendus ; mais avant la mention le cas échéant de la consultation l'Assemblée générale consultative de la Cour suprême.

Il n'est pas fait mention des avis facultatifs. Mais ceux émis par les institutions de la République, comme la Cour suprême, doivent être visés.

Par exemple : « La Cour suprême entendue en sa séance du … ; »

Lorsque le texte a été édicté à la suite d'un avis conforme donné par un organisme ou une administration, comme le Ministère en charge l'Économie, des Finances et du Budget, la formule suivante est recommandée :

« Sur l'avis conforme du Ministère de l'Économie, des Finances et du Budget en date du ... ».

4. Les principes directeurs des visas

203. Principes. Les techniques de rédaction des visas sont marquées par une règle de base : le rédacteur peut viser un texte que le projet abroge partiellement, mais jamais un texte que le projet abroge entièrement. En effet, un texte abrogé totalement sort de l'ordonnancement juridique.

De même, dans un projet de texte, on ne vise pas un texte de valeur inférieure. Par exemple, un projet de décret ne vise pas en principe un arrêté ministériel ou interministériel.

Un projet de décision peut viser la Constitution, des lois, des décrets, des arrêtés et d'autres décisions.

Si un texte est pris en application d'un règlement communautaire ou pour les besoins de la transposition d'un traité régulièrement ratifié ou d'une directive communautaire, il convient de viser le règlement, le traité ou la directive en question. En revanche lorsqu'un texte a été transposé, il convient de viser le texte dans lequel cette transposition a été intégrée dans l'ordre juridique interne.

Lorsque l'acte visé est un texte modificatif, la circulaire n° 71-PM/JUR du 13 décembre 1971 sur la rédaction des visas des décrets et arrêtés ministériels prescrit de ne pas le viser de façon autonome. En réalité, l'acte modificatif s'incorpore, dès son entrée en vigueur, dans l'acte originel modifié (cf. infra).

Dans les textes, les rédacteurs ont souvent tendance à viser systématiquement le décret portant nomination du Premier Ministre, le décret portant composition du Gouvernement et le décret portant répartition des services de l'État et du contrôle des établissements publics, des sociétés nationales et des sociétés à participation publique entre la Présidence de la République, la Primature et les ministères.

En règle générale, le visa de ces textes spécifiques n'est justifié que lorsque le texte a un lien avec eux. À titre d'exemple, un projet de décret devant être contresigné par le Premier Ministre, devrait viser le décret portant nomination du Premier Ministre.

Le visa peut concerner une décision de justice. Ainsi, le décret modifiant un texte de forme législative délégalisé, en application de la procédure prévue par l'article 76, alinéa 2 de la Constitution, doit viser la décision du Conseil constitutionnel ayant déclaré que ce dernier texte a un caractère réglementaire. Dans ce cas, la formule suivante est recommandée :

« VU la décision du Conseil constitutionnel n°.... en date du .... ; ».

5. Le visa des textes modifiés

204. Techniques de visa. La circulaire n° 006 PM/SGG/SGA/PAT du 05 avril 2017 relative aux techniques de rédaction des visas des textes modifiés a réaménagé les techniques de visa des textes modifiés dans le sens d'une simplification des méthodes rédactionnelles.

Désormais, lorsqu'un texte comporte une seule modification, le rédacteur mentionne, après son indication, le texte modificatif avec l'indication de son numéro et de sa date, sans préciser son intitulé.

Par exemple : « VU la loi n° 2011-15 du 08 juillet 2011 portant loi organique relative aux lois de finances, modifiée par la loi organique n° 2016-34 du 23 décembre 2016 ;».

Si le texte a fait l'objet de plus d'une modification, il importe d'ajouter, après son indication, la mention « modifié (e) » placée après celle de son numéro, de sa date et de son intitulé.

Par exemple : « VU la loi n° 65-60 du 21 juillet 1965 portant Code pénal, modifiée ; » ;

DOCUMENT N° 18 : LES TECHNIQUES DE RÉDACTION DES VISAS DES TEXTES MODIFIÉS

La circulaire n° 006 PM/SGG/SGA/PAT du 05 avril 2017 relative aux techniques de rédaction des visas des textes modifiés

REPUBLIQUE DU SENEGAL

Primature

Le Premier Ministre

N° 006 PM/SGG/SGA/PAT

Dakar, le 05 avril 2017

CIRCULAIRE

A

Mesdames et Messieurs les Ministres,

Messieurs les Ministres délégués

Objet : Techniques de rédaction des visas des textes modifiés

Références : La circulaire n° 0064/PM/SGG du 20 novembre 1974 relative à la rédaction des visas des décrets

Il m'a été donné de constater que les techniques de rédaction des visas des textes comportant des modifications présentent une certaine complexité ; ce qui ne facilite pas toujours l'activité normative des départements ministériels et des autres services de l'État.

En effet, lorsque le texte visé comporte plusieurs modifications, la circulaire n° 0064/PM/SGG du 20 novembre 1974 relative à la rédaction des visas des décrets, citée en référence, prescrit de mentionner, après le texte modifié, les textes modificatifs dans la limite de trois (3), avec l'indication de leur numéro et de leur date.

Mais si le texte a fait l'objet de plus de trois (3) modifications, cette circulaire recommande d'ajouter au texte la mention « *modifié (e)* » placée après sa date et son intitulé.

Cependant, ces méthodes de rédaction, récemment rappelées par la circulaire n° 00041 PM/SGG/SGA/PAT du 06 octobre 2015 sur les règles de présentation et de rédaction des textes, ne sont pas toujours observées par les services rédacteurs des ministères. Aussi, donnent-elles lieu souvent à des hésitations sur le décompte du nombre de modifications du texte originaire effectivement entrées en vigueur.

Ainsi, il a paru nécessaire de réaménager ces règles dans le sens d'une simplification des techniques rédactionnelles des visas.

La présente circulaire a pour objet de modifier les prescriptions de la circulaire n° 0064/PM/SGG du 20 novembre 1974, citée en référence, relatives aux techniques de rédaction des visas des textes modifiés.

Désormais, lorsqu'un texte comporte **une seule modification**, il est recommandé de mentionner, après son indication, le texte modificatif, avec l'indication de son numéro et de sa date, sans préciser son intitulé.

Par exemple : VU la loi n° 2011-15 du 08 juillet 2011 portant loi organique relative aux lois de finances, modifiée par la loi organique n° 2016-34 du 23 décembre 2016.

Lorsque par contre, le texte a fait l'objet **de plus d'une modification**, il importe d'ajouter, après son indication, la mention « *modifié (e)* » placée après celle de son numéro, de sa date et de son intitulé.

Par exemple : VU la loi n°65-60 du 21 juillet 1965 portant Code pénal, modifiée.

En conséquence, je vous recommande, avant d'introduire les projets normatifs préparés par vos départements dans le circuit d'adoption des textes, de vous conformer aux prescriptions de la présente circulaire dont vous m'accuserez réception.

Le Premier Ministre

RÉPUBLIQUE DU SÉNÉGAL
Le Premier Ministre
PRIMATURE

Mahammed Boun Abdallah DIONNE

<u>Ampliation</u> :

Son Excellence Monsieur le Président de la République (ATCR)

6. L'ordre des visas

205. Ordres hiérarchique et chronologique. Le rédacteur doit respecter dans les visas l'ordre imposé par la hiérarchie des normes et au sein de chaque catégorie d'actes visés l'ordre chronologique de parution des textes.

La présentation des visas obéit à un ordre hiérarchique conformément au principe de la hiérarchie des normes.

Les actes normatifs visés sont classés en commençant par les textes les plus élevés dans la hiérarchie des normes et en descendant jusqu'au niveau de la norme proposée.

Les codes institués par des textes législatifs (Code pénal, Code des Douanes, Code de la Marine marchande, etc.), sont placés avant les autres lois.

Quant aux codes institués par des textes réglementaires, comme le Code des Marchés publics, le Code des Contraventions et le Code de Procédure civile, ils doivent être visés après les lois et avant les autres décrets n'ayant pas institué des codes.

Après les textes, sont visés les avis des organismes dont la consultation est obligatoire également classés par ordre chronologique puis viennent les avis de saisine qui n'ont pas reçu de réponses dans les délais légalement impartis, et à la fin, s'il y a lieu, les avis des institutions consultatives comme l'Assemblée générale consultative de la Cour suprême, eux aussi classés par ordre chronologique.

Par exemple, « La Cour suprême entendue en sa séance du…; »

Le classement hiérarchique des textes est le suivant :

- la Constitution ;
- les conventions internationales ;
- les règlements et directives communautaires ;
- les lois organiques ;
- les codes ayant une valeur législative ;
- les lois ;
- les ordonnances ayant de plein droit valeur législative ;

- les codes ayant une valeur réglementaire ;

- les arrêtés ;

- la décision du Conseil constitutionnel ayant déclaré qu'un texte de forme législative a une valeur réglementaire ;

- les avis des organismes dont la consultation est obligatoire (Comité de Suivi du Secteur parapublic, Conseil supérieur de la Fonction publique, etc.) ;

- l'avis de l'institution consultative (Assemblée générale consultative de la Cour suprême) ;

Les textes d'une même catégorie (par exemple, les lois) sont classés selon un ordre chronologique en commençant par les textes les plus anciens et en terminant par les textes les plus récents suivant le modèle suivant :

« VU la loi n° 61-33 du 15 juin 1961 relative au statut général des fonctionnaires, modifiée ;

VU la loi n° 97-17 du 1er décembre 1997 relative au Code du Travail, modifiée ;

VU la loi n° 2011-01 du 24 février 2011 portant Code des Télécommunications ; »

D'après la circulaire n° 71-PM/JUR du 13 décembre 1971 sur la rédaction des visas des décrets et arrêtés ministériels, à l'intérieur de chaque catégorie (loi, décret, arrêté ministériel) l'ordre chronologique doit être strictement respecté. Ainsi, un décret individuel antérieur à un décret réglementaire doit être visé avant celui-ci en dépit de son caractère individuel. Ces règles sont conformes à la « doctrine » de l'Assemblée générale consultative de la Cour suprême.

Les consultations sont visées dans l'ordre chronologique en commençant par les avis explicitement rendus puis par le visa des lettres de saisine pour les organismes qui n'ont pas rendu d'avis.

Les avis donnés par les organismes dont la consultation est obligatoire (Conseil supérieur de la Fonction publique, Comité de Suivi du Secteur parapublic, etc.) doivent également précéder ceux émis par les institutions consultatives, comme l'Assemblée générale consultative de la Cour suprême.

DOCUMENT N° 19 : LA REDACTION DES VISAS DES DECRETS ET DES ARRETES MINISTERIELS

La circulaire n° 71-PM/JUR du 13 décembre 1971 sur la rédaction des visas des décrets et arrêtés ministériels

REPUBLIQUE DU SENEGAL

……….

PRIMATURE

N° 71/PM/JUR

Dakar, le 13 décembre 1971

CIRCULAIRE

LE PREMIER MINISTRE
A
Messieurs les Ministres et Secrétaires d'État,

Objet : Rédaction des visas des décrets et arrêtés ministériels

L'examen des textes- décrets réglementaires non soumis, décrets individuels et arrêtés ministériels- adressés au Secrétaire général du Gouvernement en vue de leur publication au *Journal officiel* révèle de très nombreuses et constantes erreurs dans la rédaction des visas. La présente circulaire a donc pour objet de vous rappeler les règles élémentaires qui doivent présider à cette rédaction :

1. il faut tout d'abord viser, après la Constitution, l'ensemble des lois que l'on désire viser puis l'ensemble des décrets, enfin éventuellement les arrêtés ministériels. En aucun cas, un décret ne peut être visé avant une loi ;

2. à l'intérieur de chacune de ces catégories- la loi, décret et arrêté ministériel- l'ordre chronologique doit être strictement respecté. Notamment, un décret individuel antérieur à un décret réglementaire doit être visé avant celui-ci en dépit de son caractère individuel ;

3. les textes modificatifs s'incorporent aux textes originels qu'ils sont venus modifier. Il n'y a donc jamais lieu de les viser sous une forme autonome mais uniquement sous la forme :

« VU le décret n°……………du………….., modifié par les décrets n° ………… du …………et n°……….. du ………. ».

Je vous demande de rappeler à vos services les règles ci-dessus et de veiller soigneusement à ce qu'elles soient appliquées par eux à l'avenir dans la confection des textes qu'ils sont appelés à présenter.

Abdou DIOUF

DOCUMENT N° 20 : LA REDACTION DES VISAS DES DECRETS

La circulaire du Secrétaire général du Gouvernement n° 0064/PM/SGG du 20 novembre 1974 relative à la rédaction des visas des décrets

REPUBLIQUE DU SENEGAL

……….

PRIMATURE

N°4006/PM

Dakar, le 20 novembre 1974

CIRCULAIRE N° 64/PM/SGG DU 20 NOVEMBRE 1974

LE SECRETAIRE GENERAL DU GOUVERNEMENT

A

Mesdames, Messieurs les Ministres et Secrétaires d'État,

Les délégués généraux

Objet : Rédaction des visas des décrets

Il m'a été donné de constater que certains décrets présentés à la signature du Président de la République comportaient un certain nombre d'erreurs ou de maladresses dans la présentation des visas. La présente circulaire n'a d'autre objet que de vous rappeler les règles relatives à la rédaction des visas des décrets, afin que vous puissiez attirer l'attention de vos services sur leur respect et d'éviter le renouvellement de ces errements.

1. Il convient de viser tout d'abord, l'ensemble des lois à viser, puis ensuite l'ensemble des décrets d'une manière désordonnée ;
2. Dans chacune des catégories : lois d'une part, décrets d'autre part, il faut respecter strictement l'ordre chronologique, les textes les plus anciens étant visés avant les textes les plus récents ;
3. Un texte modificatif ne doit jamais être visé de façon autonome mais simplement à l'occasion du visa du texte d'origine en utilisant la formule « modifié par ».

Par exemple, il ne faut pas dire :

« VU la loi n° 66-60 du 30 juin 1966 portant création de l'Office national de Coopération et d'Assistance pour le Développement (ONCAD), modifiée par la loi n° 67-46 du 12 octobre 1967 ».

Même si la disposition que l'on tient précisément à viser se trouve dans le texte modificatif, ce texte vient s'intégrer dès son entrée en vigueur dans le texte original dont les dispositions qu'il vient remplacer se trouvent abrogées ; c'est donc bien ce texte original qu'il convient de viser en priorité en mentionnant les modificatifs dont il a fait l'objet ;

4. Lorsqu'un texte a été modifié, il faut viser à la suite, en utilisant la formule « modifié par », l'ensemble de ses modificatifs.

Toutefois, s'il y en a eu plus de trois, on emploie simplement la formule « modifié » ajoutée après le visa du texte original ;

5. il faut reproduire le titre exact et intégral des textes visés et non employer des formules abrégées ou fantaisistes ;

6. dès qu'il y a plus d'un ministre rapporteur, il faut utiliser la formule « Sur le rapport conjoint ».

Toutes ces règles sont conformes à la jurisprudence de l'Assemblée générale consultative de la Cour suprême en la matière.

Il est souhaitable que les décrets qui ne sont pas soumis à l'avis de la Cour suprême les respectent également de façon qu'il y ait une présentation uniforme des décrets qu'elle qu'ait été la procédure de leur adoption.

Fait à Dakar, le 20 novembre 1974

Alioune DIAGNE

DOCUMENT N° 21 : MODÈLE DE VISAS

Décret n° … portant désignation de l'Autorité nationale chargée d'apposer la formule exécutoire sur les arrêts de la Cour Commune de Justice et d'Arbitrage et les sentences arbitrales ayant reçu l'exequatur de cette Cour ou, le cas échéant, de son président.

LE PRESIDENT DE LA REPUBLIQUE,

VU la Constitution ;

VU le Traité relatif à l'Organisation pour l'Harmonisation en Afrique du Droit des Affaire (OHADA) signé le 17 octobre 1993 à Port-Louis (Ile Maurice), révisé à Québec le 17 octobre 2008 ;

VU le Règlement de procédure de la Cour Commune de Justice d'Arbitrage notamment en son article 46-1 ;

VU l'article 31 du Règlement d'arbitrage de la Cour Commune de Justice et d'Arbitrage ;

VU l'article 32 de l'Acte uniforme sur le droit de l'arbitrage du 11 mars 1999 ;

VU le décret n° 2014-845 du 06 juillet 2014 portant nomination du Premier Ministre ;

VU le décret n° 2014-853 du 09 juillet 2014 portant répartition des services de l'État et du contrôle des établissements publics, des sociétés nationales et des sociétés à participation publique entre la Présidence de la République, la Primature et les ministères, modifié par le décret n° 2018-683 du 27 mars 2018 ;

VU le décret n°2014-870 du 22 juillet 2014 relatif aux attributions du Garde des Sceaux, Ministre de la Justice ;

VU le décret n°2015-855 du 22 juin 2015 portant composition du Gouvernement, modifié ;

Sur le rapport du Garde des Sceaux, Ministre de la Justice,

G. Les rapporteurs des textes

206. Rapporteurs. Il s'agira d'étudier le principe de la désignation ainsi que les modalités de détermination du rapporteur.

1. Le principe de la désignation du rapporteur

207. Principes généraux. Selon l'instruction n° 04 PM du 18 mars 1970 relative à la présentation et à la préparation des décrets, les visas des ordonnances, décrets et arrêtés se terminent par la référence au rapport (de présentation) du ministre ou à la note (de présentation) du directeur maître d'œuvre du texte. Ces derniers « *font rapport* » à l'auteur du texte, à savoir le Président de la République, en ce qui concerne les ordonnances et les décrets présidentiels, le Premier Ministre s'agissant des décrets et des arrêtés primatoraux ou le ou les ministres, en ce qui concerne les arrêtés ministériels, conjoints ou interministériels[459].

La mention du rapporteur est faite comme suit :

« Sur le rapport du Ministre… ; » (s'il s'agit d'un projet d'ordonnance ou de décret).

« Sur la note du Directeur… ; » (s'il s'agit d'un projet d'arrêté).

2. Les modalités de détermination des rapporteurs des textes

208. Modalités. D'après la circulaire n° 0002 PM/SGG/SGA/PAT du 27 janvier 2017 relative aux rapporteurs des projets de texte, les rapporteurs des textes sont ceux « *principalement chargés d'élaborer la politique que le texte met en œuvre* » ; c'est-à-dire les signataires du document de présentation (rapport de présentation ou note de présentation). Il s'agit des autorités dont les attributions rentrent dans le cadre du projet de texte soumis à la signature de son auteur.

Tous les ministres ou les directeurs impliqués dans l'exécution du texte ne sont pas toujours rapporteurs. Le rapporteur est le ministre ou le

---

[459] V. P. A. TOURE, *Légistique. Techniques de conception et de rédaction des lois et des actes administratifs : une tradition de gouvernance normative*, Dakar, l'Harmattan, 2018, p. 213.

directeur chargé de la conception du texte et qui signe, à ce titre, le document de présentation.

En principe, seuls les ministres titulaires ont la qualité de ministres rapporteurs. Les ministres délégués et les secrétaires d'État ne peuvent pas, en principe, « *rapporter* » des projets de texte. Si le texte rentre dans le cadre de leurs attributions, il reviendra aux ministres titulaires de rédiger ou d'endosser les rapports de présentation adressés au Président de la République.

Les ministres ou directeurs rapporteurs sont désignés, dans le texte, avec leurs titres officiels tels qu'ils figurent dans le décret fixant la composition du Gouvernement et dans l'ordre protocolaire, en cas de pluralité de ministres rapporteurs.

La pluralité de rapporteurs. En principe, un seul ministre ou directeur suffit pour faire rapport au Président de la République, au Premier Ministre ou au ministre auteur du texte ; il s'agit du ministre ou du directeur qui a effectivement élaboré le texte.

Il peut y avoir une pluralité de rapporteurs lorsque plusieurs autorités ont élaboré conjointement un texte. Dans le cas d'un projet d'arrêté conjoint ou interministériel, tous directeurs signataires de la note de présentation feront conjointement rapport à l'auteur ou aux auteurs du texte ; ainsi, ils cosignent le rapport de présentation.

La circulaire n° 0064/PM/SGG du 20 novembre 1974 relative à la rédaction des visas des décrets recommande, dans cette hypothèse, l'utilisation dans les visas de la formule suivante : « Sur la note conjointe du Directeur de… et du Directeur de… ».

Pour les besoins de l'identification des directeurs rapporteurs, il est recommandé de se reporter au décret portant organisation du département ministériel ou à l'arrêté fixant les règles d'organisation des directions concernées

Le rapporteur d'un projet de texte peut être le Premier Ministre, lorsqu'il a été préparé par ses services. D'après l'instruction n° 04 PM du 18 mars 1970 relative à la présentation et à la préparation des décrets, ne sont pris sur le rapport du Premier Ministre que les projets d'ordonnance et de décret préparés par son cabinet ou par le Secrétariat général du Gouvernement[460].

Par exemple, le décret n° 2014-1175 du 17 septembre 2014 relatif à l'organisation et au fonctionnement de la Primature a été pris sur le rapport du Premier Ministre.

Le Premier Ministre « *rapporte* » également le décret portant répartition des services de l'État, le décret fixant la composition du Gouvernement et tous les décrets relatifs aux attributions des ministres.

[460] V. la circulaire n° 0002 PM/SGG/SGA/PAT du 27 janvier 2017 relative aux rapporteurs des projets de texte.

DOCUMENT N° 22 : LES RAPPORTEURS DES PROJETS DE TEXTE

La circulaire n° 0002 PM/SGG/SGA/PAT du 27 janvier 2017 relative aux rapporteurs des projets de texte

REPUBLIQUE DU SENEGAL

Primature

Le Premier Ministre

N° 0002 PM/SGG/SGGA/PAT

Dakar, le 27 janvier 2017

CIRCULAIRE
A
Mesdames et Messieurs les Ministres,
Messieurs les Ministres délégués

Objet : Les rapporteurs des projets de texte

Références :

- Instruction n° 04 PM du 18 mars 1970 relative à la présentation et à la préparation des décrets
- Circulaire n°0064/PM/SGG du 20 novembre 1974 relative à la rédaction des visas des décrets

Les projets de texte transmis au Secrétariat général du Gouvernement pour contrôle et enregistrement ont révélé que certains départements ministériels n'appréhendent pas toujours le sens et la portée du rapport fait par le ministre ou par le directeur à l'auteur du projet normatif. En outre, il arrive que des projets de texte ne comportent pas le visa de leurs rapporteurs.

La présente circulaire a pour objet d'une part de préciser les contours de la notion de rapporteurs (I) et d'autre part de déterminer les rapporteurs des projets de textes normatifs (II).

I. La notion de rapporteurs des projets de texte

Selon l'instruction n° 04 PM du 18 mars 1970 relative à la présentation et à la préparation des décrets, les visas des ordonnances, décrets et arrêtés se terminent par la référence au rapport ou à la note de présentation du ministre ou du directeur maître d'œuvre du texte. Ces derniers font rapport à l'auteur du texte, à savoir le Président de la République, en ce qui concerne les ordonnances et les décrets présidentiels et le Premier Ministre s'agissant des décrets et des arrêtés primatoraux.

Le visa du rapporteur est rédigé comme suit :

« Sur le rapport du Ministre… ; ».

« Sur la note du Directeur… ».

Les rapporteurs sont les autorités principalement chargées d'élaborer la politique que le texte met en œuvre ; il s'agit de celles dont les attributions rentrent dans le cadre du projet de texte soumis à la signature de son auteur.

Tous les ministres ou les directeurs impliqués dans l'exécution du texte ne sont pas toujours rapporteurs. Le rapporteur est le ministre ou le directeur chargé de la conception du texte.

II. La détermination des rapporteurs des projets de texte

En principe, seuls les ministres titulaires ont la qualité de ministres rapporteurs. Ainsi, les ministres délégués et les secrétaires d'État ne peuvent pas, en principe, établir les rapports des projets de texte. Si le texte rentre dans le cadre des attributions du ministre délégué ou du secrétaire d'État, il reviendra au ministre titulaire de dresser le rapport.

En principe, un seul ministre ou directeur suffit pour faire rapport au Président de la République, au Premier Ministre ou au ministre auteur du texte : celui qui en a effectivement piloté la préparation.

Cependant, il peut y avoir une pluralité de rapporteurs, lorsque plusieurs autorités ont élaboré conjointement un texte. Ainsi, dans le cas d'un projet d'ordonnance, de décret ou d'arrêté conjoint ou interministériel, tous les ministres ou directeurs signataires du document de présentation feront conjointement rapport à l'auteur du texte. La circulaire primatorale n° 0064/PM/SGG du 20 novembre 1974 relative à la rédaction des visas des décrets recommande, dans cette hypothèse, l'utilisation dans les visas des formules suivantes : « Sur le rapport conjoint du Ministre… et du Ministre de…» ; « Sur la note conjointe du Directeur de… et du Directeur de…».

Certains textes législatifs procèdent quelquefois à la détermination expresse du rapporteur d'un texte qu'ils annoncent.

Dans ce cas, le décret édicté sans que le rapporteur visé ait été associé à son élaboration sera entaché d'illégalité. En effet, le rapport établi par l'autorité en question constitue une condition supplémentaire de légalité dudit décret.

Le rapporteur d'un projet de texte peut être le Premier Ministre, lorsqu'il a été préparé par ses services. En effet, d'après l'instruction n° 04 PM du 18 mars 1970 relative à la présentation et à la préparation des décrets, ne sont pris sur le rapport du Premier Ministre que les projets d'ordonnance et de décret préparés par son cabinet ou par le Secrétariat général du Gouvernement.

J'attache du prix au respect des prescriptions de la présente circulaire dont vous m'accuserez réception.

Le Premier Ministre

Mahammed Boun Abdallah DIONNE

Ampliation :

Son Excellence Monsieur le Président de la République (ATCR)

H. Les motifs

209. Principe : absence d'obligation générale de motivation. En ce qui concerne les actes administratifs (décret, arrêté, décision ou délibération), les motifs sont les éléments de fait et de droit qui servent de fondement au texte[461].

Contrairement aux actes juridictionnels qui doivent, en principe, être motivés, la motivation ne s'impose pas à l'auteur d'un acte administratif[462]. En effet, ces actes n'ont pas, en particulier, besoin d'être motivés par des considérations de fait, l'exercice du pouvoir réglementaire n'étant conditionné que par des considérations juridiques[463].

En l'absence de texte, les décisions administratives ne mentionnent pas obligatoirement les motifs qui les ont inspirés[464].

Mais, il y a des cas où la motivation des actes administratifs est une obligation.

La motivation est obligatoire lorsqu'elle est imposée par un texte.

Plusieurs textes spécifiques prescrivent l'obligation de motivation des actes administratifs. A titre d'exemple, d'abord, selon l'article 88 du Code général des Collectivités territoriales, dans le cas où le Conseil municipal, qui délibère sur un objet étranger à ses compétences, émet des vœux politiques menaçant l'intégrité territoriale et l'unité nationale, le représentant de l'État prend un « *arrêté motivé* » qu'il transmet au Procureur de la République du ressort pour l'application de la loi pénale.

---

[461] CH. DEBBASCH et F. COLIN, *Droit administratif*, Paris, Economica, 12e édition, 2018, p. 399.

[462] G. DUPUIS, « Les motifs des actes administratifs », *Études Conseil d'État* 1974-1975, p. 15 ; A. DIEYE, « Le juge et la motivation des actes administratifs au Sénégal», *Revue EDJA* n° 81, avril-mai-juin-2009, pp. 27-28 ; CE du 05 juillet 1919, Fighiera, *Rec. CE*, p. 605 ; CE sect. du 23 mai 1969, Jammes et Fédération des assurances viticoles de France, *Rec. CE*, p. 266, *JCP*, 1969. II. 16020, note D. Ruzié ; CS, ch. adm. n°09 du 03 mars 2011, Birassy GUISSE et autres c/ Recteur de l'Université Gaston BERGER, *inédit* : « L'administration n'est pas en principe tenue de motiver ses décisions, sauf si un texte particulier le prévoit ».

[463] D. REMY, *op. cit.* p. 147 ; CE du 12 février 1982, Université Paris VII, *Rec. CE*, p. 70 ; CE du 05 avril 2002, SCP Patrick Coulon, *RFD adm.*, 2002, p. 674.

[464] CE du 30 juillet 1997, La société Constructions métalliques africaines, dite CMA, *Bull. des arrêts du Conseil d'Etat,* n° 01, 1998, p. 137.

En vertu de l'article 14 de la loi n° 78-02 du 29 janvier 1978 relative aux réunions, l'arrêté d'interdiction d'une réunion publique doit être motivé.
Ensuite, l'article 135 du Code général des Collectivités territoriales dispose que les maires et adjoints, après avoir été entendus ou invités à fournir des explications écrites sur les faits qui leur sont reprochés, peuvent être suspendus par un arrêté du Ministre chargé des Collectivités territoriales pour un temps qui n'excède pas un mois et qui ne peut être porté à trois mois que par décret. L'arrêté de suspension et le décret de révocation doivent être motivés.
Enfin, l'exigence de la motivation concerne quelquefois des délibérations de conseils locaux. Lorsqu'un obstacle quelconque ou l'éloignement rend difficiles, dangereuses ou momentanément impossibles les communications entre le chef-lieu et une fraction de la commune, un poste d'adjoint spécial peut être institué « *par délibération motivée du conseil municipal* »[465].
Mais il arrive que le juge exige la motivation même sans texte, notamment lorsque les libertés individuelles sont en cause. Par exemple, une mesure de police défavorable, en l'occurrence l'expulsion d'un étranger du territoire national, doit être motivée[466]. Il en est de même d'une décision de sanction[467], d'une mesure de police[468] ou d'une décision portant interdiction d'une manifestation pacifique[469].
Le Conseil d'État sénégalais a jugé que « *le caractère abstrait du visa de la législation applicable et sa généralité ne sauraient constituer des motifs lesquels doivent être un exposé précis des circonstances de droit et de fait qui sont à la base de la décision attaquée* » [470].

---

[465] V. art. 94 du Code général des Collectivités territoriales.
[466] CE du 27 octobre 1993, Seydou Mamadou DIARRA, *Bull. des arrêts du Conseil d'Etat*, n° 01, 1998, p. 19.
[467] CE du 27 avril 1994, Ousmane KANE KAMARA et autres, *Bull. des arrêts du Conseil d'Etat*, n° 01, 1998, p. 64.
[468] CE du 22 avril 2004, Bruno BATREL, *inédit*.
[469] CE du 25 novembre 1999, Ligue démocratique / Mouvement pour le parti du travail-LDMPT, *Bull. des arrêts du Conseil d'Etat*, n° 02, 1998, p. 26.
[470] CE du 24 novembre 1993, Mme GRAVA née Henriette René LAVIS, *Bull. des arrêts du Conseil d'Etat*, n° 01, 1998, p. 37 ; CE du 27 avril 1994, Ousmane KANE KAMARA et autres, précité. Pour une critique de ces décisions, V. M. DIAGNE, « Brèves réflexions sur le contrôle de la légalité des actes administratifs par le juge sénégalais », in A. SALL

210. Sanction de l'exigence de motivation. Lorsque la motivation est rendue obligatoire, le défaut de motivation constitue un vice de forme sanctionné par le juge de l'excès de pouvoir. On dit qu'il y a défaut de motivation lorsque la motivation fait totalement défaut ou lorsqu'elle est insuffisante ou lorsqu'elle est faite par référence, c'est-à-dire lorsque pour l'auteur de l'acte se réfère à une autre décision qui contiendrait les motifs dudit acte.

Dans l'arrêt *Doudou KANE* rendu le 05 juillet 1961[471], la Cour suprême a jugé qu'un arrêté du 24 juillet 1965 du Ministre des Travaux publics, des Transports et des Mines, dépourvu de motifs propres, n'est pas entaché d'illégalité, dès lors qu'il a été pris conformément à l'avis d'un organe consultatif. Cette décision est critiquable puisque, dans le cas d'espèce, l'obligation de motivation était prévue par la loi[472].

Mais un acte motivé ne préjuge ni de l'existence, ni de la légalité de ses motifs. Un tel acte motivé peut être illégal et inversement un acte légal peut ne pas être motivé.

211. Rédaction des motifs. L'intégration des motifs dans le corps de l'acte normatif se présente sous la forme de considérants insérés après les visas[473]. Ils commencent souvent par la formule « *Considérant que…* » et non par le mot « *Vu …* » ou l'expression « *Attendu que…* ». Les éléments de justification contenus dans le rapport de présentation ne suffisent pas, puisque le rapport de présentation ne fait pas partie du texte normatif ; il est simplement destiné à éclairer l'auteur du texte sur sa portée.

Les considérants peuvent comprendre une ou plusieurs phrases.

Par exemple : « *Considérant les menaces de troubles à l'ordre public* ».

Il est recommandé d'éviter les formules stéréotypées comme « *Considérant l'urgence* » ou « *Considérant l'ordre public* ».

---

et I. M. FALL (dir.), *Actualités du droit public et de la science politique en Afrique, Mélanges en l'honneur de Babacar KANTE*, Dakar, l'Harmattan, 2017, p. 528 et s.

[471] CS du 05 juillet 1961, Doudou KANE, *GDJAS* tome I, 2e édition, 1984, p. 80 obs. L. M. NZOUANKEU.

[472] J. M. NZOUANKEU, obs. sous CS 05 juillet 1961, Doudou KANE, *GDJAS* tome I, 2e édition, 1984, p. 80.

[473] M. BESCH, *Traité de légistique formelle*, Publication du Conseil d'Etat du Grand-Duché de Luxembourg, 2005, p. 29.

Les motifs fournis dans les considérants doivent être en adéquation avec le dispositif et répondre aux prescriptions légales auxquelles ils se rapportent.
Les considérants sont à formuler dans un langage non impératif pour ne pas être confondus avec le dispositif du texte.
Ils doivent être à la fois concis et précis quant aux motifs qu'ils invoquent. Il faut éviter de rédiger des considérants qui ne font qu'annoncer l'objet du texte en paraphrasant le dispositif, sans en indiquer les motifs spécifiques. Il en est de même de ceux qui constatent simplement qu'il y a lieu d'édicter la réglementation dont s'agit ou qui énoncent que la condition pour pouvoir prendre l'acte se trouve remplie[474].
Il n'est pas recommandé de clore les motifs par la formule « *Par ces motifs* ». En réalité cette formule, qui annonce le dispositif des décisions judiciaires, n'a pas sa place dans les textes normatifs. Les motifs sont suivis par la mention du verbe central.

I. Le verbe central ou la mention décisoire

212. Mention décisoire. Le verbe central, encore appelé la « *mention décisoire* », est la clause introductive du dispositif. Il est typographiquement centré, figure après les visas et précède donc immédiatement le texte du dispositif. Il est écrit à la troisième personne de singulier, en caractères gras et en lettres majuscules suivi de deux points[475].

Par exemple :

« **ORDONNE** : »

« **DÉCRÈTE** : »

« **ARRÊTÉ** : »

Cette mention n'est exigée que pour les ordonnances et les actes administratifs (décret, arrêté, décision et délibération). Lorsqu'il s'agit

---

[474] M. BESCH, *op. cit.*, p. 30.
[475] V. P. A. TOURE, *Légistique. Techniques de conception et de rédaction des lois et des actes administratifs : une tradition de gouvernance normative*, Dakar, l'Harmattan, 2018, p. 221.

d'un arrêté interministériel ou conjoint, le verbe central s'écrit à la troisième personne du pluriel.

Par exemple :

« **ARRÊTENT :** ».

Toutefois, la loi ne comporte pas de verbe central puisqu'elle ne comporte pas de visas car les textes normatifs dépourvus de visas ne comportent, ni la mention de l'autorité qui décide, ni celle du verbe central.

Le verbe central doit être lu en relation avec la mention de l'autorité qui décide. D'ailleurs c'est la raison pour laquelle la référence au rapporteur du texte est suivie d'une virgule et non d'un point-virgule.

Du point de vue grammatical, de la mention de l'autorité qui décide à l'énoncé du verbe central, en passant par les visas, il y a une seule phrase constituée d'un sujet, à savoir l'autorité qui décide (par exemple, le Président de la République), des fondements du texte (les visas) et du verbe (décrète). Cette phrase s'énonce ainsi qu'il suit :

« **LE PRÉSIDENT DE LA RÉPUBLIQUE,**

VU…………………………… ;
VU……………………………..;
VU…………………………….. ;
Sur le rapport de…………………..,

DÉCRÈTE : »

PARAGRAPHE II : LE DISPOSITIF NORMATIF

213. Corps du texte. Le dispositif (le corps du texte) est la partie du texte qui contient les règles qui modifient l'ordonnancement juridique. Formellement, il commence par l'article premier et se termine avec le dernier article du projet de texte[476].

A. La subdivision du dispositif normatif

214. Structuration. La subdivision du dispositif est la structuration du corps du texte[477]. Suivant sa nature et son importance, le dispositif peut être subdivisé en articles ou en titres.

1. La subdivision en article

215. Article : unité de base du texte normatif. Dans un texte court, relatif à un seul sujet, une subdivision en articles est souvent suffisante. L'article est l'unité de base du texte normatif [478]. Chaque article doit constituer une unité de pensée législative.

Il convient d'éviter de donner aux articles une structure trop complexe ou de les surcharger. Il est recommandé de n'énoncer qu'une seule règle par article[479]. Chaque idée législative est exprimée en une seule phrase contenant l'article[480].

D'ailleurs, en ce qui concerne les lois, lorsque le parlement procède au vote, il le fait article par article. La clarté et la cohérence du contenu de l'article facilitent les débats et l'adoption du texte législatif.

Par exemple, l'article 96 du Code des Obligations civiles et commerciales, qui dispose que : « *Le contrat légalement formé crée entre les parties un*

---

[476] M. BESCH, *Traité de légistique formelle*, Publication du Conseil d'Etat du Grand-Duché de Luxembourg, 2005, p. 37 ; CE, *Principes de technique législative. Guide de rédaction des textes législatifs et réglementaires*, 2008, p. 51.

[477] J. LAGACE, « La structuration des textes normatifs », in *Eléments de légistique*, Paris, édition Yvon Blais, 2000, p. 217.

[478] *Guide pour l'élaboration des textes législatifs et réglementaires*, Paris, La documentation française, 2005, p. 160.

[479] V. la circulaire du Secrétaire général du Gouvernement n° 0064/PM/SGG du 20 novembre 1974 relative à la rédaction des visas des décrets.

[480] J-C. BECANE et M. COUDERC, *La loi,* Paris, Dalloz, 1994, p. 236.

lien irrévocable », énonce clairement la règle de la force obligatoire du contrat.

216. Intitulé des articles. En principe, les articles ne comportent pas d'intitulé.

Toutefois, l'option de donner un intitulé à chaque article peut contribuer à faciliter la compréhension du texte. Il en est ainsi lorsqu'il s'agit d'un texte pénal comportant plusieurs incriminations. Dans ce cas, les intitulés permettent aux services de répression (parquet, gendarmerie, police, etc.) d'identifier chaque infraction.

Par exemple : **Article 9.- Les missions**

La loi n° 2002-22 du 16 août 2002 portant Code de la Marine marchande a eu recours à cette technique et son exposé des motifs s'en explique par le souci de se conformer à une « tradition législative ».

Mais cette méthode présente des contraintes puisque le rédacteur devra veiller à choisir un intitulé qui reflète fidèlement et complètement le contenu de chaque article.

À l'image de l'intitulé du texte normatif, celui de l'article n'a pas de portée juridique. En cas de divergence entre l'intitulé de l'article et son contenu, ce dernier l'emporte[481].

217. Alinéa. Un article peut comporter plusieurs alinéas.

L'alinéa constitue toute phrase, tout mot, tout un ensemble de phrases ou de mots, commençant à la ligne, précédé ou non de guillemets, d'un tiret, d'un point ou d'une numérotation. Tant que la phrase dans son sens grammatical n'est pas terminée par un point final, les dispositions présentées sur plusieurs lignes forment un même alinéa.

Typographiquement, le début de l'alinéa est indiqué par un léger retrait sur l'alignement du texte.

---

[481] CE, *Principes de technique législative. Guide de rédaction des textes législatifs et réglementaires*, 2008, p. 53.

La référence à la notion d'alinéa dans les textes normatifs est souvent ambiguë en raison des difficultés d'identification et de décompte des alinéas[482]. Les alinéas ne comportent pas d'intitulés[483].

218. Paragraphe. Les alinéas peuvent à leur tour être regroupés en paragraphes au sein d'un même article. La division de l'article en paragraphes ne s'impose que lorsque le nombre d'alinéas risque de compliquer les références qui y seraient faites et d'éventuelles modifications ultérieures.

Par une sorte de convention d'écriture, les paragraphes ne comportent pas d'intitulés.

219. Numérotation des articles. Les articles sont numérotés dans l'ordre croissant et en chiffres arabes.

Par exemple, **Article premier, Article 2, Article 3,** etc.

Chaque article est suivi d'un point et du tiret de six (6) suivi du contenu de l'article[484]

Par exemple : **Article 2.-** Les modalités d'application de la présente loi sont fixées par décret.

Dans les textes modificatifs, il arrive que le texte ne comporte qu'un seul article ; dans ce cas, le rédacteur qualifiera cet article d' « article unique ».

Par exemple : **Article unique.-** Les dispositions de l'article 20 de la loi…sont abrogées et remplacées par les dispositions suivantes :…

La subdivision en titre

a. La structuration du texte

220. Subdivisions. Un texte long, traitant de sujets multiples (surtout les codes), peut être divisé en parties, livres, titres, chapitres, sections,

---

[482] Sur cette question, V. la circulaire française du 20 octobre 2000 relative au mode de décompte des alinéas lors de l'élaboration des textes.

[483] R. BOUCHEZ, « Vers une légistique unifiée : l'exemple des alinéas et des paragraphes », in *La légistique ou l'art de rédiger le droit*, CJFI, numéro spécial, juin 2008, p. 31 et s.

[484] En ce sens, la circulaire présidentielle n° 1596 PR/SG/JUR du 17 juillet 1980 relative l'emploi des majuscules et des virgules et plus récemment, la circulaire n° 00041 PM/SGG/SGA/PAT/SP du 06 octobre 2015 relative aux règles de présentation et de rédaction des textes législatifs et réglementaires.

paragraphes et articles. Ces subdivisions sont écrites en gras et avec des chiffres romains (**I, II, III,** etc.).

Par exemple : « **Chapitre II.- Définitions** »

En outre, chaque partie, livre, titre, chapitre et article est suivi d'un point et du tiret du six (6) avant la mention de son titre.

Par exemple : « **Titre premier. - Dispositions générales** »

Chaque titre ou regroupement d'articles doit comporter un intitulé qui, à l'image de l'intitulé du texte normatif, n'a pas de valeur juridique.

Le rédacteur doit apporter beaucoup de soin au choix des intitulés des subdivisions du texte qui doivent servir à résumer toutes les dispositions ainsi regroupées. Il veillera à ne laisser aucun article en dehors du regroupement des articles (chapitre, section, etc.). Les intitulés des subdivisions doivent être choisis de sorte que chaque article puisse s'insérer dans une subdivision.

Conformément à la circulaire présidentielle n°1596 PR/SG/JUR du 17 juillet 1980 relative à l'emploi des majuscules et des virgules, il est recommandé de se conformer aux règles suivantes:

- les parties, les livres et les titres sont en majuscules.

Exemple (tiré du Code de Procédure pénale) :

PREMIÈRE PARTIE. - DISPOSITIONS GÉNÉRALES

LIVRE PREMIER.- DE L'EXERCICE DE L'ACTION PUBLIQUE ET DE L'INSTRUCTION

TITRE PREMIER. - DES AUTORITÉS CHARGÉES DE L'ACTION PUBLIQUE ET DE L'INSTRUCTION

Les chapitres, sections et articles sont en minuscules, sauf en ce qui concerne la première lettre et les noms ou substantifs, qui commencent par une majuscule.

Exemple (tiré du Code de Procédure pénale).

Chapitre premier. - De la Police judiciaire

Chapitre II. - Du Ministère public

Section 1. - Dispositions générales

Article 2. - Ont la qualité d'officiers de police judiciaire...

Chaque subdivision du dispositif (livre, chapitre, etc.) doit comporter au moins deux articles. En outre, l'emploi de l'expression « chapitre premier » est préféré à celle de « chapitre 1er ».

Il n'y a pas davantage de points à la fin des intitulés des divisions, qu'ils soient composés en capitales ou en bas de casse.

Par exemple : Chapitre premier.- Dispositions générales

b. Les différents types de plans

221. Types de plans. Il n'y a pas de plan type. Chaque texte doit être organisé de la façon la plus adaptée à son objet.

Il y a, néanmoins, des plans consacrés pour certaines catégories de textes.

À titre d'exemple, un décret relatif à la création d'un corps de fonctionnaires comporte souvent les rubriques suivantes :

- les dispositions générales qui portent création du corps et définissent ses missions ;
- les dispositions relatives au recrutement ;
- les dispositions relatives à l'avancement ou au déroulement de carrière;
- les dispositions transitoires et finales.

Un décret portant organisation d'un département ministériel est souvent structuré ainsi qu'il suit :

- les dispositions générales ;
- le cabinet et les services rattachés ;
- le secrétariat général et les services rattachés ;
- les directions générales ;

- les autres directions ;
- les dispositions finales.

La circulaire primatorale n° 00008 PM/SGG/SGA/PAT/SP du 05 novembre 2018 a prévu un plan type des projets de décret portant organisation des départements ministériels.

Ce plan se présente comme suit :

- les dispositions générales ;
- le cabinet et les services rattachés ;
- le secrétariat général et les services rattachés ;
- les directions générales ;
- les autres directions ;
- les dispositions finales.

Ce plan type constitue un référentiel et une source d'inspiration pour les ministères.

Toutefois, des dérogations sont possibles sur présentation de justifications fondées notamment sur les particularités organisationnelles et managériales de certains départements ministériels, après avis du Bureau Organisation et Méthodes (BOM).

À titre d'exemple, l'organigramme d'un ministère doté de plusieurs directions générales ne saurait être identique à celui d'un département ne disposant pas de directions générales.

DOCUMENT N° 23 : PLAN TYPE DES PROJETS DE DÉCRET PORTANT ORGANISATION DES MINISTÉRES

La circulaire n° 00008 PM/SGG/SGA/PAT/SP du 05 novembre 2018 a prévu un plan type des projets de décret portant organisation des départements ministériels

CIRCULAIRE
A
Mesdames et Messieurs les Ministres,
Messieurs les Ministres délégués

Objet : Plan type des projets de décret portant organisation des départements ministériels

Les départements ministériels constituent l'épine dorsale de l'action de l'Etat. En effet, le bon fonctionnement de ces structures, bases de l'administration centrale de l'Etat présente des enjeux stratégiques de bonne gouvernance publique.

C'est pourquoi, le décret n° 2017-314 du 15 février 2017 a mis en place un cadre de référence de l'organisation des structures de l'administration centrale. En outre, le décret n° 2017-313 du 15 février 2017 a procédé à la généralisation de l'institution du Secrétariat général dans tous les ministères et a dégagé les principes régissant l'organisation des services rattachés au Secrétariat général.

L'objectif visé par ce nouveau dispositif juridique est d'une part, d'éviter les distorsions constatées dans l'organisation des ministères et d'autre part, de garantir la bonne coordination administrative et technique des activités des différents services des ministères.

Mais il m'a été donné de constater que malgré l'instauration de ce référentiel juridique uniforme, les départements ministériels ne se conforment pas toujours à ces règles dans les projets de décret portant organisation de leurs services introduits dans le circuit normatif. Cette situation est préjudiciable à la bonne coordination de l'action publique et à l'efficacité des interventions de l'Etat.

La présente circulaire a pour objet de fixer le plan type des décrets portant organisation des départements ministériels en vue d'en favoriser l'harmonisation.

Désormais, pour les besoins de l'élaboration des projets de décret portant organisation de vos départements ministériels, je vous instruis de vous conformer au plan type annexé à la présente circulaire.

Ce plan type constitue un référentiel et une source d'inspiration pour vos services.

Toutefois, des dérogations sont possibles sur présentation de justifications fondées notamment sur les particularités organisationnelles et managériales de certains départements ministériels, après avis du Bureau Organisation et Méthodes (BOM).

A titre d'exemple, l'organigramme d'un ministère doté de plusieurs directions générales ne saurait être identique à celui d'un département ne disposant pas de directions générales.

En outre, il n'est pas recommandé de faire référence, dans le texte portant organisation de vos départements, à la tutelle exercée sur certaines entités (agences d'exécution, sociétés nationales et établissements publics). En effet, les textes portant création de ces organismes publics, qui sont dotés de la personnalité juridique et de l'autonomie financière, précisent les ministères chargés d'en assurer la tutelle.

Le Secrétariat général du Gouvernement veillera à ne programmer aux réunions de validation des textes que les projets de décret conformes aux directives contenues dans la présente circulaire.

J'attache du prix à la bonne application de cette circulaire dont vous m'accuserez réception.

Ampliation :
Son Excellence Monsieur le Président de la République (ATCR)

ANNEXE : PLAN TYPE DES PROJETS DE DECRET PORTANT ORGANISATION DES DEPARTEMENTS MINISTERIELS

TITRE PREMIER.- DISPOSITIONS GENERALES
Article .- (sur l'objet du texte)
Article .- (sur la composition du ministère)
TITRE II.- LE CABINET ET LES SERVICES RATTACHES
Chapitre premier.- Le cabinet
Article.- (sur la composition du cabinet)
Chapitre II.- Les services rattachés au cabinet
Article.- (sur les différents services rattachés au cabinet)
Article (sur la mission et les attributions du service n° 1)
Article.- (sur les modalités de nomination du chef/coordonnateur du service n°1)
Article.- (sur la composition du service n° 1)
Article.- (sur la mission et les attributions du service n°2)
Article.- (sur les modalités de nomination du chef/coordonnateur du service n°2)
Article.- (sur la composition du service n°2)
etc.
TITRE III.- LE SECRETARIAT GENERAL ET LES SERVICES RATTACHES
Chapitre premier.- Le secrétaire général du ministère
Article.- (sur la mission et les attributions du Secrétaire général)
Article.- (sur les modalités de nomination du Secrétaire général)
Chapitre II. Les services rattachés au Secrétariat général du Ministère
Article.- (sur les différents services rattachés au Secrétariat général)
Article.- (sur la mission et les attributions du service n° 1)

Article.- (sur les modalités de nomination du chef/coordonnateur du service n°1)
Article.- (sur la composition du service n° 1)
Article.- (sur la mission et les attributions du service n°2)
etc.

TITRE IV.- LES DIRECTIONS GENERALES

Article.- (sur les différentes directions générales)

Chapitre premier.- La direction générale n° 1

Section première.- L'organisation de la direction générale

Article.- (sur la mission et les attributions de la direction générale n° 1)
Article.- (sur les modalités de nomination du directeur général, et au besoin, du directeur général adjoint)
Article.- (sur la composition de la direction générale n° 1)

Section II.- Les services rattachés à la direction générale

Paragraphe premier.- Service rattaché n° 1

Article.- (sur la mission et les attributions du service)
Article.- (sur les modalités de nomination du chef/coordonnateur du service)
Article.- (sur la composition du service)

Paragraphe II.- Service rattaché n° 2

etc.

Section III.- Les directions (directions rattachées à la direction générale)

Paragraphe premier.- La direction n° 1

Article.- (sur la mission et les attributions de la direction n°1)
Article.- (sur la composition de la direction)

Paragraphe II.- La direction n° 2

etc.

Chapitre II.- La direction générale n° 2

etc.

TITRE V.- LES AUTRES DIRECTIONS

(Directions non rattachées à une direction générale)

Section première.- La direction n° 1

Article.- (sur la mission et les attributions de la direction n°1)
Article.- (sur la composition de la direction n°1)

Section II.- La direction n° 2

Article.- (sur la mission et les attributions de la direction n°2)
etc.

TITRE VI.- DISPOSITIONS FINALES

Article.- (sur le renvoi des modalités d'organisation et de fonctionnement des directions et autres services du ministère à un arrêté du ministre)
Article.- (sur les modalités de nomination des directeurs généraux et des directeurs)
Article.- (sur la disposition abrogatoire)
Article.- (sur la disposition d'exécution)

B. Le contenu du dispositif normatif

222. Contenu. Le contenu du dispositif normatif varie suivant la nature du texte.

1. Les textes autonomes

223. Textes autonomes. Les actes autonomes (textes nouveaux) contiennent des dispositions qui énoncent des règles nouvelles sans intervenir formellement dans des textes existants.

Par exemple, une nouvelle loi qui encadre les conditions d'exercice de la médecine traditionnelle constitue une loi autonome. Des textes de cette nature comportent plusieurs dispositions.

a. L'objet du texte

224. Présentation. Les dispositions relatives à l'objet du texte doivent être placées en tête de l'acte normatif.

L'objet du texte est ce sur quoi il porte. La disposition sur l'objet est souvent énoncée ainsi qu'il suit : « La présente loi fixe … ».

Dans les textes, les objectifs sont énoncés dans le document de présentation ; ils peuvent être déclinés en un objectif général et en plusieurs autres objectifs spécifiques.

Toutefois, les objectifs du texte sont souvent énoncés dans le dispositif des lois d'orientation.

Par exemple : « La politique de développement agro-sylvo-pastorale vise à… » ou « la formation professionnelle et technique a pour finalité de… ».

b. Le champ d'application et les exclusions

225. Domaine d'application. Le champ d'un texte permet de délimiter son domaine d'application.

Il peut s'agir du champ d'application matériel lorsque le rédacteur vise les actes ou opérations qui ont vocation à être régis par le texte.

Par exemple, l'article 2 de la loi n° 2014-09 du 20 février 2014 relative au contrat de partenariat public-privé dispose qu'elle s'applique aux contrats de partenariat conclus par l'État, une collectivité territoriale, un établissement public, une agence, une société à participation publique majoritaire, une société nationale et tout autre organisme ou personne morale de droit public ainsi que les associations formées par ces personnes morales.

Il peut également s'agir du champ d'application personnel, c'est-à-dire les personnes ou entités couvertes par le texte.

À titre d'exemple, l'article 3 de la loi d'orientation n° 2022-08 du 19 avril 2022 susvisée, les organismes publics sont les établissements publics, les agences d'exécution et autres structures administratives similaires ou assimilées énonce que le secteur parapublic comprend les établissements publics, à l'exception des ordres professionnels et des chambres consulaires, les agences et autres structures administratives similaires ou assimilées, les sociétés nationales et les sociétés à participation publique majoritaire.

Les dispositions sur le champ d'application contiennent souvent des exclusions, c'est-à-dire les opérations ou les personnes exclues du domaine du texte.

Par exemple, l'article 2 de la loi n° 2014-09 du 20 février 2014 relative au contrat de partenariat public-privé exclut de son champ les secteurs soumis à une réglementation particulière, notamment les secteurs de l'énergie, des mines et des télécommunications.

c. Les définitions

226. Terminologie. Lorsque texte normatif comporte des termes techniques ou des notions ambiguës, il est recommandé d'y insérer un chapitre ou un article intitulé « *définition* » ou « *terminologie* », consacré à leur conceptualisation[485].

---

[485] Sur l'ensemble de la question, G. CORNU, « Les définitions dans la loi », *Mélanges dédiés au doyen Jean VINCENT*, Paris, Dalloz, 1991.p. 77 ; M. VAN HOECKE. « Définitions légales et interprétation de la loi », In *Droit et société*, n°8, 1988. *Le discours juridique. Langage, signification et valeurs*. pp. 93-101.

Les dispositions définitoires doivent être placées en tête du dispositif, juste après les celles relatives à l'objet du texte et à son champ d'application. En effet, le choix des notions à définir est largement tributaire du domaine couvert par le texte.

La définition doit servir à clarifier les termes techniques ou ceux pouvant prêter à équivoque[486]. Il n'est pas nécessaire de définir les termes qui ont un sens suffisamment clair dans le langage courant comme dans le langage juridique.

La définition des expressions ne figurant pas dans le dispositif est à proscrire. Les termes à définir doivent, en effet, être contenus dans le dispositif.

Il est surtout utile de définir certaines notions employées dans des textes techniques spécialisés (Code minier, Code pétrolier, loi portant sur la cybercriminalité, etc.)[487]. Ces définitions ne valent que dans le champ fixé par ces textes.

Il peut être nécessaire de recourir à une définition lorsqu'il s'agit de citer un acte ou une institution sous une formule abrégée, pour éviter que sa répétition n'alourdisse inutilement le texte et rende sa lecture moins fluide[488].

Par exemple : « Au sens du présent décret, on entend par SENUM SA : Sénégal Numérique SA ».

Il en est de même lorsque le rédacteur utilise des mots inusités ou dans un sens différent de son sens habituel dans le langage courant, juridique ou technique ou lorsqu'un terme a plusieurs sens.

---

[486] C. BERGEAL, *op.cit.*, p. 218, n° 165.

[487] M. F. DELHOSTE, « Le langage scientifique dans la norme juridique », *Revue de la recherche juridique. Droit prospectif*, 2002-1, p. 53.

[488] CE, *Principes de technique législative. Guide de rédaction des textes législatifs et réglementaires*, 2008. p. 70.

Le rédacteur doit se contenter de donner un contenu conceptuel à des termes. Les définitions de termes ne doivent être assorties de prescriptions ou de dispositions possédant une portée normative[489].

La définition des termes employés dans le texte est recommandée dans une loi d'orientation puisqu'elle permet de garantir l'homogénéité des concepts employés dans un secteur d'activité donné. En effet, ces définitions pourront être utilisées dans les textes d'application de la loi d'orientation, notamment dans les lois sectorielles.

S'agissant spécifiquement des conventions internationales, il peut paraître nécessaire d'incorporer les concepts internationaux dans l'ordre juridique national tout en veillant à leur correcte transposition dans l'ordre juridique national. Il importe de veiller, par souci d'une bonne articulation normative, à ce que les définitions s'intègrent harmonieusement dans le droit national.

D'après la circulaire n° 00041 PM/SGG/SGA/PAT/SP du 06 octobre 2015 relative aux règles de présentation et de rédaction des textes législatifs et réglementaires, les termes à définir doivent être insérés dans le texte en respectant un ordre alphabétique.

Le chapitre ou l'article comportant les définitions est précédé de l'expression suivante : « Au sens de la présente loi, on entend par : »

Chaque terme défini est écrit en caractères gras et la définition se termine par un point-virgule, selon le modèle suivant :

« Au sens de la présente loi, on entend par :

- **affrètement :** le contrat par lequel le fréteur s'engage moyennant paiement d'un certain fret, à mettre à la disposition de l'affréteur un navire en bon état de navigabilité ;
- **capitaine :** toute personne qui exerce régulièrement le commandement d'un navire ».

Les définitions retenues doivent provenir de sources fiables et généralement bien acceptée, notamment la littérature technique autorisée,

---

489 M. BESCH, *Traité de légistique formelle*, *op. cit.*, p. 53.

comme les conventions internationales régulièrement ratifiées et publiés au niveau national. À titre d'exemple, le Codex Alimentarius[490] ou « Code alimentaire » est une source fiable pour la définition des normes alimentaires. Il en est de même pour les définitions techniques approuvées par l'Organisation Mondiale de la Santé Animale (OIE).

d. Les renvois

227. Références. Les renvois ou références[491] consistent pour le rédacteur à se référer dans le dispositif à une ou plusieurs dispositions du projet normatif ou à un autre ou à plusieurs autres textes voire à une législation ou à une réglementation relative à une matière déterminée[492]. Le procédé du renvoi relève de la technique de la législation par référence[493].

La technique de la pénalité par référence, consistant à réprimer une infraction par renvoi à des peines prévues pour une autre infraction, constitue une variante de la méthode de législation par référence[494]. A titre d'exemple, l'article 430 du Code pénal punit le recel de choses des peines prévues pour le vol simple.

La circulaire n° 0000073 SGG/MSGG/SGA/JUR/SP du 13 juin 2021 relative aux techniques de renvoi dans les textes législatifs et réglementaires a rappelé les règles et les techniques relatives au renvoi

---

[490] Le Codex Alimentarius, ou « *Code alimentaire* », est l'ensemble de normes, de lignes directrices et de codes d'usage adoptés par la Commission du Codex Alimentarius. La Commission a été créée par l'Organisation des Nations Unies pour l'Alimentation et l'Agriculture (FAO) et l'Organisation Mondiale de la Santé (OMS) afin de protéger la santé des consommateurs et de promouvoir des pratiques loyales en matière de commerce de denrées alimentaires. Elle est l'élément central du Programme mixte FAO/OMS sur les normes alimentaires.

[491] N. MOLFESSIS, « Le renvoi d'un texte à un autre », in N. MOLFESSIS (dir.), *Les mots de la loi*, Paris, Économica, coll. « Études Juridiques », 1999, p. 55.

[492] En ce sens, CE*, Principes de technique législative. Guide de rédaction des textes législatifs et réglementaires*, *op.cit.* p. 57.

[493] Sur l'ensemble de cette question, V. GAUDEMET, « La législation par référence », *RRJ*, 1996. 1189

[494] J-H. ROBERT, « L'incrimination par renvoi du législateur national à des règlements communautaires futurs », in *Mélanges offerts à Georges Levasseur*, Paris, Litec-Gazette du Palais, 1992, p. 169 ; P. FAIVRE, *La détermination par référence de la pénalité*, Thèse de doctorat, Lyon, 1937.

dans les textes législatifs et réglementaires. Elle fixe ainsi les techniques de renvois qui sont recommandées ainsi que celles qui sont prohibées.

- **Les principes directeurs**

228. Règles générales. La technique du renvoi exige du rédacteur le respect de règles spécifiques.

Il y a des cas où le recours à la technique du renvoi extérieur est interdit. Ainsi, il est interdit de se référer à des textes dépourvus de caractère normatif (une circulaire interprétative), à des textes internationaux non applicables sur le territoire national, à des décisions judiciaires ou à des actes qui ne sont pas encore ou ne sont plus dans l'ordonnancement juridique (textes en cours d'élaboration ou textes abrogés).

Il n'est pas aussi recommandé de faire référence à textes modificatifs, qui par définition n'existent pas, à titre autonome, dans l'ordonnancement juridique[495]. Il importe de se référer à l'acte originel modifié puisque dès que l'acte modificatif entre en vigueur, il s'incorpore dans l'acte modifié et disparait de l'ordonnancement juridique.

La référence sur référence (renvois en cascade) ne vaut. Toute référence à un texte qui se limite lui-même à renvoyer à un autre texte est prohibée. Les renvois en cascade nuisent à la clarté des textes. Le rédacteur doit simplement se référer au dernier texte de renvoi[496].

Le renvoi croisé, qui est une sorte de référence circulaire, est à éviter. Il s'agit d'une référence à une autre norme qui renvoie elle-même à la norme qui a fait la référence.

229. Renvoi à des textes d'application. Il est en principe interdit de renvoyer à des actes qui n'existent pas encore dans l'ordre normatif.

Cependant, cette technique de référence est possible lorsque le rédacteur envisage de renvoyer les modalités d'application d'un acte législatif ou

---

[495] J. L. BERGEL, « De quelques procédés d'expression normative », in, CH. A. MORANT (dir.), *Légistique formelle et matérielle*, Paris, Presses universitaires d'Aix, 1999.

[496] Sur ces problèmes de renvois, I. Y. NDIAYE, « L'art de mal légiférer (propos irrévérencieux sur certains textes de lois) », *Rev. Ass. sén .dr. pén*, n° 02, juillet-décembre 1995, p. 53.

réglementaire à un autre texte d'application à intervenir (décret ou arrêté). Il s'agit du renvoi à des dispositions d'application. En effet, les lois se contentent bien souvent de déterminer les principes généraux relatifs à une matière en renvoyant leurs modalités d'application à des décrets.

Par exemple, l'article 5, alinéa 3 de la loi n° 2005-18 du 05 août 2005 relative à la santé de la reproduction[497] prévoit qu'un décret fixe les conditions auxquelles le Ministre chargé de la Santé autorise la publicité des méthodes contraceptives, en fonction des exigences de santé publique.

En d'autres termes, il reviendra à un décret d'application de préciser les conditions d'autorisation par le Ministre chargé de la Santé de la publicité des méthodes contraceptives.

Il faut distinguer cette hypothèse de renvoi à un texte d'application (décret ou arrêté), du cas où le législateur renvoie à des « textes en vigueur » pour régir certaines questions.

Par exemple, l'article 5, alinéa 1er de la loi n° 2005-18 du 05 août 2005 relative à la santé de la reproduction dispose que la fabrication, l'importation et la vente de produits contraceptifs sont autorisées selon les conditions fixées par les textes en vigueur. Ce texte signifie que les conditions d'autorisation de la fabrication, de l'importation et de la vente de produits contraceptifs sont fixées, non pas par des textes d'application, mais par des textes autonomes. Ces textes peuvent être, suivant la matière concernée, des lois ou des décrets pris en vertu du pouvoir réglementaire autonome.

Il y a des cas où le renvoi de certaines questions à des textes d'application n'est pas recommandé. Ainsi, les autorités ont constaté que des projets de décret règlementant des certificats d'aptitude et des diplômes relevant de l'éducation nationale, renvoyaient souvent à des arrêtés ministériels ou interministériels la fixation des modalités des examens prévus pour ces certificats et diplômes (épreuves, coefficients, programmes). La circulaire n° 51/PR/SG/JUR 07 juin 1968 relative à la nature juridique des textes règlementant des diplômes ou des concours professionnels a prescrit aux

[497] JORS n° 6245 du samedi 08 octobre 2005.

auteurs de ces projets de décret de prévoir la nature des épreuves et leur coefficient, en évitant de les renvoyer à des arrêtés. Cette technique rédactionnelle présente le mérite de permettre au Gouvernement et au Président de la République d'apprécier les modalités des examens et concours avant l'adoption des projets de décret à la réunion du Conseil des Ministres.

230. Problème du renvoi par une loi à des arrêtés. La loi peut-elle renvoyer à des arrêtés pour fixer ses modalités d'application ? L'instruction générale n° 15 P.R du 1er mars 1968 sur l'organisation du travail gouvernemental énonce « qu'il serait inconstitutionnel de prévoir dans un projet de loi des dispositions attribuant directement compétence à un ministre pour prendre certaines décisions ».

Cette solution s'accommode mal des prescriptions contenues dans les circulaires n° 25/PM/JUR du 24 avril 1975 relative à l'exercice du pouvoir réglementaire et n° 0013 PM/SGG/SGA/PAT du 16 novembre 2016 sur l'exercice du pouvoir réglementaire des ministres. Il résulte de ces circulaires que les ministres peuvent exercer le pouvoir réglementaire en vertu de la loi. Dans ce cas, le législateur leur confère de façon expresse le pouvoir de prendre par arrêté, des dispositions réglementaires d'application.

La seule limite affectant le pouvoir du législateur de renvoyer certaines questions à des arrêtés est liée à la portée des mesures auxquelles il renvoie. Une décision du Conseil constitutionnel français du 17 janvier 1989 [498] a énoncé que si les dispositions constitutionnelles « *ne font pas obstacle à ce que le législateur confie à une autorité de l'État autre que le Premier Ministre le soin de fixer des normes permettant de mettre en œuvre une loi, c'est à la condition que cette habilitation ne concerne que des mesures de portée limitée tant par leur champ d'application que par leur contenu* ».

[498] Cons. const. n° 88-248 DC du 17 janvier 1989.

- **Les techniques de renvois**

231. Méthodes de renvois. Certaines techniques de renvois sont recommandées tandis que d'autres sont prohibées.

- **Les techniques de renvois recommandées**

232. Renvois intérieurs et extérieurs. Il y a renvoi intérieur lorsque dans un article, il est fait référence à un autre article ou à un autre alinéa du même texte[499].

La technique du renvoi intérieur est marquée par une règle fondamentale qui proscrit d'utiliser les expressions « *l'article précédent* », « *l'article précité* » ou « *l'alinéa suivant* ».

Cette méthode risque, en effet, de soulever des difficultés en cas d'insertion ultérieure d'un nouvel article dans le texte.

En bonne règle légistique, il est recommandé de renvoyer à un article ou à un alinéa du texte, par référence à un chiffre ou à une lettre[500].

Par exemple : « les obligations mentionnées à l'article 10 de la présente loi » ou « les droits visés au 2° de l'article 23 de la présente loi ».

La technique du renvoi extérieur consiste à renvoyer à un ou plusieurs autres textes auxquels le lecteur est contraint de se reporter[501].

Lorsque le rédacteur utilise la technique du renvoi extérieur, il doit préciser tous les éléments d'identification de l'acte normatif auquel il est fait référence, à savoir la nature de l'acte, son numéro, sa date et son intitulé.

Par exemple, les modalités de passation des marchés publics sont fixées par le décret n° 2022-2295 du 28 décembre 2022 portant Code des Marchés publics.

---

[499] C. BERGEAL, Manuel de légistique, 8 e édition, Paris, Berger-Levrault, 2018, p. 310, n° 289.

[500] V. la circulaire n° 00041 PM/SGG/SGA/PAT/SP du 06 octobre 2015 relative aux règles de présentation et de rédaction des textes législatifs et réglementaires.

[501] C. BERGEAL, *op. cit.*, p. 312, n° 259.

La technique du renvoi extérieur présente des inconvénients puisque le recours abusif à cette méthode de la législation par référence rend le texte difficilement lisible et accessible.

D'abord, la volonté de garantir la lisibilité d'un texte ne doit pas amener à reproduire servilement des dispositions figurant dans d'autres normes.

Ensuite, la référence permet d'alléger les textes en évitant de fastidieuses répétitions.

Enfin, elle constitue un moyen de simplification du droit et contraint le rédacteur à une meilleure articulation entre les normes juridiques.

En tout état de cause, l'utilisation du procédé de la législation par référence n'est ni à préconiser systématiquement, ni à proscrire aveuglément.

- **Le renvoi général et le renvoi précis**

233. « *Renvoi balai* ». Le renvoi général encore appelé « *renvoi balai* » est une référence faite en général à un texte normatif à intervenir souvent pour fixer ses modalités d'application[502].

Par exemple : « Les modalités d'application de la présente loi sont fixées par décret ».

Mais le rédacteur doit éviter certains écueils. Il ne peut, sans méconnaître sa compétence, renvoyer à un texte réglementaire le soin de prendre des mesures relevant du domaine exclusif de la loi, en méconnaissance de l'article 67 de la Constitution.

Le Conseil constitutionnel sénégalais a rappelé cette règle dans sa décision rendue le 09 janvier 2017[503] à l'occasion du contrôle de la constitutionnalité de la loi organique abrogeant et remplaçant l'ordonnance n° 60-16 du 03 septembre 1960 portant loi organique sur l'organisation et le fonctionnement du Conseil supérieur de la Magistrature (CSM). Le juge constitutionnel a, en effet, considéré que

---

[502] *Guide pour l'élaboration des textes législatifs et réglementaires*, Paris, La documentation française, 2005, p. 204 ; C. BERGEAL, *Manuel de légistique*, 8 eme édition, Paris, Berger-Levrault, 2018, p. 211, n° 179.

[503] Cons. const. n° 01/C/2017 du 09 janvier 2017, *inédit*.

l'article 5 de ladite loi organique, qui dispose que les modalités de fonctionnement du CSM ainsi que l'organisation de son secrétariat sont fixées par décret, n'est pas conforme à l'article 90 de la Constitution. Selon ce texte, les règles de fonctionnement du CSM sont fixées par une loi organique. Selon le Conseil constitutionnel : « *La compétence dévolue au législateur organique, fondée sur la nécessité d'assurer le respect des garanties dues aux magistrats, s'oppose au renvoi à un texte de caractère réglementaire pour la détermination des principes fondamentaux de fonctionnement du Conseil supérieur de la Magistrature, notamment ceux relatifs aux conditions du quorum requises pour la régularité des délibérations ou la majorité exigée pour l'adoption des décisions ; que le renvoi à un décret pour la détermination des modalités de fonctionnement du Conseil supérieur de la Magistrature ne saurait, sans violer l'article 90 de la Constitution, viser d'autres règles que celles ayant pour objet de fixer les modalités techniques de fonctionnement relatives, notamment, à l'élection des membres, à la proclamation des résultats des élections, à la convocation des réunions ou à la tenue des procès-verbaux des délibérations* ».

Le rédacteur ne peut également renvoyer en général à un acte réglementaire l'application de dispositions législatives insuffisamment précises. Par ce procédé, le législateur confie, de fait, au pouvoir réglementaire le soin d'intervenir dans le domaine de la loi et d'apporter ainsi des précisions qui relèvent du domaine législatif.

Il n'est pas recommandé que la loi renvoie à un décret ou à toute autre mesure réglementaire le soin de fixer sa date d'entrée en vigueur[504]. La formule « *la présente loi/ordonnance entrera en vigueur à une date fixée par décret* » est donc à éviter.

Le renvoi est précis lorsque le rédacteur fait référence à un texte en vue de déterminer les modalités d'application d'une ou de certaines dispositions ou subdivisions du texte de base.

---

[504] Cons. const. n°86-223 DC du 29 décembre 1986, *inédit*.

Par exemple : « Les modalités d'application des articles 5, 8 et 32 du présent décret sont fixées par arrêté du Ministre chargé des Finances ».

Quelle que soit la technique de renvoi utilisée, il est nécessaire de préciser le support normatif (décret ou arrêté) auquel le rédacteur renvoie et d'éviter de renvoyer en général sans autre précision à un « *acte réglementaire* » ou à un « *texte réglementaire* ».

- **Le renvoi statique et le renvoi dynamique**

234. **Techniques**. Le renvoi statique est une référence à un acte normatif qui s'applique en tenant compte de son contenu précis à une date déterminée ; cet acte est alors figé dans l'état où il se trouve à un moment donné, de telle sorte les modifications ultérieures n'auront pas d'influence sur la référence qui y est faite[505].

Par exemple : « L'agent est détaché dans les conditions prévues par la loi n° 61-33 du 15 juin 1961 relative au statut général des fonctionnaires, modifiée ».

Le renvoi est dynamique lorsque le texte auquel il est fait référence s'applique en tenant compte de ses modifications éventuelles.

Par exemple : « L'évaluation environnementale est réalisée dans les conditions prévues par la législation en vigueur. ».

En principe, une référence doit être dynamique.

Mais il est parfois nécessaire de conférer un caractère statique à un renvoi. Il en est ainsi, par exemple, lorsque le rédacteur ne souhaite pas que des modifications ultérieures de l'acte auquel il est fait référence soient incompatibles avec son projet de texte. Mais cette situation est assez exceptionnelle.

- Les méthodes de renvois prohibées

235. **Prohibitions**. Il y a des méthodes de renvois qui ne sont pas recommandées.

---

[505] Sur ces procédés, V. CE, *Principes de technique législative. Guide de rédaction des textes législatifs et réglementaires, op.cit.* p. 61.

- **Le renvoi à des textes dépourvus de caractère normatif**

236. Textes sans valeur normative. Il est interdit de se référer à des textes dépourvus de caractère normatif (par exemple, une circulaire interprétative), à des décisions judiciaires ou à des actes qui ne sont pas encore ou ne sont plus dans l'ordonnancement juridique (textes en cours d'élaboration ou textes abrogés).

Ainsi, il est, en principe, interdit de renvoyer à des actes qui n'existent pas encore dans l'ordre normatif.

Cependant, cette technique de référence est possible lorsque le rédacteur envisage de renvoyer les modalités d'application d'un acte législatif ou réglementaire à un autre texte d'application à intervenir (décret ou arrêté). Il s'agit du renvoi à des dispositions d'application.

Par exemple, l'article 5, alinéa 3 de la loi n° 2005-18 du 05 août 2005 relative à la santé de la reproduction prévoit qu'un décret fixe les conditions auxquelles le Ministre chargé de la Santé autorise la publicité des méthodes contraceptives en fonction des exigences de santé publique.

- **Le renvoi à des textes modificatifs**

237. Textes modificatifs. Il n'est pas recommandé de faire référence à des textes modificatifs, qui par définition, n'existent pas à titre autonome dans l'ordonnancement juridique[506]. Il importe de se référer à l'acte originel modifié puisque dès que l'acte modificatif entre en vigueur, il s'incorpore dans l'acte modifié et disparaît de l'ordonnancement juridique. C'est pourquoi, en bonne règle légistique, il est recommandé de ne modifier que l'acte originel et non l'acte modificatif.

Par exemple, le rédacteur ne doit pas renvoyer au décret n° 2001-1151 du 31 décembre 2001 modifiant le Code de Procédure civile. Il serait plus inspiré de renvoyer aux dispositions du décret originel n° 64-572 du 30 juillet 1964 portant Code de Procédure civile, modifié.

---

[506] J. L. BERGEL, « De quelques procédés d'expression normative », in, CH. A. MORANT (dir.), *Légistique formelle et matérielle*, Paris, Presses universitaires d'Aix, 1999.

- **Le faux renvoi**

238. Renvois impertinents. Le faux renvoi est une référence à un ou à des textes qui ne sont pas pertinents.

À titre d'exemple, l'article 534 du Code de la Famille sur la dévolution successorale de l'enfant né hors mariage, en droit commun, renvoie aux articles 513 à 530 du même code, alors que ces dispositions sont étrangères à cette question[507].

Le rédacteur doit veiller à la pertinence du renvoi fait aux dispositions d'un autre texte.

- **Le renvoi croisé**

239. Référence circulaire. Le renvoi croisé ou « *référence circulaire* » est une référence à une disposition qui renvoie elle-même à la disposition qui a fait la référence.

Par exemple, l'article 3 du décret n° 01 renvoie les modalités de nomination d'un chef de service à un décret n° 02, qui lui-même se réfère à l'article 3 du décret n° 01.

- **Le renvoi en cascade**

240. **« *Référence sur référence ne vaut* ».** Le renvoi en cascade est une référence à un texte qui se limite lui-même à renvoyer à un autre texte. En effet, en légistique, on dit que « *la référence sur référence ne vaut* ». Les renvois en cascade nuisent à la clarté des textes.

Par exemple, la loi n° 02 renvoie les conditions de mise en position de stage d'un agent à un décret n° 02, qui lui-même renvoie à un autre décret n° 03.

---

[507] Sur cette question, I. Y. NDIAYE, « L'art de mal légiférer (propos irrévérencieux sur certains textes de lois) », *Rev. Ass. sén. dr. pén.*, n° 02, juillet-décembre 1995, p. 54.

Le rédacteur doit simplement se référer au dernier texte de renvoi [508]. En d'autres termes, la loi n° 02 devrait renvoyer directement au décret n° 03 les conditions de mise en position de stage de l'agent.

e. Les dispositions pénales

241. Dispositif pénal. La plupart des textes comportent un chapitre consacré aux dispositions pénales. Elles ont pour objet d'assurer la protection pénale du dispositif prévu par le projet normatif. Les dispositions pénales sont placées juste avant les dispositions transitoires.

Lorsqu'elles concernent la détermination de crimes ou de délits ou des règles de procédure pénale, les dispositions pénales ne peuvent avoir pour support que la loi[509]. Quant aux contraventions, elles peuvent être instituées par décret.

Conformément au principe de la légalité criminelle, les formules d'incrimination doivent être rédigées en termes suffisamment clairs.

En outre, la sanction encourue doit être indiquée de façon précise, soit dans le texte pénal, soit par renvoi à un autre texte.

Par exemple : Sera puni d'un emprisonnement de …à… et d'une amende de …à… (sanction) quiconque aura… (incrimination)

ou

Quiconque aura… (incrimination) sera puni d'un emprisonnement de …à… et d'une amende de … à… (sanction).

Il faut préciser qu'à la faveur de la consécration du principe de la responsabilité pénale des personnes morales, on tend, de plus en plus, à abandonner l'usage de « *quiconque* » dans les textes pénaux prévoyant des incriminations. A la place, c'est la formule *« toute personne »* qui est usitée.

---

508 Sur ces problèmes de renvois, I. Y. NDIAYE, « L'art de mal légiférer (propos irrévérencieux sur certains textes de lois) », *Rev. Ass. sén .dr. pén*, n° 02, juillet-décembre 1995, p. 53.

509 V. art. 67 de la Constitution.

Par exemple, aux termes des dispositions de l'article 279-3 du Code pénal : « *Toute personne qui recrute une autre personne pour faire partie d'un groupe ou pour participer à la commission d'un acte terroriste, est punie de la réclusion criminelle à perpétuité* ».

La différence de temps entre la norme d'incrimination *(« quiconque aura... »)* et la norme de sanction *(« sera puni... »)* est aussi une différence chronologique. En effet, le texte comportant une incrimination est général et permanent alors que la sanction n'est prononcée qu'en cas de commission du comportement incriminé. Même si les deux règles sont souvent regroupées dans un même support normatif, il y a bien une postérité de la sanction par rapport à la description de l'agissement incriminé. C'est pourquoi la sanction est souvent au futur simple alors que l'incrimination est formulée au futur antérieur.

Il est toujours recommandé de présenter les dispositions pénales comme suit : d'abord, par les règles relatives aux infractions pénales (incriminations et sanctions), ensuite, celles concernant la responsabilité pénale (notamment la question de la responsabilité pénale des personnes morales) et enfin, les règles relatives à la procédure pénale (attributions des agents verbalisateurs, valeur probante des procès-verbaux établis, exercice des poursuites pénales, jugement des infractions, etc.).

f. Les dispositions transitoires

242. Notion. Une disposition transitoire est une disposition destinée à permettre le passage d'un régime juridique ancien à un nouveau régime juridique. Le dispositif transitoire n'a donc qu'une justification limitée dans le temps. Il doit faire l'objet d'un article autonome du dispositif[510].

Par exemple, l'article 833, alinéa 5 du Code de la Famille prévoit que les procédures en divorce ou en séparation de corps en cours lors de la mise en vigueur dudit code seront poursuivies selon les dispositions applicables au jour de la demande.

---

[510] C. BERGEAL, *Manuel de légistique*, 8 eme édition, Paris, Berger-Levrault, 2018, p. 242, n° 224.

On trouve notamment dans les dispositions transitoires celles relatives au sort des règlements édictés sous l'empire de l'ancienne législation, au transfert du personnel, des biens et des obligations d'un organisme dissous à celui qui le remplace.

Pour savoir s'il convient de prévoir des dispositions transitoires, le rédacteur doit apprécier l'effet des règles nouvelles sur les situations qui sont nées sous l'empire des règles anciennes et qui sont toujours en cours[511].

Lorsque l'application des règles nouvelles n'est pas suffisamment prévisible pour les intéressés, il peut être opportun de maintenir l'application des règles anciennes par l'insertion de dispositions transitoires[512].

Toutefois, les situations nées sous l'empire de la législation ou de la réglementation ancienne définitivement accomplies avant l'entrée en vigueur des dispositions nouvelles ne nécessitent pas de dispositions transitoires ; elles sont régies par la loi ancienne en vertu du principe de la non-rétroactivité de la loi.

Quant aux autres situations, la norme nouvelle s'y applique immédiatement, sauf disposition contraire, d'où la nécessité d'aménager un régime transitoire.

Par exemple, selon l'article 831 du Code de la Famille, la loi nouvelle a un effet immédiat au jour de sa mise en vigueur. Elle régit les actes et faits juridiques postérieurs et les conséquences que la loi tire des actes ou faits qui ont précédé sa mise en application.

En l'absence de dispositions transitoires, les lois nouvelles de procédure et de compétence sont en principe immédiatement applicables aux instances en cours, conformément au principe de l'effet immédiat des lois de procédure[513].

---

[511] M. BESCH, *Traité de légistique formelle*, *op. cit.*, p. 87.
[512] CE, *Principes de technique législative. Guide de rédaction des textes législatifs et réglementaires*, *op.cit.*, p. 89.
[513] H. SOLUS et R. PERROT, *Droit judiciaire privé,* tome I, Paris, Sirey, 1961, p. 34.

g. Les dispositions d'entrée en vigueur

243. Objet. Une disposition d'entrée en vigueur d'un acte normatif a pour objet de déterminer la date à partir de laquelle celui-ci est obligatoire et susceptible de produire des effets juridiques à l'égard des sujets de droit.

L'entrée en vigueur désigne est le point de repère à partir duquel l'acte législatif ou réglementaire revêt un caractère obligatoire et créé des droits subjectifs. C'est le moment à partir duquel le texte doit être observé par toute personne concernée et appliqué par les juridictions[514].

En principe, selon l'article 10 de la loi n° 2021-21 du 02 mars 2021 fixant les règles d'applicabilité des lois, des actes administratifs à caractère réglementaire et des actes administratifs à caractère individuel[515], les lois et, lorsqu'ils sont publiés au *Journal officiel*, les actes administratifs à caractère réglementaire entrent en vigueur un jour franc à compter de leur publication au *Journal officiel* sur toute l'étendue du territoire national.

244. Dérogations. Mais ce texte envisage la possibilité de déroger à ces règles d'entrée en vigueur puisqu'il énonce que ce régime d'applicabilité s'applique « *sauf dispositions expresses reportant leur entrée en vigueur à une date ultérieure* ».

Lorsqu'un acte législatif ou réglementaire ne contient pas de disposition fixant son entrée en vigueur, il entre en vigueur en principe à la date fixée par la loi n° 2021-21 du 02 mars 2021 précitée.

Un texte peut fixer de manière expresse la date de son entrée en vigueur en dérogeant à la règle générale de l'entrée en vigueur un jour franc à compter de leur publication au *Journal officiel*.

---

[514] Sur la notion d'entrée en vigueur, V. M. DIAKHATE, « Le régime de l'entrée en vigueur des actes législatifs et réglementaires au Sénégal », in Atelier sur la procédure d'adoption des textes législatifs et réglementaires au Sénégal, ENA, Dakar, 28 et 29 avril 2015 ; B. SARR, « L'entrée en vigueur de l'acte administratif unilatéral », *Annales africaines*, volume 1, avril 2021, n° 14, p. 112 ; P. A. TOURE, *L'entrée en vigueur des lois, des ordonnances et des actes administratifs*, Dakar, Abis éditions, 2021.

[515] JORS n° 7409 du samedi 20 mars 2021, p. 303. Sur ce nouveau texte, B. SARR, « L'entrée en vigueur de l'acte administratif unilatéral », *Annales africaines*, volume 1, avril 2021, n° 14, p. 101 et s.

La circulaire n° 006 PM/JUR du 19 janvier 1973 relative à la date d'entrée en vigueur des lois, décrets et arrêtés a énoncé que les règles prévues par l'ancienne loi du 06 février 1970 constituent le droit commun de l'entrée en vigueur des lois et des actes administratifs.

La circulaire n° 00004 PM/SGG/SGA/PAT/SP du 05 mars 2018 sur les dispositions relatives à l'entrée en vigueur des textes législatifs et réglementaires a précisé qu'il n'est pas en principe nécessaire de prévoir dans un texte une disposition déterminant sa date d'entrée en vigueur. L'insertion de dispositions spéciales d'entrée en vigueur n'est nécessaire que lorsque la date d'entrée en vigueur du texte ne correspond pas à celle prévue par l'ancienne loi n° 70-14 du 06 février 1970 précitée.

Il en est ainsi lorsque cette date est postérieure à la date normale d'entrée en vigueur (entrée en vigueur différée) ou au contraire lorsque l'entrée en vigueur du texte est rétroactive (entrée en vigueur anticipée).

h. La disposition d'exécution

245. Notion. La disposition d'exécution encore appelée « *l'exécutoire* » est celle qui énumère les autorités chargées de l'exécution d'un texte[516]. Il s'agit d'un ordre donné par le Président de la République, par le Premier Ministre, par le ministre ou le chef de service à des autorités inférieures de mettre à exécution l'acte qu'il édicte. L'article qui désigne les personnes chargées de l'exécution d'un décret, d'un arrêté, d'une délibération ou d'une décision est placé à la fin du dispositif. L'exécutoire n'est qu'un ordre donné par le Président de la République, par le Premier Ministre ou par le ministre à des autorités inférieures de mettre à exécution l'acte qu'il édicte.

Selon l'instruction n° 04 PM du 18 mars 1970 relative à la présentation et à la préparation des décrets, les ministres chargés de l'exécution sont généralement ceux qui sont les auteurs du texte ainsi que ceux qui peuvent être associés à sa mise en œuvre.

---

[516] Sur cette exigence, V. l'instruction n° 04 PM du 18 mars 1970 relative à la présentation et à la préparation des décrets; C. BERGEAL, *Manuel de légistique*, 8e édition, Paris, Berger-Levrault, 2018, p. 293, n° 273.

La formule d'exécution permet d'identifier les ministres ou les directeurs qui sont responsables de l'exécution de l'acte normatif et doit constituer un article à part.

L'article d'exécution n'attribue aucun pouvoir réglementaire à l'autorité désignée chargée de l'exécution. Il permet seulement de prendre les mesures administratives nécessaires à l'exécution du texte réglementaire (décret ou arrêté)[517].

246. Énumération des autorités. Les autorités qui peuvent être chargées de l'exécution d'un texte sont notamment les ministres (s'il s'agit d'un décret) ou directeurs, gouverneurs, préfets, sous-préfets (s'il s'agit d'un arrêté ministériel) compétents pour intervenir dans la matière régie par ce texte.

Pour le cas spécifique des décrets d'intérim, le ministre empêché et le ministre intérimaire sont généralement chargés, chacun en ce qui le concerne, de l'exécution du décret d'intérim signé par le Président de la République.

L'instruction n° 04 PM du 18 mars 1970 relative à la présentation et à la préparation des décrets précise qu'il n'est pas nécessaire de charger spécialement le Premier Ministre de l'exécution d'un décret dans l'article d'exécution. En effet, en vertu des dispositions de l'article 57, alinéa 3 de la Constitution, le Premier Ministre est chargé en général de « *l'exécution des lois* ».

Par ailleurs, il n'est pas recommandé de viser des magistrats du siège (Premiers présidents de Cours, président de tribunal, juges, etc.) dans l'article d'exécution. En effet, la nature et la portée de l'ordre d'exécution, qui constitue un ordre donné par le Chef de l'État ou un ou des ministres à certaines autorités aux fins de mettre en œuvre les mesures prévues par le texte, s'accommodent mal l'indépendance qui caractérisent ces autorités judiciaires.

---

[517] V. CE, *Principes de technique législative. Guide de rédaction des textes législatifs et réglementaires*, *op.cit.*, p. 99 ; également *Guide pour l'élaboration des textes législatifs et réglementaires*, Mali, août 2016, p. 51 ; contra, C. GAUTRON et M. ROUGEVIN BAVILLE, *Droit public du Sénégal*, Paris, éd. Pédone, 2e éd., 1977, p.78

Dans le cas où les autorités précitées sont impliquées dans l'exécution d'un texte réglementaire, il est plutôt suggéré de viser, à la place, le Garde des Sceaux, Ministre de la Justice.

247. Modalités de désignation. La circulaire n° 00171 SGG/MSGG/SGA/JUR/SP du 16 février 2021 relative aux techniques d'insertion de dispositions d'exécution dans les textes législatifs et réglementaires précise les règles et techniques relatives à l'insertion de dispositions d'exécution dans les textes normatifs.

À cet égard, il est recommandé de viser dans l'article d'exécution les dénominations génériques des ministres ou des directeurs, en s'attachant à leurs attributions et non à leurs titres officiels tels que résultant du décret fixant la composition du Gouvernement.

La référence à un titre officiel à un moment donné peut être source d'incertitude et de difficultés d'identification de l'autorité effectivement chargée de l'exécution, en cas de changement dans les dénominations officielles, notamment à la suite d'un remaniement gouvernemental.

Par exemple : « Le Ministre chargé des Finances et le Ministre chargé de l'Aquaculture procèdent, chacun en ce qui le concerne, à l'exécution du présent décret qui sera publié au *Journal officiel* ».

Par exemple : « La Direction en charge des Affaires criminelles et des Grâces ».

En effet, la circulaire n° 0000013 SGG/MSGG/SGA/JUR/SP du 05 janvier 2021 relative aux titres des autorités et des structures administratives dans les textes législatifs et réglementaires recommande, lorsqu'il s'agit de viser l'autorité (ministre, secrétaire d'État, directeur général, directeur, etc.), d'utiliser la formule suivante :

« Le Ministre chargé de… » ou « le Directeur chargé de … ». Par exemple : le « Ministre chargé des Sports ».

Lorsque le texte fait référence à la structure administrative (ministère, secrétariat d'État, agence d'exécution, direction générale, direction, etc.), il est suggéré d'employer la formule suivante : « Le Ministère en charge de … » ou « le Direction en charge de … ».

Dans l'article d'exécution, le rédacteur doit s'attacher aux attributions de l'autorité concernée par les mesures prises par le texte. Par exemple, l'article d'exécution d'un texte prévoyant la mise en place d'un fonds pour soutenir un secteur d'activité devra viser le Ministre chargé des Finances et non le Ministre chargé de l'Économie.

Toutefois, cette règle comporte des dérogations.

En premier lieu, il est dérogé à cette règle lorsque l'exécution incombe à un ministre dont le titre revêt une certaine permanence. Il en est ainsi de la plupart des ministres chargés de départements de souveraineté[518], notamment le Ministre de la Justice, le Ministre de l'Intérieur, le Ministre des Affaires étrangères et le Ministre des Forces armées[519]. Dans ce cas, il est admis que le ministre pourra être désigné par son titre officiel dans la disposition d'exécution. D'ailleurs, il ne fait pas sens de faire référence au « Ministre chargé de l'Intérieur » ; il est plutôt recommandé d'écrire le « Ministre de l'Intérieur »

En second lieu, s'agissant du cas spécifique des décrets d'intérim, les ministres chargés de l'exécution, qui sont généralement le ministre empêché et le ministre intérimaire, sont désignés par leurs dénominations officielles résultant du décret portant composition du Gouvernement.

Par ailleurs, l'énumération des autorités chargées de l'exécution doit respecter l'ordre protocolaire, par référence au décret fixant la composition du Gouvernement en vigueur.

Seuls les projets d'ordonnance, de décret, d'arrêté ou de décision comportent une disposition d'exécution. En effet, les lois font l'objet d'une promulgation dont la formule contient un ordre d'exécution adressé à l'Administration par le Président de la République.

De plus, des dispositions d'exécution ne peuvent être insérées que dans des textes autonomes (nouveaux) ou dans les textes abrogatifs.

---

518 *Guide pour l'élaboration des textes législatifs et réglementaires*, *op.cit.*, p. 168.

519 Mais la stabilité de la dénomination des « *ministères de souveraineté* » n'est pas toujours garantie. Il arrive que leurs appellations changent. Ainsi, au gré des remaniements ministériels, le Ministère de l'Intérieur a pu porter la dénomination de « *Ministère de l'Intérieur et de la Sécurité publique* ».

Dès lors, il n'est pas nécessaire d'insérer une disposition d'exécution dans un texte modificatif, la seule prévision d'une disposition d'exécution dans un tel texte n'emportant pas son incorporation dans le texte modifié[520].

Par exemple, lorsque le décret n° 1 (texte modificatif) modifie le décret n° 2 (texte modifié), le décret n° 1 ne doit pas comporter un article d'exécution.

Même lorsque le texte modifié ne contient pas une disposition d'exécution, il n'est pas recommandé de prévoir une telle disposition dans le texte modificatif. En effet, dans ce cas, il s'agit simplement d'ajouter un article d'exécution dans le texte modifié.

En outre, s'il est nécessaire d'actualiser ou d'apporter des changements aux autorités chargées de l'exécution du texte, il est suggéré de procéder à la modification de l'article d'exécution du texte de base.

Par exemple, s'il est nécessaire d'ajouter le Ministre de l'Intérieur aux autorités chargées de l'exécution du décret n° 1 (texte modifié), il faut simplement prévoir dans le décret n° 2 (texte modificatif) une modification de l'article d'exécution.

---

[520] En ce sens, V. la circulaire n° 00171 SGG/MSGG/SGA/JUR/SP du 16 février 2021 relative aux techniques d'insertion de dispositions d'exécution dans les textes législatifs et réglementaires.

DOCUMENT N° 24 : LES DISPOSITIONS D'EXECUTION

La circulaire n° 00171 SGG/MSGG/SGA/JUR/SP du 16 février 2021 relative aux techniques d'insertion de dispositions d'exécution dans les textes législatifs et réglementaires

SGG/SGA/JUR/SP

CIRCULAIRE

A

Mesdames et messieurs les ministres,

Madame et messieurs les secrétaires d'Etat

Objet : Techniques d'insertion de dispositions d'exécution dans les textes législatifs et réglementaires

Références :
Instruction n° 04 PM du 18 mars 1970 relative à la présentation et à la préparation des décrets
Circulaire n° 00041 PM/SGG/SGA/PAT/SP du 06 octobre 2015 relative aux règles de présentation et de rédaction des textes législatifs et réglementaires

La présente circulaire a pour objet de rappeler et de préciser les règles et techniques relatives à l'insertion de dispositions d'exécution dans les textes normatifs fixées par l'instruction et la circulaire visées en référence.

Pour rappel, la disposition d'exécution encore appelée « *exécutoire* » est une disposition, placée à la fin du dispositif normatif, qui énumère les autorités (ministres, directeurs, etc.) chargées de l'exécution d'un texte.

Il est recommandé de viser dans l'article d'exécution les dénominations génériques des ministres ou des directeurs, en s'attachant à leurs attributions et non à leurs titres officiels tels que résultant du décret fixant la composition du Gouvernement.

La référence à un titre officiel à un moment donné peut être source d'incertitude et de difficultés d'identification de l'autorité effectivement chargée de l'exécution, en cas de changement dans les dénominations officielles, notamment à la suite d'un remaniement gouvernemental.

Par exemple : « Le Ministre chargé des Finances et le Ministre chargé de l'Aquaculture procèdent, chacun en ce qui le concerne, à l'exécution du présent décret qui sera publié au *Journal officiel* ».

Par ailleurs, l'énumération des autorités chargées de l'exécution doit respecter l'ordre protocolaire, par référence au décret fixant la composition du Gouvernement en vigueur.

Seuls les projets d'ordonnance, de décret, d'arrêté ou de décision comportent une disposition d'exécution. En effet, les lois font l'objet d'une promulgation dont la formule contient un ordre d'exécution adressé à l'Administration par le Président de la République.

De plus, des dispositions d'exécution ne peuvent être insérées que dans des textes autonomes (nouveaux) ou dans les textes abrogatifs.

Dès lors, il n'est pas nécessaire d'insérer une disposition d'exécution dans un texte modificatif, la seule prévision d'une disposition d'exécution dans un tel texte n'emportant pas son incorporation dans le texte modifié.

Par exemple, lorsque le décret n° 1 (texte modificatif) modifie le décret n° 2 (texte modifié), le décret n° 1 ne doit pas comporter un article d'exécution.

Même lorsque le texte modifié ne contient pas un article d'exécution, il n'est pas recommandé de prévoir une telle disposition dans le texte modificatif. En effet, dans ce cas, il s'agit simplement d'ajouter une disposition d'exécution dans le texte modifié.

En outre, s'il est nécessaire d'actualiser ou d'apporter des changements aux autorités chargées de l'exécution du texte, il est suggéré de procéder à la modification de l'article d'exécution du texte de base.

Par exemple, s'il est nécessaire d'ajouter le Ministre de l'Intérieur aux autorités chargées de l'exécution du décret n° 1 (texte modifié), il faut simplement prévoir dans le décret n° 2 (texte modificatif) une modification de l'article d'exécution.

Son Excellence, Monsieur le Président de la République attache du prix à la bonne application de la présente circulaire.

Ampliation :

Son Excellence Monsieur le Président de la République (ATCR)

DOCUMENT N° 25 : TITRES DES AUTORITÉS ET DES STRUCTURES ADMINISTRATIVES DANS LES TEXTES LÉGISLATIFS ET RÉGLEMENTAIRES

La circulaire n° 0000013 SGG/MSGG/SGA/JUR/SP du 05 janvier 2021 relative aux titres des autorités et des structures administratives dans les textes législatifs et réglementaires

SGG/SGA/JUR/SP

CIRCULAIRE

A

Mesdames et messieurs les ministres,

Madame et messieurs les secrétaires d'Etat

Objet : Titres des autorités et des structures administratives dans les textes législatifs et réglementaires

Références : Circulaire n° 00041 du 06 octobre 2015 relative aux règles de présentation et de rédaction des textes législatifs et réglementaires

L'attention de Monsieur le Président de la République a été appelée par la diversité des formules employées pour désigner les autorités et structures administratives dans les textes normatifs.

Pour rappel, la circulaire n° 00041 du 06 octobre 2015 citée en référence recommande de viser dans les textes les dénominations génériques de ces autorités ou structures et non leurs titres officiels tels que résultant du décret fixant la composition du Gouvernement ou de leurs textes institutifs. En effet, dans les situations d'instabilité, la référence au titre officiel à une période donnée peut être source d'incertitude et de difficultés d'identification de l'autorité ou de l'unité administrative à laquelle fait référence le texte normatif.

Ainsi, lorsqu'il s'agit de viser l'autorité (ministre, secrétaire d'Etat, directeur général, directeur, etc.), il est recommandé d'utiliser la formule suivante :

« Le Ministre chargé de… » ou « le Directeur chargé de … ». Par exemple : le « Ministre chargé des Sports ».

Lorsque le texte fait référence à la structure administrative (ministère, secrétariat d'Etat, agence d'exécution, direction générale, direction, etc.), il est suggéré d'employer la formule suivante : « Le Ministère en charge de … » ou « le Direction en charge de … ». Par exemple : « La Direction en charge des Affaires criminelles et des Grâces ».

Monsieur le Président de la République attache du prix à la bonne exécution de la présente circulaire.

Ampliation : Monsieur le Président de la République à titre de compte rendu

2. Les textes modificatifs

248. Techniques rédactionnelles. Les méthodes rédactionnelles des textes modificatifs varient suivant le procédé de modification employé.

Initialement, la circulaire n° 129 du 15 décembre 1972 relative à l'usage des majuscules et des minuscules dans les correspondances administratives énonçait que : « *Lorsqu'un décret abroge et remplace certains articles d'un décret précédent, il était indiqué d'écrire en minuscule l'intitulé des articles modifiés* ».

Mais par une circulaire n° 0011/PM/SGG/ADJ 1 du 30 janvier 1973, le Premier Ministre de l'époque M. Abdou DIOUF a estimé que cette solution ne pouvait plus être retenue pour des raisons juridiques « *lesquelles prévalent, en ce domaine, sur les considérations grammaticales* ». Cette dernière circulaire a annulé et abrogé la circulaire n° 129 du 15 décembre 1972. Désormais, lorsqu'un texte juridique en modifie un autre, les articles nouveaux remplacent les articles correspondants du texte modifié, qui disparaissent purement et simplement. Les articles nouveaux sont ainsi automatiquement insérés tels quels dans le texte primitif. Il en résulte que « les intitulés des articles nouveaux doivent être rédigés dans les mêmes formes que les intitulés des articles du texte modifié », c'est-à-dire qu'ils doivent être écrits avec un « **A**» en majuscule, les autres lettres étant écrites en minuscule.

Par exemple : **Article 6.-**

Lorsqu'un texte en modifie un autre, il y a lieu de disposer les mots et d'utiliser les caractères et la ponctuation conformément au modèle suivant en application de la circulaire présidentielle n°1596 PR/SG/JUR du 17 juillet 1980 relative à l'emploi des majuscules et des virgules :

Article premier.- Les dispositions des article 5, 29 alinéa, 1er et 34, alinéa 7 du décret n° …... du …... sont abrogées et remplacées par les dispositions suivantes :

« **Article 5. -** .... ».

« **Article 29, alinéa premier. -**.............».

« **Article 34, alinéa 7. -** .... ».

Ou :

Article premier. – Les dispositions des article 5, 29 alinéa, 1er et 34, alinéa 7 du décret n° ... du ... sont modifiées ainsi qu'il suit :

« **Article 5.-** .... ».

« **Article 29, alinéa premier.-**..........».

« **Article 34, alinéa 7.-** ....».

Dans la présentation du texte modificatif, les dispositions modifiées ou insérées sont placées entre guillemets et décalées sur le côté droit, par rapport aux articles du texte modificatif. Il s'agit, en effet, d'éviter toute confusion entre les articles du texte modificatif et les articles nouveaux du texte modifié[521].

249. Insertion de nouvelles dispositions. Lorsque la modification du texte se fait par insertion de nouvelles dispositions, deux techniques peuvent être employées :

La première technique consiste à ajouter à l'article modifié un tiret et un numéro additionnel. Cette technique a été employée pour la rédaction de l'Acte uniforme du 30 janvier 2014 relatif au droit des sociétés commerciales et du groupement d'intérêt économique révisé et de l'Acte uniforme du 10 septembre 2015 portant organisation des procédures collectives d'apurement du passif révisé. Le décret n° 2001-1151 du 31 décembre 2001 modifiant le Code de Procédure civile a également eu recours à la même technique.

Par exemple : **Article 2.-** Il est inséré entre les articles 8 et 9, les articles 8-1 et 8-2 ainsi rédigés :

« **Article 8-1.- …** »

« **Article 8-2.-…** »

[521] V. la circulaire n° 0011/PM/SGG/ADJ 1 du 30 janvier 1973.

Article 3.- Il est ajouté entre les articles 23-2 et 23-3, les articles 23-2-1 et 23-2-2 ainsi rédigés :

« **Articles 23-2-1.-…** »

« **Article 23-2-2.-…** »

La seconde technique consiste à ajouter à l'article modifié les suffixes bis, ter, quater, quinquies, sexies, septies, octies, nonies, decies, etc.

Par exemple : **Article 2.-** Il est inséré entre les articles 20 et 21, les articles 20 bis, 20 ter et 20 quater ainsi rédigés :

« Article 20 bis.-… »

« Article 20 ter. -…. »

« Article 20 quater.-… »

À titre d'exemple, la loi n° 2008-23 du 25 juillet 2008 a introduit un nouvel article 664 bis dans le Code de Procédure pénale consacrant le principe de la compétence personnelle passive.

Lorsque le texte modificatif comporte des modifications d'articles, des modifications de titre, de chapitre, de section ou de paragraphe, des insertions et des abrogations d'articles, il est recommandé de consacrer un article du texte modificatif à chaque opération (modification d'articles, de titres, abrogation d'articles, etc.)[522] ainsi qu'il suit :

Article premier. -Les dispositions des articles 4 et 27 du Code pénal sont abrogées et remplacées par les dispositions suivantes :

« **Article 4.-** ..... »

« Article 27.- ... »

Article 2. -Les intitulés des titres II et VII sont modifiés ainsi qu'il suit :

« TITRE II. - DES LIBERTES FONDAMENTALES, DES DROITS ECONOMIQUES ET SOCIAUX ET DES

---

522 V. en ce sens, Cons. const. n° 01/C/2016 du 12 février 2016 sur le projet de loi portant révision de la Constitution : http://www.jo.gouv.sn/spip.php?article10779 (consulté le 12 juillet 2016).

DEVOIRS DES CITOYENS »

« TITRE VII. - DES COLLECTIVITES TERRITORIALES »

Article 3. - Il est ajouté, après l'article 25 de la Constitution, un article 25-1 et un article 25-2 ainsi rédigés :

« **Article 25-1.-**….. »

« **Article 25-2.-**…… »

Article 5. - Les dispositions des articles 24, 34 et 78 de la loi n° …. sont abrogées.

Les deux techniques de modification présentent le mérite d'éviter la *dénumérotation* du texte normatif qui déstabilise les usagers. En outre, la pratique dite de la renumérotation, qui consiste à changer les numéros des articles pour leur en attribuer d'autres expose à des risques, puisque les références faites dans d'autres dispositions à certains articles du texte risquent d'être impertinentes.

3. Les textes abrogatifs

250. Principes directeurs. Un texte abrogatif a pour objet de supprimer intégralement un texte antérieur de l'ordonnancement juridique. Comme pour les actes législatifs, l'acte réglementaire peut être abrogé à tout moment[523]. Le juge administratif sénégalais a eu l'occasion de rappeler cette règle dans l'arrêt *Adama THIAM* rendu le 30 août 1995[524]. Dans cette affaire, le Conseil d'État a jugé qu'un décret étant un acte réglementaire, « *il est de principe en raison de sa nature, qu'il n'y a pas de droits acquis à son maintien* ».

S'agissant des actes administratifs non réglementaires, les principes régissant leur abrogation varient en fonction de leur caractère créateur de droit ou non, à l'image de l'opération de retrait.

---

[523] J.M. AUBY, « L'abrogation des actes administratifs », *AJDA*, 1967, p. 131.

[524] CE n° 40/ 1995 du 30 août 1995, Adama THIAM c/ Etat du Sénégal, in *Répertoire de jurisprudence : droit administratif (Recueil des arrêts du Conseil d'Etat 1993-1994-1995)*, Dakar, CREDILA, p. 249.

L'abrogation suppose que le texte abrogatif soit, dans la hiérarchie des normes, placé soit à un niveau supérieur, soit au même niveau que le texte abrogé[525]. Par exemple, un décret ne saurait abroger une loi.

Cependant, une loi délégalisée selon la procédure de délégalisation (déclassement) peut être abrogée par un décret[526].

En effet, selon l'article 76, alinéa 2 de la Constitution, les textes de forme législative intervenus dans le domaine réglementaire « *peuvent être modifiés par décret si le Conseil constitutionnel, à la demande du Président de la République ou du Premier Ministre, a déclaré qu'ils ont un caractère réglementaire* » en vertu de l'alinéa 1er de l'article 76 de la Constitution[527]. A titre d'exemple, dans un arrêt n° 9/C rendu le 26 juin 1968[528], la Cour suprême du Sénégal, statuant en matière constitutionnelle, a eu l'occasion de déclarer que les dispositions du dernier alinéa de l'article 4 et celles de l'article 5 de la loi n° 61-39 du 15 juin 1961 portant création d'un Office national des Anciens combattants et Victimes de Guerre, à l'exception du principe de la participation au Conseil d'administration de l'Office de membres élus par les ressortissants de l'Office, ont un caractère réglementaire.

Sur le fondement de cet arrêt de la Cour suprême, le décret n° 68-1146 du 5 novembre 1968 a modifié les articles 4 et 5 de la loi n° 61-39 du 15 juin 1961 portant création d'un Office national des Anciens combattants et Victimes de Guerre.

Par ailleurs, lorsqu'il est envisagé d'apporter à un texte des modifications à tel point que sa lisibilité risque de s'en trouver compromise, il est conseillé de l'abroger et de le remplacer dans son intégralité.

---

[525] N. BOULOUIS, « L'ABC de l'abrogation », *CJFI*, 2008, numéro spécial, *La légistique*, p. 25.

[526] C. BERGEAL, *Manuel de légistique*, 8e édition, Paris, Berger-Levrault, 2018, p.208.

[527] Sur cette procédure en droit sénégalais, E. DIARRA, « La procédure législative au Sénégal », *RIPAS*, n° 11, octobre-décembre 1984, p. 702-816 ; S. SYLLA, « Le contrôle de constitutionnalité des lois au Sénégal », *RIPAS*, n° 11, octobre-décembre 1984, p. 817-888.

[528] CS n° 9/C le 26 juin 1968, *inédit*.

251. Abrogation par désuétude. Le simple fait qu'un acte normatif ne soit pas appliqué ne saurait emporter son abrogation ; l'abrogation ne s'opère pas par désuétude. Un texte reste en vigueur tant qu'il n'a pas été abrogé.

Par exemple, la loi n° 67-04 du 24 février 1967 tendant à réprimer les dépenses excessives à l'occasion des cérémonies familiales, malgré son inapplication depuis son entrée en vigueur, n'est pas abrogée et est encore susceptible de faire l'objet de mesures d'exécution.

252. « *Abrogation sur abrogation ne vaut* ». La règle « *abrogation sur abrogation ne vaut* »[529] signifie que l'abrogation d'une loi ou d'un décret qui avait abrogé un autre texte, n'a pas pour effet de faire revivre ce dernier texte (*abrogata lege abrogante non reviviscit lex abrogata*)[530]. Un texte qui a été abrogé ne peut être remis en vigueur que par l'effet d'une disposition qui édicte expressément son rétablissement. Si tel est l'objectif du rédacteur, il lui est conseillé de réécrire les dispositions qu'il entend remettre en vigueur[531].

253. Abrogation d'un texte modificatif. L'abrogation ne peut avoir pour cible un texte ou les dispositions d'un texte modifiant un autre texte. En effet, dès son entrée en vigueur, l'acte modificatif s'incorpore dans l'acte modifié et disparait de l'ordonnancement juridique. De sorte que le rédacteur prendra le soin d'abroger le texte originel modifié et non l'acte qui le modifie[532].

---

[529] P. DEUMIER, « Abrogation sur abrogation ne vaut », *RTD civ.*, 2010, p. 55 ; C. BERGEAL, *Manuel de légistique*, 8e édition, Paris, Berger-Levrault, 2018, p. 76, n°54.

[530] En ce sens, CE avis du 24 mars 1994, n° 355859 ; CE du 28 octobre 2009, société coopérative agricole l'Armorique maraîchère, n° 306708.

[531] C. BERGEAL, *op. cit.*, p. 77 ; *Guide pour l'élaboration des textes législatifs et réglementaires*, Paris, La documentation française, 2005, p. 255 ; M. BESCH, *Traité de légistique formelle*, Publication du Conseil d'Etat du Grand-Duché de Luxembourg, 2008, p. 85 : « *L'abrogation d'une disposition abrogatoire ne peut avoir pour effet de faire revivre l'ancien texte qui a été mis à néant, à moins que l'autorité compétente ne manifeste formellement son intention de remettre en vigueur l'ancien texte abrogé par l'effet d'une disposition qui édicte expressément son rétablissement ou, ce qui est préférable, en le réécrivant* ».

[532] *Guide de légistique,* Paris, La documentation française, 3e édition, mise à jour 2017, p. 445.

Par exemple, le rédacteur ne saurait abroger et remplacer les dispositions de la loi n° 2016-30 du 08 novembre 2016 modifiant le Code de Procédure pénale. En effet, ce texte étant inséré au Code de Procédure pénale, l'opération d'abrogation doit plutôt porter sur la loi de base n° 65-61 du 21 juillet 1965 portant Code de Procédure pénale modifiée.

254. Sort des textes d'application. L'abrogation d'un acte législatif n'entraîne pas automatiquement celle des textes (règlements) qui ont été pris pour son application, dès lors que ces derniers textes sont conciliables avec la nouvelle législation. Toutes les dispositions qui ne sont pas contraires aux dispositions nouvelles restent en vigueur et ce, jusqu'à leur propre abrogation ou leur modification ultérieure[533].

La chambre administrative de la Cour suprême du Sénégal a consacré clairement cette solution dans l'arrêt Commune de Mermoz Sacré Cœur rendu le 26 mai 2017. Dans cette espèce, le juge administratif a considéré que « *l'abrogation de la loi n'entraîne pas automatiquement celle du règlement pris pour son application dès lors que les dispositions de celui-ci restent conciliables avec la nouvelle législation* »[534].

Par exemple, les dispositions de la loi n° 98-22 du 26 mars 1998 portant sur les sanctions pénales applicables aux infractions contenues dans l'Acte uniforme du 17 avril 1997[535] ainsi que celles du décret n° 2009-367 du 20 avril 2009 portant application de la loi organique n° 2008-35 du 08 août 2008 sur la Cour suprême devraient subsister, pour n'être pas inconciliables avec le dispositif mis en place respectivement par l'Acte uniforme révisé du 30 janvier 2014 et par la loi organique n° 2017-09 du 17 janvier 2017 sur la Cour suprême.

Mais il arrive que certains textes législatifs prennent le soin d'énoncer expressément que les textes d'application issus de la législation antérieure

---

[533] CE du 11 février 1907, Ministre de l'Agriculture c/ Jacquin, Rec., p. 152 ; CE Ass. du 16 avril 1943, Lanquetot, Rec., p. 100, *S.*, 1943.3.41, concl. R. Léonard ; 22 novembre 1950, Dame Renaud-Bérard, Rec., p. 659 ; CE Sect. du 17 avril 1953, Société des papeteries Boucher, Rec., p. 171.

[534] CS ch. adm. n° 38 du 26 mai 2017, Commune de Mermoz Sacré Cœur c/ Etat du Sénégal, in *Bulletin des arrêts de la Cour suprême*, n° 13-14, année judiciaire 2017, p. 232.

[535] JORS n° 5798 du 25 avril 1998, p. 303.

continuent à s'appliquer dans leurs dispositions non contraires à la nouvelle législation. À titre d'exemple, on peut citer l'article L. 288 du Code du Travail qui prévoit que : « *Jusqu'à leur modification ou leur abrogation, les règlements pris en application et pour l'exécution des lois précédentes demeurent en vigueur, en tout ce qu'ils ne sont pas contraires aux dispositions du présent code, sous les sanctions aux règlements correspondants, qu'il prévoit* ».

En tout état de cause, il est recommandé de recourir à l'opération d'abrogation du texte d'application lorsque ses dispositions sont incompatibles avec les dispositions législatives nouvelles.

L'abrogation expresse du texte d'application est requise, non seulement pour assurer la cohérence du droit applicable, mais aussi pour garantir la sécurité juridique. En effet, sans abrogation expresse, le lecteur ne saura jamais avec certitude quel sort il doit réserver aux dispositions d'application existantes.

255. Modalités de l'abrogation. Suivant l'objectif recherché, plusieurs modalités d'abrogation s'offrent au rédacteur.

256. Abrogation assortie d'un remplacement. La technique de l'abrogation peut consister à supprimer intégralement un texte et à le remplacer par un nouveau dispositif.

Dans cette hypothèse, le nouveau texte comportera une disposition abrogeant l'ancien texte. Le rédacteur doit identifier clairement l'acte abrogé par son support, son numéro, sa date et son intitulé.

Par exemple : « La présente loi abroge la loi n° 65-12 du 20 mars 1965 portant... ».

257. Technique de « *l'abrogation balai* ». La technique normative dite de «*l'abrogation balai* » se traduit par le recours à la formule abrogatoire suivante : « Le présent décret abroge toutes dispositions contraires ». Il arrive même que ladite formule soit suivie de l'énumération d'un ou de certains textes spécifiques ciblés par l'opération d'abrogation[536].

---

[536] C. BERGEAL, *Manuel de légistique*, 8e édition, Paris, Berger-Levrault, 2018, p.211.

Par exemple : « La présente loi abroge toutes dispositions contraires, notamment la loi n°… du… relative à … ».

À titre illustratif, l'Acte uniforme relatif au droit commercial, l'Acte uniforme sur les sûretés et l'Acte uniforme sur le droit des sociétés commerciales et du groupement d'intérêt économique, entrés en vigueur en 1997, avaient abrogé toutes les dispositions nationales contraires.

La circulaire n° 00006 PM/SGG/SGA/PAT/SP du 18 juillet 2018 relative aux dispositions abrogatoires dans les textes législatifs et réglementaires ne recommande pas le recours à ces formules de style imprécises.

Elles sont, en effet, source d'incertitudes juridiques puisqu'elles confrontent le juge et l'interprète à la délicate question de l'identification de la « *disposition contraire* ». Ces formules abrogatoires « *ne soulagent pas l'interprète de la difficile recherche des dispositions contenues dans la loi ancienne porteuses d'une contrariété formelle qui rend impossible leur coexistence avec la loi nouvelle* ».

En outre, ces formules risquent de favoriser la naissance d'un contentieux complexe qui est celui de la disposition contraire et entraîner ainsi l'encombrement des juridictions en retardant l'issue de certaines procédures.

La Cour commune de Justice et d'Arbitrage de l'OHADA, saisi par la République de Côte d'Ivoire, a, dans un avis du 30 avril 2001[537], énoncé qu'une loi « *contraire peut s'entendre aussi bien d'une loi ou d'un règlement de droit national ayant le même objet qu'un Acte uniforme et dont toutes les dispositions sont contraires à cet Acte uniforme que d'une loi ou d'un règlement dont seulement l'une des dispositions ou quelques-unes de celles-ci sont contraires. Dans ce dernier cas, les dispositions non contraires s'appliquent* ». La haute juridiction a précisé que « *cette abrogation concerne également les dispositions de droit interne identiques à celles des Actes uniformes* ».

[537] CCJA, avis, n° 001/2001/EP du 30 avril 2001, ohada.com, ohadata D.04-12, p/ 19 et s., obs. J. I. SAYEGH.

Par la suite, le législateur sénégalais a pris le soin de procéder à une abrogation explicite de certaines dispositions du Code de Commerce et du Code des Obligations civiles et commerciales[538]. Tel a été l'objet de la loi dite abrogative n° 98-21 du 26 mars 1998 portant abrogation et modification de certains articles du Code de Commerce et du Code des Obligations civiles et commerciales[539]. L'exposé des motifs de ce texte s'explique sur le recours à cette technique législative en énonçant que : « *L'absence d'intervention à ce niveau, risque d'entraîner la naissance d'un contentieux complexe qui est celui de la disposition contraire et aurait pour conséquence d'encombrer les cours et tribunaux, mais aussi de retarder l'issue de certaines procédures* ».

Le rédacteur devra énumérer avec précision toutes les dispositions qu'il entend abroger et éventuellement celles dont il souhaite le maintien en vigueur[540]. Au besoin, il pourra, à la place d'un texte abrogatif, élaborer un texte modificatif abrogeant et remplaçant certaines dispositions de la loi ancienne.

La circulaire n° 00006 PM/SGG/SGA/PAT/SP du 18 juillet 2018 précitée a prescrit aux départements ministériels, s'ils envisagent de procéder à l'abrogation de dispositions d'un texte antérieur, de se conformer aux directives ci-après.

Lorsque le nouveau texte a pour objet d'abroger intégralement un ancien texte et de procéder à son remplacement par un nouveau dispositif, le rédacteur devra y insérer une disposition finale abrogeant expressément

[538] Sur l'ensemble de cette question, V. J. I. SAYEGH, « La portée abrogatoire des Actes uniformes de l'OHAHA sur le droit interne des Etats parties », *Revue burkinabé de droit,* n° spécial, n° 39-40, p. 51 ; A. T. NDIAYE, « La portée abrogatoire des droits supranationaux de l'espace OHADA sur les dispositions du COCC », in I. Y. NDIAYE, J.J. L. CORREA et A.A. DIOUF (dir.), *Code des obligations civiles et commerciales du Sénégal (COCC) : cinquante ans après,* vol 2, Dakar, CREDILA, l'Harmattan, 2018, p. 407 et s.

[539] JORS n° 5798 du 25 avril 1998, p. 301.

[540] C. BERGEAL, *op. cit.*, n° 156 *; Guide de légistique,* Paris, La documentation française, 3eme édition, mise à jour 2017, p. 444 ; *Guide pratique d'élaboration des textes législatifs et réglementaires, Secrétariat général du Gouvernement du Niger*, édition 2016, p. 13.

l'ancien texte. Pour ce faire, le rédacteur doit identifier clairement le texte abrogé par son support normatif, son numéro, sa date et son intitulé.

Par exemple : « La présente loi abroge la loi n°… du … relative à…».

- Lorsque le nouveau texte a pour objet d'abroger en partie un ancien texte, il n'est pas recommandé de préparer un texte abrogatif. Le rédacteur devra plutôt élaborer un texte modificatif qui, dès son article premier, devra énumérer avec précision toutes les dispositions du texte de base qu'il entend abroger en laissant subsister les autres dispositions.

Par exemple : « **Article premier.-** Les dispositions des articles 4 et 9 du décret n°…du…portant…sont abrogées et remplacées par les dispositions suivantes :

« **Article 4.-**………………..».

« **Article 9.-**………………..».

La disposition abrogatoire doit être placée dans les dispositions finales, avant les dispositions transitoires, les dispositions d'entrée en vigueur et l'article d'exécution (exécutoire).

258. Abrogation pure et simple. Dans d'autres cas, moins fréquents, l'abrogation consiste simplement à anéantir un texte antérieur sans le remplacer par un autre. Le rédacteur a recours à cette technique normative lorsqu'il entreprend d'éradiquer définitivement une institution ou un dispositif juridique.

Au Sénégal, le législateur a utilisé cette technique lorsqu'il s'est agi de supprimer la Cour de Sûreté de l'État.

Cette juridiction spéciale de nature politique, était chargée de juger les auteurs et complices des crimes et délits contre la sûreté de l'État et de façon générale les auteurs des crimes et délits de nature politique. Créée par la loi n° 73-47 du 04 décembre 1973, en remplacement du Tribunal spécial institué par la loi n° 61-57 du 21 septembre 1961, la Cour de sûreté de l'État a été supprimée « *expressis verbis* » de l'architecture judiciaire par la loi n° 92-31 du 04 juin 1992 portant suppression de la Cour de

Sûreté de l'État[541]. Les articles 1er et 2 de cette loi ont expressément abrogé la loi n°73-47 du 04 décembre 1973 portant création de la Cour de Sûreté de l'État ainsi que toutes les dispositions contraires, notamment la loi n° 61-57 du 21 septembre 1961 instituant le Tribunal spécial[542].

La même technique législative de l'abrogation pure et simple a été employée par le législateur sénégalais pour procéder à l'abolition de la peine de mort. En effet, la loi n° 2004-38 du 28 décembre 2004 portant abolition de la peine de mort[543] a aboli la peine de mort et a abrogé l'article 7 1°, les articles 12, 13, 14, 15 et 16 du Code pénal ainsi que toutes dispositions contraires.

---

[541] JORS, n° 5470 du 04 juin 1992, p. 267.

[542] Sur cette question, M. M. TOURE, « Histoire de l'organisation judiciaire du Sénégal : l'unification des juridictions et l'unicité de la juridiction suprême », *Rev. sén. dr.*, n° 17, juin 1975, p. 62 ; G. RIVES, « Le droit criminel sénégalais », *Rev. sén. dr.*, juin 1974, n° 15, 7e année, p. 45.

[543] JORS n° 6202 du 22 janvier 2005, p. 53.

DOCUMENT N°26 : LES DISPOSITIONS ABROGATOIRES

La circulaire n° 00006 PM/SGG/SGA/PAT/SP du 18 juillet 2018 relative aux dispositions abrogatoires dans les textes législatifs et réglementaires

CIRCULAIRE

A
Mesdames et Messieurs les Ministres,
Messieurs les Ministres délégués

Objet : Les dispositions abrogatoires dans les textes législatifs et réglementaires

A l'occasion du contrôle de l'activité normative du Gouvernement, il m'a été donné de constater que certains départements ministériels ont tendance à insérer dans les textes législatifs et réglementaires des dispositions par lesquelles il est procédé, sans distinction, à l'abrogation de toutes dispositions contraires.

Cette technique normative dite de « l'abrogation balais », se traduit souvent par le recours à la formule abrogatoire suivante : « Le présent décret abroge toutes dispositions contraires ». Il arrive même que ladite formule soit suivie de l'énumération d'un ou de certains textes spécifiques ciblés par l'opération d'abrogation.

Par exemple : « La présente loi abroge toutes dispositions contraires, notamment la loi n°...du.....relative à...... ».

Le recours à ces formules de style imprécises n'est pas recommandé. En effet, il est source d'incertitudes juridiques puisqu'il confronte l'interprète à la délicate question de l'identification des dispositions contraires, c'est-à-dire celles contenues dans le texte ancien dont la coexistence avec le texte nouveau est impossible.

En outre, cette formule abrogatoire risque de favoriser la naissance d'un contentieux complexe qui est celui de la disposition contraire et d'entraîner ainsi l'encombrement des juridictions, en retardant l'issue de certaines procédures.

La présente circulaire a pour objet de fixer les modalités d'insertion des dispositions abrogatoires dans les textes législatifs et réglementaires.

Désormais, si vous envisagez de procéder à l'abrogation de dispositions d'un texte antérieur, vous vous conformerez aux directives suivantes :

- lorsque le nouveau texte a pour objet d'abroger intégralement un ancien texte et de procéder à son remplacement par un nouveau dispositif, le rédacteur devra y insérer une disposition finale abrogeant expressément l'ancien texte. Pour ce faire, le rédacteur doit identifier clairement le texte abrogé par son support normatif, son numéro, sa date et son intitulé.

Par exemple : « La présente loi abroge la loi n°.... du .... relative à........ ».

- Lorsque le nouveau texte a pour objet d'abroger en partie un ancien texte, il n'est pas recommandé de préparer un texte abrogatif. Le rédacteur devra plutôt élaborer un texte modificatif qui, dès son article premier, devra énumérer avec précision toutes les dispositions du texte de base qu'il entend abroger en laissant subsister les autres dispositions.

Par exemple : « **Article premier.-** Les dispositions des articles 4, 9 et 28 du décret n°....du.........portant......sont abrogées et remplacées par les dispositions suivantes :

« **Article 4.-**...................».

« **Article 9.-**.....................».

« **Article 28.-**..................».

J'attache du prix à la bonne application de la présente circulaire dont vous m'accuserez réception.

Ampliation :

Son Excellence Monsieur le Président de la République (ATCR)

4. Les textes approbatifs

259. Technique de l'approbation. Pour rappel, l'approbation est une technique par laquelle une autorité donne son consentement à la validation d'un acte ; ce qui a pour effet de conférer plein effet à l'acte émanant d'une autorité soumise à son contrôle[544]. Par l'opération d'approbation, le législateur ou l'exécutif confère généralement une valeur législative ou réglementaire à un acte soumis à son contrôle. En effet, elle a pour effet de conférer la valeur juridique de l'acte approbatif à l'acte approuvé. Ainsi, par l'adoption de l'acte approbatif, un acte privé, par exemple, peut se voir conférer une valeur normative.

Les techniques de rédaction des textes approbatifs comportent certaines particularités.

L'intitulé du texte approbatif obéit, de façon générale, aux mêmes règles de rédaction applicables aux autres textes normatifs. L'intitulé du texte doit rendre compte de l'opération d'approbation.

Il est recommandé de rédiger l'intitulé ainsi qu'il suit : Projet de loi/décret/ arrêté portant approbation de.......................................

Ou

Projet de loi/décret/arrêté approuvant le ....

Bien souvent le texte ayant pour objet d'approuver un document (statuts, plan, guide, procès-verbal de passation de service, etc.), s'il s'agit d'une loi ne comporte qu'un seul article (article unique). En effet, les lois ne comportent pas de dispositions d'exécution.

Par exemple, « **Article unique**.- Est approuvé le....................... annexé au présent décret.

Lorsque le texte approbatif est un texte réglementaire (décret ou arrêté), il comporte deux articles.

Le premier article, consacré à l'opération d'approbation, est ainsi rédigé :

---

[544] V. G. CORNU, *op. cit*, V° approbation.

Article premier.- Sont approuvés les...................... annexés au présent décret.

Quant à l'article 2, il constitue la disposition d'exécution.

Par exemple : « **Article 2.-** Le Ministre chargé des Finances et le Ministre chargé de l'Agriculture procèdent à l'exécution du présent décret qui sera publié au *Journal officiel* »

5. Les textes interprétatifs

260. Notion. Le texte interprétatif a pour objet de clarifier la signification d'une loi antérieure qui est équivoque[545]. L'opération d'interprétation a pour vocation de préciser le sens et la portée d'un texte antérieur ambiguë. Il s'agit d'une loi adoptée pour expliciter une autre loi dont le sens ou la portée était incertain par suite de l'obscurité ou de l'insuffisance des termes employés.

Au Sénégal, le législateur a exploré pour la première fois la technique de l'interprétation, à la faveur de la loi interprétative de la loi n° 2024-09 du 13 mars 2024 portant amnistie adoptée par l'Assemblée nationale en sa séance plénière du 02 avril 2025.

La rédaction des textes interprétatifs obéit à des techniques assez particulières.

Le texte interprétatif peut prendre la forme d'une loi, d'un décret ou d'un arrêté en fonction de la nature du texte interprété. Il est recommandé d'utiliser le même support que le texte interprété. Par exemple, une loi doit être interprétée par le recours à une loi.

L'intitulé du texte interprétatif doit faire ressortir l'opération d'interprétation. Par exemple : « Projet de loi portant interprétation de la loi n° ....du.............................. ».

En ce qui concerne le dispositif du texte, il est important de rappeler que le texte interprétatif ne doit pas ajouter au texte interprété ; il ne doit ni modifier, ni abroger des dispositions du texte originel, son objet exclusif étant d'expliciter le sens et la portée du texte originel.

---

[545] J. REYMOND, *Des lois d'interprétation et de leur rétroactivité*, Thèse Aix, 1925 ; N. MOLFESSIS, « La notion de loi interprétative », *RTD civ.* 2002, p. 599.

C'est la raison pour laquelle il ne doit comporter dans son dispositif que les dispositions du texte originel interprété. Il est fortement recommandé d'utiliser la formule « *Au sens de l'article...., on entend par (interprétation du texte proposée)* ».

Ou

« *Au sens de l'article....* », *(interprétation du texte proposée)* ».

On peut citer l'exemple de la loi interprétative de la loi n° 2024-09 du 13 mars 2024 portant amnistie adoptée par l'Assemblée nationale en sa séance plénière du 02 avril 2025. Ce texte est ainsi rédigé :

Article premier.- Au sens de l'article 1er de la loi n°2024-09 du 13 mars 2024 portant amnistie, les faits susceptibles de qualification criminelle ou correctionnelle ayant une motivation politique ou se rapportant à des manifestations s'entendent de faits liés à l'exercice d'une liberté publique ou d'un droit démocratique, que leurs auteurs aient été jugés ou non.

Sont exclus du champ de l'amnistie, les faits survenus entre le 1er février 2021 et le 25 février 2024 tant au Sénégal qu'à l'étranger, sans lien avec l'exercice d'une liberté publique ou d'un droit démocratique et qualifiés notamment assassinat, meurtre, crime de torture, actes de barbarie, traitements inhumains cruels ou dégradants, même si ces faits se rapportent à des manifestations et quelle qu'en soit la motivation.

Article 2.-Au sens de l'article 3 de la loi n°2024-09 du 13 mars 2024, l'amnistie ne préjudicie ni aux droits des tiers ni aux droits des victimes à une réparation intégrale.

Il faut préciser que par une décision rendue le 23 avril 2025[546], le Conseil constitutionnel a déclaré l'article premier de cette loi est contraire à la Constitution.

C. La qualité rédactionnelle du dispositif

261. Intelligibilité des textes. Un texte à la ponctuation défectueuse, comportant des expressions fautives ou des imprécisions risque de poser des problèmes d'application et susciter ainsi des contentieux inutiles.

[546] Cons. const. n° 1/C/25 du 23 avril 2025, Abdou MBOW et 23 autres députés, *inédit*.

Le texte normatif ne s'exprime pas dans le langage de tous les jours. Le vocabulaire, la ponctuation, la grammaire et la charte graphique des textes obéissent à des règles assez spécifiques.

1. Le vocabulaire

262. Définition. Le vocabulaire est l'ensemble des mots utilisés dans une réalisation orale ou écrite[547]. Rédiger un texte juridique, c'est mettre par écrit la norme pensée.

La formulation des règles de droit dans les textes normatifs requiert un outillage conceptuel et sémantique particulier[548]. Dans l'écriture normative, l'utilisation des mots obéit à un certain nombre de principes.

- Les abréviations, sigles et acronymes

263. Notion. L'abréviation est un procédé graphique consistant à écrire un mot en n'utilisant qu'une partie de ses lettres[549]. Par exemple : M. pour Monsieur ; n° pour numéro.

Les sigles sont des abréviations qui sont constituées d'initiales mais qui sont traitées comme des mots. Ils s'écrivent toujours en majuscules sans signe de ponctuation. Par exemple : TVA pour « *Taxe sur la valeur ajoutée* ».

L'acronyme désigne un mot constitué à l'origine des initiales d'autres mots.

Il est présenté de la même manière que le sigle. Par exemple, AFNOR

L'utilisation des abréviations et des sigles est normalement proscrite dans un texte.

---

547 M. GREVISSE et A. GOOSSE, *Le bon usage*, 14e édition, Paris, De boeckduculot, 2010, p. 117, n° 147.
548 J-C. BECANE et M. COUDERC, *La loi,* Paris, Dalloz, 1994, p. 198.
549 M. GREVISSE et A. GOOSSE, *op.cit.*, p. 117, n° 116.

Toutefois, le recours à un sigle peut être admis si celui-ci est d'usage courant et a été développé la première fois qu'il a été employé dans le corps du texte[550], suivi de son sigle placé entre parenthèses.

Par exemple : l'Agence sénégalaise d'Électrification rurale (ASER) est placée sous la tutelle du Ministre chargé de l'Energie

L'ASER comprend une Direction générale et un Conseil de Surveillance.

S'écrivent en toutes lettres (en évitant les abréviations), les termes « livre », « titre », « chapitre », « article », « alinéa » et « pour cent ». Il en est de même des unités de mesure, des multiples et sous-multiples ainsi que des devises. Par exemple : 100 mètres carrés

Par exemple : « euros » et non « € ».

Le mot « premier » s'écrit « au long » sauf lorsqu'il s'agit d'une date ou d'un élément de numérotation d'un article ou d'une division d'un texte ou lorsqu'il s'agit d'écrire « Article premier » .

Par exemple : 1er avril 2005

Article premier

Les expressions « pour cent » et « pour mille » s'écrivent de manière abrégée avec le signe «%» ou « ‰ » et non sous la forme « p. cent » ou « p. mille ».

Par exemple 80%.

En règle générale, les sommes sont écrites en lettres et en chiffres. Par exemple : huit cents trente-cinq mille (835 000)

Les nombres précédant des unités de mesure ou évaluant une population sont composés en chiffres. Par exemple : 152 tonnes ; 15 000 habitants

L'usage des chiffres reste néanmoins obligatoire dans les tableaux et peut s'avérer utile pour aboutir à une présentation cohérente de données

---

[550] D. REMY, *op. cit.*, p. 194 ; C. BERGEAL, *Manuel de légistique*, 8 ^{e} édition, Paris, Berger-Levrault, 2018, p. 302.

diverses au sein d'un même texte, en cas d'expressions fractionnées ou de nombres dépassant la centaine.

Par exemple : 2 ans ; 2 mois 1 jour 198 heures

Les dates et les horaires sont composés à l'aide de chiffres.

Par exemple : 24 avril 1951 ; 15 h 30

- Le choix des termes et locutions juridiques

264. Terminologie juridique. Dans les textes normatifs, les termes et expressions doivent être utilisés dans leur sens précis. Les notions juridiques ont des sens techniques très précis[551]. L'emploi de certains termes juridiques exige une grande vigilance.

Le rédacteur veillera à parler des « *dispositions* » d'une loi ou d'un décret ; en effet, la loi ou le règlement « *dispose* ».

Il convient d'évoquer les « *stipulations* » d'un contrat, d'un traité, d'un accord ou d'une convention internationale, puisqu'un contrat ou une convention « *stipule* ».

En ce qui concerne les décisions de justice, il y a lieu de parler des «*décisions* » du Conseil constitutionnel, des « *arrêts* » la Cour suprême et de la cour d'appel, des « *jugements* » des tribunaux et des « *ordonnance* » rendues par un juge unique (juge d'instruction, juge des référés, etc.).

Lorsqu'il s'agit de citer le contenu d'un texte ou d'en analyser la portée, il y a lieu de se référer aux dispositions de ce texte et non au texte lui-même (article), qui ne constitue que l'enveloppe des dispositions en cause.

Par exemple, écrire : « Conformément aux dispositions de l'article 2 de la loi… » et non « conformément à l'article 2 de la loi ... ».

Le rédacteur doit être très vigilant sur l'emploi des termes « *précité* », « *susvisé* », souvent employés indifféremment. Un texte « *précité* » est

---

[551] N. MOLFESSIS (dir.), *Les mots de la loi*, Paris, Economica, 1999 ; C. ATIAS, « Les maux du droit et les mots pour le dire », *D.*, 1997, chr., p. 229.

celui dont les termes ont été expressément cités antérieurement (en non simplement mentionnés).

Le terme « *précité* » s'applique au texte dont les termes ont été expressément cités.

Quant au mot « *susvisé* », il est réservé aux dispositions mentionnées dans les visas du texte.

Pour désigner des personnes ou des institutions ou des règles figurant dans un article du texte auquel on souhaite se référer, il est préférable d'utiliser, plutôt que le mot « *visé* », les mots « *mentionné* », « *énuméré*», « *défini* » ou « *institué* ».

La locution « *notamment* » demande une particulière vigilance, car il est susceptible d'usages multiples qui ne sont pas toujours appropriés. Il permet surtout d'ouvrir une énumération ; dans ce cas son utilisation est une précaution rédactionnelle en vue d'éviter que la liste dressée ne soit dépassée en particulier par l'évolution technologique ou par les mutations des mœurs[552].

Par exemple, les eaux d'alimentation doivent satisfaire les normes de potabilité en vigueur, notamment en ce qui concerne leurs caractéristiques physique, chimique, biologique et bactériologique (art. 51 de la loi n° 81-13 du 04 mars 1981 portant Code de l'Eau). Ce texte signifie que les eaux d'alimentation doivent respecter les normes de potabilité relatives à leurs caractéristiques physique, chimique, biologique et bactériologique.

Mais la liste n'est pas exhaustive ; elles doivent également se conformer à d'autres normes en vigueur.

La locution « au sens de » est couramment utilisée pour marquer le sens à donner à une règle, un terme ou une expression.

Par exemple, aux termes de l'article 7 du décret n° 2015-1145 du 03 août 2015 fixant la composition et la compétence des cours d'appel, des tribunaux de grande instance et des tribunaux d'instance : « *Les tribunaux d'instance connaissent également en premier ressort, quel que soit l'objet*

---

[552] C. BERGEAL, *op. cit.*, n° 262.

du litige, des actions relatives au bail à usage professionnel au sens des dispositions prévues par l'article 101 de l'Acte uniforme du 15 décembre 2010 portant sur le droit commercial général lorsque le montant du loyer mensuel est inférieur ou égal à cent mille (100 000) francs CFA ».

En d'autres termes, la définition de bail à usage professionnel est déterminée en référence à l'article 101 de l'Acte uniforme du 15 décembre 2010 portant sur le droit commercial général.

La locution « *le cas échéant* » donne souvent lieu à des confusions. Cette locution ne renvoie pas à une éventualité ; elle n'est pas synonyme de « *éventuellement* ».

Mais signifie que la règle énoncée ne trouve à s'appliquer que si certaines conditions ou circonstances sont réunies[553].

Par exemple, le préavis pour reprise aux fins de démolition et de reconstruction portant sur les parties de l'immeuble frappés par la rénovation doit, à peine de nullité, indiquer le nom, le cas échéant, de l'architecte et de l'entrepreneur suivant et exécutant les travaux (art. 30 de l'ancienne loi n° 2008-43 du 20 août 2008 portant Code de l'Urbanisme). Cela signifie que le préavis ne doit mentionner à peine de nullité le nom de l'architecte et de l'entrepreneur que s'ils ont été commis pour suivre ou exécuter les travaux.

« *Conformité* » et « *compatibilité* » ne sont pas synonymes : un rapport de compatibilité tolère un écart avec la norme de référence, du moment qu'elle ne s'en trouve pas remise en cause, tandis qu'un rapport de conformité exige une adéquation parfaite.

« *Suspendre* » un délai ou « *l'interrompre* » ne sont pas équivalents : un délai interrompu recommencera à courir depuis le début tandis qu'un délai suspendu repartira, une fois levée la cause de suspension, du point d'arrêt jusqu'au terme du délai.

Il y a lieu de soigneusement distinguer la « *prescription* » qui est un mode d'acquisition ou d'extinction d'un droit par l'effet du temps et la «

---

[553]*Guide pour l'élaboration des textes législatifs et réglementaires*, Paris, La documentation française, 2005, p. 183.

forclusion ». Cette dernière notion est la sanction qui éteint l'action en justice ouverte à une personne pour faire reconnaître un droit en raison de l'échéance du délai dont elle disposait.

La « *publicité* » est l'action de rendre public un acte par quelque moyen que ce soit tandis que la « *publication* » est l'action de publier l'acte sur un support.

Il faut distinguer le pouvoir hiérarchique du pouvoir de tutelle. Les expressions « *sous la tutelle de…* » (pouvoir de tutelle) ou « *sous l'autorité de…* » (pouvoir hiérarchique) ont des sens juridiques différents.

D'après la circulaire n° 02421 PM/SGG/BSC/SP du 12 août 2013 relative à la tutelle des départements ministériels sur les structures autonomes de l'Etat, le pouvoir hiérarchique est l'ensemble des prérogatives dont dispose une autorité sur ses subordonnés dans le respect de la légalité pour imposer sa volonté. Il s'exerce au sein d'une même personne publique[554].

Ce pouvoir existe de droit. Son fondement réside dans les responsabilités particulières dont sont investies les autorités supérieures de l'État ; l'agent subordonné ne peut s'opposer à la décision de son supérieur[555]. Il existe ainsi un lien hiérarchique entre un ministère et ses différents services (directions, divisions, etc.).

A titre d'exemple, selon l'article 4 du décret n° 2017-313 du 15 février 2017 instituant un secrétariat général dans les ministères, l'ensemble des directions de l'administration centrale du ministère et les autres services administratifs, non rattachés au cabinet « *sont placés sous l'autorité* » du secrétaire général du ministère.

Le pouvoir de tutelle est exercé de l'extérieur par une entité publique à l'égard de l'activité d'une autre personne publique. Ce pouvoir organise les relations entre un ministère et les entités extérieures au département, qu'elles soient un établissement public, une société nationale, une société

---

[554] G. RIVORO, « Remarques à propos du pouvoir hiérarchique », *AJDA*, 1966, p. 154 ; GROSHENS, « Le pouvoir des supérieurs hiérarchiques sur les actes de leurs subordonnés », *AJDA*, 1966, p. 140.
[555] A. BOCKEL, *Droit administratif*, Dakar-Abidjan, NEA, LGDJ, 1978, p. 254.

à participation publique majoritaire ou une agence. La tutelle suppose un fondement juridique.

C'est tout le sens des formules : « *la tutelle ne se présume pas* », « *pas de tutelle sans texte, pas de tutelle au-delà des textes*». Elle se définit comme l'ensemble de moyens de contrôle (d'ordre administratif, judiciaire, technique, économique ou financier) prévus dont disposent les organes tutélaires sur des structures autonomes[556]. La tutelle technique est exercée par le ministre auquel la structure est administrativement ou techniquement rattachée[557] (tutelle technique) et la tutelle financière par le Ministre chargé des Finances (tutelle financière).

L'autorité de tutelle ne peut s'immiscer dans la gestion quotidienne de l'entité placée sous tutelle ; elle ne dispose pas de la faculté d'adresser directement des instructions à ses responsables qui ne relèvent pas de son pouvoir hiérarchique[558].

L'autorité de tutelle est seulement responsable de la mise en œuvre de la politique définie par le Président de la République dans l'ensemble des structures placées sous sa tutelle.

La circulaire n° 107 du 25 octobre 1972 relative au pouvoir de tutelle et à la subordination hiérarchique énonce que le but de la tutelle est « *d'une part, d'éviter les abus qui peuvent naître de l'autonomie et d'autre part, de veiller à ce que les établissements ne s'écartent pas de la politique définie par le Gouvernement* ».

L'organe tutélaire doit avoir un rôle de conseil et de veille en prenant soin de répercuter les orientations de la politique du Gouvernement dans le domaine concernant l'entité placée sous tutelle et de s'assurer de leur application.

---

[556] V. la circulaire n° 02421 PM/SGG/BSC/SP du 12 août 2013 relative à la tutelle des départements ministériels sur les structures autonomes de l'Etat.

[557] M. GUERIN, « Quelques aspects de la tutelle administrative », *AJDA*, 1956, p. 25 ; L. RICHER, « La notion de tutelle sur les personnes en droit administratif », *RDP*, 1979, p. 971-1008.

[558] V. la circulaire n° 02421PM/SGG/BSC/SP du 12 août 2013 précitée.

- Les locutions et adverbes servant à l'articulation entre des textes normatifs

265. Articulation entre des textes normatifs. Diverses locutions juridiques peuvent être utilisées pour garantir une bonne articulation entre textes normatifs, telles que « *sans préjudice* », «*nonobstant* », « *sous réserve* », « *par dérogation* » ou « *toutefois* ».

La locution « *sans préjudice* » signifie que la règle qui va être énoncée est sans incidence sur l'application d'une autre règle qu'on entend précisément ne pas écarter et qui pourra s'appliquer également ; elle est synonyme de « *indépendamment de* »[559]. Elle est le contraire de l'expression « *par dérogation à* »[560].

Par exemple : si un exploit est déclaré nul par le fait de l'huissier, celui-ci est condamné aux frais de l'exploit et de la procédure annulée, sans préjudice de tous autres dommages et intérêts de la partie, s'il y a lieu (art. 825 du Code de Procédure civile). Au sens de cette disposition, lorsqu'un exploit d'huissier (assignation par exemple) est déclaré nul par le fait de l'huissier, il sera condamné aux frais de l'exploit et de procédure annulée, indépendamment des dommages et intérêts.

La locution « *sous réserve* » indique l'ordre de prééminence entre deux dispositions en conflit, soit qu'elles appartiennent à deux textes différents, soit qu'elles se situent à l'intérieur d'un même texte ; la disposition ne joue que lorsque le texte réservé ne trouve pas à s'appliquer.

Par exemple : le paiement doit être fait au domicile du débiteur, sous réserve de la convention des parties et des dispositions de la loi (art. 171 alinéa 1er du Code des Obligations civiles et commerciales). En d'autres termes, la loi ou les parties peuvent, dans leur convention, déroger au principe du paiement au domicile du débiteur.

Le mot « *nonobstant* » signifie que la règle qui va être énoncée s'impose, sans que d'autres règles existantes puissent y faire obstacle.

---

559 *Guide pour l'élaboration des textes législatifs et réglementaires*, Paris, La documentation française, 2005, p. 184.
560 En ce sens, C. BERGEAL, *op.cit*, n° 261.

Par exemple : le salaire doit être payé en monnaie ayant cours légal au Sénégal, nonobstant toute stipulation contraire (art. L. 114 du Code du Travail). Cela signifie qu'aucune autre stipulation ne peut remettre en cause la règle du paiement du salaire en monnaie ayant cours légal au Sénégal.

La locution « *par dérogation* » a une portée plus précise que l'adverbe « nonobstant », car elle indique la disposition à laquelle on entend spécifiquement déroger[561].

Par exemple : par dérogation au caractère exécutoire des actes prévus aux articles 243 et 244 du présent code, restent soumis à l'approbation préalable du représentant de l'État, les actes pris dans les domaines suivants (…) (article 245 du Code général des Collectivités territoriales). Ce texte signifie que les actes prévus aux articles 243 et 244 du Code général des Collectivités territoriales dérogent au caractère exécutoire et sont soumis à l'approbation préalable du représentant de l'État.

Le mot « *toutefois* » apporte une restriction à la portée d'une disposition et annonce un régime distinct.

Par exemple : selon, l'ancien article 163 bis du Code pénal l'origine licite des éléments du patrimoine peut être prouvée par tout moyen.

Toutefois la seule preuve d'une libéralité ne suffit pas à justifier de cette origine licite. Cela signifie que la personne poursuivie pour enrichissement illicite peut prouver librement l'origine licite des éléments de son patrimoine. Mais une libéralité seule ne peut prouver l'origine licite des éléments dudit patrimoine.

- La clarté et l'intelligibilité des textes normatifs

266. Clarté normative. Le style de rédaction des textes doit être simple, clair et concis. MONTESQUIEU écrivait que : « *Les lois ne doivent point être subtiles : elles sont faites pour des gens de médiocre*

[561] R. DRAGO, « Dérogation », *AJDA*, 2001, p. 411.

entendement»[562]. Le texte normatif doit être rédigé dans un style simple et concis (sujet verbe et complément).

Par exemple : Le préfet veille au respect de l'ordre public dans le département.

La rédaction d'un texte exige une sérénité dans l'écriture et une constance dans le flux des idées. Chaque phrase doit se limiter à exprimer une seule idée. Pascal écrivait : « *Quand vous voulez dire il pleut, dites il pleut !* »

Le rédacteur doit exprimer une idée une fois pour toute en évitant la succession de phrases affirmant presque la même chose en des termes différents. Il doit veiller à formuler le principe avant les exceptions ou dérogations et de façon distincte.

L'intelligibilité des textes dépend largement de la qualité rédactionnelle du dispositif normatif [563]. Un texte à la ponctuation défectueuse, comportant des expressions fautives ou des imprécisions risque de poser des problèmes d'application et susciter ainsi des contentieux inutiles.

Au Sénégal, le Conseil constitutionnel, dans la décision rendue le 20 juillet 2021[564], a estimé que « *l'exigence d'accessibilité et d'intelligibilité de la loi qui, pour les règles pénales de fond, est inséparable du principe de la légalité criminelle dont elle constitue la dimension substantielle impose au législateur l'adoption de lois suffisamment claires et prévisibles dans leurs conséquences afin que chaque citoyen sache exactement ce qui lui est interdit et ce qu'il encourt comme sanction en cas de violation de l'interdiction* ».

D'ailleurs, par une circulaire n° 000003 SGG/SGA/JUR/SP du 05 août 2021 relative à l'objectif de valeur de l'intelligibilité de la loi, le Ministre, Secrétaire général du Gouvernement a rappelé aux départements ministériels l'obligation constitutionnelle de veiller à l'intelligibilité et à

---

[562] *De l'esprit des lois*, LXXIX, chap. XVI.

[563] M. A. FRISON-ROCHE et BARANES, « Le principe constitutionnel d'accessibilité et d'intelligibilité de la loi », *D.* 2000, chron. 361 ; J.M. LARRALDE, « Intelligibilité de la loi et accès au droit », *LPA,* 19 novembre 2002, p. 11 ; PH. MALAURIE, « L'intelligibilité des lois », *Pouvoirs* 2005, p. 131 et s.

[564] Cons. const. n° 02/C/21 du 20 juillet 2021, Ch. M. A. D. et autres, *inédit.*

la qualité rédactionnelle des textes que leurs services introduisent dans le circuit normatif[565].

Récemment, dans une autre décision rendue le 23 avril 2025[566], à propos du recours en inconstitutionnalité dirigé contre la loi interprétative de la loi n° 2024-09 du 13 mars 2024 portant amnistie, le Conseil constitutionnel a eu l'occasion de repriser sa jurisprudence sur le principe d'intelligibilité et d'accessibilité de la loi[567].

La haute juridiction constitutionnelle a jugé que « *l'intelligibilité de la loi, souvent corrélée à l'accessibilité de la loi, est un des principes constitutionnels qui participent à la sécurité juridique ; que l'intelligibilité et l'accessibilité de la loi s'apprécient au regard du bon entendement de la norme législative et également par rapport aux conditions d'application de la loi : que le principe d'intelligibilité est lié au principe de clarté de la loi* ».

Le juge constitutionnel a estimé qu'en disposant que les faits susceptibles de qualification criminelle ou correctionnelle ayant une motivation politique ou se rapportant des manifestations s'entendent des faits liés l'exercice d'une liberté publique ou d'un droit démocratique, la loi interprétative de la loi n° 2024-09 du 13 mars 2024 portant amnistie a indiqué le sens qu'il entend donner à l'expression « f*aits susceptibles de qualification criminelle ou correctionnelle ayant une motivation politique ou se rapportant à des manifestations* ». Il a considéré, en conséquence, que l'on ne peut tirer de la seule exclusion, par la loi dite interprétative, de faits du champ d'application de la loi portant amnistie, une atteinte au principe constitutionnel d'intelligibilité.

---

565 A. L. COULIBALY et P. A. TOURÉ, « Au-delà des turbulences, la constitutionnalisation du principe de l'intelligibilité de la loi : à propos de la décision du Conseil constitutionnel n° 02/C/21 du 20 juillet 2021 » : https://www.pressafrik.com.

566 Cons. const. n° 1/C/25 du 23 avril 2025, Abdou MBOW et 23 autres députés, *inédit*.

567 Sur cette décision, M. DIAKHATE, « L'interprétation de la loi portant amnistie en droit facile » : https://ceracle.com

DOCUMENT N° 27 : LE PRINCIPE DE L'INTELLIGIBILITE DE LA LOI

La circulaire n° 000003 SGG/SGA/JUR/SP du 05 août 2021 relative à l'objectif de valeur de l'intelligibilité de la loi

N° 000003 SGG/SGA/JUR/SP

CIRCULAIRE

A

Mesdames et messieurs les ministres,

Madame et messieurs les secrétaires d'Etat

Objet : Principe à valeur constitutionnelle de l'intelligibilité de la loi

Référence : Décision du Conseil constitutionnel n° 02/C/21 du 20 juillet 2021

Le Conseil constitutionnel, dans la décision rappelée en référence, rendue à propos du recours en inconstitutionnalité dirigé contre les projets de loi modifiant le Code pénal et le Code de Procédure pénale, a eu l'occasion d'apprécier le principe de l'intelligibilité de la loi.

La présente circulaire, qui fait suite à la circulaire n° 0041 PM/SGG/SGA/PAT/SP du 06 octobre 2015 relative aux règles de présentation et de rédaction des textes législatifs et réglementaires, a pour objet de rappeler et d'expliciter la motivation du juge constitutionnel relative au sens et à la valeur constitutionnelle du principe de l'intelligibilité de la loi.

La haute juridiction constitutionnelle a énoncé que ce principe constitue un des objectifs de valeur constitutionnelle qui participe à la sécurité juridique et « *s'apprécie au regard du bon entendement de la norme législative par les destinataires de celle-ci* ».

Le Conseil constitutionnel a précisé qu'en matière pénale, « *l'exigence d'accessibilité et d'intelligibilité de la loi qui, pour les règles pénales de fond, est inséparable du principe de la légalité criminelle dont elle constitue la dimension substantielle, impose au législateur l'adoption de lois suffisamment claires et prévisibles dans leurs conséquences afin que chaque citoyen sache exactement ce qui lui est interdit et ce qu'il encourt comme sanction en cas de violation de l'interdiction* ».

Il résulte de la motivation du Conseil constitutionnel que le principe de l'intelligibilité, en tant que composante de la sécurité juridique, se définit par rapport à la capacité du citoyen, qui en est le destinataire, à comprendre, sans difficulté, le sens et la portée de la loi.

La garantie et l'effectivité des droits des citoyens dépend largement de l'accessibilité et de l'intelligibilité des normes applicables. En effet, pour que les citoyens puissent exercer effectivement leurs droits, il est impératif que les normes soient accessibles et intelligibles, conformément au principe de sécurité juridique, qui est la qualité d'un système dans lequel chaque citoyen sait à quelle règle sa situation est et sera soumise.

Un texte bien rédigé et clair ne peut que favoriser sa connaissance, sa compréhension, sa prévisibilité et sa bonne application.

Pour ce faire, le législateur doit exercer pleinement la compétence qu'il tient de l'article 67 de la Constitution, en rédigeant les textes dans un style simple et concis, dans le respect des règles relatives à la ponctuation, la grammaire, la conjugaison ainsi qu'à celles relatives à l'utilisation des majuscules fixées par le décret n° 75-1027 du 10 octobre 1975 relatif à l'emploi des majuscules dans les textes administratifs, modifié par le décret n° 80-770 du 24 juillet 1980.

Chaque article, en tant qu'unité de base de l'acte normatif, doit se limiter à exprimer une seule idée, en évitant de « *surcharger* » son contenu.

En outre, le français, étant la langue officielle de la République du Sénégal, conformément aux dispositions de l'article premier, alinéa 2 de la Constitution du 22 janvier 2001, le rédacteur du texte normatif ne doit en principe employer que des termes appartenant à la langue française. Le recours à des termes ou expressions étrangères est prohibé, dès lors qu'il existe une expression ou un terme équivalent dans la langue française.

D'après le Conseil constitutionnel, l'intelligibilité de la loi constitue un objectif de valeur constitutionnelle, c'est-à-dire une condition de l'effectivité des droits et libertés constitutionnels et une des finalités assignées à l'œuvre législative dont le non-respect est de nature à entraîner la censure de la loi pour non-conformité à la Constitution.

En conséquence, sur instruction de Monsieur le Président de la République, je vous recommande de veiller particulièrement à l'intelligibilité et à la qualité rédactionnelle des textes que vos services introduisent dans le circuit normatif, en vue de garantir la sécurité juridique.

Son Excellence, Monsieur le Président de la République attache du prix à la bonne application de la présente circulaire.

Ampliation :

Son Excellence Monsieur le Président de la République (ATCR)

2. La ponctuation dans les textes normatifs

267. Notion. La ponctuation est l'ensemble des signes conventionnels servant à indiquer, dans l'écrit, des faits de la langue orale comme les pauses et l'intonation ou à marquer certaines coupures et certains liens logiques. Il s'agit d'un élément essentiel de la communication[568]. Les signes de ponctuation sont le point (.), le point d'interrogation (?), le point d'exclamation (!), la virgule (,), le point-virgule (;) les deux points (:), les points de suspension (…), les parenthèses (), les crochets [], les guillemets (« »), le tiret (-) et la barre oblique (/)[569].

Dans les textes normatifs, on ne devrait retrouver que le point, le point-virgule, les deux points, la virgule et les guillemets. L'usage des autres signes de ponctuation n'est pas recommandé[570].

En effet, les parenthèses (), les crochets [ ] et les points de suspension (…) sont prohibés en légistique, puisque ces signes ne sont pas de nature à garantir le style prescriptif et abstrait des textes normatifs. Aucune partie d'une phrase ne doit être isolée par des parenthèses () ou des crochets [ ]. Aucune phrase ne saurait demeurer incomplète par l'usage de points de suspension (…).

La publication de textes à la ponctuation défectueuse peut susciter des incertitudes sur le sens à leur donner et engendrer des contentieux inutiles. Le rédacteur doit vérifier qu'aucun signe de ponctuation ne soit susceptible de trahir sa pensée. La présence ou l'absence d'une virgule peut modifier le sens d'un texte[571].

Pour mettre l'accent sur l'importance de la ponctuation, on raconte souvent une anecdote : un roi a voulu gracier un condamné à mort et a demandé à

---

[568] M. GREVISSE et A. GOOSSE, *Le bon usage*, 14e édition, Paris, De Boeckduculot, 2010, p. 121, n° 116 ; également, A. TANGUAY, *L'art de ponctuer*, 2e édition, Montréal, éditions Quebec Amérique, 2000.

[569] Sur cette question, P. A. TOURE, *Légistique. Techniques de conception et de rédaction des lois et des actes administratifs : une tradition de gouvernance normative,* Dakar, l'Harmattan, 2019, p. 255 et s.

[570] D. REMY, *op.cit.*, p. 198.

[571] *Guide de légistique du Conseil d'Etat français* du 20 octobre 2007, p. 166.

son Ministre de la Justice d'écrire le message suivant sur la porte de la cellule du prisonnier : « *libérez, pas tuez* ».

Le ministre a plutôt écrit : « *libérez pas, tuez* ».

Le prisonnier a été malheureusement exécuté, à cause d'une virgule mal placée.

D'ailleurs, Gustave FLAUBERT a écrit : « *Pour moi, la plus belle fille du monde ne vaut pas une virgule mise à sa place* ».

Au Sénégal, en matière de ponctuation, seules les règles relatives à l'emploi des virgules ont été prévues par le décret n° 75-1027 du 10 octobre 1975 relatif à l'emploi des majuscules dans les textes administratifs, modifié par le décret n° 80-770 du 24 juillet 1980 et par la circulaire présidentielle n° 1596 PR/SG/JUR du 17 juillet 1980 relative à l'emploi des majuscules et des virgules[572].

- Le point

268. Fonction. Le point a pour fonction d'indiquer la fin de la phrase[573]. Il clôt un article et éventuellement un alinéa. Le point se place également après tout mot écrit en abrégé[574].

La phrase latine, qui a beaucoup influencé le style juridique ne connaissait, ni de ponctuation, ni de séparation des mots. Il faut sans doute chercher dans ce passé latin, l'explication du goût de certains rédacteurs de textes pour les phrases longues et alambiquées.

Il n'y a pas de points à la fin des intitulés des textes normatifs ou de titres des divisions (livre, chapitre, section, etc.), qu'ils soient composés en capitales ou en bas de casse (minuscules)[575].

---

572 En outre, un courrier n° 31/PM/SGG/SPM du 25 avril 1978. M. Abdou DIOUF, le Premier Ministre à l'époque, rappelait par une note, les principales règles d'emploi de la virgule.

573 M. GREVISSE et A. GOOSSE, *Le bon usage*, 14e édition, Paris, De Boeckduculot, 2010, p. 119.

574 V. M. GREVISSE, *Le bon usage. Grammaire française avec des remarques sur la langue française d'aujourd'hui,* Gembloux, éditions J. Duculot SA, 9eme édition, 1969, p. 1142.

575 *Guide pour l'élaboration des textes législatifs et réglementaires*, Mali, août 2016, p. 70.

- La virgule

269. Règles générales. La virgule est un signe de ponctuation qui marque une pause de peu de durée à l'intérieur de la phrase[576].

La circulaire présidentielle n° 1596 PR/SG/JUR du 17 juillet 1980 relative à l'emploi des majuscules et des virgules a rappelé deux règles essentielles relatives à l'emploi de la virgule.

Les phrases doivent être simples. La fréquence de l'utilisation de subordonnées est de nature à ruiner le style légistique du texte et la simplification des phrases. Dans toute la mesure du possible, il faut éviter les accumulations de substantifs et d'idées incidentes qui s'emboîtent et ne facilitent pas la compréhension du texte. La construction des phrases de façon concise et cohérente est un facteur déterminant de réduction du risque d'ambiguïtés.

Lorsque l'ordre des mots n'est pas respecté dans la phrase, le rédacteur met entre virgules les groupes de mots qui ne sont pas à leur place normale.

En effet, l'ordre des mots, déterminé par leur fonction, est normalement le suivant : sujet, verbe, complément d'objet direct, complément d'objet indirect, complément circonstanciel.

Par exemple : Adama (sujet) a donné (verbe) une mangue (complément d'objet direct) à Fatima (complément d'objet indirect) hier soir (complément circonstanciel).

Dans cette phrase, l'ordre des mots étant respecté, aucune virgule n'est donc nécessaire.

Mais lorsque l'ordre des mots n'est pas respecté dans la phrase, l'emploi de virgules est nécessaire à sa compréhension.

Par exemple : « Hier soir, Adama a donné une mangue à Fatima ».

ou

« Adama, hier soir, a donné une mangue à Fatima ».

---

576 M. GREVISSE et A. GOOSSE, *op. cit.* p. 130.

Dans ces phrases, le complément circonstanciel a été placé avant les compléments d'objet, au lieu d'être situé à la fin. Il est donc suivi et, dans le deuxième exemple, précédé d'une virgule.

En outre, lorsque des mots ou des groupes de mots remplissant la même fonction sont juxtaposés, ils sont séparés par une ou des virgules.

Par exemple : « Adama a donné une mangue à Fatima hier soir, à 18 heures ».

Dans cette phrase, les groupes de mots « hier soir » et « 18 heures » remplissent tous deux la même fonction, celle de complément circonstanciel de temps. Ils doivent de ce fait être séparés par une virgule.

Par une note transmise aux ministres et secrétaires d'État, par courrier n° 31/PM/SGG/SPM du 25 avril 1978, le Premier Ministre rappelait d'autres règles relatives à l'emploi de la virgule tirées de l'ouvrage *Le bon usage* de Maurice GREVISSE[577].

Cette note précise en premier lieu que dans une proposition, la virgule s'emploie en général pour séparer des éléments semblables (sujets, compléments, épithètes, attributs) non suivis par une conjonction de coordination[578].

Par exemple : « les honneurs, les richesses, les plaisirs nous rendent-ils pleinement heureux ? »

Quand le verbe a plusieurs sujets, si le dernier est joint au précédent par « et », on ne le sépare pas du verbe par une virgule.

Par exemple : « l'injustice, le mensonge et l'ingratitude m'inspirent de l'horreur ».

On ne sépare pas par une virgule les différentes parties d'une somme.

Par exemple : « l'espace parcouru en deux heures dix minutes trente secondes ».

---

[577] V. M. GREVISSE, *Le bon usage. Grammaire française avec des remarques sur la langue française d'aujourd'hui,* Gembloux, éditions J. Duculot SA, 9e édition, 1969, p. 25.
[578] V. M. GREVISSE, *op.cit*, p. 25.

Le rédacteur veillera à mettre une virgule après le nom du lieu dans l'indication d'un acte.

Par exemple : « Dakar, le 05 janvier 1989 ».

Dans un groupe de proposition, on emploie la virgule pour séparer plusieurs propositions de même nature non unies par une conjonction de coordination.

Par exemple : « On monte, on descend, on débarque les marchandises ».

On emploie également la virgule avant les propositions introduites par des conjonctions autres que « et, ou, ni ».

Par exemple : « il est fort honnête homme, mais il est un peu brutal ».

Les conjonctions « et, ou, ni » ne sont pas en général précédées de la virgule[579].

Par exemple : « J'ignore s'il restera ou s'il partira ».

Toutefois, ces conjonctions sont précédées de la virgule quand elles servent à coordonner plus de deux propositions ou encore quand elles joignent deux propositions qui n'ont pas le même sujet, qui s'opposent l'un de l'autre ou que l'on disjoint pour quelque raison de style.

Par exemple : « je ne veux, ni ne dois, ni ne puis obéir ».

« Nous convaincrons, ou nous mourrons ! ».

La virgule est aussi employée avant les propositions circonstancielles ayant une valeur simplement explicative.

Par exemple : « je le veux bien, puisque vous le voulez ».

On emploie la virgule pour séparer la proposition participe absolue ou la proposition incise.

Par exemple : « Il devrait, toute honte cessant, enfourcher un âne ».

---

[579] En ce sens, *Guide pour l'élaboration des textes législatifs et réglementaires*, Mali, août 2016, p. 71.

- **Le point-virgule**

270. Objet. Le point-virgule marque une pause de moyenne durée[580]. Il est considéré par certains auteurs comme un signe superflu.

Mais il est certain que le rédacteur, en se limitant au point et à la virgule, se prive de moyens de s'exprimer avec plus de nuances.

Le point-virgule indique que l'enchaînement de la phrase reprend, après une légère pause.

Dans un texte normatif, il est utilisé principalement dans les énumérations[581].

Elles sont introduites par un deux-points. Chaque élément commence par une minuscule et se termine par un point-virgule, sauf le dernier qui se termine par un point.

Par exemple : « le Conseil de surveillance comprend :

- un représentant de la Primature ;
- un représentant du Ministère chargé de la Justice ;
- un représentant du Ministère chargé des Finances. ».

Le point-virgule est également présent dans les visas. Les textes sont visés avec leur numéro, leur date et leur intitulé suivi d'un point-virgule à la fin[582].

Cependant, la mention du rapport ou de la note de présentation se termine par une virgule.

Par exemple :

« VU la loi n° 61-33 du 15 juin 1961 relative au statut général des fonctionnaires, modifiée ;

VU loi n° 72-61 du 12 juin 1972 portant Code de la Famille, modifiée ;

---

[580] M. GREVISSE et A. GOOSSE, *Le bon usage*, 14e édition, Paris, De Boeckduculot, 2010, p. 136.
[581] D. REMY, *op. cit.*,n° 186.
[582] V. la circulaire n° 00041 PM/SGG/SGA/PAT/SP du 06 octobre 2015 relative aux règles de présentation et de rédaction des textes législatifs et réglementaires.

Sur le rapport du Ministre de l'Intérieur, »

- Les deux points

271. Objet. Les deux points s'emploient pour annoncer une citation, une sentence, une maxime, un discours direct ou parfois un discours indirect.

Dans les textes, les deux points sont utilisés souvent après le verbe central.

Par exemple : « **DECRETE :** »

Ils sont aussi employés pour annoncer la composition d'une structure (commission, comité, conseil de surveillance, etc.) ou les organes d'une agence, d'un établissement public, etc.

Par exemple : « Les organes de l'Agence d'Assistance à la Sécurité de Proximité sont :

- le Conseil de Surveillance ;
- la Direction générale ».

- Les guillemets

272. Notion. Les guillemets sont des signes de ponctuation qui sont par doubles paires. La première paire en début de passage est appelée guillemets ouvrants et la deuxième paire à la fin du passage est appelée guillemets fermants.

Les guillemets s'emploient principalement au début et à la fin d'une citation ou d'un discours direct[583].

Ils ont le même caractère que le texte qu'ils encadrent : en romain s'il est en romain ; en italique s'il est en italique.

Par exemple : le mot : *« juge »*

S'il s'agit d'une citation figurant à l'intérieur d'une autre citation, les guillemets se présentent comme suit :

Par exemple : « de la ″Fondation du patrimoine″ »

[583] M. GREVISSE et A. GOOSSE, *op. cit.*, p. 140.

273. Fonction légistique. En fonction, les guillemets ont une fonction très particulière. Ils manifestent la différence entre deux degrés du discours normatif. Ouvrir et fermer les guillemets marque un changement du niveau du discours.

Les techniques de la modification et de l'amendement constituent le domaine d'élection des guillemets ; ils permettent de distinguer la modification apportée du dispositif modificateur[584].

Si dans les passages entre guillemets il y a des alinéas commençant par un tiret, des points de suspension ou un numéro d'article, le guillemet se place en début d'alinéa.

Le guillemet se place avant la ponctuation finale si celle-ci appartient à la phrase entière et non à la partie de la phrase entre guillemets.

Il se place après la ponctuation finale si celle-ci appartient à la partie mise entre guillemets. Ce qui explique qu'un texte modificatif se termine souvent par deux points séparés par des guillemets, conformément à la circulaire présidentielle n°1596 PR/SG/JUR du 17 juillet 1980 relative à l'emploi des majuscules et des virgules ainsi qu'il suit :

(Pour une modification), **Article premier.-** Les dispositions de l'article 5 du décret n° ... du ... sont abrogées et remplacées par les dispositions suivantes :

« Article 5.- .... ».

(Pour un amendement), rédiger la première phrase de l'alinéa 6 de l'article 4 ainsi qu'il suit : « … ».

3. La grammaire

274. Définition. Selon Maurice GREVISSE, la grammaire est l'étude systématique des éléments constitutifs d'une langue[585]. Elle comprend la phonétique qui est la science des sons du langage, la lexicologie définie comme la science des mots et la sémantique qui est la science de la

[584] D. REMY, *op. cit.*, p. 200.
[585] V. M. GREVISSE, *Le bon usage. Grammaire française avec des remarques sur la langue française d'aujourd'hui,* Gembloux, éditions J. Duculot SA, 9eme édition, 1969, p. 25.

signification des mots. Elle étudie également la syntaxe définie comme l'ensemble des règles régissant l'arrangement des mots et la construction des propositions.

En légistique, les règles de grammaire présentent quelques particularités.

- L'usage de la langue française

275. Français : langue normative. Aux termes de l'article 1er, alinéa 2 de la Constitution du 22 janvier 2001 : « *La langue officielle de la République du Sénégal est le Français* »[586]. Le français s'est vu reconnaître le statut constitutionnel de langue officielle de la République du Sénégal[587].

Le Conseil constitutionnel français a jugé, au visa notamment de l'article 2, alinéa 1er de la Constitution que l'absence de version officielle en langue française d'une disposition législative est une atteinte à l'objectif de valeur constitutionnelle d'accessibilité et d'intelligibilité de la loi[588].

L'article 1er de la Constitution précise que les langues nationales sont le Diola, le Malinké, le Pular, le Sérère, le Soninké, le Wolof et toute autre langue nationale qui sera codifiée[589].

Le rédacteur du texte normatif ne doit, en principe, employer que des termes appartenant à la langue française[590]. Le recours à des termes ou

---

[586] Sur une approche critique, B. NIANG, « Nos langues nationales : langues officielles pourquoi pas ? », in *Le Soleil* du jeudi 26 février 1998.

[587] R. DEBBASC, « La reconnaissance constitutionnelle de la langue française », *RFD const.* 1992, p. 457 ; F.-X. TESTU, « Le statut juridique de la langue française », in *Mélanges Cornu*, Paris, PUF, 1994, p. 441-460; L. S. SENGHOR, « Le français, langue de culture », in J-M. DJIAN, *Léopold Sédar SENGHOR. Genèse d'un imaginaire francophone*, Paris, Gallimard, 2005, p. 160.

[588] Cons. const., 30 novembre 2012, n° 2012-285 QPC, M. Christian S., *Rec. Cons. const.* 2012, p. 636.

[589] Le décret n° 85-1232 du 20 décembre 1985 relatif à l'orthographe et à la séparation des mots en wolof (JORS du 23 novembre 1985, p. 519) a « *codifié* » les conclusions de la Commission nationale de Réforme de l'Education et de la Formation (CNREF) dont le Président Léopold Sédar SENGHOR avait accepté presque toutes les recommandations.

[590] P. MBONGO, *L'identité française et la loi*, Paris, LGDJ Lextenso, 2016, p. 99-100 ; C. LABARRERE, « La dégradation de la langue française dans l'administration », *Rev.adm.*, 1989, p. 307 ; P. MBONGO « Langue française », *Jurisclass. Communication*, 2016, n° 11.

expressions étrangères est prohibé dès lors qu'il existe une expression ou un terme équivalent dans la langue française[591].

On doit impérativement éviter les anglicismes, comme « *task force* » ou «*impacter* ». Les termes latins doivent, dans les mêmes conditions, être évités, y compris ceux appartenant au langage courant. Il en est ainsi des expressions «*in fine* », « *in situ* », « *a contrario* », « *ex nihilo*», « *de jure* » ou « *cursus* », qui trouvent une traduction aisée en français[592].

Il est possible de déroger à cette règle lorsque le terme latin est difficilement traduisible. Il en est ainsi des termes « *a priori* » ou « *a posteriori*» (avec un « *a* » sans accent)[593].

- La transcription des noms et des mots sénégalais en français

276. Règles de transcription. Dans la transcription des noms propres sénégalais en français, le colonisateur français avait, à partir XVIIe siècle, voire du XVIIIe siècle, commis de nombreuses erreurs matérielles. A cette époque, la grammaire était encore à ses débuts et la linguistique n'était pas une science élaborée, encore moins la phonétique[594].

Après avoir, par le décret n° 71-566 du 21 mars 1971, procédé à la transcription phonétique des six (6) langues nationales, le Gouvernement sénégalais s'est préoccupé de la transcription des noms propres sénégalais en français. En effet, la loi n° 74-57 du 28 novembre 1974 relative à la transcription en français des noms propres sénégalais en français[595] a fixé les règles de transcription des noms propres sénégalais, c'est-à-dire les prénoms, noms patronymiques et les noms géographiques[596].

---

[591] D. REMY, *op. cit.,*p. 194.
[592] Sur cette question, P. A. TOURE, *Légistique. Techniques de conception et de rédaction des lois et des actes administratifs : une tradition de gouvernance normative,* Dakar, l'Harmattan, 2019, p. 260.
[593]*Guide pour l'élaboration des textes législatifs et réglementaires*, Paris, La documentation française, 2005, p. 165.
[594] V. Exposé des motifs de la loi n° 74-57 du 28 novembre 1974 relative à la transcription des noms propres sénégalais en français.
[595] JORS du 9 décembre 1974, p. 1960.
[596] G. HESSELING, *Histoire politique du Sénégal. Institutions. Droit et société*, Paris, Karthala, 1985, p. 353.

D'après la loi n° 74-57 du 28 novembre 1974, les noms propres sénégalais sont transcrits conformément aux règles en usage actuellement, sauf exception prévue par ladite loi. Cette loi a, pour l'essentiel, vocation à s'appliquer aux personnes pour lesquelles aucun acte d'état civil n'a été dressé.

Ainsi, la longueur vocalique est rendue par un accent circonflexe[597].

Par exemple : TIÂM au lieu de THIAM.

L'utilisation des apostrophes dans la transcription des consonnes nasalisées initiales est proscrite[598].

Par exemple : MBAYE au lieu de M'BAYE, NDIAYE au lieu de N'DIAYE.

Aussi, les semi-voyelles « *y* » ou « *w* » ne doivent pas être représentés par les voyelles « *i* » ou « *o* », mais transcrits telles quelles[599].

Le décret n° 63-448 MJ du 03 juillet 1963 portant obligation de placer le prénom avant le nom sur tous actes et documents administratifs[600] a prévu des règles de transcription des noms et prénoms dans les actes officiels. En vertu de l'article 1er de ce texte, dans tous les actes officiels, décrets, arrêtés, décisions, dans toutes les correspondances et tous documents administratifs, lorsque les prénoms et nom des personnes y mentionnées sont juxtaposés, le prénom doit obligatoirement figurer en lettres minuscules, avant le nom lui-même en majuscules.

Par exemple : Ramatoulaye DIOP.

Selon la circulaire présidentielle n° 76 PR/DIR/CAB du 31 juillet 1963 relative aux places respectives des prénoms et nom, l'adoption de cette règle de transcription, conforme à une pratique coutumière issue de nos traditions ancestrales, a eu pour objectif d'éviter une source fréquente de confusion et de permettre une plus facile identification des personnes vivant au Sénégal.

---

597 V. art. 2 de la loi n° 74-57 du 28 novembre 1974 précitée.
598 V. art. 4 de la loi n° 74-57 du 28 novembre 1974 précitée.
599 V. art. 5 de la loi n° 74-57 du 28 novembre 1974 précitée.
600 JORS, n° 3616 du 20 juillet 1963, p. 984.

Dans un texte en langue nationale, le décret n° 75-262 du 10 mars 1975 relatif à la transcription des mots français en langue nationale et des mots sénégalais dans un texte en français[601] a prévu certaines règles fondamentales[602]. Ainsi, dans un texte en français, les mots sénégalais sont en principe transcrits conformément à l'orthographe traditionnelle française en la matière[603].

Par exemple : le Diaraf et le Niambour ont fait match nul.

Lorsque le locuteur sénégalais entend garder aux mots sénégalais qu'il veut utiliser dans un texte en français leur orthographe et leur prononciation sénégalais, ces mots sont mis en italique.

Par exemple : il veut nous rappeler que son grand-père était *far biirkêr*.

- L'adoption de mots français

277. Mots adoptés. Le Sénégal a adopté certains mots français, nouveaux ou anciens, pour exprimer des objets, des besoins ou des idées nouvelles.

C'est dans le cadre de cet effort que le décret n° 71-481 du 29 avril 1971 relatif à la désignation des services du Premier Ministre et des services du gouverneur de région énonce que les services du Premier Ministre et les locaux où sont installés ces services seront désignés par le mot « *Primature* »[604].

Ce texte précise que les services du gouverneur de région et les locaux où sont installés ces services seront désignés par le mot « *Gouvernance* »[605]. L'emploi de ces substantifs est depuis passé en usage.

S'agissant des adjectifs relatifs à ces substantifs, une circulaire n° 0024/PM/SGG du 19 février 1972 avait déjà proposé respectivement

---

[601] JORS du 05 avril 1975, p. 365.
[602] Sur cette question, P. A. TOURE, *Légistique. Techniques de conception et de rédaction des lois et des actes administratifs : une tradition de gouvernance normative,* Dakar, l'Harmattan, 2019, p. 262 et s.
[603] V. art. 3 du décret n° 75-262 du 10 mars 1975 relatif à la transcription des mots français en langue nationale et des mots sénégalais dans un texte en français.
[604] V. art. 1er du décret n° 71-481 du 29 avril 1971 relatif à la désignation des services du Premier Ministre et des services du Gouverneur de Région.
[605] V. art. 2 du décret n° 71-481 du 29 avril 1971 précité.

les mots « *primatoral* » et « *gouvernoral* » comme adjectifs de « *Primature* » et de « *Gouverneur* ».

Par exemple : « *une circulaire ou une décision gouvernorale* ».

Mais les autorités ont semblé avoir préféré l'adjectif « *gubernatoral* » à celui de « *gouvernoral* » pour désigner tout ce qui est relatif au gouverneur, en particulier ses actes, singulièrement ses arrêtés. En effet, par un autre décret n° 76-154 du 06 février 1976 relatif à l'usage des mots « *gubernatoral* » et « *médiat* »[606], il a été décidé que tout ce qui est relatif aux gouverneurs de région sera désigné par l'adjectif « *gubernatoral* ». Le rapport de présentation de ce texte souligne que cet adjectif est constitué par un radical, « *gubern* », auquel on a ajouté deux suffixes « ato » (du latin -ator) et al (du latin -alis). Force est de constater que cet adjectif est d'un usage très rare dans la pratique.

Le décret du 06 février 1976 a également proposé, à la place de « *mass-media* », le mot « *médiat* » retenu à la sixième Biennale de la Langue française, tenue à la même année, au Luxembourg. Le mot « *médiat* » est formé de l'adjectif médiat, « *ate* », employé comme substantif sous sa forme masculine.

Selon le rapport de présentation du décret du 06 février 1976, le mot «*mass-media* », utilisé par les anglo-saxons, est le type même du néologisme hasardeux et hybride, composé qu'il est de l'anglais mass, « *masse* » et du latin « *media* », adjectif employé ici au nominatif neutre pluriel[607].

- L'enrichissement de la langue française

278. Encadrement. Dans les années 70, le Président SENGHOR avait déjà fait adopter des textes relatifs à l'enrichissement de la langue française[608]. Il en est ainsi du décret n° 73-955 du 17 octobre 1973 relatif

---

[606] JORS du 03 février 1976, p. 305.

[607] Ces règles ont été précisées par la circulaire n° 21 PM/SGG/ED 1 du 22 mars 1982 relative à l'emploi du mot « *médiat* ».

[608] Sur cette politique linguistique, G. HESSELING, *Histoire politique du Sénégal. Institutions. Droit et société*, Paris, Karthala, 1985, p. 353.

à l'enrichissement de la langue française[609]. Ce texte a prévu que des termes et expressions figurant sur la liste n° 01 des annexes sont obligatoirement employés « *dans les décrets, arrêtés, circulaires et directives des membres du Gouvernement et des fonctionnaires de l'État placés sous leur autorité* ». Il s'agit notamment des termes et expressions suivants : « *coupure* », « *point* », « *groupiste* », « *ingénierie* », « *publipostage* » et « *sec* ».

Le décret n° 73-955 du 17 octobre 1973 a été modifié notamment par le décret n° 74-430 du 08 mai 1974[610] complétant le décret n° 73-955 du 17 octobre 1973 relatif à l'enrichissement de la langue française[611]. Ce dernier texte a introduit dans le décret du 17 octobre 1973 un annexe n° 07 sur la terminologie économique et financière et un annexe n° 08 sur le vocabulaire de l'informatique. Il est frappant de constater que déjà à l'époque, le Président SENGHOR avait proposé la définition du mot « *logiciel* », considéré comme « *un ensemble de programmes, procédés et règles et éventuellement de la documentation, relatifs au fonctionnement d'un ensemble de traitement de l'information* ».

Le décret n° 75-311 du 18 mars 1975[612], qui a également modifié le décret du 17 octobre 1973, l'a complété par un annexe n° 09 relatif au vocabulaire de la santé et de la médecine.

- L'usage des majuscules et des minuscules

279. Cadre juridique. Les règles relatives à l'emploi des majuscules et des minuscules sont assez délicates. Les auteurs ne s'accordent pas toujours sur ces règles.

Aussi, dans les textes publiés au *Journal officiel*, beaucoup de manquements sont-ils constatés dans l'emploi des majuscules. On finit par un y perdre son français.

Au Sénégal, l'emploi des majuscules dans les textes administratifs de toute nature (notamment dans les textes normatifs) est réglementé par le décret

---

[609] JORS n° 4327 du 26 novembre 1973, p. 2137.
[610] JORS du 27 mai 1974, p. 811.
[611] JORS numéro spécial du lundi 27 mai 1974, p. 811.
[612] JORS du 12 avril 1975, p. 383.

n° 75-1027 du 10 octobre 1975 relatif à l'emploi des majuscules dans les textes administratifs. Ce texte a été modifié par le décret n° 80-770 du 24 juillet 1980 dans le sens d'une simplification des règles applicables. La note du Président de la République du 21 février 1966 a également fixé certaines règles relatives à l'utilisation des majuscules.

Le rapport de présentation du décret du 10 octobre 1975 précise que ce dispositif juridique spécifique est inspiré par deux ouvrages de référence en la matière à savoir : *le Bon Usage* de Maurice GREVISSE et *le nouveau Dictionnaire des difficultés du français* de Jean Paul COLLIN.

La circulaire présidentielle n° 1596 PR/SG/JUR du 17 juillet 1980 relative à l'emploi des majuscules et des virgules a recommandé aux ministères et autres services de l'état de veiller à ce qu'aucun texte ne sorte de leurs administrations « *sans être rigoureusement conforme aux dispositions prescrites* ».

280. Règles d'emploi des majuscules. D'après la note de service du Président de la République du 21 février 1966, on emploie la majuscule après un point, c'est-à-dire en début de phrase, au début d'une citation, quand celle-ci commence après deux points et des guillemets et lorsqu'il s'agit d'un nom propre ou d'un titre.

Par exemple : « le Ministre du Plan et du Développement ».

Dans la pratique, cette règle est respectée même lorsque l'on désigne l'autorité par sa dénomination générique.

Par exemple : « le Ministre chargé des Forces armées » ou « le Ministre chargé de l'Aquaculture ».

Ainsi, lorsqu'il s'agit d'un titre, seuls les substantifs prennent la majuscule tandis que tous les autres mots, y compris les adjectifs, prennent la minuscule.

L'adjectif prend la majuscule quand il est joint intimement au nom propre et fait corps avec lui.

Par exemple : « les États-Unis, le Cap-Vert, la Comédie Française, le Saint-Père » [613].

L'adjectif prend seul la majuscule quand il qualifie un terme géographique auquel il n'est pas rattaché par un trait d'union.

Par exemple : « la mer Méditerranée, l'océan Atlantique ».

En ce qui concerne les institutions, lorsque l'institution désignée est unique au Sénégal, la première lettre des substantifs prend la majuscule ainsi que la première lettre du premier mot, quelle que soit la nature de celui-ci.

Par exemple : « l'Assemblée nationale ; la Cour suprême ».

C'est pourquoi, dans la pratique normative, lorsque le ministère ou la structure administrative (direction générale, direction, etc.) est unique au Sénégal, la première lettre des substantifs prend la majuscule ainsi que la première lettre du premier mot.

Par exemple : « le Ministère de la Justice » ou « le Ministère des Forces armées ».

Cette règle est respectée même si le ministère ou la structure administrative est désigné par sa dénomination générique.

Par exemple : « le Ministère en chargé de la Fonction publique » ou « le Ministère en charge des Finances ».

Toutefois, lorsque l'institution est prise dans un sens général et qu'il en existe plusieurs du même type, la minuscule s'impose[614].

Par exemple : « les ministères ; les directions ; les tribunaux ».

Les noms de rue prennent la majuscule.

Par exemple : « la Corniche, la rue du Blanchot ».

---

[613] V art. 2 du décret n° 75-1027 du 10 octobre 1975 relatif à l'emploi des majuscules dans les textes administratifs. Cependant, lorsque l'adjectif désigne le saint lui-même, il ne prend pas de majuscule. Par exemple, « le supplice de saint-Pierre ».

[614] V. art. 3 du décret n° 75-1027 du 10 octobre 1975 relatif à l'emploi des majuscules dans les textes administratifs modifié par le décret n° 80-770 du 24 juillet 1980.

Le nom (ou les noms) qui caractérise l'édifice, le monument, le musée, prend la majuscule ainsi que l'adjectif si celui-ci est placé avant le nom[615].

Par exemple : « le Monument de la Renaissance, le Musée dynamique, la Grande Pyramide ».

Les noms de fête prennent une majuscule[616].

Par exemple : « Quatre Avril ; Premier Mai ; Journée du Maouloud ; Journée de Tabaski ».

Sauf pour les fêtes légales, les mois ou les jours de la semaine ne prennent pas de majuscule[617].

Par exemple : « lundi, dimanche, février, avril ».

Les noms de peuples et de race prennent la majuscule.

Par exemple : « les Sénégalais ; les Sarakolés ; les Brésiliens ».

Cependant, ces noms, pris adjectivement, prennent la minuscule[618].

Par exemple : « le peuple sénégalais ».

Les titres honorifiques ou professionnels prennent la majuscule.

Par exemple : « Sa Majesté, Son Excellence, Monsieur le Président de la République, Monsieur le Préfet, Monsieur le Directeur, Seydina Issa LAYE ».

Il faut préciser que, dans la pratique, lorsque le code, le texte international (traité, convention, résolution des Nations unies, etc.) ou le texte communautaire (règlement, directive, acte uniforme, etc.) est unique, la première lettre des substantifs prend la majuscule ; mais les adjectifs prennent toujours la minuscule.

Par exemple : « Le Code pénal » ou le « Code de la Route ».

« La Convention relative aux droits de l'enfant ».

---

615 V. art. 5 du décret n° 75-1027 du 10 octobre 1975 précité.
616 V. art. 6 du décret n° 75-1027 du 10 octobre 1975 précité.
617 V. art. 7 du décret n° 75-1027 du 10 octobre 1975 précité.
618 V. art. 12 du décret n° 75-1027 du 10 octobre 1975 précité.

« L'Acte uniforme portant organisation des procédures simplifiées de recouvrement et des voies d'exécution ».

« La Directive n° 06/2009/CM/UEMOA du 26 juin 2009 portant lois de finances au sein de l'Union Économique et Monétaire Ouest Africaine ».

Mais, lorsque le code, le texte international ou communautaire est pris dans un sens général et qu'il en existe plusieurs du même type, la minuscule s'impose.

Par exemple : les actes uniformes sont directement applicables dans les États membres.

Les grades prennent la minuscule.

Par exemple : « le général DE GAULLE, le commissaire Papa GUÈYE ».

Les fonctions s'écrivent également avec des minuscules, sauf s'il s'agit de caractériser une fonction unique d'un rang élevé dans la hiérarchie[619].

Par exemple : « le Ministre de l'Éducation nationale ; le Président du Tribunal de grande Instance hors Classe de Dakar ».

Lorsqu'il s'agit de faire référence à un métier en général et non de désigner une autorité ou une fonction particulière, la minuscule s'impose.

Par exemple : « le préfet est un haut fonctionnaire ; la charge de procureur est lourde ».

Les diplômes s'écrivent avec des minuscules.

Par exemple : « *le baccalauréat ; le master* ».

S'agissant des titres d'ouvrage, le mot initial prend toujours la majuscule.

Par exemple : « *le Figaro, Les bouts de bois de Dieu* ».

Pour les titres d'ouvrage comme, d'une façon générale, pour les autres titres et outre le mot initial, les substantifs seuls prennent la majuscule[620].

---

[619] V. art. 17 du décret n° 75-1027 du 10 octobre 1975 relatif à l'emploi des majuscules dans les textes administratifs modifié par le décret n° 80-770 du 24 juillet 1980.
[620] V. art. 18 du décret n° 75-1027 du 10 octobre 1975 précité.

- Le temps des textes normatifs

281. Présent de l'indicatif. La circulaire n° 00074 SGG/MSS/SGA/JUR/SP du 22 janvier 2021 relative à l'emploi du mode et du temps dans la rédaction des textes législatifs et réglementaires a rappelé les règles relatives à l'emploi du mode et du temps dans les textes législatifs et réglementaires.

En principe, le mode et temps à utiliser dans les textes normatifs est le présent de l'indicatif. Il sert à exprimer la certitude d'une action ; son usage vaut impératif. L'emploi du présent de l'indicatif dans l'écriture normative traduit l'affirmation d'une obligation. Il s'agit de l'une des particularités du langage normatif par rapport au langage courant[621].

Ainsi, il n'est pas recommandé de recourir à des verbes comme « *devoir* », « *falloir* » ou des adverbes comme « *absolument* » ou « *impérativement* », pour exprimer une obligation[622].

Par exemple : à propos de l'obligation de port du masque dans les lieux publics, on n'écrira pas « *l'obligation de port du masque doit impérativement être respecté dans les lieux publics* », mais « *le port du masque <u>est</u> obligatoire dans les lieux publics* ».

Aussi, on n'écrira pas « *il est rigoureusement interdit* », mais « *il est interdit* ».

En tout état de cause, dans les textes législatifs et réglementaires, l'usage du conditionnel est proscrit. En effet, ce temps, traduit une incertitude et une improbabilité incompatibles avec le caractère prescriptif et la portée normative de la règle de droit.

282. Futur. Dans l'écriture normative, l'usage du futur (simple ou antérieur) est possible dans l'article d'exécution contenu dans les textes réglementaires. Par exemple, la formule suivante est souvent recommandée : « Le Ministre chargé des Finances et le Ministre chargé

---

621 Sur cette question, P. A. TOURE, *op. cit.*, p. 267.

622 C. BERGEAL, *op. cit,* p. 307 ; D. REMY, *op. cit.,* p. 192-193.

des Sports procèdent, chacun en ce qui le concerne, à l'exécution du présent décret qui sera publié au *Journal officiel* ».

Le futur est aussi autorisé pour énoncer une sanction encourue en cas de violation d'une obligation. C'est d'ailleurs la raison pour laquelle, on retrouve souvent l'emploi du futur dans les textes d'incrimination contenues dans le Code pénal[623].

Par exemple, l'article 137 du Code pénal dispose : « *Quiconque aura contrefait, falsifié des documents administratifs sera puni d'un emprisonnement de 06 mois à trois ans* ».

Cette différence de temps entre la norme d'incrimination (« *quiconque aura contrefait, falsifié des documents administratifs* ») et la norme de sanction (« *sera puni d'un emprisonnement de 06 mois à trois ans* ») est aussi une différence chronologique. En effet, le texte comportant une incrimination est général et permanent alors que la sanction n'est prononcée qu'en cas de commission du comportement incriminé.

Même si les deux règles sont souvent regroupées dans un même support normatif, il y a bien une postérité de la sanction par rapport à la description de l'agissement incriminé. C'est pourquoi la sanction est souvent au futur simple alors que l'incrimination est formulée au futur antérieur [624].

---

[623] D. REMY, *op. cit.*, p. 193; *Guide pratique d'élaboration des textes législatifs et réglementaires*, Secrétariat général du Gouvernement du Niger, édition 2016, p. 16.
[624] Sur toute la question, V. D. REMY, *op. cit.*, *Ibid.*

DOCUMENT N° 28 : LE MODE ET LE TEMPS DANS LA RÉDACTION DES TEXTES LÉGISLATIFS ET RÉGLEMENTAIRES
La circulaire n° 00074 SGG/MSS/SGA/JUR/SP du 22 janvier 2021 relative à l'emploi du mode et du temps dans la rédaction des textes législatifs et réglementaires

CIRCULAIRE

A

Mesdames et messieurs les ministres,
Madame et messieurs les secrétaires d'Etat

Objet : Emploi du mode et du temps dans la rédaction des textes législatifs et réglementaires

A l'occasion du contrôle de la production normative du Gouvernement, notre attention a été appelée par une tendance de certains services des départements ministériels à recourir dans les textes à des verbes comme « *devoir* » ou à des adverbes comme « *obligatoirement* » ou « *impérativement* » pour exprimer une obligation. D'autres rédacteurs n'hésitent pas quelquefois à employer le conditionnel dans les textes normatifs.
La présente circulaire a pour objet de rappeler les règles relatives à l'emploi du mode et du temps dans les textes législatifs et réglementaires.
En principe, le mode et temps à utiliser dans les textes normatifs est le présent de l'indicatif. Il sert à exprimer la certitude d'une action ; son usage vaut impératif. L'emploi du présent de l'indicatif dans l'écriture normative traduit l'affirmation d'une obligation. Il s'agit de l'une des particularités du langage normatif par rapport au langage courant.
Ainsi, il n'est pas recommandé de recourir à des verbes comme « *devoir* », « *falloir* » ou des adverbes comme « *absolument* » ou « *impérativement* », pour exprimer une obligation.
Par exemple : à propos l'obligation de port du masque dans les lieux publics, on n'écrira pas « *l'obligation de port du masque doit impérativement être respecté dans les lieux publics* », mais « *le port du masque est obligatoire dans les lieux publics* ».
Aussi, on écrira pas « *il est rigoureusement interdit* », mais « *il est interdit* ».
En tout état de cause, dans les textes législatifs et réglementaires, l'usage du conditionnel est proscrit. En effet, ce temps, traduit une incertitude et une improbabilité incompatibles avec le caractère prescriptif et la portée normative de la règle de droit.
Dans l'écriture normative, l'usage du futur (simple ou antérieur) est autorisé pour surtout énoncer une sanction encourue en cas de violation d'une obligation. C'est d'ailleurs la raison pour laquelle, l'emploi du futur est souvent constaté dans les textes comportant des dispositions pénales (Code pénal, Code de la Route, Code de l'Hygiène, etc.).
Par exemple, l'article 137 du Code pénal dispose : « *Quiconque aura contrefait, falsifié des documents administratifs sera puni d'un emprisonnement de 06 mois à trois ans* ».

Son Excellence, Monsieur le Président de la République attache du prix à la bonne application de la présente circulaire.

Ampliation : Son Excellence Monsieur le Président de la République (ATCR)

- Le mode des textes normatifs

283. mode impersonnel. Les textes législatifs et réglementaires sont rédigés en mode impersonnel. On note dans l'écriture législative la fréquence de formes dans lesquelles le sujet est indéfini et ne désigne en fait rien, ni personne de précis ainsi que l'emploi répétitif et parfois litanique d'adjectifs ou d'articles indéfinis[625].

Par exemple : « *il est institué une commission* » ; « *il est créé un comité de...* » ; « *il est interdit de...* ».

Selon l'article 57 du Code des Obligations civiles commerciales, toute personne peut contracter, si elle n'en est déclarée incapable par la loi.

L'article 4 du Code pénal énonce que nul crime, nul délit, nulle contravention ne peuvent être punis de peines qui n'étaient pas prévues par la loi ou le règlement avant qu'ils fussent commis.

Il s'agit là d'une des manifestations de la généralité et de l'impersonnalité de la norme juridique[626].

Cette forme de rédaction traduit également l'idée de personnification de la République. En France, sous la monarchie, l'énoncé normatif se formulait souvent sous une forme personnelle et à la première personne. Par exemple, le roi énonçait dans une ordonnance du 1er juin 1828 sur les conflits d'attributions que : « *le procureur du roi informera immédiatement notre Garde des Sceaux...* ».

La forme impersonnelle de l'énoncé des textes normatifs modernes est la conséquence de la séparation des discours du législateur et de l'autorité exécutive[627].

En matière pénale, dans les formules d'incrimination, de façon classique, le Code pénal emploie le pronom relatif « *quiconque* » pour désigner toute personne qui aura commis l'infraction. Par exemple, selon l'article

---

[625] J-C. BECANE et M. COUDERC, *La loi,* Paris, Dalloz, 1994, p. 233 ; C. BERGEAL, *Manuel de légistique*, 8e édition, Paris, Berger-Levrault, 2018, p. 304, n° 284.
[626] H. DUPEYROUX, « Sur la généralité de la loi », in *Mélanges Carré de Malberg*, 1933, Paris, Sirey, p. 137 et s.
[627] D. REMY, *op. cit.*, p. 191.

364 du Code pénal, quiconque qui soustrait frauduleusement une chose qui ne lui appartient pas est coupable de vol.

Mais, à la faveur de la consécration de la responsabilité pénale des personnes morales, le législateur tend, de plus en plus, à abandonner l'expression « *quiconque aura* » pour retenir la formule « *toute personne qui aura...* ».

- Le style des textes normatifs

284. Principe de la normativité des textes. Le style entretient des liens étroits avec le discours. Le discours n'est qu'un ensemble organisé de phrases sur un sujet donné[628]. Quant au style, il s'agit de la mise en forme de ce discours, l'expression qu'on lui donne[629].

Dès 1804, PORTALIS, dans son discours préliminaire du Code civil, affirmait que « *la loi permet, ordonne ou interdit* ». Autrement dit, la vocation de la loi est d'être le vecteur de normes juridiques qui auront pour objet, selon les situations, d'autoriser, d'interdire ou de contraindre ses destinataires à une action juridique, une activité matérielle ou un comportement particulier. L'acte législatif ou réglementaire doit comporter une charge normative certaine[630]. Il est une affirmation de la volonté de l'autorité publique.

Le législateur cherche moins à dire ce qui est que ce qui devrait être. Son style traduit cette dimension prescriptive tournée vers l'avenir. Le style normatif se définit par opposition au style littéraire caractérisé par sa nature narrative et descriptive[631].

En raison de son caractère prescriptif, le langage de la loi est largement caractérisé par la rareté des qualificatifs et l'absence d'appréciations subjectives. Le style législatif est marqué par l'emploi de foncteurs déontiques, comme : « *il est interdit de...* » (de l'interdit); « *il est permis de...* » (du permis), etc.

---

[628] O. REBOUL, *La rhétorique*, Paris, PUF, 1984, p. 4.
[629] M. DUFRENNE, « Le style », Encyclopédia Universalis, Paris, 1973.
[630] B. MATHIEU, « La normativité de la loi : une exigence démocratique », *Cahiers du Conseil constitutionnel*, 2007, n° 21.
[631] J-C. BECANE et M. COUDERC, *La loi*, Paris, Dalloz, 1994, p. 245.

Le texte normatif, dont la caractéristique essentielle est d'énoncer des droits et des obligations, ne doit pas comporter des dispositions dépourvues de portée juridique, c'est-à-dire des sortes de déclarations d'intention, la formulation d'objectifs généraux ou des pétitions de principe qui ne sont que des « *incantations législatives* » sans valeur normative[632]. Ces proclamations « *à charge juridique nulle* », encore appelées *« neutrons législatifs »*[633], devraient normalement figurer dans le document de présentation du texte (exposé des motifs, rapport ou note de présentation) et non dans son dispositif.

Le Conseil constitutionnel français s'est reconnu le droit d'invalider une règle manifestement dépourvue de normativité[634]. La juridiction constitutionnelle a régulièrement eu l'occasion de rappeler que « *la loi a pour vocation d'énoncer des règles et doit par suite être revêtue d'une portée normative* »[635]. C'est « *le bavardage législatif* » que le Conseil constitutionnel français a entendu précisément condamner[636].

285. Exceptions. Toutefois, l'exigence de normativité de la loi comporte des exceptions.

En premier lieu, de par sa nature, la loi d'orientation sert à impulser, à orienter et à encadrer juridiquement une politique dans un secteur déterminé[637]. Aussi, comporte-t-elle bien souvent des dispositions non

---

632 *Guide pratique d'élaboration des textes législatifs et réglementaires,* Secrétariat général du Gouvernement du Niger, édition 2016, p. 11.

633 Selon l'expression de J. FOYER, « Loi d'orientation de la recherche et du développement technologique », AN, 21 juin 1982, p. 3667 ; également, M. VERPEAUX, « Neutrons législatifs et dispositions réglementaires : la remise en ordre imparfaite », *D.* 2005. chron. p. 1886.

634 B. MATHIEU, « Le Conseil constitutionnel censure les lois trop verbeuses », *JCP,* 2005. Actu. 879 ; J. ROUX, « Le Conseil constitutionnel et le génocide arménien : de l'a-normativité à l'inconstitutionnalité de la loi », *D.* 2012, p. 987 ; P. DEUMIER, « Qu'est-ce qu'une loi ? - Ce n'est ni un programme politique, ni un règlement », *RTD civ.*, 2005, p. 564.

635 Cons. const. 29 juillet 2004, n° 2004-500 DC , *Rec.*, p. 116 ; Cons. const., 21 avril 2005, déc. n° 2005-512 DC.

636 V. LASSERRE, « Loi et règlement », *Rép. dr. civ.,* Dalloz, 2015, n° 15.

637 V. *supra*, n° 40.

normatives, censées orienter la politique du Gouvernement dans un secteur d'activité donné.

A titre illustratif, l'article 2 de la loi n° 2004-16 du 04 juin 2004 portant loi d'orientation agro-sylvo-pastorale énonce que : « *La présente loi tient compte de l'ensemble des activités économiques en milieu rural...* ».

En second lieu, les lois de programme sont dépourvues de tout caractère normatif ; elles ne comportent pas des prescriptions légales, mais définissent simplement des objectifs à long ou à moyen terme. Elles sont dépourvues de portée obligatoire et déroge à l'exigence de normativité des lois.

- **L'emploi du singulier et du masculin**

286. Règles générales. Dans les textes normatifs, le singulier peut exprimer la pluralité ; il a valeur de pluriel. Mais l'usage du pluriel peut s'appliquer à une seule personne.

Le texte qui vise « *les créanciers* » peut s'appliquer à un créancier unique[638].

En outre, lorsqu'un texte énonce que « *le débiteur s'oblige à...* », il peut s'appliquer à tous les débiteurs, s'il y a en plusieurs.

Il en est de même de la formule « *un arrêté fixe les conditions d'exercice de...* » ; plusieurs arrêtés peuvent dans ce cas être édictés si nécessaire. Le singulier s'étend à plusieurs personnes ou à plusieurs choses de la même espèce, chaque fois que le contexte se prête à cette extension.

L'emploi concomitant de formes masculines et féminines risque de nuire à la compréhension des textes et à leur lisibilité, surtout si les formulations écrites n'ont pas de correspondances dans la langue parlée. Le masculin singulier doit être privilégié pour désigner une classe de personnes ou d'objets.

Quant au masculin, il englobe le féminin ; il désigne « *toute personne de l'un ou de l'autre sexe et toute personne physique ou morale* »[639]. En fait,

[638] G. CORNU, *Linguistique juridique*, 1990, p. 282 ; D. REMY, *op. cit.* p. 197.
[639] G. CORNU, *op. cit*, p. 282.

l'emploi du masculin dans les textes comprend les deux sexes, à moins que le contexte n'indique le contraire.

Par exemple, le mot « *conjoint* », qui signifie le mari ou la femme, est plus neutre que le terme « *époux* ».

4. La charte graphique des textes législatifs et réglementaires

287. Protocole graphique. La charte graphique vise l'ensemble des règles fondamentales d'utilisation des signes qui constituent l'identité graphique d'une organisation, d'un projet ou d'une entreprise. Elle définit notamment les polices de caractères et les attributs typographiques à utiliser par le rédacteur[640].

Au Sénégal, l'univers graphique des textes est caractérisé par une grande diversité des règles typographiques utilisées qui varient d'un ministère à un autre, voire d'une direction à une autre, ce qui ne garantit pas un bon confort de lecture. La circulaire du 06 octobre 2015 sur les règles de présentation et de rédaction des textes législatifs et réglementaires a fixé une charte graphique uniforme des textes applicable à tous les services de l'Etat.

La charte graphique adoptée est la suivante :

- type de police : tahoma
- taille de police : 12
- style de police : normal
- interligne : 1,15

Cette charte graphique s'applique à l'appellation de l'État, au titre, à l'intitulé, aux subdivisions et au dispositif du texte.

Le corps des textes législatifs et réglementaires est toujours écrit en romain.

Échappent à cette présentation, les locutions ou numérotations latines (*bis, ter, quater,* etc.), les titres d'ouvrages (*Les bouts de bois de Dieu*), de journaux (*Le Quotidien)*, les mots non francisés (*ad hoc, ad litem, ad*

---

640 *Lexiques des règles typographiques*, Paris, Imprimerie nationale, 2002.

litteram, etc.), les créations commerciales (*Chanel*, *Petit Prince,* etc.), la devise (*Un Peuple-Un-But-Une Foi)* et les mots et expressions en langue étrangère (*money)*, qui sont toujours présentés en italique.

D. La bonne articulation du dispositif des textes

288. Cohérence normative. La rédaction des textes normatifs pose souvent de lancinants problèmes d'articulation entre des législations et réglementations supérieures, voisines ou concurrentes. Devant l'enchevêtrement des textes (traités, Actes uniformes, règlements, lois, ordonnances, décrets, arrêtés, etc.) qui se succèdent dans le temps, la question se pose de savoir s'il peut s'établir une hiérarchie entre eux. Quel texte devrait-il l'emporter sur l'autre ? Comment garantir la cohérence du dispositif normatif d'ensemble ?

La multiplication des règles de droit, de leurs sources (nationales et internationales) comme de leurs supports (lois, codes, etc.), nuit à la lisibilité du système juridique et donc à la sécurité juridique[641]. Les textes législatifs et réglementaires doivent « *s'emboiter* » et s'interpénétrer harmonieusement sans risque de conflits.

La question de l'articulation normative se pose aussi bien dans les rapports entre les normes du droit national et les normes supérieures que dans les rapports entre les règles du droit national entre elles.

De nos jours, avec l'essor du droit communautaire, l'articulation entre les normes communautaires pose des problèmes juridiques très délicats (**c**).

1. Les rapports entre normes nationales et normes supérieures

289. Problèmes d'articulation. Il se pose souvent des problèmes d'articulation entre d'une part, les normes du droit national et les règles du droit international et d'autre part, entre les règles du droit national et celles du droit communautaire.

---

[641] F. OST et M. VAN DE KERCHOVE, *Le système juridique entre ordre et désordre, Les voies du droit*, Paris, PUF, 1988, p. 85 s.

a. L'articulation entre normes nationales et normes internationales

290. Principe de la supériorité des traités sur les lois. Les normes du droit international sont pour l'essentiel constituées des traités internationaux[642]. La supériorité des traités sur les lois est aujourd'hui affirmée par la Constitution du 22 janvier 2001 modifiée. Aux termes de l'article 98 de la Constitution : « *Les traités ou accords régulièrement ratifiés ou approuvés ont, dès leur publication, une autorité supérieure à celle des lois, sous réserve, pour chaque accord ou traité, de son application par l'autre partie* »[643].

Dans l'arrêt *Ndiaga SOUMARE*, la Cour régulatrice du Sénégal a déjà jugé : « *Qu'en application de cette disposition (art. 98 de la Constitution), la Cour suprême procède au contrôle de la compatibilité d'une loi avec les stipulations d'un traité même lorsque la loi est postérieure à l'acte international* »[644].

Le Conseil d'Etat sénégalais, dans l'arrêt *Proper Guéna NITCHEN* rendu le 31 août 1994 a reconnu la soumission de l'Administration aux traités internationaux. Il a énoncé que l'autorité administrative est tenue de respecter le principe de l'égal accès de tous aux études supérieures résultant de la Déclaration universelle des droits de l'homme et du préambule de la Constitution qui s'impose à elle[645].

Dans la hiérarchie des normes, les traités ont une valeur supra-législative[646]. Mais cette supériorité ne concerne que les traités régulièrement ratifiés ou approuvés; elle exclut en principe les accords en

---

[642] Sur les traités internationaux, V. *supra*, n° 15.

[643] M. KAMARA, « De l'applicabilité du droit international des droits de l'homme dans l'ordre juridique interne », *Revue juridique et politique des États Francophones*, janvier-mars 2011, p.114-115.

[644] CS, ch. adm. n° 61 du 12 décembre 2013, Ndiaga SOUMARÉ c/ Etat du Sénégal, *inédit*.

[645] CE n° 36 du 31 août 194, Prosper Guéna NITCHEN, et autres, *Répertoire de jurisprudence de droit administratif (recueil des arrêts du Conseil d'Etat 1993-1994-1995*, Dakar, CREDILA, p. 174.

[646] H. TRIEPEL, « Les rapports entre droit interne et le droit international », *RCADI*, tome 1, 1923, pp. 73-122 ; S. N. TALL, « La Constitution sénégalaise de 2001 et le droit international public », *Nouvelles Annales africaines*, n° 01, 2007, p. 371 et s. ; I. DIALLO, « Les normes internationales et normes constitutionnelles dans l'ordre interne sénégalais », *Annales africaines,* décembre 2014, p. 2.

forme simplifiée qui ne font l'objet ni d'une ratification, ni d'une approbation[647].

Lorsqu'elles constatent qu'une loi est incompatible avec un traité ou un accord international, les juridictions pénales ne peuvent pas la tenir pour abrogée ou caduque ou l'invalider. Elles doivent seulement en écarter l'application au profit de la norme internationale. La loi reste donc applicable dans toutes ses dispositions qui ne sont pas contraires au traité et peut retrouver sa pleine efficacité si le traité vient à être modifié ou abrogé.

L'autorité supérieure des traités doit conduire à écarter l'application de la loi qui leur est contraire, non seulement lorsqu'elle est antérieure mais également lorsqu'elle est postérieure[648].

D'ailleurs, le Conseil constitutionnel sénégalais a déjà eu l'occasion de décliner sa compétence pour connaître du contrôle de la conventionnalité des lois ; c'est-à-dire le contrôle de la conformité des lois aux traités. Dans l'affaire dite *EZZAN*, jugée le 12 février 2005[649], le Conseil constitutionnel a jugé que les articles 74 et 98 de la Constitution « *ne prescrivent ni n'impliquent le contrôle de la conventionnalité des lois dans le cadre du contrôle de la conformité des lois à la Constitution (...) il n'appartient pas au Conseil constitutionnel d'apprécier la conformité de la loi aux stipulations d'un traité ou d'un accord international* ».

291. Conditions de la supériorité des traités sur les lois. La primauté des traités sur les textes législatifs suppose d'abord qu'ils soient approuvés ou ratifiés.

---

[647] En ce sens, P-F. GONIDEC, « Le droit international », in *Encyclopédie juridique de l'Afrique*, Tome premier, Abidjan-Dakar-Lomé, NEA, p. 301 ; I. DIAITE, « Les Constitutions africaines et le droit international », *Annales Africaines* 1971-1972, p. 33-51 ; A. SALL, « Le droit international dans les nouvelles Constitutions africaines », *RJPIC,* n° 03, septembre-décembre, 1997, p. 341.

[648] Cass. ch. mixte 24 mai 1975, Soc. des Cafés Jacques Vabres, *D.* 1975, 497, concl. A. Touffait ; dans le même sens, CE 20 octobre 1989, Nicolo, *GAJA*, n° 117.

[649] Cons. const. n° 91/2005 1/C/2005 du 12 février 2005, Affaire de la loi n° 2005-01 du 07 janvier 2005 portant loi d'amnistie dite loi EZZAN, in I. M. FALL, *Les décisions et avis du Conseil constitutionnel du Sénégal*, Dakar, CREDILA, 2008, p. 473, obs. A. DIEYE.

Ensuite, ils doivent faire l'objet d'une application par l'autre partie au traité. Mais cette condition dite de réciprocité ne vaut que pour les traités bilatéraux, à l'exclusion des traités multilatéraux, notamment ceux concernant les droits de l'homme[650].

Enfin, le traité doit faire l'objet d'une publication pour avoir une valeur supérieure à celle des lois. La primauté du traité sur la loi est subordonnée à l'accomplissement de la formalité de la publicité[651]. C'est cette formalité qui permet d'intégrer les traités dans l'ordre normatif interne où ils prennent rang entre la loi ordinaire et la Constitution.

La Cour suprême du Sénégal a précisé la portée de la formalité de la publication dans l'arrêt *Séga SECK FALL* rendu le 29 janvier 1975[652]. La haute juridiction a énoncé que les dispositions de l'ancien article 79 de la Constitution, selon lesquelles, les traités régulièrement ratifiés ou approuvés ont, une autorité supérieure à celle des lois, dès leur publication, s'appliquent même aux traités entrés en vigueur antérieurement à la Constitution du 07 mars 1963. Selon les hauts magistrats « *il n'est pas établi que la convention n° 87 de l'OIT ait fait l'objet de publication au Sénégal ; qu'en admettant même qu'elle soit effectivement appliquée par le Sénégal, elle ne saurait dans ces conditions prévaloir sur les dispositions précitées de la loi n° 65-40 du 22 mai 1965 qui ont servi de fondement légal à la décision attaquée* ».

La Cour suprême, retenant une interprétation restrictive de l'ancien article 79 de la Constitution, estime que la primauté du traité sur la loi ordinaire est subordonnée à sa « *publication au Sénégal* » et non pas seulement à sa publication internationale.

Dès lors, le décret portant dissolution du syndicat des enseignants sénégalais, méconnaissant les dispositions du traité de l'OIT non publié

---

[650] P. LAGARDE, « La condition de réciprocité dans l'application des traités internationaux : son appréciation par le juge interne », *Rev. crit. DIP,* 1975, p. 39.
[651] R. PINTO, « Le juge devant les traités non publiés par la France », in *Mélanges M. WALINE*, Paris, LGDJ 1947, p. 235 ; A. SALL, « Le juge national et la publication des traités : à propos de l'invocabilité du traité de l'OHADA devant les juridictions sénégalaises », *Revue EDJA*, n° 42, 1999, p. 71 et s.
[652] CS du 29 janvier 1975, Séga SECK FALL, in *GDJAS,* 2e édition, Dakar, RIPAS, p.114.

au *Journal officiel* du Sénégal, ne saurait être annulé sur le fondement de la violation de la loi[653].

292. Mise en œuvre de la supériorité des traités sur les lois. Dans les Etats monistes[654], comme le Sénégal, les traités internationaux, dès leur ratification et leur publication, sont directement applicables et font partie de l'ordonnancement juridique interne, alors même que leurs stipulations n'ont pas fait l'objet de mesures spéciales visant à les incorporer dans la législation nationale. On dit que de tels traités sont d'applicabilité directe ou ont un caractère auto-exécutoire (*self-executing*)[655].

En l'absence d'une réglementation internationale uniforme, l'identification des critères d'applicabilité directe des traités, notamment celles relatives à la protection des droits de l'homme, dans l'ordre interne pose souvent des problèmes.

293. Position jurisprudentielle. Une jurisprudence constante de la Cour de Cassation et du Conseil d'Etat français estime que lorsqu'une loi est incompatible avec un traité ou un accord international, les juridictions pénales ne peuvent pas la tenir pour abrogée ou caduque ou l'invalider d'une quelconque manière[656]. Elles doivent seulement en écarter l'application au profit de la norme internationale, non seulement lorsque la loi est antérieure, mais également lorsqu'elle est postérieure[657].

Au Sénégal, l'attitude du juge à l'égard des conventions internationales, notamment celles relatives aux droits de l'homme, est assez ambiguë[658].

---

[653] J. M. NZOUANKEU, obs. sous CS du 29 janvier 1975, Séga SECK FALL, in GDJAS 2e édition, Dakar, *RIPAS*, p. 122.

[654] J. DHOMMEAUX, « Monisme et dualisme en droit international des droits de l'homme », *AFDI.*, vol. 41, 1995, pp. 447-468.

[655] M. KAMARA, « De l'applicabilité du droit international des droits de l'homme dans l'ordre juridique interne », *Revue juridique et politique des États Francophones,* janvier-mars 2011, p.117.

[656] P. F. GONIDEC, « Note sur le droit des conventions internationales en Afrique », in *Annuaire français de droit international*, volume 11, 1965. pp. 878

[657] Cass. ch. miste, 24 mai 1975, soc. des Cafés Jacques Vabres, *D.* 1975, 497 concl. A. Touffait ; également, CE 20 octobre 1989, Nicolo, *GAJA*, n° 117.

[658] G. CAMARA, « Les conventions internationales et les lois internes à travers la jurisprudence au Sénégal », in, *L'application du droit international dans l'ordre juridique interne des États d'Afrique francophone,* Actes du colloque de Ouagadougou du 24-26

Les juridictions de base ainsi que la défunte Cour de Cassation ont souvent refusé de se soumettre au principe de l'applicabilité directe des conventions internationales. Par une interprétation rigoriste de ce principe, ces juridictions exigent bien souvent des mesures nationales de réception des normes internationales[659].

Dans le cadre de l'affaire *Hissein HABRE*, la Cour de Cassation du Sénégal a jugé dans son arrêt du 20 mars 2001 que la seule présence de Hissein HABRE sur le sol sénégalais ne saurait justifier les poursuites dirigées contre lui, dès lors que la compétence universelle prévue par la Convention des Nations Unies contre la torture et autres peines ou traitements cruels, inhumains ou dégradants, ratifiée par le Sénégal, n'était consacrée par aucune disposition du Code de Procédure pénale[660]. Selon la haute juridiction : «*Aucun texte de procédure ne reconnaît une compétence universelle aux juridictions sénégalaises en vue de poursuivre et de juger, s'ils ont été trouvés sur le territoire de la République, les présumés responsables ou complices de faits (de torture) lorsque ces faits ont été commis hors du Sénégal par des étrangers ; que la présence au Sénégal d'Hissein HABRE ne saurait à elle seule justifier les poursuites intentées contre lui* »[661].

---

juin 2003, pp. 289-290 ; F. K. KAMARA, « Les nouveaux défis de la codification au Sénégal : le cas du droit pénal », in *Droit, politique et religion, Droit sénégalais*, n° 09, 2009, p. 227 et s.

[659] En ce sens, El H. M. SANGHARE, *La réception du droit international des droits de l'homme au Sénégal*, Thèse de Doctorat, Grenoble 2014, p. 179 et s.

[660] Cass. crim, n° 14 du 20 mars 2001, affaire Hissène HABRE, in, *La Balance*, le journal de l'Union des Magistrats sénégalais, août 2002, p. 36, note, A. NDIAYE ; sur cette affaire, V. *Le Sénégal. Le secteur de la justice et l'Etat de droit*. Une étude d'AFRIMAP et de l'Open society initiative for West Africa-OSIWA, novembre 2008, p. 26-27.

[661] A. CISSE, « Droit sénégalais », in A. CASSESE et M. DELMAS-MARTY, *Juridictions nationales et crimes internationaux*, Paris, PUF, 2002, p. 437 et s.; A. SALL, *L'affaire Hissein HABRE. Aspects judiciaires nationaux et internationaux*, Paris, L'Harmattan, 2013, p. 13 ; J. SEROUSSI, « L'internationalisation de la justice transitionnelle : l'affaire Hissène Habré. », *Critique internationale* 1/2006 (n°30), p. 83-101 ; A. CISSE, « La compétence universelle des juridictions pénales sénégalaises : l'affaire Hissène HABRE », *Africajuris*, du 14 au 20 novembre 2002, p. 4.

Mais dans l'arrêt *Association nationale des handicapés moteurs du Sénégal* du 29 juin 2000[662], la haute juridiction administrative a jugé que : « *L'autorité administrative peut, sans méconnaître le principe de l'égal accès des citoyens à un emploi public, instituer dans un souci d'intérêt général, certaines restrictions à ce principe en fixant des conditions imposant des sujétions nécessaires et acceptables au regard de l'objectif visé par la réglementation* ».

Le juge administratif a annulé, pour excès de pouvoir, la décision du 21 juillet 1999 par laquelle l'inspecteur d'Académie de Tambacounda a confirmé la décision du jury du concours de recrutement des volontaires de l'éducation qui a éliminé Boubacar Fadiya au motif qu'il souffrait d'une infirmité incompatible avec la fonction d'enseignant[663].

La chambre d'accusation de la Cour d'appel de Dakar a eu l'occasion d'appliquer le droit de toute personne d'être jugé dans un délai raisonnable prévu par l'article 7 de la Charte africaine des droits de l'homme et des peuples et l'article 9 du Pacte international relatif aux droits civils et politiques en matière de détention provisoire.

Dans l'affaire *Madior CISSE* et autres jugée par la Chambre d'accusation de la Cour d'appel de Dakar le 29 août 2013, à la suite des manifestations relatives à la candidature du Président de la République sortant à l'élection présidentielle de février 2012 qui sont survenues à Podor, des éléments de la Brigade de gendarmerie de cette ville sont intervenus en vue de maintenir l'ordre. Mais cette intervention a entraîné deux morts.

Le Commandant de Brigade de gendarmerie de Podor ainsi que trois (3) gendarmes ont été inculpés de meurtre et coups et blessures volontaires avant d'être placés sous mandat de dépôt.

---

[662] CE, n° 24 du 29 juin 2000, Association nationale des handicapés moteurs du Sénégal c/ Etat du Sénégal, in *Bulletin des arrêts du Conseil d'Etat*, n° 02, années judiciaires 1998-1999-2000, (année 2000), pp. 28-30.

[663] Pour un commentaire de cette décision, V. M. NGAIDE, « Le Conseil d'État du Sénégal et le principe de l'égal accès des citoyens aux emplois publics. A propos de l'arrêt du 29 juin 2000, Association nationale des handicapés moteurs du Sénégal c/ État du Sénégal », *Afrilex*, n° 03, 2003, op.cit., p. 201-204.

La Chambre d'accusation a ordonné la mise en liberté provisoire des inculpés et leur placement sous contrôle judiciaire en tirant argument du droit des inculpés d'être jugés dans un délai raisonnable ou d'être libérés. Selon la Cour : « *Les inculpés ont été placés en détention depuis le 31 juillet 2012 ; Que depuis lors, soit 13 mois, ils n'ont pas été entendus au fond sans qu'aucune justification liée aux nécessités de l'information n'ait été apportée sur cet état de fait par le magistrat instructeur ; Que cette situation est en contradiction avec les articles 7 de la Charte africaine des droits de l'homme et des peuples et 9 du Pacte international relatif aux droits civils et politiques qui proclament le droit pour les personnes détenues provisoirement d'être jugées dans les délais raisonnables ou libérées*»[664].

Suite à un pourvoi formé par le Procureur général près la Cour d'appel de Dakar, la Chambre criminelle de la Cour suprême a, par un arrêt du 07 novembre 2013, rejeté le pourvoi formé contre l'arrêt de la Chambre d'accusation[665].

En outre, dans l'affaire *Maïmouna BOIRO*, la Chambre d'accusation de la Cour d'appel de Dakar a eu à apprécier le droit d'être jugé dans un délai raisonnable dans un dossier criminel. Dans cette affaire, Maïmouna BOIRO, inculpée d'infanticide et placée sous mandat de dépôt depuis le 05 septembre 2008, a été renvoyée devant la Cour d'assises par ordonnance du 11 novembre 2009. Elle n'a pu être jugée, son dossier s'étant égaré entre les sessions d'assises.

La Chambre d'accusation a ordonné la mise en liberté provisoire de l'inculpée aux motifs que : « *cette situation viole le droit pour la susnommée d'être jugée dans un délai raisonnable (...) conformément aux articles 7 de la Charte africaine des droits de l'homme et des peuples et 9 du Pacte international relatif aux droits civils et politiques, qui exigent qu'une personne détenue soit jugée dans un délai raisonnable ou libérée* »[666].

---

[664] CA Dakar ch. acc. n° 005 du 29 août 2013, MP c/ Madior CISSE et autres, *inédit*.
[665] CS. ch. crim. n° 85 du 07 novembre 2013, MP c/ Madior CISSE et autres, *inédit*.
[666] CA Dakar ch. acc. n° 31 du 04 février 2014, MP c/ Maïmouna BOIRO, *inédit*.

Il est remarquable de relever que devant les lacunes de la législation pénale sénégalaise, la Chambre d'accusation, dans les arrêts précités, n'a pas hésité à faire directement application du Pacte international relatif aux droits civils et politiques et de la Charte africaine des droits de l'homme et des peuples et en vue de mettre en œuvre le principe de célérité en matière de détention provisoire[667].

Il faut ajouter que la Cour suprême du Sénégal a eu l'occasion de faire une application directe de la Convention internationale relative aux droits de l'enfant. La cour régulatrice a considéré, dans un arrêt rendu le 20 mai 2020[668], que le fait pour un père adoptif de publier sur sa page Facebook la photo à moitié dénudée de sa fille constitue une violation de son droit à l'intimité de la vie privée prévu par l'article 16 de ladite convention.

294. Supériorité de la Constitution sur les traités. La question du rang normatif des traités internationaux par rapport aux dispositions constitutionnelles a été très discutée.

Le droit constitutionnel interdit toute contradiction entre un engagement international et la Constitution. En vertu de l'article 97 de la Constitution, si le Conseil constitutionnel a déclaré qu'un engagement international comporte une clause contraire à la Constitution, l'autorisation de le ratifier ou de l'approuver ne peut intervenir qu'après la révision de la Constitution. Ce texte évoque le contrôle, non pas de « *conventionnalité* », mais celui de contrariété par lequel le Conseil constitutionnel examine si un engagement international ne comporte pas de clauses contraires à la Constitution[669].

Le fait que la Constitution doive être adaptée au traité, et non le contraire, pourrait laisser penser à une supériorité de la norme internationale conventionnelle sur la norme constitutionnelle.

---

667 En ce sens, P. A. TOURE, *La réforme de l'organisation judiciaire commentée et annotée*, Paris, l'Harmattan, 2016, p. 78 et s.

668 CS ch. civ. com. n° 44 du 20 mai 2020, *inédit*.

669 S. N. TALL, « La Constitution sénégalaise de 2001 et le droit international public », *Nouvelles Annales africaines*, n° 01, 2007, p. 371 et s.

Toutefois, il est admis que la Constitution a une valeur supérieure aux traités internationaux[670]. Une jurisprudence française établie a jugé que la suprématie conférée aux traités internationaux par l'article 55 de la Constitution ne s'applique pas, dans l'ordre juridique interne, aux normes constitutionnelles[671]. Ainsi, les traités ont une valeur infra-constitutionnelle[672].

L'affirmation de la supériorité de la Constitution sur les traités ne manque pas d'arguments.

D'une part, les autorités habilitées à signer et à ratifier les traités tiennent leur pouvoir de la Constitution et ne peuvent donc agir que dans les limites fixées par le droit constitutionnel ; de sorte que la source originaire du droit international contemporain réside précisément dans la Constitution.

D'autre part, les modalités de ratification et d'opposabilité des traités internationaux sont prévues par la Constitution[673].

b. L'articulation entre normes nationales et normes communautaires

295. Principe de la primauté du droit communautaire. Les rapports entre l'ordre normatif national et l'ordre juridique communautaire sont

---

[670] L. FAVOREU et Alii, *Droit constitutionnel*, 17e éd., 2015, Paris, Dalloz, n° 441 ; B. BEIGNIER et S. MOUTON, « La Constitution et la Convention européenne des droits de l'homme, rang et fonctions », *D.* 2001, chron. 1636.

[671] CE, ass. du 30 octobre 1998, Sarran, Levacher et a., req. n° 200286 et 200287, *RDP,* 1999. 919, note Flauss ; *D.* 2000. 152, note Aubin ; *RTD civ.,* 1999. 232, obs. Molfessis ; Cass., ass. plén. du 02 juin 2000, n° 99-60.274, *D.* 2000. 865, note Mathieu et Verpeaux ; *RTD civ.*, 2000. 672, obs. Libchaber.

[672] Sur cette question, P. F. GONIDEC, « Droit international et droit interne en Afrique », *Penant*, n° 106, 1996 ; A. SALL, « Le droit international et les nouvelles constitutions africaines », *RJPIC*, n°03, septembre-décembre 1997 ; S.N. TALL, « La Constitution sénégalaise de 2001 et le droit international public », *Annales africaines*, n° 01, 2007, p. 373 et s. ; plus récemment, I. DIALLO, Normes internationales et normes constitutionnelles dans l'ordre juridique interne sénégalais », *Annales africaines*, vol. 02, décembre 2014, p. 2 et s.

[673] F. DELPEREE, « Les rapports de cohérence entre le droit constitutionnel et le droit international public, développements récents en Belgique », *RFDC* n° 36, 1998, p. 740 ; I. DIALLO, « Normes internationales et normes constitutionnelles dans l'ordre juridique interne sénégalais », *Annales africaines*, vol 02, décembre 2014, p. 07.

marqués par le principe de la primauté du droit communautaire très tôt dégagé par la Cour de Justice des Communautés européennes[674].

Les droits communautaires de l'UEMOA et de l'OHADA ont affirmé le principe de la supranationalité des normes qu'ils édictent. Selon l'article 6 du Traité de l'UEMOA, les actes arrêtés par les organes de l'Union pour la réalisation des objectifs dudit traité et conformément aux règles et procédures instituées par celui-ci, sont appliqués dans chaque Etat membre « *nonobstant toute législation nationale contraire, antérieure ou postérieure* ».

L'article 10 du Traité de l'OHADA a prévu une disposition similaire. Aux termes de ce texte : « *Les Actes uniformes sont directement applicables et obligatoires dans les Etats Parties, nonobstant toute disposition contraire de droit interne, antérieure ou postérieure* »[675].

Dans son avis rendu le 30 avril 2001[676], la Cour Commune de Justice et d'Arbitrage (CCJA) de l'OHADA a estimé que l'article 10 du Traité de Port-Louis « *contient une règle de supranationalité parce qu'il prévoit l'application directe et obligatoire dans les Etats parties des Actes uniformes et institue, par ailleurs, leur suprématie sur les dispositions de droit interne antérieures et postérieures* »[677].

---

[674] CJCE du 15 juillet 1964, Flaminio Costa c/ ENEL, aff. 6/64, *Rec.* 1141 ; Lebon 1141; aussi, CJCE du 9 mars 1978, Simmenthal, aff. 106/77, *Rec.*, 629.

[675] Sur cette question, T. ZOGBELEMOU, *Droit des organisations d'intégration économique en Afrique (CEDEAO-CEMAC-UEMOA-ZMAO),* Paris, l'Harmattan, 2014, p. 222-223.

[676] CCJA, avis, n° 001/2001/EP du 30 avril 2001, ohada.com, ohadata D.04-12, p/ 19 et s., obs. J. I. SAYEGH. La Cour suprême du Sénégal a également affirmé la primauté du droit communautaire sur le droit national, V. CS n° 12 du 05 mai 2009, Etat du Sénégal c/ ARMP, Comité de règlement des différends, Agence autonome des Transports routiers, *Bulletins des arrêts de la Cour suprême,* n° 01, décembre 2011, p. 96 ; sur cette décision, V. D. SY, « Un demi-siècle de jurisprudence administrative au Sénégal : de l'émergence à la maturation», in A. SALL et I. M. FALL (dir.), *Actualités du droit public et de la science politique en Afrique, Mélanges en l'honneur de Babacar KANTE,* Dakar, l'Harmattan, 2017, p. 630-631.

[677] J. I. SAYEGH, « La portée abrogatoire des Actes uniformes de l'OHAHA sur le droit interne des Etats parties », *Revue burkinabé de droit,* n° spécial, n° 39-40, p. 51 ; D. ABRACH, « La supranationalité de l'OHADA », *Rev. EDJA,* 2000, n° 44, p. 7 et s.; A.M. FONE MDONTSA, « Réflexions sur l'article 10 du Traité de l'OHADA », *Revue africaine des sciences juridiques,* 2010, vol. VII, n°01, p. 48 ; P. DIEDHIOU « L'article

Les dispositions internes des Etats membres contraires ou identiques aux Actes uniformes sont dépourvues d'efficacité juridique. Si elles ne sont pas formellement abrogées, elles sont réputées non écrites et neutralisées par l'OHADA[678].

Quant à la Cour de Justice de l'UEMOA, elle a également affirmé la primauté des règles communautaires primaires et dérivées de l'UEMOA, même sur les normes constitutionnelles. Dans l'avis n° 001/2003 du 18 mars 2003 émis sur la demande de la Commission de l'UEMOA relative à la création de la Cour des Comptes du Mali, la haute juridiction de l'UEMOA a énoncé que : « *Le juge national, en présence d'une contrariété entre le droit communautaire et une règle de droit interne, devra faire prévaloir le premier sur la seconde en appliquant l'un et en écartant l'autre* ». La cour a ajouté que « *la primauté bénéficie à toutes les normes communautaires, primaires comme dérivées, immédiatement applicables ou non et s'exercent à l'encontre de toutes les normes nationales, administratives, législatives, juridictionnelles ou même constitutionnelles, parce que l'ordre juridique communautaire l'emporte dans son intégralité sur les ordres juridiques nationaux. Les Etats ont le devoir de veiller à ce qu'une norme de droit national incompatible avec une norme de droit communautaire qui répond aux engagements qu'ils ont pris, ne puisse pas être valablement opposée à celle-ci* » [679].

La Cour de Justice de l'UEMOA a eu l'occasion de rappeler son avis émis en 2023 dans un arrêt rendu le 04 juin 2025[680].

296. Primauté du droit dérivé. Le principe de la primauté du droit communautaire concerne aussi bien les règles du droit primaire (par exemple, le traité de l'UEMOA) que les règles de droit dérivé (règlement,

---

10 du Traité de l'OHADA : quelle portée abrogatoire et supranationale ? », *Revue de droit uniforme*, 2007-2, vol. XII, p. 265.

[678] En ce sens, P. G. POUGOUE et autres, « Actes uniformes », in P. G. POUGOUE (dir), *Encyclopédie du droit OHADA,* Paris, Lamy 2011, n° 45.

[679] Pour un commentaire de cette décision, V. A. SALL, *La justice de l'intégration. Réflexions sur les institutions judiciaires de la CEDEAO et de l'UEMOA*, Dakar, l'Harmattan, 2008, 2e édition revue, corrigée et augmentée, p. 184 et s.

[680] CJUEMOA n° 01 du 4 juin 2025, OUEDRAOGO Séni et autres c/ L'Ordre des Avocats du Burkina Faso, *inédit.*

directive notamment) ; ces normes bénéficient d'une supériorité par rapport à toutes les normes du droit national, y compris les normes constitutionnelles.

En précisant que la primauté profite à toutes les normes communautaires, primaires comme dérivées, « *immédiatement applicables ou non* », la Cour de Justice de l'UEMOA semble considérer que le principe de primauté bénéficie également aux directives, même si elles ne sont pas directement applicables.

La chambre administrative de la Cour suprême a eu l'occasion, à plusieurs reprises, en matière de marchés publics, de réaffirmer la primauté des Directives n° 04/2005/CM/UEMOA et 05/2005/CM/UEMOA du 09 décembre 2005 sur les dispositions nationales contraires[681].

La haute juridiction administrative a ainsi reconnu au Comité du Règlement des Différends (CRD) de la défunte Autorité de Régulation des Marchés publics (ARMP), le pouvoir d'écarter des dispositions du code des marchés publics contraires aux Directives n° 04/2005/CM/UEMOA et 05/2005/CM/UEMOA du 09 décembre 2005, au cours du règlement d'un litige sur le fondement de la primauté de l'ordre communautaire. En effet, dans un arrêt rendu le 5 mai 2009[682], la haute juridiction administrative a jugé « *que s'il est vrai que le comité ne peut annuler le décret portant code des marchés publics, il reste qu'il peut écarter des dispositions contraires aux Directives n° 4 et 5 en vertu du principe de la primauté du droit communautaire sur la législation nationale* ».

Dans un autre arrêt rendu le 16 novembre 2010[683], la chambre administrative de la Cour suprême a fait prévaloir les dispositions de la Directive n°04/2005/CM/UEMOA du 09 décembre 2005, définissant l'autorité contractante comme une personne morale signataire d'un

---

[681] P. A. TOURE, « Les régimes dérogatoires de passation des marchés publics : quelle articulation normative ? », *Rev. sén. dr.* n° 40, janvier 2025, p. 373 ; M. LO DIATTA, *Droit sénégalais des marchés publics*, Dakar l'Harmattan, 2025.

[682] CS ch. adm. n°12 du 05 mai 2009, *Etat du Sénégal c/ ARMP-Comité de Règlement des Différends, inédit.*

[683] CS, ch. adm. n°29 du 16 novembre 2010, *la CENTIF et État du Sénégal c/ le Comité de Règlement des Différends de l'Autorité de Régulation des Marchés publics (ARMP), inédit.*

marché public, sur les dispositions contraires du Code des Marchés publics qui considérait une entité non personnalisée comme une autorité contractante.

La primauté des directives sur les lois nationales est d'autant plus établie qu'en vertu du principe de l'effet direct vertical des directives[684], lorsqu'une directive est mal transposée ou non transposée, les particuliers peuvent, d'une part, directement invoquer, à l'encontre de l'Etat défaillant les dispositions de cette directive[685]. Cette forme d'invocabilité est appelée « *invocabilité de substitution* » [686].

D'autre part, ils peuvent demander au juge de faire écarter l'application du droit national contraire au profit de la directive. Il s'agit d'une invocabilité dite d'exclusion[687] ; ce qui constitue une conséquence du principe de la primauté du droit communautaire. Les seules conditions exigées par la

[684] Mais l'effet direct vertical des directives ne peut jouer que dans un sens «*ascendant*», sous forme d'opposabilité de la directive par un justiciable à l'État membre et jamais dans un sens « *descendant* », sous la forme de l'opposabilité de la directive à l'individu par l'État qui n'a pas respecté son obligation de transposition correcte de la directive. La Cour d'Appel de Dakar a eu l'occasion de refuser de faire produire des effets juridiques à l'imposition dénommée « *Contribution Spéciale sur les produits des Mines et carrières* », instituée sur le fondement de la loi organique n° 2011-15 du 15 octobre 2001 relative aux lois de finances autorisant la création des impôts par une loi de finances, au motif que ladite loi organique n'a pas procédé à une correcte transposition de la Directive n°6/2009/CM/UEMOA qui consacre l'appartenance des dispositions relatives à l'assiette, au taux et aux modalités de recouvrement des impositions de toute nature au domaine exclusif de la loi (CA Dakar n° 201 du 15 juillet 2019, *l'Entreprise Mapathé Ndiouck SA c/ Directeur général des Impôts et Domaines, inédit)*.

[685] M. BLANQUET, « Effet direct du droit communautaire », *Rép. dr. comm.*, Dalloz, 2015, § 5, p. 3 D. RITLENG, « La reconnaissance de l'effet direct de la directive Retour », *RTD eur.* 2011, p. 885 ; J. WILDEMEERSCH, « Primauté, vous avez dit primauté ? Sur l'invocabilité des directives dans les litiges entre particuliers », *RAE* 2018, n° 3, p. 541 ; M. BLANQUET, « Effet direct du droit de l'Union européenne », *Rép. dr. eur.*, 2022.

[686] P. A. TOURÉ, *La transposition des directives communautaires de l'espace UEMOA*, Dakar, l'Harmattan, 2024, p. 338 et s.

[687] O. BUBOS, « L'invocabilité d'exclusion des directives : une autonomie enfin conquise », *RFDA* 2003, p. 568.

jurisprudence pour la reconnaissance de l'effet direct sont tirées de la clarté, de la précision et de l'inconditionnalité de la directive[688].

La question de l'articulation des règles de la procédure pénale sénégalaise avec le droit communautaire s'est récemment posée à l'occasion de l'adoption du Règlement n° 05/CM UEMOA du 25 septembre 2014 relatif à l'harmonisation des règles régissant la profession d'Avocat dans l'espace UEMOA[689]. Aux termes de l'article 5, alinéa 1er du Règlement n° 05/CM UEMOA du 25 septembre 2014 : « *Les Avocats assistent leurs clients dès leur interpellation, durant l'enquête préliminaire, dans les locaux de la police, de la gendarmerie ou devant le parquet* ».

Ce règlement communautaire a vite jeté un trouble dans l'esprit des praticiens et des théoriciens du droit et a suscité un vif débat sur son applicabilité en l'état actuel du droit positif sénégalais. En effet, avant l'adoption de ce règlement, l'avocat était présent, dans la seconde période de la garde à vue et pouvait s'entretenir avec son client pendant une durée n'excédant pas trente (30) minutes[690].

La Chambre d'Accusation de la Cour d'Appel de Dakar, dans l'arrêt *Thione SECK* rendu le 22 septembre 2015[691], a affirmé clairement l'applicabilité directe de l'article 5 du Règlement du 25 septembre 2014.

---

[688] Par ex. CJUE 8 mars 2022, NE, aff. C-205/20 ; on trouve cependant parfois le triptyque de la disposition «*suffisamment précise, claire et inconditionnelle* » (par ex. CJUE 18 janv. 2022, Thelen Technopark Berlin, aff. C-377/17.

[689]Sur ce débat, Y. BODIAN et P. T. FALL, « A propos de la présence de l'Avocat aux premières heures de la garde-à-vue », *Le Soleil* du 28 août 2015, p. 5 ; P. A. TOURE, « L'article 5 du Règlement 05/CM UEMOA du 25 septembre 2014 relatif à l'assistance de l'avocat dès l'interpellation devant la Chambre d'accusation de la Cour d'Appel de Dakar : à propos de l'arrêt n° 149 du 22 septembre 2015, affaire Thione SECK », *Annales africaines*, nouvelle série, vol 02, n° 03, décembre 2015, p. 323 et s. ; P. A. TOURE, *La réforme de l'organisation judiciaire du Sénégal commentée et annotée,* Paris, l'Harmattan, 2016, p. 119 et s. ; M. KONATE, *Le temps et le procès pénal*, Thèse de Doctorat, Université de Dakar, 2017, p. 241 et s., n° 547 et s. ; P. A. TOURE, *Le droit à l'assistance d'un avocat durant l'enquête dans l'espace UEMOA : l'exemple du Sénégal*, Dakar, l'Harmattan, 2025.

[690] V. anciens art. 55 et s. du Code de Procédure pénale.

[691] CA Dakar ch. acc. n° 149 du 22 septembre 2015, affaire Thione SECK, *Annales africaines*, nouvelle série, vol 2, n° 03, décembre 2015, p. 323 et s., obs. P. A. TOURE ; dans le même sens, CA Dakar, ch. corr. n° 454 du 30 août 2018, MP et Etat du Sénégal et la Ville de Dakar c/ Khalifa Ababacar SALL et autres, inédit.

Elle a jugé que les dispositions de « *l'article 5 ne subordonnent pas leur entrée en vigueur à la prise d'un quelconque acte* ».

Tirant les conséquences de l'applicabilité directe du Règlement de l'UEMOA, la loi n° 2016-30 du 08 novembre 2016 modifiant la loi n° 65-61 du 21 juillet 1961 portant Code de Procédure pénale[692] a incorporé, non sans difficultés, la règle de l'assistance de l'avocat dès l'interpellation dans l'ordre juridique sénégalais[693].

La circulaire du Ministre de la Justice n° 00179 MJ/DACG/MN du 11 janvier 2018 a précisé les modalités d'application de l'article 5 du Règlement n°05/CM/UEMOA et des dispositions du Code de Procédure pénale, relativement à l'assistance de l'avocat dès l'interpellation de son client par l'officier de police judiciaire.

c. Les rapports entre les normes nationales

297. Articulation verticale et horizontale. La bonne articulation entre les règles de droit national peut s'établir de deux manières selon que l'on considère la forme ou le contenu des textes en présence[694].

La succession des normes nationales pose un problème de bonne articulation aux niveaux vertical et horizontal.

- L'articulation verticale entre les normes nationales

298. Verticalité normative. La bonne articulation des normes au niveau vertical concerne la nature des textes en conflit. Elle pose la question du respect du principe de la hiérarchie des normes. La théorie de la normativité juridique a été systématisée par Hans KELSEN qui a théorisé une pyramide des normes[695] qui se présente comme suit :

---

692 JORS, n° 6976 du samedi 26 novembre 2016, p. 1627.

693 P. A TOURE, « L'assistance de l'avocat dès l'interpellation dans la réforme du Code pénal et du Code de Procédure pénale : la greffe processuelle n'a pas bien pris ! », *La Balance, Revue semestrielle de L'union des Magistrats Sénégalais*, n° 01, janvier-juin 2017, p. 315 et s.

694 Sur cette question, J. CARBONNIER, *Droit civil. Introduction. Les personnes*, Paris, PUF, 1974, p. 113.

695 H. KELSEN, *Théorie pure du droit,* 2eme éd., 1960, trad. Eisenmann, Dalloz, rééd. 1999, Bruylant, LGDJ, 1962.

1. la Constitution ;
2. les conventions internationales ;
3. les lois et les ordonnances ayant de plein droit valeur législative ;
4. les décrets et les ordonnances ayant de plein droit valeur réglementaire ;
5. les arrêtés ;
6. les mesures d'ordre individuel.

299. Hiérarchie des normes. La hiérarchie des normes signifie que les normes juridiques sont hiérarchisées les unes des autres et chaque norme tire sa juridicité de la norme qui lui est directement supérieure[696]. En cas de conflit entre elles, la hiérarchie normative permet de faire prévaloir la norme de niveau supérieure sur la norme qui lui est subordonnée[697].

Dans un avis émis le 10 juillet 2024[698], le Conseil constitutionnel sénégalais a estimé « *qu'en vertu du principe de la hiérarchie des normes qui consacre la suprématie des dispositions constitutionnelles sur celles du Code électoral, il y a lieu de dire que les dispositions relatives au parrainage ne peuvent être appliquées aux élections législatives anticipées* ».

Les dispositions d'une loi ordinaire prime sur le régime prévu par un décret présidentiel, la norme législative étant supérieure à la norme décrétale. Il est fait exception à cette règle lorsque la loi a été délégalisée conformément à la procédure prévue par l'alinéa 1er de l'article 76 de la Constitution. En effet, une loi délégalisée a la même valeur juridique qu'un acte réglementaire.

Par exemple, les dispositions de la loi n° 66-68 du 04 juillet 1966 fixant le statut général du personnel des cadres moyens et supérieurs des établissements publics à caractère industriel ou commercial, ont une valeur

---

696 J. MORANGE, « La hiérarchie des textes dans la Constitution du 4 octobre 1958 », *D.* 1959, chron., p. 21.

697 Sur cette théorie, P. AMSELEK, « Réflexions critiques autour de la conception kelsénienne de l'ordre juridique », *RDP,* 1978, p. 5 ; du même auteur, « Une fausse idée claire la hiérarchie des normes juridiques », *RRJ,* 2007. 557 s.

698 Cons. const. n° 2/C/2024 du 10 juillet 2024, *inédit.*

réglementaire. En effet, elles ont été délégalisées, par un arrêt de la Cour suprême du Sénégal rendu le 05 mai 1969[699].

Il y a également une hiérarchie à l'intérieur de chaque catégorie de normes législatives ou réglementaires.

Une hiérarchie existe aussi entre les lois. La loi constitutionnelle modifiant la Constitution prime sur la loi organique qui précise le sens et la portée des dispositions constitutionnelles. Aussi, la loi ordinaire doit se conformer au dispositif prévu par la loi organique.

Une loi, même postérieure, ne saurait contenir des dispositions contraires à la Constitution (norme fondamentale de l'Etat) ou à un traité régulièrement ratifié et publié au *Journal officiel*, sans méconnaître la hiérarchie des normes.

Il y a par ailleurs une hiérarchie entre les actes réglementaires.

En premier lieu, les règlements sont eux-mêmes hiérarchisés en fonction des autorités dont ils émanent[700]. Le décret pris par le Président de la République prime sur le décret édicté par le Premier Ministre, lequel ne peut y déroger. L'arrêté du Ministre chargé de l'Intérieur est supérieur à celui pris par un gouverneur ou un préfet.

Les textes réglementaires des autorités déconcentrées (gouverneur, préfet, sous-préfet) sont supérieurs à ceux des autorités décentralisées (maire d'arrondissement, maire de commune, etc.)

En second lieu, les règlements sont hiérarchisés en raison de leur domaine de compétence. Les décrets d'application d'une loi sont subordonnés à la loi qu'ils appliquent, alors que les règlements autonomes sont pris dans un domaine de compétence concurrent, qui ne relève pas du pouvoir législatif[701]. Ainsi, le décret autonome prime sur le décret d'application d'une loi.

---

[699] CS n° 01/C/69 du 05 mai 1969, Statut général du personnel des cadres moyens et supérieurs des établissements publics à caractère industriel ou commercial, *Rev. sén. dr.*, n° 06, p. 75.

[700] V. LASSERRE, « Loi et règlement », *Rép. dr. civ.*, Dalloz, 2015, n° 201.

[701] V. LASSERRE, *Ibid.*

300. Mécanismes articulatoires. Le législateur a instauré des mécanismes pour faire respecter la hiérarchie entre les normes législatives ou réglementaires ; il en est ainsi du recours en inconstitutionnalité contre une loi, du recours pour excès de pouvoir, de l'exception d'inconstitutionnalité et de l'exception d'illégalité.

Au Sénégal, il n'y a pas de hiérarchie des actes réglementaires en fonction de la forme dans laquelle ils ont été pris. En effet, le droit sénégalais ignore la distinction française entre les décrets simples, les décrets pris en Conseil des Ministres et les décrets en Conseil d'Etat[702].

- L'articulation horizontale entre les normes nationales

301. Horizontalité normative. L'articulation horizontale concerne les textes du même niveau dans la hiérarchie normative. Il s'agit par exemple de l'articulation entre deux lois ordinaires ou entre deux décrets présidentiels qui se succèdent dans le temps.

302. Textes de même niveau et de portée différente. Lorsque les textes qui se succèdent dans le temps sont de même niveau (par exemple, deux lois ordinaires ou deux lois organiques) et de portée différente (par exemple, une loi générale et une loi spéciale), l'articulation résulte de la distinction traditionnelle entre lois générales et lois spéciales.

On entend traditionnellement par lois générales, les lois qui déterminent les règles applicables à tous les cas qui composent un genre donné de rapports juridiques. Par contre, les lois spéciales sont celles qui prévoient une règle particulière à une série de cas déterminés.

Du point de vue quantitatif, la norme spéciale (« *lex specialis* ») s'oppose à la norme générale en ce qu'elle régit seulement une partie de l'objet de celle-ci.

Contrairement à ce que l'on pourrait croire, lorsqu'une loi générale et une loi spéciale se succèdent dans le temps, c'est la loi spéciale qui a plus de force pour être mieux définie. Elle va déroger aux règles prévues par la norme générale.

---

[702] V. *supra*, n° 53.

Lorsque la loi générale intervient après l'entrée en vigueur de la loi spéciale, elle ne saurait déroger à celle-ci. On exprime cette règle en énonçant que par une loi générale, il n'est dérogé aux lois spéciales (« *legi speciali per generalem non derogatur* »).

Lorsque la loi spéciale intervient après la loi générale, elle sera regardée comme ayant partiellement abrogé la loi générale. C'est tout le sens de l'adage « *specialia generalibus derogant* ».

Du point de vue qualitatif, on oppose la loi spéciale (« *lex singularis* ») à la loi générale représentant le droit commun[703]. Par droit commun, on entend les dispositions qui s'appliquent de façon générale, chaque fois qu'une règle particulière n'y déroge pas[704].

Le droit spécial est celui qui est attaché à une matière déterminée (contrats spéciaux, entreprises du secteur parapublic, etc.).

La loi spéciale étant exceptionnelle sera interprétée strictement en vertu de la règle selon laquelle les exceptions sont d'interprétation stricte. En outre, les lacunes du droit spécial seront comblées par un recours au droit commun[705].

Le Code des Obligations civiles et commerciales (COCC) fournit un exemple très éloquent d'articulation entre une règle de droit commun et une règle de droit spécial. En vertu de l'article 1er du COCC, sauf disposition contraire, la partie générale du Code (théorie générale des obligations) s'applique sans distinction aux obligations civiles et commerciales. Dans le silence de la partie spéciale du COCC (par exemple, les contrats spéciaux), les règles prévues par la partie générale ont vocation à s'appliquer.

---

[703] Sur cette question, N. DELEGOVE, *Le droit commun et le droit spécial,* Thèse, Panthéon-Assas, 2011 ; S. MAUCLAIR, *Recherche sur l'articulation entre le droit commun et le droit spécial en droit de la responsabilité civile extracontractuelle*, Paris, Institut Universitaire Varenne, 2013 ; B. SAINTOURENS, *Essai sur la méthode législative : droit commun et droit spécial*, Thèse Lille, 1987.

[704] F. POLLAUD-DULLIAN, « Du droit commun au droit spécial et retour », in *Aspects actuels du droit des affaires*, *Mélanges en l'honneur d'Y. Guyon*, Paris, Dalloz, 2003, p. 934.

[705] J. CARBONNIER, *Droit civil. Introduction. Les personnes*, Paris, 1974, PUF, p. 114.

Mais les diverses catégories de contrats (contrats spéciaux) sont soumises de plus aux règles particulières consacrées aux contrats spéciaux.

303. Textes de même niveau et de même portée. Lorsque les textes qui se succèdent dans le temps sont de même niveau dans la pyramide normative et de même portée (deux normes générales ou deux normes spéciales), des règles d'interprétation permettent de régler le problème d'articulation entre eux.

On admet que, par le recours à un critère chronologique, la norme nouvelle déroge à la norme ancienne puisqu'elle traduit la dernière volonté du législateur, même en l'absence de dispositions abrogatoires insérées dans le texte nouveau. C'est tout le sens de l'adage « *lex posterior derogat priori* ».

Dans l'arrêt *Abdoulaye SY* rendu le 06 juin 1973[706], la Cour suprême a eu l'occasion de faire application de cette règle d'interprétation en matière administrative. Elle a, en effet, jugé qu'un arrêté du 31 décembre 1970 du Ministre des Finances et des Affaires économiques qui constatait la cessation des fonctions de Abdoulaye SY à compter du 11 novembre 1970 est incompatible avec un précédent arrêté du 11 novembre 1970 qui prononçait sa suspension avec maintien du demi-traitement. La cour a estimé que le ministre « *a implicitement mais nécessairement entendu abroger ledit arrêté, en ce que s'agissant d'un texte antérieur et de même valeur juridique* ».

304. Autres solutions de politique législative. Malgré l'existence de méthodes d'interprétation permettant de trouver des solutions aux problèmes d'articulation, au Sénégal, des solutions de politique législative tendent à éviter la survenance de conflits entre des normes d'égale valeur.

A titre illustratif, l'article 25 du Code des Obligations de l'Administration[707] prévoit que les règles régissant la préparation, la passation, l'approbation, l'exécution et le contrôle de la commande publique sont fixées par un décret portant Code des Marchés publics.

---

[706] CS, n° 15 du 06 juin 1973, Abdoulaye SY c/ Etat du Sénégal, *inédit*.

[707] D. G. LAVROFF, « Le Code sénégalais des Obligations de l'Administration », *Penant*, 1966, p. 1-13.

Ainsi, aucune réglementation ou procédure particulière à un acheteur public, à une catégorie d'acheteurs ou à une catégorie de fournitures, services ou travaux ne peut déroger aux règles fixées par le Code des Marchés publics ou prises en application de ce code. Le droit des marchés publics ne peut, en principe, avoir pour support normatif que le Code des Marchés publics qui en est le seul cadre de référence[708].

En outre, face à la prolifération des régimes fiscaux dérogatoires, la loi n° 2012-31 du 31 décembre 2012 portant Code général des Impôts[709] a mis en place un « *droit commun incitatif* ». Les pouvoirs publics ont décidé de supprimer les régimes fiscaux dérogatoires et de faire ainsi du Code général des Impôts le siège unique de la réglementation fiscale. Cette option de politique législative participe de la lisibilité et de l'accessibilité du dispositif fiscal. C'est dans ce cadre que la loi n° 2016-32 du 08 novembre 2016 portant Code minier[710] a procédé au transfert de beaucoup de dispositions fiscales dans le Code général des Impôts[711].

Plus récemment, dans le cadre de la réforme du secteur parapublic, le législateur a veillé à la correcte articulation entre les dispositions de la loi d'orientation sur le secteur parapublic et les textes spécifiques régissant les entités relevant de ce secteur (agences d'exécution, établissements publics, etc.). En effet, d'après l'article 15 de la loi d'orientation n° 2022-08 du 19 avril 2022, la création, l'organisation et le fonctionnement des entités du secteur parapublic sont conformes aux règles particulières applicables à chaque type d'organisme. Ce texte précise que les dispositions de ladite loi d'orientation s'imposent dans tous les cas où elles sont en conflit avec les règles particulières applicables aux entités du secteur parapublic.

À titre d'exemple, les dispositions du décret n° 2009-522 du 4 juin 2009 portant organisation et fonctionnement des agences d'exécution, selon lesquelles le conseil de surveillance comprend au plus neuf (9) membres,

[708] Sur cette question, V. P. A. TOURE, « Les régimes dérogatoires de passation des marchés publics : quelle articulation normative ? », *Rev. sén. dr.* n° 40, janvier 2025, p. 373.
[709] JORS n° 6706 du 31 décembre 2012.
[710] JORS n° 6974 du 24 novembre 2016, p. 1585.
[711] V. l'exposé des motifs de la loi n° 2016-32 du 08 novembre 2016 portant Code minier.

sont neutralisées par l'article 20 de la loi d'orientation de 2022 qui porte le nombre maximum de membres de l'organe délibérant à douze (12), y compris, les administrateurs indépendants[712].

- L'articulation entre les normes communautaires

305. Diversité des organisations communautaires. En Afrique, la multiplicité des organisations communautaires constitue un phénomène majeur des temps modernes. On peut citer l'Union Économique et Monétaire Ouest Africaine (UEMOA), la Communauté Économique et Monétaire de l'Afrique centrale (CEMAC) et l'Organisation pour l'Harmonisation en Afrique du Droit des Affaires (OHADA). Toutes ces organisations communautaires sont dotées d'une Cour de justice. A ces organisations, on peut ajouter la Communauté économique pour l'Afrique (CEA), l'Organisation Africaine de la Propriété intellectuelle (OAPI), la Conférence interafricaine des Marché d'Assurance (CIMA) et la Conférence interafricaine de Prévoyance Sociale (CIPRES).

Certaines de ces organisations sont des organisations de coopération visant la satisfaction d'intérêts communs dans le cadre d'un effort de coordination.

D'autres sont des organisations d'intégration qui visent à terme, une fusion ou une harmonisation des législations entre les Etats membres pour constituer, soit une union douanière, soit un marché commun intégré et perfectionné[713].

306. Conflits entre normes communautaires. La diversité des organisations communautaires génère bien souvent des conflits entre les normes issues de ces organisations[714].

---

[712] V. art. 20 de la loi d'orientation n° 2022-08 du 19 avril 2022.

[713] S. N. TALL, « La CEDEAO et l'UEMOA : concurrence et complémentarité ? », *Nouvelles Annales africaines*, n° 01, 2007, p. 42.

[714] Sur cette question, S. N. TALL, *op. cit.*, p. 41 et s. ; M. FAU-NOUGARET (dir.), *La concurrence des organisations régionales en Afrique,* Paris, l'Harmattan, 2012 ; S. DOUMBE-BILLE, « La multiplicité des organisations régionales en Afrique : concurrence ou diversification ? », in M. FAU-NOUGARET (dir.), *La concurrence des organisations régionales en Afrique*, Paris, l'Harmattan, 2012, p. 15 et s.

Ces conflits normatifs sont d'autant plus complexes, qu'il n'existe aucune hiérarchie entre les ordres communautaires qui affirment bien souvent la supranationalité de leurs droits par rapport aux ordres juridiques nationaux[715].

Les conflits entre normes issues du droit communautaire sont loin d'être théoriques ; ils se sont posés dans la pratique dans les relations entre l'OHADA et l'UEMOA[716].

À titre d'exemple, le régime de la compensation entre les dettes des personnes publiques et celles de personnes privées a révélé un véritable conflit normatif entre l'OHADA et l'UEMOA. En vertu de l'article 30, alinéa 2 de l'Acte uniforme portant organisation des procédures simplifiées de recouvrement et des voies d'exécution, les dettes certaines, liquides et exigibles des personnes morales de droit public ou des entreprises publiques, peuvent faire l'objet de compensation avec les dettes également certaines, liquides et exigibles dont quiconque sera tenu envers elles, sous réserve de réciprocité.

Cependant, l'article 53 de la Directive n° 06/97/CM/UEMOA du 16 décembre 1997 portant règlement général sur la comptabilité publique prévoit que les redevables de l'Etat et des autres organismes publics ne peuvent opposer la compensation légale dans le cas où ils se trouvent, dans le même temps, créanciers de l'Etat ou d'organismes publics. Dans la même situation préalablement à tout paiement, le comptable public doit opérer la compensation légale entre les dettes et les créances assignées sur sa caisse[717].

---

[715] V. art. 6 du traité de l'UEMOA et art. 10 de traité de l'OHADA.

[716] D. B. BA, « Le problème de la comptabilité entre l'UEMOA et l'OHADA », in P. MEYER (dir.), La libéralisation de l'économie dans le cadre de l'intégration régionale : le cas de l'UEMOA, publication du CEEI, n° 03, Ouagadougou, *imprimerie Presses Africaines*, 2001, p. 176 ; A. T. NDIAYE, « Conflits de normes en droits communautaires OHADA et UEMOA. Exemple des paiements réalisés dans les systèmes de paiement intégrés en cas de procédures collectives d'apurement du passif », ohadata D-08-06.

[717] Sur cette question, F. M. SAWADOGO, « Les conflits entre normes communautaires : aspects positifs et prospectifs », in M. FAU-NOUGARET (dir.), *La concurrence des organisations régionales en Afrique*, Paris, l'Harmattan, 2012, p. 290 -291.

307. Solutions aux conflits. Le règlement du conflit entre normes de droit OHADA et celles du droit UEMOA paraît *a priori* inextricable. En effet, l'article 10 du traité de l'OHADA et l'article 6 du Traité de l'UEMOA prévoient respectivement que les normes de leur droit dérivé sont directement applicables et obligatoires dans les Etats parties nonobstant toute législation nationale contraire antérieure ou postérieure.

En outre, aucun mécanisme institutionnel n'est prévu pour trouver une solution à cette concurrence normative[718].

Compte tenu du fait que les deux catégories de normes (OHADA et UEMOA) paraissent se situer au même niveau, l'interprète pourrait être tenté de recourir au critère chronologique qui fait prévaloir le texte le plus récent, conformément à l'adage « *lex posterior derogat priori* » ; ce qui devrait favoriser les Acte uniformes, sur les règlements et directives de l'UEMOA, sauf lorsque la modification du texte de l'UEMOA est postérieure.

On pourrait également invoquer un critère de spécialité (« *specialia generalibus derogant ou generalia specialibus non derogant* »), ce qui a pour conséquence de laisser subsister les dispositions anciennes particulières suite à l'adoption d'une règle générale nouvelle. Mais ce dernier critère serait impuissant à trancher le conflit, les deux textes ayant le même contenu normatif.

En vue de gérer les conflits entre les normes communautaires, des solutions curatives résultant notamment des règles d'interprétation des normes nationales ont été proposées. En effet, il peut y avoir un conflit entre une réglementation générale (par exemple, le droit des sociétés commerciales de l'OHADA) et une réglementation spéciale (les dispositions du Code CIMA relatives aux compagnies d'assurance).

---

[718] En ce sens, A. T. NDIAYE, « Conflits de normes en droits communautaires OHADA et UEMOA. Exemple des paiements réalisés dans les systèmes de paiement intégrés en cas de procédures collectives d'apurement du passif », ohadata D-08-06 ; du même auteur, « Le principe de l'irrévocabilité des transferts interbancaires dans l'espace UEMOA fragilisé par les dispositions de l'OHADA organisant les procédures collectives d'apurement du passif », *Nouvelles Annales africaines*, n° 01, 2007, p. 139 et s.

Dans cette hypothèse, en application de la maxime « *specialia generalibus derogant* » (les lois spéciales dérogent aux lois générales), on considère que le régime spécial applicable aux banques et aux compagnies d'assurance déroge au régime général des sociétés commerciales de l'OHADA[719]. C'est dans ce sens qu'il faut comprendre l'article 916, alinéa 1er de l'Acte uniforme du 30 janvier 2014 relatif au droit des sociétés commerciales et du groupement d'intérêt économique. Aux termes de ce texte, l'Acte uniforme précité « *s'applique aux sociétés soumises à un régime particulier sous réserve des dispositions législatives ou réglementaires auxquelles elles sont assujetties* ».

Ce texte signifie que les sociétés à régime particulier, comme les banques et les sociétés d'assurance, sont soumises aux textes spéciaux les régissant (loi bancaire, instructions de la BCEAO et Code CIMA, etc.). Mais, dans le silence de ces textes, le droit commun des sociétés commerciales de l'OHADA a vocation à s'appliquer à ces entités.

La CCJA a eu l'occasion dans son avis n° 002/2016 du 18 octobre 2016[720], émis à l'initiative du Président du Conseil des Ministres de l'OHADA, de proposer des critères de détermination des sociétés soumises à un régime particulier. Il était demandé à la haute juridiction de se prononcer sur le ou les critères suivant lesquels une société devait être considérée comme soumise à un régime particulier. En réponse à cette question, la CCJA a estimé que : « *La notion de "société soumise à un régime particulier" désigne toute structure juridique revêtant une des formes prévues par l'AUSCGIE qui, en raison de ses activités ou de la mission d'intérêt général qu'elle accomplit, est soumise à certaines règles de droit sectorielles ou dérogatoires du droit commun des sociétés commerciales de l'OHADA* ».

---

719 A. M. ASSI-ESSO, J.I. SAYEGH et J. LOHOUES-OBLE, *CIMA. Droit des assurances*, Bruxelles, Bruyant, 2002, p. 45, n° 109 ; également, F. M. SAWADOGO, « Les conflits entre normes communautaires : aspects positifs et prospectifs », in M. FAU-NOUGARET (dir.), *La concurrence des organisations régionales en Afrique*, Paris, l'Harmattan, 2012, p. 310.

720 CCJA avis n° 002/2016 rendu par la CCJA lors de la séance du 18 octobre 2016 sur demande d'avis n° 01/2016/AC du 18 juillet 2016 du Président du Conseil des ministres de l'OHADA.

En conséquence, l'institution supranationale qualifie expressément les compagnies aériennes étrangères exerçant dans l'espace OHADA ainsi que leurs succursales de « *sociétés soumises à un régime particulier* ».

Dès lors, elle admet leur éligibilité au bénéfice de la dispense illimitée à l'obligation de filialisation prévue par l'article 120 de l'AUSCGIE[721].

Il résulte de cet avis que deux critères sont retenus pour définir la notion de société soumise à un régime particulier.

Le premier critère est formel, puisque les sociétés soumises à un régime particulier recouvrent toute « *structure juridique revêtant une des formes prévues par l'AUSCGIE* ». L'emploi de l'expression « *structures juridiques* » conduit à s'interroger sur la volonté de la CCJA d'étendre l'article 916 aux groupements d'intérêts économiques et aux structures dépourvues de personnalité morale.

Un an plus tard, la CCJA a entendu lever toute équivoque dans un autre avis n° 06/2017/AC du 07 novembre 2017 en énonçant que « *seule une société revêtant l'une des formes prévues par [l'AUSCGIE] peut être éligible au statut de société soumise à un régime particulier* »[722]. Ainsi, la société à régime particulier doit revêtir la forme d'une société par action (société anonyme, société par action simplifiée, SARL ou société en nom collectif).

Le second critère de détermination de la notion de sociétés à régime particulier est matériel. En effet, la cour communautaire vise la société « *qui, en raison de ses activités ou de la mission d'intérêt général qu'elle accomplit, est soumise à certaines règles de droit sectoriel ou dérogatoire du droit commun des sociétés commerciales de l'OHADA* ». Elle ajoute que les critères de détermination de la « *société soumise à un régime particulier* » tiennent essentiellement à la nature spécifique de l'activité qu'elle exerce ou à la mission d'intérêt général qu'elle accomplit, et qui

---

[721] B. MARTOR, « Assimilation des succursales des compagnies aériennes étrangères à des « sociétés soumises à un régime particulier », L'Essentiel droits africains des affaires, n°2 Février 2017, p. 4.

[722] O. BUSTIN, « Avis consultatif de la CCJA sur le statut des succursales et le financement des sociétés coopératives », *LEDAF* avril 2018, n° 111e8, p. 3.

nécessite un régime spécial. Entrent notamment dans la définition du « *régime particulier* » la réglementation spécifique, sectorielle ou dérogatoire du droit commun de l'OHADA, applicable à la société concernée, les privilèges, prérogatives particulières et autres exonérations à elles accordés.

Dès lors, le statut de société à régime particulier doit soit tenir à la nature de son activité ou à la mission d'intérêt général qui lui est dévolue justifiant l'applicabilité de règles particulières à son égard.

Les régimes particuliers de certaines de ces sociétés peuvent être créés et organisés par des droits communautaires. Il en est ainsi notamment des sociétés d'assurance, de banque et de crédit, de bourse. Ainsi, le droit bancaire de la Communauté Economique et Monétaire de l'Afrique Centrale (CEMAC), de l'Union Economique et Monétaire Ouest Africaine (UEMOA), de l'Union monétaire ouest africaine (UMOA) et le droit de la Conférence interafricaine des marchés d'assurance (CIMA) exigent des administrateurs des conseils d'administration des banques et des assurances qu'ils remplissent des conditions particulières d'honorabilité, de moralité et de compétence que n'exige pas l'Acte uniforme sur les sociétés commerciales et du groupement d'intérêt économique. Le Code CIMA impose également aux entreprises des règles particulières de comptabilité et des règles particulières de courtage susceptibles de compléter ou de se substituer au droit commun de la comptabilité ou du courtage.

C'est justement pour éviter des conflits entre normes communautaires que des précautions sont prises par le législateur communautaire dans la détermination du champ d'application de certains actes uniformes. Ainsi dans l'Acte uniforme relatif au droit des sociétés coopératives, il est prévu dans l'alinéa 2 de l'article 2 que « *les sociétés coopératives qui ont pour objet l'exercice d'activités bancaires ou financières demeurent soumises aux dispositions du droit interne ou communautaires relatives à l'exercice de ces activités* ».

On retrouve la même précaution dans l'Acte uniforme portant organisation des procédures collectives d'apurement du passif dont l'article 1-1 exclut de son champ d'application les personnes morales exerçant des activités soumises à un régime particulier toutes les fois que la réglementation qui leur est applicable prévoit des règles dérogatoires, étant précisé que de telles activités s'entendent de celles qui sont exercées par les établissements de crédit, des établissements de microfinance, des acteurs des marchés financiers (UEMOA) et des compagnies d'assurance et de réassurance (CIMA).

Plus récemment l'article 1er de l'Acte uniforme portant organisation des procédures simplifiées de recouvrement et des voies d'exécution adopté en 2023 a exclu de son champ d'application la saisie des navires ou des aéronefs dans les cas où des conventions internationales en fixent le régime.

Les conflits de normes peuvent également concerner des réglementations ou régimes de droit commun ; il en est ainsi du conflit entre les normes de l'OHADA et celles de l'UEMOA ou de la CEMAC. Dans ce cas, il n'y a pas *a priori* de solutions à proposer à ces situations complexes[723].

Mais au-delà des solutions curatives précitées, la mise en place de cadres de concertation entre les autorités normatives communautaires peut constituer un puissant outil de prévention des conflits entre normes communautaires. On peut citer le Cadre Permanent de Concertation créé le 25 décembre 2015 pour prévenir et régler les conflits de normes juridiques et de compétences entre l'OHADA et les organes et Institutions communautaires dotés de pouvoirs normatifs dans les États.

PARAGRAPHE III : LES ANNEXES

308. Notion. Les textes peuvent comporter des annexes. Ce sont des dispositions jointes à un acte normatif en vue de le compléter[724] ; ils figurent après les signatures et contreseings éventuellement[725]. Certaines annexes ont la même valeur juridique que le texte lui-même et appellent

---

[723] F. M. SAWADOGO, « Les conflits entre normes communautaires : aspects positifs et prospectifs », in M. FAU-NOUGARET (dir.), *La concurrence des organisations régionales en Afrique*, Paris, l'Harmattan, 2012, p. 311.

[724] S. GUY, « Les annexes législatives », *RDFC* 1999, n° 40, p. 819 ; J-P. CAMBY et S. GUY, « Deux points de vue sur les annexes législatives », *RDP*, 2002, p. 1251.

[725] M. BESCH, *Traité de légistique formelle*, Publication du Conseil d'Etat du Grand-Duché de Luxembourg, 2005, p. 108.

donc, pour leur rédaction, la même rigueur que celle apportée à la rédaction de celui-ci. D'autres annexes n'ont qu'une valeur indicative.

A. Les annexes ayant une portée juridique

309. Objet. Ces annexes contiennent des règles qui, en raison de leur technicité, seraient difficiles à insérer dans le corps même du dispositif du texte, en vue d'en garantir une meilleure lisibilité. Du fait qu'elles en font partie intégrante, ces annexes ont la même force obligatoire que le dispositif proprement dit[726].

Il en est ainsi des tarifs, tableaux[727], modèles de contrat[728], formulaires, descriptifs, dessins, plans, etc. Il en de même des statuts de sociétés, des règlements intérieurs, des cahiers de charges, lorsque la loi exige leur approbation par décret.

Par exemple, la loi de finances de l'année comprend le texte de loi proprement dit et les annexes qui l'accompagnent et en font partie intégrante[729].

Aussi, le décret n° 2001-283 du 12 avril 2001 portant approbation du Règlement intérieur de l'Ordre national des experts comptables et des experts agrées a annexé le Règlement intérieur adopté par l'assemblée générale de l'Ordre national des experts comptables et des experts agrées.

Le décret n°88-1725 du 22 décembre 1988 relatif aux statuts-types des sociétés nationales[730] a annexé à son dispositif des statuts types des sociétés nationales. Il en est de même du décret n° 76-199 du 17 février 1976 fixant les conditions d'octroi et de retrait de la reconnaissance

---

[726] Sur cette question, P. A. TOURE, *Légistique. Techniques de conception et de rédaction des lois et des actes administratifs : une tradition de gouvernance normative,* Dakar, l'Harmattan, 2019, n° 361 et s.

[727] Le décret n° 2015-1039 du 20 juillet 2015 portant aménagement de l'organisation judiciaire a annexé cinq tableaux relatifs au siège, au classement et à la composition des juridictions et de l'administration centrale du Ministère de la Justice.

[728] Le décret n° 2010-1812 en date du 31 décembre 2010 relatif au contrat de performance applicable aux agences d'exécution a annexé à son dispositif un modèle de contrat de performance.

[729] V. art. 43 de la loi organique n° 2020-07 du 26 février 2020 abrogeant et remplaçant la loi organique n° 2011-15 du 08 juillet 2011 relative aux lois de finances.

[730] JORS, n° 5275 du samedi 11 février 1989, p. 53 et s.

d'utilité publique aux associations qui a mis en annexe les statuts types des associations.

310. Modification ou l'abrogation de l'annexe. Les annexes peuvent, à l'image du dispositif normatif, faire l'objet de modification (par suppression, insertion, complément, etc.) ou même d'abrogation. En effet, l'autorité ayant édicté l'acte de base peut procéder à la modification ou au remplacement des annexes.

Par exemple, le décret n° 2008-1043 du 15 septembre 2008 avait abrogé et remplacé le tableau III prévu à l'article 1er du décret n° 84-1195 du 22 octobre 1984 portant aménagement de l'organisation judiciaire, modifié.

311. Disposition de renvoi aux annexes. Le dispositif normatif doit toujours indiquer clairement, au moyen d'un renvoi, le lien qui existe entre son contenu et l'annexe qui s'y rapporte.

Par exemple : « *le tableau annexé au présent décret* » ; « *le formulaire figurant en annexe de la présente loi* ».

Étant donné qu'une telle annexe fait partie intégrante du texte auquel elle est rattachée, il peut être nécessaire d'y insérer une disposition ainsi rédigée : « L'annexe fait partie intégrante de la présente loi ».

312. Présentation formelle. Il n'y a pas de règles rigoureuses relatives à la présentation des annexes qui font partie intégrante du dispositif. Leur structure devrait toutefois avoir un aspect uniforme et être subdivisée de telle façon que leur contenu, malgré sa technicité, soit aussi clair que possible. À cet effet, le rédacteur pourra faire appel à tout système de numérotation ou de subdivision approprié, sauf à la structuration en articles afin de ne pas créer de confusion avec le dispositif auquel les annexes sont censées se rapporter.

Lorsqu'il s'agit d'une seule annexe, elle doit porter comme en-tête la mention « **ANNEXE** », le cas échéant sans intitulé. Si le texte comporte plusieurs annexes, chacune doit être numérotée et comporter un intitulé distinct.

B. Les annexes ayant une valeur indicative

313. Objet. Les annexes, qui n'ont pas de portée juridique, sont celles qui constituent des outils destinés à apporter une aide à la compréhension de textes longs ou compliqués. Il en est ainsi des sommaires, des tables des matières et des tables de concordance.

D'ailleurs, ces annexes, peuvent être ajoutées au texte normatif au moment de sa publication au *Journal officiel*.

Du fait qu'elles n'ont aucune valeur juridique, la modification ou le remplacement (abrogation) de telles annexes n'impliquent pas l'intervention du pouvoir législatif (loi) ou réglementaire (décret ou arrêté)[731]. En effet, ces opérations normatives peuvent être réalisées librement.

SOUS SECTION II : LA CODIFICATION NORMATIVE

314. Notion. En légistique, la codification est considérée comme un moyen privilégié de clarification du droit. La structuration d'un domaine de la production normative dans un ensemble juridique coordonné a toujours été perçue comme un instrument de sécurité juridique, d'accessibilité et d'intelligibilité juridique[732]. La technique de la codification normative renvoie à deux opérations distinctes[733] : la codification à droit constant et la codification réformatrice.

---

[731] M. BESCH, *Ibid*

[732] F. K. KAMARA, « Les nouveaux défis de la codification au Sénégal : le cas du droit pénal », in *Droit, politique et religion, Droit sénégalais*, n° 09, 2009, p. 227 et s. ; C. LECOMPTE, « De la difficulté de codifier », *LPA,* 2003, n° 227 ; B. OPPETIT, « De la codification », in BEIGNER (dir.), *La codification*, 1996, Paris, Dalloz, p. 7 et s. ; J. GAUDEMET, « La codification, ses formes et ses fins », Études Eglesias, 1988, Madrid, p. 28. ; S. GUY, « De la codification », *LPA*,1997, n° 31; B. OPPETIT, *Essai sur la codification*, Paris, PUF 1998 ; R. CABRILLAC, *Les codifications*, Paris, PUF 2002.

[733] Sur cette question, P. A. TOURE, *Légistique. Techniques de conception et de rédaction des lois et des actes administratifs : une tradition de gouvernance normative,* Dakar, l'Harmattan, 2019, p. 367 et s.

PARAGRAPHE PREMIER : LA CODIFICATION À DROIT CONSTANT

315. Notion. La codification formelle dite à droit constant consiste à rassembler des textes préexistants classés selon leur nature (partie législative et partie réglementaire) mais sans procéder à des modifications de fond[734]. La codification à droit constant s'inscrit dans une perspective de rationalisation législative, censée être neutre du point de vue du contenu des normes. Il s'agit simplement de regrouper des textes épars, d'éradiquer les doublons et les normes contradictoires. Avec cette forme de codification, le code organise et présente les textes dans leur rédaction en vigueur au moment où il intervient. La codification à droit constant n'est pas censée modifier le droit existant, mais plutôt le rationaliser, le systématiser, le rendre plus accessible pour tous[735].

La France a connu la technique de la codification à droit constant, à partir de 1989 ; elle a été impulsée par le conseiller d'État Guy BRAIBANT, dans le cadre de la Commission supérieure de Codification. Le Code de l'Organisation judiciaire, le Code de la Construction et de l'Habitation et le Code de l'Administration communale notamment ont été adoptés dans ce cadre.

A l'occasion de cette vague de codification, le Conseil constitutionnel français a même jugé que cette forme de codification répondait à l'objectif de valeur constitutionnelle d'accessibilité et d'intelligibilité de la loi[736].

Le Sénégal n'a pas encore exploré cette forme de codification.

PARAGRAPHE II : LA CODIFICATION RÉFORMATRICE

316. Notion. La codification réelle dite codification réformatrice ou créatrice donne naissance à une œuvre nouvelle destinée à rassembler,

---

[734] G. CORNU, p. 187, V° Codification.

[735] Sur cette question, R. LIBCHABER, « Sur l'effet novatoire de la codification à droit constant », *RTD civ.*, 1997, p. 778 ; N. MOLFESSIS, « Les illusions de la codification à droit constant et la sécurité juridique », *RTD civ.,* 2000. 186 ; N. MOLFESSIS, « L'avènement du droit de la codification à droit constant », *RTD civ.,* 2002, p. 592 s.

[736] Cons. const. 16 décembre 1999, n° 99-421 DC, JO 22 déc. ; *RTD civ.*, 2000, p. 186, obs. N. Molfessis ; Cons. const. 26 juin 2003, n° 2003-473 DC.

clarifier, unifier et adapter les règles relatives à une matière à l'évolution d'un secteur considéré, en les ordonnant dans un nouveau corpus ayant une valeur normative[737].

Ce type de codification peut concerner des normes très variées (lois organiques, lois ordinaires, décrets, etc.). Il peut s'avérer nécessaire dans le souci d'une bonne information de l'usager de procéder à la codification des arrêtés ministériels ou interministériels.

Au Sénégal la pratique normative n'a pas encore exploré la méthode de codification des arrêtés.

En bonne règle légistique, ne sont codifiés, ni les textes constitutionnels, ni les textes internationaux et communautaires (qui font parfois l'objet d'une codification au niveau communautaire)[738].

Au lendemain de l'indépendance, les pouvoirs publics ont eu recours à la technique de la codification pour engager des chantiers juridiques de nature à créer les conditions du développement économique et social et à favoriser l'unité nationale[739]. M. Mamadou DIA, Président du Conseil à l'époque, soulignait, dans une circulaire n° 51 du 11 juillet 1961, que « *le Sénégal a décidé d'entreprendre sans tarder l'étude de la codification de son droit propre* ».

Cette codification consiste à réunir « *dans un document unique, de l'ensemble des dispositions qui régissent une matière déterminée* »[740]. ARRIGUI souligne que *« le regroupement dans un texte unique des réglementations éparses constitue par principe l'un des buts que se sont assignées les codifications africaines postérieures à l'indépendance* »[741].

---

[737] G. CORNU, p. 187, V° Codification.

[738] *Guide pour l'élaboration des textes législatifs et réglementaires*, Paris, La documentation française, 2005, p. 65.

[739] Sur cette question, R. DEGNI-SEGUI, « Codification et uniformisation du droit », in *Encyclopédie juridique de l'Afrique*, Dakar-Abidjan-Lomé, 1982, tome 1, p. 453 et s.

[740] K. MBAYE, « L'expérience sénégalaise de la réforme du droit », in *RIDC*, vol. 22 n°01, janvier- mars 1970. p. 35 et s.

[741] G. ARRIGUI, « Tradition adaptée au monde moderne : le Code de Procédure civile du Sénégal », *Penant* 1965, p. 155.

C'est ainsi qu'ont été regroupés les textes relatifs aux obligations de l'administration (Code des Obligations de l'Administration), aux obligations civiles et commerciales (Code des Obligations civiles et commerciales) [742], au droit pénal (Code pénal), à la procédure civile (Code de Procédure civile), à la procédure pénale (Code de Procédure pénale), à l'aviation civile (Code de l'Aviation civile), à la marine marchande (Code de la Marine marchande), etc. La codification a été l'occasion d'adapter l'ancienne législation française qui était en vigueur avant l'indépendance à la situation du pays et à l'état du droit international. Il s'est ainsi agi de procéder à l'élimination de textes surannés, à la suppression d'ambiguïtés gênantes et à l'ajout de dispositions manquantes ou à des compléments utiles[743].

A titre d'exemple, par souci de simplification, le Code des Obligations civiles et commerciales a rassemblé dans des règles uniques le droit civil et le droit commercial[744]. Certaines notions surannées ont été abandonnées. La faute contractuelle et la faute délictuelle ont été confondues dans la seule notion générique de faute civile[745].

Au Sénégal, depuis l'indépendance, la codification n'a jamais été perçue comme une simple opération de regroupement formel des textes épars,

---

742 G. A. LIKILLIMBA, « La codification du droit des obligations dans l'espace OHADA », in I. Y. NDIAYE, J.J. L. CORREA et A.A. DIOUF (dir.), *Code des obligations civiles et commerciales du Sénégal (COCC) : cinquante ans après,* vol 02, Dakar, CREDILA, l'Harmattan, 2018, p. 361 et s.

743 S. GUINCHARD, « Réflexions critiques sur les grandes orientations du Code sénégalais de la Famille », *Penant* 1978, p. 178. ; R. DEGNI-SEGUI, « Codification et uniformisation du droit », *op. cit.*, p. 460.

744 En ce sens, V. Y. SAMB, « La genèse du COCC : entre legs colonial et réalités locales », in I. Y. NDIAYE, J.J. L. CORREA et A.A. DIOUF (dir.), *Code des obligations civiles et commerciales du Sénégal (COCC) : cinquante ans après*, vol 2, Dakar, CREDILA, l'Harmattan, 2018, p. 513 et s.

745 V. art. 119 du Code des Obligations civiles et commerciales. En ce sens, E. A. FARNWORTH, « Le nouveau Code des obligations du Sénégal », *Annales africaines*, 1963, p. 17 ; G. RIVES, « Théorie générale des obligations en droit sénégalais », *Rev. sén. dr.*, n° 06, 1969, p. 5 et s. ; J.P. TOUSI, *Le droit des obligations au Sénégal,* LGDJ, NEA, p. 191 et s. ; F. B. DIA, « L'unité des responsabilités contractuelle et délictuelle : état de la question », in I. Y. NDIAYE, J.J. L. CORREA et A.A. DIOUF (dir.), *Code des obligations civiles et commerciales du Sénégal (COCC) : cinquante ans après,* vol 02, Dakar, CREDILA, l'Harmattan, 2018, p. 178 et s.

dans un même corpus juridique pour en garantir la lisibilité. Au-delà de cette idée d'accessibilité d'une législation ou d'une réglementation spécifique, il s'est surtout agi pour le législateur d'impulser des réformes dans des secteurs spécifiques (aviation civile, marchés publics, obligations civiles et commerciales, etc.). L'adoption récente du Code de l'Aquaculture confirme cette tendance de la politique législative.

317. Méthode de rédaction. La technique de la codification exige de la part du rédacteur le recours à des techniques de rédaction assez complexes.

Il est possible de présenter le code sous la forme d'un même support normatif comportant respectivement une partie législative qui, sauf habilitation expresse, contiendra les dispositions de nature législative et une partie réglementaire, qui comportera les dispositions de nature réglementaire.

La partie législative peut être intitulée : « Loi…portant partie législative du Code de… ».

La partie réglementaire peut être intitulée : « Décret…portant partie réglementaire du Code… ».

Ou bien

La partie législative peut être intitulée : « Loi…portant Code de…(partie législative) ».

La partie réglementaire : « Décret… portant Code… (partie réglementaire) ».

Cette technique est celle empruntée par l'ancien Code de l'Urbanisme qui comporte une partie législative instituée par la loi n° 2008-43 du 20 août 2008 portant Code de l'Urbanisme et une partie réglementaire issue du décret n° 2009-1450 du 30 décembre 2009 portant partie règlementaire du Code de l'Urbanisme.

Mais, au Sénégal, la procédure d'adoption des codes comportant une partie législative et une partie réglementaire ne manque pas de poser problème. En effet, ces deux parties sont adoptées par un seul texte de nature législative.

Ainsi, par ce procédé, l'Assemblée nationale empiète manifestement sur les compétences réglementaires du pouvoir exécutif.

Le code peut aussi se présenter sous forme de deux supports normatifs autonomes l'un constituant une loi instituant le code et l'autre un décret fixant ses modalités d'application. Cette dernière technique est celle retenue par le Code de la Marine marchande. Ce code est institué par la loi n° 2002-22 du 16 août 2002 portant Code de la Marine marchande. C'est le décret n° 2004-283 du 05 mars 2004 fixant les modalités d'application de la loi n° 2002-22 du 16 août 2002 portant Code de la Marine marchande qui en fixe les modalités d'application.

318. Respect du domaine législatif et réglementaire. Quelle que soit la technique employée, le codificateur doit respecter la répartition entre le domaine de la loi et celui du règlement. La partie réglementaire d'un code ne peut comporter des dispositions de nature législative sans méconnaître les dispositions de l'article 67 de la Constitution.

Lorsque les matières codifiées relèvent du domaine réglementaire, le support de la codification doit avoir une nature réglementaire. Par exemple, le Code des Contraventions, le Code de Procédure civile et le Code des Marchés publics ont été institués respectivement par le décret n° 65-557 du 21 juillet 1965, le décret n° 64-572 du 30 juillet 1964 et le décret n° 2014-1212 du 22 septembre 2014.

Au Sénégal, le rédacteur ne se conforme pas toujours à ces exigences constitutionnelles. À titre d'exemple, les articles R. 199 à R 204 de l'ancien décret n° 2010-99 du 27 janvier 2010 portant Code de la Construction ont prévu de sanctionner des délits relatifs aux travaux de construction ; il s'agit notamment de la poursuite de travaux sans contrôle technique dans le cas où celui-ci est obligatoire, de l'obstacle à l'exercice du droit de visite prévu lors de la construction et de la violation par le propriétaire d'un immeuble à grande hauteur des normes de sécurité.

Ces textes contreviennent manifestement aux dispositions de l'article 67 de la Constitution qui énumèrent les délits comme relevant du domaine exclusif de la loi.

319. Numérotation continue. S'agissant de la numérotation des codes, au Sénégal c'est la technique de la numérotation continue qui est souvent employée.

Par exemple, article premier, article 2, article 3, etc.

Lorsque le code comporte une partie législative et une partie réglementaire, afin d'éviter toute confusion, la lettre mentionnée devant les articles permet de déterminer la nature du texte dont ils sont issus.

Pour la partie législative, les numéros des articles des lois ordinaires sont précédés de la mention de la lettre « L » alors que ceux des lois organiques sont précédés de la mention « LO ».

A titre d'exemple, les articles 25 (compétence des cours d'appel) et les articles 124 à 144 (dispositions relatives notamment à la campagne électorale, aux opérations électorales, au recensement des votes et à la proclamation des résultats) de la loi n° 2017-12 du 18 janvier 2017 portant Code électoral[746], sont précédés de la mention « LO » ; ce qui laisse entendre qu'ils ont été insérés dans le code par une loi organique.

Pour la partie réglementaire, les numéros des articles (des décrets) sont précédés de la mention de la lettre « R »[747], en raison de leur origine réglementaire.

Lorsque la codification rassemble dans un même corpus des arrêtés (ce qui est très rare), les articles sont précédés de la mention de la lettre « A ».

Le Conseil constitutionnel sénégalais, saisi par le Président de la République aux fins d'examiner la conformité de la loi du 02 janvier 2017 portant Code électoral à la Constitution, a déjà jugé que les dispositions des articles LO 115 à LO 123, LO 152, LO 202, LO 205 à LO 212 et LO

---

[746] JORS n° 6987 du 19 janvier 2017, p. 82.

[747] En France, pour la partie réglementaire, la codification distingue les décrets simples, les décrets en Conseil d'État des décrets en Conseil des Ministres. Les articles du décret en Conseil d'État sont précédés de la lettre: « R », et de « R* », s'il est pris en Conseil des Ministres. Quant aux articles des décrets simples, ils sont précédés de la mention de la lettre « D », ou « D* » s'il est pris en Conseil des Ministres. V. *Guide pour l'élaboration des textes législatifs et réglementaires*, Paris, La documentation française, 2005, p. 65. Mais le droit sénégalais ignore ces distinctions.

225 relatives notamment à l'application de sanctions pénales « ne rentrent pas dans le champ de compétence du législateur organique, aucune disposition de la Constitution ne renvoie à une loi organique pour fixer les peines applicables aux infractions prévues par les articles L 88 et L114 auxquels fait référence l'article LO 225 ».

Le Conseil a jugé que les numéros de ces articles doivent être transcrits en faisant précéder les dispositions correspondantes par la lettre « L » et non « LO »[748].

Les textes normatifs ne se conforment pas toujours à cette technique de numérotation. A titre illustratif, l'ancien Code de l'Urbanisme, qui comprenait pourtant une partie législative et une partie réglementaire, comportaient des articles qui n'étaient pas précédés de la mention des lettres « L » ou « R ».

D'ailleurs, on retrouve même des codes (législatifs) dépourvus d'une partie réglementaire dont les articles sont précédés de la mention de la lettre « L ». La loi n° 97-17 du 1er décembre 1997 portant Code du Travail, modifiée en constitue une illustration parfaite.

320. Numérotation décimale. La codification moderne utilise de plus en plus une technique de numérotation des articles qui diffère de la numérotation continue employée dans les codes traditionnels.

En effet, pour permettre de savoir à la simple lecture du numéro d'un article à quelle partie du code il appartient et de quelle source juridique il émane, les rédacteurs ont souvent recours à la numérotation décimale. Les articles des codes reçoivent une numérotation qui traduit leur position dans le code par rapport aux subdivisions sous lesquelles ils figurent.

Ces numéros sont composés en principe de trois chiffres ; le chiffre des centaines correspondant au numéro du livre, le chiffre des dizaines à celui du titre et le chiffre des unités à celui du chapitre. Si le code comprend des parties, ses articles comportent quatre chiffres, le premier identifiant le numéro de la partie afférente. Cette numérotation à trois chiffres, voire à

[748] Cons. const. n° 04/C/2017 du 13 janvier 2017, JORS, n° 6986 du mercredi 18 janvier 2017, p. 35.

quatre, est suivie d'un tiret et d'une numérotation continue pour chaque article.

Par exemple, un article figurant dans le chapitre III du titre II du livre premier d'un code est nécessairement un article commençant par « L 321 » (ou R. ou A.), suivi d'un tiret et d'une numérotation séquentielle.

Aussi, les articles R 256-1 à R 256-5 contiennent les mesures d'application du livre II, titre V, chapitre VI de la partie législative du code.

Le codificateur sénégalais n'a pas encore exploré la technique de la numérotation décimale.

321. Plan du code. Quelle que soit la technique utilisée, le plan du code n'est pas sensiblement différent de celui des textes ordinaires. Il peut comprendre suivant son importance, des parties, des livres, des titres et des chapitres, des sections et des paragraphes.

Lorsque le rédacteur du code a recours à la technique de la numérotation décimale, il doit se limiter à un plan comportant au maximum une subdivision de neuf (9) éléments, en raison de la numérotation spécifique des articles.

322. Renvois, modifications et abrogations. Le codificateur peut être amené à procéder à des renvois au sein d'un même code, entre des codes différents, à des lois non codifiées ou à des textes internationaux (traités ou conventions).

Lorsqu'il est procédé à un renvoi intérieur, il est recommandé de faire référence au code et non au texte ayant institué ledit code (loi ou décret).

Par exemple : « la commission instituée par l'article 23 du présent code ».

Les dispositions du code, à l'image de tout texte normatif, peuvent faire l'objet de modifications ou d'abrogations. Ces opérations juridiques ne sont possibles qu'au moyen d'un acte normatif de même niveau que celui qui a institué lesdites dispositions (l'acte de codification)[749]. Ainsi les

---

[749] M. BESCH, *Traité de légistique formelle*, Publication du Conseil d'Etat du Grand-Duché de Luxembourg, 2005, p. 114.

dispositions introduites dans le code par une loi organique ne pourront être modifiées ou abrogées par une loi ordinaire ou par un décret.

323. Table de concordance. L'adoption d'un nouveau code apporte souvent de grandes innovations à l'état du droit antérieur et des bouleversements à la numérotation classique du code. Il peut, dès lors, être nécessaire d'annexer au code une table de concordance. Cette annexe n'a qu'une valeur indicative ; elle a simplement pour objet d'indiquer pour chaque article les références correspondantes par rapport au texte originel, suivi le cas échéant de la date de sa dernière modification. Elle renvoie pour chaque article du texte originel à ou aux articles y relatifs de l'acte codifié. Cette technique permet de faciliter la recherche des dispositions codifiées et d'offrir des passerelles nécessaires entre les anciens et les nouveaux articles[750].

---

[750] En ce sens, V. M. BESCH, *Traité de légistique formelle*, Publication du Conseil d'Etat du Grand-Duché de Luxembourg, 2005, *Ibid.*

DOCUMENT N° 29 : MODELE DE PROPOSITION DE LOI

REPUBLIQUE DU SENEGAL

Un Peuple-Un But-Une Foi

Assemblée nationale

Treizième législature

Proposition de loi relative à ……………………..

Présentée par

M. Doudou WADE

Député

EXPOSÉ DES MOTIFS

Mesdames, Messieurs,

………………………………………………………………………………
………………………………………………………………………………
………………………………………………………………………………
………………………………………………………………………………
………………………………………………………………………………
………………………………………………………………………………
………………………………………………………………………………
………………………………………………………………………………
………………………………………………………………………………
………………………………………………………………………………
……………………………………………………

Tel est l'objet de la présente proposition de loi.

Article premier………………………………………………………

Article 2.-…………………………………………………………………

Article 3.-…………………………………………………………………..

SECTION II :
LES RÈGLES SPÉCIALES RELATIVES À LA RÉDACTION DES TEXTES LÉGISLATIFS ET RÈGLEMENTAIRES

324. Techniques spécifiques. À côté des méthodes générales de rédaction des textes législatifs et réglementaires, il y a des règles spécifiques qui concernent la rédaction des amendements des projets et propositions de loi, la transposition des directives communautaires et des lois uniformes dans l'ordre juridique national.

PARAGRAPHE PREMIER : LES MÉTHODES DE RÉDACTION DES AMENDEMENTS DES PROJETS ET PROPOSITIONS DE LOI

325. Mécanisme de l'amendement. L'amendement est une modification présentée par le Gouvernement, les députés et les commissions aux textes déposés sur le bureau de l'Assemblée nationale. Les amendements ont pour objet de modifier ou de supprimer tout ou partie des dispositions d'un texte soumis à l'Assemblée nationale ou d'y insérer des dispositions nouvelles[751].

Il s'agit donc d'une proposition de modification d'un texte en discussion. Les amendements peuvent porter sur un article, un alinéa, un intitulé, une subdivision, une phrase du texte en discussion ou sur ses annexes[752].

Dans la pratique parlementaire sénégalaise, à l'occasion du vote des projets ou des propositions de loi à l'Assemblée nationale, il arrive que des amendements soient proposés par des députés ou par des membres du Gouvernement[753]. A l'occasion du vote du projet de Code de la Presse, plusieurs amendements ont été adoptés par l'Assemblée nationale.

---

[751] *La rédaction des amendements, sous-amendements et motions de procédure*, Sénat, service de la séance, octobre 2009, p. 5.

[752] *Guide de la rédaction des lois et amendements,* Assemblée nationale, juillet, 2007, p. 26.

[753] On peut citer, à titre d'exemples, l'amendement Niadiar SENE du nom d'un député socialiste, proposé dans le courant de l'année 1998, qui préconisait la modification du

Les techniques de rédaction des amendements se rapprochent de celles des textes modificatifs ; mais elles présentent des particularités qui concernent aussi bien les éléments constitutifs de l'amendement que les types d'amendements.

PARAGRAPHE II : LES ÉLÉMENTS CONSTITUTIFS DE L'AMENDEMENT

326. Exigences. Le droit sénégalais exige que l'amendement présente une forme écrite[754]. Les amendements sont signés par leurs auteurs et déposés par écrit. Ils peuvent intervenir avant la discussion en commission ou même en séance plénière, « *sur le siège* ». Dans la pratique normative, les amendements spontanés qui interviennent en séance plénière sont rédigés en forme manuscrite.

327. Présentation formelle. Les amendements comportent de façon plus ou moins formelle quatre parties. Cette présentation est destinée à en faciliter le traitement[755].

Le titre du texte objet de l'amendement. L'amendement doit indiquer le titre du texte en discussion sur lequel il porte avec la mention du numéro du texte. Il s'agit du numéro d'enregistrement attribué par la Direction des Services législatifs de l'Assemblée nationale et consigné sur le registre des projets et propositions de loi.

Par exemple : **Projet de loi n°.../ 2017 portant Code de la Presse**

La mention « Amendement » suivi du nom de son auteur. Cette mention doit être indiquée clairement dans le texte de l'amendement au bas de la

---

Code électoral en vue de porter le nombre de députés de cent vingt (120) à cent quarante (140). Il y a également l'amendement Moussa SY adopté le 21 novembre 2001 tendant à instaurer, à titre transitoire, des délégations spéciales pour la gestion des conseils régionaux, des conseils municipaux et des conseils ruraux en lieu et place des assemblées élues des collectivités territoriales et, à titre transitoire, pour une période de six (6) mois.

[754] V. art. 79, alinéa 1er du Règlement intérieur de l'Assemblée nationale ; également, *Rédiger la loi. Guide de rédaction des propositions de loi et des amendements,* Sénat, édition septembre 2007, p. 71.

[755] Sur la présentation de l'amendement, V. *La rédaction des amendements, sous-amendements et motions de procédure,* Sénat, service de la séance, octobre 2009, p. 6 et s.

mention du projet de loi. Le mot « **AMENDEMENT** » est écrit en majuscule et est centré.

Par exemple : **AMENDEMENT**

présenté par M. …………, Député

La mention de la partie du texte amendée. Il s'agit de l'indication de l'article ou de la division du texte en discussion sur lequel porte l'amendement ou de l'article ou de la division avant ou après lequel l'article additionnel proposé par l'amendement doit être inséré. Cette mention est écrite en gras et est centrée.

Par exemple : **Article 25**

Le dispositif de l'amendement. Le dispositif est la partie normative de l'amendement ; c'est-à-dire le texte même de l'amendement qui s'applique au texte en cours de discussion.

Le dispositif débute, en première ligne, par le « *chapeau* » de l'amendement. D'une part, le chapeau a pour objet de situer précisément l'endroit où doit intervenir la modification.

Par exemple : Après l'alinéa 3, première phrase….

D'autre part, il indique, à la deuxième ligne, le type de modification souhaité par l'auteur de l'amendement. Cette partie du chapeau se reconnaît par l'usage du mode infinitif, qui exprime l'opération retenue en vue de réaliser la modification du texte en discussion.

Par exemple : supprimer, compléter, insérer, ajouter un alinéa 3 dont les dispositions sont ainsi rédigées : « … ».

Le dispositif de l'amendement obéit aux mêmes règles de rédaction que celles régissant le dispositif des textes législatifs et réglementaires. Il doit, comme pour les autres textes normatifs, respecter les exigences de clarté, d'intelligibilité et de bonne articulation nécessaires à la préservation de la sécurité juridique.

L'objet de l'amendement. L'objet de l'amendement doit être aussi bref que possible. Il expose sommairement le sens de l'amendement et les motifs de l'auteur. Il comporte deux parties, en général : un exposé des arguments de l'auteur de l'amendement et une présentation technique du dispositif proposé. L'objet de l'amendement est annoncé par la mention « **OBJET** » qui est centrée et écrit en majuscule et en gras.

À l'image de l'exposé des motifs d'une proposition de loi, il doit y avoir une cohérence entre le dispositif et l'objet d'un amendement.

Mais l'objet ne s'impose pas, lorsqu'il se déduit du texte même, il n'est pas nécessaire. Dans la pratique sénégalaise, la plupart des amendements présentés ne comportent pas d'objet.

Enfin, conformément à l'article 89, in fine de la loi organique n° 2025-11 du 18 août 2025 portant Règlement intérieur de l'Assemblée nationale[756], l'amendement doit être signé par son ou ses auteurs ; il mentionne également la date de sa présentation.

Par exemple : Dakar, le 16 juin 2017

(signature)

PARAGRAPHE III : LES TYPES D'AMENDEMENTS

328. Formes d'amendements. Il existe diverses catégories d'amendements qui supposent le recours à des méthodes de rédaction de « *chapeaux* » sensiblement différentes[757]. Les formes d'amendements varient suivant la forme de modification recherchée par leurs auteurs. Il peut s'agir d'amendements de suppression, de réécriture, d'insertion, de complément ou d'amendements comportant une compensation financière.

A. Les amendements de suppression

329. Techniques de suppression. Les amendements de suppression consistent à supprimer un article, un alinéa, une phrase ou une subdivision du texte en discussion. Ils s'appliquent à l'ensemble des éléments

---

[756] JORS n° 7845 du 27 août 2025, p. 1025.

[757] Sur cette question, V. *Guide de la rédaction des lois et amendements*, Assemblée nationale, juillet, 2007, p. 26 et s. ; *La rédaction des amendements, sous-amendements et motions de procédure,* Sénat, service de la séance, octobre 2009, p. 19 et s. ; *Rédiger la loi. Guide de rédaction des propositions de loi et des amendements*, Sénat, édition septembre 2007, p. 64 et s.

amendables. Dans le chapeau, le verbe indiquant la modification à opérer est : «supprimer ».

Par exemple : « supprimer l'alinéa 5 »

ou

supprimer les mots : « .... ».

En cas de risque d'ambiguïté sur les mots à supprimer (mots figurant plusieurs fois dans la partie du texte visé), il convient d'indiquer leur emplacement dans l'amendement ainsi qu'il suit :

Après les mots : « ... » supprimer l'expression « ... » :

B. Les amendements de réécriture

330. Méthodes de réécriture. Les amendements de réécriture consistent à procéder à une nouvelle rédaction du texte en discussion. Le verbe indiquant la modification à opérer est : « rédiger ainsi » ; il s'applique aux articles, alinéas et phrases.

Par exemple : rédiger l'article 3 ainsi qu'il suit : « ... ».

ou

Rédiger la première phrase de l'alinéa 6 de l'article 4 ainsi qu'il suit : « ... ».

Lorsque le rédacteur souhaite remplacer des mots par d'autres mots ou bien procéder à la nouvelle rédaction d'une phrase ou d'un alinéa pour remplacer ceux-ci par plusieurs phrases ou plusieurs alinéas, il convient de recourir au verbe « substituer » et non « remplacer ainsi ».

Par exemple : dans la première phrase de l'alinéa 5 de cet article, substituer au (x) mot (s) : « ... », le (s) mot (s) : « ... ».

ou

Substituer à l'alinéa 4 de cet article, les cinq alinéas suivants : « ... ».

C. Les amendements d'insertion

331. Techniques d'insertion. L'amendement d'insertion consiste à intégrer dans le texte en discussion, un article additionnel, un alinéa, un paragraphe, une phrase, une subdivision ou un mot. Le verbe indiquant la modification à opérer est « insérer ». Le rédacteur doit veiller à préciser l'emplacement de l'insertion.

Par exemple : Après l'article 45, insérer l'article suivant : « ... »

ou

Avant l'alinéa 5, insérer un paragraphe ainsi rédigé : « ... »

Si l'article à modifier ne comporte qu'un seul alinéa, l'insertion doit être faite ainsi qu'il suit :

Au début de l'article, insérer les trois alinéas suivants : « ... ».

D. Les amendements de complément

332. Méthodes de complément. Les amendements de complément tendent à compléter un article, un alinéa, une subdivision ou une phrase.

Le verbe indiquant la modification, consistant à insérer de nouvelles dispositions à la fin du texte en discussion, est « compléter ».

Par exemple, compléter cet article par trois alinéas ainsi rédigés : « ... ».

ou

Compléter cet article par une phrase ainsi rédigée : « ... ».

ou

Compléter cet article par les mots suivants : « ... ».

E. Les amendements comportant une compensation financière (gage)

333. Irrecevabilité financière. L'article 82, alinéa 2 de la Constitution a prévu une irrecevabilité d'ordre financier de certains amendements. Ce texte déclare irrecevables les amendements formulés par les députés dont l'adoption aurait pour conséquence soit la diminution des ressources publiques, soit la création ou l'aggravation d'une charge publique «à moins que ces propositions ou amendements ne soient assortis de propositions de recettes compensatrices»[758].

Dès lors, pour éviter qu'un amendement tendant à diminuer une ressource publique ne soit frappé d'irrecevabilité, il convient de le « gager », c'est-à-dire de l'assortir d'une compensation financière. En revanche, il n'est pas possible de « *gager* » un amendement créant ou aggravant une charge publique[759].

334. Présentation formelle. La rédaction des amendements financiers présente quelques particularités. Le gage doit être inclus dans le dispositif même de l'amendement. L'amendement comportera donc normalement au moins deux paragraphes : le premier est relatif à la mesure proposée ; le deuxième ou les suivants (si plusieurs catégories de personnes publiques sont concernées) concernent la compensation. La rédaction du gage diffère selon qu'il s'agit d'un amendement modifiant ponctuellement un article d'un projet ou d'une proposition de loi ou d'un article additionnel, d'une rédaction globale d'article ou d'un paragraphe additionnel à l'intérieur d'un article.

Lorsque le gage compense la modification d'une disposition incluse dans le dispositif d'un article d'un projet ou d'une proposition de loi, il sera présenté en complément de l'article amendé et prendra la forme d'un paragraphe complétant cet article.

Par exemple :

I.- Rédiger cet alinéa ainsi qu'il suit : « ... » (modification proposée par l'amendement).

II.- Pour compenser la perte de recettes résultant du I ci-dessus, compléter cet article par un paragraphe ainsi rédigé : « ... » (gage).

Lorsque l'amendement tend à insérer un article additionnel, le dispositif générant la perte de recettes et le gage lui-même sont présentés comme

---

[758] V. art. 69, alinéa 6 du Règlement intérieur de l'Assemblée nationale.

[759] V. *Guide de la rédaction des lois et amendements,* Assemblée nationale, juillet, 2007, p. 35 et s. ; *La rédaction des amendements, sous-amendements et motions de procédure,* Sénat, service de la séance, octobre 2009, p. 36 et s.

des paragraphes distincts d'un nouvel article du projet. Le gage prend la forme d'un paragraphe placé à la fin de cet article. L'amendement se présente sous la forme suivante :

Après l'article …, insérer un article additionnel ainsi rédigé :

« I.- (La modification proposée par l'amendement)

II. - La perte de recettes résultant pour l'État du I ci-dessus est compensée à due concurrence par … » (le gage) .

Souvent, la perte de recettes résultant pour l'État de l'amendement proposé est compensée à due concurrence par la création d'une taxe additionnelle ; mais tout autre gage (impôt, droit de timbre, etc.) peut être proposé[760].

335. Rédaction des gages. D'une manière générale, la rédaction des gages doit obéir à des règles spécifiques.

Le ou les paragraphes du gage doivent mentionner explicitement, pour chacun d'entre eux, la personne publique ou la catégorie de personnes publiques (État, collectivités territoriales, établissements publics, etc.) affectée par la perte de recettes.

En outre, lorsque l'auteur n'a pas la possibilité de déterminer précisément le montant de la compensation, il peut prévoir un gage « *à due concurrence* ». Les gages ne figurent pas dans le texte adopté si le Gouvernement, favorable à l'amendement en discussion, « *lève le gage* » en séance plénière.

---

[760] *La rédaction des amendements, sous-amendements et motions de procédure*, Sénat, service de la séance, octobre 2009, p. 38.

DOCUMENT N° 30 : MODELE D'AMENDEMENT (SIMPLE)

REPUBLIQUE DU SENEGAL

ASSEMBLEE NATIONALE

Treizième législature

Projet de loi n°…/ 2017 portant………..

AMENDEMENT

présenté par M. …………, Député

Le groupe…….

Article…

Après l'alinéa…..

Insérer un alinéa ainsi rédigé : (amendement par insertion)

« …………………………

……………………………

…………………………… »

OBJET

………………………………………………………………………………………
………………………………………………………………………………………
………………………………………………………………………………………
………………………………………………………………………………………
…………………………………

………………………………………………………………………………………
……………………………………………………………

Dakar, le ………………………

(Signature)

DOCUMENT N° 31 : MODELE D'AMENDEMENT COMPORTANT UNE COMPENSATION FINANCIÈRE (GAGE)

REPUBLIQUE DU SENEGAL

ASSEMBLEE NATIONALE

Treizième législature

Projet de loi n°.../ 2017 portant..........

AMENDEMENT

Présenté par M. ...., Député

Le groupe.......

Article..., alinéa....

I.- Rédiger cet alinéa ainsi qu'il suit : « ....» (modification proposée par l'amendement)

II.- Pour compenser la perte de recettes résultant du I ci-dessus, compléter cet article par un paragraphe ainsi rédigé : « ....» (gage)

OBJET

....
....
....
....
....
....
....
....

Dakar, le ....

(Signature)

PARAGRAPHE PREMIER : LA RECEPTION DES NORMES COMMUNAUTAIRES DANS L'ORDRE JURIDIQUE NATIONAL

336. Forte pénétration des normes communautaires dans l'ordre national. Le processus de pénétration du droit communautaire dans les ordres juridiques nationaux suppose le recours par le rédacteur à des techniques normatives assez complexes garantissant la primauté de la norme communautaire.

Dans cette étude, l'accent sera mis, d'une part, sur les méthodes de transposition des directives communautaires, et d'autre part, sur les techniques de transposition des lois uniformes dans l'ordre normatif national.

A. Les techniques de transposition des directives communautaires

337. Opération de transposition. Les organisations communautaires adoptent souvent des directives dans divers secteurs d'activités en vue de favoriser l'intégration économique et l'harmonisation des cadres juridiques des États membres. Les directives constituent de puissants outils d'harmonisation des législations des États[761].

La directive est une norme communautaire qui lie tout État membre destinataire quant au résultat à atteindre tout en laissant aux instances nationales la compétence quant à la forme et aux moyens[762]. Une directive communautaire s'adresse donc aux États membres de la communauté et oblige ceux-ci à la transposer, c'est-à-dire à en intégrer les règles dans leurs droits internes[763]. Elle met à la charge des États une obligation de moyen et non une obligation de résultat.

Contrairement à d'autres normes de droit dérivé (Acte uniforme, Acte additionnel, Règlement, décision, etc.), la directive ne constitue pas une

---

[761] V. P. A. TOURE, *Légistique. Techniques de conception et de rédaction des lois et des actes administratifs : une tradition de gouvernance normative*, Dakar, l'Harmattan, 2018, p. 310 et s.
[762] V. art. 43 du Traité de l'UEMOA.
[763] CE, *Principes de technique législative. Guide de rédaction des textes législatifs et réglementaires*, 2008, p. 113.

norme directement applicable[764] ; elle relève d'une « méthode de législation à deux étages »[765].

L'introduction de cette norme dans l'ordre juridique national suppose sa transposition[766]. D'après la circulaire n° 008/PM/SGG/PAT du 1er juin 2016 sur la transposition des directives communautaires, la transposition est « *l'opération par laquelle un État membre destinataire de la directive procède à l'adoption de toutes les mesures nécessaires à son incorporation effective dans l'ordre juridique national par les véhicules normatifs appropriés* ».

L'opération de transposition n'est nécessaire que lorsque les dispositions nationales en vigueur ne permettent pas d'atteindre l'objectif du législateur communautaire[767].

Le Conseil constitutionnel sénégalais a eu l'occasion dans sa décision n° 1/C/2020 du 24 février 2020[768], d'examiner la conformité à la Constitution de la loi organique abrogeant et remplaçant la loi organique n° 2011-15 du 8 juillet 2011 relative aux lois de finances, modifiée par la loi organique n° 2016- 34 du 23 décembre 2016, abrogeant et remplaçant la loi n° 2011-15 du 8 juillet 2011.

---

764 Sur la notion de directive, D. SIMON, « Directive », *Rép. dr. eur.*, Dalloz, mars 2012, n° 02 ; F. HERVOUET, « La directive : Janus juridique parfait ou imparfait ? », *Rev. Union européenne*, 2011, p. 291.
765 G. ISAAC et M. BLANQUET, *op. cit.*, p. 307.
766 M. HIANCE, « La transposition de la directive dans le droit national », *Gaz. pal.*, 24 février 2000, n° 055, p. 19 ; J. ROUX, « La transposition des directives communautaires à a transposition des directives communautaires à l'épreuve de la Constitution », *RDP,* 01/07/2007, n° 04, p. 1031 ; M. AYRAL, « La transposition des directives dans les droits nationaux », *Rev. Marché commun,* 1977. 411 ; Y. GALMOT et J.-C. BONICHOT, « La Cour de justice et la transposition des directives en droit national », *RFD adm.,* 1988 ; P. A. TOURE, *La transposition des directives de l'espace de l'UEMOA : entre exigence juridique et technique légistique,* Dakar, l'Harmattan, 2024.
767 Le Sénégal est souvent présenté comme un État respectueux de ses obligations communautaires. Déjà, en 2015, il a transposé plus de 70% des directives communautaires, soit une performance moyenne de 66%, V. *Rapport général 2015 de la revue annuelle des réformes, politiques, programmes et projets communautaires de l'UEMOA.*
768 Cons. const.n° 1-C-2020 du 24 février 2020, *inédit.*

La haute juridiction constitutionnelle a semblé avoir fondé l'obligation constitutionnelle de transposition des directives communautaires sur l'attachement du peuple sénégalais à l'idéal de l'unité africaine affirmé par le préambule de la Constitution ainsi que sur la possibilité pour le Sénégal de conclure avec tout État africain des accords d'association ou de communauté comprenant abandon partiel ou total de souveraineté pour les besoins de la réalisation de l'unité africaine.

Il faut rappeler qu'en vertu de l'article 96 de la Constitution, la République du Sénégal peut conclure avec tout État africain des accords d'association ou de communauté comprenant abandon partiel ou total de souveraineté en vue de réaliser l'unité africaine.

Le juge constitutionnel a ainsi considéré que la transposition des directives constitue une obligation constitutionnelle. Selon la haute juridiction constitutionnelle : « *après avoir rappelé dans le préambule de la Constitution l'attachement du peuple sénégalais à l'idéal de l'unité africaine, le Constituant a prévu, dans l'article 96, alinéa 3 de la Constitution, que la République du Sénégal peut conclure avec tout État africain des accords d'association ou de communauté comprenant abandon partiel ou total de souveraineté dès lors que lesdits accords ont pour objet la réalisation de l'unité africaine* ».

Le juge constitutionnel a ajouté que « *l'État du Sénégal est tenu de se conformer à l'obligation constitutionnelle de transposition des directives édictées par les organes des communautés créées sur le fondement d'accords signés en application des dispositions de l'article 96, alinéa 3 de la Constitution* ».

Le Conseil constitutionnel a conclu que la loi d'internalisation de la Directive n° 06/2009/CM/UEMOA, qui reproduit à l'identique les dispositions précises et inconditionnelles de cette directive, répond aux exigences de l'article 96, alinéa 3 de la Constitution.

Il faut préciser que, par une Décision n° 05/2019/COM/UEMOA du 06 août 2019, la Commission de l'UEMOA a adopté un Guide relatif aux méthodes et techniques de transposition des directives de l'UEMOA et au modèle d'acte de notification. Ce document qui reprend pour l'essentiel, le projet de lignes directrices pour la transposition des directives communautaires, comporte des recommandations et suggestions des bonnes pratiques sur les principes, méthodes et sur la procédure de transposition des directives de l'UEMOA. Il s'agit d'une sorte de lignes directrices destinées à faciliter l'appropriation des règles relatives à la transposition des directives de l'UEMOA et à exhorter les États à adopter des mesures facilitant leur application.

Il importe d'étudier les principes directeurs avant d'analyser les techniques et méthodes de transposition des directives.

1. Les principes directeurs de la transposition des directives

338. Principes généraux. L'insertion des directives communautaires dans l'ordre juridique interne obéit à des principes directeurs qui irriguent tout le processus de transposition de ces normes[769].

La circulaire n° 008/PM/SGG/PAT du 1er juin 2016 précitée a décliné deux principes majeurs régissant la transposition des directives. Il s'agit du principe de la fidélité et de l'exhaustivité de la transposition et celui du « *tout ou rien* ».

a. Le principe de la fidélité et de l'exhaustivité de la transposition

339. Principe. Ce principe signifie que les États membres ne sont pas autorisés à dénaturer la directive ou à en faire une transposition partielle. L'incorporation de la directive dans l'ordre normatif national doit être fidèle et complète par rapport au texte de la directive éclairé, au besoin, par ses considérants[770].

À cet égard, il est recommandé aux rédacteurs des textes de transposition d'établir un tableau de transposition mettant en rapport les dispositions de la directive et celles du projet de texte de transposition. Il s'agit de garantir

---

[769] P. A. TOURE, « Le cadre normalisé de la transposition des directives communautaires au Sénégal », in *Séminaire régional sur la pratique des Etats membres en matière de transposition des directives communautaires*, Bissau (Guinée Bissau) du 28 novembre au 02 décembre 2016.

[770] *Guide pour l'élaboration des textes législatifs et réglementaires, Mali, a*oût 2016, p. 132.

la complétude de la transposition de la directive et d'assurer une bonne articulation avec les textes en vigueur.

b. Le principe « *du tout ou rien* »

340. Principe. En vertu de ce principe, lorsque l'État membre opte pour la transposition des dispositions facultatives de la directive, il a l'obligation d'incorporer intégralement ces dispositions dans son édifice national.

La marge de manœuvre de l'État réside uniquement dans la liberté de transposer ou de ne pas transposer une disposition facultative. Une fois la décision de transposer prise, tout le contenu de la directive doit être fidèlement transcrit dans l'ordre juridique national.

À titre d'exemple, l'article 9, alinéa 2 de la Directive n° 02/2006/CM/UEMOA du 23 mars 2006 relative à l'harmonisation des régimes applicables aux opérateurs de réseaux et fournisseurs de services énonce que les États membres peuvent imposer des redevances afin de tenir compte de la nécessité d'assurer une utilisation optimale de la ressource attribuée.

Conformément au principe « *du tout ou rien* », un État qui décide de rendre obligatoire une redevance ne saurait imposer une redevance ayant un caractère discriminatoire.

2. Les méthodes et techniques de transposition des directives communautaires

341. Techniques de rédaction. La présentation et la rédaction des textes normatifs assurant la transposition des directives communautaires obéissent aux mêmes règles que celles prévues pour tous les autres textes législatifs et réglementaires[771].

Toutefois, la conception des normes de transposition présente quelques spécificités techniques liées à l'objet même de l'acte de transposition. En effet, l'opération de transposition relève des techniques de légistique spécialisée. Ainsi, elle obéit à des méthodes particulières qui ont pour objet

---

[771] V. la circulaire n° 00041 PM/SGG/SGA/PAT/SP du 06 octobre 2015 relative aux règles de présentation et de rédaction des textes législatifs et réglementaires.

de garantir la pleine et fidèle incorporation de la directive communautaire dans l'ordre juridique national[772].

a. Le support normatif de l'acte de transposition

342. Véhicule normatif. Le droit communautaire laisse aux États membres une liberté sur le choix du vecteur normatif de transposition, à condition qu'il soit juridiquement contraignant. En principe, le choix de la norme nationale devant servir de support à l'acte de transposition relève de la « *compétence quant à la forme et aux moyens* » dévolue par les textes communautaires aux États membres[773].

En règle générale, la transposition d'une directive requiert l'adoption de dispositions législatives ou réglementaires, puisque seules celles-ci sont de nature à assurer une sécurité juridique suffisante[774]. Une directive ne peut donc pas être transposée par de simples mesures de nature administrative telles que des circulaires. Il a été jugé que de « *simples pratiques administratives* » ne sauraient être considérées comme constituant une mise en œuvre des obligations de transposition, par manque d'impérativité et de défaut de sécurité juridique[775].

En outre, la transposition doit être opérée dans le respect de la hiérarchie des normes et de la répartition constitutionnelle des matières entre la loi et le règlement[776].

À titre d'exemple, une directive prévoyant des dispositions instituant une procédure pénale ne saurait être transposée par un texte réglementaire, cette matière relevant du domaine exclusif de la loi[777].

Une même directive peut être transposée pour une partie par la voie législative et pour une autre partie par la voie réglementaire, l'essentiel est que le partage entre les domaines législatif et réglementaire soit respecté.

---

[772] C. ZOLYNSKI, *Méthode de transposition des directives communautaires*, Paris, Dalloz, Collection Nouvelle Bibliothèque de Thèses, 2007.
[773] V. art 43 du traité de l'UEMOA.
[774] CJCE, 07 novembre 1996, Commission c/ Luxembourg, aff. C-221/94, *Rec.* I. 5669.
[775] CJCE, 15 mars 1983, Commission c/ Italie, aff. 145/82, Rec. 711.
[776] V. art. 67 et 76 de la Constitution ; *Guide pour l'élaboration des textes législatifs et réglementaires, Mali, a*oût 2016, p. 132.
[777] V. art. 67 de la Constitution.

Lorsque la matière dans laquelle intervient la directive relève du domaine législatif, il est possible de recourir au procédé de la transposition par ordonnance dans le respect des procédures constitutionnelles. À cet effet, l'Assemblée nationale doit habiliter, par une loi, le Président de la République à prendre des mesures de transposition qui sont normalement du domaine législatif, à charge pour l'institution parlementaire de les ratifier[778].

b. La prohibition de la « *sur transposition* »

343. Interdiction. Si la transposition doit être fidèle et complète, dans certains cas, le droit national assure même par avance la transposition de la directive et n'a, par suite, besoin d'aucun complément. Selon l'arrêt de la Cour de Justice des Communautés européennes rendu le 20 mars 1997 : « *La transposition en droit interne d'une directive n'exige pas nécessairement une reprise formelle et textuelle de ses dispositions dans une disposition légale expresse et spécifique et peut, en fonction de son contenu, se satisfaire d'un contexte juridique général, dès lors que celui-ci assure effectivement la pleine application de la directive d'une façon suffisamment claire et précise* »[779].

Inversement, la transposition ne doit pas en principe aller au-delà de ce qu'exige la directive. Les interdictions qu'elles expriment doivent être textuellement reproduites[780].

Lorsque la directive énumère les conditions de mise en œuvre d'une règle, les mesures nationales de transposition ne peuvent introduire des conditions supplémentaires[781].

Elles ne peuvent pas davantage introduire des exceptions ou des dérogations non prévues par la directive[782].

---

778 V. art. 77 de la Constitution.
779 CJCE, 20 mars 1997, Commission c/Allemagne, aff. C-96/95, *Rec.* I. 1653.
780 CJCE, 27 avril 1988, Commission c/ France, aff. 252/85.
781 CJCE, 23 novembre 1989, Parfumerie Fabrik, aff. 150/88.
782 CJCE, 08 juillet 1987, Commission c/ Belgiqueaff. 247/85.

c. La transposition par un acte modificatif ou par un acte normatif autonome

344. Vecteur de la transposition. Le rédacteur de l'acte de transposition peut procéder à une modification d'un ou de plusieurs textes ou à l'adoption d'une nouvelle législation, l'essentiel est que le principe de fidélité et d'exhaustivité de la transposition soit préservé. Si la transposition doit être complète, elle ne doit pas pour autant conduire à superposer des dispositions nouvelles au droit existant lorsqu'une simple adaptation de ce dernier est satisfaisante.

La transposition d'une directive peut être effectuée par une pluralité de textes normatifs complémentaires, à condition que ces textes assurent conjointement une application exhaustive de la directive et qu'ils soient adoptés dans le délai imparti.

Inversement rien n'interdit que plusieurs directives soient transposées par un seul et même texte de droit interne pourvu également que cet acte garantisse la mise en œuvre complète de l'ensemble du corpus normatif communautaire et respecte les délais de transposition.

d. L'intitulé de l'acte de transposition

345. Objet. Comme pour tout texte normatif, l'intitulé de l'acte de transposition de la directive indique, de manière aussi claire, précise et concise que possible, l'objet essentiel de l'acte de transposition[783].

Si l'intitulé de la directive n'est pas long ou si la directive à transposer n'a pas fait l'objet de modifications, il est recommandé de mentionner la directive dans l'intitulé de l'acte de transposition ainsi qu'il suit :

« Projet de loi n°... portant transposition … de la Directive n°… ».

Par contre, si l'intitulé de la directive est long ou si la directive à transposer a fait l'objet de modifications, il est préférable de déterminer l'objet du texte de transposition en fonction de son contenu.

Par exemple : « **Projet de loi relatif à la lutte contre le blanchiment de capitaux et le financement du terrorisme** ».

---

[783] *Guide pour l'élaboration des textes législatifs et réglementaires, Mali*, août 2016, p. 132.

e. La mention de la directive transposée dans l'acte de transposition

346. Exigence. En règle générale, la mention de la directive transposée dans le texte de transposition est une obligation[784]. Les directives communautaires imposent souvent une telle obligation en indiquant dans leurs dispositions finales que les textes de transposition contiennent une référence à la directive lors de leur publication officielle.

Lorsque la directive est transposée par une loi, il est recommandé, faute de visas, de mentionner la directive transposée dans l'exposé des motifs.

Il est également utile de viser la directive transposée dans l'article premier de la loi de transposition, relatif à l'objet ainsi qu'il suit : « La présente loi a pour objet la transposition de la Directive n°... ».

Lorsque la directive communautaire a été transposée par une ordonnance ou un décret, il est recommandé de faire référence à la ou aux directives (s) transposée (s) dans le rapport de présentation et/ou dans les visas.

Il est aussi conseillé de mentionner la directive transposée dans l'article premier du texte réglementaire de transposition relatif à l'objet.

Par exemple : « La présente loi a pour objet la transposition de la Directive n°... ».

Lorsque la directive est transposée à l'aide d'un acte modificatif, il suffit de mentionner la directive transposée dans le document de présentation du texte de transposition (exposé des motifs ou rapport de présentation).

f. La technique rédactionnelle de l'acte de transposition

347. Technique. L'opération de transposition s'inscrit dans le cadre d'un processus d'incorporation d'une norme communautaire dans l'ordre juridique national ; il s'agit plus d'un acte de réception que d'un acte d'exécution (acte d'application)[785].

---

[784] *Guide pour l'élaboration des textes législatifs et réglementaires, Mali, Ibid.*
[785] G. ISAAC et M. BLANQUET, *Droit général de l'Union européenne*, Paris, Sirey, 10e édition, 2012, p. 310.

L'incorporation de la directive dans l'ordre juridique interne ne doit pas se résumer à sa transcription dans la législation nationale ; il ne s'agit pas, en effet, d'une « *transposition à plat* » du texte communautaire. La Cour de justice des communautés européennes estime que « *la transposition interne d'une directive n'exige pas nécessairement une reprise formelle et textuelle* »[786].

g. La réception des notions communautaires

348. Exigence de la réception. Le rédacteur de l'acte de transposition doit se préoccuper de la traduction en droit sénégalais des notions et termes juridiques utilisés dans la directive ; il s'agit de veiller à la correcte insertion des concepts communautaires dans le droit national[787]. Le législateur communautaire, dans son office, est quelquefois confronté à des difficultés liées à la nécessité d'édicter une législation harmonisée applicable dans tous les États membres de l'organisation, dans le respect des spécificités juridiques propres à chaque État.

En raison de l'impossibilité d'employer des termes précis et spécifiques appartenant à l'organisation judiciaire ou administrative des États parties, il se contente souvent de faire référence à des notions génériques et à des périphrases souples susceptibles de s'intégrer dans les catégories juridiques préexistantes des États membres. Il en est ainsi des notions d'« *autorité administrative* », de « *juridiction compétente* » ou de « *service compétent* ». Dans ces cas, les législateurs des États membres doivent veiller à traduire en droit interne les notions et termes juridiques utilisés par la directive à transposer[788].

Aussi, lorsque la directive à transposer utilise des notions partiellement ou totalement étrangères au droit interne ou des termes employés dans un sens différent de celui du droit sénégalais, il pourra s'avérer nécessaire de prévoir dans le texte de transposition la définition des notions utilisées.

---

786 CJCE, 09 avril 1987, Commission des communautés européennes c/ République italienne, aff. C-363/85.

787 C. BERGEAL, *Rédiger un texte normatif. Manuel de légistique*, 7e édition, Paris, Berger-Levrault, octobre 2012, p. 163, n° 124.

788CE, *Principes de technique législative. Guide de rédaction des textes législatifs et réglementaires*, 2008, p. 114.

h. La transposition *a maxima* et la transposition *a minima*

349. Notion. La transposition est dite *a maxima* lorsque la directive prescrivant à la fois les objectifs à atteindre et les moyens d'y parvenir, les États membres sont tenus de reproduire textuellement les dispositions de ladite directive. Dans cette hypothèse, l'obligation de transposition est une obligation de conformité, puisque le contenu de la directive est précis et détaillé.

À titre d'exemple, les directives adoptées en matière de finances publiques, qui appartiennent à la catégorie des directives procédant à une harmonisation a maxima, offrent peu de marge de manœuvre aux États membres.

La transposition est dite *a minima* lorsque la directive fixe uniquement les objectifs à atteindre. Les États membres retrouvent leur pleine liberté dans le choix des moyens à employer dans leur droit interne. Dans ce cas, l'obligation de transposition est une simple obligation de compatibilité avec le droit communautaire.

Les États membres doivent veiller à la cohérence et à la bonne articulation des dispositions prises pour la transposition avec celles du droit communautaire.

i. La transposition par équivalence

350. Mécanisme. La transposition est dite par équivalence lorsque le droit national en vigueur préalablement à l'adoption de la directive est parfaitement conforme au contenu substantiel de la directive à transposer et ne rend plus utile la reprise expresse de la directive en droit interne. L'État membre est alors uniquement tenu d'en informer l'organisation communautaire (par exemple, la Commission de l'UEMOA), en lui transmettant le texte national antérieur à la directive.

À titre d'exemple, le Sénégal peut procéder à la transposition par équivalence de la directive du 19 août 2011 portant lutte contre la cybercriminalité dans l'espace de la CEDEAO, puisque cette directive a été inspirée par la loi sénégalaise n° 2008-11 du 25 janvier 2008 portant lutte contre la cybercriminalité.

Toutefois, la transposition par équivalence est une méthode à utiliser avec précaution par l'État membre. En effet, étant tenu de transposer la directive fidèlement et de manière exhaustive, il doit au moins s'assurer de la conformité de son droit national avec le droit communautaire.

j. La transposition par référence

351. Notion. Transposer par référence consiste à faire référence, dans l'acte de transposition, à la directive transposée en indiquant qu'elle est applicable dans le droit interne, sans en reproduire le contenu.

Cette technique n'est pas recommandée puisqu'elle ne garantit pas une transposition effective de la directive dans le droit national.

La transposition par référence à la directive est cependant la seule technique de transposition possible lorsqu'il s'agit de dispositions techniques, comme les annexes d'une directive comportant des listes d'objets ou des modèles de formulaires ou encore celles faisant l'objet de modifications fréquentes[789].

Mais le renvoi à la directive doit être impérativement ciblé, c'est-à-dire que l'acte de transposition doit viser des dispositions spécifiques de la directive. Un renvoi général à une directive (renvoi au texte de la directive en général) ne peut être regardé comme une opération de transposition valable.

La Cour de Justice des Communautés européennes a déjà eu l'occasion de juger que le simple renvoi général au droit communautaire, prévu par une loi allemande « *ne saurait constituer une transposition assurant d'une façon suffisamment claire et précise la pleine application effective des deux directives 90/364 et 90/365 qui visent à créer des droits au profit des ressortissants des autres États membres* »[790].

---

789 CE, *Principes de technique législative. Guide de rédaction des textes législatifs et réglementaires*, 2008, p. 113.
790 CJCE, 20 mars 1997, Commission c/Allemagne, aff. C-96/95, *Rec.* I. 1653.

DOCUMENT N° 32 : LES TECHNIQUES DE TRANSPOSITION DES DIRECTIVES COMMUNAUTAIRES

La circulaire n° 008/PM/SGG/SGA/PAT du 1er juin 2016 sur la transposition des directives communautaires

REPUBLIQUE DU SENEGAL
Primature

N° 008 PM/SGG/SGGA/PAT

Dakar, le 1er juin 2016

Le Premier Ministre
CIRCULAIRE
A
Mesdames et Messieurs les Ministres,
Madame et Messieurs les Ministres délégués,

Objet : La transposition des directives communautaires.

Les organisations communautaires adoptent souvent des directives dans divers secteurs d'activités en vue de favoriser l'intégration économique et l'harmonisation des cadres juridiques des États membres.

La directive est une norme communautaire qui lie tout État membre destinataire quant au résultat à atteindre tout en laissant aux instances nationales la compétence quant à la forme et aux moyens (art. 43 du Traité de l'UEMOA).

Contrairement à d'autres normes de droit dérivé (Acte uniforme, Acte additionnel, Règlement etc.), la directive ne constitue pas une norme directement applicable.

L'introduction de cette norme dans l'ordre juridique national suppose sa transposition. Il s'agit de l'opération par laquelle un État membre destinataire de la directive procède à l'adoption de toutes les mesures nécessaires à son incorporation effective dans l'ordre juridique national par les véhicules normatifs appropriés.

La présentation et la rédaction des actes normatifs assurant la transposition des directives communautaires obéissent aux mêmes règles que celles prévues pour tous les autres textes législatifs et réglementaires (Cf. notre circulaire n° 00041 PM/SGG/SGA/PAT/SP du 06 octobre 2015 relative aux règles de présentation et de rédaction des textes législatifs et réglementaires).

Toutefois, la conception des normes de transposition présente quelques spécificités techniques liées à l'objet même de l'acte de transposition.

Or, il m'a été donné de constater une faible maîtrise par les services rédacteurs des départements ministériels des méthodes de transposition des directives ainsi que des errements dans le processus de transposition préjudiciables à la qualité et à l'intelligibilité des actes de transposition ainsi qu'à la cohérence de la politique communautaire.

La présente circulaire a pour objet de rappeler les principes directeurs et de fixer les méthodes et les techniques de transposition des directives.

I. Les principes directeurs de la transposition des directives communautaires

L'insertion des directives communautaires dans l'ordre juridique interne obéit à des principes directeurs qui irriguent tout le processus de transposition de ces normes.

- **Le principe de la fidélité et de l'exhaustivité de la transposition**

Ce principe signifie que les États membres ne sont pas autorisés à dénaturer la directive ou à en faire une transposition partielle. L'incorporation de la directive dans l'ordre juridique national doit être fidèle et complète par rapport au texte de la directive éclairé, au besoin, par ses considérants.

La transposition doit être intégrale et parfaite ; elle ne doit pas être une nouvelle occasion de discussion des questions d'ordre substantiel, ce qui conduirait ainsi au maintien des spécificités du droit interne.

A cet égard, il est recommandé aux rédacteurs des textes de transposition d'établir un tableau de transposition mettant en rapport les dispositions de la directive et celles du projet de texte de transposition, afin de garantir la complétude de la transposition et d'assurer une bonne articulation avec les textes en vigueur (voir en annexe le tableau de transposition).

- **Le principe « du tout ou rien »**

En vertu de ce principe, lorsque l'Etat membre opte pour la transposition des dispositions facultatives de la directive, il a l'obligation d'incorporer intégralement ces dispositions dans son édifice national.

La marge de manœuvre de l'Etat réside uniquement dans la liberté de transposer ou de ne pas transposer une disposition facultative. Mais une fois la décision de transposer prise, tout le contenu de la directive doit être fidèlement transcrit dans l'ordre juridique national.

A titre d'exemple, l'article 9 alinéa 2 de la Directive n°02/2006/CM/UEMOA du 23 mars 2006 relative à l'harmonisation des régimes applicables aux opérateurs de réseaux et fournisseurs de services énonce que les Etats membres peuvent imposer des redevances afin de tenir compte de la nécessité d'assurer une utilisation optimale de la ressource attribuée. Ces redevances sont non discriminatoires et tiennent compte notamment de la nécessité de promouvoir le développement des services innovateurs et de la concurrence.

Conformément au principe « du tout ou rien », un état qui décide de rendre obligatoire une redevance, ne saurait imposer une redevance ayant un caractère discriminatoire.

II. Les méthodes et techniques de transposition des directives communautaires

L'opération de transposition obéit à des méthodes et techniques particulières qui ont pour objet de garantir la pleine et fidèle incorporation de la directive communautaire dans l'ordre juridique national.

- **Le support normatif de l'acte de transposition**

Le droit communautaire laisse aux États membres une liberté sur le choix du vecteur normatif de transposition, à condition qu'il soit juridiquement contraignant.

En règle générale, la transposition d'une directive requiert l'adoption de dispositions législatives ou réglementaires, puisque seules celles-ci sont de nature à assurer une sécurité juridique suffisante. Une directive ne peut donc pas être transposée par de simples mesures de nature administrative telles que des circulaires.

En outre, la transposition doit être opérée dans le respect de la hiérarchie des normes et de la répartition constitutionnelle des matières entre la loi et le règlement (art. 67 et 76 de la Constitution).

A titre d'exemple, une directive prévoyant des dispositions relatives à l'assiette, le taux et les modalités de recouvrement d'impositions ou instituant une procédure pénale, ne saurait être transposée par un acte réglementaire, ces matières relevant du domaine exclusif de la loi (art. 67 de la Constitution).

Une même directive peut être transposée pour partie par la voie législative et pour autre partie par la voie réglementaire, l'essentiel est que le partage entre le domaine législatif et réglementaire soit respecté.

Lorsque la matière dans laquelle intervient la directive relève du domaine législatif, il est possible de recourir au procédé de la transposition par ordonnance dans le respect des procédures constitutionnelles. A cet effet, le parlement doit habiliter par une loi le Président de la République à prendre des mesures de transposition qui sont normalement du domaine de la loi, à charge pour lui de les ratifier (art. 77 de la Constitution).

- **La transposition par un acte modificatif ou par un acte normatif autonome**

Le rédacteur de l'acte de transposition peut procéder à une modification d'un ou de plusieurs textes ou à l'instauration d'une nouvelle législation, l'essentiel est que le principe de fidélité et d'exhaustivité de la transposition soit préservé.

En effet, si la transposition doit être complète, elle ne doit pas pour autant conduire à superposer des dispositions nouvelles au droit existant lorsqu'une simple adaptation de ce dernier est satisfaisante.

La transposition d'une directive peut être effectuée par une pluralité d'actes normatifs complémentaires, à condition qu'ils assurent conjointement une application exhaustive de la directive et qu'ils soient tous adoptés dans le délai imparti.

Inversement rien n'interdit que plusieurs directives soient transposées par un seul et même acte de droit interne, pourvu également que cet acte garantisse la mise en œuvre complète de l'ensemble du corpus normatif communautaire et respecte les délais de transposition.

- **L'intitulé de l'acte de transposition**

Comme pour tout acte normatif, l'intitulé de l'acte de transposition de la directive indique, de manière aussi claire, précise et concise que possible, l'objet essentiel de l'acte normatif.

- Si l'intitulé de la directive n'est pas long ou si la directive à transposer n'a pas fait l'objet de modification, il est recommandé de mentionner la directive dans l'intitulé de l'acte de transposition ainsi qu'il suit :

« Loi...portant transposition … de la Directive n°…»

- Cependant, si cet intitulé de la directive est long ou si la directive en cause a fait l'objet de modifications, il est préférable de définir l'objet du texte de transposition en fonction de son contenu.

Par exemple : projet de loi relatif à la lutte contre le blanchiment de capitaux

- **La mention de la directive transposée dans l'acte de transposition**

En règle générale, la mention de la directive transposée dans le texte de transposition est une obligation. Bien souvent, les directives communautaires imposent une telle obligation en indiquant dans leurs dispositions finales que les dispositions de transposition contiennent une référence à la directive lors de leur publication officielle.

Lorsque la directive est transposée par une loi, les techniques rédactionnelles suivantes sont recommandées :

- mentionner la directive transposée dans l'exposé des motifs ;
- viser la directive transposée dans l'article premier de la loi de transposition relatif à l'objet ainsi qu'il suit : « La présente loi a pour objet la transposition de la Directive...».

Lorsque la directive communautaire a été transposée par une ordonnance, un décret ou un arrêté, les techniques rédactionnelles suivantes sont recommandées :

- faire référence à la ou aux directive (s) transposée (s) dans le document de présentation (rapport ou note de présentation) et/ou dans les visas ;
- mentionner la directive transposée dans l'article premier de la loi de transposition relatif à l'objet ainsi qu'il suit : « La/le présent (e) ordonnance/décret/arrêté a pour objet la transposition de la Directive....».

- **La transposition par référence**

Transposer par référence consiste à faire référence, dans l'acte de transposition, à la directive transposée en indiquant qu'elle est applicable dans le droit interne, sans en reproduire le contenu.

En bonne règle légistique, cette technique n'est pas recommandée puisqu'elle ne garantit pas une transposition effective de la directive en droit interne.

La transposition par référence à la directive est cependant la seule technique de transposition possible lorsqu'il s'agit de dispositions techniques, comme par exemple, les annexes d'une directive comportant des listes d'objets ou des modèles de formulaires, ou encore celle faisant l'objet de modifications fréquentes.

Mais le renvoi à la directive doit être impérativement ciblé, c'est-à-dire que l'acte de transposition doit viser des dispositions spécifiques de la directive. Un renvoi général à une directive (renvoi au texte de la directive en général) ne peut être regardé comme une norme de transposition valable.

J'exhorte tous les ministères et services de l'état à se conformer aux prescriptions contenues dans la présente circulaire.

J'attache du prix au strict respect et à l'application des directives contenues dans la présente circulaire dont je prescris une large diffusion.

Le Premier Ministre

Mahammed Boun Abdallah DIONNE

B. Les techniques de transposition des lois uniformes dans l'ordre juridique national

352. Catégorie normative spécifique. L'avènement des lois uniformes constitue une particularité de l'espace normatif de l'Union Monétaire Ouest Africaine (UMOA). Le projet de loi uniforme ne constitue pas une catégorie normative autonome. En effet, il n'est répertorié ni dans la nomenclature des textes communautaires, ni dans celle du droit national[791]. Il s'inscrit en réalité dans le cadre de la politique d'uniformisation des législations nationales engagée par l'UMOA. Il résulte des articles 17 et 34 du Traité de l'Union Monétaire Ouest Africaine du 20 janvier 2007 que les Gouvernements des États membres de l'UMOA conviennent d'adopter une réglementation uniforme dont les dispositions sont préparées à son initiative ou à celle de la Banque centrale et arrêtées par le Conseil des Ministres, en vue de permettre la pleine application des principes d'union monétaire.

Cette réglementation uniforme concerne l'exécution et le contrôle des relations financières entre les États membres et ceux n'appartenant pas à l'UMOA, les règles générales d'exercice de la profession bancaire et financière et les activités s'y rattachant, les systèmes de paiement, la répression de la falsification des signes monétaires et de l'usage des signes falsifiés ainsi que la répression du blanchiment de capitaux.

L'insertion des lois uniformes dans l'ordre normatif national obéit à une procédure spécifique et a recours à des techniques légistiques particulières.

1. La procédure spécifique d'insertion des lois uniformes dans l'ordre juridique national

353. Méthode de législation à deux ou trois étages. L'insertion de la législation uniforme dans les ordres juridiques nationaux obéit à une procédure assez spécifique par rapport à la procédure ordinaire de transposition des Directives. Cette procédure relève d'une méthode de législation à deux ou même à trois étages.

---

[791] Sur cette question, M. DIAKHATE, *op. cit.*, p. 174-175.

Pour certains textes, la procédure d'incorporation du projet de loi uniforme dans le droit national implique seulement les instances de l'UMOA et les autorités nationales.

En effet, après l'élaboration d'un projet de loi uniforme dans l'une des matières prévues par l'article 34 du traité de l'UMOA, le Conseil des Ministres de l'UMOA l'adopte en impartissant souvent aux États membres un délai pour prendre les dispositions nécessaires, en vue de son insertion dans leurs ordres juridiques nationaux.

Par la suite, il revient aux États Parties d'incorporer le projet de loi uniforme ainsi adopté dans leurs ordres normatifs dans le respect de leurs procédures internes.

Cette procédure a été suivie par l'UMOA en matière de répression de l'usure. En effet, suite à l'élaboration du projet de loi uniforme relatif à la définition de l'usure, le Conseil des Ministres de l'UMOA a, par une Décision n° 009/06/2013 du 28 juin 2013, adopté ce projet de loi uniforme et a fait obligation aux Etats membres de prendre les dispositions nécessaires en vue de son insertion dans leurs ordres juridiques.

C'est après que les Etats membres ont pris des dispositions nationales en vue de l'incorporation du projet de loi uniforme dans leurs législations.

Mais l'incorporation du droit uniforme dans les ordres juridiques nationaux peut être plus complexe et traduire une interpénétration de dispositifs normatifs de l'UMOA et de l'UEMOA. En effet, dans certains cas, l'adoption du projet de loi uniforme et son incorporation dans l'ordre juridique national sont précédées de l'adoption d'une Directive par le Conseil des Ministres de l'UEMOA. De sorte que le projet de loi uniforme adopté par le Conseil des Ministres de l'UMOA n'est que la reproduction fidèle de la Directive de l'UEMOA.

Par exemple, dans le cadre de la lutte contre le blanchiment de capitaux et le financement du terrorisme, le Conseil des Ministres de l'UEMOA a adopté la Directive n° 02/CM/UEMOA du 02 juillet 2015 relative à la lutte contre le blanchiment de capitaux et le financement du terrorisme dans les États de l'UEMOA.

Cette directive a été « incorporée » dans un projet de loi uniforme adopté par une décision du Conseil des Ministres de l'UMOA n° 26 du 02 juillet 2016.

Cette décision du Conseil des Ministres a accordé aux États un délai de six (6) mois, à compter de la date de sa signature, pour prendre les dispositions nécessaires en vue de l'insertion du projet de loi uniforme dans leurs ordres juridiques.

Le Sénégal a incorporé ce projet de loi uniforme par la loi n° 2018-03 du 23 février 2018 relative à lutte contre le blanchiment de capitaux et le financement du terrorisme.

2. Les techniques d'insertion des lois uniformes dans l'ordre juridique national

354. Techniques légistiques particulières. Les méthodes d'incorporation du projet de loi uniforme dans les droits nationaux présentent des spécificités.

355. Intitulé de l'acte de transposition des lois uniformes dans le droit national. Les lois uniformes n'étant pas répertoriées, ni dans la nomenclature des textes communautaires, ni dans celle des droits nationaux, il n'est pas recommandé d'ajouter l'adjectif « uniforme » à l'intitulé de la loi nationale d'insertion du projet de loi uniforme dans le droit national[792]. En effet, ce texte constitue souvent une loi ordinaire élaboré en vue d'incorporer un projet de loi uniforme dans l'ordre juridique national.

Il suffit d'indiquer le support législatif du texte suivi de son numéro et de son intitulé.

---

[792] Au Sénégal, les lois qui ont été adoptées dans le cadre de l'incorporation de lois uniformes dans l'ordre juridique national ont été qualifiées de « *lois uniformes* ». On peut citer notamment la loi uniforme n° 2004-09 du 06 février 2004 relative à la lutte contre le blanchiment de capitaux, la loi uniforme n°2009-16 du 02 mars 2009 relative à la lutte contre le financement du terrorisme, la loi uniforme n° 2008-48 du 03 septembre 2008 relative à la répression des infractions en matière de chèque, de carte bancaire et d'autres instruments et procédés électroniques de paiement et la loi uniforme n° 2004-09 du 06 février 2004 relative à la lutte contre le blanchiment de capitaux

Par exemple : **Projet de loi n°... relative à la lutte contre le blanchiment de capitaux et le financement du terrorisme dans les États de l'UEMOA**

356. Limitations des marges de manœuvres nationales. Dans le processus d'adoption des lois uniformes dans les législations nationales, les États membres n'ont pas de grandes marges de manœuvre. En effet, la loi uniforme, ayant été adoptée par le Conseil des Ministres de l'Union, les États membres ont l'obligation de procéder à l'insertion de ses dispositions dans leurs ordres juridiques, sans y apporter des modifications substantielles ou y insérer des dispositions de nature à contrarier le texte communautaire. A ce propos, un auteur a pu qualifier la loi de transposition de la loi uniforme de « *loi de symbiose* », de source communautaire, mais ayant la nature d'une loi nationale[793].

D'ailleurs, l'article 17 du Traité de l'UMOA énonce que le Conseil des Ministres est habilité à arrêter les projets de texte préparés à son initiative ou à celle de la Banque centrale, concernant les matières énumérées à l'article 34 dudit Traité[794].

Les seules observations pouvant être faites concernent notamment les règles formelles de présentation des textes (subdivisions du texte, rédaction de l'appellation officielle de l'État, du timbre du ministère maître d'œuvre, etc.), celles relatives à la rédaction du document de présentation et au respect de la charte graphique prévue par la circulaire n° 00041 PM/SGG/SGA/PAT/SP du 06 octobre 2015 relative aux règles de présentation et de rédaction des textes législatifs et réglementaires.

D'ailleurs, une fois que la loi uniforme est insérée dans la législation nationale et entre en vigueur, il n'est plus possible, pour le législateur national, d'y apporter des modifications remettant en cause la substance du texte adopté par le Conseil des Ministres de l'UMOA.

A titre d'exemple, le 03 mars 2009, le Conseil des Ministres du Sénégal avait déjà adopté un projet de loi modifiant l'article 29 de la loi uniforme

---

[793] C. A. W. NDIAYE, « La loi portant réglementation bancaire ou l'envers du droit UMOA », *Annales africaines*, volume 2, décembre 2021, n° 15, p. 238.
[794] En ce sens, C. A. W. NDIAYE, op. cit., p. 229.

n° 2004-09 du 06 février 2004 relative à la lutte contre le blanchiment de capitaux. Ce projet de loi avait pour objet d'habiliter le procureur de la République qui reçoit le rapport de la Cellule Nationale de Traitement des Informations Financières (CENTIF) soit à classer le dossier sans suite, soit à saisir le juge d'instruction. Ce projet de loi, très controversé, a fait l'objet d'un rejet de la part de la Commission des Lois de l'Assemblée nationale[795].

357. Possible renvoi aux législations nationales. L'adoption du projet de loi uniforme n'exclut pas tout pouvoir normatif des États membres.

Il arrive, en effet, que le projet de loi uniforme renvoie certaines questions spécifiques aux législations des États membres. Par exemple, le projet de loi uniforme relatif à la lutte contre le blanchiment de capitaux et le financement du terrorisme dans les États membres de l'Union Économique et Monétaire Ouest Africaine renvoie aux législations nationales la définition du statut de certaines structures, comme la CENTIF et la détermination des délais de prescription de l'action publique de l'infraction de blanchiment de capitaux.

Dans ces situations, le législateur national retrouve toute son autonomie normative, à la seule condition de se conformer aux principes directeurs fixés par le projet de texte uniforme.

A titre illustratif, lorsque le projet de loi uniforme fait obligation aux États d'instituer une autorité administrative placée sous la tutelle d'un ministère, le législateur national ne saurait, sans contrarier le texte communautaire, créer une autorité administrative indépendante simplement rattachée de ce ministère. En effet, l'exercice du pouvoir de tutelle est difficilement conciliable avec le statut d'autorité administrative indépendante.

---

[795] M. FALL, « Projet de modification de la saisine de la CENTIF: qui veut blanchir les blanchisseurs ? » : http://www.leral.net/Projet-de-modification-de-la-saisine-de-la-Centif-qui-veut-blanchir-les-blanchisseurs-Analyse-de-Madior-Fall_a14449.html#

CHAPITRE IV :

LA PROCÉDURE D'ADOPTION DES TEXTES LÉGISLATIFS ET RÈGLEMENTAIRES

« Tout citoyen est obligé de se soumettre aux lois sanctionnées par la majorité. »
Pierre-Claude-VICTOR BOISTE, Dictionnaire universel (1800)

358. Circuit d'adoption. Après sa rédaction, le projet normatif est introduit dans le circuit d'adoption des textes législatifs et réglementaires en vue de lui conférer une force juridique.

Cette procédure comprend l'ensemble des étapes et des formalités à accomplir préalablement à l'entrée en vigueur des textes législatifs et réglementaires. Elle constitue une garantie de sécurité juridique et de bon fonctionnement du travail législatif et réglementaire du Gouvernement. Les seules dérogations à la procédure ordinaire d'adoption des textes doivent être autorisées par le Chef de l'État.

L'instruction primatorale n° 0004 PM/SGG/SGA/JUR/SP du 27 octobre 2022 relative à la procédure d'adoption des textes législatifs et réglementaires a rappelé les différentes étapes de la procédure ordinaire d'adoption gouvernementale des textes législatifs et réglementaires, de leur inscription à l'agenda législatif et réglementaire du Gouvernement à leur adoption par le Conseil des Ministres.

La procédure d'adoption gouvernementale des textes législatifs et réglementaires comprend des règles générales et certaines règles spécifiques à certaines catégories de textes.

SECTION PREMIÈRE : LES RÈGLES GÉNÉRALES RELATIVES À L'ADOPTION DES TEXTES

359. Les règles générales. Les règles générales relatives à l'adoption des textes sont celles qui concernent en général tous les textes législatifs et réglementaires. Il s'agit du droit commun de l'adoption des normes.
La procédure d'adoption des textes normatifs renvoie aux différentes étapes à suivre en vue d'obtenir l'approbation du texte par les autorités gouvernementales et/ou parlementaires. Cette procédure varie suivant la nature du projet normatif.
S'agissant d'un texte réglementaire, une approbation par le Gouvernement suffit ; il s'agit de l'adoption dite gouvernementale.
Lorsqu'il s'agit d'un projet de texte législatif, l'approbation gouvernementale est nécessairement suivie d'une adoption (vote) par l'Assemblée nationale dite adoption parlementaire.

PARAGRAPHE PREMIER : L'ADOPTION GOUVERNEMENTALE DES TEXTES LÉGISLATIFS ET RÉGLEMENTAIRES

360. Adoption gouvernementale. La procédure d'adoption gouvernementale commence par les diligences accomplies par le ministère maître d'œuvre, à savoir l'inscription du texte à l'agenda législatif et réglementaire du Gouvernement et les consultations préalables. Par la suite, le ministère maître d'œuvre transmet le texte au Secrétariat général du Gouvernement qui a un rôle central dans le processus normatif[796]. Après, au besoin, l'intervention de l'Assemblée générale consultative de la Cour suprême et du Conseil constitutionnel, le processus d'adoption gouvernementale se termine par l'adoption du texte par le Conseil des Ministres.

---

[796] V. P. A. TOURE, *Légistique. Techniques de conception et de rédaction des lois et des actes administratifs : une tradition de gouvernance normative*, Dakar, l'Harmattan, 2018, p. 333 et s.

A. L'inscription du texte à l'agenda législatif et réglementaire du Gouvernement et l'initiative du projet de texte

361. Outil de gouvernance normative. La première étape de la procédure d'adoption est constituée de l'inscription du texte à l'agenda législatif et réglementaire du Gouvernement de l'année, tenu au Secrétariat général du Gouvernement. L'agenda législatif et réglementaire du Gouvernement a été institué par la circulaire n° 0030 CAB/PM/SGG/DSL du 18 décembre 2014 sur la mise en place de l'Agenda législatif et réglementaire du Gouvernement pour l'année 2015. Il s'agit d'un instrument de planification, de suivi et d'évaluation de l'activité normative du Gouvernement.

À cet effet, en fin d'année, le département ministériel maître d'œuvre devra remplir un formulaire mentionnant les textes programmés pour l'année suivante et le faire parvenir à la Primature.

Cet outil a pour objectif de permettre au Secrétariat général du Gouvernement d'avoir une plus grande maîtrise et de faire un suivi de la production normative ; l'agenda fait, d'ailleurs, l'objet d'une évaluation trimestrielle au cours d'une réunion présidée par le Secrétaire général du Gouvernement.

La formalité de l'inscription du projet de texte à l'agenda législatif et réglementaire présente un grand intérêt. En effet, cet agenda constitue un référentiel pour la programmation et l'examen des textes aux réunions de validation technique.

Après l'inscription du texte à l'agenda législatif et réglementaire du Gouvernement, il revient au département ministériel concerné de prendre l'initiative du projet de texte, en le préparant avec ses services compétents.

B. Les consultations préalables

362. Procédure consultative. Il arrive que le rédacteur du texte soit amené à consulter divers organismes[797]. Lorsqu'elles concernent des

---

[797] Déjà, par une circulaire n° 50 PM/BOM du 09 septembre 1980 relative à la multiplication des organismes de consultation dans l'administration, le Premier Ministre, constatant la tendance à la création des organismes et structures consultatifs dans les

textes réglementaires, les consultations obligatoires rentrent dans le cadre de la procédure administrative non contentieuse[798]. Il s'agit de l'ensemble des règles applicables à la procédure d'édiction des actes administratifs (enquête, publicité, contradiction, propositions, consultation, etc.)[799].

Il importe d'étudier d'abord la typologie des consultations préalables avant d'examiner le régime qui leur est applicable.

1. La typologie des consultations préalables

363. Variété. En principe, le rédacteur d'un projet normatif n'est jamais tenu, sauf disposition expresse, de solliciter l'avis d'un organisme ou d'une autorité quelconque, mais il a toujours la possibilité de recourir à une telle consultation. Cette affirmation conduit à distinguer les consultations facultatives des consultations obligatoires.

a. Les consultations facultatives

364. Notion. La consultation facultative est celle que l'auteur du texte peut accomplir sans être tenu juridiquement de le faire. L'autorité qui l'a provoqué n'est pas liée par l'avis émis, même dans le cas où elle a spécialement institué l'organisme consulté[800].

Le caractère facultatif de la consultation se déduit souvent de l'interprétation du texte qui l'institue[801]. Il est de principe que même en l'absence de texte, le rédacteur, notamment l'autorité administrative, peut

---

départements ministériels, a demandé au Bureau Organisation et Méthodes (BOM) de faire « *une étude de rationalisation des organismes de consultation de l'administration* », pour revoir leur nombre et de réaménager leurs modalités de fonctionnement en vue d'améliorer leur efficacité. Un rapport du BOM n° 04/81 publié en février 1981 a fixé les modalités de création et de fonctionnement des organismes consultatifs rappelées par la circulaire n° 62 PM/SGG/BV du 25 septembre 1982 relative aux modalités de création et de fonctionnement d'un organisme consultatif.

[798] J.C. GAUTRON et M. ROUGEVIN-BAVILLE, *Droit public du Sénégal*, Paris, éditions A. Pédone, 1977, p. 168.

[799] M. HEINIS, « La procédure consultative dans la jurisprudence administrative », *Gaz. pal.*, mars 1996, p. 25.

[800] CE 30 juin 1997, Cornebois, p. 897.

[801] CE 02 février 1957, Assemblée territoriale du Sénégal, *Rev. jur. et pol. union française,* 1958, p. 212, concl. Laurent ; CE sect., 05 décembre 1958, Arnoult, *Rec. CE,* p. 61.

toujours solliciter des avis pour l'éclairer[802] ; il s'agit d'une consultation spontanée.

365. Consultative facultative avec avis consultatif. L'avis émis dans le cadre d'une consultation facultative ne peut être qu'un avis simple encore appelé avis consultatif ; il ne lie pas l'autorité qui l'a sollicité[803]. Il s'agit d'un avis qui laisse à l'autorité consultante la pleine liberté par rapport à la décision finale[804].

Lorsqu'aucun texte ne précise la portée de l'avis, cet avis doit être réputé être un avis simple[805]. Il est, en conséquence, une simple formalité administrative[806]. C'est pourquoi il n'y a, en aucune manière, partage de compétence entre l'autorité consultée et l'autorité consultante. Seule cette dernière détient l'intégralité du pouvoir de décision. Ainsi, celle-ci peut reprendre librement le contenu de l'avis[807] ou s'en écarter radicalement[808].

Il a été même jugé que la liberté d'action du rédacteur n'est en rien limitée par l'avis. Il conserve la faculté d'apporter à son projet « toutes les modifications qui lui paraissent utiles, quelle qu'en soit l'importance, sans avoir l'obligation de saisir à nouveau l'organisme consulté »[809].

L'autorité compétente peut même prendre sa décision avant que l'avis ait été émis et renoncer ainsi à la consultation[810].

---

[802] CE du 06 mars 1957, Ravalison, *Rec. CE*, p. 147, *Rev. jur. et pol. outre-mer,* 1958.488, concl. F. Gazier.
[803] CE du 10 janvier 1958, Bourgin, *Rec.*, p. 25.
[804] CE du 18 janvier 1963, Perreur, *Rec.* p. 34.
[805] CE du 24 janvier 1919, Clauzel, *Rec.*, p. 68.
[806] CE, sect., du 09 décembre 1955, Tarboriech, *Rec., CE*, p. 582.
[807] CE du 04 avril 1951, Pouzergues, *Rec.* p. 759.
[808] CE du 25 janvier 1939, Commune de Préfail, *Rec.*, p. 33.
[809] CE sect. du 15 mars 1974, Synd. nat. CGT-FO des fonctionnaires du commerce extérieur, *AJ* 1974, p. 432.
[810] CE sect. du 28 avril 1967, Fédération nat. Des synd. Pharmaceutiques, *AJ.*, 1967, p. 401, concl. J.M Galabert.

b. Les consultations obligatoires

366. Mécanisme. Il convient de revenir sur la notion de consultation obligatoire avant d'étudier les types de consultations obligatoires et le régime de ces consultations.

- La notion de consultations obligatoires

367. Concept. La consultation est obligatoire lorsque le rédacteur du texte est tenu, après son élaboration, de solliciter l'avis d'une autre autorité ou d'un organe spécialement créé à cet effet. Lorsqu'elles concernent des textes réglementaires, les consultations obligatoires rentrent dans le cadre de la procédure administrative non contentieuse. Il s'agit de l'ensemble des règles applicables à la procédure d'édiction des actes administratifs (enquête, publicité, contradiction, propositions, consultation, etc.).

L'obligation de consultation préalable doit tirer son fondement d'un texte[811] qui doit être édicté par l'autorité compétente[812] ; elle ne saurait se présumer[813]. Cette obligation peut résulter d'une loi ou d'un décret. Une circulaire non réglementaire ne saurait, dès lors, prévoir une consultation obligatoire[814].

L'exigence d'un avis obligatoire résulte souvent de l'emploi d'expressions comme « *sur avis de* », « *après avis de* ». Il en est ainsi lorsque le texte énonce qu'un organisme « *se prononce* » ou « *émet un avis* » sur un texte. Il en est de même lorsqu'il est indiqué que l'auteur du texte statue « *après consultation* » d'un organisme.

Selon la circulaire n° 00001 PM/SGG/SGA/PAT du 15 janvier 2018 relative au respect de l'obligation de recueillir l'avis des organismes consultatifs, la consultation, qui est une forme d'aide à la décision, doit intervenir dès que le ministère maître d'œuvre aura stabilisé la rédaction du texte et bien avant son introduction dans le circuit d'adoption.

---

811 CE du 04 mai 1960, Maréchal, *Rec. CE,* table p. 884 ; CE ass., 11 janvier 1963, Syndicat national des administrateurs de la France d'outre-mer, *Rec. CE,* p. 16.

812 CE du 06 novembre 1968, Sté Olida, *Rec. CE*, p. 550.

813 CE sect. du 08 mars 1963, Amicale des membres des tribunaux administratifs, *Rec. CE*, p. 144.

814 CE du19 juin 1985, Cne de Bouguenais, *Rec. CE*, p. 194, *RDP,* 1987.826, obs. Auby.

- Les types de consultations obligatoires

368. Variété. Au Sénégal, le législateur a prévu plusieurs hypothèses dans lesquelles l'Administration est tenue de consulter des organismes de nature très diverse. Il s'agit notamment d'organismes ayant pour mission de réaliser des études sur les problèmes concernant des catégories professionnelles ou des organismes publics.

369. Conseil national du Travail et de la Sécurité sociale. L'article L. 205 du Code du Travail a institué auprès du Ministre chargé du Travail et de la Sécurité sociale un Conseil national du Travail et de la Sécurité sociale. Cet organisme consultatif a pour mission d'étudier les problèmes concernant le travail et la sécurité sociale. L'alinéa 2 de ce texte prévoit que « *tous projets de loi intéressant le travail et la sécurité sociale doivent être obligatoirement accompagnés de l'avis du Conseil consultatif national du Travail et de la Sécurité sociale* »[815].

Le Conseil consultatif national du Travail et de la Sécurité sociale est également consulté obligatoirement dans des cas limitativement énumérés par la loi[816].

Les modalités d'organisation et de fonctionnement du Conseil consultatif national du Travail et de la Sécurité sociale sont fixées par le décret n° 61-452 MFPT-DTSS du 29 novembre 1961 fixant les conditions d'organisation et de fonctionnement du Conseil consultatif national du Travail et de la Sécurité sociale, de sa commission permanente et de ses deux sous-commissions[817].

---

[815] Sur cette question, J. I. SAYEG, « Droit statutaire et droit du travail », in *La fonction publique sénégalaise*, Actes du 1er colloque sur les institutions du Sénégal, *RIPAS*, n° 14, octobre-décembre 1985, p. 225-238.

[816] Il en est ainsi s'agissant des textes prévus par les articles L.5, L. 31, L. 50, L. 73, dernier alinéa, L. 86, L. 88, L. 89, L. 90, L. 109, L. 142, L. 155, L. 211 et L. 224 du Code du Travail ainsi que pour tout autre décret pris pour l'application du Code du Travail.

[817] Par ailleurs, l'article L. 210 du Code du Travail a institué auprès du Ministre chargé du Travail, un Comité technique consultatif pour l'étude des questions intéressant l'hygiène et la sécurité des travailleurs. Ce comité donne obligatoirement son avis sur les décrets fixant notamment les mesures générales et spécifiques de protection, de prévention et de salubrité applicables à tous les établissements d'enseignement, de formation professionnelle et d'apprentissage ainsi que certains emplois de la fonction publique dont la liste est fixée par décret. Il en est de même des décrets fixant les règles relatives à la distribution et à l'emploi

370. Bureau Organisation et Méthodes. Le besoin d'amélioration de la qualité du service rendu aux usagers ainsi que la volonté d'instaurer une administration publique performante axée sur les résultats, au service du citoyen, ont exigé un recentrage des missions de l'organisme public chargé d'en assurer l'impulsion et de la coordination.

Les pouvoirs publics ont ainsi « *ressuscité* » le Bureau Organisation et Méthodes (BOM), qui hérite désormais d'une partie des attributions de l'ancienne Délégation à la Réforme de l'État et à l'Assistance technique (DREAT). Rattaché au Secrétariat général de la Présidence de la République, le BOM est une structure d'étude, d'appui et de conseil.

Placé sous l'autorité du Ministre, Secrétaire général de la Présidence de la République, il est chargé de mener des audits stratégiques, organisationnels et fonctionnels pour améliorer l'action publique et veiller à l'adaptation permanente de l'organisation des services de l'État aux mutations de l'environnement économique, social et technologique.

Le BOM contribue à l'amélioration de la gouvernance des agences d'exécution et des entreprises publiques et mène toute action, avec les acteurs étatiques et non étatiques, destinée à améliorer le service rendu aux usagers.

En vertu de l'article 3, alinéa 2 du décret n° 2016-300 du 29 février 2016 portant création et fixant les règles d'organisation et de fonctionnement du Bureau Organisation et Méthodes[818], le BOM « *est saisi, pour avis, par les départements ministériels, dans l'élaboration des textes relatifs à la création, à l'organisation et à la modification de leurs structures* ».

L'article 2 du décret n° 2017-314 du 15 février 2017 fixant les règles de création et d'organisation des structures de l'Administration centrale des ministères[819] conforte cette règle. Ce texte énonce, en effet, que : « *la création ou la modification des structures administratives se fait dans le*

---

de substances ou de préparation à usage industriel, présentant des dangers pour les travailleurs. Le décret n° 69-137 du 12 février 1969 a fixé les règles d'organisation et de fonctionnement du Comité technique consultatif national pour l'étude des questions intéressant l'hygiène et la sécurité des travailleurs.

[818] JORS n° 6933 du samedi 07 mai 2016.

[819] JORS du 16 février 2017, p. 228.

cadre des décrets relatifs à l'organisation des départements ministériels, après avis du Bureau Organisation et Méthodes (BOM) ».

Il résulte de ces textes que l'élaboration d'un texte relatif à la création, à l'organisation ou à la modification des structures de l'Administration centrale des ministères exige la consultation du BOM. Il s'agit ainsi d'une consultation obligatoire. Par exemple, lorsqu'un département ministériel élabore un projet de décret organisant ses structures ou modifiant son organigramme, le BOM est obligatoirement saisi pour avis.

La circulaire n° 00140 PM/SP du 11 janvier 1972 précise que « *le Bureau Organisation et Méthodes n'a jamais eu qu'un rôle consultatif et fonctionnel. Ceci veut dire que s'il entreprend des études et formule des recommandations, il n'est investi d'aucun pouvoir de décision (...) les interventions du BOM ont un caractère exclusivement technique ne pouvant par conséquent en aucun cas, inclure des considérations d'ordre politique, des questions d'intérêt ou de personne* ».

371. Conseil supérieur de la Fonction publique. En matière de fonction publique, l'article 18 de la loi n° 61-33 du 15 juin 1961 relative au statut général des fonctionnaires a institué un Conseil supérieur de la Fonction publique. Il comprend, sous la présidence du Ministre chargé de la Fonction publique, dix (10) fonctionnaires représentants de l'Administration et dix (10) fonctionnaires représentants des personnels et choisis par les organisations syndicales.

Ce conseil donne son avis sur toute question intéressant les fonctionnaires, notamment sur les projets de statuts particuliers des divers cadres de fonctionnaires.

Le Conseil supérieur de la Fonction publique donne également son avis sur les questions relatives au statut particulier de chaque cadre de fonctionnaires ainsi que sur l'interprétation des dispositions du statut général des fonctionnaires et des statuts particuliers. Il donne aussi son avis sur la détermination des éléments constitutifs du régime de rémunération des fonctionnaires et sur les décrets de dégagement des cadres.

D'autres attributions peuvent être confiées au Conseil supérieur de la Fonction publique par décret[820].

L'organisation et de fonctionnement du Conseil supérieur de la Fonction publique sont fixés par le décret n° 84-1046 du 18 septembre 1984 fixant la composition, les attributions, l'organisation et le fonctionnement du Conseil supérieur de la Fonction publique modifié par le décret n° 97-692 du 02 juillet 1997.

372. Comité de Suivi du Secteur parapublic. Les organismes consultatifs peuvent être des entités créées au sein des ministères ou autres services en vue notamment de veiller à l'organisation et au fonctionnement de structures étatiques (organismes du secteur parapublic, agences, établissements publics, etc.)[821].

La loi d'orientation n° 2022-08 du 19 avril 2022 relative au secteur parapublic, au suivi du portefeuille de l'État et au contrôle des personnes, morales de droit privé bénéficiant du concours financier de la puissance publique[822] a procédé à la mutation du Comité consultatif du Secteur parapublic devenu un Comité de Suivi du Secteur parapublic (CSSPP).

Le CSSPP donne son avis sur toute création ou dissolution d'entités du secteur parapublic ainsi que toute prise de participation directe de l'État dans le capital d'une société ; si cette prise de participation a pour effet de lui donner la majorité, elle est autorisée par la loi. Il donne également son avis sur toute cession d'actions ayant pour effet de faire perdre à l'État sa participation majoritaire directe ou indirecte dans le capital d'une société.

Le CSSPP peut, en outre, être consulté sur toute question relative à la politique de l'État dans le secteur parapublic[823]. À ce titre, il reçoit du

---

[820] V. art. 9 du décret n° 84-1046 du 18 septembre 1984 fixant la composition, les attributions, l'organisation et le fonctionnement du Conseil supérieur de la Fonction publique modifié.

[821] Sur cette question, S. A. CAMARA, « Les agents du secteur parapublic », in *La fonction publique sénégalaise*, Actes du 1er colloque sur les institutions du Sénégal, *RIPAS*, n° 14, octobre-décembre 1985, p. 201 à 207 ; A. KEBE, *Les réformes institutionnelles dans le secteur parapublic au Sénégal. Le cas du chemin de fer*, Dakar, l'Harmattan, 2012.

[822] JORS, n° 7516 du 21 avril 2022, p. 353.

[823] V. art. 47 de la loi d'orientation n° 2022-08 du 19 avril 2022.

Ministre chargé des Finances, pour examen, le document de stratégie de gestion du portefeuille de l'État qui intègre dans son plan d'actions et les politiques de privatisation et de restructuration des sociétés publiques en difficulté[824].

Les avis du CSSPP sont rendus à la majorité simple des membres présents ; les extraits des avis du Comité sont envoyés périodiquement à l'autorité chargée de la tutelle technique et au Secrétariat général du Gouvernement.

Les règles d'organisation et de fonctionnement du CSSPP sont fixées par le décret n° 2025-669 du 29 avril 2025.

373. Commission d'Évaluation des Agences d'Exécution. Dans le cadre de la création des agences d'exécution, la Commission d'Évaluation des Agences d'Exécution (CEAE) constitue un organisme consultatif.

Mais, il faut préciser que malgré l'intégration des agences d'exécution dans le champ du secteur parapublic, la loi d'orientation n° 2022-08 du 19 avril 2022 précitée spécifie que le pouvoir consultatif du Comité de Suivi du Secteur parapublic s'exerce « *à l'exception des agences d'exécution et des autres structures administratives et similaires* »[825].

La circulaire du Secrétaire général du Gouvernement n° 00000407 SGG/SGA/JUR/SP du 1er juillet 2022 relative aux incidences de la réforme du secteur parapublic sur l'activité normative du Gouvernement précise que « *cette réserve législative ne saurait étonner, puisque l'article 2 du décret n° 2020-1493 en date du 1er juillet 2020 énonce que la Commission d'évaluation des agences d'exécution (CEAE) a pour mission notamment de donner un avis sur l'opportunité de la création d'une agence sur la base du rapport présenté par son autorité de tutelle* ».

---

[824] On peut citer également le Comité national des Hydrocarbures prévu par l'article 4 de la loi n°98-31 du 14 avril 1998 relative aux activités d'importation, de raffinage, de stockage, de transport et de distribution des hydrocarbures. Il a pour mission de donner des avis et de formuler des recommandations sur toutes les questions concernant le secteur des hydrocarbures qui lui sont soumises par le Ministre chargé des Hydrocarbures. À ce titre, il est chargé notamment de proposer les modifications à apporter à la réglementation applicable au secteur.

[825] V. art. 47 de la loi d'orientation n° 2022-08 du 19 avril 2022.

La CEAE exerce également ses compétences sur les structures administratives similaires (délégations générales, hautes autorités, fonds et offices, etc.), dès lors que le dispositif juridique normalisé prévu pour encadrer l'organisation et le fonctionnement des agences d'exécution s'applique également aux « *autres structures administratives similaires* »[826].

Il en résulte que, nonobstant l'entrée en vigueur de la réforme du secteur parapublic, la création des agences d'exécution et des structures administratives similaires est toujours subordonnée à la réalisation d'une étude d'opportunité et d'impact et au recueil de l'avis de la Commission d'évaluation des agences d'exécution, conformément à la législation et à la réglementation en vigueur.

En vertu de l'article 2 du décret n° 2020-1493 en date du 1er juillet 2020, la Commission d'évaluation des agences d'exécution[827] a pour mission, notamment, de donner un avis sur l'opportunité de la création d'une agence sur la base du rapport présenté par son autorité de tutelle.

374. Autorités administratives indépendantes. Certaines autorités administratives indépendantes peuvent exercer des attributions consultatives, concernant les projets de texte relatifs à leurs secteurs d'activités[828].

Ainsi, la loi n° 98-29 du 14 avril 1998 relative au secteur de l'électricité a créé une Commission de Régulation du Secteur de l'Électricité (CSE), autorité indépendante, chargée de la régulation des activités de production, de transport, de distribution et de vente de l'énergie électrique. Cette commission est consultée par le Ministre chargé de l'Énergie sur tous les projets de texte législatif et réglementaire concernant le secteur de l'électricité.

Elle peut être saisie, pour avis, sur les questions intéressant le secteur ou qui sont de nature à avoir un impact sur la conception de la politique

---

826 V. art.16 de la loi d'orientation n° 2009-20 du 04 mai 2009 sur les agences d'exécution.
827 JORS n° 7345 du 05 août 2020, p. 1592.
828 A.-S. BARTHEZ, « Les avis et recommandations des autorités administratives indépendantes », in *Association Henri Capitant, Le droit souple*, Paris, Dalloz, 2009, p. 59 s.

sectorielle. De plus, l'OFNAC est chargé notamment de formuler, sur la demande des autorités administratives, des avis sur les mesures de prévention, ces avis ne pouvant être divulgués[829].

La même observation vaut, notamment, pour le Conseil National de Régulation de l'Audiovisuel qui peut être saisi pour avis au sujet de propositions ou de projet de texte législatif ou réglementaire concernant la communication sur des questions relevant de sa compétence[830].

375. Établissements publics à caractère professionnel. Certains établissements publics à caractère professionnel, comme les ordres professionnels, la chambre nationale de Commerce, d'Industrie et de Services et la chambre d'Agriculture ont quelquefois des pouvoirs consultatifs. Il en est ainsi de l'Ordre des Médecins qui donne son avis aux pouvoirs publics en ce qui concerne les questions relatives à la législation et à la réglementation médicale sur lesquelles il est consulté par le Gouvernement[831]. Il en est de même de l'Ordre des architectes qui donne son avis sur la législation et la réglementation architecturale[832].

- Le régime des consultations obligatoires

376. Principes directeurs. La procédure consultative, notamment en ce qui concerne les actes réglementaires, obéit à des principes généraux dégagés par la jurisprudence administrative. Ces règles valent également pour les consultations facultatives[833].

377. Création de l'organisme consultatif. L'organisme consultatif doit tirer son existence d'un texte juridique entré en vigueur avant la consultation[834]. D'après la circulaire n° 62 PM/SGG/BV du 25 septembre

---

829 V. art. 3 de la loi n° 2012-30 du 28 décembre 2012 précitée.

830 V. art. 11 de la loi n° 2006-04 du 4 janvier 2006 précitée.

831 V. art. 15 de la loi n° 66-69 du 04 juillet 1966 relative à l'exercice de la médecine et à l'Ordre des médecins.

832 V. art. 17 de la loi n° 78-44 du 06 juillet 1978 relative à l'exercice de la profession d'architecte et à l'Ordre des architectes (JORS n° 4652 du 19 août 1978, p. 1023) ; V. également, la loi n° 98-08 du 17 janvier 1989 portant création des chambres de commerce d'industrie et d'agriculture.

833 C. BERGEAL, *Rédiger un texte normatif. Manuel de légistique*, 7e édition, Paris, Berger-Levrault, octobre 2012, p. 270.

834 C. BERGEAL, *Ibid.*

1982 relative aux modalités de création et de fonctionnement d'un organisme consultatif, les organismes de consultation à caractère permanent et participant à l'exercice d'une fonction permanente, doivent être créés par un acte réglementaire (décret ou arrêté) ; une simple circulaire ne suffit pas.

Mais, les pouvoirs publics ne se conforment pas toujours à cette règle. En effet, la circulaire présidentielle n° 0328 PR du 12 mai 2016 a prévu une consultation obligatoire. Elle a prescrit que toute initiative relative à la fourniture, l'importation, et l'utilisation des clefs de chiffrement, à la sécurité des systèmes d'information ainsi qu'à la cybersécurité est soumise à la Commission nationale de Cryptologie (CNC).

En ce qui concerne les organismes à caractère temporaire dits groupes de travail, leurs actes de création peuvent être des lettres primatorales ou ministérielles.

378. Composition de l'organisme consultatif. Lorsqu'un texte prévoit l'existence d'un organe consultatif, celui-ci doit être régulièrement composé ; une composition régulière exige qu'il ne délibère qu'avec les personnes qui en sont membres[835].

La circulaire n° 62 PM/SGG/BV du 25 septembre 1982 relative aux modalités de création et de fonctionnement d'un organisme consultatif recommande, pour assurer l'efficacité des travaux des organismes consultatifs, de limiter le nombre de participants. Ils ne devraient comprendre que des membres de droit dont la présence est obligatoire et des membres invités dont la présence est facultative.

De manière plus générale, l'ensemble des conditions auxquelles est soumis le fonctionnement de l'organisme consulté (composition, règles de quorum, de vote, etc.) doit être respecté pour garantir la régularité de l'avis.

---

[835] CE, sect. du 23 mars 1962, Revers, *Rec. CE,* p. 202.

Dans l'arrêt *Mame Thierno DIENG* rendu le 22 mars 2012[836], la Cour suprême a considéré que l'irrégularité de la composition de l'Assemblée de Faculté de Médecine, donnant son avis sur l'attribution des postes d'enseignants, est de nature à affecter la légalité d'une décision administrative. Selon la cour, « *est irrégulièrement composée, l'Assemblée de Faculté, qui statuant sur le cas d'un professeur agrégé titulaire, comprenait en son sein des enseignants de grade inférieur* »[837].

379. Théorie de la formalité impossible. La multiplication des consultations obligatoires est susceptible de créer un risque de paralysie de l'action administrative lorsqu'il est matériellement impossible de consulter les organismes consultatifs. Pour y pallier, la jurisprudence a forgé la théorie dite de la « *formalité impossible* »[838]. Ainsi, il a été jugé que la procédure n'est pas viciée quand il a été impossible de procéder à une consultation obligatoire du fait de l'autorité qui refuse de désigner les membres de l'organisme à saisir[839].

Dans un arrêt rendu le 09 mars 2006[840], le Ministre chargé de la Santé avait bien saisi le Conseil de l'Ordre des Pharmaciens le 30 mars 2005 pour recueillir son avis sur la demande d'ouverture d'une officine. La Cour suprême a considéré que le Conseil de l'Ordre ne conteste pas cette saisine, mais subordonne l'émission de son avis à la publication par le Ministre de la Santé de l'arrêté fixant le nombre des officines existantes et celles pouvant être créées pour l'année 2005. Ainsi, la haute juridiction

---

[836] CS du 22 mars 2012, M. Th. D. c/ Recteur de l'Université Cheikh Anta Diop, *Bulletin des arrêts de la Cour d'appel,* décembre 2013, p. 222-224.

[837] Sur une critique de cette décision, V. M. DIAGNE, « Brèves réflexions sur le contrôle de la légalité des actes administratifs par le juge sénégalais », in A. SALL et I. M. FALL (dir.), *Actualités du droit public et de la science politique en Afrique*, *Mélanges en l'honneur de Babacar KANTE,* Dakar, l'Harmattan, 2017, p. 526-527.

[838] B. SEILLER, « Acte administratif : régime », *Rép. cont. adm*., octobre 2020, n° 211 et s. ; S. HUL, « Procédure contentieuse- Quand une formalité prévue par la Constitution s'avère « impossible », La Semaine Juridique Administrations et Collectivités territoriales n° 12, 26 mars 2018, 2093 ; L. ERSTEIN, «La formalité impossible », *Sem. Jur. adm. et coll. terr.* n° 51-52, 26 décembre 2017, act. 870.

[839] CE, sect. du 12 octobre 1956, B., *Rec. CE* 1956, p. 356 ; *D.* 1956, jurispr. p. 664, concl. M. Long ; CE, 23 décembre 1987, n° 55748, Min. urb. et log. c/ C.-B.

[840] CS ch. adm. du 09 mars 2006, Conseil de l'Ordre des Pharmaciens c/ État du Sénégal, *inédit.*

a jugé qu'en refusant d'émettre l'avis sollicité, le Conseil de l'Ordre est mal fondé à soutenir qu'il n'a pas été consulté.

En outre, lorsque l'organisme se trouve dans l'incapacité d'émettre un avis, l'autorité compétente pourra passer outre[841].

L'obligation de consulter un organisme, prévue par un texte, ne s'impose à l'Administration qu'à compter, soit de l'installation de cet organisme, soit de l'expiration du délai raisonnable de sa mise en place. Avant l'expiration de ce délai, la consultation doit être regardée comme une formalité impossible dont l'inaccomplissement n'entache pas d'illégalité les décisions nécessitant sa consultation[842]. L'impossibilité peut résulter de l'absence de constitution de l'organe à consulter à la date où la décision devait être prise[843].

380. Intervention de l'avis. L'avis doit être rendu à l'issue d'une véritable délibération et non suite à des échanges téléphoniques ou par courrier[844]. L'avis est matérialisé souvent par un compte-rendu ou un procès-verbal de délibération signé par le président et les membres de l'organe consultatif. La rédaction de l'avis n'est soumise à aucun formalisme et la motivation n'est pas exigée[845]. L'avis peut même être assorti de réserves[846].

381. Consultation obligatoire avec avis facultatif. La circulaire n° 00001 PM/SGG/SGA/PAT du 15 janvier 2018 relative au respect de l'obligation de recueillir l'avis des organismes consultatifs a mis l'accent sur les types d'avis résultant des consultations obligatoires.

En règle générale, la consultation obligatoire donne lieu à l'émission d'un avis facultatif, c'est-à-dire un avis qui ne lie pas l'Administration. Par

---

[841] CE du 1er mars 1957, Cne de Port-Louis, *Rec. CE*, p. 134.

[842] CE du 30 décembre 1998, n° 177854, *Synd. nat. CGT-FO de l'ANPE.*

[843] CE, ass. du 28 mai 1971, B., *Rec. CE* 1971, p. 387 ; CE, sect. du 7 janvier 1972, *Synd. nat. de l'enseignement supérieur*, *Rec. CE* 1972, p. 28 ; *D.* 1972, jurispr. p. 479, note Peiser ; *AJDA* 1972, p. 295, note Fourrier ; CE du 5 mars 1976, T., *AJDA* 1976, p. 198 ; CE du 12 juin 1987, F., *Rec. CE* 1987, p. 658.

[844] C. BERGEAL, *Rédiger un texte normatif. Manuel de légistique*, 7e édition, Paris, Berger-Levrault, octobre 2012, p. 271.

[845] CE du 03 mai 1950, Paon, *Rec. CE*, p. 248.

[846] CE, sect. du 20 juin 1958, Jurine, *Rec. CE*, p. 369.

exemple, la consultation du Conseil supérieur de la Fonction publique sur toute question intéressant les fonctionnaires, notamment sur les projets de statuts particuliers des divers cadres de fonctionnaires, est une consultation obligatoire avec avis consultatif[847].

La Cour suprême du Sénégal, dans son arrêt du 09 février 2012, a rappelé la portée de l'avis facultatif. Selon la haute juridiction, lorsque le maire d'une commune, mis en demeure par le Ministre chargé des Collectivités territoriales, de convoquer le conseil municipal pour recueillir son avis sur le projet de découpage de ladite commune, n'a pas réuni le conseil municipal à cet effet, arguant de la tenue de la session budgétaire, le décret pris par la suite ne saurait souffrir d'illégalité de ce chef. En effet, l'avis prévu est obligatoire, mais non conforme.

En l'espèce, c'est la consultation du conseil municipal qui était obligatoire. Or, le ministre s'en était passé. Toutefois, il lui était loisible de ne pas se conformer à l'avis du conseil municipal. Dès lors, estime le juge administratif, le décret aurait dû être annulé[848].

382. Consultation obligatoire avec avis conforme. La consultation obligatoire peut être suivie d'un avis conforme. Il s'agit d'un avis émis par un organisme consultatif qui oblige l'autorité consultante à s'y conformer ou à renoncer à sa décision[849]. Seule une disposition législative ou réglementaire, conçue en termes précis, peut établir l'exigence d'un avis conforme[850].

À titre d'exemple, la loi organique n° 2020-07 du 26 février 2020 abrogeant et remplaçant la loi organique n° 2011-15 du 08 juillet 2011

---

[847] V. art. 18 de la loi n°61-33 du 15 juin 1961 relative au statut général des fonctionnaires, modifiée.
[848] En ce sens, O. KHOUMA, « Le contrôle de la légalité externe des actes administratifs unilatéraux par le juge sénégalais. Un exemple de transposition de la jurisprudence administrative française » : http://afrilex.u-bordeaux4.fr, p. 35.
[849] C. ROBLIN, « Les avis conformes », in, *Sur la forme et la procédure de l'acte administratif*, études coord. par G. Dupuis, Paris, Economica, 1979, p. 80.
[850] CE du 06 mars 1957, *Ravalison*, *Rec. CE*, p. 147.

relative aux lois de finances [851] a prévu un avis conforme du Ministère en charge des Finances.

Selon l'article 4, alinéa 3 de ce texte : « *Lorsque des dispositions d'ordre législatif ou règlementaire doivent entraîner des charges nouvelles ou des pertes de ressources, aucun projet de loi ne peut être voté, aucun acte règlementaire ou conventionnel ne peut être signé tant que ces charges ou pertes de ressources n'ont pas été prévues, évaluées et soumises à l'avis conforme du Ministre chargé des Finances* ».

L'obligation de recueillir l'avis conforme du Ministère en charge des Finances a été rappelée par la circulaire n° 0004 PM du 20 juin 2002 relative à l'avis préalable obligatoire du Ministère de l'Économie et des Finances pour tout acte engageant les finances de l'État du Sénégal[852].

En tout état de cause, le juge considère que l'obligation de recueillir un avis conforme ou le défaut de celui-ci conduit à un partage de la compétence de l'autorité chargée de prendre la décision avec l'autorité consultée[853]. Le non-respect de cette formalité entache l'acte d'illégalité pour incompétence, s'il s'agit d'un acte administratif.

La circulaire n° 005 PM/SGG/SGA/PAT du 15 mars 2017 relative aux formalités à respecter avant l'adoption des projets de texte ou de convention ayant des incidences financières recommande aux ministères de veiller au respect de l'obligation de recueillir l'avis conforme du Ministère en charge des Finances avant la transmission du texte au Secrétariat général du Gouvernement.

Lorsque l'organisme consulté a émis un avis défavorable sans proposer de décision de remplacement, l'autorité consultante ne peut que soit, se

---

[851] JORS n° 6618 du samedi 15 octobre 2011.

[852] Sous l'empire du droit antérieur, la loi organique relative aux lois de finances exigeait une évaluation des charges ainsi qu'une autorisation de la loi de finances ; V. la circulaire présidentielle n° 41 PR/SG du 25 avril 1964 et la circulaire présidentielle n° 99 PR/SG/EC2 du 05 octobre 1964 relative à l'application de l'article 10 de la loi organique relative aux lois de finances.

[853] CE du 07 janvier 1955, Ged, *Rec. CE*, p. 11, *D.* 1955.65, concl. Mosset.

conformer à l'avis de cet organisme, soit, s'abstenir de prendre la décision[854].

Quand l'autorité consultante envisage l'adoption de dispositions nouvelles, elle doit saisir à nouveau l'organisme consultatif pour qu'il se prononce sur celles-ci[855].

383. Sanction des consultations obligatoires. Les consultations obligatoires ne constituent pas toujours de simples contraintes procédurales sans incidence sur la régularité ou la légalité de la décision prise. En vertu de la circulaire n° 00001 PM/SGG/SGA/PAT du 15 janvier 2018 relative au respect de l'obligation de recueillir l'avis des organismes consultatifs, la violation de la procédure de consultation préalable est susceptible d'entraîner un vice de procédure. Mais tout vice de procédure n'emporte pas nécessairement l'illégalité de l'acte édicté, compte tenu de la diversité des consultations préalables.

La jurisprudence sénégalaise a progressivement forgé une distinction entre les formalités substantielles et les formalités non substantielles[856]. À propos des consultations préalables, la Cour suprême a déjà eu l'occasion de juger, dans l'arrêt *Souleymane SIDIBE* rendu le 23 juillet 1975[857], que la consultation du Conseil supérieur de la Fonction publique constitue une formalité obligatoire.

Dans cette espèce, la haute juridiction a énoncé que conformément à l'article 18 de la loi n° 61-33 du 15 juin 1961 relative au statut général des fonctionnaires « *l'avis du Conseil supérieur de la Fonction publique est une formalité préalable et obligatoire avant l'adoption de toute*

---

[854] CE sect. 1er juin 1962, Union gén. des synd. de mandataires des halles centrales, *Rec.* p. 362.
[855] CE du 25 février 1990, Ass. des membres de l'inspect. gén. des aff. sociales, *Rec. CE*, p. 45, *AJ.* 1990, p. 506, obs. X. Prélot. En l'espèce, l'irrégularité résulte de ce qu'une modification du projet soumis à l'avis n'a été portée que tardivement à la connaissance des membres de l'organisme consulté.
[856] A. BOCKEL, *Droit administratif*, Dakar-Abidjan, NEA, LGDJ, 1978, p. 140 ; également, D. SY, *Droit administratif*, Dakar, l'Harmattan, 2e édition, 2014, p. 306-307.
[857] CS du 23 juillet 1975, Souleymane SIDIBE et Amicale des administrateurs civils du Sénégal, *GDJAS*, tome I, 2e édition, 1984, obs. J. M. NZOUANKEU, p. 95 et s ; *Annales africaines* 1975, p. 184 et s.

disposition ayant trait au statut particulier d'un cadre de fonctionnaires »[858].

Le juge de l'excès de pouvoir a constaté que le décret n° 73-353 du 14 avril 1973 abrogeant et remplaçant des dispositions du décret du 08 novembre 1967 autorisant le recrutement sur titre à l'École nationale d'Administration (ENA) d'agents ayant effectué les stages de formation du Centre d'études du Service des enquêtes économiques, n'a pas été soumis à l'avis dudit conseil.

Selon les hauts magistrats, les dispositions de ce décret sont « *illégales comme ayant été adoptées à la suite d'une procédure irrégulière* ». Dès lors, l'obligation de solliciter l'avis du Conseil supérieur de la Fonction publique constitue une formalité substantielle dont le non-respect entache d'illégalité l'acte réglementaire édicté[859].

La chambre administrative de la Cour suprême a eu à sanctionner, dans plusieurs espèces impliquant l'Administration déconcentrée, le non-respect de consultations obligatoires.

Dans un arrêt rendu le 13 février 2014, la cour régulatrice a jugé qu'un arrêté du Gouverneur adjoint de la Région de Dakar portant fermeture définitive d'un bar restaurant, qui est intervenu sans que l'avis de la Commission consultative n'ait été recueilli, est entaché de nullité. D'après les magistrats, en vertu de l'article 10 du décret du 1er avril 1997, la fermeture définitive d'un débit de boissons ne peut intervenir qu'à la suite dudit avis. Selon la Cour suprême, il s'agit d'un « *vice de forme entachant la légalité de l'acte* »[860].

La haute juridiction administrative a également jugé qu'un autre arrêté de la Présidente du Conseil régional de Kaolack portant retrait de

---

[858] Sur cette question, P. NDIAYE, « Statuts particuliers et statuts spéciaux dans la fonction publique sénégalaise », in *La fonction publique sénégalaise*, Actes du 1er colloque sur les institutions du Sénégal, *RIPAS*, n° 14, octobre-décembre 1985, p.145 et s.

[859] CH. LAPEYRE, « La consultation du Conseil supérieur de la fonction publique en matière de statut particulier constitue une formalité préalable substantielle (note sous l'arrêt Souleymane SIDIBE-Amicale des administrateurs civils du Sénégal (Cour suprême, 23 juillet 1975) », *Annales africaines* 1975, p. 179 et s.

[860] CS ch. adm. n° 06/2014 du 13 février 2014, J. B. c/ État du Sénégal, *inédit.*

l'autorisation d'amodiation de chasse, qui ne mentionne pas la sollicitation de l'avis préalable du Conseil rural, est entaché de nullité. En effet, en vertu de l'article 49 du décret n° 96-1134 du 27 décembre 1996 portant application de la loi n° 96-07 du 22 mars 1996 portant transfert de compétences aux régions, communes et communautés rurales, le Conseil rural a compétence pour donner son avis préalable sur toute décision d'amodiation des droits de chasse dans une zone située sur son territoire[861].

S'agissant des lois, seule la méconnaissance d'une obligation de consultation, résultant de la Constitution elle-même ou d'une loi organique, peut conduire à la censure du texte par le Conseil constitutionnel, pour non-conformité à la Constitution[862].

---

[861] CS ch. adm. n° 31/2009 du 31 août 2009, S. B. S. c/ Conseil régional de Kaolack, *inédit* ; également, CS ch. adm. n° 14/2009 du 05 mai 2009, A. D. c/ El H. M. ND. et État du Sénégal, *inédit*.

[862] *Guide pour l'élaboration des textes législatifs et réglementaires,* Paris, La documentation française, 2005, p. 71 et s.

DOCUMENT N° 33 : LES CONSULTATIONS OBLIGATOIRES

La circulaire n° 005 PM/SGG/SGA/PAT du 15 mars 2017 relative aux formalités à respecter avant l'adoption des projets de texte ou de convention ayant des incidences financières

REPUBLIQUE DU SENEGAL

Primature

Le Premier Ministre

N° 005 PM/SGG/SGGA/PAT

Dakar, le 15 mars 2017

CIRCULAIRE

A

Mesdames et Messieurs les Ministres,

Messieurs les Ministres délégués

Objet : Formalités à respecter avant l'adoption des projets de texte ou de convention ayant des incidences financières

Références : Loi organique n° 2011-15 du 08 juillet 2011 relative aux lois de finances, modifiée par la loi organique n° 2016-34 du 23 décembre 2016

La circulaire primatorale n° 0004 PM du 20 juin 2002 relative à l'avis préalable obligatoire du Ministère de l'Économie et des Finances pour tout acte engageant les finances de l'Etat du Sénégal

Il m'a été donné de constater que certains ministères introduisent dans le circuit d'adoption des textes, des projets de loi, de décret ou de convention à incidence financière, sans au préalable respecter les formalités obligatoires prévues par la loi. Cette situation, qui retarde le processus de validation de ces actes, entrave l'efficacité de l'action gouvernementale.

La présente circulaire a pour objet de rappeler les formalités à accomplir avant l'adoption des projets de texte ou de convention entraînant des charges nouvelles ou des pertes de ressources pour l'Etat.

Aux termes de l'article 4 alinéa 3 de la loi organique n° 2011-15 du 08 juillet 2011 relative aux lois de finances, modifiée par la loi organique n° 2016-34 du 23 décembre 2016 : « Lorsque des dispositions d'ordre législatif ou règlementaire doivent entraîner des charges nouvelles, ou des pertes de ressources, aucun projet de loi ne peut être voté, aucun acte règlementaire ou conventionnel ne peut être signé tant que ces charges ou pertes de ressources n'ont pas été prévues, évaluées et soumises à l'avis conforme du Ministre chargé des Finances ».

Il résulte de ce texte qu'avant même de transmettre le projet de texte ou de convention au Secrétariat général du Gouvernement, le ministère maître d'œuvre doit procéder à l'évaluation précise des charges nouvelles ou des pertes de ressources générées par le projet normatif.

En outre, il doit recueillir l'avis conforme du Ministre chargé des Finances. En d'autres termes, le ministère initiateur du projet est tenu de consulter les services du Ministère chargé des Finances et doit aussi se conformer à l'avis donné ou renoncer à son projet de texte.

Cette dernière exigence n'est pas seulement une simple formalité sans portée juridique. En effet, l'obligation de recueillir un avis conforme conduit à un partage de la compétence de l'autorité chargée d'édicter le projet de texte avec l'autorité consultée. Ainsi, le non-respect de cette formalité est susceptible d'entraîner l'annulation de l'acte normatif pour incompétence, s'il s'agit d'un acte administratif.

Je vous recommande de veiller au respect des formalités prescrites par la loi organique n° 2011-15 du 08 juillet 2011 relative aux lois de finances, modifiée par la loi organique n° 2016-34 du 23 décembre 2016, rappelées par la circulaire primatorale citée en référence, bien avant la transmission du projet au Secrétariat général du Gouvernement.

En conséquence, tout projet de texte normatif ou conventionnel introduit dans le circuit d'adoption en méconnaissance desdites formalités ne sera pas instruit par les services du Secrétariat général du Gouvernement.

J'attache du prix à l'exécution diligente des prescriptions de la présente circulaire dont vous m'accuserez réception.

Le Premier Ministre

Mahammed Boun Abdallah DIONNE

Ampliation :

Son Excellence Monsieur le Président de la République (ATCR)

C. L'introduction du texte dans le circuit normatif

384. Circuit d'adoption des textes. À la suite de la réalisation des études préalables et de la saisine des organismes consultatifs, le cas échéant, le projet de loi ou de décret est transmis, par courrier signé par le ministre maître d'œuvre, au Secrétariat général du Gouvernement en cinquante (50) exemplaires[863].

Lesdits projets doivent être accompagnés d'un exposé des motifs (pour le projet de loi) et d'un rapport de présentation (pour le projet d'ordonnance ou de décret) signé par le ministre maître d'œuvre, et le cas échéant, de l'étude d'impact et d'opportunité ainsi que de l'avis donné par l'organisme consultatif saisi.

Par une circulaire n° 01/PM/SGG/SGA du 29 janvier 1996 relative au suivi des décrets d'application des lois, le Premier Ministre avait demandé aux ministres « *de veiller à ce que les projets de loi qui prévoient dans leurs dispositions des décrets d'application soient transmis au Secrétariat général du Gouvernement en même temps que lesdits décrets d'application* »[864]. Dans cette circulaire, le Premier Ministre a précisé que le non-respect de cette obligation entraîne le retour desdits projets aux ministères initiateurs. Cette mesure est destinée à favoriser l'application effective des principes dégagés par les textes législatifs.

En outre, la circulaire n° 0008 PM/SGG/SGA/PAT du 08 juin 2017 relative à la rédaction des textes d'application des projets de loi ou de décret, précisant les prescriptions de la circulaire n° 01/PM/SGG/SGA du 29 janvier 1996 précitée, a recommandé aux ministères d'inscrire dans leurs agendas législatifs et réglementaires et de transmettre au Secrétariat général du Gouvernement, les projets de texte d'application en même temps que les projets de loi ou de décret qui les prévoient.

---

[863] Secrétariat général du Gouvernement, *Rappel des grandes étapes de la procédure d'adoption des textes législatifs et réglementaires,* février 2015, p. 03.

[864] Dans le même sens, V. la circulaire n° 006/PM SGG du 16 mai 2000 sur la procédure d'élaboration, d'enregistrement et de publication des projets de loi et de décret.

D. Le rôle du Secrétariat général du Gouvernement

385. Monopole de la coordination normative. La modification constitutionnelle introduite par la loi n° 70-15 du 26 février 1970 portant révision de la Constitution[865] a procédé à l'introduction de l'institution gouvernementale et du poste de Premier Ministre dans l'ordonnancement constitutionnel sénégalais[866].

A la suite de la réforme de 1983, qui a réintroduit le monocéphalisme dans l'exécutif par la suppression du Gouvernement en tant qu'institution[867], la loi constitutionnelle n° 91-25 du 05 avril 1991[868] a restauré l'institution gouvernementale et le poste de Premier Ministre. Depuis cette date, la coordination de l'activité normative du Gouvernement est assurée par le Secrétariat général du Gouvernement sous l'autorité du Premier Ministre et non plus par le Secrétariat général de la Présidence[869]. Il résulte de l'article 5 du décret n° 2014-1175 du 17 septembre 2014 relatif à l'organisation et au fonctionnement de la Primature que le Secrétaire général du Gouvernement assiste directement le Premier Ministre dans sa mission de direction et de coordination de l'action gouvernementale[870].

---

865 Sur cette réforme, I. FALL, « La réforme constitutionnelle du 26 février 1970 », *Penant*, n° 731, 1971, p. 91 ; A. DIOP, « La révision constitutionnelle du 26 février 1970 au Sénégal », *Rev. sén. dr.*, septembre 1970, p. 33-42 ; P. DECHEIX, « La réforme du 26 février 1970 de la Constitution du Sénégal », *Rev. jur. et pol. ind. et coop.*, n° 02, avril-juin 1970, p. 289-306 ; S. M. SY, « La révision constitutionnelle du 26 février 1970 », *Annales africaines* 1969, p. 9-28.

866 E-H. MBODJ, « Le Premier Ministre dans l'ordonnancement constitutionnel sénégalais », *Alternatives Démocratique dans le Tiers-monde*, n° 6, juillet-décembre 1992, p. 57-71 ; du même auteur, « Le Sénégal, un régime présidentiel hétérodoxe », in H. ROUSSILON (dir), *Les nouvelles Constitutions africaines*, Presses de l'institut d'études politiques de Toulouse, avril 1995, p. 163.

867 J.M. NZOUANKEU, « La restauration du régime présidentiel et l'évolution des partis politiques », *RIPAS*, n° 08, oct-décembre 1983, p. 618-651.

868 JORS, n° 5402 du 7 avril 1991, p. 115-119.

869 V. la circulaire n° 43 PR/SG du 02 avril 1963 relative aux incidences de la mise en vigueur de la Constitution sur la répartition des compétences, l'organisation du travail gouvernemental et le rôle du Secrétariat général de la Présidence de la République. Cette circulaire énonçait, sous l'empire de la Constitution du 07 mars 1963, que le Secrétariat général de la Présidence de la République assure « *la coordination du travail gouvernemental* ».

870 S. M. SY, *Les régimes politiques sénégalais de l'indépendance à l'alternance politique. 1960-2008*, Yaoundé, éditions Karthala et CREPOS, 2009, p. 141.

La coordination de la production normative des départements ministériels est au cœur de sa mission de coordination gouvernementale[871].

En tant que conseiller juridique et « *mémoire du Gouvernement* », le Secrétaire général du Gouvernement a besoin d'une stabilité, pour mieux garantir la continuité de l'action gouvernementale[872].

Dans le processus d'adoption des textes, le Secrétariat général du Gouvernement, haut lieu de « *l'interministérialité* »[873], assure la liaison entre les départements ministériels et les autres organismes publics. En outre, il coordonne les réunions de validation des textes normatifs.

1. Les liaisons avec les départements ministériels et les organismes publics

386. Liaisons. Le Secrétariat général du Gouvernement est la plaque tournante du travail législatif et réglementaire du Gouvernement. À ce titre, il diffuse les projets de texte, reçoit et transmet au ministère maître d'œuvre les avis et observations des ministères et autres organismes. Dans la pratique, cette procédure d'adoption, qui concerne les textes législatifs et réglementaires les plus importants, est appelée le « *circuit long* ».

a. La diffusion des projets de texte

387. Ouverture d'un dossier. Dès la réception du projet de texte, un dossier retraçant son évolution est ouvert à la Direction de l'Activité normative (DAN)[874].

---

[871] J. FOURNIER, *Le travail gouvernemental*, Presses de la Fondation nationale des sciences politiques, 1987 ; M. PRELOT, « Premier Ministre », in *Rép. dr.publ. et adm.*, Dalloz, 1960.
[872] M. DIOP, *L'administration d'Etat au Sénégal*, Dakar, édition Clairafrique, 2011, p. 56. Selon l'auteur, le Secrétariat général du Gouvernement est « *la cheville centrale du dispositif gouvernemental* » ; A. BOCKEL, « Les administrations centrales », in *Encyclopédie juridique de l'Afrique*, Tome premier, Abidjan-Dakar-Lomé, NEA, p. 165 ; R. PY, *Le Secrétaire général du Gouvernement*, Paris, Doc. fr. 1985 ; J-C. SAVIGNAC, « Les racines du Secrétariat général du Gouvernement », *Rev. adm.*, 1985, p. 272 ; J. GUISELIN, *Le Secrétariat général du Gouvernement*, Thèse, Paris 2, 2015.
[873] J. GICQUEL et J. E. GICQUEL, *Droit constitutionnel et institutions politiques,* Paris, LGDJ, 31e édition, 2017, p. 690.
[874] Secrétariat général du Gouvernement, *Rappel des grandes étapes de la procédure d'adoption des textes législatifs et réglementaires,* février 2015, p. 04.

388. Diffusion. Par la suite, la DAN procède à sa diffusion auprès de tous les ministères et organismes intéressés aux fins de recueillir leurs avis et observations.

Dans la pratique, le projet normatif est diffusé auprès des ministères impliqués dans l'élaboration du texte et des services de l'État comme l'Inspection générale d'État, le Contrôle financier, le Bureau Organisation et Méthodes et l'Agence judiciaire de l'État. Selon la circulaire n° 00010 PM/SGG/SL du 17 février 1975 sur le circuit des textes législatifs et réglementaires, les ministères disposent d'un délai maximum de quinze (15) jours pour formuler leurs observations sur les projets de texte législatif et réglementaire qui leur sont transmis pour avis. Passé ce délai, les départements, qui n'auront pas réagi, sont considérés comme n'ayant pas d'observation à formuler.

Ce délai peut être réduit à 08 (huit) jours en cas d'urgence. Cette procédure de diffusion d'urgence est souvent employée dans la pratique lorsqu'il s'agit de textes dont l'adoption présente une grande urgence au regard de la politique du Gouvernement.

b. La réception et la transmission des avis et observations

389. Transmission des observations au SGG. Après avoir examiné le projet de texte, les ministères et autres services de l'État transmettent leurs observations au Secrétariat général du Gouvernement[875].

Déjà, dans les années 70, il a été constaté que certains départements ministériels adressaient leurs observations à la Primature en un seul exemplaire. La circulaire du Secrétaire général du Gouvernement n° 14/ PM/SGG/SL du 24 mars 1971 relative au nombre d'exemplaires des avis sur les projets législatifs et réglementaires avait invité les ministères à formuler leurs observations sur les projets de texte en trois (3) exemplaires au moins.

390. Centralisation des observations. Conformément à l'article 5 du décret n° 2014-1175 du 17 septembre 2014 relatif à l'organisation et au fonctionnement de la Primature, le Secrétariat général du Gouvernement

[875] Secrétariat général du Gouvernement, *Ibid.*

recueille et centralise d'abord les observations des départements ministériels et autres organismes publics intéressés sur les projets de loi, d'ordonnance et de décret.

Ensuite, lesdites observations sont transmises par le Secrétariat général du Gouvernement au ministère maître d'œuvre[876]. Cette transmission est destinée à permettre au ministère initiateur du texte d'en prendre connaissance et de réagir aux observations faites par les autres départements et services de l'État.

Enfin, le ministère maître d'œuvre fait tenir au Secrétariat général du Gouvernement, sous forme de tableau récapitulatif, les réponses aux avis et observations des ministères et corps de contrôle de l'État accompagnés d'une nouvelle version du projet de texte. Le ministère maître d'œuvre précise, dans ledit tableau, si ces observations ont été intégrées ou non.

Pour éviter des retards inutiles, la circulaire n° 33/ PR/SG/JUR du 12 avril 1968 relative à la diffusion des observations faites sur les projets de loi ou de décret a recommandé aux ministères et autres services de l'État d'envoyer au Secrétariat général de la Présidence[877] en trois exemplaires (l'original et deux doubles) leurs observations sur les projets de texte.

2. L'organisation des réunions de validation des textes normatifs

391. Réunions de validation. Après la réception de la dernière version du projet de texte, commence le processus de validation technique. Le SGG provoque s'il y a lieu, toutes réunions et tous arbitrages nécessaires. À cet effet, les arbitrages nécessaires à la stabilisation des projets de texte normatifs sont souvent réalisés au cours des réunions de validation. Il s'agit des réunions du Comité technique de validation des textes législatifs et réglementaires et du Comité interne de préparation et de suivi de textes.

---

[876] En ce sens, V. la circulaire n° 33/ PR/SG/JUR du 12 avril 1968 relative à la diffusion des observations faites sur les projets de loi ou de décret (JORS du 30 septembre 1968, p. 1203).

[877] À l'époque, la coordination de l'activité normative du Gouvernement était une compétence du Secrétariat général de la Présidence de la République.

a. Le Comité Technique de Validation des Textes Législatifs et Réglementaires

392. Mission. Créé par l'arrêté primatoral n°1525 du 04 février 2015, le Comité technique de validation des textes législatifs et réglementaires est l'instance de validation technique des textes normatifs. Il a pour mission de se prononcer sur toutes les questions de fond soulevées au cours du processus d'adoption des textes législatifs et réglementaires. À cet effet, il est chargé, entre autres, de veiller à la conformité du projet de texte à la Constitution, notamment au respect du partage des compétences entre la loi et le règlement, conformément aux articles 67 et 76 de la Constitution.

Le Comité technique vérifie la conformité du projet de texte aux accords et traités régulièrement ratifiés par le Sénégal ainsi que la correcte transposition des directives des organisations d'intégration auxquelles le Sénégal est membre. Il s'assure également de l'opportunité du projet de texte en appréciant notamment les incidences financières, fiscales, sociales, environnementales que son adoption risque d'engendrer.

Le Comité technique n'est pas habilité à revenir sur les options arrêtées par le Gouvernement. Il n'est qu'une instance d'appui et d'accompagnement technique du Gouvernement. À titre d'exemple, lorsqu'un département décide de mettre en place un fonds en vue de mettre en œuvre une politique définie par le Président de la République, le Comité technique ne saurait discuter de l'opportunité de cette option.

En cas de divergence sur des questions de fond, il peut provoquer des réunions interministérielles ou les arbitrages nécessaires[878].

393. Composition. La réunion du Comité technique est présidée par le Secrétaire général du Gouvernement et son secrétariat est assuré par le Directeur l'Activité normative. Il comprend les Secrétaires généraux adjoints du Gouvernement, le Directeur de l'Activité normative ainsi que les représentants des ministères et autres organismes intéressés par le

---

[878] Sur cette question, A. BONDUELLE, *Le pouvoir d'arbitrage du Premier Ministre*, Paris, LGDJ, 2000.

texte. Le Comité technique peut également faire appel à toute personne en raison de ses compétences.

Il faut préciser que la présence du Secrétaire général du ministère ou du Directeur de Cabinet du ministre maître d'œuvre est obligatoire à la réunion du Comité technique. Au cours de cette réunion, il est souvent nécessaire de recueillir les options arrêtées par le département initiateur sur certaines questions de fond.

Les avis et recommandations du Comité lient le ministère maître d'œuvre. Après la réunion du Comité technique, ledit ministère n'est plus habilité à apporter des modifications au projet de texte.

Les membres du Comité technique de validation des textes législatifs et réglementaires, à l'exception des représentants du ministère ou organisme maître d'œuvre, perçoivent une indemnité de présence fixée par arrêté conjoint du Ministre, Secrétaire général du Gouvernement et le Ministre chargé Finances.

Les autres règles d'organisation et de fonctionnement du Comité interne et du Comité technique de validation des textes législatifs et réglementaires sont fixées par arrêté du Ministre, Secrétaire général du Gouvernement.

Compte tenu de l'importance de l'examen du projet de texte par le Comité technique de validation des textes législatifs et réglementaires, la circulaire n° 02937 PM/CAB/CS/GOUV. SD du 24 octobre 2013 sur le respect de la procédure d'adoption des textes législatifs et réglementaires a rendu obligatoire le passage des textes au Comité technique, sauf exception autorisée par le Président de la République.

Selon cette circulaire, la soumission du projet normatif au Comité technique permet « *de prendre en compte, les observations des ministères concernés, en amont et d'éviter leur formulation et leur traitement en réunion de Conseil des Ministres* ». Au-delà du partage et de l'appropriation des textes par les départements concernés, l'examen du texte en Comité technique contribue à l'amélioration de leur qualité rédactionnelle.

b. Le Comité interne de Préparation et de Suivi des Textes Législatifs et Réglementaires

394. Mission. Il a été créé au sein du Comité technique, un sous-comité dénommé « *Comité Interne de Préparation et de Suivi des Textes Législatifs et Règlementaires* » (CIPSTLR).

Le CIPSTLR est chargé de préparer le travail du Comité Technique de Validation des Textes Législatifs et Règlementaires et d'assurer le suivi de ses recommandations.

Les règles d'organisation et de fonctionnement du CIPSTLR sont fixées par arrêté du Ministre, Secrétaire général du Gouvernement.

E. L'intervention de l'Assemblée générale consultative de la Cour suprême

395. Suppression du Haut Conseil des Collectivités territoriales et du Conseil économique social et environnemental. Certaines institutions de la République pouvaient être saisies, à titre consultatif, par le Gouvernement au cours de la procédure d'adoption des textes législatifs et réglementaires. Il s'agissait de l'Assemblée générale consultative de la Cour suprême, du Haut Conseil des Collectivités territoriales et du Conseil économique social et environnemental.

Mais à la faveur de l'adoption de la loi constitutionnelle n° 2024-15 du 19 décembre 2024 portant révision de la Constitution[879], le Haut Conseil des Collectivités territoriales et du Conseil économique social et environnemental ont été supprimés de l'ordonnancement constitutionnel. Il ne subsiste qu'une seule institution consultative, à savoir l'Assemblée générale consultative de la Cour suprême.

Alors que les organismes consultatifs sont saisis par les ministères maîtres d'œuvre, la saisine de l'Assemblée générale consultative de la Cour

[879] JORS n° 7791 du 20 décembre 2024, p. 3750.

suprême constitue un monopole du Secrétariat général du Gouvernement, chargé d'assurer les liaisons avec ladite institution[880].

396. Composition de l'Assemblée générale consultative de la Cour suprême. Selon l'article 16 de la loi organique n° 2017-09 du 17 janvier 2017 abrogeant et remplaçant la loi organique n° 2008-35 du 08 août 2008 sur la Cour suprême[881], la Cour suprême, réunie en assemblée générale, a une compétence consultative au cours de la procédure d'adoption des textes législatifs et réglementaires[882].

La Cour suprême, solennellement installée le 14 novembre 1960, a tenu le 18 novembre 1960, la première réunion de l'Assemblée générale consultative[883].

L'Assemblée générale consultative comprend la totalité des membres de la Cour suprême. Elle est présidée par le Premier Président de la Cour suprême ou, en cas d'empêchement et, dans l'ordre, par le Procureur général, un Président de chambre ou le Premier Avocat général[884].

Sont, en outre, appelés à siéger à l'Assemblée générale consultative, avec le titre de conseillers en service extraordinaire[885], des personnalités qualifiées dans les différents domaines de l'activité nationale, désignées

---

[880] V. P. A. TOURE, *Légistique. Techniques de conception et de rédaction des lois et des actes administratifs : une tradition de gouvernance normative*, Dakar, l'Harmattan, 2018, p. 358 et s.

[881] JORS n° 6986 du 18 janvier 2017, p. 47.

[882] J. C. GAUTRON et M. ROUGEVIN-BAVILLE, *Droit public du Sénégal*, Paris, éditions A. Pédone, 1977, p. 165 et s. ; P. M. NDIAYE, *La renaissance de la Cour suprême,* Dakar, novembre 2008, p. 53 ; M. AURILLAC, « La Cour suprême du Sénégal », *RJPIC*, 1969, p. 65 ; M. DIARRA, « Rôle constitutionnel de la Cour suprême du Sénégal », *RJPIC*, 1969, p. 1004 ; D. SY, « Le contrôle de l'exécutif par le Conseil d'État », in *L'État de droit et le contrôle de l'exécutif au Sénégal,* Dakar, p. 101 ; S. SYLLA et S. DIOP, « Les compétences de la Cour suprême du Sénégal », in G. CONAC et L. de GAUDUSSON, *Les Cours suprêmes en Afrique*, Paris, Economica, 1988, p. 313 et s.

[883] En ce sens, V. la circulaire du Secrétaire général du Gouvernement n° 94 du 24 novembre 1960.

[884] V. art. 16 de la loi organique n° 2017-09 du 17 janvier 2017 abrogeant et remplaçant la loi organique n° 2008-35 du 08 août 2008 sur la Cour suprême.

[885] Il s'agit notamment de professeurs de lettres, d'un Conseiller juridique à la Primature, du Vérificateur général de l'IGE, etc.

par décret sur proposition du Premier Président de la Cour, pour une période d'un an qui peut être renouvelée[886].

D'après l'instruction générale n° 15 PR du 1er mars 1968 sur l'organisation du travail gouvernemental, les conseillers en service extraordinaire, qui font partie de l'Assemblée générale consultative de la Cour suprême, ne siègent pas pour représenter leur département ou administration d'origine. Ils n'ont pas « *de consignes* » à recevoir de ce service. Il ne peut leur être reproché d'avoir pris, lors d'une séance de la cour, une position différente de celle de l'administration à laquelle ils appartiennent. Les conseillers en service extraordinaire sont désignés à raison de leur expérience administrative, juridique ou technique.

397. Commissaires du Gouvernement. La loi organique n° 2017-09 du 17 janvier 2017 sur la Cour suprême a apporté des précisions importantes à la représentation du Gouvernement à l'Assemblée générale consultative de la Cour suprême. En vertu de l'article 17 de ce texte, le Premier Ministre désigne, auprès de l'Assemblée générale consultative, en qualité de Commissaire général du Gouvernement, le Secrétaire général du Gouvernement qui est chargé de représenter le pouvoir exécutif et de fournir à l'assemblée toutes informations utiles. Ce dernier est assisté, pour chaque projet à examiner, par un commissaire spécial représentant le ministère concerné par le texte à examiner[887].

La circulaire du Secrétaire général du Gouvernement n° 94 du 24 novembre 1960 énonce que ne pourront être nommés commissaires du Gouvernement des fonctionnaires faisant déjà partie de la Cour à titre de conseillers en service extraordinaire.

398. Commissaire général du Gouvernement. Selon la circulaire n° 004 PM/SGG/SGGA/PAT du 21 février 2017 relative aux commissaires du Gouvernement auprès l'Assemblée générale consultative de la Cour suprême, il revient au Premier Ministre de désigner, en qualité de

---

886 Le nombre de conseillers en service extraordinaire ne peut excéder vingt (20).

887 Les Commissaires du Gouvernement participent aux débats sur l'affaire pour laquelle ils ont été désignés, mais n'ont pas voix délibérative (V. art. 17, alinéa 2 de la loi organique n° 2017-09 du 17 janvier 2017 abrogeant et remplaçant la loi organique n° 2008-35 du 08 août 2008 sur la Cour suprême).

Commissaire général du Gouvernement, le Secrétaire général du Gouvernement. Commissaire général du Gouvernement auprès de l'Assemblée générale consultative de la Cour suprême, le SGG est chargé de saisir ladite instance pour l'examen des projets de loi et de décret. Conformément à une pratique bien établie de l'Assemblée générale consultative, le Secrétaire général du Gouvernement est chargé de représenter le pouvoir exécutif et de fournir à l'assemblée toutes indications utiles.

Selon l'instruction générale n° 15 PR du 1er mars 1968 sur l'organisation du travail gouvernemental, le commissaire du Gouvernement doit veiller à ce que les résultats des arbitrages intervenus ainsi que la ligne générale de la politique du Gouvernement ne soient pas remis en cause au cours des débats.

En tant que Commissaire général du Gouvernement, le Secrétaire général du Gouvernement, est seul habilité, en dernier ressort, à définir la position du Gouvernement, à accepter les amendements proposés et même à retirer, au besoin, le texte soumis à l'Assemblée générale consultative.

399. Commissaire spécial du Gouvernement Le Commissaire général du Gouvernement est assisté, pour chaque projet à examiner, d'un commissaire spécial représentant le ministère maître d'œuvre du projet normatif. Il s'agit du Secrétaire général ou du Directeur de cabinet du département ayant initié le projet de texte, accompagné au besoin par un directeur ou un conseiller technique.

Durant l'instruction du projet de texte par l'Assemblée générale consultative, le commissaire spécial du Gouvernement prend contact dans les meilleurs délais, avec le rapporteur et lui précise la portée exacte du texte.

Au cours des débats, le Commissaire spécial doit apporter au Commissaire général tous éclairages utiles à la compréhension des finalités et à la défense des options arrêtées par le Gouvernement.

Le Commissaire spécial du Gouvernement doit également veiller à mettre à la disposition du rapporteur désigné par l'Assemblée générale consultative de la Cour suprême toutes informations utiles à la rédaction du rapport[888].

Dans une circulaire n° 54 PM/SGG/SP du 03 mai 1972 relative à la désignation des commissaires du Gouvernement à la Cour suprême, le Secrétaire général du Gouvernement de l'époque constatait que les rapporteurs désignés par le Premier Président de la Cour suprême éprouvaient quelquefois des difficultés pour entrer en contact avec les commissaires du Gouvernement. Cette circulaire a recommandé aux ministères de désigner le commissaire du Gouvernement dans la lettre ou le bordereau de transmission du projet de texte introduit dans le circuit, en précisant l'adresse et le numéro de téléphone de l'intéressé.

En outre, la circulaire n° 72/PM/SGG/ADJ.1 du 27 août 1979 relative à la désignation des Commissaires du Gouvernement à l'Assemblée générale consultative de la Cour suprême prescrit aux ministères de désigner, en qualité de commissaires spéciaux du Gouvernement, des fonctionnaires suffisamment compétents et expérimentés pour défendre les projets de texte du Gouvernement.

À l'occasion de l'examen de textes par l'Assemblée générale consultative de la Cour suprême, il arrive que les commissaires du Gouvernement fassent valoir des points de vue personnels ou soutiennent des positions adoptées par leurs départements ministériels. Pour mettre un terme à ces pratiques, la circulaire présidentielle n° 70 CAB/L du 07 juillet 1964 énonce que « *les commissaires du Gouvernement, dans l'accomplissement de leur mission n'ont qu'une position à soutenir : celle du Gouvernement dans son ensemble* », avec l'accord du Commissaire général. Aussi, cette circulaire a-t-elle recommandé aux commissaires du Gouvernement de prendre contact avec le Commissaire général, avant la réunion de l'Assemblée générale consultative de la Cour suprême, « *en vue d'éviter des frictions inutiles* »[889].

400. Compétences de l'Assemblée générale consultative de la Cour suprême. Les compétences consultatives de l'Assemblée générale

888 V. la circulaire n° 00012 PM/SGG/SL du 07 décembre 2004.
889 V. également, la circulaire présidentielle n° 95 PR/SG/CAB-L du 22 septembre 1964.

consultative de la Cour suprême dans le cadre de l'examen des textes sont bien délimitées.

La Cour suprême donne un avis motivé sur la légalité des dispositions sur lesquelles elle est consultée, mais aussi, s'il y a lieu, sur la pertinence des moyens juridiques retenus pour atteindre les objectifs poursuivis, en tenant compte des contraintes inhérentes à l'action administrative.

Mais l'Assemblée générale consultative n'est pas habilitée à porter d'appréciation sur les fins poursuivies par le Gouvernement[890].

En pratique, la Cour suprême formule des observations sur la forme du texte et fait au Gouvernement des propositions de reformulations et de réécritures de certaines dispositions. Cette pratique n'est pas sans fondement juridique. En effet, selon l'article 15 du décret n° 2009-367 du 20 avril 2009 portant application de la loi organique n° 2008-35 du 08 août 2008 sur la Cour Suprême[891], à l'issue de l'assemblée générale, le rapporteur rédige immédiatement le texte définitivement adopté ainsi qu'une note d'observation dite « *note de greffe* » indiquant toutes les modifications apportées au projet. Le projet de texte modifié et la note portant la signature du président de séance, du rapporteur et du greffier en chef sont transmis, selon le cas, au Secrétaire général du Gouvernement ou à l'Assemblée nationale[892].

401. Nature de la consultation. En vertu des dispositions de l'article 18 de la loi organique n° 2017-09 du 17 janvier 2017 abrogeant et remplaçant la loi organique n° 2008-35 du 08 août 2008 sur la Cour suprême, modifiée par la loi organique n° 2022-16 du 23 mai 2022, cette haute juridiction, réunie en assemblée générale consultative, donne au Gouvernement un avis motivé sur les projets de loi et de décret soumis à son examen.

Sans pouvoir porter d'appréciation sur les fins poursuivies par le Gouvernement, la Cour suprême donne un avis motivé sur la légalité des

---

[890] Sur cette question, Y. JEGOUZO, « À propos de la fonction consultative du Conseil d'État », in *Mélanges Labetoulle*, Paris, Dalloz, 2007, p. 505

[891] JORS n° 6474 du samedi 13 juin 2009.

[892] Le rapport, sans être entièrement rédigé, doit se présenter sous forme d'un plan détaillé, avec citation intégrale des textes et rédaction des nouvelles propositions.

dispositions sur lesquelles elle est consultée, mais aussi, s'il y a lieu, sur la pertinence des moyens juridiques retenus pour atteindre les objectifs poursuivis, en tenant compte des contraintes inhérentes à l'action administrative.

L'Assemblée générale consultative de la Cour suprême peut aussi être saisie par le Président de l'Assemblée nationale, après examen de la commission compétente, pour donner son avis sur les propositions de loi qui lui sont soumises[893]. Mais cette procédure est assez rare.

La consultation de la Cour suprême, par le Gouvernement ou le Président de l'Assemblée nationale, n'est pas en principe obligatoire ; il s'agit d'une consultation facultative. Dans la pratique normative, les projets de code et les projets de texte présentant un intérêt national sont soumis par le Gouvernement à l'avis de l'Assemblée générale consultative de la Cour suprême, après leur examen par le Comité interne de préparation et de suivi des textes législatifs et réglementaires et par le Comité technique de validation des textes législatifs et réglementaires, sauf en cas d'urgence.

La circulaire n° 0034/PM/SGG/DSL du 05 mai 2015 a prévu que les textes majeurs sont préalablement soumis, sauf cas exceptionnel, à l'avis de l'Assemblée générale consultative de la Cour suprême.

Dans certains cas, la consultation de l'Assemblée générale consultative de la Cour suprême est obligatoire. Certains textes doivent obligatoirement être soumis à l'avis de l'Assemblée générale consultative de la Cour suprême. Il en est ainsi du décret de reconnaissance d'utilité publique d'une association[894] ou d'une fondation[895].

Il en est de même du décret de dissolution d'un conseil départemental lorsque son fonctionnement se révèle durablement impossible[896].

---

[893] V. art. 18, alinéa 4 de la loi organique n° 2017-09 du 17 janvier 2017 abrogeant et remplaçant la loi organique n° 2008-35 du 08 août 2008 sur la Cour suprême.

[894] V. art. 4 du décret n° 76-199 du 17 février 1976 fixant les conditions d'octroi et de retrait de la reconnaissance d'utilité publique aux associations (JORS du 13 mars 1976, p. 379).

[895] V. art. 3 de la loi n° 95-11 du 07 avril 1995 instituant la fondation d'utilité publique au Sénégal (JORS du 10 juin 1995, p. 253).

[896] V. art. 52 du Code général des Collectivités territoriales.

Aussi, le décret de dissolution d'une commune en cas de déséquilibre de ses finances ne peut être pris que sur avis de la Cour suprême[897].

402. Nature de l'avis. Les avis de la Cour suprême sur les projets de texte qui lui sont soumis sont des avis consultatifs ; ils ne lient ni le Gouvernement, ni l'Assemblée nationale[898].

En vertu de la circulaire du Président du Conseil n° 93 du 24 novembre 1960, « *les avis de la Cour n'ont pas de force obligatoire, sauf dans les cas très particuliers où la loi en aurait disposé autrement* ».

L'instruction générale n° 15 PR du 1er mars 1968 sur l'organisation du travail prescrit, lorsque le Gouvernement ne suit pas l'avis de la Cour, de faire des propositions motivées au Président de la République.

Cette instruction générale recommande fortement au Gouvernement de ne pas abuser de cette faculté. En effet, les avis de l'Assemblée générale consultative de la Cour suprême ne sont pas destinés à censurer l'action du Gouvernement[899] ; ils ont pour objet d'éclairer le pouvoir exécutif dans son action. En outre, l'expérience des membres de l'Assemblée générale consultative permet d'entrevoir les difficultés qui peuvent naître de textes ambigus ou de formulations équivoques[900].

Cependant, il arrive des cas où l'avis donné par l'Assemblée générale de la Cour suprême lie le Gouvernement. Par exemple, en matière de classement d'archives privées, l'article 51 du décret n° 2006-596 du 10 juillet 2006 portant organisation et fonctionnement de la direction des archives du Sénégal, énonce que le classement d'office d'archives privées est prononcé par décret pris sur avis conforme du Conseil d'État (Assemblée générale consultative de la Cour suprême).

---

897 V. art. 74 du Code général des Collectivités territoriales. V. également l'article 223 du Code général des Collectivités territoriales.

898 Sur cette question, H. HOEPPFNER, « Les avis du Conseil d'État », *RFDA* 2009, p. 895 ; L. A. BOUVIER « Les avis du Conseil d'État sur les projets de loi : légitimité es avis du Conseil d'État sur les projets de loi : légitimité d'une fonction juridique à portée politique », *PA*, 05 mars 2015, n° 46, p. 06.

899 V. la circulaire du Président du Conseil n° 93/ SG du 24 novembre 1960.

900 V. la circulaire du Secrétaire général du Gouvernement n° 93 du 24 novembre 1960 ; l'instruction générale n° 15 PR du 1er mars 1968 sur l'organisation du travail gouvernemental.

DOCUMENT N° 34 : LES COMMISSAIRES DU GOUVERNEMENT AUPRES DE L'ASSEMBLEE GENERALE CONSULTATIVE DE LA COUR SUPREME

La circulaire n° 004 PM/SGG/SGGA/PAT du 21 février 2017 relative aux commissaires du Gouvernement auprès de l'Assemblée générale consultative de la Cour suprême

REPUBLIQUE DU SENEGAL
Le Premier Ministre
Primature

N° 004 PM/SGG/SGGA/PAT

Dakar, le 21 février 2017

CIRCULAIRE
A
Mesdames et Messieurs les Ministres,
Messieurs les Ministres délégués

Objet : Les commissaires du Gouvernement auprès de l'Assemblée générale consultative de la Cour suprême

Référence : loi organique n° 2017-09 du 17 janvier 2017 abrogeant et remplaçant la loi organique n° 2008-35 du 08 août 2008 sur la Cour suprême

La loi organique, citée en référence, a apporté des précisions importantes à la représentation du Gouvernement à l'Assemblée générale consultative de la Cour suprême.

La présente circulaire a pour objet d'expliciter les dispositions de la loi organique précitée relatives aux commissaires du Gouvernement auprès de l'Assemblée générale consultative de la Cour suprême.

Aux termes de l'article 17 de la loi organique du 17 janvier 2017 sur la Cour suprême : « *Le Premier Ministre désigne, auprès de l'assemblée générale consultative, en qualité de commissaire général du Gouvernement, le Secrétaire général du Gouvernement qui est chargé de représenter le pouvoir exécutif et de fournir à l'assemblée toutes informations utiles. Ce dernier est assisté, pour chaque projet à examiner, d'un commissaire spécial représentant le ministère concerné* ».

Conformément à une pratique bien établie de l'Assemblée générale consultative, le Secrétaire général du Gouvernement est chargé de représenter le pouvoir exécutif et de fournir à l'assemblée toutes indications utiles.

Selon l'instruction générale n° 15 PR du 1er mars 1968 sur l'organisation du travail gouvernemental, le commissaire du Gouvernement doit veiller à ce que les résultats des arbitrages intervenus ainsi que la ligne générale de la politique du Gouvernement ne soient pas remis en cause au cours des débats.

En tant que commissaire général du Gouvernement, le Secrétaire général du Gouvernement, est seul habilité, en dernier ressort, à définir la position du Gouvernement, à accepter les amendements proposés et même à retirer, au besoin, le texte soumis à l'Assemblée générale consultative.

Le commissaire général du Gouvernement est assisté, pour chaque projet à examiner, d'un commissaire spécial représentant le ministère maître d'œuvre du projet normatif. Il s'agit du secrétaire général ou du directeur de cabinet du département ayant initié le projet de texte, accompagné, au besoin, par un directeur ou un conseiller technique.

Pendant l'instruction du projet de texte par l'Assemblée générale consultative, le commissaire spécial du Gouvernement prend contact, dans les meilleurs délais, avec le rapporteur désigné par l'Assemblée générale consultative de la Cour suprême et lui précise la portée exacte dudit projet.

Au cours des débats, le commissaire spécial apporte au commissaire général tous éclairages utiles à la compréhension des finalités du texte et à la défense des options arrêtées par le Gouvernement.

Le commissaire spécial du Gouvernement veillera à se mettre à la disposition du rapporteur pour lui fournir toutes informations utiles à l'instruction du projet de texte et à la rédaction du rapport.

J'attire également l'attention sur la nécessité pour les commissaires spéciaux du Gouvernement de prendre part personnellement aux réunions de l'Assemblée générale consultative, accompagnés de leurs collaborateurs impliqués dans le suivi du projet de texte, en évitant les retards et absences répétés et injustifiés.

J'attache du prix à l'exécution diligente des prescriptions de la présente circulaire dont vous m'accuserez réception.

Le Premier Ministre

Mahammed Boun Abdallah DIONNE

RÉPUBLIQUE DU SÉNÉGAL
Le Premier Ministre
PRIMATURE

F. Le rôle du Conseil constitutionnel

403. Composition. Au cours du processus d'adoption des textes législatifs, le Conseil constitutionnel peut exercer des compétences spécifiques. En vertu de l'article 89 de la Constitution, le Conseil constitutionnel comprend sept (07) membres dont un président, un vice-président et cinq (05) juges. La durée de leur mandat est de six (06) ans ; ce mandat ne peut être renouvelé. Le Président de la République nomme les membres du Conseil constitutionnel dont deux sur une liste de quatre (4) personnalités proposées par le Président de l'Assemblée nationale[901].

Le Président du Conseil constitutionnel est nommé par le Président de la République. Selon l'article 3 de la loi organique n° 2016-du 14 juillet 2016 relative au Conseil constitutionnel, les membres du Conseil constitutionnel sont choisis parmi les magistrats ayant exercé les fonctions de Premier Président de la Cour suprême, de Procureur général près la Cour suprême, de Président de chambre à la Cour suprême, de Premier Avocat général près la Cour suprême, de Président de Cour d'appel et de Procureur général près une cour d'appel, les professeurs titulaires de droit, les inspecteurs généraux d'Etat, les avocats.

Ces personnalités, en activité ou à la retraite, doivent avoir au moins vingt ans d'ancienneté dans la fonction publique ou vingt ans d'exercice de leur profession[902].

Les membres du Conseil constitutionnel bénéficient d'une protection juridique importante. Il ne peut être mis fin, avant l'expiration de leur mandat, à leurs fonctions que sur leur demande ou pour incapacité physique et sur l'avis conforme du Conseil.

Les fonctions de membre du Conseil constitutionnel sont incompatibles avec la qualité de membre du Gouvernement ou d'un cabinet ministériel, avec l'exercice d'un mandat électif, avec l'exercice des professions d'avocat, d'officier ministériel, d'auxiliaire de justice et

---

[901] I. Y. NDIAYE, « Le Conseil constitutionnel sénégalais », *Les Nouveaux Cahiers du Conseil constitutionnel*, 2014/4, n° 45, p. 77.

[902] V. art. 4 de la loi organique n° 2016-du 14 juillet 2016 relative au Conseil Constitutionnel.

toute activité professionnelle privée. L'exercice de toute autre activité publique doit être autorisé par le conseil[903].

En outre, la loi organique n° 2016-du 14 juillet 2016 relative au Conseil constitutionnel a introduit une innovation majeure. En effet, trois (3) magistrats des cours et tribunaux choisis par le président du Conseil peuvent, désormais être désignés pour assister temporairement les membres du Conseil constitutionnel. Ils sont affectés au Conseil pour une durée totale qui ne peut excéder trois (3) ans.

Sur proposition du Président du Conseil constitutionnel, peuvent également être nommés par décret pour une durée de deux (2) ans renouvelables, sans que leur nombre puisse dépasser trois (3), des enseignants des facultés de droit reconnus pour leur compétence en matière constitutionnelle et totalisant une expérience professionnelle d'au moins cinq (5) ans.

404. Compétences contentieuses. Dans le cadre de la procédure d'élaboration des textes normatifs, le Conseil constitutionnel exerce deux types de compétences. Il a d'une part, des compétences contentieuses en matière de contrôle de constitutionnalité des lois et d'autre part, une compétence consultative[904].

Au titre des compétences contentieuses, le Conseil constitutionnel est le juge de la constitutionnalité des lois. Il s'agit là de sa principale attribution. La juridiction constitutionnelle se prononce notamment sur la constitutionnalité des lois organiques et des lois ordinaires[905].

---

[903] V. art. 6 de la loi organique n° 2016-du 14 juillet 2016 relative au Conseil Constitutionnel

[904] F. MBODJ, « Les compétences du Conseil constitutionnel à l'épreuve des saisines. Quelques remarques sur les pouvoirs du juge constitutionnel au Sénégal », *EDJA*, n° 78, juillet-août-septembre 2008, p. 7 ; I. Y. NDIAYE, « Le Conseil constitutionnel sénégalais », *Les nouveaux Cahiers du Conseil constitutionnel,* 2014/4, n° 45, p. 77 à 103.

[905] S. SYLLA, « Le contrôle de la constitutionnalité des lois au Sénégal », *RIPAS*, octobre-décembre 1984, p. 817-888 ; F. MELIN-SOUCRAMANIENH. DAYUAN, *Le contrôle de constitutionnalité en France et en Chine*, Paris, Dalloz, 2014.

405. Contrôle obligatoire de constitutionnalité. Le Conseil constitutionnel exerce un contrôle obligatoire sur certaines normes. La Constitution du 22 janvier 2001 n'avait pas prévu un système de contrôle obligatoire de constitutionnalité des lois organiques.

La réforme introduite par la loi constitutionnelle n° 2016-10 du 05 avril 2016 portant révision de la Constitution[906] a procédé à la réintroduction du contrôle obligatoire de constitutionnalité des lois organiques, avant leur promulgation. En effet, l'article 78, alinéa 2 de la Constitution modifiée énonce que les lois organiques « *ne peuvent être promulguées si le Conseil constitutionnel saisi par le Président de la République, ne les a déclarées conformes à la Constitution* ».

Le Règlement intérieur de l'Assemblée nationale est également soumis au contrôle obligatoire de constitutionnalité[907]. Ce document détermine notamment les pouvoirs des parlementaires, la composition, le régime disciplinaire de ses membres, les règles de fonctionnement du bureau ainsi que les prérogatives du Président. De façon générale, il fixe toutes les règles ayant pour objet le fonctionnement de l'assemblée dans le cadre de sa compétence constitutionnelle[908].

La loi constitutionnelle du 05 avril 2016 a mis un terme au débat sur la nature juridique du Règlement intérieur de l'Assemblée nationale. Le nouvel article 62 de la Constitution a énoncé clairement que le Règlement intérieur est institué par une loi organique[909]. Il fait, dès lors, l'objet d'un contrôle obligatoire de constitutionnalité.

406. Contrôle facultatif de constitutionnalité. Le contrôle facultatif de constitutionnalité concerne essentiellement les lois ordinaires. Il vise à garantir la suprématie de la loi fondamentale de l'État (Constitution). Ce type de contrôle est prévu par l'article 92 de la Constitution et par l'article 1er de la loi organique relative au Conseil constitutionnel. Selon

---

906 JORS n° 6926 du jeudi 07 avril 2016, p. 505.
907 V. art. 78 de la Constitution.
908 V. art. 62 de la Constitution.
909 V. la loi organique n° 2025-11 du 18 août 2025 portant Règlement intérieure de l'Assemblée nationale (JORS n° 7845 du 27 août 2025, p. 1025.

ces textes, le Conseil constitutionnel se prononce sur la constitutionnalité des lois.

Le Conseil constitutionnel peut être saisi d'un recours visant à faire déclarer une loi inconstitutionnelle par le Président de la République dans les six (6) jours francs qui suivent la transmission à lui faite de la loi définitivement adoptée, par un nombre de députés au moins égal au dixième des membres de l'Assemblée nationale, dans les six (6) jours francs qui suivent son adoption définitive[910]. En tout état de cause, le Président de la République ne peut promulguer la loi définitivement adoptée qu'après l'expiration des délais de recours en inconstitutionnalité. Il résulte de l'article 72 de la Constitution que le Président de la République promulgue les lois définitivement adoptées dans les huit (8) jours francs qui suivent l'expiration des délais de recours en inconstitutionnalité.

407. Contrôle de constitutionnalité des engagements internationaux. Le contrôle facultatif de constitutionnalité concerne également les engagements internationaux. En vertu de l'article 97 de la Constitution, si le Conseil constitutionnel a déclaré qu'un engagement international comporte une clause contraire à la Constitution, l'autorisation de le ratifier ne peut intervenir qu'après la révision de la Constitution.

En principe, le recours tendant à faire constater l'inconstitutionnalité d'un engagement international obéit à la procédure générale prévue par la Constitution. Ce recours est présenté dans les mêmes conditions que pour la procédure tendant à faire déclarer une loi ordinaire inconstitutionnelle[911].

408. Exception d'inconstitutionnalité. Le Conseil constitutionnel dispose d'une compétence essentielle consistant à apprécier, par la voie de l'exception d'inconstitutionnalité, la conformité à la Constitution des lois déjà promulguées à l'occasion d'un procès. L'article 92 de la Constitution du 22 janvier 2001 a reconnu au Conseil constitutionnel la

---

[910] V. art. 74 de la Constitution.
[911] V. art. 74 de la Constitution.

compétence pour apprécier, par la voie de l'exception d'inconstitutionnalité, la conformité à la Constitution des lois déjà promulguées à l'occasion d'un procès devant la Cour suprême. Les citoyens peuvent ainsi obtenir l'application des garanties fondamentales reconnues par la Constitution, même après l'entrée en vigueur des actes législatifs.

Prenant en compte la maturité démocratique et le renforcement du système démocratique du Sénégal, la réforme introduite par la loi constitutionnelle n° 2016-10 du 05 avril 2016 portant révision de la Constitution a consacré un élargissement des compétences du Conseil constitutionnel en matière d'exception d'inconstitutionnalité. En vertu de l'article 92 de la Constitution modifiée, le Conseil constitutionnel connaît « *des exceptions d'inconstitutionnalité soulevées devant la Cour d'appel ou la Cour suprême* ». Ce texte constitutionnel est précisé par l'article 22 de la loi organique n° 2016 du 14 juillet 2016 relative au Conseil Constitutionnel. Selon ce texte, lorsque la solution d'un litige porté devant la cour d'appel ou la Cour suprême est subordonnée à l'appréciation de la conformité des dispositions d'une loi ou des stipulations d'un accord international à la Constitution, la juridiction saisit obligatoirement le Conseil constitutionnel de l'exception d'inconstitutionnalité ainsi soulevée et sursoit à statuer jusqu'à ce que le Conseil constitutionnel se soit prononcé.

Avec la modification constitutionnelle, dès l'instance en appel, les justiciables pourront soulever, au cours du procès, la non-conformité d'une disposition législative à la Constitution. La possibilité donnée aux justiciables de soulever l'exception d'inconstitutionnalité devant la cour d'appel contribuera à consolider la protection des droits et des libertés individuelles.

409. Délégalisation. Le Conseil constitutionnel est compétent pour procéder à la délégalisation des textes de forme législative. Cette procédure de délégalisation est instituée par l'article 76, alinéa 2 de la Constitution. Selon cette disposition, les textes de forme législative intervenus dans le domaine réglementaire « *peuvent être modifiés par décret si le Conseil constitutionnel, à la demande du Président de la*

République ou du Premier Ministre, a déclaré qu'ils ont un caractère réglementaire » en vertu de l'alinéa 1er de l'article 76 de la Constitution[912].

Au Sénégal, beaucoup des textes de forme législative avaient été pris avant l'indépendance et dans les années 60 et 70. Pendant ces périodes, le Gouvernement a souvent bénéficié d'habilitations législatives lui permettant de prendre des ordonnances intervenant dans le domaine législatif. C'est pourquoi plusieurs textes de forme législative ont été par la suite délégalisés sur la demande des autorités exécutives[913].

Déjà, par un arrêt n° 9/C rendu le 26 juin 1968[914], la Cour suprême du Sénégal, statuant en matière constitutionnelle, a eu l'occasion de déclarer que les dispositions du dernier alinéa de l'article 4 et celles de l'article 5 de la loi n° 61-39 du 15 juin 1961 portant création d'un Office national des Anciens combattants et Victimes de Guerre, à l'exception du principe de la participation au Conseil d'administration de l'Office de membres élus par les ressortissants de l'Office, ont un caractère réglementaire.

Il a été jugé que la Constitution visant des « *dispositions* » et non des textes, le Premier Ministre peut ne déférer à l'examen du Conseil constitutionnel qu'une partie d'un texte de loi et que celui-ci peut déclarer législatif tel article, tel alinéa, tel membre de phrase tout en donnant un caractère réglementaire au reste du texte[915].

Pour décider d'une procédure de délégalisation, le Premier Ministre dispose d'un large pouvoir d'appréciation quant à la détermination de la date et de la procédure appropriée pour parvenir à cette fin[916].

---

912 Sur cette procédure en droit sénégalais, E. DIARRA, « La procédure législative au Sénégal », *RIPAS*, n° 11, octobre-décembre 1984, p. 702-816 ; S. SYLLA, « Le contrôle de constitutionnalité des lois au Sénégal », *RIPAS*, n° 11, octobre-décembre 1984, p. 817-888.

913 V. les décisions rendues par l'ancienne Cour suprême citées par le Professeur J. M. NZOUANKEU, *RIPAS*, n° 11, octobre-décembre 1984, p. 926 et s.

914 CS n° 9/C du 26 juin 1968, *inédit*.

915 CE du 12 décembre 1969, Cons. nat. Ordre des pharmaciens, *Rec. CE*, p. 57, *AJDA*, 1970, p. 103.

916 CE, sect. du 03 décembre 1999, n° 164789 et n° 165622, Assoc. ornithologique et mammalogique Saône-et-Loire et Rassemblement des opposants à la chasse, *Jurisdata* n°

Récemment, la politique de régulation des loyers engagée par le Gouvernement a donné l'occasion au Conseil constitutionnel de statuer sur une demande de délégalisation d'un texte de forme législative[917]. En effet, par une décision n° 2/C/2023 du 1er février 2023, le Conseil constitutionnel, sur la demande du Premier Ministre, a jugé que les dispositions des articles 1er et 2 de la loi n° 2014-03 du 22 janvier 2014 portant baisse des loyers n'ayant pas été calculés suivant la surface corrigée a un caractère réglementaire. Le Conseil constitutionnel a déclaré que la loi n° 2014-03 du 22 janvier 2014 a un caractère hybride pour comporter des dispositions de caractère législatif et réglementaire en procédant à une sorte de « *saucissonnage* » de ladite loi.

Selon le juge constitutionnel, en application des dispositions de l'article 67 de la Constitution, qui dispose que la loi détermine les principes fondamentaux du régime des obligations civiles et commerciales, « *le législateur, par la loi portant Code des Obligations civiles et commerciales en son article 572, alinéa 2, a prévu que les modalités de fixation des montants des loyers sont déterminées par décret ; qu'il en résulte que les dispositions des articles premier et 2 ont un caractère réglementaire* ». Ainsi, pour les hauts magistrats du Conseil constitutionnel, les dispositions des articles 1er et 2 de la loi du 22 janvier 2014 susvisée relèvent de la compétence réglementaire.

410. Arbitrage des conflits de compétence entre le pouvoir exécutif et le pouvoir législatif. Au titre des chefs de compétence de cette haute juridiction, l'article 92 de la Constitution énonce qu'il connaît « *des conflits de compétence entre le pouvoir exécutif et le pouvoir législatif* »[918]. À ce titre, la juridiction constitutionnelle exerce un véritable pouvoir de régulation et d'arbitrage des conflits s'élevant

---

1999-051400 ; L. FAVOREU, « L'interprétation de l'article 37, alinéa 2 de la Constitution par le Conseil d'État », *RFDA,* 2000, p. 664.

[917] P. A. TOURE, « La procédure constitutionnelle de délégalisation au service de la politique de régulation des loyers : à propos de la décision du Conseil constitutionnel du n° 2/C/2023 du 1er février 2023 », in *Le Soleil*, n° 15810 du jeudi 9 février 2021, p.16-17.

[918] I. Y. NDIAYE, « Le Conseil constitutionnel sénégalais », *Les Nouveaux Cahiers du Conseil constitutionnel*, 2014/4, n° 45, p. 77.

entre l'Exécutif et l'Assemblée nationale dans l'exercice de leurs compétences constitutionnelles[919].

Dans une décision rendue le 18 janvier 2013, le Conseil constitutionnel a retenu une approche assez restrictive de la notion de « *conflits de compétence entre le pouvoir exécutif et le pouvoir législatif* » qui « *trouve son fondement dans les dispositions de l'article 83 de la Constitution* ». Aux termes de cet article : « *S'il apparaît, au cours de la procédure législative, qu'une proposition ou un amendement n'est pas du domaine de la loi, le Premier Ministre et les autres membres du Gouvernement peuvent opposer l'irrecevabilité* » [920].

Ainsi, le juge constitutionnel est parti des dispositions de l'article 83 de la Constitution qui l'habilite à trancher un différend entre l'Assemblée nationale et le Gouvernement pour statuer sur la nature législative ou réglementaire d'une proposition de loi ou d'un amendement, pour forger sa conception du conflit de compétence. On peut lire sous la plume des juges constitutionnels que « *le conflit de compétence s'analyse en un désaccord survenu au cours de la procédure législative du fait d'une proposition de loi ou d'un amendement, entre l'Assemblée nationale et le Gouvernement, sur les compétences constitutionnelles dévolues respectivement au pouvoir législatif dans le domaine de la loi et au pouvoir exécutif dans le domaine règlementaire* ».

En d'autres termes, selon le Conseil constitutionnel le conflit de compétence au sens de l'article 92 de la Constitution suppose la survenance d'un désaccord entre le pouvoir exécutif et le pouvoir législatif dans l'exercice de leurs compétences constitutionnelles au cours de la procédure législative à l'occasion d'une proposition de loi ou d'un amendement.

411. Compétences consultatives. Le Conseil constitutionnel peut exercer des attributions consultatives au cours de la procédure d'adoption

---

[919] M. DIAGNE, *Le Conseil constitutionnel sénégalais. L'institution et ses techniques*, Dakar, éditions TCM, 2012, p.62.

[920] En droit français, E. OLIVA, *L'article 41 de la Constitution du 4 octobre 1958*, Paris, Economica, 1997.

des textes. Il peut, en effet, être saisi par le Président de la République pour avis[921]. Il s'agit là d'une innovation introduite par la loi constitutionnelle n° 2016-10 du 05 avril 2016 portant révision de la Constitution. La réforme constitutionnelle a procédé à « *l'aménagement d'une compétence consultative générale du Conseil constitutionnel* »[922].

En vertu de cette disposition, rien ne s'oppose à ce que le Président de la République demande, l'avis du Conseil constitutionnel sur une loi ordinaire ou un engagement international, avant sa promulgation ou sa ratification.

G. L'adoption du texte en Conseil des Ministres

412. Instance d'adoption des textes. Le Conseil des Ministres[923] est la plus importante instance de coordination de l'action interministérielle[924]. Il s'agit d'une « *instance de coordination gouvernementale, mais également de délibération sur les destinées de la Nation* »[925] Le Conseil des Ministres est l'héritier du « *Conseil de cabinet* » qui fonctionnait depuis 1963[926]. Sous l'empire de la Constitution du 07 mars 1963, le Conseil des Ministres était « *une réunion coutumière* » particulièrement ancrée dans la tradition républicaine, qui pouvait être consulté par le Président de la République[927].

---

[921] V. art. 92, alinéa 2 de la Constitution.

[922] I. M. FALL, « La réforme constitutionnelle de mars 2016 : un hommage à l'œuvre du professeur Kanté » », in A. SALL et I. M. FALL (dir.), *Actualités du droit public et de la science politique en Afrique, Mélanges en l'honneur de Babacar KANTE*, Dakar, l'Harmattan, 2017, p. 156 ; I. M. FALL, *La réforme constitutionnelle du 20 mars 2016 au Sénégal. La révision consolidante record*, Dakar, l'Harmattan, 2017, p. 128-129.

[923] Avant la réforme ayant réintroduit le poste de Premier Ministre au Sénégal, le conseil des ministres était appelé « Conseil de Cabinet » ; V. Instruction générale n° 15 PM du 1er mars 1968 sur l'organisation du travail gouvernemental.

[924] C. GONAND, « Le conseil des ministres sous la Ve République », *RDP* 1988, p. 499 ; J. Y. PLOUVIN, « Le conseil des ministres, institution seconde », *Rev. adm.* 1980, p. 485 ; A. BOCKEL, *Droit administratif*, Dakar-Abidjan, NEA, LGDJ, 1978, p. 269.

[925] En ce sens, l'instruction présidentielle n° 0332/PR/SP du 18 juin 2015 relative au déroulement du Conseil des Ministres.

[926] Il faut préciser qu'en 1960, il y avait un Conseil des Ministres, V. le règlement n° 27/SG du 4 mars 1960 relative aux travaux du Conseil des Ministres.

[927] En ce sens, V. la circulaire n° 43 PR/SG du 2 avril 1963 relative aux incidences de la mise en vigueur de la Constitution sur la répartition des compétences, l'organisation du travail gouvernemental et le rôle du secrétariat général de la présidence de la République.

La Constitution du 22 janvier 2001 a procédé à la codification de cette instance dont la consultation demeure purement facultative[928]. Selon l'article 42, alinéa 4 de la Constitution, le Conseil des Ministres est présidé par le Président de la République[929]. Siègent à la réunion du Conseil des Ministres tous les membres du Gouvernement qui comprend les ministres et les secrétaires d'État[930].

Actuellement, la réunion du Conseil des Ministres se tient tous les mercredis à partir de 10 heures, sauf décision contraire du Président de la République[931].

L'adoption des projets de texte législatif et réglementaire par le Conseil des Ministres n'est pas une formalité prévue par la Constitution. Il s'agit d'une pratique institutionnelle bien établie évoquée par l'instruction générale n° 15 PM du 1er mars 1968 sur l'organisation du travail gouvernemental.

Quoi qu'il en soit, le projet de texte émanant du Gouvernement, il est logique que son adoption soit le fait d'une instance regroupant tous les membres du Gouvernement et présidée par le Président de la République (Conseil des Ministres).

Avant leur examen par le Conseil des Ministres, les projets de texte doivent faire l'objet d'une inscription à l'ordre du jour du Conseil des Ministres.

---

[928] I. M. FALL, *Évolution constitutionnelle du Sénégal de la veille de l'indépendance aux élections de 2007*, Dakar-Paris, CREDILA-CREPOS, 2007, p. 141.

[929] J. MARCEL, « La présidence du conseil », RDP 1958, p. 452 ; D. TURPIN, « La présidence du Conseil des Ministres », *RDP,* 1987, p. 873.

[930] V. art. 53 de la Constitution.

[931] V. P. A. TOURE, *Légistique. Techniques de conception et de rédaction des lois et des actes administratifs : une tradition de gouvernance normative*, Dakar, l'Harmattan, 2018, p. 375 et s.

1. L'inscription des textes à l'ordre du jour

413. Programmation du texte. Au terme des différentes étapes du processus normatif, le projet de texte est inscrit à l'ordre du jour de la réunion du Conseil des Ministres[932].

L'inscription d'un projet à l'ordre du jour du Conseil des Ministres est décidée par le Président de la République sur proposition du Secrétaire général du Gouvernement[933].

Pour les besoins de l'adoption du texte par le Conseil des Ministres, le département ministériel maître d'œuvre doit faire parvenir au Secrétariat général du Gouvernement soixante (60) exemplaires du projet.

La Direction de l'Activité Normative (DAN) fait parvenir les textes à programmer en Conseil des Ministres au secrétariat particulier du Secrétariat général du Gouvernement au plus tard le lundi précédant la réunion dudit conseil.

Il faut préciser que la réunion du Conseil des Ministres est souvent précédée d'un pré-conseil qui se tient traditionnellement le mardi. Cette réunion réunit, sous la présidence du Présidence de la République, le Secrétaire général de la Présidence de la République et le Secrétaire général du Gouvernement.

À l'occasion du pré-conseil, le Secrétaire général du Gouvernement soumet au Président de la République le projet d'ordre du jour du Conseil des Ministres, sa date ainsi que les propositions de mesures d'ordre individuel (nomination à des postes).

Si le Chef de l'État valide le projet d'ordre du jour, le Secrétaire général du Gouvernement le signe. Les projets de texte soumis au Conseil des Ministres figurent dans un dossier adressé à chaque membre du

---

[932] Secrétariat général du Gouvernement, *Rappel des grandes étapes de la procédure d'adoption des textes législatifs et réglementaires,* février 2015, p. 09.

[933] V. J. P. CAMBY, « L'inscription à l'ordre du jour du Conseil des Ministres : un chant à deux voix », *RDP* 2013, p. 233 ; l'instruction n° 112 du 09 décembre 1963 sur l'organisation du travail gouvernemental.

Gouvernement par le Secrétariat général du Gouvernement au plus tard le mardi précédant la réunion du Conseil des Ministres[934].

Il faut préciser que les textes programmés à la réunion du Conseil des Ministres sont annoncés à la réunion de coordination des secrétaires généraux et des directeurs de cabinet des ministères présidée par le Secrétaire général du Gouvernement chaque vendredi à la Primature. L'instruction générale n° 015/PR du 1er mars 1968 sur l'organisation du travail gouvernemental insiste sur l'importance de cette réunion statutaire ayant pour objet de « *faire le point sur l'état d'avancement des affaires en instance* » et favoriser ainsi une meilleure coordination des dossiers et projets gouvernementaux[935].

La réunion de coordination a pour ancêtre le comité de coordination mis en place par la circulaire présidentielle n° 26/SG du 03 mars 1960 relative à la coordination administrative. Cette réunion, présidée par le Secrétaire général du Gouvernement, avait pour objet de faire le point sur l'état d'avancement des affaires en instance dans les ministères et de déterminer les méthodes d'instruction à adopter pour les dossiers intéressant plusieurs départements ministériels (constitution des comités interministériels, désignation du service responsable principal, calendrier de travail, etc.)[936].

414. Textes soumis au Conseil des Ministres. Dans la pratique, tous les textes ne sont pas soumis à la procédure d'adoption en Conseil des Ministres.

En règle générale, les projets de loi, y compris les projets de loi autorisant le Président de la République à ratifier des traités ainsi que les projets d'acte administratif à caractère réglementaire, sont adoptés par le Conseil des Ministres[937].

---

[934] V. Instruction n° 15 PM du 1er mars 1968 sur l'organisation du travail gouvernemental.

[935] V. également, la circulaire n° 46 PM/SGG/ADJ. 2 du 29 mai 1979 relative à la réunion de coordination des secrétaires généraux de ministères et directeurs de cabinet.

[936] Sur le comité de coordination, V. la circulaire n° 53 PR/SG/AD3 du 27 mai 1963 relative au comité de coordination ; la circulaire n° 004 du 08 janvier 1963 sur la réunion du comité de coordination et la circulaire n° 21 SG/CAB/L du 29 mars 1964.

[937] V. la circulaire n° 112 du 09 décembre 1963 sur l'organisation du travail gouvernemental.

S'agissant des décrets à caractère individuel, seuls ceux portant nomination des magistrats et des hauts fonctionnaires, notamment, sont soumis au Conseil des Ministres.

Les autres textes, notamment les décrets d'intérim, les arrêtés réglementaires et ceux portant nomination de fonctionnaires par arrêté, ne sont souvent pas programmés pour adoption à la réunion du Conseil des Ministres. Ces textes sont directement enregistrés et signés avant éventuellement leur publication au *Journal officiel*.

2. L'examen des textes par le Conseil des Ministres

415. Procédure d'adoption en Conseil des Ministres. En vertu de l'instruction présidentielle du 15 janvier 2015 relative au déroulement du Conseil des Ministres, le Conseil des Ministres fait notamment le point sur l'état de mise en œuvre des directives présidentielles et des instructions primatorales, met l'accent sur la communication du Président de la République et des ministres ainsi que sur les délibérations portant sur les textes législatifs et réglementaires inscrits à l'ordre du jour de la réunion.

L'instruction n° 15 PM du 1er mars 1968 sur l'organisation du travail gouvernemental a apporté des précisions relatives à la procédure d'adoption des projets de texte par le Conseil des Ministres.

Le Conseil des Ministres peut adopter le projet de texte avec ou sans amendement.

En cas d'amendements, il revient au ministère maître d'œuvre de prendre en compte les observations formulées par les membres du conseil, avant de transmettre le projet de texte au Secrétariat général du Gouvernement.

Le Secrétaire général du Gouvernement peut convoquer éventuellement la réunion du Comité interne de préparation et de suivi des textes législatifs et réglementaires en vue de s'assurer que les recommandations du Conseil des Ministres ont bien été prises en compte par le ministère ayant élaboré le texte.

PARAGRAPHE II : L'ADOPTION PARLEMENTAIRE DES TEXTES LÉGISLATIFS

416. Étapes de la procédure législative. La fonction essentielle de l'Assemblée nationale est le vote de la loi. Après l'adoption gouvernementale du projet de loi par le Conseil des Ministres, il revient à l'Assemblée nationale de le voter dans le respect de la procédure législative[938].

La procédure d'adoption parlementaire des textes législatifs passe par différentes phases. Il s'agit de la préparation, de l'instruction, de la discussion et du vote des textes.

A. La préparation des textes législatifs

417. Partage de l'initiative législative. Aux termes de l'article 81 de la Constitution : « *L'initiative des lois appartient concurremment au Président de la République, au Premier Ministre et aux députés* » [939].

Le droit constitutionnel sénégalais a consacré un principe de partage de l'initiative législative entre le pouvoir législatif et le pouvoir exécutif ; ce qui illustre l'idée que l'Assemblée nationale n'exerce plus seule le pouvoir législatif[940].

Les projets et propositions de loi sont distribués aux députés au moins dix (10) jours avant leur examen par la commission compétente, sauf en cas d'urgence motivée[941].

---

[938] Sur la procédure législative au Sénégal, PH. GEORGES, « La procédure législative au Sénégal, *Annales africaines*, 1965, p. 177 ; E. DIARRA, « La procédure législative au Sénégal », *RIPAS*, n° 11, octobre-décembre 1984, p. 722-723 ; plus récemment, I. NIANE, « L'Assemblée nationale et le parcours de la loi », in *Constitutions et institutions publiques africaines*, Études doctrinales, *EDJA*, p. 445 et s. ; S. M. SY, *Les régimes politiques sénégalais de l'indépendance à l'alternance politique. 1960-2008*, Yaoundé, éditions Karthala et CREPOS, 2009, p. 100 et s.

[939] V. P. A. TOURE, *Légistique. Techniques de conception et de rédaction des lois et des actes administratifs : une tradition de gouvernance normative*, Dakar, l'Harmattan, 2018, p. 379 et s.

[940] En ce sens, O. DIALLO, *L'encadrement des fonctions du Parlement au Sénégal*, Mémoire DEA, Saint-Louis, 2010-2011, p. 24.

[941] V. art. 69, alinéa 2 du Règlement intérieur de l'Assemblée nationale.

La loi organique n° 2025-11 du 18 août 2025 portant Règlement intérieur de l'Assemblée nationale a prévu des règles différentes suivant que l'Assemblée nationale est saisie d'un projet ou d'une proposition de loi.

418. Projet de loi. D'initiative gouvernementale, le projet de loi est préparé par le ministère dont les attributions entrent dans le cadre du texte.

Après son adoption par le Conseil des Ministres, le Président de la République transmet, par un décret dit de saisine, le projet au Président de l'Assemblée nationale pour examen et vote. Le décret de saisine de l'Assemblée nationale précise en même temps le ministre qui est chargé d'en exposer les motifs et d'en soutenir la discussion[942]. Selon l'instruction n° 11 PM/SGG/JUR du 14 avril 1970 relative aux relations du Gouvernement avec les Assemblées : « *Le texte définitif de chaque projet de loi est déposé sur le Bureau de l'Assemblée nationale par les soins du Secrétariat général du Gouvernement accompagné d'un décret de présentation qui désignera le ministre chargé de suivre la discussion du texte en cause* ».

419. Propositions de loi, amendements et contre-projets. Les propositions de loi sont à l'initiative des députés.

Les projets ou propositions de loi déposés peuvent être accompagnés d'amendements ou de contre-projets.

Les contre-projets constituent des amendements à l'ensemble du texte en discussion[943]. S'il est pris en considération par l'Assemblée, le contre-projet est renvoyé à la commission qui doit le prendre comme base de discussion et présenter un nouveau rapport dans le délai que l'Assemblée peut impartir. Ils doivent porter sur les articles en discussion. Dans les cas litigieux, l'Assemblée se prononce sans débat sur la recevabilité.

Dans la pratique, force est de constater que les parlementaires expriment rarement leur droit d'initiative incidente par voie de contre-projets.

---

942 Secrétariat général du Gouvernement, *Rappel des grandes étapes de la procédure d'adoption des textes législatifs et réglementaires,* Imprimerie nationale, février 2015, p. 10.

943 V. art. 86, alinéa 2 du Règlement intérieur de l'Assemblée nationale.

Quant aux amendements, ce sont des modifications présentées par le Gouvernement, les députés et les commissions aux textes déposés sur le bureau de l'Assemblée nationale. Le droit d'amendement, corollaire du droit d'initiative législative, est « *consubstantiel à la fonction parlementaire* »[944]. À la différence de l'initiative principale, le droit d'amendement traduit « *une initiative incidente et partielle* » [945]. Il ne s'applique pas directement à un texte en vigueur, mais s'exerce en vue de modifier un texte en cours de discussion. En quelque sorte, le droit d'amendement ouvre la possibilité de changer, non pas le droit lui-même, mais une proposition de modification de ce droit[946].

Le droit d'amendement appartient au Président de la République, au Premier Ministre et aux députés. Les amendements du Président de la République sont présentés par le Premier Ministre et les autres membres du Gouvernement[947].

Les amendements et les contre-projets sont signés par leurs auteurs. Ils sont déposés par écrit s'ils interviennent avant la discussion en commission et sont communiqués à la commission compétente.

S'ils interviennent en séance plénière, ils sont déposés sur le bureau du Président de l'Assemblée nationale, qui en donne communication. L'Assemblée décide alors si les amendements sont discutés immédiatement ou renvoyés en commission[948]. Ainsi, en consacrant la possibilité d'amendements spontanés, le droit sénégalais donne une grande latitude au parlementaire, qui n'est ainsi soumis à aucune condition d'heure de dépôt sous réserve de proposer son amendement avant le vote de l'article auxquels ils se réfèrent[949].

---

944 B. BEAUFUME, *Le droit d'amendement et la Constitution sous la Ve République*, Paris, LGDJ, 1993.
945 V. M. GOUNELLE, « Le contrôle de la constitutionnalité des amendements aux projets de loi par la Cour suprême du Sénégal », *RIPAS*, n° 2, p. 315-322.
946 *Rédiger la loi. Guide de rédaction des propositions de loi et des amendements*, Sénat, éditions septembre 2007, p. 5.
947 V. art. 82 de la Constitution
948 V. art. 89 du Règlement intérieur de l'Assemblée nationale.
949 PH. GEORGES, « La procédure législative au Sénégal, *Annales africaines*, 1965, p.185.

En vertu de l'article 89, alinéa 2 du Règlement intérieur de l'Assemblée nationale, les amendements ne sont recevables que s'ils s'appliquent effectivement aux textes en discussion. Cette disposition a pour objet d'éviter des propositions d'amendements, appelées « *cavaliers législatifs* » qui n'auraient rien à voir avec le texte[950]. Le Conseil constitutionnel français a rappelé que le droit d'amendement doit pouvoir s'exercer librement sous réserve de ne pas être dépourvu de tout lien avec l'objet du texte, mettant ainsi en relief le « *respect des exigences de clarté et de sincérité du débat parlementaire* »[951].

En outre, lorsque tous les amendements proposés à un alinéa d'un article ou à un article ont été discutés et que l'examen des alinéas ou articles suivants a commencé, il n'est plus possible de déposer d'amendements aux alinéas ou articles déjà examinés[952].

Le droit sénégalais est muet sur le problème du retrait d'amendement.

Mais rien ne devrait s'opposer à ce qu'un député retire son amendement, surtout lorsqu'il l'estime sans objet. Quoi qu'il en soit, tout amendement voté ne peut plus être retiré[953].

420. Limites de l'initiative parlementaire L'initiative parlementaire comporte des restrictions qui limitent la portée des propositions de loi et des amendements.

421. Communication au Président de la République. En vertu de l'article 69, alinéa 4 du Règlement intérieur de l'Assemblée nationale, après leur examen par le Bureau aux fins de leur recevabilité, les propositions de loi sont communiquées au Président de la République qui doit faire connaître son avis au Président de l'Assemblée nationale dans

---

[950] E. DIARRA, « La procédure législative au Sénégal », *RIPAS*, n° 11, octobre-décembre 1984, p. 743; J.-E. GICQUEL, « La loi et la procédure parlementaire », *RFDA* 2013, p. 927; J. P. CAMBY, « La prohibition des cavaliers législatifs : une règle constitutionnelle ; Cons. const. 4 août 2011] », *LPA* n° 255, 23 déc. 2011, p. 9

[951] Cons. const.. du 19 janvier 2006, n° 2005-532 DC

[952] V. art. 90 in fine du Règlement intérieur de l'Assemblée nationale.

[953] En ce sens, PH. GEORGES, « La procédure législative au Sénégal, *Annales africaines*, 1965, p. 185 ; E. DIARRA, « La procédure législative au Sénégal », *RIPAS*, n° 11, octobre-décembre 1984, p. 743.

les dix (10) jours, à compter de leur transmission. Le Président de l'Assemblée nationale en informe l'auteur. Passé ce délai, la procédure suit son cours. Cette règle a pour objet de faciliter l'exercice du droit d'amendement qui est reconnu à la fois aux députés et au Président de la République[954].

422. Respect des domaines de la loi et du règlement. La Constitution a prévu des cas d'irrecevabilités des propositions de loi tenant au respect des domaines de la loi et du règlement. Aux termes de l'article 83 de la Constitution : « *S'il apparaît, au cours de la procédure législative qu'une proposition ou un amendement n'est pas du domaine de la loi et du règlement, le Premier Ministre et les autres membres du Gouvernement peuvent opposer l'irrecevabilité* ».

La Constitution permet au Gouvernement d'opposer l'irrecevabilité d'une proposition de loi ou d'un amendement qui lui paraît relever du domaine du règlement[955].

En cas de désaccord, le Conseil constitutionnel, à la demande du Président de la République, de l'Assemblée nationale ou du Premier Ministre, statue dans les huit (8) jours. S'il est saisi, en toute hypothèse avant la fin de la discussion parlementaire, le Conseil ne statue que sur la nature législative ou réglementaire des propositions de loi ou des amendements. Il ne se prononce donc pas sur leur constitutionnalité[956].

423. Incidences financières. L'alinéa 2 de l'article 82 de la Constitution a prévu une irrecevabilité d'ordre financier[957]. Ce texte déclare irrecevables les propositions et amendements formulés par les députés dont l'adoption aurait pour conséquence, soit la diminution des ressources publiques, soit la création ou l'aggravation d'une charge publique « *à*

---

[954] En ce sens, J.C. GAUTRON et M. ROUGEVIN-BAVILLE, *Droit public du Sénégal*, Paris, éditions A. Pédone, 1977, p. 99.
[955] En droit français, E. OLIVA, *L'article 41 de la Constitution du 04 octobre 1958*, Paris, Economica, 1997.
[956] V. EL. H. O. DIOP, *La justice constitutionnelle au Sénégal. Essai sur l'évolution, les enjeux et les réformes d'un contre-pouvoir juridictionnel, Dakar, CREDILA-OVIPA, 2013,* p. 183.
[957] X. ROQUES, « Les irrecevabilités financières », *RFD const.* 1993, p. 741

moins que ces propositions ou amendements ne soient assortis de propositions de recettes compensatrices ».

Le Conseil constitutionnel sénégalais dans sa décision rendue le 29 août 2003[958] a reprécisé la notion de « *propositions de recettes compensatrices* ». Il a jugé que la possibilité laissée aux députés de faire des propositions ou amendements à condition qu'ils soient assortis de propositions de recettes compensatrices est une dérogation au principe de l'interdiction de formuler des propositions ou amendements dont l'adoption entraînerait soit une diminution des ressources publiques, soit la création ou l'aggravation d'une charge publique. Le juge constitutionnel a énoncé que l'expression « *propositions de recettes compensatrices* » doit être entendue comme visant « *la création de recettes nouvelles et que la proposition tendant à créer ces recettes nouvelles doit être formulée, discutée et adoptée au moins en même temps que la proposition ou l'amendement dont l'adoption entraînerait soit une diminution des ressources publiques, soit la création ou l'aggravation d'une charge publique* ». Il a ajouté que les ressources nouvelles à créer doivent pouvoir compenser entièrement la diminution des ressources publiques ou couvrir totalement la charge publique qu'entraînerait l'adoption de la proposition de loi ou de l'amendement.

Selon le Conseil constitutionnel, la déclaration du ministre chargé d'exposer les motifs du projet de loi et d'en soutenir la discussion à l'Assemblée nationale, qui s'est borné à prendre acte des propositions faites par les députés tendant à octroyer des indemnités de session et non des traitements annuels aux conseillers, « *ne saurait tenir lieu de propositions et recettes compensatrices* ».

Dans une autre décision rendue le 24 février 1998, le Conseil constitutionnel a estimé l'amendement du député Niadiar SENE portant le nombre de députés de cent vingt (120) à cent quarante (140) entraîne la

---

[958] Cons. const. n° 91/2003 du 29 août 2003, Organisation et fonctionnement du Conseil de la République pour les affaires économiques et sociales, in I. M. FALL, *Les décisions et avis du Conseil constitutionnel du Sénégal*, Dakar, CREDILA, 2008, p. 479, obs. A. SALL.

création d'une charge publique et doit être accompagnée de propositions de recettes compensatrices[959].

Mais le juge constitutionnel sénégalais a jugé que la loi n° 09-2001 du 21 novembre 2001 instituant, à titre transitoire des délégations spéciales pour la gestion des conseils régionaux, municipaux et ruraux jusqu'aux élections locales du 12 mai 2002, n'est pas contraire à l'article 82 de la Constitution « *puisque les collectivités locales prévoient dans leurs budgets les charges inhérentes à la mise en place des délégations spéciales* » [960].

424. Inscription par priorité à l'ordre du jour. En dehors des irrecevabilités susmentionnées, il existe une autre source de limitation de l'initiative parlementaire : il s'agit de l'inscription par priorité à l'ordre du jour par l'exécutif. En vertu de l'article 73 in fine de la Constitution, le Président de la République a le privilège de fixer par priorité l'ordre du jour. L'article 84 de la Constitution reconnaît ce même privilège au Premier Ministre. Par ce moyen d'action, le Gouvernement peut privilégier l'examen de certains projets ou propositions de loi.

À cet égard, le Ministre chargé des Relations avec les Institutions, en tant qu'interlocuteur unique de l'Assemblée nationale, a le monopole de la représentation du Gouvernement à la conférence des Présidents qui fixe l'ordre du jour de l'Assemblée nationale. C'est donc lui qui peut user du droit de demander, au nom du Président de la République, l'inscription par priorité, à l'ordre du jour de l'Assemblée nationale, d'un projet ou d'une proposition de loi[961].

---

[959] Cons. const. n° 27/98 du 24 février 1998, Affaire de l'amendement augmentant le nombre des députés de 120 à 140, in I. M. FALL, *Les décisions et avis du Conseil constitutionnel du Sénégal*, *op. cit.*, p. 175, obs. A. GUEYE.

[960] Cons. const. n° 84/2001 du 11 décembre 2001, Affaire des délégations spéciales, in I. M. FALL, *Les décisions et avis du Conseil constitutionnel du Sénégal*, Dakar, CREDILA, 2008, p. 437, obs. A. SALL ; sur cette décision, M. ZAKI, « Droit d'amendement des députés et le principe de libre administration des collectivités locales: observations sous décision 4/C/2001 du Conseil constitutionnel sénégalais, 11 décembre 2001 » : http://afrilex.u-bordeaux4.fr/droit-d-amendement-des-deputes-et.html

[961] V. l'instruction n° 11 PM/SGG/JUR du 14 avril 1970 relative aux relations du Gouvernement avec les Assemblées.

Les limitations apportées aux propositions de loi sont à l'origine du « *tarissement de l'initiative parlementaire face à une hégémonie de l'exécutif dans l'élaboration des lois* »[962]. Rien que pour la XIe législature (2007-2012), seules deux propositions de loi ont été adoptées. Il s'agit de la proposition de loi n°08/2008 portant prorogation et renouvellement du mandat des conseillers régionaux, municipaux et ruraux élus le 12 mai 2002 et de la proposition de loi constitutionnelle n° 2008-67 du 21 octobre 2008 portant modification de l'article 62, alinéa 1er de la Constitution[963].

---

[962] O. DIALLO, *L'encadrement des fonctions du Parlement au Sénégal*, Mémoire DEA, Saint-Louis, 2010-2011, p. 26.

[963] La première proposition de loi avait été portée par la députée Aminata TALL et la seconde était initiée par le député Sada NDIAYE qui, à travers la modification de l'article 62 de la Constitution, visait la réduction du mandat du Président de l'Assemblée nationale.

DOCUMENT N° 35 : DECRET DE SAISINE DE L'ASSEMBLEE NATIONALE

REPUBLIQUE DU SENEGAL

Un Peuple-Un But-Une Foi

Décret n° 2017-1733 ordonnant la présentation à l'Assemblée nationale des projets de loi suivants :

- **Projet de loi autorisant le Président de la République à ratifier la Convention révisée sur la Reconnaissance des Études et des certificats, Diplômes, Grades et autres titres de l'Enseignement supérieur dans les États d'Afrique ;**
- **Projet de loi autorisant le Président de la République à ratifier le Protocole relatif à la Convention internationale de 1966 sur les lignes de charge, signé à Londres, le 11 novembre 1988**

LE PRESIDENT DE LA REPUBLIQUE,

VU la Constitution,

DECRETE :

Article premier. - Les projets de loi dont les textes sont annexés au présent décret, seront présentés à l'Assemblée nationale par le Ministre des Affaires étrangères et des Sénégalais de l'Extérieur.

Article 2.- Le Ministre des Affaires étrangères et des Sénégalais de l'Extérieur et le Ministre du Travail, du Dialogue social, des Organisations professionnelles et des Relations avec les Institutions sont chargés, chacun en ce qui le concerne, de l'exécution du présent décret qui sera publié au *Journal officiel*

Fait à Dakar, le 27 septembre 2017

B. L'instruction des textes législatifs

425. Commissions permanentes. L'instruction des textes législatifs est effectuée par les commissions permanentes de l'Assemblée nationale dont le nombre, le mode de désignation, la composition, le rôle et la compétence sont fixés par le Règlement intérieur de l'Assemblée nationale[964].

Selon l'article 27 du Règlement intérieur de l'Assemblée nationale, au début de chaque législature et à l'ouverture de la session ordinaire unique et après l'installation du Bureau définitif, l'Assemblée nationale constitue ses commissions permanentes[965].

Les commissions sont saisies par la Conférence des Présidents de tous les projets, propositions de loi et affaires de leur compétence ainsi que des pièces et documents qui s'y rapportent[966].

Dans le cas où une commission se déclare incompétente ou, en cas de conflit, entre deux ou plusieurs commissions, le Président de l'Assemblée nationale soumet la question à la décision de la Conférence des Présidents.

Pour chaque affaire, un rapporteur est désigné par la commission compétente au fond.

Après leur examen par la commission compétente, les affaires ayant une incidence financière sont obligatoirement soumises à l'avis de la

---

[964] V. art. 62 de la Constitution.

[965] Il s'agit de la Commission des Finances et du Contrôle budgétaire, de la Commission des Affaires économiques, de la Commission de l'Aménagement du Territoire, de l'Urbanisme, de l'Habitat, des Infrastructures et des Transports, de la Commission du Développement rural, de la Commission du Développement durable et de la Transition écologique, de la Commission de l'Energie et des Ressources minérales, de la Commission des Lois, de la Décentralisation, du Travail et des Droits humains, de la Commission des Affaires étrangères, des Sénégalais de l'Extérieur et de l'Intégration africaine, de la Commission de la Défense et de la Sécurité, de la Commission de l'Éducation, de la Jeunesse, des Sports et des Loisirs, de la Commission de la Culture et de la Communication, de la Commission de la Santé, de la Population, des Affaires sociales et de la Solidarité nationale, de la Commission de Comptabilité et de Contrôle : Budget de l'Assemblée nationale et de la Commission des Délégations ; sur ces commissions, V. I. NIANE, « L'Assemblée nationale et le parcours de la loi », in *Constitutions et institutions publiques africaines*, Études doctrinales, *EDJA*, p. 449.

[966] I. NIANE, *op. cit.*, p. 451.

Commission de l'Économie générale, des Finances, du Plan et de la Coopération économique[967].

L'exécutif doit être tenu informé de l'ordre du jour des travaux des commissions de l'Assemblée nationale. Pendant les sessions et hors session, son représentant doit assister aux séances des commissions et se faire entendre par elles, le cas échéant[968].

Le ministre concerné devra répondre, personnellement à la convocation du Président de la Commission compétente. Il mettra, à la disposition de la commission, ses techniciens chaque fois que celle-ci le demandera. Mais en principe, c'est le ministre qui est responsable et non les techniciens[969].

Selon l'instruction n° 11 PM/SGG/JUR du 14 avril 1970 relative aux relations du Gouvernement avec les Assemblées « *nul n'est mieux qualifié que le ministre auteur du texte en cause et techniquement compétent, pour apporter aux Assemblées les éclaircissements qu'elles peuvent souhaiter, et juger de la portée des amendements proposés pour décider de les accepter ou de les refuser* ».

Le ministre maître d'œuvre est donc compétent pour utiliser les procédures qui permettent d'opposer l'irrecevabilité aux amendements ou propositions de loi, lorsque ceux-ci ont pour effet d'aggraver les dépenses ou de diminuer les recettes de l'État ou d'empiéter sur le domaine réglementaire.

En cas de maladie, d'absence ou d'empêchement du ministre concerné, c'est au Ministre chargé des Relations avec les Institutions qu'il appartiendra de remplacer le ministre défaillant et de représenter le Gouvernement aux séances de l'Assemblée nationale[970].

---

[967] V. M. DIAKHATE, *op. cit.*, p. 178.

[968] V. art. 46, in fine du Règlement intérieur de l'Assemblée nationale.

[969] V. la circulaire présidentielle du 15 janvier 1965.

[970] V. l'instruction n° 11 PM/SGG/JUR du 14 avril 1970 relative aux relations du Gouvernement avec les Assemblées.

Les commissions peuvent entendre toute personne qu'elles jugent utile de consulter[971].

S'il s'agit d'un agent de l'État, l'avis du ministre dont il relève est nécessaire. En cas d'avis défavorable, le ministre doit en préciser le motif.

Le Président de l'Assemblée nationale, saisi, peut soumettre la question au Président de la République[972]. L'auteur d'une proposition de loi ou d'un amendement doit être convoqué par le Président aux séances de la commission consacrées à l'examen de son texte. Le texte ne peut être examiné qu'en sa présence ou celle de son délégataire.

C. La discussion des textes législatifs

426. Discussion générale. L'examen des textes s'ouvre en séance plénière par une discussion générale sur le rapport de la commission compétente présenté par l'un de ses membres, précédé éventuellement par l'intervention du Président de la commission. La plénière est l'instance de décision politique suprême de l'Assemblée nationale[973].

Après la lecture du rapport, un député par groupe parlementaire, un député non-inscrit, peuvent poser une question préalable tendant à décider qu'il n'y a pas lieu à délibérer. Ils peuvent motiver verbalement leur demande sur laquelle ne peuvent intervenir que le président et le rapporteur de la commission saisie au fond, le représentant du Président de la République ou l'auteur de la proposition de loi

Si cette question est adoptée, le projet est rejeté. Si elle est repoussée, la discussion générale du rapport s'engage[974].

---

[971] P. PACTET, « Les commissions parlementaires », *RDP*, 1954, p. 127 ; G. D. LAVROFF, « Les commissions de l'Assemblée nationale sous la Ve République », *RDP*, 1971, p. 1429 ; CH. DESOUCHES, « Les assemblées », in *Encyclopédie juridique de l'Afrique*, Tome I, Dakar-Abidjan-Lomé, NEA, 1982, p. 82 ; P. CAHOUA, « Les commissions, lieu du travail législatif », *Pouvoirs*, n° 34, 1985, p. 37 ; P. TURK, *Les commissions parlementaires permanentes et le renouveau du Parlement sous la V e République*, Paris, Dalloz, 2005.

[972] V. art. 47 du Règlement intérieur de l'Assemblée nationale.

[973] I. NIANE, « L'Assemblée nationale et le parcours de la loi », in *Constitutions et institutions publiques africaines*, Études doctrinales, *EDJA*, p. 450.

[974] V. Y. PIMONT, « La question préalable », *RDP*, 1970, p. 351.

En vertu de l'article 84 du Règlement intérieur de l'Assemblée nationale, au cours de la discussion générale et jusqu'à la clôture, un député par groupe parlementaire, un député non-inscrit, peuvent présenter une motion préjudicielle tendant soit à l'ajournement du débat jusqu'à la réalisation de certaines conditions, soit au renvoi de l'ensemble du texte devant la commission saisie sur le fond ou à l'examen, pour avis, d'une autre commission. Toutefois, le renvoi à la commission saisie au fond est de droit si celle-ci ou le représentant du Président de la République le demande.

427. Discussion des articles du texte. Après la clôture de la discussion générale, le Président de l'Assemblée nationale consulte l'Assemblée sur le passage à la discussion des articles du texte présenté par la commission.

Lorsque la commission conclut au rejet du projet ou de la proposition de loi, le Président, immédiatement après la clôture de la discussion générale, met aux voix le rejet.

Lorsque la commission ne présente pas de conclusions, l'Assemblée est appelée à se prononcer sur le passage à la discussion des articles du texte initial du projet ou de la proposition de loi.

Dans tous les cas où l'Assemblée décide de ne pas passer à la discussion des articles, le Président déclare que le projet ou la proposition de loi n'est pas adopté.

Après qu'il aura été décidé de passer à la discussion des articles du texte présenté par la commission et avant l'examen des contre-projets, qui peuvent avoir été déposés par les membres de l'Assemblée, le représentant du Président de la République peut demander la prise en considération du texte initial du projet qui a été régulièrement déposé sur le Bureau de l'Assemblée nationale. Si l'Assemblée prend ce texte en considération, il sert de base à la discussion, la commission saisie au fond conservant concurremment avec les membres de l'Assemblée nationale, la faculté d'y présenter des amendements[975].

---

[975] V. art. 86 du Règlement intérieur de l'Assemblée nationale.

L'article 87 du Règlement intérieur de l'Assemblée nationale énonce que la discussion des textes porte successivement sur chaque article et sur les amendements qui s'y rattachent.

Les amendements sont discutés par priorité sur le texte servant de base à la discussion. Les amendements à un même alinéa ou à un même article peuvent faire l'objet d'une discussion commune[976].

Ils sont présentés dans l'ordre suivant d'abord, les amendements tendant à la suppression d'un article, ensuite, les autres amendements, en commençant par ceux qui s'écartent le plus du texte proposé et dans l'ordre où ils s'opposent à ce texte, s'y intercalent ou s'y ajoutent.

Dans la discussion des contre-projets et des amendements, seuls peuvent intervenir l'un des signataires, un orateur d'opinion contraire, le Président et le rapporteur de la commission saisie au fond et le ministre intéressé[977].

D. Le vote des textes législatifs

428. Modalités de vote. En règle générale, les projets ou propositions de loi sont votés article par article. L'exposé des motifs ne fait pas l'objet d'un vote. Les amendements ayant un objet identique ne donnent lieu qu'à un seul vote[978].

Par la suite l'Assemblée nationale vote l'ensemble du texte[979].

L'Assemblée vote sur les questions qui lui sont soumises soit à main levée, soit par vote électronique, soit par assis et levé, soit au scrutin public, soit au scrutin secret. Le vote à mains levées et le vote électronique sont les modes de votation ordinaires[980].

En ce qui concerne la majorité d'adoption des lois, le Sénégal a adopté la théorie de la souveraineté nationale avec comme conséquence que l'Assemblée nationale est considérée comme étant toujours en nombre

---

[976] V. art. 90 du Règlement intérieur de l'Assemblée nationale.
[977] E. DIARRA, « La procédure législative au Sénégal », *RIPAS*, n° 11, octobre-décembre 1984, p. 743.
[978] V. art. 90 in fine du Règlement intérieur de l'Assemblée nationale.
[979] J.C. GAUTRON et M. ROUGEVIN-BAVILLE, *Droit public du Sénégal*, Paris, éditions *A. Pédone*, 1977, p. 101.
[980] V. art. 94 du Règlement intérieur de l'Assemblée nationale.

pour délibérer. C'est donc en fonction de ce nombre de présents que les majorités exigées sont exprimées[981]. Ainsi, en ce qui concerne les lois ordinaires, le principe posé par l'article 97, alinéa 5 du Règlement intérieur de l'Assemblée nationale est le suivant : « *Les questions mises aux voix ne sont déclarées adoptées que si elles ont recueilli la majorité absolue des suffrages exprimés. En cas d'égalité des voix, la question mise aux voix est rejetée* ».

Cependant, la majorité absolue des membres composant l'Assemblée nationale est requise s'il s'agit des lois organiques[982].

429. Seconde délibération ou renvoi en commission. Selon l'article 92 du Règlement intérieur de l'Assemblée nationale, avant le vote de l'ensemble d'un projet ou d'une proposition de loi, l'Assemblée peut décider, sur la demande de l'un de ses membres, soit qu'il sera procédé à une deuxième délibération, soit que le texte sera renvoyé à la commission saisie au fond pour révision et coordination.

La seconde délibération ou le renvoi est de droit si le Président de la commission, saisie au fond, le demande ou l'accepte.

S'il y a lieu à seconde délibération, les textes adoptés lors de la première délibération sont renvoyés à la commission qui doit présenter un nouveau rapport. Dans sa deuxième délibération, l'Assemblée ne statue que sur les textes nouveaux proposés par la commission ou sur les modifications apportées par elle aux textes précédemment adoptés.

En cas de renvoi à la commission pour révision et coordination, la commission présente sans délai son travail ; lecture en est donnée à l'Assemblée et la discussion ne peut porter que sur la rédaction.

430. Seconde lecture. Conformément à l'article 73 de la Constitution, le Président de la République peut, dans les délais de promulgation à compter de leur réception, appeler l'Assemblée nationale à se prononcer en seconde lecture sur les délibérations prises par elle.

---

[981] E. DIARRA, « La procédure législative au Sénégal », *RIPAS*, n° 11, octobre-décembre 1984, p. 747.
[982] V. art. 78 de la Constitution.

Dans ce cas, la loi ne peut être votée en seconde lecture que si les trois cinquièmes (3/5) des membres composant l'Assemblée nationale se sont prononcés en sa faveur[983].

DOCUMENT N° 36 : DECRET DE SAISINE DE L'ASSEMBLEE NATIONALE

REPUBLIQUE DU SENEGAL

Un Peuple-Un But-Une Foi

Décret n° 2017-1733 ordonnant la présentation à l'Assemblée nationale des projets de loi suivants :

- **Projet de loi autorisant le Président de la République à ratifier la Convention révisée sur la Reconnaissance des Études et des certificats, Diplômes, Grades et autres titres de l'Enseignement supérieur dans les États d'Afrique ;**
- **Projet de loi autorisant le Président de la République à ratifier le Protocole relatif à la Convention internationale de 1966 sur les lignes de charge, signé à Londres, le 11 novembre 1988**

LE PRESIDENT DE LA REPUBLIQUE,

VU la Constitution,

DECRETE :

Article premier. - Les projets de loi dont les textes sont annexés au présent décret, seront présentés à l'Assemblée nationale par le Ministre des Affaires étrangères et des Sénégalais de l'Extérieur.

Article 2.- Le Ministre des Affaires étrangères et des Sénégalais de l'Extérieur et le Ministre du Travail, du Dialogue social, des Organisations professionnelles et des Relations avec les Institutions sont chargés, chacun en ce qui le concerne, de l'exécution du présent décret qui sera publié au *Journal officiel*

Fait à Dakar, le 27 septembre 2017

---

[983] V. art. 93 du Règlement intérieur de l'Assemblée nationale.

SECTION II : LES RÈGLES SPÉCIFIQUES D'ADOPTION DE CERTAINS TEXTES

431. Procédure spécifique d'adoption. À côté des règles générales applicables à l'adoption de tous les textes législatifs et réglementaires, il y a des règles qui ont vocation à s'appliquer à des textes spécifiques. Ces règles spéciales d'adoption concernent certaines catégories d'actes législatifs et certains types d'actes administratifs.

PARAGRAPHE PREMIER : LA PROCÉDURE SPÉCIFIQUE D'ADOPTION DE CERTAINS ACTES LÉGISLATIFS

432. Textes législatifs spécifiques. Certains textes législatifs obéissent à un régime spécifique d'adoption. Il s'agit des lois organiques et des lois de finances.

A. La procédure spécifique d'adoption des lois organiques

433. Notion. Les lois organiques ont pour objet de préciser le sens et la portée de la Constitution[984]. On dit souvent que la loi organique est à la Constitution ce que le décret d'application est à la loi. Plusieurs dispositions de la Constitution renvoient à des lois organiques pour fixer leurs modalités d'application[985].

La procédure d'adoption des lois organiques présente des particularités certaines par rapport à celle applicable aux lois ordinaires[986].

434. Modalités de vote et de modification. Le vote de la loi organique obéit à des règles spécifiques. Aux termes de l'article 78, alinéa 1er de la

---

984 M. VERPEAUX, « Brèves considérations sur l'actualité renouvelée des lois organiques », *AJDA,* 2009, p. 1980; H. AMIEL, « Les lois organiques », *RDP,* 1984, p. 409; P. CAMBY, « la loi organique dans la Constitution de 1958 », *RDP,* 1989, p. 1401 ; P. CAMBY, « Quarante ans de lois organiques », *RDP,* 1998, p. 1686 ; J.-C. CAR, *Les lois organiques de l'article 46 de la Constitution du 04 octobre 1958,* Paris, Economica-PUAM, 1999.

985 V. art. 32, 35, 54, 60, 60-1, 64, 67, 68, 70, 87, 89, 91, 93 et 100 de la Constitution.

986 V. P. A. TOURE, *Légistique. Techniques de conception et de rédaction des lois et des actes administratifs : une tradition de gouvernance normative*, Dakar, l'Harmattan, 2018, p. 391 et s.

Constitution modifiée par loi constitutionnelle n° 2016-10 du 05 avril 2016 portant révision de la Constitution[987] : « *Les lois qualifiées organiques par la Constitution sont votées et modifiées à la majorité absolue des membres composant l'Assemblée nationale* ».

Par exemple, si l'Assemblée nationale compte cent cinquante (150) membres, la majorité absolue des membres la composant est soixante-seize (76) [988].

Le Conseil constitutionnel, saisi dans le cadre du contrôle obligatoire des lois organiques, vérifie si les conditions du vote ou de la modification des lois organiques à la majorité absolue exigée par l'article 78 de la Constitution sont réunies[989].

Il arrive des cas où un texte législatif comporte aussi bien des dispositions issues d'une loi ordinaire que des dispositions introduites par une loi organique ; il en est ainsi du Code électoral. Le Conseil constitutionnel sénégalais, dans sa décision du 13 janvier 2017[990], a jugé « *qu'en raison de la coexistence de dispositions ayant un caractère organique avec celles qui ont un autre caractère, l'ensemble de la loi doit être adopté conformément aux prescriptions de l'article 78, alinéa 1er de la Constitution pour que l'adoption des dispositions à caractère organique soit régulière* ». En d'autres termes, pour le juge constitutionnel, en cas de coexistence dans un texte de dispositions organiques et d'autres dispositions, tout le texte devra être voté à la majorité absolue des voix.

435. Exclusion de la procédure de délégation à la Commission des délégations. Il résulte de l'article 65 de la Constitution que l'Assemblée nationale peut déléguer à sa Commission des Délégations le pouvoir de prendre des mesures qui sont du domaine de la loi. Cette délégation

---

[987] JORS n° 6926 du jeudi 07 avril 2016, p. 505.

[988] En ce sens, Cons. const. n° 04/C/2017 du 13 janvier 2017, JORS, n° 6986 du mercredi 18 janvier 2017, p. 35.

[989] En ce sens, Cons. const. n° 25/97 du 05 septembre 1997, in I. M. FALL, *Les décisions et avis du Conseil constitutionnel du Sénégal*, Dakar, CREDILA, 2008, p. 175, obs. A. DIEYE ; Cons. const. n° 13/94 du 23 juin 1994, in I. M. FALL, *Les décisions et avis du Conseil constitutionnel du Sénégal*, Dakar, CREDILA, 2008, p. 107, obs. F. MBODJ.

[990] Cons. const. n° 04/C/2017 du 13 janvier 2017, JORS, n° 6986 du mercredi 18 janvier 2017, p. 35.

s'effectue par une résolution de l'Assemblée nationale dont le Président de la République est immédiatement informé.

Cette commission apparait comme une section de l'Assemblée nationale qui peut être investie du pouvoir de légiférer pendant une certaine période. Dans les limites de temps et de compétence fixées par la résolution, la Commission des Délégations prend des délibérations qui sont promulguées comme des lois[991].

Dans la vie constitutionnelle, après un usage pendant la période du parti unique de fait de 1962 à 1963, la pratique de la Commission des Délégations est tombée en désuétude[992].

En tout état de cause, l'article 78 de la Constitution énonce que cette procédure de délégation n'est pas applicable aux lois organiques. En d'autres termes, l'Assemblée nationale ne saurait déléguer à la Commission des Délégations le pouvoir de prendre des lois organiques. Le vote de ces lois est une compétence exclusive de l'Assemblée nationale.

436. Exclusion de la procédure d'habilitation législative. En vertu de l'article 77 de la Constitution, l'Assemblée nationale peut habiliter par une loi le Président de la République à prendre des mesures qui sont normalement du domaine de la loi. Il s'agit donc d'une extension occasionnelle des pouvoirs du Président de la République, habilité à modifier éventuellement les lois existantes[993]. Les ordonnances traduisent un procédé de législation déléguée par lequel l'Assemblée nationale consent à l'immixtion du Gouvernement dans son domaine en l'autorisant à « *légiférer* »[994].

---

[991] En ce sens, V. la circulaire n° 78 du 27 septembre 1960 relative aux incidences de l'entrée en vigueur de la Constitution sur les conditions d'exercice du pouvoir législatif, du pouvoir réglementaire et du pouvoir de prendre des décisions individuelles.

[992] PH. GEORGES, « La procédure législative au Sénégal », *Annales africaines*, 1965, p. 179 ; J. M. MENDY, *La procédure législative au Sénégal*, *Mémoire de Maîtrise*, Université de Dakar, 1982-1983, p. 83 ; E. DIARRA, « La procédure législative au Sénégal », *RIPAS*, n° 11, octobre-décembre 1984, p. 751.

[993] A. BOCKEL, *Droit administratif*, Dakar-Abidjan, NEA, LGDJ, 1978, p. 109.

[994] S. N. TALL, « Les ordonnances en Afrique noire francophone », *Revue EDJA*, n° 64, janvier-février-mars 2005, p. 65.

L'Assemblée nationale ne saurait être autorisée à habiliter le pouvoir exécutif à prendre des mesures qui relèvent de la compétence du législateur organique. Une loi d'habilitation ne peut, par exemple, autoriser le Président de la République à prendre des mesures en vue d'aménager le statut des magistrats.

Sous l'empire de la Constitution du 26 août 1960, une telle restriction n'était pas contenue dans l'ancien article 44 de la Constitution. C'est la raison pour laquelle, à l'époque, l'organisation du Conseil supérieur de la Magistrature ainsi que les modalités de fonctionnement de la Cour suprême étaient respectivement fixées par les ordonnances n° 60-16 MJ du 03 septembre 1960 et n° 60-17 du 03 septembre 1960.

437. Contrôle obligatoire de constitutionnalité. La réforme introduite par la loi constitutionnelle n° 2016-10 du 05 avril 2016 portant révision de la Constitution[995] a procédé à la réintroduction du principe du contrôle obligatoire des lois organiques, par leur soumission au Conseil constitutionnel pour un contrôle de constitutionnalité avant leur promulgation. L'article 78, alinéa 2 de la Constitution, modifiée, énonce que les lois organiques « *ne peuvent être promulguées si le Conseil constitutionnel saisi par le Président de la République, ne les a déclarées conformes à la Constitution* ».

Dans la pratique normative, une question s'est posée. En cas de coexistence dans un texte de dispositions résultant d'une loi organique et d'autres dispositions issues d'une loi ordinaire, le principe du contrôle obligatoire de constitutionnalité devrait-il s'appliquer à tout le texte ou seulement aux dispositions ayant une nature organique ?

Cette question s'est posée à l'occasion du contrôle de la constitutionnalité de la loi portant Code électoral qui comporte aussi bien des dispositions ayant une valeur de loi organique que des dispositions issues d'une loi ordinaire.

[995] JORS n° 6926 du jeudi 07 avril 2016, p. 505.

Le Conseil constitutionnel sénégalais, dans sa décision du 13 janvier 2017[996], a refusé d'exercer un contrôle obligatoire sur les dispositions n'ayant pas un caractère organique. Le juge constitutionnel a opéré une sorte de « *saucissonnage* » du texte pour n'exercer son contrôle obligatoire que sur les titres I et IV du Code électoral comportant les dispositions ayant un caractère organique.

B. La procédure spécifique d'adoption des lois de finances

438. Préparation. Le Ministre chargé des Finances prépare les projets de loi de finances qui sont adoptés en Conseil des Ministres. Selon l'article 4 du décret n° 78-085 du 1er février 1978 portant organisation du Contrôle financier[997], le projet de loi de finances et ses annexes sont communiqués par le Ministre chargé des Finances au Contrôleur financier qui donne son avis sur le texte[998].

La procédure spécifique de vote de la loi de finances est aménagée par la Constitution et précisée par la loi organique n° 2020-07 du 26 février 2020 abrogeant et remplaçant la loi organique n°2011-15 du 08 juillet 2011 relative aux lois de finances.

439. Délais d'adoption. La loi de finances de l'année prévoit et autorise, pour chaque année civile, l'ensemble des ressources et des charges de l'État[999]. En vertu de l'article 68 de la Constitution, l'Assemblée nationale vote les projets de loi de finances dans les conditions prévues par une loi organique.

Le droit constitutionnel impartit à l'Assemblée nationale des délais très stricts pour se prononcer sur le projet de loi de finances. Le projet de loi de finances de l'année, qui comprend notamment le budget, est déposé sur

---

[996] Cons. const. n° 04/C/2017 du 13 janvier 2017, JORS, n° 6986 du mercredi 18 janvier 2017, p. 35.

[997] JORS n° 4617 du 18 février 1978, p. 234.

[998] V. P. A. TOURE, *Légistique. Techniques de conception et de rédaction des lois et des actes administratifs : une tradition de gouvernance normative*, Dakar, l'Harmattan, 2018, p. 394 et s.

[999] V. art. 5 de la loi organique n° 2020-07 du 26 février 2020 abrogeant et remplaçant la loi organique n° 2011-15 du 08 juillet 2011 relative aux lois de finances.

le bureau de l'Assemblée nationale au plus tard le jour de l'ouverture de la session ordinaire unique.

Lorsque, par suite d'un cas de force majeure, le Président de la République n'a pu déposer le projet de loi de finances de l'année en temps utile pour que l'Assemblée nationale dispose, avant la fin de la session fixée, du délai prévu pour le vote, la session est immédiatement et de plein droit prolongée jusqu'à l'adoption de la loi de finances.

L'Assemblée nationale statue en premier lieu dans un délai de trente-cinq (35) jours après le dépôt du projet.

Si l'Assemblée nationale ne s'est pas prononcée dans le délai de soixante (60) jours, le projet de loi de finances est mis en vigueur par ordonnance, compte tenu des amendements votés par l'Assemblée nationale et acceptés par le Président de la République.

Lorsque la loi de finances de l'année n'a pu être promulguée avant le début de l'année financière, le Président de la République est autorisé à prescrire la continuation de la perception des impôts existants et à reconduire par décret les services votés.

Ces règles dérogatoires constituent une exception au principe de l'approbation parlementaire des dépenses et des recettes de l'État. Elles ont pour objet de permettre le fonctionnement des services publics en toute circonstance[1000].

440. Examen en commissions. Le projet de loi de finances est discuté en premier lieu en Commission de l'Économie. Le rapport du rapporteur général est discuté et approuvé par les membres de ladite commission avant d'être soumis en plénière.

[1000] J.C. GAUTRON et M. ROUGEVIN-BAVILLE, *Droit public du Sénégal*, Paris, éditions A. Pédone, 1977, p. 362. ; également, NG. CHANH TAM, *Finances publiques sénégalaises*, Paris, l'Harmattan, 1990, p. 243 ; I. DIALLO, « Pour une appréciation concrète des pouvoirs du parlement sénégalais en matière budgétaire » : http://afrilex.u-bordeaux4.fr (consulté le 5 décembre 2016).

Les autres commissions de l'Assemblée nationale sont également saisies pour avis, de la partie du budget qui entre dans leurs compétences[1001].

La Constitution a prévu d'importantes limitations au pouvoir d'amendement des députés. En vertu de l'article 82, alinéa 3 de la Constitution : « *Aucun article additionnel ni amendement à un projet de lois de finances ne peuvent être proposés par l'Assemblée nationale, sauf s'ils tendent à supprimer ou à réduire effectivement une dépense, à créer ou à accroître une recette* ».

D'ailleurs, l'article 58 de la loi organique n° 2020-07 du 26 février 2020 abrogeant et remplaçant la loi organique n° 2011-15 du 08 juillet 2011 relative aux lois de finances précise que l'Assemblée nationale ne peut proposer ni la création ni la suppression d'un programme, d'un budget annexe ou d'un compte spécial du Trésor.

Tout article additionnel et tout amendement doit être motivé et accompagné de développements des moyens qui le justifient.

En outre, l'Assemblée nationale a toute la latitude pour restreindre ou supprimer une dépense ou majorer ou créer une recette[1002].

441. Système de vote. L'article 60 de la loi organique n° 2020-07 du 26 février 2020 relative aux lois de finances prévoit que les évaluations de recettes font l'objet d'un vote d'ensemble pour le budget général.

Les crédits du budget général font l'objet d'un vote par programme et /ou par dotation à l'intérieur des institutions ou ministères. Les votes portent à la fois sur les autorisations d'engagement et les crédits de paiement.

Les plafonds des autorisations d'emplois rémunérés par l'État font l'objet d'un vote unique.

Les évaluations de recettes donnent lieu à un vote d'ensemble par budget annexe et par compte spécial du trésor.

[1001] Sur l'ensemble de cette question, M. DIOP, *Finances publiques sénégalaises*, 2eme édition, Dakar, édition Clairafrique, 2011, p. 94 et s.

[1002] J.C. GAUTRON et M. ROUGEVIN-BAVILLE, *Droit public du Sénégal*, Paris, éditions A. Pédone, 1977, p. 361.

S'agissant des crédits des budgets annexes et des comptes spéciaux, ils sont votés par budget annexe et par compte spécial du trésor.

En ce qui concerne les évaluations de ressources et de charges de trésorerie, ils font l'objet d'un vote unique.

442. Promulgation et les décrets de répartition. Une fois votée, la loi de finances est promulguée par le Président de la République dans les mêmes formes que pour les lois ordinaires. Il résulte de l'article 61 de la loi organique n° 2020-07 du 26 février 2020 relative aux lois de finances que dès la promulgation de la loi de finances de l'année ou la publication de l'ordonnance prévue à l'article 57 de la loi organique relative aux lois de finances, le Gouvernement prend les dispositions réglementaires ou administratives portant répartition des crédits du budget général, des budgets annexes et des comptes spéciaux selon la nomenclature budgétaire de l'État en vigueur. Par la suite, les décrets de répartition, qui comportent ventilation par ministère, titre, chapitres et articles des « *services votés* » et, par article, des « *mesures nouvelles* », pourront intervenir.

443. Loi de finances rectificative et les décrets d'avances. Une fois votée, la loi de finances peut faire l'objet de modifications, par des lois de finances rectificatives, conformément à la règle du parallélisme des formes et celle de la compétence exclusive de l'Assemblée nationale[1003].

En vertu de l'article 5 de la loi organique n° 2020-07 du 26 février 2020 relative aux lois de finances, les lois de finances rectificatives modifient, en cours d'année, les dispositions de la loi de finances de l'année.

De fait, une ou plusieurs lois de cette nature interviennent chaque année ; elles procèdent en général par ouverture de crédits nouveaux sans affecter l'équilibre budgétaire initial[1004].

Selon l'article 23 de la loi organique n° 2020-07 du 26 février 2020 relative aux lois de finances, en cas d'urgence et de nécessité impérieuse

---

[1003] M. FALL, « Les lois de finances rectificatives » : http://afrilex.u-bordeaux4.fr (consulté le 10 mai 2017)

[1004] J.C. GAUTRON et M. ROUGEVIN-BAVILLE, *Droit public du Sénégal, op. cit*, p. 363.

d'intérêt national, des crédits supplémentaires peuvent être couverts par décret d'avance pris en Conseil des Ministres. L'Assemblée nationale est immédiatement informée et la ratification des crédits se fera sur la plus prochaine loi de finances.

444. Loi de règlement. La loi de règlement constate les résultats financiers de chaque année civile et rend compte de l'exécution du budget ainsi que de l'utilisation des crédits[1005]. Le projet de loi de règlement est déposé sur le bureau de l'Assemblée nationale et distribué au plus tard le jour de l'ouverture de la session ordinaire de l'année suivant celle de l'exécution du budget auquel il se rapporte.

Il est accompagné des comptes et des états financiers de l'État issus de la comptabilité budgétaire et de la comptabilité générale de l'État, d'annexes explicatives, des rapports annuels de performance par programme et du rapport de la Cour des Comptes sur l'exécution de la loi de finances. Il en est de même de la déclaration générale de conformité entre les comptes des ordonnateurs et ceux des comptables publics.

Le rapport sur l'exécution des lois de finances, la déclaration générale de conformité et, le cas échéant, l'avis de la Cour des Comptes sur la qualité des procédures comptables et des comptes ainsi que sur les rapports annuels de performances sont remis à l'Assemblée nationale dès leur adoption définitive par la Cour des Comptes.

PARAGRAPHE II : LA PROCÉDURE SPÉCIFIQUE D'ADOPTION DE CERTAINS ACTES ADMINISTRATIFS

445. Procédure particulière. Certains textes réglementaires obéissent à une procédure particulière d'adoption. Il en est ainsi des décrets d'intérim des ministres et des arrêtés.

A. La procédure d'adoption des décrets d'intérim des ministres

446. Notion d'intérim. L'intérim est la situation temporaire dans laquelle un agent de l'État est chargé provisoirement d'une fonction devenue vacante, soit en cas d'empêchement définitif du titulaire du poste (par

[1005] V. art. 5 de la loi organique n° 2020-07 du 26 février 2020 abrogeant et remplaçant la loi organique n° 2011-15 du 08 juillet 2011 relative aux lois de finances.

exemple, en cas de décès ou en cas de nomination du titulaire à un autre poste), en attendant la désignation du nouveau titulaire, soit en cas d'empêchement provisoire du titulaire (maladie, déplacement à l'étranger, etc.). A l'image de la suppléance, l'intérim est une technique destinée à garantir la continuité du service public[1006].

Plusieurs circulaires ont fixé les principes généraux régissant l'organisation de l'intérim des ministres, les ministres intérimaires, la portée de l'intérim et la procédure de désignation des ministres intérimaires[1007].

1. Les principes directeurs

447. Principes généraux. Les principes généraux de l'intérim des ministres sont fixés par plusieurs circulaires[1008]. Ces règles ont pour objet de mettre le ministre intérimaire dans les conditions optimales d'être mis au courant des affaires en instance dans le département dont il doit assurer temporairement la responsabilité ; elles tendent aussi à favoriser la continuité et l'efficacité de l'action gouvernementale. C'est pourquoi la circulaire n° 49 PM/SGG/ADJ 2 du 29 mai 1978 recommande au ministre devant s'absenter de prendre toutes les dispositions nécessaires pour permettre à son intérimaire d'être au fait des affaires en instance dans le département dont il assure temporairement la responsabilité.

En règle générale, en cas d'empêchement d'un ministre, le Président de la République désigne, par décret, un intérimaire chargé de remplacer le titulaire de la fonction pendant l'absence de celui-ci[1009].

[1006] G. CORNU, *Vocabulaire juridique*, Paris, PUF, 2018, V° intérim.

[1007] V. P. A. TOURE, *Légistique. Techniques de conception et de rédaction des lois et des actes administratifs : une tradition de gouvernance normative*, Dakar, l'Harmattan, 2018, p. 398 et s.

[1008] Il s'agit notamment de la circulaire n° 32/ PM du 15 juin 1971, la circulaire n° 49 PM/SGG/ADJ 2 du 29 mai 1978, la circulaire n°50/PM/SGG/ADJ.2 du 30 mai 1978, la circulaire n° 52/PM/JUR du 12 juin 1978, la circulaire n° 0004/PM/SGG/SP du 23 février 1996 relative à l'intérim des membres du Gouvernement, la circulaire n° 00002 PM/SGG/SAGE/BME du 28 janvier 2010 relative au déplacement à l'étranger au titre des missions officielles et la circulaire n° 00950 PM/SGG/SGA/PAT du 17 novembre 2015 sur l'organisation de l'intérim des ministres.

[1009] V. la circulaire n° 0004/PM/SGG/SP du 23 février 1996 relative à l'intérim des membres du Gouvernement.

Lorsque la survenance d'un empêchement est prévisible, par exemple dans l'hypothèse d'un déplacement prochain à l'étranger, il incombe aux services placés sous l'autorité du ministre intéressé de faire parvenir au Secrétariat général du Gouvernement un projet de décret d'intérim.

L'intérim prend fin, à l'expiration de la durée déterminée, le cas échéant, par cette décision, lors de la cessation de l'empêchement provisoire du titulaire ou par la prise d'une nouvelle décision contraire à celle ayant institué l'intérim.

Dans les deux premiers cas, aucun acte juridique n'est nécessaire pour mettre fin à l'intérim.

2. Les ministres intérimaires

448. Ministres intérimaires. Selon la circulaire n° 52/PM/JUR du 12 juin 1978 relatif à l'intérim des ministres absents, l'intérim d'un ministre ne peut être assuré que par un autre ministre. Un secrétaire d'État ne peut donc assurer l'intérim d'un ministre. En revanche, l'intérim d'un ministre d'État peut aussi bien être assuré par un autre ministre d'État que par un ministre.

Un ministre délégué peut assurer l'intérim d'un ministre titulaire ; il est même préférable et rationnel qu'il en soit ainsi. En effet, en vertu des décrets relatifs à leurs attributions, les ministres délégués exercent, au nom et sous l'autorité des ministres titulaires, les compétences dévolues à ces derniers.

Le ministre délégué peut même remplacer le ministre titulaire, sur autorisation expresse de ce dernier, dans l'exercice de ses attributions. En tout état de cause, en cas d'absence du ministre titulaire, il est nécessaire de préparer un décret d'intérim désignant le ministre délégué, un simple courrier ne suffisant pas.

À défaut de ministre délégué ou en cas d'empêchement de celui-ci, le ministre intérimaire est désigné selon l'ordre de succession protocolaire. À cet effet, il est recommandé de consulter le décret fixant la composition du Gouvernement en vigueur, pour déterminer le ministre intérimaire.

En cas d'indisponibilité du ministre que désigne l'ordre protocolaire, le ministre suivant dans l'ordre protocolaire assure l'intérim du ministre absent.

Le Premier Ministre peut, s'il l'estime nécessaire, assurer l'intérim de tout ministre[1010].

3. La portée de l'intérim

449. Portée de l'intérim. Les actes de l'intérimaire ont la même nature juridique et la même place dans la hiérarchie des normes que s'ils émanaient du titulaire. L'intérimaire dispose en outre de l'intégralité des pouvoirs attachés à la fonction dont il assure l'intérim.

C'est ainsi qu'il est habilité à signer ou à contresigner les actes qui auraient dû l'être par l'autorité qu'il remplace[1011]. La circulaire n° 0004/PM/SGG/SP du 23 février 1996 relative à l'intérim des membres du Gouvernement énonce que l'intérimaire assure la pleine responsabilité du département qui lui est confié ; il est notamment appelé à signer les textes relevant de ce département.

C'est certainement la raison pour laquelle dans la pratique, en cas d'absence du Premier Ministre, il revient au ministre assurant son intérim de contresigner les décrets du Président de la République soumis à la formalité du contreseing.

La signature du ministre intérimaire est précédée de la mention de son titre, suivie du titre du ministre qu'il remplace complété par la mention : « *par intérim* ».

4. La procédure de désignation des ministres intérimaires

450. Manquements. La circulaire n° 000959 PM/SGG/SGA/PAT/SP du 17 novembre 2015 sur l'organisation de l'intérim des ministres a procédé au réaménagement de la procédure d'adoption des décrets d'intérim.

451. Réaménagement de la procédure. La circulaire n° 000959 PM/SGG/SGA/PAT/SP du 17 novembre 2015 sur l'organisation de

---

[1010] V. la circulaire n° 52/PM/JUR du 12 juin 1978 relatif à l'intérim des ministres absents.
[1011] *Guide pour l'élaboration des textes législatifs et réglementaires*, Paris, La documentation française, 2005, p. 269.

l'intérim des ministres a procédé au réaménagement de la procédure d'adoption des décrets d'intérim. Désormais, chaque ministre a l'obligation de déposer au plus tard le cinq (5) de chaque mois, auprès du Secrétariat général du Gouvernement, son programme de mission à l'étranger pour appréciation de leur opportunité par le Premier Ministre.

Lorsque la mission a été approuvée par les soins du Premier Ministre, le projet de décret portant intérim y relatif est préparé par les services du ministre devant s'absenter avant d'être transmis au Secrétariat général du Gouvernement au moins huit (8) jours avant la date programmée de la mission. Il s'agit de permettre aux services de la Primature d'accomplir les formalités de signature, de contreseing et de numérotation du décret d'intérim bien avant le début de la mission du ministre.

En effet, le décret qui institue l'intérim est pris par le Président de la République et contresigné par le Premier Ministre, si ce dernier ne se trouve pas d'ores et déjà empêché[1012].

D'après la circulaire n° 32/ PM du 15 juin 1971, le décret d'intérim précise, si possible, la date de départ et la date de retour du ministre qui s'absente selon la formule « *du ... au... compris* ». À défaut de la date de retour ou si celle-ci est incertaine, il est absolument indispensable que le décret mentionne la date du début de l'intérim.

Le projet de décret d'intérim n'est examiné, ni par le Comité interne ni par le Comité technique de validation des textes législatifs et réglementaires. Il ne fait pas également l'objet d'une adoption par le Conseil des Ministres.

Une fois signé par le Président de la République et contresigné par le Premier Ministre, il est numéroté par les soins du Secrétariat général du Gouvernement.

La circulaire n° 000111 PM/SGG/SP du 23 octobre 2011 relative à la présentation des décrets d'intérim des ministres en déplacement hors du pays ou empêchés a proposé un modèle standard de décret d'intérim.

[1012] V. art. 43 de la Constitution.

DOCUMENT N° 37 : MODELE DE DECRET D'INTERIM

REPUBLIQUE DU SENEGAL
Un Peuple - Un But - Une Foi

Décret n°...

portant désignation du Ministre chargé de l'intérim du Ministre..........

LE PRESIDENT DE LA REPUBLIQUE,

VU la Constitution ;

VU le décret n° 2017-1531 du 06 septembre 2017 portant de nomination du Premier Ministre ;

VU le décret n° 2017-1533 du 07 septembre 2017 fixant la composition du Gouvernement ;

VU le décret n° 2017-1546 du 08 septembre 2017 portant répartition des services de l'Etat et du contrôle des établissements publics, des sociétés nationales et des sociétés à participation publique entre la Présidence, la Primature et les ministères, modifié par le décret n° 2018-683 du 27 mars 2018;

VU le décret (relatif aux attributions du Ministre empêché)

VU le décret (relatif aux attributions du Ministre intérimaire) ;

Sur le rapport (du Ministre empêché),

DECRETE :

Article premier.- Monsieur (ou Madame) …... Ministre de ……………………… …..………, est chargé (e) de l'intérim de Monsieur (ou Madame) ………..Ministre de …………………….,

pour la période du……………..au…………………2015

Article 2.- Le Ministre de…………… (ministre empêché) et le Ministre de………… (ministre intérimaire), sont chargés, chacun en ce qui le concerne, de l'exécution du présent décret qui sera publié au *Journal officiel.*

B. La procédure d'adoption des arrêtés et des décisions

452. Procédure spécifique. Les projets d'arrêté et de décision ne sont pas soumis à la procédure ordinaire d'adoption marquée par l'examen du texte par le Comité interne de préparation et de suivi des textes législatifs et réglementaires et le Comité technique de validation des textes législatifs et réglementaires ainsi que par l'adoption par le Conseil des Ministres[1013].

À cet égard, il faut distinguer le circuit court du circuit moyen.

1. Le circuit court

453. Processus. S'agissant des projets d'arrêté et de décision, sans incidences financières, ils sont, après leur élaboration, transmis au Secrétariat général du Gouvernement pour contrôle et enregistrement. Il s'agit de ce que l'on appelle dans la pratique le « *circuit court* ».

La Direction de l'Activité normative de la Primature vérifie leur légalité, notamment le respect du domaine de la loi et du règlement, la hiérarchie des normes, etc., leur présentation formelle, à savoir la hiérarchie et la chronologie des visas, et la technique normative utilisée (abrogation, modification, approbation,) etc.

Si les projets d'arrêté sont conformes à la légalité et que les règles formelles de rédaction des textes sont respectées, le Secrétariat général du Gouvernement recueille les signatures et, au besoin, les contreseings (s'agissant des arrêtés réglementaires du Premier Ministre) et accomplit les formalités d'enregistrement (numérotation) et de publication au *Journal officiel*, si nécessaire.

2. Le circuit moyen

454. Procédure d'adoption. S'agissant des projets d'arrêté et de décision à incidences financières, notamment les projets d'arrêté et décision de versement ou de virement de crédit, les projets d'arrêté de gestion de

---

[1013] V. P. A. TOURE, *Légistique. Techniques de conception et de rédaction des lois et des actes administratifs : une tradition de gouvernance normative*, Dakar, l'Harmattan, 2018, p. 403 et s.

carrière du Ministère en charge de la Fonction publique (projets d'arrêté de nomination, de titularisation, décision accordant un congé administratif à un agent non fonctionnaire, projets d'arrêté portant avancement de grade, admission à la retraite, radiation d'agent, etc.), ils ne font pas l'objet d'une diffusion auprès des ministères ou d'une transmission à l'Assemblée générale consultative de la Cour suprême, pour avis.

Ces textes ne font pas l'objet d'une diffusion auprès des ministères et ne sont examinés, ni par le Comité interne, ni par le Comité technique de validation des textes.

Mais l'adoption des textes précités suppose l'accomplissement de certaines formalités[1014]. En effet, avant l'enregistrement et éventuellement la publication, les textes doivent faire l'objet de visas de la part de services financiers de l'État. Il s'agit du Contrôle financier (CF) et de certains services du Ministère chargé des Finances, à savoir la Direction de la Solde et la Direction de la Programmation budgétaire.

Ces visas ne constituent pas des visas de référence mais sont appelés visas de contrôle[1015]. Dans la pratique, les visas de contrôle sont portés sous le timbre ou dans la marge du texte au moyen de la technique dite du « *poinçonnage* ». Cette technique consiste à poinçonner, c'est-à-dire à perforer le texte en marge, avec les marques des organes de contrôle pour indiquer qu'il a respecté le circuit des visas.

Par exemple, un arrêté visé par le Contrôle financier comporte les mentions suivantes : « *VISE CF* » en marge de l'acte. En outre, la circulaire n° 2590 MF/DF/2 du 6 mai 1960 énonce que le visa du Ministère en charge des Finances fait l'objet de la mention « *VISE MF* ».

455. Début de dématérialisation du circuit des visas. La société Sénégal Numérique SA a récemment mis en place une plateforme de gestion des actes du personnel de l'État, dénommée « *Girafe* » (Gestion

[1014] V. la circulaire n° 91 du Ministre de la fonction publique et du Travail PCM/CAB du 16 novembre 1960.

[1015] En ce sens, J. GANDOUIN et J.-M. ROUSSIGNOL, *Rédaction administrative Afrique. Maghreb-Afrique subsaharienne,* Armand Colin, 4e édition mise à jour, 2013, p. 192.

intégrée des Ressources, Administrations et Fonctionnaires de l'État du Sénégal) (https://girafe.sec.gouv.sn), qui a été lancée le 23 mai 2017[1016]. La conception de cette solution informatique rentre dans le cadre du projet dénommé « *Fichier unifié des données du personnel de l'État* » qui est une base de données consolidées sur le personnel de l'État.

La plateforme « *Girafe* » est le principal résultat de la première phase après l'audit biométrique. Le processus de transmission et de contrôle des visas de certains actes de la fonction publique a été dématérialisé ; il s'agit des actes d'avancement de grade et d'échelon, de nomination, de titularisation, d'admission à la retraite et de validation.

La plate-forme « *Girafe* » constitue un premier pas important vers la dématérialisation des procédures liées aux agents de l'État et à la consolidation du système de gestion des ressources humaines du Ministère de la Fonction publique.

456. Services financiers. L'exigence des visas des arrêtés par les services financiers résulte de textes spécifiques. Plusieurs services du Ministère des Finances et du Budget, à savoir la Direction de la Solde et la Direction de la Programmation budgétaire ainsi que le Contrôle financier (CF) interviennent dans le circuit des visas.

La Direction de la Solde a pour mission, sous l'autorité du Directeur général du Budget, notamment de procéder à l'étude, en collaboration avec les directions et services concernés, de tous les projets de texte législatif et réglementaire ainsi que des projets de convention se rapportant à des dépenses de personnel. À cet effet, elle est saisie des projets d'acte individuel ou collectif de nature à engager les finances de l'État[1017].

[1016] « Dématérialisation : lancement officiel de la plateforme du Fichier Unifié des Données du Personnel de l'État » : http://www.osiris.sn/Dematerialisation-Lancement.html (consulté le 5 août 2017).

[1017] V. art. 58 du décret n° 2014-1171 du 16 septembre 2014 portant organisation du Ministère de l'Économie des Finances et du Plan modifié par le décret n° 2017-480 du 03 avril 2017.

Selon l'article 3 du décret n° 78-085 du 1er février 1978 portant organisation du Contrôle financier[1018], le Contrôleur financier, créé par l'ordonnance n° 59-043 du 31 mars 1959 portant création du Contrôle financier, est chargé d'assurer au nom du Président de la République le contrôle permanent de l'exécution des opérations financières de l'État, des collectivités territoriales, des établissements publics et de tous les organismes bénéficiant de l'aide financière de l'État[1019]. À ce titre, « *tout projet de loi, d'acte réglementaire, de contrat de convention de toute nature ayant des répercussions sur les finances de l'État* » doit être communiqué sans délai, pour avis, au Contrôle financier[1020].

À côté de la Direction de la Solde, la Direction de la Programmation budgétaire est également saisie des textes à incidences financières.

Selon la circulaire présidentielle n° 25 PR/SG/CF du 25 décembre 1983, l'exercice du pouvoir de contrôle du Contrôle financier se traduit par son visa préalable sur tout projet de loi, d'acte réglementaire ou de convention comportant des répercussions sur les finances de l'État[1021]. Ce contrôle de régularité fondé sur des faits précis et juridique permet de limiter les engagements de l'État dans le cadre des possibilités des finances publiques[1022]. Le Contrôleur financier peut, pour des motifs se rapportant à l'application des dispositions d'ordre financier des lois et règlements ou à la régularité de l'exécution du budget, émettre un avis défavorable qui doit être motivé et donné dans un délai de huit (8) jours à compter de la date à laquelle le projet de texte lui a été communiqué. Dans ce cas, il ne peut être passé outre à l'avis défavorable du Contrôleur financier que sur décision du Président de la République ou du Premier Ministre.

[1018] JORS du 18 février 1978, pp. 234-236.

[1019] NG. CHANH TAM, *Finances publiques sénégalaises*, Paris, l'Harmattan, 1990, p. 316.

[1020] V. art. 4 du décret n° 78-085 du 1er février 1978 portant organisation du Contrôle financier.

[1021] NG. CHANH TAM, *op. cit.*, p. 317.

[1022] V. également, la circulaire du Président du Conseil n° 84 du 17 octobre 1960 relative au visa préalable du Contrôle financier ; également la circulaire n° 67 PR/SG du 21 mai 1965 relative au visa des actes de dépenses.

457. Circuit des visas. La circulaire n° 20/PM/SGG/CM/BV du 02 avril 1975 sur l'amélioration du circuit des dossiers soumis aux visas a confié à la Primature le contrôle de la circulation des dossiers et a réaménagé le processus des visas à compter du 10 avril 1975.

Les pouvoirs publics ont très vite constaté que des arrêtés soumis aux divers visas préalables mettaient un temps anormalement long avant d'aboutir à leur stade final. Cette situation qui engendrait des pertes de dossiers, perturbait le fonctionnement des services administratifs et compromettait l'efficacité de l'action du Gouvernement.

C'est pourquoi la circulaire n° 44/PM/MFPT/DFP du 10 novembre 1970 sur les visas des projets d'acte administratif a prévu que le visa requis doit, à chaque stade, intervenir dans un délai maximum de cinq (5) jours pour tous les actes réglementaires.

En cas de refus de visa, les motifs du rejet doivent être portés à la connaissance de l'auteur du projet dans les mêmes délais.

La circulaire n° 20/PM/SGG/CM/BV du 02 avril 1975 sur l'amélioration du circuit des dossiers soumis aux visas a indiqué le processus des visas des arrêtés et autres dossiers et a proposé un modèle de fiche de circulation[1023].

En outre, la circulaire n° 05/PM/SGG du 23 janvier 1971 a fixé à trois (3) semaines le délai raisonnable au terme duquel les visas réglementaires habituels sur les actes administratifs doivent être donnés ou refusés par les services compétents[1024].

Après avoir recueilli tous les visas des services figurant sur la fiche de circulation, les projets d'arrêté sont envoyés au Secrétariat général du Gouvernement pour contrôle et numérotation.

[1023] Les prescriptions de cette circulaire ont été rappelées par celle n° 0015/PM/SGG/BV du 09 février 1976 portant application de la circulaire n° 20/PM/SGG/CM/BV du 02 avril 1975.

[1024] La circulaire n° 25/PM/SGG/ADJ du 03 juin 1971 sur les visas administratifs a rappelé aux ministères le caractère impératif du délai prévu par la circulaire n° 05/PM/SGG du 23 janvier 1971.

Par ailleurs, la circulaire n° 1424/PM/SGG/SL/BV du 23 mars 1971 sur les visas des actes administratifs a énoncé que les projets de texte pour lesquels le visa du Secrétariat général du Gouvernement a été refusé doivent être retournés, après correction, au bureau des visas avec la fiche de rejet portant la mention « *satisfait* » ou les observations du ministère intéressé.

CHAPITRE V : L'APPLICABILITÉ DES TEXTES LÉGISLATIFS ET RÈGLEMENTAIRES

« La loi est dure, mais c'est la loi ».
Citation latine. En latin (Dura lex, sed lex)

458. Notion. L'adoption gouvernementale et parlementaire du projet de texte ne saurait lui conférer une valeur juridique. Le texte adopté n'est en principe qu'un projet sans aucune valeur normative.

En réalité, l'effectivité des textes pensés, conçus, élaborés et adoptés par le Gouvernement et par l'Assemblée nationale exige l'accomplissement de formalités supplémentaires qui leur confèrent la valeur de normes entrées dans l'ordonnancement juridique.

L'applicabilité d'un texte législatif ou réglementaire, encore appelée « *entrée en vigueur* », est la dernière étape du processus normatif. Il s'agit du point de repère à partir duquel l'acte législatif ou réglementaire revêt un caractère obligatoire et créé des droits subjectifs. C'est le moment à partir duquel le texte législatif ou réglementaire doit être observé par toute personne concernée et appliqué par les juridictions[1025]. C'est cette qualité particulière du texte que certains auteurs appellent la « *date d'observation* » de l'acte normatif[1026].

[1025] Sur la notion d'entrée en vigueur, V. M. DIAKHATE, « Le régime de l'entrée en vigueur des actes législatifs et réglementaires au Sénégal », in Atelier sur la procédure d'adoption des textes législatifs et réglementaires au Sénégal, ENA, Dakar, 28 et 29 avril 2015 ; B. SARR, « L'entrée en vigueur de l'acte administratif unilatéral », *Annales africaines*, volume 1, avril 2021, n° 14, p. 112 ; P. A. TOURE, *L'entrée en vigueur des lois, des ordonnances et des actes administratifs*, Dakar, Abis éditions, 2021.

[1026] P.-A. CÔTÉ, « Contribution à la théorie de la rétroactivité de la loi », *Revue Barreau canadien*, mars 1989, p. 60 et s., not. p. 68 et s. ; J. HÉRON, « Le temps et la norme », in *Penser la norme, publication du Centre de recherche sur la logique et son histoire*, Université de Rennes I, 1995 et *Principes du droit transitoire,* Paris, Dalloz 1996, p. 28 et s.

L'applicabilité proprement dite des textes législatifs et réglementaires est subordonnée à l'accomplissement de formalités préalables par les soins du Secrétariat général du Gouvernement.

SECTION PREMIÈRE : LES FORMALITÉS PRÉALABLES À L'APPLICABILITÉ DES TEXTES LÉGISLATIFS ET RÉGLEMENTAIRES

459. Formalités préalables. Pour que les textes régulièrement adoptés par le Gouvernement et/ou l'Assemblée nationale puissent avoir une force juridique, il est nécessaire que les services du Secrétariat général du Gouvernement accomplissent des formalités préalables. Ce sont des opérations nécessaires pour assurer le passage de la validité à l'effectivité des textes.

PARAGRAPHE PREMIER : LES SIGNATURES

A. Le mécanisme de la signature

460. Nécessité de la signature. La signature est un paraphe manuscrit ou, lorsqu'elle est électronique, l'usage d'un procédé fiable d'identification garantissant son lien avec l'acte auquel elle s'attache.

Les autorités habilitées à édicter les ordonnances et les actes administratifs doivent, en principe, les signer.

En vertu de l'article 43 de la Constitution, le Président de la République signe les ordonnances et les décrets[1027].

Dans l'arrêt *Séga Seck FALL*, la Cour suprême a eu l'occasion de juger qu'aucune disposition constitutionnelle ou législative n'impose pas comme condition à l'exercice par le Président de la République du pouvoir de signer les décrets qui lui est conféré par l'ancien article 37 de la Constitution qu'il se trouve au moment de la signature sur le territoire

---

[1027] V. P. A. TOURE, *Légistique. Techniques de conception et de rédaction des lois et des actes administratifs : une tradition de gouvernance normative*, Dakar, l'Harmattan, 2018, p. 410 et s.

national[1028]. Ainsi, estime la haute juridiction, le simple fait qu'un décret présidentiel soit signé à Rome, et non à Dakar, ne saurait affecter sa légalité.

Il revient également au Premier Ministre de signer les décrets qu'il édicte sur autorisation du Président de la République. L'article 50, alinéa 2 de la Constitution, énonce que le Président de la République peut autoriser le Premier Ministre à prendre des décisions par décret.

Les actes réglementaires du Premier Ministre, pris par arrêté, doivent aussi être signés par ce dernier. En effet, le Premier Ministre dispose du pouvoir réglementaire et dispose de l'Administration.

C'est au Secrétariat général du Gouvernement qu'il appartient de recueillir la signature du Président de la République et du Premier Ministre s'agissant des textes que ces hautes autorités- ont compétence pour signer.

Les ministres signent les arrêtés réglementaires ou non réglementaires qu'ils prennent avant leur transmission au Secrétariat général du Gouvernement.

461. Portée juridique de la signature. En principe, un acte administratif n'est régulier que s'il est signé. La signature, en tant qu'expression du consentement de l'auteur, permet de distinguer l'acte véritable du simple projet d'acte. C'est avec l'apposition de la signature qu'un texte rédigé devient un acte juridique.

Tant qu'il n'est pas signé, l'acte n'est qu'un projet sans aucune valeur juridique.

B. La délégation de signature

462. Délégation de signature. Le signataire est présumé être l'auteur de l'acte.

Mais le signataire peut bénéficier d'une délégation de signature et, dans ce cas, l'acte normatif est considéré comme émanant du délégant.

[1028] CS du 29 janvier 1975, Séga SECK FALL, in *GDJAS,* 2e édition, Dakar, RIPAS, p. 114.

La délégation de signature consiste à attribuer seulement le pouvoir formel de signature d'une décision à une autorité autre que celle désignée par les textes.

Elle n'emporte pas une substitution de compétence.

En droit sénégalais, les conditions dans lesquelles les ministres peuvent déléguer leur signature sont encadrées par le décret n° 63-797 du 10 décembre 1963 modifié et par la circulaire présidentielle n° 110/PR/SG/JUR du 10 décembre 1963 sur les délégations de signature, la circulaire n° 154 PR/SG/JUR du 23 décembre 1964 relative à la délégation de la signature des ministres, l'instruction n° 017 PR du 1er mars 1968 relative aux délégations accordées par les ministres et l'instruction n° 17 PM-JUR. du 13 mai 1970 relative à la déconcentration des pouvoirs au sein des départements ministériels.

463. Personnes bénéficiaires de la délégation. Selon le décret n° 63-797 du 10 décembre 1963, les ministres sont autorisés à déléguer, par arrêté, leur signature à leurs directeurs de cabinet en toutes matières et aux directeurs de service pour les matières intéressant leur direction[1029]. D'ailleurs, en vertu de l'instruction n° 017 PR du 1er mars 1968 relative aux délégations accordées par les ministres et de la circulaire présidentielle n° 110/PR/SG/JUR du 10 décembre 1963 sur les délégations de signature la liste limitative prévue le décret n° 63-797 du 10 décembre 1963 doit s'interpréter restrictivement.

Ce texte ne visait parmi les bénéficiaires de la délégation de signature que le directeur de cabinet et les directeurs, à l'exclusion du secrétaire général du ministère. Le caractère restrictif de ce texte s'explique par le fait qu'à l'époque, le poste de secrétaire général n'était pas encore institué dans les ministères.

Après avoir connu pendant longtemps une existence de fait, le décret n° 2002-1173 du 23 décembre 2002, a institué, pour la première fois, un secrétaire général dans certains ministères. Ce texte a été modifié, notamment par le décret n° 2005-518 du 09 juin 2005, qui a ajouté le

---

[1029] V. art. 1er, alinéa 1er du décret n° 63-797 du 10 décembre 1963 modifié par le décret n°64-774 du 18 novembre 1964.

Ministère de la Justice à la liste des ministères disposant d'un secrétaire général.

Dans le souci d'une meilleure coordination de l'action ministérielle, le décret n° 2017-313 du 15 février 2017 instituant un secrétariat général dans les ministères, a procédé à l'extension de l'institution du secrétariat général à tous les ministères.

Pourtant dans la pratique administrative, les ministres, prenant en compte le rôle central des secrétaires généraux dans la coordination de la gestion administrative et technique du département ministériel, leur consentent souvent des délégations de signature pour les besoins de la marche du service.

Cette pratique, n'était pas conforme à la réglementation en vigueur. En effet, l'arrêté de délégation sur le fondement duquel l'acte de délégation est pris ne pouvait trouver pas un fondement confortable dans le décret n° 63-797 du 10 décembre 1963 qui ne visait pas le secrétaire général du ministère.

C'est pourquoi le décret n° 2018-606 du 21 mars 2018 a procédé à la modification du décret n° 63-797 du 10 décembre 1963, en ajoutant le secrétaire général du ministère à la liste des autorités bénéficiaires de la délégation de signature. Désormais, les ministres sont également autorisés à déléguer, par arrêté, leur signature au secrétaire général du ministère, en toute matière.

464. Actes pouvant être signés par délégation. La délégation de signature ne peut porter que sur les décisions ou arrêtés individuels, à l'exclusion de tout acte à caractère réglementaire ainsi que des décisions ou arrêtés portant nomination, mutation, cessation de fonction, suspension ou sanctions disciplinaires d'un fonctionnaire stagiaire ou titulaire relevant du statut général des fonctionnaires ou d'un agent contractuel ou auxiliaire percevant une rémunération au moins égale au traitement global afférent à l'indice 1423[1030].

[1030] La circulaire présidentielle n° 110/PR/SG/JUR du 10 décembre 1963 sur les délégations de signature précise que peu importe la forme de l'acte qui peut être une circulaire à valeur réglementaire, si elle contient des éléments de décisions.

Il en résulte que la réglementation de la délégation de signature ne s'applique « qu'aux actes comportant un caractère de décision » selon les termes de l'instruction n° 17 PM-JUR du 13 mai 1970 relative à la déconcentration des pouvoirs au sein des départements ministériels.

Il appartient aux ministres de fixer librement les conditions dans lesquelles, ils entendent autoriser leurs subordonnés à signer les documents ne possédant pas le caractère de décision. Il s'agit notamment des lettres d'attente, des renseignements, des convocations, des actes préparatoires, avis ou demandes d'avis, etc.

Pour bien marquer cette différence, l'instruction n° 17 PM-JUR du 13 mai 1970 recommande que de tels documents soient signés avec la formule suivante : « Le Ministre et par autorisation », la formule « Le Ministre et par délégation » étant strictement réservée aux décisions.

C'est d'ailleurs la raison pour laquelle la circulaire n° 0006/PM/SGG/ADJ 1 du 18 janvier 1972 énonce que la pratique consistant pour les directeurs de cabinet de signer les rapports de présentation de projets de texte règlementaire « est contraire à l'esprit des règles qui gouvernent la matière de la délégation de signature : elle excède manifestement les limites de celle-ci, fixées notamment par les dispositions de l'instruction n° 15/PM/JUR. du 1er mars 1968 ».

D'après la circulaire n° 154 PR/SG/JUR du 23 décembre 1964 relative à la délégation de la signature des ministres, la référence dans le décret n° 63-797 du 10 décembre 1963 à la rémunération ne concerne que les agents non fonctionnaires. Il en résulte que les ministres doivent obligatoirement signer eux-mêmes les décisions individuelles concernant les fonctionnaires stagiaires ou titulaires, quel que soit leur indice.

La restriction prévue par l'article 1er du décret n° 63-797 du 10 décembre 1963 se comprend aisément. En effet, l'article 5 du décret n° 95-264 du 10 mars 1995 portant délégation de pouvoir du Président de la République en matière d'administration et de gestion du personnel, confère aux chefs de service relevant de l'autorité directe du ministre le pouvoir de prononcer les sanctions du premier degré à l'encontre des agents placés sous leurs ordres. Il s'agit d'ailleurs là d'une délégation de compétence et non de signature qui a pour effet de dessaisir complètement les ministres et de placer ces actes dans la compétence exclusive des chefs de service[1031].

Dans l'arrêt *Amadou Lamine BA* rendu le 27 mai 1981[1032], la Cour suprême a annulé une décision administrative méconnaissant les règles relatives à la délégation de signature. Dans cette espèce, une décision n° 009935/MTPU/SG du 22 août 1977, signée par le Secrétaire général d'un ministère « *pour le ministre.... et par délégation* », frappait Amadou Lamine BA de la sanction disciplinaire de blâme. La cour régulatrice a annulé ladite décision au motif que selon le décret n° 63-737 du 10 novembre 1963, modifié par le décret n° 64-774 du 18 novembre 1964, la délégation de signature ne peut porter sur les sanctions disciplinaires d'un fonctionnaire stagiaire ou titulaire relevant du statut général des fonctionnaires.

465. Régime de la délégation. La circulaire présidentielle n° 110/PR/SG/JUR du 10 décembre 1963 sur les délégations de signature précise que la délégation de signature, qui ne dessaisit pas le déléguant, est personnelle et nominative. En conséquence, elle est caduque automatiquement lorsque le ministre délégant ou le directeur délégataire quittent leurs fonctions[1033].

D'après l'instruction n° 16 PR du 1er mars 1968 relative aux cabinets ministériels, le changement du titulaire du portefeuille ministériel entraîne la caducité des délégations de signature consenties par son prédécesseur[1034]. Dans ce cas, aucun fonctionnaire ne peut plus signer de décisions administratives au nom du ministre sortant et un nouvel arrêté

[1031] En ce sens, V. l'instruction n° 17 PM-JUR. du 13 mai 1970 relative à la déconcentration des pouvoirs au sein des départements ministériels ; I. M. TANDIAN, « La délégation de pouvoirs et de signature dans l'administration régionale et locale au Sénégal », *RIPAS* n° 23-24, janvier-décembre 1990, *Actes du 5eme colloque de la RIPAS*, Dakar du 11 au 15 décembre 1989, p. 134 et s.

[1032] CS, n° 55/81 du 27 mai 1981, Amadou Lamine BA c/ Etat du Sénégal, *GDJAS*, tome II, 2eme édition 1984 p. 552.

[1033] V. instruction n° 17 PR du 1er mars 1968 relative aux délégations accordées par les ministres.

[1034] V. la circulaire n° 00009 PM/SGG/SP du 22 septembre 2017 relative au Conseil des Ministres.

de délégation doit être signé. L'instruction du 1er mars 1968 recommande au ministre entrant de prendre, dans les cinq (5) jours, les arrêtés de délégation de signature au bénéfice de certains agents du ministère.

466. Portée de la délégation. La délégation de signature s'analyse en un simple transfert de la tâche matérielle de signature[1035]. La décision signée par le délégataire est toujours considérée juridiquement comme émanant du délégant[1036]. L'arrêté de délégation doit être transmis au Secrétariat général du Gouvernement pour visa et publication au *Journal officiel*[1037].

La délégation de signature transfère à une personne nommément désignée le pouvoir de signer à la place d'une autre personne, elle aussi nommément désignée. Le délégataire n'est habilité qu'à exercer les pouvoirs du délégant et non à en disposer : il ne peut lui-même accorder une délégation des pouvoirs de son délégant[1038].

Toute délégation de signature excédant les limites fixées par le décret n° 63-797 du 10 décembre 1963 ainsi que toute délégation de pouvoir ne peut être autorisée que par le Président de la République par décret[1039]. La circulaire du 10 décembre 1963 justifie cette règle par le fait que les ministres ne tiennent eux-mêmes leurs pouvoirs de décisions que d'une délégation du Président de la République. Ainsi, toute subdélégation de pouvoirs consentie en dehors d'une autorisation expresse du déléguant est nulle.

[1035] A. BOCKEL, *Droit administratif*, Dakar-Abidjan, NEA, 1978, p. 136.

[1036] En ce sens, C. GAUTRON et M. ROUGEVIN BAVILLE, *Droit public du Sénégal*, Paris, éd. Pédone, 2e éd., 1977, p. 267.

[1037] V. la circulaire n° 04 du 17 mars 1995 relative à l'installation des ministres.

[1038] CE du 02 octobre 1985, Bonnain, Lebon 465 ; CE 28 juin 1996, Groupement français de l'hélicoptère, req. n° 167824

[1039] Sur la délégation de compétence, C. GROSHENS, « La délégation administrative de compétence », *D.* 1958 chron. p. 197 ; I. M. TANDIAN, « La délégation de pouvoirs et de signature dans l'administration régionale et locale au Sénégal », *RIPAS* n° 23-24, janvier- décembre 1990, *Actes du 5eme colloque de la RIPAS*, Dakar du 11 au 15 décembre 1989, p. 134 et s.

DOCUMENT N° 38 : MODELE D'ARRETE DE DELEGATION DE SIGNATURE

REPUBLIQUE DU SENEGAL

Un Peuple – Un But – Une Foi

Ministère de l'Environnement et du Développement durable

Arrêté portant délégation de signature au Directeur de Cabinet du

Ministre de l'Environnement et du Développement durable

LE MINISTRE,

VU la Constitution ;

VU le décret n° 63-797 du 10 décembre 1963, relatif aux conditions dans lesquelles les ministres peuvent déléguer leur signature, modifié ;

VU le décret n° 2017-1531 du 06 septembre 2017 portant nomination du Premier Ministre ;

VU le décret n° 2017- 1533 du 07 septembre 2017 fixant la composition du Gouvernement ;

VU le décret n° 2017-1546 du 08 septembre 2017 portant répartition des services de l'Etat et du contrôle des établissements publics, des sociétés nationales et des sociétés à participation publique entre la Présidence de la République, la Primature et les ministères modifié par le décret n° 2018-683 du 27 mars 2018 ;

VU le décret n° 2017-1594 du 13 septembre 2017 relatif aux attributions du Ministre de l'Environnement et du Développement durable ;

Sur la note de présentation du Directeur……….,

ARRETE :

Article premier.- Délégation est donnée à Monsieur ……………….., matricule de solde ……., Directeur de Cabinet du Ministre de l'Environnement et du Développement durable, pour signer au nom du Ministre ……., tous les documents, actes, décisions ou arrêtés individuels relatifs aux matières relevant de la compétence du ministre, à l'exclusion de tout acte à caractère réglementaire ainsi que toutes les décisions ou arrêtés portant nomination, mutation, cessation de fonctions, suspensions ou sanctions disciplinaires concernant un fonctionnaire ou agent non fonctionnaire percevant une rémunération au moins égale au traitement global afférent à l'indice 1423.

Article 2.- Monsieur … fera précéder sa signature de la mention suivante : « Pour le Ministre de l'Environnement et du Développement durable et par délégation ».

Article 3.- Monsieur... rendra compte régulièrement au Ministre de l'Environnement et du Développement durable, des actes qu'il aura pris ou décisions qu'il aura signées en application du présent arrêté.

Article 4.- Le présent arrêté sera enregistré, publié et communiqué partout où besoin sera.

Monsieur ……………

Ministre de l'Environnement et du Développement durable

(Signature)

PARAGRAPHE II : LE CONTRESEING

467. Formalité. Il importe au préalable de revenir sur la notion de contreseing avant d'étudier les autorités contresignataires, la portée et la présentation formelle du contreseing.

A. La notion de contreseing

468. Notion de contreseing. Le contreseing est la signature apposée par une autorité habilitée sur un acte ayant pour objet, d'une part, d'attester l'authenticité de la signature portée en premier sur l'acte par le titulaire de la compétence et, d'autre part, d'associer le contresignataire à son élaboration[1040]. Il s'agit d'une signature prévue par la Constitution ou par la loi apposée au bas d'un acte émanant du titulaire de la signature.

La technique du contreseing avait disparu en toutes matières de la Constitution du 07 mars 1963 instituant un régime de type présidentiel[1041]. En effet, la concentration du pouvoir exécutif entre les mains du Président de la République avait pour effet d'ôter aux ministres le pouvoir de contresigner les actes du Président qu'ils possédaient précédemment[1042].

[1040] Sur la notion de contreseing, O. DUHAMEL et Y. MENY, *Dictionnaire constitutionnel*, Paris, PUF, 1992, p. 598 ; J.-Y. PLOUVIN, « Le contreseing dans la pratique administrative française », *Petites affiches* 1er-3 novembre 1977 ; B. BRANCHET, *Contribution à l'étude de la Constitution de 1958. Le contreseing et le régime politique de la Ve République*, Paris, LGDJ, 1996 ; I. M. FALL, *Le pouvoir exécutif dans le constitutionnalisme des États d'Afrique*, Paris, l'Harmattan, 2008, p. 137 et s.

[1041] La Constitution du 26 août 1960, instaurant un régime parlementaire, avait aménagé le mécanisme du contreseing des actes du Président du Conseil, chef du Gouvernement, par les ministres chargés de leur exécution. V. I. M. FALL, *Évolution constitutionnelle du Sénégal de la veille de l'indépendance aux élections de 2007*, Dakar, CREDILA-CREPOS, 2007, p. 33.

[1042] La circulaire n° 043 PR.SG du 02 avril 1963 relative aux incidences de la mise en vigueur de la Constitution sur la répartition des compétences, l'organisation du travail gouvernemental et le rôle du Secrétariat général de la Présidence de la République ; V. également, l'instruction générale n° 15 PR du 1er mars 1968 sur l'organisation du travail gouvernemental: « *la disparition des pouvoirs propres des ministres concerne également la prérogative du contreseing et la collégialité des ministres* »

Après avoir été restauré par la réforme introduite par la loi constitutionnelle du 26 février 1970 instituant le Gouvernement[1043], le contreseing a été supprimé par loi constitutionnelle n° 2019-10 du 14 mai 2019 portant révision de la Constitution avant d'être réintroduite par la loi constitutionnelle n° 2021-41 du 20 décembre 2021 portant révision de la Constitution[1044].

B. Les autorités contresignataires

469. Énumération. Parmi les actes soumis à contreseing, il faut distinguer entre les actes pris par le Président de la République, les actes pris par le Premier Ministre et ceux édictés par certains ministres.

1. Les décrets du Président de la République

470. Décrets présidentiels. En vertu de l'article 43 de la Constitution, les décrets du Président de la République doivent en principe être contresignés par le Premier Ministre associé à leur exécution[1045]. Sont ainsi concernés par l'obligation de contreseing aussi bien les actes réglementaires que les actes individuels, notamment les actes de nomination.

Le contreseing du Premier Ministre est recueilli matériellement par le Secrétariat général du Gouvernement. Si en théorie, le Premier Ministre peut refuser le contreseing des décrets signés par le Chef de l'État et faire obstacle ainsi à leur adoption régulière, il reste que dans la pratique, il accomplit presque systématiquement cette formalité.

[1043] D'après l'exposé des motifs de la loi du 26 février 1970, « *le contreseing a pour résultat de faire partager au Premier Ministre et éventuellement aux ministres et secrétaires d'Etat la responsabilité de l'acte vis-vis de l'Assemblée nationale et du peuple sénégalais* ».

[1044] V. P. A. TOURE, *Légistique. Techniques de conception et de rédaction des lois et des actes administratifs : une tradition de gouvernance normative*, Dakar, l'Harmattan, 2018, p. 418 et s.

[1045] C. GAUTRON et M. ROUGEVIN-BAVILLE, *Droit public du Sénégal*, Paris, éditions A. Pédone, 1977, p. 67 ; E. LANGAVANT, « Le contreseing des actes du Président de la République », *AJ.* 1960, 1, p. 50 ; G. JEZE, « Collaboration des ministres aux actes juridiques accomplis par le Président de la République », *RDP,* 1906, p. 45 ; P. AVRIL, « Les décrets réglementaires du Président de la République non délibérés en Conseil des Ministres », *AJDA,* 1976, p.116.

Toutefois, échappent à l'obligation de contreseing, les décrets pris par le Président de la République dont l'énumération figure à l'article 43, alinéa 2 de la Constitution[1046].

Il s'agit des actes suivants :

- des actes de nomination aux emplois militaires (art. 45) ;
- de l'accréditation des ambassadeurs, des envoyés extraordinaires auprès de puissances étrangères (art. 46);
- des décrets accordant la grâce présidentielle à des condamnés (art. 47) ;
- les messages adressés par le Président de la République à la Nation (art. 48) ;
- des décrets de nomination du Premier Ministre et ceux mettant fin à ses fonctions (art. 49, alinéa 1er);
- des mesures prises par le Président de la République en vertu de ses pouvoirs exceptionnels de crise (art. 52) ;
- la saisine du Conseil constitutionnel aux fins de faire déclarer inconstitutionnelle une loi votée par l'Assemblée nationale et non encore promulguée (art. 74) ;
- la saisine du Conseil constitutionnel aux fins de faire déclarer qu'un texte de forme législative a un caractère réglementaire (délégalisation) (art. 76, alinéa 2) ;
- les messages adressés par le Président de la République à l'Assemblée nationale (art. 48) ;
- la saisine du Conseil constitutionnel par le Président de la République aux fins de déclarer si le Gouvernement a opposé ou non à bon droit l'irrecevabilité à une proposition ou un amendement d'origine parlementaire qu'il estime n'être pas du domaine de la loi (art. 83);

[1046] A. BOCKEL, *Droit administratif*, Dakar-Abidjan, NEA, 1978, p. 163.

- des décrets de nomination du Président et des membres du Conseil constitutionnel (art. 89);
- des décrets de nomination des magistrats de la Cour suprême, de la Cour des Comptes et des cours et tribunaux (art. 90)[1047].

Il faut préciser que seuls les actes de nomination à des emplois judiciaires ou militaires sont dispensés de la formalité du contreseing. Par contre, lorsqu'un militaire ou un magistrat est nommé à un emploi civil, l'acte de nomination doit être contresigné. Il en est ainsi par exemple, lorsqu'un magistrat est nommé à un poste de l'Administration centrale (secrétaire général, directeur général, directeur dans un département ministériel, etc.), ne constituant pas un emploi judiciaire.

D'après, l'instruction n° 04 PM du 12 mars 1970 relative à la présentation et à la préparation des décrets, les décrets que le Président de la République signe seul peuvent être classés en deux grandes catégories.

D'une part, ce sont les actes qui correspondent à l'exercice de ses responsabilités politiques propres. Il s'agit de la nomination du Premier Ministre, de la saisine de la Cour suprême, etc.

D'autre part, ces actes correspondent à ce que l'on appelle communément le « *domaine réservé* »[1048] du Président de la République ; il en est ainsi de la défense nationale, de l'accréditation des ambassadeurs, de la nomination des magistrats, etc.

Tous les décrets intervenus dans ces matières sont signés par le Président de la République seul. Par exemple, le décret nommant à un emploi militaire n'a pas à être contresigné par le Ministre chargé des Forces

---

1047 Il faut relever que l'on ne retrouve pas dans l'énumération des actes exclus de la formalité du contreseing, le décret de dissolution de l'Assemblée nationale alors qu'il figurait dans le texte originel de l'article 43 de la Constitution de 2001. Il semble que cette omission constitue un oubli des rédacteurs de la loi constitutionnelle n° 2021-41 du 20 décembre 2021 portant modification de la Constitution ayant modifié l'article 43 de la Constitution.

1048 J.C. GAUTRON et M. ROUGEVIN-BAVILLE, *Droit public du Sénégal*, Paris, éditions A. Pédone, 1977, p. 70 et s.

armées. Il en est de même du décret portant nomination d'un magistrat qui n'a pas à être contresigné par le Ministre chargé de la Justice.

Hormis les mesures visées à l'article 43, alinéa 2 de la Constitution, tous les autres décrets du Président de la République doivent obligatoirement être contresignés par le Premier Ministre.

2. Les actes réglementaires du Premier Ministre

471. Arrêtés réglementaires du Premier Ministre. Les actes administratifs à caractère réglementaire pris par le Premier Ministre doivent être contresignés par les ministres chargés de leur exécution. Le contreseing ministériel des arrêtés réglementaires du Premier Ministre constitue une exigence constitutionnelle. En vertu de l'article 57, alinéa 3 de la Constitution les actes réglementaires du Premier Ministre sont contresignés par les membres du Gouvernement chargés de leur exécution.

Force est de constater que l'exigence du contreseing des arrêtés réglementaires du Premier Ministre par les ministres responsables n'est pas toujours respectée dans la pratique. Les ministres contresignent rarement les arrêtés réglementaires signés par le Premier Ministre.

472. Actes concernés. L'obligation de contreseing ne concerne que les actes administratifs à caractère réglementaire du Premier Ministre. Il s'agit notamment des décrets réglementaires pris par le Premier Ministre sur autorisation du Président de la République. En vertu de l'article 50, alinéa 2 de la Constitution, le Président de la République peut autoriser le Premier Ministre à prendre des décisions par décret.

Doivent également être contresignés les arrêtés réglementaires, c'est-à-dire ceux comportant des dispositions exécutoires de portée générale et impersonnelle. Il s'agit notamment des arrêtés fixant les modalités d'application de décrets présidentiels[1049].

Échappent à l'obligation de contreseing, les actes administratifs à caractère individuel signés par le Premier Ministre (arrêtés de nomination

---

[1049] V. la circulaire n° 0015 PM/SGG/SGA/PAT du 30 décembre 2016 relative au contreseing ministériel des actes réglementaires du Premier Ministre.

de fonctionnaires, arrêtés de nomination des membres du cabinet du Premier Ministre, etc.), les actes réglementaires du Premier Ministre qui n'exigent pas, de la part des ministres, l'accomplissement de mesures d'exécution[1050] et ceux qui sont pris en sa qualité de chef de service[1051].

473. Ministres contresignataires. Les ministres contresignataires des actes réglementaires du Premier Ministre sont ceux chargés de l'exécution de ces actes. Il s'agit des autorités ministérielles qui doivent prendre les dispositions nécessaires à l'application des dispositions de l'arrêté primatoral. Le Conseil d'État français a posé le principe selon lequel les ministres chargés de l'exécution sont ceux qui ont compétence pour signer ou contresigner les mesures réglementaires ou individuelles qu'implique nécessairement l'exécution de l'acte réglementaire[1052]. Le juge doit rechercher techniquement le ministre compétent pour signer ou contresigner les mesures d'exécution de l'acte à contresigner[1053].

Pour les besoins de l'identification des ministres contresignataires, la circulaire n° 0015 PM/SGG/SGA/PAT du 30 décembre 2016 relative au contreseing ministériel des actes réglementaires du Premier Ministère recommande aux ministères de se référer à la disposition d'exécution de l'arrêté contresigné qui énumère les ministres chargés de son exécution.

C. La portée du contreseing

474. Portée juridique. Le contreseing n'est pas une simple formalité sans aucune portée juridique et pratique.

En premier lieu, même s'il n'affecte pas l'existence de l'acte réglementaire, il constitue une exigence de forme dont le non-respect entraîne son annulation pour vice de forme[1054], c'est-à-dire l'illégalité

[1050] CE, ass. du 09 mai 1958, Conseil national de l'ordre des pharmaciens, *Rec. CE*, p. 269 ; 02 juillet 1982, Huglo, *AJDA,* 1982, p .657, concl. J. Biancarelli ; CE du 17 janvier 1990, David, *Rec. CE*, p. 2.

[1051] CE du 24 juin 1955, Syndicat national des ingénieurs de la navigation aérienne, *Rec. CE*, p. 353, Rec. *Penant,* 1955.293, note J.-C. Groshens.

[1052] CE du 27 avril 1962, Sicard, *Rec. CE*, p. 279.

[1053] CE du 25 janvier 1963, Lemaresquier, *D.* 1963.333, concl. J. Kahn ; CE 09 avril 1976, Conseil des parents d'élèves des écoles publiques de la mission universitaire au Maroc, *D.* 1977.240, note P. Schultz.

[1054] A. BOCKEL, *Droit administratif*, Dakar-Abidjan, NEA, 1978, p. 138.

résultant de l'inobservation d'une formalité substantielle requise dans la présentation de l'acte administratif unilatéral[1055]. Selon le Conseil d'État français, le contreseing ne pose pas un problème de compétence. Le ministre contresignataire ne devient donc pas coauteur de l'acte[1056].

En second lieu, le contreseing garantit que le ministre contresignataire, sans être le coauteur de l'acte, a bien été associé à son élaboration et qu'il en assume la responsabilité pour le mettre en œuvre par la suite. Par l'apposition de sa signature sur l'acte contresigné, le contresignataire marque sa collaboration à l'acte. Le contreseing contribue ainsi à favoriser la solidarité et la cohésion de l'action gouvernementale[1057]. Il vise à engager la responsabilité collective et solidaire des membres du Gouvernement[1058].

D. La présentation formelle du contreseing

475. Présentation formelle. Il arrive bien souvent que dans les projets de décret l'espace réservé à la signature du Président de la République ou au contreseing du Premier Ministre ou des ministres responsables, « *soit excessivement réduit et ne permette pas de signer le texte d'une manière convenable et lisible* ».

C'est pourquoi la circulaire n° 45/PM/JUR du 11 novembre 1970 sur la présentation matérielle des projets de loi et de décret et la circulaire n°

[1055] En ce sens, V. la circulaire du Président du Conseil n° 78 du 27 septembre 1960 relative aux incidences de l'entrée en vigueur de la Constitution sur les conditions d'exercice du pouvoir législatif, du pouvoir réglementaire et du pouvoir de prendre des décisions individuelles ; également, O. KHOUMA, « Le contrôle de la légalité externe des actes administratifs unilatéraux par le juge sénégalais. Un exemple de transposition de la jurisprudence administrative française » : http://afrilex.u-bordeaux4.fr, p. 29.

[1056] CE, sect. du 1er juin 1979, Ass. Défense et Promotion de la langue française, *Rec. CE*, p. 252 : le sens du contreseing « *n'est pas d'associer les différents ministres à la prise de décision réglementaire : celle-ci [...] relève du seul Premier Ministre [...] il permet d'assurer que la décision prise sera exécutée. L'apposition par ces ministres de leur contreseing prouve non seulement qu'ils ont eu connaissance de la décision prise, mais encore et surtout qu'ils prennent l'engagement de l'exécuter* ».

[1057] I. M. FALL, *Évolution constitutionnelle du Sénégal de la veille de l'indépendance aux élections de 2007*, Dakar, CREDILA-CREPOS, 2007, p. 34.

[1058] En ce sens, J. GANDOUIN et J.-M. ROUSSIGNOL, *Rédaction administrative Afrique. Maghreb-Afrique subsaharienne,* Armand Colin, 4eme édition mise à jour, 2013, p. 193.

46/PM/SGG/SL du 26 juin 1974 relative à la présentation des documents soumis à la signature du Président de la République ont recommandé aux ministères de laisser un espace de plusieurs lignes suffisant pour que les autorités puissent apposer leur signature sans difficulté ainsi qu'il suit :

Fait à Dakar, le

Par le Président de la République

(signature du Président de la République)

Bassirou Diomaye Diakhar FAYE

Le Premier Ministre

(contreseing du Premier Ministre)

Ousmane SONKO

DOCUMENT N° 39 : LE CONTRESEING MINISTERIEL DES ACTES REGLEMENTAIRES DU PREMIER MINISTRE

La circulaire n° 0015 PM/SGG/SGGA/PAT du 30 décembre 2016 relative au contreseing ministériel des actes réglementaires du Premier Ministre

REPUBLIQUE DU SENEGAL

Primature

Le Premier Ministre

N° 0015 PM/SGG/SGGA/PAT

Dakar, le 30 décembre 2016

CIRCULAIRE

A

Mesdames et Messieurs les Ministres

Messieurs les Ministres délégués

Objet : Le contreseing ministériel des actes réglementaires du Premier Ministre

A l'occasion du contrôle de l'activité normative du Gouvernement, il m'a été donné de constater que les ministres chargés de l'exécution des actes réglementaires signés par le Premier Ministre contresignent rarement lesdits actes.

La présente circulaire a pour objet de rappeler l'obligation ministérielle de contreseing des actes réglementaires du Premier Ministre (**I**) et de préciser la portée qui s'attache à cette formalité (**II**).

I. L'obligation du contreseing ministériel des actes réglementaires du Premier Ministre

Le contreseing ministériel des actes réglementaires du Premier Ministre constitue une exigence constitutionnelle. En effet, aux termes de l'article 57, alinéa 3 de la Constitution : « Les actes réglementaires du Premier Ministre sont contresignés par les membres du Gouvernement chargés de leur exécution ».

En premier lieu, l'obligation de contreseing ne concerne que les actes administratifs à caractère réglementaire du Premier Ministre. Il s'agit notamment des décrets réglementaires pris par le Premier Ministre sur autorisation du Président de la République. En effet, en vertu de l'article 50, alinéa 2 de la Constitution, le Président de la République peut autoriser le Premier Ministre à prendre des décisions par décret.

Doivent également être contresignés, les arrêtés réglementaires, c'est-à-dire ceux comportant des dispositions exécutoires de portée générale et impersonnelle. Il s'agit notamment des arrêtés portant création et fixant les règles d'organisation et de fonctionnement de comités impliquant plusieurs départements ministériels et des arrêtés fixant les modalités d'application des décrets présidentiels.

Cependant, échappent à l'obligation de contreseing, les actes administratifs à caractère individuel signés par le Premier Ministre (arrêtés de nomination de fonctionnaires, arrêtés de nomination des membres du cabinet du Premier Ministre etc.) et les actes réglementaires du

Premier Ministre qui n'exigent pas, de la part des ministres, l'accomplissement de mesures d'exécution.

En deuxième lieu, les ministres contresignataires sont ceux chargés de l'exécution des actes réglementaires. Il s'agit des ministres qui doivent prendre les dispositions administratives nécessaires à l'application des dispositions de l'arrêté primatoral.

Pour les besoins de l'identification des ministres contresignataires, il est fortement recommandé de se reporter à la disposition d'exécution de l'arrêté contresigné qui énumère les ministres chargés de son exécution.

II. La portée du contreseing ministériel des actes réglementaires du Premier Ministre

Le contreseing n'est pas une simple formalité sans aucune portée juridique et pratique.

D'une part, même s'il n'affecte pas l'existence de l'acte réglementaire ; il a pour objet d'attester l'authenticité de la signature de l'autorité titulaire de la compétence. Le contreseing constitue une exigence de forme, dont le non-respect est susceptible d'entraîner son annulation pour vice de forme.

D'autre part, le contreseing garantit que le ministre contresignataire, sans être le coauteur de l'arrêté primatoral, a bien été associé à son élaboration et qu'il en assume la responsabilité pour le mettre en œuvre par la suite. Par l'apposition de sa signature sur l'arrêté du Premier Ministre, le contresignataire marque sa collaboration à l'édiction de l'acte. Le contreseing contribue ainsi à favoriser la solidarité et la cohésion de l'action gouvernementale.

Ainsi, le contreseing, ayant notamment pour objet d'authentifier la signature de l'autorité compétente, il reviendra au Secrétariat général du Gouvernement de présenter au préalable l'acte à la signature du Premier Ministre, avant de recueillir le contreseing des ministres concernés.

En conséquence, je vous demande de veiller scrupuleusement à l'accomplissement diligent de la formalité du contreseing des actes réglementaires du Premier Ministre, tout en évitant les retards préjudiciables à la continuité de l'action gouvernementale.

J'attache du prix au respect scrupuleux des prescriptions de la présente circulaire dont vous m'accuserez réception.

Le Premier Ministre

REPUBLIQUE DU SENEGAL
Le Premier Ministre
PRIMATURE

Mahammed Boun Abdallah DIONNE

<u>Ampliation</u> :

Son Excellence, Monsieur le Président de la République (ATCR)

PARAGRAPHE III : L'ENREGISTREMENT DES TEXTES LÉGISLATIFS ET RÉGLEMENTAIRES

476. Exigence de l'enregistrement. L'exigence de l'enregistrement. Les lois votées par l'Assemblée nationale ainsi que les actes administratifs adoptés, signés, et au besoin contresignés, avant d'être publiés au *Journal officiel*, doivent faire l'objet d'un enregistrement par les soins du Secrétariat général du Gouvernement[1059].

La formalité de l'enregistrement consiste à attribuer un numéro à l'original de l'acte et aux copies ; ce numéro continu de 00001 à N, commence le 1er janvier et s'achève le 31 décembre de l'année ; il s'agit de la numérotation des textes normatifs (numérotage) [1060].

Le régime juridique de l'enregistrement des textes normatifs permet de mieux comprendre les intérêts qui s'attachent à cette formalité.

A. Le régime de l'enregistrement des textes

477. Monopole du SGG. L'enregistrement des textes normatifs est une activité monopolistique du Secrétariat général du Gouvernement[1061]. En vertu des dispositions des articles 5 et 9 du décret n° 2014-1175 du 17 septembre 2014 relatif à l'organisation et au fonctionnement de la Primature, le Secrétariat général du Gouvernement est chargé d'assurer « *l'enregistrement unique* » des lois, ordonnances, décrets, arrêtés et décisions[1062]. À cet effet, il procède au contrôle avant enregistrement de

---

[1059] En ce sens, V. la circulaire n° 39 PR/SG du 14 juin 1959 ; la circulaire n° 96 PR/SG/CAB-L du 23 septembre 1964 relative à l'enregistrement des actes administratifs, la note n° 578 PR/SG/AD 3 du 27 mai 1963 sur l'enregistrement des arrêtés et décisions et la note n° 55 PR/SG du 31 mai 1963 sur l'enregistrement des décrets.

[1060] V. P. A. TOURE, *Légistique. Techniques de conception et de rédaction des lois et des actes administratifs : une tradition de gouvernance normative*, Dakar, l'Harmattan, 2018, p. 426 et s.

[1061] J.C. GAUTRON et M. ROUGEVIN-BAVILLE, *Droit public du Sénégal*, Paris, éditions A. Pédone, 1977, p. 160.

[1062] Aux termes de l'article 6 de l'arrêté n° 00893 du 1er janvier 2015 portant organisation et fonctionnement de la Direction des Services législatifs de la Primature, le Bureau des Enregistrements de la Direction des services législatifs du Secrétariat général du Gouvernement est chargé de « *l'enregistrement et de la numérotation des lois promulguées et décrets signés par le Président de la République et le Premier Ministre* ».

tous les arrêtés, décisions et circulaires transmis à la Primature, pour numérotation et publication.

Il résulte de ces textes que le Secrétariat général du Gouvernement a le monopole de l'enregistrement des lois, ordonnances, décrets, arrêtés et décisions. Doivent, de manière générale, être enregistrées, toutes les décisions, même si elles ne sont pas publiées au *Journal officiel*[1063].

Mais, il s'est instauré une pratique consistant pour les services de la Présidence de la République à « *réserver* » des numéros d'enregistrement de textes, en procédant eux-mêmes à la numérotation de certains textes. Ce procédé est souvent employé pour les besoins de l'enregistrement de certains textes, notamment ceux portant organisation de services de la Présidence de la République ou ceux concernant son personnel ou prévoyant des avantages particuliers à des agents de l'État.

Cette pratique est tout à fait contraire aux règles régissant l'enregistrement des textes, dès lors qu'elle permet à la Présidence de la République de contourner l'obligation d'enregistrement par le SGG. Ainsi, il arrive même que le SGG, « *poumon de l'activité normative* », n'ait aucune visibilité sur certains textes directement enregistrés au niveau de la Présidence de la République.

478. Actes à enregistrer. Selon la circulaire n° 50/PC/CA/SG du 11 juillet 1961 relative à l'enregistrement des actes administratifs et à l'acheminement du courrier « *tous les actes administratifs, réglementaires ou individuels susceptibles de recours contentieux (décrets, arrêtés, décisions)* » doivent être adressés, pour enregistrement dans une série unique, au Secrétariat général du Gouvernement chargé d'en vérifier la légalité.

L'instruction générale n° 021/PR/SG/JUR du 28 février 1967 sur l'enregistrement, la diffusion et la publication des circulaires

---

[1063] V. dans le même sens, la circulaire n° 0011/PM du 22 janvier 1972 relative à l'enregistrement des arrêtés et décisions ministériels : « *L'instruction générale n° 15/PR du 1er mars 1968 donne au Secrétariat général du Gouvernement le monopole de l'enregistrement de tous les actes ministériels comportant un élément de décision, quelle que soit leur dénomination (arrêtés, décision, etc.)* »

ministérielles précise que l'enregistrement s'applique à tous les actes comportant un élément de décision, quelle que soit leur dénomination (arrêtés, décisions, etc.), aux contrats spéciaux et à toutes les circulaires ou instructions présentant un caractère de généralité ou de permanence.

Au sens de l'instruction générale n° 15/PR du 1er mars 1968 sur l'organisation du travail gouvernemental, les « *actes comportant un élément de décision* » visent ceux qui entraînent une modification de l'ordonnancement juridique soit vis-à-vis des tiers, soit vis-à-vis des agents publics. Par exemple, l'octroi d'un avantage, le rejet d'une requête, une promotion, une mutation, etc.[1064].

Les circulaires et instructions sont également concernées par la formalité de l'enregistrement. En effet, face à la tendance des ministres à enregistrer leurs circulaires au niveau de leurs services, le Président Léopold Sédar SENGHOR avait décidé, par une instruction n° 21 PR/SG/JUR du 28 février 1967 relative à l'enregistrement, la diffusion et la publication des circulaires ministérielles de « *soumettre les circulaires ministérielles à l'obligation d'enregistrement par le Secrétariat général qui en assurera l'enregistrement, la datation et le tirage* ». Ainsi, les circulaires ministérielles doivent être adressées sur stencil au Secrétariat général du Gouvernement où elles sont enregistrées et numérotées[1065]. L'instruction présidentielle n° 21 PR/SG/JUR du 28 février 1967 précise que les exemplaires tirés seront retournés au ministère d'origine après prélèvement par le Secrétariat général de dix (10) exemplaires destinés aux Archives nationales, à l'Inspection générale d'État et à la Cour suprême[1066].

479. Actes exclus. Toutefois, les mesures d'ordre intérieur, telles que les notes de service, ne produisant aucun effet juridique et ne pouvant recevoir application qu'à l'intérieur du département ministériel ou service

---

[1064] V. également, l'instruction générale n° 112 du 09 décembre 1963 sur l'organisation du travail gouvernemental.

[1065] V. la circulaire n° 0007 PM/JUR du 11 février 1975 relative à l'enregistrement, à la diffusion et de la publication des circulaires ministérielles.

[1066] En ce sens, V. la circulaire n° 00080 PM/SGG/ADJ 2 du 05 août 1975 complétant la circulaire n° 0007/PM/JUR du 11 février 1975 relative à l'enregistrement, à la diffusion et la publication des circulaires ministérielles.

concerné, échappent à l'obligation d'enregistrement au Secrétariat général du Gouvernement. Il en est ainsi de l'affectation d'un agent au sein d'un même ministère et des instructions données sur la conduite à tenir, etc.

Ne sont pas également soumises à la formalité de l'enregistrement, les correspondances, telles que les lettres d'attente, les renseignements, avis et actes préparatoires d'une décision, etc.

B. Les intérêts de l'enregistrement des textes

480. Enjeux de l'enregistrement. L'accomplissement de la formalité de l'enregistrement présente des enjeux certains dans le processus d'adoption des textes. En effet, elle est précédée du contrôle sur les textes normatifs exercé par le Secrétariat général du Gouvernement. Il s'agit notamment de s'assurer de leur légalité, de veiller à la bonne présentation des visas, de vérifier les incidences financières des actes et le circuit des visas. D'ailleurs, par une note n° 1578 PR/SG/AD3 du 27 mai 1963 sur l'enregistrement des arrêtés et des décisions, M. Jean COLLIN soulignait que « *les arrêtés et les décisions ne seront enregistrés qu'après contrôle de leur régularité et de leur opportunité* ».

Ce n'est qu'après ce contrôle préalable que la Direction de l'Activité normative de la Primature procède à l'apposition de la mention « *Vu SGG/DAN* » sur l'original de l'acte.

Dès lors, le non-respect de l'obligation d'enregistrement ne facilite pas le contrôle de l'activité normative des départements ministériels ainsi qu'une meilleure coordination de l'action gouvernementale.

En outre, lorsque l'enregistrement concerne des actes de nature législative ou réglementaire, le non-accomplissement de cette formalité risque de faire obstacle à leur applicabilité subordonnée à leur enregistrement et à leur publication au *Journal officiel*.

481. Portée juridique de la formalité. La pratique normative a permis de constater que certains départements ministériels, sans doute par ignorance, procèdent eux-mêmes à l'enregistrement des arrêtés et décisions qu'ils préparent.

Compte tenu de l'importance qu'elle revêt, l'obligation d'enregistrement des textes normatifs au Secrétariat général du Gouvernement a été plusieurs fois rappelée par des instructions générales et des circulaires. Il s'agit de l'instruction présidentielle n° 21 PR/SG/JUR du 28 février 1967 relative à l'enregistrement, la diffusion et la publication des circulaires ministérielles, de l'instruction générale n° 15 PR du 1er mars 1968 sur l'organisation du travail gouvernemental, de la circulaire n° 0011/PM du 22 janvier 1972 sur l'enregistrement des arrêtés et décisions ministériels et plus récemment de la circulaire n° 012 PM/SGG/SGA/PAT du 04 novembre 2016 du novembre 2016 relative à l'enregistrement des arrêtés et décisions ministériels.

Malgré l'importance attachée à la formalité de l'enregistrement, son omission ne saurait entacher de nullité l'acte normatif concerné[1067].

[1067] En ce sens, J.C. GAUTRON et M. ROUGEVIN-BAVILLE, *Droit public du Sénégal*, Paris, éditions A. Pédone, 1977, p. 159. Selon cet auteur, on pourrait penser que l'acte non enregistré au Secrétariat général du Gouvernement est juridiquement inexistant ; mais en l'absence de texte, cette conclusion prête à discussion ; également, A. BOCKEL, *Droit administratif*, Dakar-Abidjan, NEA, 1978, p. 139.

DOCUMENT N° 40 : L'ENREGISTREMENT DES ARRETES ET DECISIONS MINISTERIELS

La circulaire n° 0012 PM/SGG/SGGA/PAT du 04 novembre 2016 relative à l'enregistrement des arrêtés et décisions ministériels

REPUBLIQUE DU SENEGAL

Primature

Le Premier Ministre

N° 0012 PM/SGG/SGGA/PAT

Dakar, le 04 novembre 2016

CIRCULAIRE

A

Mesdames et Messieurs les Ministres,

Mesdames et Messieurs les Ministres délégués

Objet : L'enregistrement des arrêtés et décisions ministériels

Il m'a été donné de constater que certains départements ministériels procèdent eux-mêmes à l'enregistrement des arrêtés et décisions qu'ils préparent.

Cette pratique n'est pas conforme à la réglementation en vigueur, plusieurs fois précisée, notamment par l'instruction générale n° 21/PR du 28 février 1967, l'instruction générale n° 15/PR du 1er mars 1968 et par la circulaire primatorale n° 0011/PM du 22 janvier 1972 sur l'enregistrement des arrêtés et décisions ministériels.

En vertu des dispositions des articles 5 et 9 du décret n° 2014-1175 du 17 septembre 2014 relatif à l'organisation et au fonctionnement de la Primature, le Secrétariat général du Gouvernement est chargé d'assurer « l'enregistrement unique » des lois, ordonnances, décrets, arrêtés et décisions. A cet effet, il procède au contrôle avant enregistrement de tous les arrêtés, décisions et circulaires transmis à la Primature, pour enregistrement et publication.

Il résulte de ces textes que le Secrétariat général du Gouvernement a le monopole de l'enregistrement des lois, ordonnances, décrets, arrêtés et décisions. Doivent, de manière générale être enregistrées, toutes les décisions, même si elles ne sont pas publiées au *Journal officiel*.

Selon l'instruction générale n° 21 du 28 février 1967, cette règle s'applique à tous les actes comportant un élément de décision, quelle que soit leur dénomination (arrêtés, décisions, etc.), aux contrats spéciaux et à toutes les circulaires ou instructions présentant un caractère de généralité ou de permanence.

Au sens de l'instruction générale n° 15/PR du 1er mars 1968 sur l'organisation du travail gouvernemental, les « actes comportant un élément de décision » visent ceux qui entrainent une modification de l'ordonnancement juridique soit vis-à-vis des tiers, soit vis-à-vis des agents publics. Par exemple, l'octroi d'un avantage, le rejet d'une requête, une promotion, une mutation, etc.

Cependant, les mesures d'ordre intérieur, telles que les notes de service, ne produisant aucun effet juridique et ne pouvant recevoir application qu'à l'intérieur du département ministériel ou service concerné, échappent à l'obligation d'enregistrement au Secrétariat général du Gouvernement. Par exemple : l'affectation d'un agent au sein d'un même ministère, des instructions données sur la conduite à tenir, etc.

Ne sont pas également soumises à la formalité de l'enregistrement, les correspondances telles que les lettres d'attente, les renseignements, avis et actes préparatoires d'une décision, etc.

En outre, la formalité de l'enregistrement consiste à attribuer un numéro à l'original de l'acte et aux copies ; ce numéro continu de 00001 à N, commence le 1er janvier et s'achève le 31 décembre de l'année.

Mais elle est précédée du contrôle des actes exercé par le Secrétariat général du Gouvernement. Il s'agit notamment de s'assurer de leur légalité, de veiller à la bonne présentation des visas, de vérifier les incidences financières des actes et le circuit des visas. Ce n'est qu'après ce contrôle préalable que la Direction des Services législatifs de la Primature procède à l'apposition de la mention « Vu SGG/DSL » sur l'original de l'acte.

Ainsi, le non-respect de l'obligation d'enregistrement ne facilite pas le contrôle de l'activité normative des départements ministériels ainsi qu'une meilleure coordination de l'action gouvernementale.

De plus, lorsque l'enregistrement concerne des actes de nature réglementaire, le non-accomplissement de cette formalité risque de faire obstacle à leur applicabilité subordonnée à l'enregistrement et à la publication au *Journal officiel*.

Compte tenu de l'importance que revêt l'enregistrement des actes, je vous demande de faire prendre toutes les dispositions utiles en vue de transmettre, pour enregistrement au Secrétariat général du Gouvernement, les lois, décrets, ordonnances et tous les actes ministériels comportant un élément de décision au sens de la présente circulaire.

J'attache du prix au respect scrupuleux des prescriptions de la présente circulaire dont vous m'accuserez réception.

Le Premier Ministre

Mahammed Boun Abdallah DIONNE

PARAGRAPHE IV : LA PROMULGATION DES TEXTES LÉGISLATIFS ET RÉGLEMENTAIRES

482. Notion. La procédure législative est close par la promulgation. Dernier acte de la procédure d'élaboration de la loi, elle est également le premier acte d'exécution. La promulgation est l'acte juridique qui atteste l'existence de la loi et par lequel est donné l'ordre aux autorités publiques de l'observer et de la faire observer[1068]. Elle a lieu après vérification que la loi a été régulièrement adoptée par l'Assemblée nationale. La promulgation a pour objet d'authentifier le texte de la loi et de la rendre exécutoire[1069]. Il s'agit d'une formalité préalable à la publication des lois. Selon l'article 3 de la loi n° 2021-21 du 02 mars 2021 fixant les règles d'applicabilité des lois, des actes administratifs à caractère réglementaire et des actes administratifs à caractère individuel[1070], sauf disposition législative ou réglementaire autorisant la non-publication ou la publication partielle de textes, « *les lois promulguées* » sont publiées par insertion au *Journal officiel* sur support papier et par voie électronique[1071].

La promulgation est en principe l'œuvre du Président de la République[1072]. L'acte de promulgation constitue un acte de gouvernement insusceptible de recours[1073].

[1068] Sur cette définition, CE, ass. du 08 février 1974, Cne de Montory, *JCP*,1974. II. 17703, 2e esp., note Liet-Veaux.

[1069] E. SAUVIGNON, « La promulgation des lois. Réflexions sur la jurisprudence Desreumeaux », *RDP,* 1981, p. 989 ; J. LAFERRIÈRE, « De l'authenticité du texte des lois publiées au *Journal officiel* », *RDP,* 1949, p. 113 ; G. JEZE, « La promulgation des lois », *RDP,* 1918, p. 379 ; S. F. ACKA, « La promulgation de la loi en Afrique noire francophone (Bénin, Cameroun, Côte d'Ivoire, Sénégal) ». www.ohada.com ohadata D-07-14, p. 1 et s.

[1070] JORS n° 7409 du samedi 20 mars 2021, p. 303. Sur ce nouveau texte, B. SARR, « L'entrée en vigueur de l'acte administratif unilatéral », *Annales africaines*, volume 1, avril 2021, n° 14, p. 101 et s.

[1071] V. P. A. TOURE, *Légistique. Techniques de conception et de rédaction des lois et des actes administratifs : une tradition de gouvernance normative*, Dakar, l'Harmattan, 2018, p. 432 et s.

[1072] V. art. 72, al. 1er de la Constitution.

[1073] CE du 03 novembre 1933, *Desreumeaux*, *Rec. CE,* 1933, p. 993 ; *DP* 1934, 3, p. 36, note Gros ; *RDP,* 1934, p. 649, note G. Jèze ; *S.* 1934, 3, p. 09, note R. Alibert.

L'étude du régime applicable à la promulgation permet de mieux comprendre la portée qui s'attache à cette formalité.

A. Le régime juridique de la promulgation

483. Actes soumis à promulgation. En droit sénégalais, les lois font l'objet d'une promulgation. Les actes administratifs (réglementaires ou individuels) n'y sont pas soumis ; ils doivent seulement faire l'objet soit d'une publication au *Journal officiel* (actes réglementaires), soit d'une notification à l'intéressé (actes individuels).

Sont soumises à la formalité de la promulgation, les lois ordinaires votées par l'Assemblée nationale, les lois de finances[1074], les lois organiques ainsi que les lois constitutionnelles[1075]. De même, sont soumises à promulgation les lois, adoptées par référendum.

À côté des lois précitées, les délibérations de la Commission des Délégations font l'objet d'une promulgation. Il résulte de l'article 65 de la Constitution que l'Assemblée nationale peut déléguer à sa Commission des Délégations le pouvoir de prendre des mesures qui sont du domaine de la loi. Cette délégation s'effectue par une résolution de l'Assemblée nationale dont le Président de la République est immédiatement informé. Dans les limites de temps et de compétence fixées par la résolution, la Commission des Délégations prend des délibérations « *qui sont promulguées comme des lois* »[1076].

En revanche, ne sont pas soumises à la formalité de la promulgation, les ordonnances de l'article 77 de la Constitution. Il en est de même des décisions prises par le Président de la République en vertu de ses pouvoirs exceptionnels conformément à l'article 52 de la Constitution.

484. Procédure de promulgation. Après son adoption, la loi est transmise sans délai au Président de la République pour promulgation[1077].

[1074] V. art. 68, al. 6 de la Constitution.

[1075] V. en ce sens, H. PUGET et J-CH. SECHE, « La promulgation et la publication des actes législatifs en droit français », *Rev. adm.*, 1959. 239 s., not. p. 242.

[1076] En ce sens, V. la circulaire n° 78 du 27 septembre 1960 relative aux incidences de l'entrée en vigueur de la Constitution sur les conditions d'exercice du pouvoir législatif, du pouvoir réglementaire et du pouvoir de prendre des décisions individuelles.

[1077] V. art. 71 in fine de la Constitution.

L'article 72 de la Constitution dispose que le Président de la République promulgue les lois définitivement adoptées dans les huit (8) jours francs qui suivent l'expiration des délais de recours visant à les déclarer inconstitutionnelles.

Ce délai est de six (6) jours francs suivant la transmission faite au Président de la République de la loi définitivement adoptée ou dans les six (6) jours francs qui suivent son adoption définitive, s'il s'agit d'un recours intenté par des députés dont le nombre est au moins égal au dixième des membres de l'Assemblée nationale.

Le délai de promulgation est réduit de moitié en cas d'urgence déclarée par l'Assemblée nationale.

Selon l'article 9 du décret n° 2014-1175 du 17 septembre 2014 relatif à l'organisation et au fonctionnement de la Primature, il revient à la Direction de l'Activité normative de la Primature d'assurer la formalité matérielle de la promulgation.

Pendant le délai de promulgation, deux évènements peuvent survenir et sont susceptibles de différer le moment de son intervention.

En premier lieu, en vertu de l'article 17, alinéa 3 de la loi organique n° 2016-23 du 14 juillet 2016 relative au Conseil constitutionnel[1078], le Conseil constitutionnel peut être saisi dans le cadre de la procédure de contrôle de constitutionnalité *a priori* ; il doit statuer dans le délai d'un mois ou de huit (8) jours, en cas d'urgence.

Si le juge constitutionnel relève dans la loi contestée une violation de la Constitution, qui n'a pas été invoquée, il doit la soulever d'office[1079].

Dans le cas où le Conseil constitutionnel déclare que la loi dont il est saisi contient une disposition contraire à la Constitution inséparable de l'ensemble de cette loi, celle-ci ne peut être promulguée[1080].

[1078] JORS n° 6946 du 15 juillet 2016, p. 927.

[1079] V. art. 17, al. 2 de la loi organique n° 2016-23 du 14 juillet 2016 relative au Conseil constitutionnel.

[1080] V. art. 19 de la loi organique n° 2016-23 du 14 juillet 2016 relative au Conseil constitutionnel.

Lorsque le juge constitutionnel déclare que la disposition de la loi contraire à la Constitution n'est pas inséparable de l'ensemble de cette loi, elle peut être promulguée à l'exception de cette disposition, à moins qu'une nouvelle lecture n'en soit demandée[1081].

En second lieu, le Président de la République peut, avant l'expiration du délai de promulgation, demander à l'Assemblée nationale une nouvelle délibération[1082]. Selon l'article 73 de la Constitution, dans le délai fixé pour la promulgation, le Président de la République peut, par un message motivé, demander à l'Assemblée une nouvelle délibération qui ne peut être refusée. Dans ce cas, la loi ne peut être votée en seconde lecture que si les 3/5 des membres composant l'Assemblée nationale se sont prononcés en sa faveur. Au Sénégal, le droit présidentiel de demander une nouvelle délibération de la loi n'a pas encore été exercé.

Dans tous les deux cas, le délai de la promulgation est suspendu jusqu'à l'issue de la seconde délibération de l'Assemblée nationale ou de la décision du Conseil constitutionnel déclarant la loi conforme à la Constitution[1083].

À l'expiration des délais constitutionnels, la promulgation est de droit. L'article 75, alinéa 2 de la Constitution dispose qu'il y est pourvu par le Président de l'Assemblée nationale. Il s'agit en réalité d'une véritable substitution du pouvoir de promulgation du Président de la République[1084].

485. Forme de la promulgation. L'acte de promulgation est généralement présenté sous la forme d'un « *décret* » du Président de la République appelé « *décret de promulgation* ».

1081 V. art. 20 de la loi organique n° 2016-23 du 14 juillet 2016 relative au Conseil constitutionnel.

1082 B. BAUFUME, « Le droit présidentiel de demander une nouvelle délibération de la loi : le précédent du 13 juillet 1983 », *RDP,* 1985, p. 1239.

1083 V. art. 75, alinéa 1er de la Constitution ; également, N. MOLFESSIS, « La loi suspendue », *D.* 2003. Point de vue. 689.

1084 S. F. ACKA, « La promulgation de la loi en Afrique noire francophone (Bénin, Cameroun, Côte d'Ivoire, Sénégal) », p. 13 : ohadata D-07-14.

Mais la Constitution du Sénégal n'évoque pas la notion de « *décret de promulgation* »[1085]. En France, certains arrêts présentent l'acte de promulgation comme un « *décret* » du Président de la République[1086].

La pratique normative sénégalaise, héritée du décret français n°59-635 du 19 mai 1959 relatif aux formes de promulgation des lois par le Président de la République modifié, a adopté le système de l'insertion de l'acte de promulgation dans le texte législatif adopté par l'Assemblée nationale. En effet, au Sénégal, la promulgation ne se fait pas par un acte séparé, c'est-à-dire par l'édiction d'un décret spécifique dit de promulgation[1087] ; l'acte de promulgation est sans autonomie matérielle par rapport à la loi promulguée. Il se confond avec celle-ci dont il annonce puis reprend intégralement le texte. Il ne prend pas la forme d'un « *instrumentum* » distinct du texte de la loi tel qu'il va être publié[1088].

La promulgation est réalisée au bas de l'acte législatif adopté par l'Assemblée nationale. Cette formalité est ainsi matérialisée par la formule de promulgation suivie du nom et du prénom du Président de la République, de sa signature et du contreseing du Premier Ministre.

Pour cette raison, il est sans doute impropre de parler de « *décret de promulgation* », s'agissant d'un acte dont les caractéristiques formelles sont tout à fait différentes de celles habituelles des décrets présidentiels. Il serait préférable de parler de « *l'acte de promulgation* ». Cet acte est signé par le Président de la République et contresigné par le Premier Ministre. À la lecture de l'article 43 de la Constitution, la promulgation est soumise au contreseing du Premier Ministre.

[1085] Dans le même sens en France, Y. GAUDEMET, « Promulgation et publication des lois », *Jurisc. dr. adm.*, n° 27 ; contra, J. GANDOUIN et J.-M. ROUSSIGNOL, *Rédaction administrative Afrique. Maghreb-Afrique subsaharienne,* Armand Colin, 4eme édition mise à jour, 2013, p. 200. Cet auteur évoque « *le décret de promulgation du Président de la République* ».

[1086] CE du 03 novembre 1933, Desreumeaux, *Rec. CE, 1933*, p. 993 ; *DP* 1934, III, p. 36, note Gros ; *RDP,* 1934, p. 649, note G. Jèze ; *S.* 1934, III, p. 09, note R. Alibert.

[1087] V. *contra*, M. DIAKHATE, *Rédaction administrative*, Dakar, CREDILA, 2016, p. 179.

[1088] Y. GAUDEMET, « Promulgation et publication des lois », *Jurisclass. civ.* code, art. 1, fasc. 10, n° 31.

Mais la technique de l'intégration de l'acte de promulgation dans le texte législatif présente de réels inconvénients. Elle pourrait, en effet, laisser penser que le Président de la République signe et que le Premier Ministre contresigne la loi elle-même, alors que la signature et le contreseing s'appliquent bien à l'acte de promulgation et non à l'acte législatif adopté qui n'a pas à être signé.

DOCUMENT N° 41 : LA FORME DE L'ACTE DE PROMULAGATION

La présente loi sera exécutée comme loi de l'État.

Fait à Dakar, le 22 mai 2017

Par le Président de la République

Macky SALL

Le Premier Ministre

Mahammed Boun Abdallah DIONNE

486. Formules de promulgation. Les formules de promulgation sont prévues par le décret n° 2001-456 du 13 juin 2001 relatif aux formules de promulgation des lois par le Président de la République. Elles varient suivant qu'il s'agit d'une loi ordinaire, d'une loi organique ou d'une loi constitutionnelle.

Par exemple, lorsque l'Assemblée nationale a adopté une loi, elle est promulguée dans la forme suivante :

« *L'Assemblée nationale a adopté en sa séance du……,*

Le Président de la République promulgue la loi dont la teneur suit :

(texte de la loi)

La présente loi sera exécutée comme loi de l'État

Fait à …………..le……………………………………….

Par le Président de la République

Le Premier Ministre »

À l'étape de l'examen du texte à la Primature, ces formules ne doivent pas être insérées dans le projet de texte. Elles sont en réalité ajoutées au texte par les services du Secrétariat général du Gouvernement après son adoption par l'Assemblée nationale[1089].

B. La portée de la promulgation

487. Effets de la promulgation. La promulgation a trois effets.

D'abord, elle constate l'élaboration régulière de la loi conformément à la procédure législative et confère au texte législatif un caractère authentique.

Ensuite, la promulgation constitue l'ordre d'exécution de la loi. Par l'acte de promulgation, le Président de la République donne à l'Administration l'ordre d'exécuter la loi. Cet ordre est manifesté par la formule terminale de la loi selon laquelle « *la présente loi sera exécutée comme loi de l'État* ». Le Conseil d'État français a jugé que, par la promulgation, le Chef de l'État « *atteste l'existence de la loi et donne l'ordre aux autorités publiques d'observer et de faire observer cette loi* »[1090]. C'est d'ailleurs la raison pour laquelle, contrairement aux textes réglementaires, les textes législatifs ne comportent pas de dispositions d'exécution (exécutoire).

Le Président de la République qui promulgue une loi adoptée par l'Assemblée nationale agit comme un « *notaire de la République* »[1091].

Enfin, l'usage est de considérer que la date d'une loi est celle de sa promulgation par le Président de la République et non celle de son adoption par l'Assemblée nationale.

488. Sanction. Le défaut de promulgation dans le délai constitutionnel a été expressément envisagé par le droit constitutionnel sénégalais. En vertu

---

[1089] En ce sens, la circulaire n° 00041 PM/SGG/SGA/PAT du 06 octobre 2015 sur les règles de présentation et de rédaction des textes.

[1090] CE, ass. du 08 février 1974, Cne Montory, Espelette, Althape et a., Cne Lanne, Uthurry, Bigue et a., *Rec. CE,* 1974, p. 93 ; *RDP*, 1974, p. 1511, concl. M. Rougevin-Baville ; *AJDA,* 1974, p. 192, chron. M. Franc et M. Boyon ; *JCP,* G. 1973, II, 17703, note G. Liet-Veaux.

[1091] Selon l'expression de J. GICQUEL et J.-E. GICQUEL, *Droit constitutionnel et institutions politiques*, Paris, Montchrestien, 26ème éd., 2012, p. 647.

de l'article 75, alinéa 2 de la Constitution, si le Président de la République ne promulgue pas la loi à l'expiration des délais constitutionnels, « *la promulgation est de droit ; il y est pourvu par le Président de l'Assemblée nationale* ». Ainsi, la carence du Président de la République est suppléée par la reconnaissance d'une compétence subsidiaire de promulgation au Président de l'Assemblée nationale.

Mais dans la pratique, le Président de l'Assemblée nationale n'a jamais exercé ce pouvoir constitutionnel de sorte que l'hypothèse semble être restée une hypothèse d'école.

PARAGRAPHE V : LA PUBLICATION DES TEXTES LÉGISLATIFS ET RÉGLEMENTAIRES

489. Formalité de la publication. Au Sénégal, la publication des textes législatifs et réglementaires, des ordonnances ainsi que celle des conventions internationales au *Journal officiel* est la procédure employée pour porter ces textes à la connaissance du public[1092]. Selon une ancienne jurisprudence française : « *La publication comprend l'ensemble des faits qui ont pour objet de porter à la connaissance du public le texte de loi, à savoir son insertion au Journal officiel* »[1093].

Alors que l'acte juridique de promulgation est le dernier acte de la procédure législative, l'acte matériel de publication est la condition de l'opposabilité de la loi aux sujets de droit[1094]. La publication a pour but de porter la loi à la connaissance des sujets de droit. Il s'agit en principe d'une condition de l'entrée en vigueur des lois, des actes réglementaires et des ordonnances sur le territoire national[1095]. Un texte législatif ou

---

1092 J.C. GAUTRON et M. ROUGEVIN-BAVILLE, *Droit public du Sénégal*, Paris, éditions A. Pédone, 1977, p. 268 ; M. M. MBACKE, « L'entrée en vigueur des actes réglementaires en droit sénégalais », *RIPAS*, n° 23-24, janvier-décembre 1990, p. 125 et s.

1093 CE du 19 juin 1959, Cazes, *D.* 1959. 370, concl. Braibant.

1094 V. P. A. TOURE, *Légistique. Techniques de conception et de rédaction des lois et des actes administratifs : une tradition de gouvernance normative*, Dakar, l'Harmattan, 2018, p. 439 et s.

1095 V. LASSERRE, « Loi et règlement », *Rép. dr. civ.*, Dalloz, 2015, n° 117.

réglementaire non publié est, en principe, dépourvu de force obligatoire[1096].

Les textes sénégalais ne fixent pas de conditions de délai relatives à la publication des actes normatifs[1097]. Cette publication devait intervenir au plus vite. Mais la date de la publication dépend bien souvent des contraintes matérielles liées à l'impression du *Journal officiel*[1098].

La formalité de publication s'applique à certaines catégories de textes et est accomplie selon des modalités déterminées par la loi.

A. Les textes soumis à la formalité de la publication

490. Actes concernés. La publication concerne aussi bien les lois, les ordonnances et actes réglementaires que les actes individuels.

1. Les lois, les ordonnances et les actes réglementaires

491. Principe de la publication. Selon l'article 3 de la loi n° 2021-21 du 02 mars 2021, les lois promulguées ainsi que les actes administratifs à caractère règlementaire sont publiés au *Journal officiel.*

Le législateur n'évoque que la publication des lois et des actes réglementaires à l'exclusion des ordonnances. Pourtant, même si elles peuvent avoir une valeur réglementaire ou législative suivant qu'elles sont ratifiées ou non, les ordonnances constituent une catégorie normative spécifique.

La Constitution semble exiger la publication des ordonnances, puisqu'elle subordonne l'applicabilité de ces normes à leur publication. En vertu de l'article 77, alinéa 2 de la Constitution, les ordonnances prises par le Président de la République dans le domaine du pouvoir législatif sur habilitation de l'Assemblée nationale « *entrent en vigueur dès leur publication* ». La Constitution ne spécifie pas le mode de publication des

---

[1096] NGAMPIO-OBÉLÉ-BÉLÉ, « Un décret non publié est dépourvu de force obligatoire », sous CE 28 décembre 2007, req. n° 275138, *JCP,* n° 14, 02 avril 2008. II. 10066.

[1097] En ce sens en France, H. PUGET et J.-Cl. SECHE, « La promulgation et la publication des actes législatifs en droit français », *Rev. adm.*, 1959, p. 245.

[1098] Y. GAUDEMET, « Promulgation et publication des lois », *Jurisclass. civ.* code, art. 1, fasc. 10, n° 133.

ordonnances (affichage, insertion au *Journal officiel*, etc.). Mais dans la pratique normative, les ordonnances font l'objet d'une publication par insertion au *Journal officiel* au même titre que les lois et les actes administratifs à caractère réglementaire.

492. Dérogations au principe de la publication. Toutefois, le législateur apporte quelquefois des dérogations à l'obligation de publication des lois et des actes administratifs réglementaires dans le but de garantir la préservation de la sécurité publique.

L'article 3 de la loi n° 2021-21 du 02 mars 2021 a posé le principe de la publication des lois et des actes réglementaires « *Sauf disposition législative ou réglementaire autorisant la non-publication ou la publication partielle de textes* ». Ainsi, un texte législatif ou réglementaire peut comporter une disposition prévoyant expressément qu'il ne sera pas publié au *Journal officiel*. On peut penser que cette possibilité de non-publication ou de publication partielle de texte sera largement utilisée en ce qui concerne les textes relatifs aux services ou infrastructures des armées, de sécurité ou de renseignement ou toutes les questions relatives à la défense nationale.

À titre d'exemple, en vertu de l'alinéa 1er de l'article 13 de la loi n° 2016-33 du 14 décembre 2016 relative aux services de renseignement[1099], par dérogation aux dispositions de la loi n° 70-14 du 06 février 1970, modifiée fixant les règles d'applicabilité des lois, des actes administratifs à caractère règlementaire et des actes administratifs à caractère individuel, « *les lois et les actes administratifs à caractère règlementaire relatifs à l'organisation, au fonctionnement aux activités ou aux personnels des services de renseignement peuvent comporter une disposition autorisant leur non-publication ou leur publication partielle au Journal officiel* ».

Compte tenu de l'importance du renseignement dans la prévention des nouvelles formes de menaces contre la sécurité, les textes législatifs et réglementaires relatifs à l'organisation et aux activités des services de renseignement peuvent comporter des dispositions concernant la défense nationale et la stratégie de renseignement du pays. C'est pourquoi ces

[1099] JORS n° 6984 du samedi 07 janvier 2017.

textes peuvent prévoir des dispositions autorisant soit leur non-publication soit leur publication partielle au *Journal officiel*.

Mais, il faut préciser que la loi n° 2021-21 du 02 mars 2021 précitée n'a pas énuméré de façon limitative les cas dans lesquels il est possible de ne pas procéder à la publication d'un texte législatif ou réglementaire ; ce qui laisse de larges marges de manœuvres au Gouvernement et à l'Assemblée nationale, ce qui pose de sérieux problèmes de sécurité juridique.

Dans tous les cas, les textes non publiés au *Journal officiel* « *entrent en vigueur à la date expressément prévue ou à défaut, à compter de leur promulgation ou de leur signature* »[1100].

2. Les actes administratifs individuels

493. Principe de la notification. S'agissant des actes administratifs individuels, la publication ne semble pas être un procédé adapté de publicité. Par leur portée particulière et leurs effets personnels, ils appellent plutôt une notification. La notification est un procédé de publicité des actes individuels consistant à porter une décision donnée à la connaissance d'une personne déterminée, le plus souvent celle directement visée par cette décision[1101].

Toutefois, la loi prévoit, dans certains cas, des dérogations à ce principe.

L'article 4 de la loi n° 2021-21 du 02 mars 2021 précitée dispose que les actes administratifs à caractère individuel peuvent faire l'objet d'une publication au *Journal officiel*, dans les cas prévus par une disposition législative ou réglementaire spéciale.

À titre d'exemple, il résulte de l'article 25 de la loi n° 61-33 du 15 juin 1961 relative au statut général des fonctionnaires, modifiée que les nominations et les promotions de fonctionnaires appartenant aux divers corps doivent être publiées au *Journal officiel*.

D'ailleurs, la circulaire n° 0173/PM/SP du 12 juillet 2000 sur la procédure de nomination en Conseil des Ministres de hauts fonctionnaires et d'agents

---

[1100] V. l'alinéa 2 de l'article 13 de la loi n° 2016-33 du 14 décembre 2016 relative aux services de renseignement.

[1101] E. GLASER, « La notification des actes administratifs », *RLCT* 2007, n° 21, p. 19.

de l'État à des postes de direction et de services nationaux a énoncé que les décrets de nomination de ces fonctionnaires, une fois signés, sont publiés au *Journal officiel*[1102].

En outre, en vertu de l'article 1er du décret n° 63-797 du 10 décembre 1963 relatif aux conditions dans lesquelles les ministres peuvent déléguer leur signature[1103], l'arrêté de délégation de signature, qui est un acte administratif individuel, fait l'objet d'une publication au *Journal officiel.* Il en est de même du décret de délégation de compétence qui est également publié au *Journal officiel*[1104].

Mais la publication des actes individuels semble être seulement une mesure d'information. D'ailleurs, l'article 25 de la loi n° 61-33 du 15 juin 1961 relative au statut général des fonctionnaires, modifiée, précise que sauf dérogation spéciale constatée dans l'acte de nomination ou de promotion, les nominations et les promotions prennent effet à compter du jour de leur signature.

3. Les traités internationaux

494. Publication des traités. La formalité matérielle de la publication au *Journal officiel* concerne également les traités internationaux. Aux termes de l'article 98 de la Constitution : « *Les traités ou accords régulièrement ratifiés ou approuvés ont, dès leur publication, une autorité supérieure à celle des lois, sous réserve, pour chaque accord ou traité, de son application par l'autre partie* ».

L'accord international doit faire l'objet d'une publication pour avoir une valeur supérieure à celle des lois. La primauté du traité sur la loi est subordonnée à l'accomplissement de la formalité de la publicité[1105]. C'est

---

[1102] M. DIAKHATE, *Rédaction administrative*, Dakar, CREDILA, 2016, p. 209.

[1103] JORS du 11 décembre 1963, p. 1605.

[1104] En ce sens, V. l'instruction n° 017 PR du 1er mars 1968 relative aux délégations accordées par les ministres et l'instruction n° 17 PM-JUR du 13 mai 1970 relative à la déconcentration des pouvoirs au sein des départements ministériels.

[1105] R. PINTO, « Le juge devant les traités non publiés par la France », in *Mélanges M. WALINE*, Paris, LGDJ 1947, p. 235 ; A. SALL, « Le juge national et la publication des traités : à propos de l'invocabilité du traité de l'OHADA devant les juridictions sénégalaises », *Revue EDJA*, n° 42, 1999, p. 71 et s.

la publication qui permet d'intégrer les traités dans l'ordre juridique interne où ils prennent rang entre la loi ordinaire et la Constitution[1106].

4. Les normes communautaires de droit dérivé

495. Publication des actes communautaires. Les traités instituant les organisations communautaires (UEMOA, OHADA, CEDEAO, etc.) prévoient souvent une publication des normes de droit dérivé au *Journal officiel* de l'organisation et au *Journal officiel* de chaque État membre.

Mais ces deux types de publication n'ont pas la même portée juridique. En effet, l'entrée en vigueur de ces normes est seule tributaire de leur publication au *Journal officiel* de l'organisation (publication communautaire). En vertu de l'article 45 du traité de l'UEMOA, les actes additionnels, les règlements, les directives et les décisions sont publiés au Bulletin officiel de l'Union. Ils entrent en vigueur après leur publication à la date qu'ils fixent.

Quant aux décisions, elles sont notifiées à leurs destinataires et prennent effet à compter de leur date de notification.

En droit OHADA, l'article 9 du Traité de Port-Louis énonce que les actes uniformes sont publiés au *Journal officiel* de l'OHADA par le Secrétariat permanent dans les soixante (60) jours suivant leur adoption. Ils sont applicables quatre-vingt-dix (90) jours après cette publication, sauf modalités particulières d'entrée en vigueur prévues par les actes uniformes.

Cependant, la publication des normes de droit dérivé au niveau national n'a aucune incidence sur leur applicabilité ; elle n'a qu'un objet informatif.

L'article 9 du Traité de l'OHADA précité précise d'ailleurs que les actes uniformes sont également publiés dans les États parties, au *Journal officiel* ou par tout autre moyen approprié ; mais cette formalité n'a aucune incidence sur leur entrée en vigueur.

B. Les modalités de la publication

496. Support de la publication des textes. Le législateur a pris en compte la dématérialisation du support du *Journal officiel*, c'est-à-dire le vecteur

[1106] Sur la portée de la publication des traités, V. *infra*, n° 291.

digital du *Journal officiel*[1107], par l'instauration d'un système de double publication des textes dans le *Journal officiel* sur support papier et par voie électronique.

Aux termes des dispositions de l'article 3, alinéa 1er de la loi n° 2021-21 du 02 mars 2021 précitée, sauf disposition législative ou réglementaire autorisant la non-publication ou la publication partielle de textes, les lois promulguées ainsi que les actes administratifs à caractère règlementaire sont publiés « *par insertion au Journal officiel sur support papier et par voie électronique* ». Les actes administratifs à caractère individuel peuvent également faire l'objet d'une publication au *Journal officiel* selon les mêmes modalités, dans les cas prévus par une disposition législative ou réglementaire spéciale[1108].

Le législateur n'évoque que la publication électronique des lois et des actes administratifs à l'exclusion de celle des ordonnances. Mais on peut penser que ces dernières normes devraient également être publiées sous forme électronique puisque selon les dispositions de l'article 77 de la Constitution, les ordonnances doivent être publiées pour entrer en vigueur.

D'ailleurs, dans la pratique, les ordonnances font l'objet d'une publication au *Journal officiel*.

À la lecture des dispositions de l'article 3, alinéa 1er de la loi n° 2021-21 du 02 mars 2021 susmentionnée, on peut penser que la publication des textes sur support papier et celle faite par voie électronique devraient être simultanées et concomitantes, les lois et les actes administratifs réglementaires devant être publiés en même temps sur l'instrumentum

---

1107 P. SABLIERE, « Nul n'est-il censé ignorer internet ? », *AJDA,* 2010, p. 127 ; J.-P. BOURGOIS, « Les nouvelles technologies de l'information et de la communication et l'accès au droit : entre marché et service public », *in* F. LEDUC (coord.), *L'accès au droit*, Publications de l'université F. Rabelais, 2002, 69 p. ; S. TURGIS, « L'accès au droit par internet. Les obligations posées par la convention européenne des droits de l'homme en matière de diffusion du droit », *AJDA* 2015 p. 142

1108 V. art. 4 de la loi n° 2021-21 du 2 mars 2021 précitée ; V. A. CANTERO, *Des actes unilatéraux des communes dans le contexte électronique. Vers la dématérialisation des actes administratifs*, PUAM, 2002, p. 297 et s.

papier et par voie électronique. Ainsi, la publication est systématiquement et concomitamment faite sur un double support[1109].

L'exigence de concomitance et simultanéité des deux formes de publication se comprend aisément dès lors que le texte législatif ou réglementaire devient applicable un jour franc après sa publication au *Journal officiel*.

Mais l'instauration de la publication du *Journal officiel* par voie électronique n'emporte pas la création d'un *Journal officiel* sous forme électronique à côté du *Journal officiel* sur support papier. En réalité, il n'y a qu'un seul *Journal officiel* avec deux versions : l'une en version papier et l'autre sous forme numérique.

En outre, contrairement à ce que l'on pourrait penser, la réforme n'a pas entendu sonner le glas du support papier du *Journal officiel*. En réalité, les deux supports (papier et numérique) vont coexister. Les lois promulguées et les actes administratifs sont publiés aussi bien sur support papier que par voie électronique.

497. Garanties de la publication électronique. Au-delà de la consécration de la publication électronique du *Journal officiel*, les rédacteurs de la loi n° 2021-21 du 02 mars 2021, prenant en compte les spécificités techniques du numérique (immatérialité, volatilité, caractère manipulable, etc.), ont entendu entourer de garanties la publication électronique du *Journal officiel*. En effet, en raison de l'« *infirmité structurelle des états informatiques* »[1110], la fiabilité et l'authenticité du support informatique ne sont pas toujours garanties[1111].

[1109] C. BLERY, « Les nouvelles règles d'entrée en vigueur des lois et de certains actes administratifs », *Rev. Lamy dr. civ.* mai 2004, p. 47.

[1110] A. LUCAS, J. DEVEZE et J. FRAYSSINET, *Droit de l'informatique et de l'Internet*, Paris, PUF, 2001, p. 595 : « Il a été parfaitement souligné que les divers états informatiques auxquels il peut être fait appel (écrans, listes d'imprimante, microfilms, supports optiques bandes et disques magnétiques, cédéroms, etc.) présentent une infériorité notable par rapport à l'écrit papier traditionnel (…) L'enregistrement d'une information en mémoire d'ordinateur ne lui confère aucun caractère durable puisqu'elle est continuellement réécrite et qu'il est fort aisé de l'effacer ou de la modifier. »

[1111] H. CROZE, « Informatique, preuve et sécurité », *D.* 1987, chron, p. 165 : « Associée à l'informatique, comme science du traitement rationnel de l'information, la preuve de sa

Il résulte en effet des dispositions de l'article 5 de la loi n° 2021-21 du 02 mars 2021 susvisée que la publication au *Journal officiel* des lois et des actes administratifs à caractère réglementaire et individuel « *est assurée dans des conditions de nature à garantir leur intégrité et leur authenticité* ».

L'intégrité garantit que le contenu de l'acte publié n'a pas été altéré accidentellement ou intentionnellement entre le moment de son établissement et celui de sa réception. Le site du *Journal officiel* en version électronique devra être invulnérable, à l'abri de toute intrusion malveillante susceptible d'en modifier le contenu[1112]. Il s'agit des actes d'intrusion numérique, comme l'accès frauduleux à un système informatique, l'interception de données de contenu, l'entrave au fonctionnement du système, etc.[1113].

Quant à l'exigence d'authenticité[1114], elle garantit à tout destinataire des données normatives l'identité de l'expéditeur[1115].

En tout état de cause, en raison des exigences techniques d'intégrité et d'authenticité des textes publiés au *Journal officiel*, le support du texte publié par voie électronique devrait être le même que celui publié sur le support papier du *Journal officiel*. Pour se conformer à ces exigences techniques, on pourrait penser que la publication par voie électronique à laquelle fait référence le législateur devrait consister à mettre en ligne la version dématérialisée du *Journal officiel* papier. Il peut s'agir notamment d'une version scannée du support papier du *Journal officiel*. En effet, la « *scannérisation* » d'un support, qui est une modalité de numérisation,

---

réalisation trouve ses limites dans la manipulation des données, leur caractère non durable et la nature faillible des systèmes » ; sur ces risques de manipulations en matière de courrier électronique, F. BITAN, « Courrier électronique », *J-cl. comm.*, 2006, fasc. 4740, n° 138 et s.

1112 C. BLERY, « Les nouvelles règles d'entrée en vigueur des lois et de certains actes administratifs », *Rev. Lamy dr. civ.* mai 2004, p. 47.

1113 F. DOUZET, J-L. SAMAAN et A. DESFORGES, « Les pirates du cyberespace », *La Découverte, «Hérodote»*, 2009/3 n° 134, p. 176 ; P. A. TOURE, *Le traitement de la cybercriminalité devant le juge : l'exemple du Sénégal*, Paris, l'Harmattan, 2012, n° 47.

1114 J. LAFFERRIERE, « De l'authenticité du texte des lois publiées au *Journal officiel* », *RDP* 1949, p. 113.

1115 J. HUET, « L'acte authentique électronique, petit mode d'emploi », *D.* 2005, p. 2903

constitue une reproduction au sens légal du terme[1116]. S'il est possible d'envisager d'autres formes de reproduction électronique du support du *Journal officiel*, il reste que la reproduction numérique devrait être identique avec la version papier du *Journal officiel*.

498. Valeur juridique à la publication électronique. Le législateur a entendu attacher la même valeur juridique à la publication électronique du *Journal officiel* que celle faite sur support papier sous réserve du respect de certaines conditions. C'est ce qui résulte des dispositions de l'article 6 de la loi n° 2021-21 du 02 mars 2021 susvisée selon lesquelles « *la publication des textes au Journal officiel sur support électronique a la même valeur et produit les mêmes effets juridiques que celle faite sur support papier, sous réserve qu'elle soit réalisée dans des conditions garantissant leur intégrité et leur fiabilité* ».

Le législateur semble avoir consacré un principe d'équivalence conditionnelle de la publication sur l'instrumentum traditionnel du *Journal officiel* à celle faite sur support électronique.

Mais la publication par voie électronique ne peut avoir la même valeur que la publication sur support papier et produire les mêmes effets juridiques que la publication classique que si elle a été faite dans le respect des conditions d'intégrité et de fiabilité.

En d'autres termes, la publication d'un texte normatif effectuée par un moyen électronique ne saurait entraîner son applicabilité, si elle ne remplit pas les conditions d'intégrité et de fiabilité. Autrement, seule la publication réalisée sur support papier permettra d'assurer l'entrée en vigueur du texte.

499. Imprimerie nationale. L'insertion des textes au *Journal officiel* constitue une mission de service public incombant à l'État qui implique ses services[1117].

[1116] M. VIVANT, « Mise en mémoire sur ordinateurs des œuvres protégées par le droit d'auteur », in Travaux de l'association Henri Capitant, *Les nouveaux moyens de reproduction*, p. 327 ; dans le même sens, V. TGI Paris, 17 décembre 2002, *D.* 2003, n° 30, 2089.

[1117] CE du 17 décembre 1997, req. n° 181611, Ordre des avocats à la Cour de Paris, Lebon 491.

L'Imprimerie nationale (IN) constitue une pièce maîtresse du dispositif de publication des textes législatifs et réglementaires indispensable à une bonne gouvernance normative[1118].La loi n° 2021-21 du 02 mars 2021 précitée a réaffirmé la centralité de la mission de l'Imprimerie nationale dans le dispositif de publication des textes.

La loi n° 2021-21 du 02 mars 2021 a encadré les structures en charge de la publication des textes

L'article 8 de la loi n° 2021-21 du 02 mars 2021 précitée prévoit que l'imprimerie nationale, sous la supervision du Secrétariat général du Gouvernement, assure la publication de tous les textes visés aux articles 3 et 4 de la présente loi.

Elle assure la publication électronique des textes au *Journal officiel* avec l'appui technique de l'organe en charge de l'informatique de l'État[1119].

En vertu de l'article 1er de l'arrêté ministériel n° 3649 MEF du 17 avril 1981 portant organisation de la Direction de l'Imprimerie nationale[1120], l'Imprimerie nationale, rattachée au Secrétariat général du Gouvernement[1121], est chargée de l'administration, de la coordination et du contrôle des fonctions logistiques, de production et de distribution qui composent ses activités.

L'article 2 de l'arrêté ministériel n° 3649 MEF du 17 avril 1981 dispose que l'Imprimerie nationale est chargée « *d'assurer l'impression et la publication des textes officiels de l'État et toutes autres éditions que lui confie le Gouvernement* ». L'article 2 du décret n° 2019-901 du 13 mars 2019 énonce que le SGG assure la publication des lois, ordonnances, décrets, arrêtés et décisions. Il s'agit en réalité d'une mission de contrôle de la formalité de publication accomplie par l'Imprimerie nationale. À cet effet, après l'adoption définitive du texte (vote du projet ou de la proposition de loi ou adoption gouvernementale du projet de décret ou

---

1118 D. HADO ZIDOUEMBA, « L'imprimerie au Sénégal (1960-1990) », *Notes africaines* n° 203-204, juin 2002, p. 25-28.
1119 V. art. 9 de la loi n° 2021-21 du 02 mars 2021 précitée
1120 JORS du 02 mai 1981, p. 283.
1121 V. art. 17 du décret n° 2014-1175 du 17 septembre 2014 relatif à l'organisation et au fonctionnement de la Primature.

d'arrêté), la Direction de l'Activité normative transmet, par bordereau, la dernière version du texte à l'Imprimerie nationale pour publication au *Journal officiel*.

Par ailleurs, la Direction de l'Activité normative procède à la relecture et à la correction de la « *morasse* », c'est-à-dire de la première version du *Journal officiel*. Ce n'est qu'après l'intégration des observations et corrections de la Direction de l'Activité normative que le *Journal officiel* est définitivement publié.

500. Présomption de connaissance des textes publiés. La publication de l'acte normatif au *Journal officiel* emporte une présomption de connaissance de son contenu[1122]. Dès qu'un texte législatif ou réglementaire est régulièrement publié, nul n'est plus censé l'ignorer (*Nemo legem ignorare censetur*)[1123]. Cet adage a été étendu à tous les actes réglementaires publiés au *Journal officiel*, et même aux arrêtés[1124]. Cela signifie en pratique que nul ne peut arguer pour sa défense qu'il n'avait pas connaissance des règles publiées[1125]. L'autorité de la loi ne peut donc dépendre ni de la connaissance ni de la volonté des citoyens. L'ignorance de la loi ou du règlement n'a aucun effet sur son application. Régulièrement publiés, les lois, les ordonnances, les décrets et les arrêtés sont obligatoires pour tous, même pour ceux qui, en fait, les auraient ignorés.

Dans l'arrêt Oumar FALL rendu le 09 avril 1970[1126], la Cour d'appel de Dakar a fait application du principe « *Nemo legem ignorare censetur* ». La Cour a, en effet, jugé qu'un décret du 23 décembre 1970 portant baisse du prix du riz publié au quotidien *Le Soleil* et ayant fait l'objet d'un communiqué radiophonique et d'un communiqué au Bulletin de la

---

[1122] P. DEUMIER, « La publication de la loi et le mythe de sa connaissance », *LPA,* 06 mars 2000, p. 06.

[1123] Sur la maxime, R. GUILLIEN, « Nul n'est censé ignorer la loi », *Mélanges Roubier*, t. 1, 1961, Paris, Dalloz-Sirey, p. 253 ; J. CARBONNIER, « La maxime Nul n'est censé ignorer la loi en droit français », Journée de la société de législation comparée, 1984, p. 322.

[1124] CE du 19 juin 1959, Cazes, Lebon 372 ; *D.* 1959. 370, concl. Braibant.

[1125] R. LIBCHABER, « Connaissance de la loi, connaissance du droit », *RTD civ.*, 2002, p. 173.

[1126] CA Dakar, n° 209 du 09 avril 1970, MP et Contrôle économique c/ Oumar FALL, *ASERJ*, 1973, n° 02, p. 58.

Chambre de commerce, conformément au système de publication d'urgence, est « *irréfragablement présumé* » être connu d'un commerçant condamné pour pratiques de prix illicites.

En réalité, la présomption de connaissance des lois constitue une fiction, c'est-à-dire un artifice de technique juridique conçue pour garantir la force obligatoire de la loi. Il est illusoire de demander aux citoyens de prendre connaissance de l'ensemble des textes. Les lois sont trop nombreuses pour être connues et que les juristes, mêmes spécialisés, sont loin d'avoir une parfaite connaissance de toutes les lois[1127].

501. Pratique des errata publiés au *Journal officiel*. Les errata sont des rectificatifs d'erreurs commises en cours de l'impression des textes normatifs. Il arrive, en effet, qu'après la publication du texte d'une loi ou d'un règlement au *Journal officiel*, le législateur ou le Gouvernement découvre des erreurs qui s'y glissent. Pour réparer celles-ci sans être tenu de recourir à l'adoption d'une nouvelle loi ou d'un nouveau règlement, il est possible d'insérer un erratum, c'est-à-dire un rectificatif au *Journal officiel*, en utilisant la formule habituelle (« *au lieu de..., lire...* »), qui corrige ou complète le texte primitivement publié[1128].

Les errata des lois, présentés comme un retour à la vérité du texte adopté par l'Assemblée nationale, ne sont pas promulgués, mais sont directement publiés au *Journal officiel*[1129].

Au Sénégal, les errata publiés au *Journal officiel* ne sont pas encadrés par des textes, même s'ils constituent une pratique bien établie.

Il est, dès lors, à craindre que sous le couvert d'un rectificatif, les textes publiés ne soient modifiés sans respecter les procédures appropriées. La jurisprudence française a contribué à affiner les contours de la pratique des

---

1127 En ce sens, J. CARBONNIER, « La maxime nul n'est censé ignorer la loi en droit français », Journée de la société de législation comparée, 1984, p. 322.

1128 G. JEZE, « La rectification des lois par voie d'erratum », *RDP,* 1918, p. 394 ; J. LAFFERRIERE, « De l'authenticité du texte des lois publiées au *Journal officiel* », *RDP*, 1949, p. 113 ; M. FREJAVILLE, « La pratique des errata au *Journal officiel* », *JCP,* 1949. I. 677.

1129 Y. GAUDEMET, « Promulgation et publication des lois », *Jurisclass. civ.* code, art. 1, fasc. 10, n° 31, n° 176.

errata. Il a été jugé que le rectificatif est, en principe, de pure forme, c'est-à-dire qu'il n'a pour but que de corriger une erreur ou une omission purement matérielle que la simple lecture du texte permet de découvrir. Il vise à rétablir une ponctuation, à corriger une erreur d'orthographe ou à redresser une incorrection grammaticale, etc.[1130]. L'erratum fait alors corps avec le texte rectifié et a donc la même date d'entrée en vigueur[1131].

Selon la Cour de cassation française, lorsque l'erratum modifie le sens du texte publié, c'est-à-dire lorsqu'il touche le fond de l'acte normatif, il faut distinguer suivant que le texte rectifié émane du pouvoir réglementaire ou du pouvoir législatif.

Dans le premier cas (ordonnance, décret, arrêté), la jurisprudence française dénie, en principe, toute validité au rectificatif, puisque rien ne permet de vérifier que le texte rectifié est conforme au texte original[1132]. Elle n'admet la validité du rectificatif que s'il est conforme à une interprétation intrinsèque du texte que les particuliers eux-mêmes auraient pu réaliser[1133].

Dans le deuxième cas, c'est-à-dire lorsque le texte qui a été rectifié émane de l'Assemblée nationale (loi), la Cour de cassation française admet la validité du rectificatif dès lors qu'il rétablit le texte voté tel qu'il ressort des débats parlementaires publiés au *Journal officiel*. Elle refuse au contraire toute valeur au rectificatif s'il modifie le texte voté[1134].

Par exemple, le Gouvernement a eu recours à cette procédure pour apporter une correction à l'article 65, alinéa 2 de la loi organique n° 2017-10 du 17 janvier 2017 portant statut des magistrats[1135]. En effet, contrairement au texte transmis par l'Assemblée nationale au Secrétariat général du Gouvernement, le texte publié au *Journal officiel* avait omis le

---

[1130] Cass. civ. du 18 décembre 1933, *D.* 1934. I. 101, note Voirin ; civ. 3eme, 12 juillet 1976, *Bull. civ.* III, nº 314, p. 329

[1131] Cass com. du 05 avril 1960,. civ. III, nº 141 ; soc. 8 mars 1989, *Bull. civ.* V, nº 187, p. 111

[1132] Cass. civ. du18 décembre 1933, préc., *DP* 1934. I17, note Voirin.

[1133] Crim. du 07 février 1961, *Gaz. pal.*, 1961. 1. 260 et 28 mai 1968 ; *D.* 1968. 509, note Costa.

[1134] Cass., ch. réun. du 05 février 1947, *D.* 1947. 177 ; civ. 15 mai 1933, *Gaz. pal.,* 1933. 2. 329.

[1135] JORS n° 6986 spécial du 18 janvier 2017, p. 75.

Premier Avocat général de la Cour suprême de la liste des hauts magistrats dont l'âge de la retraite a été porté à soixante-huit (68) ans. Par un erratum publié au *Journal officiel* n° 6991 du 07 février 2017[1136], cette omission a été corrigée.

502. Accessibilité des textes normatifs. S'il est impossible d'exiger des citoyens qu'ils prennent connaissance de tous les textes juridiques en vigueur, l'État est tenu de déployer tous les moyens nécessaires pour garantir la connaissance du droit[1137]. Dans un État de droit, les administrés doivent connaître les normes qui leur sont opposables ; l'acte administratif ne devient opposable aux administrés que du jour où il a été porté à leur connaissance par un procédé de publicité[1138]. Il est apparu que la clarté du contenu du texte, son intelligibilité intellectuelle et l'accès au droit devaient être tenus pour des exigences démocratiques.

Au Sénégal, à la faveur de la réforme du système d'entrée en vigueur des textes, le législateur a eu l'occasion d'affirmer le principe de l'accessibilité des normes juridiques. Aux termes des dispositions de l'article 7 de la loi de la loi n° 2021-21 du 2 mars 2021 susvisée : « *Le Journal officiel est mis à la disposition du public de manière permanente, dans des conditions de nature à garantir l'accessibilité des normes* ».

Au Sénégal, le Conseil constitutionnel, dans la décision rendue le 20 juillet 2021[1139], a donné un contenu au principe d'accessibilité et d'intelligibilité de la loi pénale[1140]. Le juge constitutionnel a estimé que « *l'exigence d'accessibilité et d'intelligibilité de la loi qui, pour les règles pénales de*

1136 JORS n° 6991 du 07 février 2017, p. 197.

1137 V. LASSERRE, « La compréhensibilité des lois à l'aube du XXIe siècle », *D.* 2002. chron. 1157.

1138 CE du 4 octobre 1978, Cavaillès, *Dr. adm.* 1978. Comm. 326.

1139 Cons. const. n° 02/C/21 du 20 juillet 2021, Ch. M. A. D. et autres, *inédit.*

1140 Sur cette question, A. L. COULIBALY et P. A. TOURÉ, « Au-delà des turbulences, la constitutionnalisation du principe de l'intelligibilité de la loi : à propos de la décision du Conseil constitutionnel n° 02/C/21 du 20 juillet 2021 » : https://www.pressafrik.com. D'ailleurs, par une circulaire n° 000003 SGG/SGA/JUR/SP du 05 août 2021 relative à l'objectif de valeur de l'intelligibilité de la loi, le Ministre, Secrétaire général du Gouvernement a rappelé aux départements ministériels l'obligation constitutionnelle de veiller à l'intelligibilité et à la qualité rédactionnelle des textes que leurs services introduisent dans le circuit normatif.

fond, est inséparable du principe de la légalité criminelle dont elle constitue la dimension substantielle impose au législateur l'adoption de lois suffisamment claires et prévisibles dans leurs conséquences afin que chaque citoyen sache exactement ce qui lui est interdit et ce qu'il encourt comme sanction en cas de violation de l'interdiction ».

Le législateur a consacré ainsi le principe de l'accessibilité et de la permanence du *Journal officiel*.

Face aux difficultés d'accès aux textes constatées dans l'Administration publique, le Président de la République et le Premier Ministre ont, par des circulaires n° 0005 PR/SG/IGE du 03 mai 1985 et n° 0036 PM/SGG/PAT du 02 juin 2015 sur l'abonnement des ministères et autres services de l'État au *Journal officiel*, recommandé aux ministères et autres services de l'État, de souscrire des abonnements au *Journal officiel* et de renouveler la souscription au début de chaque gestion budgétaire[1141].

D'ailleurs, l'Imprimerie nationale a publié, entre 1973 et 1974, des tables du *Journal officiel*, conçues à l'aide de mots-clés. Ces tables constituent des outils de travail rendant la recherche des textes législatifs et réglementaires plus rapide et plus aisée. C'est pourquoi, par la circulaire n° 00012 PM/SGG/SGE du 27 janvier 1976 sur les tables du *Journal officiel* à commander, le Secrétaire général du Gouvernement invitait les ministères à commander les tables du *Journal officiel*[1142].

[1141] V. la circulaire n° 0005 PR/SG/IGE du 03 mai 1985 sur l'abonnement au *Journal officiel* ; également, la circulaire n° 0036 PM/SGG/PAT du 02 juin 2015 sur l'abonnement des ministères et autres services de l'État au *Journal officiel*.

[1142] Dans le même sens, V. la circulaire n° 0029 PM/SGG/SL ARCH. du 26 avril 1974 relative aux tables annuelles du *Journal officiel* ; circulaire n° 76 PM/SGG/ARCH. du 14 septembre 1978, relative aux tables du *Journal officiel* et la circulaire n° 3077 PM/SGG/ARCH. du 17 avril 1979 relative à la commande des tables du *Journal officiel*.

DOCUMENT N° 42 : L'ABONNEMENT AU JOURNAL OFFICIEL

La circulaire n° 0036 PM/SGG/SGGA/PAT du 02 juin 2015 relative à l'abonnement des ministères et autres services de l'Etat au *Journal officiel*

REPUBLIQUE DU SENEGAL
Primature
Le Premier Ministre

N° 0036 PM/SGG/SGGA/PAT

Dakar, le 02 juin 2015

CIRCULAIRE

A

Mesdames et Messieurs les Ministres,

Mesdames et Messieurs les Ministres délégués,

Monsieur le Ministre, Secrétaire général de la Présidence de la République,

Objet : Abonnement des ministères et autres services de l'État au *Journal officiel*

Au Sénégal, la publication des textes législatifs et réglementaires ainsi que des Conventions internationales au *Journal officiel* est la procédure employée pour porter ces textes à la connaissance du public.

En effet, en vertu de l'article 2 de la loi n° 70-14 du 6 février 1970 fixant les règles d'applicabilité des lois, des actes administratifs à caractère réglementaire et des actes administratifs à caractère individuel, modifiée par la loi n° 71-07 du 21 janvier 1971, les lois promulguées et les actes administratifs à caractère réglementaire sont publiés par voie d'insertion au *Journal officiel*. Celui-ci doit, au moment de sa diffusion dans le public être déposé contre récépissé au Secrétariat général du Gouvernement.

L'original du récépissé est ensuite publié dans le *Journal officiel* suivant et des copies sont adressées au Ministère de l'Intérieur et de la Sécurité publique, au Ministère de la Justice et aux archives nationales où elles peuvent être consultées par toute personne Intéressée.

A cet effet, l'article 2 de l'arrêté ministériel n° 3649 MEF du 17 avril 1981 portant organisation de la Direction de l'Imprimerie nationale énonce que ce service, rattaché au Secrétariat général du Gouvernement, est chargé d'assurer l'impression et la publication des textes officiels de l'État et toutes autres éditions que lui confie le Gouvernement.

Il m'a été donné de constater que rares sont les ministères et autres services de l'Etat qui ont souscrit des abonnements au *Journal officiel*. Malgré l'instauration d'un *Journal officiel électronique*, à travers la mise en ligne partielle du *Journal officiel* dans le site du Gouvernement du Sénégal (www.gouv.sn), cette situation n'a fait qu'aggraver les difficultés d'accès aux textes au Sénégal.

Pourtant, la formalité de la publication, indispensable à l'entrée en vigueur des textes normatifs, participe de l'accessibilité du droit et pose des enjeux de bonne gouvernance économique. L'accès au droit positif constitue un critère majeur d'attractivité de notre système juridique et un facteur de compétitivité économique.

En conséquence, je vous invite à instruire vos services, en rapport avec la Direction de l'Imprimerie nationale, de prendre toutes les dispositions nécessaires en vue de souscrire des abonnements au *Journal officiel*.

J'attache du prix à l'exécution strict de mes présentes directives.

Le Premier Ministre

Mahammed Boun Abdallah DIONNE

DOCUMENT N° 43 : L'ERRATUM AU JOURNAL OFFICIEL

ERRATUM

Erratum à l'article 65 alinéa 2 de la loi organique n° 2017-10 du 17 janvier 2017 publiée au *Journal officiel* n° 6989 spécial du mercredi 18 janvier 2017, page 75 :

Article 65 alinéa 2, **au lieu de** : « Toutefois, est fixé à 68 ans la limite d'âge des magistrats occupants les fonctions de Premier Président, de Procureur général et de Président de chambre à la Cour suprême »,

Lire : « Toutefois, est fixé à 68 ans la limite d'âge des magistrats occupants les fonctions de Premier Président, de Procureur général et de Président de chambre et de Premier Avocat général à la Cour suprême ».

SECTION II :
LES MODALITÉS D'ENTRÉE EN VIGUEUR DES TEXTES LÉGISLATIFS ET RÉGLEMENTAIRES

503. Modalités. Les actes législatifs et réglementaires après l'accomplissement des formalités préalables (promulgation, enregistrement et publicité) deviennent applicables, c'est-à-dire qu'ils accèdent à la vie juridique. Le législateur a minutieusement organisé leurs modalités d'entrée en vigueur, en prévoyant, d'une part, les règles de droit commun et, d'autre part, les règles particulières relatives à l'applicabilité des textes législatifs et réglementaires.

PARAGRAPHE PREMIER : LES RÈGLES DE DROIT COMMUN RELATIVES À L'APPLICABILITÉ DES TEXTES LÉGISLATIFS ET RÉGLEMENTAIRES

504. Droit commun de l'applicabilité. Les règles de droit commun de l'applicabilité des textes ont vocation à s'appliquer à défaut de règles particulières relatives à certaines catégories de textes.

Le régime de droit commun de l'applicabilité des textes concerne les lois et les actes administratifs édictés par les autorités administratives centrales (lois, ordonnances, décrets du Président de la République, arrêtés du Premier Ministre, des ministres, etc.). Ces règles de droit commun concernent, d'une part, les lois et les actes administratifs à caractère réglementaire et, d'autre part, les actes administratifs à caractère individuel.

A. L'applicabilité des lois et actes administratifs à caractère réglementaire

505. Textes concernés. Le régime de droit commun de l'entrée en vigueur des lois et des actes réglementaires concerne les textes publiés et ceux non publiés ou publiés partiellement au *Journal officiel.*

1. Les textes publiés au *Journal officiel*

506. Régime. La réforme introduite par la loi n° 2021-21 du 2 mars 2021 précitée a surtout eu pour objectif d'assurer une unification et une simplification du régime de l'entrée en vigueur des textes. L'option du législateur d'unifier et de simplifier la date d'entrée en vigueur des textes s'est manifestée par la consécration d'un principe d'applicabilité des textes législatifs et réglementaires un jour franc à compter de leur publication au *Journal officiel*. Mais la loi a aménagé des exceptions à ce principe de base[1143].

a. Le principe de l'applicabilité des textes législatifs et réglementaires un jour franc à compter de la publication au *Journal officiel*

507. Principe. Face aux lacunes du régime de l'entrée en vigueur fixé par la loi du 06 février 1970, le législateur a procédé à une simplification du dispositif d'applicabilité des textes désormais subordonnée à leur seule publication au *Journal officiel*.

Il résulte des dispositions de l'article 10 de la loi n° 2021-21 du 02 mars 2021 susvisée, contenu dans la section IV, intitulé « *Applicabilité des textes* » que « *Les lois et, lorsqu'ils sont publiés au Journal officiel, les actes administratifs à caractère réglementaire entrent en vigueur un jour franc à compter de leur publication au Journal officiel (...)* »[1144].

L'applicabilité des lois et des actes administratifs à caractère réglementaire n'est plus subordonnée au dépôt du *Journal officiel* au Secrétariat général du Gouvernement. Elle est seulement tributaire de leur publication au *Journal officiel* sur support papier et par voie électronique. Un jour franc après sa publication au *Journal officiel*, le texte normatif entre en vigueur.

Ainsi, pour les actes législatifs et réglementaires, l'opposabilité, acquise dès la publication et l'applicabilité ne sont pas simultanées. Le législateur a entendu accorder aux citoyens un délai de vingt-quatre heures à compter de la publication pour leur permettre d'être informés de l'existence des textes législatifs et réglementaires [1145].

[1143] P. A. TOURE, *L'entrée en vigueur des lois, des ordonnances et des actes administratifs*, Dakar, Abis éditions, 2021, p. 208.

[1144] H. MOYSAN, « Entrée en vigueur de la loi : le jour même ou le lendemain de la publication ? », *JCP adm. collect. territ.*, 22 avril 2013. 2116.

[1145] En ce sens, A. BOCKEL, *Droit administratif*, Dakar-Abidjan, NEA, 1978, p. 175.

Le jour franc commence à courir à compter de l'insertion du texte au *Journal officiel* sur support papier et par voie électronique.

Un jour franc est un intervalle de vingt-quatre heures compté de minuit à minuit sans tenir compte du jour où s'est produit l'événement.

Par exemple, lorsqu'une loi est publiée au *Journal officiel* le 05 janvier, elle est applicable sur tout le territoire le 07 janvier à zéro heure.

Mais le dépôt du *Journal officiel* au SGG n'est plus une condition de l'applicabilité des textes, le législateur a tout de même maintenu cette formalité. En vertu des dispositions de l'article 7, alinéa 2 de la loi n° 2021-21 du 02 mars 2021, le *Journal officiel*, au moment de sa diffusion dans le public est déposé contre récépissé au Secrétariat général du Gouvernement. Le texte ne le précise pas, mais tout porte à croire que, comme par le passé, c'est le support papier du *Journal officiel* qui fait l'objet d'un dépôt au Secrétariat général du Gouvernement contre récépissé.

Contrairement à la législation antérieure, la formalité du dépôt du *Journal officiel* au SGG prévue par l'article 7 de la loi n° 2021-21 du 02 mars 2021 précitée est une simple formalité informative, qui permet aux services du SGG d'archiver les textes publiés au *Journal officiel*.

En effet, l'entrée en vigueur des textes ne dépend plus de l'accomplissement de la formalité supplémentaire du dépôt au SGG, mais de leur seule publication au *Journal officiel*. C'est certainement pourquoi les formalités de publication de l'original du récépissé dans le *Journal officiel* suivant et de transmission des copies au Ministère de l'Intérieur, au Ministère de la Justice et aux archives nationales[1146] ont été abandonnées par la nouvelle législation.

Le législateur a procédé à l'unification de la date d'entrée en vigueur des textes sur toute l'étendue du territoire national. L'article 10, alinéa 1er de la loi n° 2021-21 du 02 mars 2021 susvisée précise que les lois et les actes administratifs à caractère réglementaire entrent en vigueur un jour franc à

[1146] V. anc. art. 2, al. 2 de l'ancienne loi du 06 février 1970 précitée.

compter de leur publication au *Journal officiel* « *sur toute l'étendue du territoire national* ».

La discrimination ou du moins le décalage entre la capitale et l'intérieur du territoire a été opportunément abandonné. En effet, la simultanéité et l'instantanéité de la publication électronique justifient amplement l'uniformisation de la date d'entrée des textes législatifs et réglementaires sur toute l'étendue du territoire national[1147].

La mise en ligne des textes permet, du moins en principe, aux citoyens un accès non discriminatoire à la production normative pour peu que l'État garantisse aux citoyens une connectivité et un accès équitable au réseau internet[1148].

b. Les exceptions au principe de l'applicabilité des textes un jour franc à compter de leur publication

508. Dérogations. Le législateur a prévu des exceptions à la règle (supplétive) de l'entrée en vigueur un jour franc après la publication, par l'instauration de règles relatives à l'entrée en vigueur immédiate, à l'entrée en vigueur différée et à l'entrée en vigueur rétroactive.

- L'entrée en vigueur immédiate

509. Applicabilité immédiate. La loi n° 2021-21 du 02 mars 2021 susvisée a prévu un régime spécifique d'applicabilité d'urgence des textes législatifs et réglementaires. Aux termes des dispositions de l'article 10, alinéa 2 de la loi n° 2021-21 du 02 mars 2021 susvisée : « *En cas d'urgence, les lois et les actes administratifs à caractère réglementaire*

1147 Sur cette question en droit français, H. MOYSAN, « Entrée en vigueur de la loi : le jour même ou le lendemain de la publication ? À propos de la formulation employée dans certaines lois selon laquelle l'application ou l'entrée en vigueur de dispositions qu'elles édictent a lieu « à compter de la date de publication de la présente loi », *Droit fiscal* n° 49, 6 décembre 2012, p. 542.

1148 E. CARTIER, « Publicité, diffusion et accessibilité de la règle de droit dans le contexte de la dématérialisation des données juridiques », *AJDA,* 2005, p. 1092 ; S. TURGIS, « L'accès au droit par internet », *AJDA*, 2015, p. 142.

entrent en vigueur dès leur publication, lorsqu'une disposition spéciale le prévoit » [1149].

Ainsi, un texte législatif ou réglementaire peut, en situation d'urgence, déroger au principe de l'entrée en vigueur un jour franc après la publication, et prévoir son applicabilité le jour même de la publication.

Mais pour qu'une loi ou un acte réglementaire puisse entrer en vigueur dès sa publication, il est nécessaire d'insérer dans le texte une disposition spéciale prévoyant son applicabilité le jour de sa publication au *Journal officiel*. Cette disposition constitue une disposition transitoire d'entrée en vigueur insérée à la fin du texte.

Dans le cas de l'entrée en vigueur immédiate, il y a une simultanéité entre l'opposabilité, coïncidant avec la publication du texte et l'applicabilité, c'est-à-dire son entrée en vigueur.

Ce régime d'entrée en vigueur rappelle celui applicable aux ordonnances. En effet, il résulte des dispositions de l'article 77 de la Constitution que les ordonnances entrent en vigueur dès leur publication.

Par ailleurs, ce système d'applicabilité immédiate se rapproche de celui applicable aux actes administratifs à caractère individuel qui sont exécutoires dès leur notification aux intéressés.

- L'entrée en vigueur différée

510. Applicabilité différée. L'acte législatif ou réglementaire ne devient pas toujours applicable un jour franc après sa publication au *Journal officiel*. Le législateur peut retarder sa date d'entrée en vigueur[1150].

Il s'agit d'une entrée en vigueur différée soit par la volonté du législateur, soit du fait de l'absence de textes d'application.

En premier lieu, l'entrée en vigueur différée se traduit par une véritable suspension de l'applicabilité du texte. La suspension de l'entrée en vigueur

---

[1149] P. A. TOURE, *L'entrée en vigueur des lois, des ordonnances et des actes administratifs*, Dakar, Abis éditions, 2021, p. 222.
[1150] P. A. TOURE, *op.cit.*, p. 219.

d'un acte normatif peut résulter de la prévision d'un terme suspensif ou d'une condition suspensive.

Le législateur fixe souvent un terme suspensif qui consiste à retarder l'entrée en vigueur de l'acte en cause en la reportant soit à une date déterminée, soit à l'expiration d'un certain délai.

Dans ce dernier cas, la date de publication détermine le plus souvent le point de départ de la date d'entrée en vigueur[1151]. La loi n° 2021-21 du 02 mars 2021 susvisée, en son article 10, a repris le même système d'entrée en vigueur retardée en prévoyant les règles ordinaires d'entrée en vigueur « *sauf dispositions expresses reportant leur entrée en vigueur à une date ultérieure* ».

Cette technique est souvent utilisée en vue de laisser le temps nécessaire aux sujets de droit de se conformer au texte et pour permettre à l'Administration publique de prendre toutes dispositions utiles. Il s'agit de laisser aux destinataires futurs de la loi une période raisonnable d'adaptation. C'est pourquoi ce sont, le plus souvent, les lois apportant des réformes bouleversant des pans entiers de la législation ou de la réglementation dont l'applicabilité est différée. L'entrée en vigueur du texte est alors reportée à une date certaine constituant un terme suspensif.

À titre d'exemple, l'entrée en vigueur des dispositions de la loi n° 72-61 du 12 juin 1972 portant Code de la Famille a été reportée au 1er janvier 1973[1152].

Aussi, l'article 17 de la loi n° 2015-09 du 04 mai 2015 relative à l'interdiction de la production, de l'importation, de la détention, de la distribution, de l'utilisation de sachets plastiques de faible micronnage et à la gestion rationnelle des déchets plastiques prévoit qu'elle « *entre en vigueur à la fin du sixième mois à compter de sa publication au Journal officiel* ».

1151 CE du 09 juillet 1993, Assoc. Collectif pour la défense du droit et des libertés, *Lebon* 590.
1152 V. art. 829 du Code de la Famille.

La condition suspensive consiste, quant à elle, à subordonner l'entrée en vigueur de l'acte normatif à la réalisation d'un événement incertain. Selon les principes qui gouvernent la question en droit privé, la condition suspensive ne peut être strictement potestative, c'est-à-dire exclusivement dépendante de la volonté d'un des intéressés puisque cela créerait un risque d'arbitraire.

Elle peut être simplement potestative, c'est-à-dire dépendre de la volonté d'une personne et de la réalisation d'un événement indépendant de la volonté des intéressés, ou casuelle, lorsqu'elle dépend uniquement d'un tel événement.

Enfin, la nature de la condition visée ne doit pas être impossible, contraire aux bonnes mœurs ou prohibée par la loi. La soumission à une condition suspensive doit en outre être compatible avec les pouvoirs de l'auteur de l'acte qui ne sauraient y soumettre l'entrée en vigueur d'une décision pour laquelle il ne dispose que d'une compétence liée.

Il semble possible d'analyser comme une condition suspensive le fait pour un texte de ne pouvoir entrer en vigueur tant que ses modalités d'application n'ont pas été édictées. Le Conseil d'État français considère ainsi, à propos de la subordination de l'entrée en vigueur d'une loi à l'intervention d'un décret en Conseil d'État, que « *si une loi, une fois promulguée, devient exécutoire à partir du moment où sa promulgation est connue, son entrée en vigueur se trouve différée lorsque la loi contient des dispositions subordonnant expressément ou nécessairement son exécution à une condition déterminée* »[1153].

Dans la pratique, le recours à une condition suspensive pour déterminer l'entrée en vigueur d'un acte normatif n'est pas très fréquent.

[1153] CE du 26 février. 2001, Mme Laloubère, req. n° 220021, *RFDA* 2001. 540 ; CE 25 novembre 2015, Féd. des établissements hospitaliers et d'aide à la personne, req. n° 380708.

En second lieu, l'applicabilité d'un acte législatif ou réglementaire peut être différée en raison de circonstances pratiques, jusqu'à la publication de textes d'application (décrets ou arrêtés)[1154].

D'ailleurs, certains actes réglementaires, de par leur généralité même ou par le jeu exprès de leurs dispositions, ne peuvent entrer en vigueur tant qu'ils n'ont pas été précisés et complétés par de nouvelles mesures réglementaires indispensables à leur application. Leur entrée en vigueur est alors tributaire de la publication de ces mesures d'explicitation[1155].

L'entrée en vigueur d'un règlement n'est différée jusqu'à l'édiction et la publication de mesures postérieures que si ces dernières sont « *nécessaires* » ou « *strictement nécessaires* » pour le rendre applicable[1156]. Il s'agit d'un système d'entrée en vigueur dépendante de la prise de mesures réglementaires d'application.

Au Sénégal, la loi n° 2021-21 du 2 mars 2021 précitée n'a pas accueilli le système d'entrée en vigueur différée du fait de l'absence de textes d'application, mais dans la pratique l'applicabilité effective de certains textes est souvent subordonnée à l'édiction d'actes d'application qui tardent quelquefois à intervenir.

L'intervention des textes d'exécution est bien souvent une condition de l'application effective du texte législatif[1157].

1154 J.-C. VENEZIA, « Les mesures d'application », *Mélanges Chapus,* 1992, p. 676 ; M. DIAKHATE, *Les lois au Sénégal. Volume 1. La procédure législative,* Dakar, CREDILA, 2020, p. 112 et 113.

1155 CE du 21 décembre 1966, Moreau, *Rec. CE* 1966, p. 674 ; CE du 12 juin 2002, Caisse de décès "Union d'épargne d'Alsace et de Lorraine", *JurisData* n° 2002-064582 ; *Rec. CE* 2002, tables, p. 606 et 607 ; CE du 11 décembre 2006, n° 282653, Zagli, *JurisData* n° 2006-071426 ; *AJDA* 2007, p. 157.

1156 CE du 8 juillet 1987, Espieu, *Dr. adm.* 1987, comm. 464 ; CE du 30 décembre 1998, Portejoie et a. , *JurisData* n° 1998-051102 ; *Rec. CE* 1998, p. 510.

1157 M. GUIBAL, « Le retard des textes d'application des lois », *RDP*, 1974, p. 1039 ; R. LIBCHABER, « Le décret d'application, norme paradoxale », *RTD civ.*, 1998, p. 788 ; B. SEILLE, « Précisions sur l'obligation d'exercer le pouvoir réglementaire », *AJDA* 2004, p. 761 ; H. MOYSAN, « De la mise en application de la loi à la qualité de sa rédaction », *JCP* éd. G, février 2010, p. 208 et s.

Dans l'arrêt rendu par la Cour suprême le 13 février 1985[1158], un assistant à la Faculté des Sciences juridiques et politiques de l'Université de Dakar, avait fait grief au décret n° 82-844 du 19 octobre 1982 accordant une indemnité de logement aux enseignants des universités d'avoir fixé au 1er juillet 1982 la date à laquelle est accordée l'indemnité de logement alors que la loi n° 81-59 du 09 novembre 1981 portant statut du personnel enseignant des universités n'a pas prévu un différé quant à son application, qui est dès lors immédiate[1159].

La Cour suprême a jugé « *qu'une loi ne peut entrer en vigueur que si son application est possible sans l'intervention d'autres textes* » ; ce qui est bien le cas de l'article 49 de la loi n° 81-59 du 09 novembre 1981 qui renvoyait à un décret le soin de fixer le montant de l'indemnité de logement à allouer aux enseignants.

Les hauts magistrats ont ajouté qu'en l'espèce, l'intervention du décret attaqué dépendait du vote de la loi de finances n° 82-08 du 30 juin 1982 prévoyant dans le budget les crédits afférents au paiement de l'indemnité de logement, à compter du 1er juillet 1982.

La circulaire n° 0007 PM/SGG/SP du 07 mars 1996 relative aux textes d'application de la loi sur la décentralisation insistait déjà sur la nécessaire implication de tous les services de l'État en vue de l'élaboration des textes nécessaires à la mise en œuvre de la politique de décentralisation territoriale.

Déjà, une circulaire n° 01/PM/SGG/SGA du 29 janvier 1996 relative au suivi des décrets d'application des lois avait demandé aux ministres « *de veiller à ce que les projets de loi qui prévoient dans leurs dispositions des décrets d'application soient transmis au Secrétariat général du Gouvernement en même temps que lesdits décrets d'application* »[1160].

[1158] CS n° 14 du 13 février 1985, A. S. c/ État du Sénégal, *inédit*.

[1159] Sur cette question, C. T. THIAM, « Le statut des enseignants des universités », in *La fonction publique sénégalaise,* Actes du 1er colloque sur les institutions du Sénégal, *RIPAS*, n° 14, octobre-décembre 1985, p.157-168.

[1160] Dans le même sens, V. la circulaire n° 006/PM SGG du 16 mai 2000 sur la procédure d'élaboration, d'enregistrement et de publication des projets de loi et de décret.

Dans cette circulaire, le Premier Ministre a précisé que le non-respect de cette directive entraîne le retour desdits projets aux ministères initiateurs.

En outre, la circulaire n° 0008 PM/SGG/SGA/PAT du 08 juin 2017 relative à la rédaction des textes d'application des projets de loi ou de décret, précisant les prescriptions de la circulaire n° 01/PM/SGG/SGA du 29 janvier 1996, recommande aux ministères d'inscrire dans leurs agendas législatifs et réglementaires et de transmettre au Secrétariat général du Gouvernement, les projets de texte d'application en même temps que les projets de loi ou de décret qui les prévoient.

Cette circulaire a appelé l'attention des ministres sur la nécessité de préparer et de rédiger les textes d'application dès la finalisation des travaux de conception du texte de base, tout en veillant à la bonne articulation et à la cohérence d'ensemble du dispositif juridique. Il s'agit de favoriser l'application effective des principes dégagés par les textes législatifs.

- L'entrée en vigueur rétroactive

511. Rétroactivité. En principe, les textes législatifs et réglementaires ne disposent que pour l'avenir ; ils ne rétroagissent pas.

Toutefois, des exceptions à ce principe sont prévues, à travers la consécration du régime de l'entrée en vigueur rétroactive[1161].

- **Le principe de la non-rétroactivité des lois**

512. Effet non rétroactif. Les lois rétroactives dérogent au principe de la non-rétroactivité des lois. On retrouve en filigrane le principe de non-rétroactivité dans les dispositions de l'article 831 du Code de la Famille. Selon ce texte, la loi nouvelle « *régit les actes et faits juridiques postérieurs et les conséquences que la loi tire des actes ou faits qui ont précédé sa mise en application* »[1162].

[1161] P. A. TOURE, *L'entrée en vigueur des lois, des ordonnances et des actes administratifs*, Dakar, Abis éditions, 2021, p. 232 et s.

[1162] Pour des applications de ce principe, CA Dakar, ch. civ. comm. n° 301 du 16 avril 2007, Issam OMAIS c/ la Société Confiserie TRIKI LE, *inédit* ; CA Dakar, c. civ. n° 84, du 02 juin 2014, La Compagnie d'Assurances NSIA c/ Henri VIDAL, *inédit* : « Aux termes d'un principe de droit, la loi ne disposant que pour l'avenir ; n'ayant point d'effet

Ce principe de non-rétroactivité est fondé sur le besoin de garantir la sécurité juridique des personnes qui ont pris en compte les lois existantes au moment de leur action. L'adoption d'une loi postérieure modifiant les lois anciennes pourrait créer un trouble et être à l'origine d'une grande insécurité[1163].

La chambre civile de la Cour suprême a jugé, dans un arrêt du 06 février 2008[1164], que fait une exacte application du texte de loi, la cour d'appel qui juge qu'en dehors de toute disposition de la loi nouvelle prévoyant son caractère rétroactif, un bail conclu et résilié antérieurement au 1er janvier 1998, date de l'entrée en vigueur de l'Acte uniforme de l'OHADA sur le droit commercial général, est soumis aux dispositions de la loi ancienne (Code des Obligations civiles et commerciales) dès lors que le congé dont la sanction du caractère abusif est recherchée a été signifié et a atteint son terme avant cette date.

En matière sociale, la Cour de Cassation du Sénégal a également jugé dans son arrêt rendu le 26 mai 1999[1165] qu'en vertu du principe de non-rétroactivité des lois, l'application de la loi nouvelle ne peut, hors le cas d'une disposition législative expresse, avoir pour conséquence d'annuler ou de destituer de leurs effets définitifs ou provisoires les actes accomplis sous l'empire du texte ancien.

La Cour régulatrice en a conclu que la loi nouvelle modifiant les règles en matière de licenciement ne peut s'appliquer à un licenciement prononcé antérieurement à la promulgation de ladite loi.

Il a été également jugé qu'en vertu du principe de non-rétroactivité des lois, la loi nouvelle qui n'est pas une loi de procédure, mais modifie les

---

rétroactif, elle ne peut s'appliquer qu'aux conventions ou actes ou faits juridiques nés sous son empire ».

1163 A. S. SIDIBE, *Droit civil. Droit sénégalais. Introduction à l'étude du droit. État des personnes. Famille*, Dakar, CREDILA, 2014, p. 64.

1164 CS ch. civ. comm. n° 31 du 06 février 2008, Mame Diabou GAYE c/ La Société ESEMCO, *inédit*.

1165 C. cass. ch. soc. n° 54 du 26 mai 1999, Amadou Ardo Samba DIALLO c/ La Société AMERGER CASAMANCE, *inédit*.

règles en matière de licenciement ne peut s'appliquer à un licenciement prononcé antérieurement à la promulgation de ladite loi.

D'où il suit que le licenciement des travailleurs concernés, étant intervenu en 1993, la cour d'appel ne pouvait faire application à ce licenciement de règles édictées postérieurement et plus précisément en 1994.

Corollaire du principe de la légalité, la non-rétroactivité de la loi pénale est un principe fondamental qui assure la protection de la liberté individuelle[1166]. La loi pénale n'est légitime que si elle prévient avant de réprimer (*lex moneat priusquam feriat*)[1167].

Aux termes de l'article 9, alinéa 2 de la Constitution : « *Nul ne peut être condamné si ce n'est en vertu d'une loi entrée en vigueur avant l'acte commis* »[1168].

Dans une décision rendue le 23 juin 1993[1169], le Conseil constitutionnel sénégalais s'est prononcé sur la portée du principe de la non-rétroactivité des lois. Il a jugé que ce principe « *n'a de valeur constitutionnelle qu'en matière pénale, conformément aux articles 6 de la Constitution, 8 de la Déclaration des droits de l'homme et du citoyen de 1789 et 11.2 de la Déclaration universelle des Droits de l'Homme de 1948* ».

Le juge constitutionnel a précisé que la rétroactivité d'une loi nouvelle ne peut remettre en cause des situations existantes que dans le respect des droits et libertés de valeur constitutionnelle.

[1166] S. VAN DROOGHENBRŒK, « Interprétation jurisprudentielle et non-rétroactivité de la loi pénale », *RTDH* 1996, p. 463 ; J.-P. DOUCET, « L'entrée en vigueur d'une nouvelle loi d'incrimination », *Gaz. pal.* 1990. 2. Doctr. 130

[1167] J. CALVO, « La notion de prévisibilité infractionnelle », *LPA* 24 octobre 1997, n° 128, p. 4 s. ; J. BOURIN, « Échec aux conséquences funestes des revirements en droit pénal », *Gaz. pal.* 1995. 2. Doctr. 343 ; S. VAN DROOGHENBRŒK, « Interprétation jurisprudentielle et non-rétroactivité de la loi pénale », *RTDH* 1996. 463

[1168] V. également l'art. 4 du Code pénal.

[1169] Cons. const. n° 11/93 du 23 juin 1993, Rabat d'arrêt, in I. M. FALL, *Les décisions et avis du Conseil constitutionnel du Sénégal,* Dakar, CREDILA, 2008, 89, obs. A. NDIAYE. Pour commentaire de cette décision, EL H. MBODJ, « La mise à mort du rabat d'arrêt ? Observations s/c Conseil constitutionnel : 23 juin 1993 », *Revue EDJA*, n° 23, octobre-novembre-décembre 1994, p. 80.

Dans une décision rendue le 23 avril 2025[1170], à propos du recours en inconstitutionnalité dirigé contre la loi interprétative de la loi n° 2024-09 du 13 mars 2024 portant amnistie, le Conseil constitutionnel a rappelé la valeur constitutionnelle du principe de la non-rétroactivité de la loi pénale plus sévère. Il a jugé que l'article 9 de la Constitution et l'article 8 de la Déclaration des Droits de l'Homme et du Citoyen de 1789, qui font partie intégrante de la Constitution, « *prohibent l'application rétroactive des lois pénales plus sévères, y compris lorsqu'elles prennent la forme d'une loi interprétative* ».

Le Conseil constitutionnel a estimé que la loi n° 2024-09 du 13 mars 2024 portant amnistie incluait dans son champ d'application, pour les avoir expressément cités, les faits se rapportant à des manifestations, et ce indifféremment de l'existence d'un lien avec l'exercice d'une liberté publique ou d'un droit démocratique.

Le juge constitutionnel a considéré qu'en mettant hors du champ d'application de la loi portant amnistie les faits se rapportant à des manifestations ou ayant une motivation politique, lorsque ces faits ne sont pas liés à l'exercice d'une liberté publique ou d'un droit démocratique, l'alinéa premier de la loi interprétative *« pose une règle nouvelle et permet la poursuite de faits déjà amnistiés* ». Dès lors, précise le juge, étant plus sévère que la loi qu'il est censé interpréter et devant s'appliquer des faits antérieurs son entrée en vigueur, l'alinéa premier de l'article premier de la loi interprétative viole le principe de la non-rétroactivité des lois pénales plus sévères prévu par l'article 9 de la Constitution.

En matière administrative, la non-rétroactivité de la loi a été érigée en principe général du droit qui s'impose aux autorités administratives[1171].

La non-rétroactivité ayant valeur législative, elle s'impose au pouvoir réglementaire. La solution est acquise que « *les règlements ne disposent que pour l'avenir* »[1172].

[1170] Cons. const. n° 1/C/25 du 23 avril 2025, Abdou MBOW et 23 autres députés, *inédit*.
[1171] CE du 06 février 1981, n° 3837, Wartelle ; au Sénégal, V. CE 30 juillet 1997, Ndèye Binta DIOP, *Bull.*, n° 1, p. 141.
[1172] CE du 11 juin 1993, n° 112810, *JurisData* n° 1993-045410.

Sont en principe entachées d'illégalité les dispositions réglementaires rétroactives, entendues de celles qui prévoient leur application à une date antérieure à leur publication ou à leur notification selon qu'elles sont réglementaires ou individuelles[1173].

La Cour suprême du Sénégal, dans un arrêt du 22 octobre 2015[1174], a considéré qu'un décret exigeant des électeurs la production d'un certificat d'inscription au registre du commerce, prouvant leur immatriculation un an au moins avant la date de révision des listes électorales ajoute une condition impossible à satisfaire puisque n'étant pas prévue par la législation antérieure, alors surtout qu'entre la date d'entrée en vigueur dudit décret et la fixation de la période de révision, il ne s'est pas écoulé une année.

La cour régulatrice a jugé que « *l'exigence de l'inscription au registre du commerce au moins un an avant viole, en effet, les principes d'égalité et de non-rétroactivité d'autant plus que les requérants remplissaient les conditions lors des dernières élections* ».

Mais une norme nouvelle qui a un effet immédiat sur des situations formées antérieurement à son intervention, non définitivement constituées, qui ne vaut que pour l'avenir, ne viole pas le principe de non-rétroactivité[1175].

- **Les exceptions au principe de la non-rétroactivité des lois**

513. Rétroactivité. Malgré l'affirmation du principe de non-rétroactivité des lois dicté par un besoin d'assurer la sécurité juridique des personnes, il comporte des exceptions impliquant la rétroactivité de la loi. Le législateur peut prévoir que la loi sera rétroactive, c'est-à-dire qu'elle s'applique à des

---

[1173] P. LEWALLE, *Contribution à l'étude de l'application des actes administratifs unilatéraux dans le temps*, Liège 1975 ; M. LETOURNEUR, « Le principe de non-rétroactivité des actes administratifs », *EDCE* 1955, p. 37 ; D. SY, *Droit administratif*, Dakar, l'Harmattan, 2014, 2e édition, p. 302.

[1174] CS ch. adm. n° 65 du 22 octobre 2015, Ibrahima Amadou WATT & Mody Maodo BA c/ État du Sénégal, *inédit*.

[1175] CS ch. adm. n°21 du 12 avril 2012, Thierno Mamadou KANE et autres c/ État du Sénégal, *inédit*.

situations juridiques nées avant son entrée en vigueur[1176]. Il s'agit en réalité d'un cas d'entrée en vigueur anticipée du texte normatif[1177]. Même si l'article 10 de la loi n° 2021-21 du 02 mars 2021 ne réserve que les cas où des dispositions expresses reportent l'entrée en vigueur des textes à une date ultérieure, il a été toujours admis la possibilité d'une entrée en vigueur anticipée de la loi, c'est-à-dire d'une rétroactivité de la loi ou du règlement[1178].

514. Les lois expressément rétroactives. Il y a des cas où le législateur déclare expressément rétroactives certaines lois[1179]. Une mention expresse dans le texte est en principe requise[1180]. Ces situations sont rares en droit sénégalais[1181]. Elles interviennent souvent dans le cadre de la gestion de la carrière des fonctionnaires. À titre d'exemple, l'article 1er du décret n° 65-295 du 05 mai 1965, qui a fixé au 1er janvier 1962 la date d'effet des intégrations dans le corps de fonctionnaires qu'il énumère, constitue une disposition rétroactive.

Il résulte de l'article 50, alinéa 2 de la loi n° 76-66 du 02 juillet 1976 portant Code du Domaine de l'État que les dispositions des articles 45 et 46 dudit code sont applicables aux baux consentis avant la date d'entrée en vigueur de ce code.

515. Les lois édictant des mesures de sûreté. En matière pénale, la doctrine admet que les lois édictant des mesures de sûreté peuvent s'appliquer rétroactivement. Ces mesures ont pour objet de prévenir les

---

1176 M. DIAKHATE, *Les lois au Sénégal. Volume 1. La procédure législative,* Dakar, CREDILA, 2020, p. 112.

1177 P. A. TOURE, *L'entrée en vigueur des lois, des ordonnances et des actes administratifs*, Dakar, Abis éditions, 2021, n° 196.

1178 L. DUGUIT, « La non-rétroactivité des lois et l'interprétation des lois », *RD publ.* 1910, p. 764 ; O. DUPEYROUX, *La règle de la non-rétroactivité des actes administratifs*, Paris, LGDJ 1953 ; H. BLONDEAU, « Essai sur ce qu'on appelle l'effet rétroactif des lois », *S.* 1809, 2, p. 277 ; L. MILANO, « Les lois rétroactives, illustration de l'effectivité du dialogue des juges », *RFDA* 2006, p. 447 ; G. JEZE, « Les lois rétroactives », *RD publ.* 1916, p. 26.

1179 Cass. com. du 25 juillet 1949, *Bull. civ.* II, n° 304.

1180 Cass. 2e civ. du 05 mai 1955, *Gaz. Pal.* Rec. 1955, 1, p. 400.

1181 A. S. SIDIBE, *Droit civil. Droit sénégalais. Introduction à l'étude du droit. État des personnes. Famille,* Dakar, CREDILA, 2014, p. 65.

conséquences d'un état dangereux ; elles sont donc instituées dans l'intérêt des délinquants.

Les mesures de sûreté doivent être appliquées même aux délinquants dont les agissements sont antérieurs à l'entrée en vigueur des textes nouveaux[1182]. Il en est ainsi des mesures de rééducation et de protection prévues en matière d'enfance délinquante[1183].

516. Actes contraires au droit international humanitaire. Les actes contraires au droit international humanitaire peuvent toujours être réprimés en tant que tels, même si à l'époque de leur commission, leur répression n'était pas expressément prévue dans la législation interne de l'État où ils ont été commis ou dans celle de l'État poursuivant[1184].

C'est tout le sens qu'il faut donner à l'alinéa 2 de l'article 9 de la Constitution sénégalaise issu de la loi constitutionnelle n° 2008-33 du 07 août 2008. Selon ce texte : « *Toutefois, les dispositions de l'alinéa précédent ne s'opposent pas à la poursuite, au jugement et à la condamnation de tout individu en raison d'actes ou omissions qui, au moment où ils ont été commis, étaient tenus pour criminels d'après les règles du droit international relatives aux faits de génocide, crimes contre l'humanité, crimes de guerre* ».

Sur le fondement de cette disposition, le Conseil constitutionnel a jugé, dans une décision rendue le 23 avril 2025[1185], à propos du recours en inconstitutionnalité dirigé contre la loi interprétative de la loi n° 2024-09 du 13 mars 2024 portant amnistie, que « *le législateur ne saurait, par une loi dite interprétative, ni faire obstacle à la répression de crimes imprescriptibles, ni priver de leur portée les principes relatifs à la*

[1182] R. MERLE et A. VITU, *Traité de droit criminel. Problèmes généraux de la science criminelle. Droit pénal général*, tome 1, Cujas, 7e édition 1997, n° 223.
[1183] V. les art. 565 et s. du Code de Procédure pénale.
[1184] F. DESPORTES et L. LAZERGES-COUSQUER, *Procédure pénale*, Paris, Economica, 2009, n° 332.
[1185] Cons. const. n° 1/C/25 du 23 avril 2025, Abdou MBOW et 23 autres députés, *inédit*.

sauvegarde de la dignité humaine, motif pris de ce que ces crimes seraient liés à l'exercice d'une liberté publique ou d'un droit démocratique »[1186].

Le juge constitutionnel a précisé qu'au sens de l'alinéa 2 de la loi interprétative, les faits tenus pour criminels d'après les règles du droìt international, notamment l'assassinat, le meurtre, le crime de torture, les actes de barbarie, les traitements inhumains, cruels ou dégradants, sont inclus dans le champ de l'amnistie lorsqu'ils ont un lien avec l'exercice d'une liberté publique ou d'un droit démocratique. Or, en incluant ainsi dans le champ d'application de la loi portant amnistie des faits imprescriptibles au regard des engagements internationaux à valeur constitutionnelle du Sénégal, l'alinéa 2 de l'article premier de la loi interprétative viole la Constitution.

517. Lois pénales plus douces Le principe de non-rétroactivité de la loi pénale perd sa raison d'être lorsque la loi nouvelle adoucit la répression[1187]. Lorsqu'une nouvelle loi est plus douce, l'intérêt du délinquant rejoint celui de la société ; jugée par cette dernière inutile, la répression sévère doit être écartée et la norme plus douce appliquée même à ceux ayant commis leur forfait sous l'empire de la loi ancienne.

La loi pénale plus douce s'applique aux faits commis avant son entrée en vigueur et qui n'ont pas fait l'objet d'une condamnation définitive.

Les lois pénales plus douces ont un effet rétroactif ; elles régissent les infractions commises bien avant leur entrée en vigueur. La chambre correctionnelle de la Cour d'appel de Dakar a jugé dans un arrêt du 06 septembre 2013[1188] que « *par dérogation à la règle de non-rétroactivité des lois, les dispositions de la loi nouvelle plus douces s'appliquent immédiatement aux infractions commises avant leur entrée en vigueur et*

[1186] E. Nd. DIOUF, « Faits tenus pour criminels selon les règles du droit international : réflexions sur un aspect de la décision n° 1/C/2025 du 23 avril 2025 » : https://ceracle.com

[1187] R. VIENNE, « Le principe de la rétroactivité de la loi pénale plus douce doit-il être considéré comme absolu ? », *JCP* 1947. I. 618 ; R. BÉRAUD, « La non-rétroactivité des lois nouvelles plus douces », *RSC* 1949. 7.

[1188] CA Dakar, ch. corr. n° 1376 du 06 septembre 2013, MP et S.D.V c/ Philoméne SANCHEZ, *inédit*.

n'ayant pas donné lieu à une condamnation passée en force de chose jugée ».

La jurisprudence pénale sénégalaise a eu l'occasion de mettre en œuvre la rétroactivité « *in mitius* » des lois pénales de fond plus douces à la suite de la dépénalisation de l'émission de chèque sans provision par la loi uniforme n° 2008-48 du 03 septembre 2008 relative à la répression des infractions en matière de chèque, de carte bancaire et d'autres instruments et procédés électroniques de paiement[1189].

Un arrêt de la Cour suprême du Sénégal rendu le 20 mai 2008[1190] a énoncé que « *la loi n° 2004-38 du 28 décembre 2004 « qui édicte l'abolition de la peine de mort, s'applique aux infractions visées par l'arrêt attaqué, qui lui sont antérieures, mais non encore définitivement jugées* ».

518. Principe de l'effet immédiat des lois de procédure. Les lois de procédure échappent en principe à la non-rétroactivité de la loi. Elles sont régies par le principe de l'application immédiate et s'appliquent immédiatement même à des infractions commises antérieurement[1191]. L'article 831 du Code de la Famille évoque sans doute ce principe de l'effet immédiat de la loi puisqu'il énonce que « *la loi nouvelle a un effet immédiat au jour de sa mise en vigueur* ».

Constituent des lois de procédure les textes relatifs à l'organisation judiciaire, à la compétence et à l'instance pénale et à l'exécution des peines.

1189 CA Dakar, n° 103 du 31 janvier 2011, MP et Dominique AUVRAY c/ Cathérine Geneviève LOWENSKY, *inédit* ; CA Dakar, n° 497 du 08 avril 2013 , El Hadji SARR, Moustapha TOURE c / MP et Moustapha TOURE et El Hadji SARR Serigne Mor DIOP, *inédit* ; dans le même sens, CA Dakar, n° 636 du 03 mai 2013, MP et ImmadHamoud c / Mamadou Khalifa DRAME, *inédit* ; CA Dakar, n°398 du 18 avril 2012, MP et Madina TALL LY c/ Aïssatou Guèye DIAGNE, *inédit* ; CA Dakar, n° 60 du 21 janvier 2011, MP et Sidy alpha CISSE - Mamadou Ndoye MBENGUE c / Ndéye Maïmouna NDIAYE, *inédit* ; CA Dakar, n° 1376 du 06 septembre 2013, Ministère public et S.D.V c / Philoméne SANCHEZ, *inédit*.

1190 CS n° 42 du 20 mai 2008, Amadou CAMARA Z Y dit AHMED c/ Ministère public, *inédit*.

1191 Crim. du 15 avril 1942, *Bull. crim.* n° 33; crim. 19 janvier 1960, n° 95-63.558.

Un arrêt de la Cour de Cassation sénégalaise rendu le 19 décembre 2007 a jugé que « *l'article 240 nouveau du Code de Procédure civile relative à la péremption d'instance est une loi de procédure et, sauf dispositions contraires, a effet immédiat sur les procédures en cours au jour de son entrée en vigueur sans que la durée totale puisse excéder le délai de l'ancienne loi* »[1192].

Autrement dit, les lois de procédure sont applicables immédiatement aux instances en cours, mais elles ne régissent que les actes postérieurs à la loi ; les actes de procédure régulièrement faits selon la loi ancienne restant valables. La Cour de Cassation sénégalaise a rappelé le principe de l'effet immédiat des lois de procédure dans un arrêt rendu le 24 mars 1999. Selon la haute juridiction, «*les lois de procédure ont un effet immédiat et sont applicables aux instances en cours* »[1193].

La Cour Commune de Justice et d'Arbitrage de l'OHADA a jugé, dans un arrêt rendu le 1er octobre 2020[1194] que l'Acte uniforme portant organisation des procédures simplifiées de recouvrement et des voies d'exécution (AUPSRVE) adopté à Libreville le 10 avril 1998 est « *une loi de procédure et donc d'application immédiate ayant vocation à régir même les litiges nés avant son entrée en vigueur dès lors que les conditions requises sont remplies* ».

Il a été jugé qu'une loi nouvelle sur la prescription de l'action publique s'applique immédiatement aux prescriptions en cours. Mais elle est sans effet sur les prescriptions déjà acquises[1195].

Mais l'application immédiate subit néanmoins une limitation : aucune décision sur le fond ne doit être intervenue en première instance. Dans le

---

[1192] C. cass. n° 130 du 19 décembre 2007, Le Comptoir Commercial Mandiaye NDIAYE c/La Compagnie d'Investissements Céréaliers Sénégal SARL, *inédit*.
[1193] C. cass. n° 45 du 24 mars 1999, Alassane TALL et 68 autres c/ la Société SAVANA SALY, *inédit*.
[1194] CCJA n° 295/2020 du 1er octobre 2020, Ziya AYDIN c/ la banque centrale du Congo et la République démocratique du Congo, *inédit*.
[1195] Crim. du 03 novembre 1994, *Bull. crim.* n° 349 ; crim. 28 février 1995, *Bull. crim.* n° 87 ; crim. du 03 septembre 1997, *Bull. crim.* n° 294.

cas contraire, la loi nouvelle n'aura aucune incidence pour la suite de la procédure[1196].

Cette solution de l'application immédiate des lois nouvelles de procédure s'explique par le fait qu'elles n'influent pas sur la situation des justiciables, mais ont été instituées dans le but d'assurer aussi rapidement que possible une meilleure administration du service public de la justice.

519. Rétroactivité des actes administratifs. La rétroactivité d'un acte administratif est exceptionnellement possible dans certains cas.

En premier lieu, s'il interdit d'appliquer des mesures nouvelles à des situations passées, le principe de non-rétroactivité ne fait pas obstacle à l'application immédiate des lois et règlements[1197].

En deuxième lieu, l'acte administratif peut rétroagir si un texte de valeur législative l'autorise expressément[1198]. L'habilitation délivrée par la loi aux autorités administratives doit être, sinon expresse, du moins claire et sans équivoque. Le fait qu'une loi précise qu'elle n'entrera en vigueur qu'à la date du 1er janvier suivant n'implique pas que l'Administration soit habilitée à faire rétroagir les mesures prises postérieurement à cette date[1199]. Le Conseil d'État du Sénégal a déjà jugé dans un arrêt rendu le 30 juillet 1997 que « *sauf disposition légale expresse le prévoyant, les actes administratifs ne peuvent pas en principe rétroagir* »[1200].

En troisième lieu, la rétroactivité de l'acte administratif est possible lorsqu'il s'agit de procéder au retrait de l'acte dans les cas où ce retrait

---

1196 Crim. du 07 juillet 1871, *S.* 1871. 1. 85, rapp. Saint-Luc Courborieu ; Crim. du 29 mai 1975, *JCP* 1976. II. 18292, note J. Robert ; crim. du 03 mai 1984, *Bull. crim.* n° 156 ; *D.* 1984. IR 450, obs. J. Robert ; Crim. du 30 janvier 2002, *RSC* 2002. 623, obs. Giudicelli..

1197 CE, sect. du 04 juin 1982, min. Env., Cadre de vie c/ Junique et Richioud, *AJDA* 1982, p. 654 ; CE, sect. du 13 décembre 2006, n° 287845, Lacroix, *JurisData* n° 2006-071180 ; *RFDA* 2007, p. 6, concl. Guyomar ; *RFDA* 2007, p. 275, note Éveillard, *D.* 2007, p. 847, note Bui-Xuan.

1198 C. GAUTRON et M. ROUGEVIN-BAVILLE, *Droit public du Sénégal*, Paris, éditions A. Pédone, 1977, p. 269 ; également, CE, 06 mai 1983, Coz, *Rec. CE* 1983, p. 175 ; CE du 13 octobre 1989, Cne Labarthe-sur-Lèze, *Rec. CE* 1989, tables, p. 472 ; CE, 06 janvier 1993, Dautais, *Rec. CE* 1993, tables, p. 590

1199 CE du 13 mars 1925, Rodière, *Rec. CE* 1925, p. 267.

1200 CE n° 0020 du 30 juillet 1997, Amadou TOUNKARA c/ État du Sénégal, *CE Bulletin des arrêts.* Années judiciaires 1993-1997, n° 01, juillet 1998, p. 135.

serait légalement possible. Le retrait est une opération normative consistant à faire disparaitre un acte administratif pour l'avenir et également à effacer ses effets pour le passé[1201]. On utilise également le verbe « *rapporter* » à la place de « *retirer* »[1202]. Il s'agit d'une annulation rétroactive qui déroge au principe de la non-rétroactivité des actes administratifs. En principe, « *sauf disposition légale expresse le prévoyant, les actes administratifs ne peuvent pas en principe rétroagir* »[1203].

La technique du retrait est traversée par deux intérêts contradictoires. Il est souhaitable que l'Administration puisse mettre fin à certaines de ses décisions inopportunes ou illégales sans attendre l'intervention d'une annulation contentieuse[1204].

En quatrième lieu, il est dérogé au principe de la non-rétroactivité des actes administratifs lorsque la situation que l'acte a pour objet de régir l'exige. La chambre administrative de la Cour suprême a déjà jugé dans un arrêt du 09 juin 2016[1205] « *qu'en vertu de l'article 5 de l'ancienne loi n° 70-14 du 06 février 1970 fixant les règles d'applicabilité des lois, des actes administratifs à caractère réglementaire et des actes administratifs à caractère individuel, une décision administrative est applicable au plus tôt, si elle est règlementaire, à compter du jour de sa publication ; qu'il ne peut rétroagir que si la situation qu'il a pour objet de régir l'exige* ».

Il en est ainsi lorsqu'il s'agit de constater des effets découlant automatiquement d'une situation donnée. À titre d'exemple, la radiation des cadres d'un fonctionnaire condamné à une peine comportant une

---

1201 Sur cette question, P. LOUIS-LUCAS, « Le retrait des actes administratifs individuels », *D.* 1952, ch. p. 107 ; M. WALINE, « Le retrait des actes administratifs », in *Mélanges MESTRE*, 1956, p. 563 ; A. BOCKEL, « La Cour suprême et le problème du retrait des actes administratifs », *Annales africaines* 1971, p. 7 ; *RDP,* 1973, p. 135.

1202 Sur la distinction entre le retrait et l'abrogation, V. la circulaire n° 37 PR/SG/JUR du 16 avril 1964 relative au retrait des actes administratifs individuels.

1203 CE n° 0020 du 30 juillet 1997, Amadou TOUNKARA c/ État du Sénégal, *CE Bulletin des arrêts. Années judiciaires* 1993-1997, n° 01, juillet 1998, p. 135.

1204 V. renvoi aux développements sur le retrait

1205 CS, ch. adm. du 9 juin 2016, Ousmane Diop & 6 autres c/ État du Sénégal, *inédit*.

privation des droits civiques rétroagit au jour où cette condamnation est devenue définitive[1206].

Il a été jugé qu'« *une décision administrative est applicable, au plus tôt si elle est réglementaire, à compter du jour où sa publication la rend obligatoire, et si elle est individuelle, à compter du jour où elle a été notifiée à l'intéressé, toute décision qui prévoit une date d'application antérieure étant illégale dans la mesure où elle est rétroactive ; (...) cependant, le principe de non-rétroactivité en dépit de sa rigueur connaît des aménagements et même des exceptions comme lorsque, la rétroactivité de l'acte peut être exigée par la situation qu'elle avait pour objet de régir* »[1207].

Un autre arrêt de la chambre administrative de la Cour suprême du 10 septembre 2015[1208] a jugé que « *les décisions administratives ne peuvent légalement disposer que pour l'avenir ; que toutefois, la décision administrative peut comporter un effet rétroactif dans la mesure nécessaire pour procéder à la régularisation de la situation d'un agent ou pour tirer les conséquences d'une annulation pour excès de pouvoir* ».

La haute juridiction a jugé que le décret n° 2013-215 du 30 janvier 2013, par lequel un magistrat a été nommé au poste de Substitut du Procureur spécial près la Cour de Répression de l'Enrichissement illicite, pour compter du 29 décembre 2012 n'est pas contraire à l'article 2 de la loi du 06 février 1970 précitée. En effet, ce décret, pris en application de l'arrêt n° 50 du 26 septembre 2013 de la Cour suprême prononçant l'annulation de la nomination du magistrat et faisant courir ses effets pour compter d'un mois après la prise de cette décision, procède de la régularisation de la situation de celui-ci comme substitut du Procureur spécial. D'ailleurs, au moment de sa nouvelle nomination, le 14 octobre 2013, le magistrat remplissait les conditions statutaires requises pour occuper le poste de

---

[1206] C. GAUTRON et M. ROUGEVIN-BAVILLE, *Droit public du Sénégal*, Paris, éditions A. Pédone, 1977, p. 234.
[1207] CS ch. adm. n°64 du 26 décembre 2013, Ahmadou Moustapha Mboup c/ État du Sénégal, *inédit*.
[1208] CS ch. adm. n°57 du 10 septembre 2015, Karim Meïssa WADE c/ État du Sénégal, *inédit*.

substitut du Procureur spécial ainsi qu'il résulte de l'article 4 alinéa 3 de la loi n° 81-54 du 10 juillet 1981 créant une Cour de Répression de l'Enrichissement illicite selon lequel le procureur spécial est assisté d'un substitut nommé par décret parmi les magistrats des cours et tribunaux ayant atteint au moins le premier groupe du deuxième grade.

Cependant, la haute juridiction a considéré qu'une instruction n°0009/MEFP du 09 octobre 2014 du Ministre délégué auprès du Ministre de l'Économie, des Finances et du Plan portant mode de répartition du Fonds commun des agents ainsi que du Fonds des chefs et intervenants de la Direction générale des Impôts et des Domaines qui s'applique à compter du troisième trimestre de l'année 2014, sur l'ensemble des majorations, amendes et pénalités recouvrées durant le trimestre, majoré des produits des écrêtements non encore répartis, encourt l'annulation dans ses dispositions relatives à son entrée en vigueur.

Selon le juge administratif, cette instruction portant sur les échéances, sous la rubrique de la gestion des évaluations, que les résultats des évaluations doivent être produits par chaque direction ou service rattaché, à la fin des mois de mars, juin, septembre et décembre, pour le compte du trimestre considéré. En outre, au moment de l'intervention de l'instruction du 09 octobre 2014, l'échéance du troisième trimestre était pleinement acquise et les résultats des évaluations pouvaient également être disponibles et il ne résulte du dossier aucun élément justifiant la rétroactivité.

520. Lois interprétatives. La loi interprétative a pour objet de clarifier la signification d'une loi antérieure qui est équivoque[1209]. Elle a pour vocation de préciser le sens et la portée d'une loi antérieure ambiguë. Il s'agit d'une loi adoptée pour expliciter une loi antérieure dont le sens ou la portée était incertain par suite de l'obscurité des termes employés ou de l'insuffisance de ces termes.

En conséquence, une loi à caractère interprétatif a un effet rétroactif et doit recevoir application dans les procédures non encore définitivement jugées. C'est pourquoi les lois interprétatives sont par définition des lois

---

[1209] J. REYMOND, *Des lois d'interprétation et de leur rétroactivité*, *Thèse Aix*, 1925 ; N. MOLFESSIS, « La notion de loi interprétative », *RTD civ.* 2002, p. 599.

rétroactives. Elles traduisent la volonté du législateur d'imposer une interprétation de la loi conforme à la volonté qui a été la sienne[1210].

2. Les textes non publiés ou publiés partiellement au *Journal officiel*

521. Textes non publiés ou publiés partiellement au *Journal officiel*. Les dispositions de l'article 3 de la loi n° 2021-21 du 02 mars 2021 précitée prévoient que les lois promulguées ainsi que les actes administratifs à caractère règlementaire sont publiés par insertion au *Journal officiel* sur support papier et par voie électronique « *sauf disposition législative ou réglementaire autorisant la non-publication ou la publication partielle de textes* »[1211]. En d'autres termes, une disposition spéciale insérée dans la loi ou le règlement peut autoriser sa non-publication ou sa publication partielle.

Le législateur a également fixé le régime d'entrée en vigueur des lois et des actes réglementaires non publiés ou ayant fait l'objet d'une publication partielle au *Journal officiel*. Selon l'article 10, alinéa 3 de la loi n° 2021-21 du 02 mars 2021 susvisée, lorsque les textes législatifs et réglementaires comportent une disposition autorisant leur non-publication ou leur publication partielle au *Journal officiel*, « *les dispositions non publiées entrent en vigueur à la date expressément prévue ou à défaut, à compter de leur promulgation, s'il s'agit d'une loi ou à compter de leur signature, s'il s'agit d'un acte réglementaire* ».

Ainsi, lorsqu'une disposition d'entrée en vigueur est insérée dans le texte non publié ou publié partiellement, il est applicable à compter de la date fixée par cette disposition.

En effet, dans ce cas, une disposition expresse d'entrée en vigueur fixe la date d'applicabilité du texte. Le législateur peut décider que le texte entrera en vigueur à une date déterminée indépendamment de sa publication au *Journal officiel*.

[1210] C. BERGEAL, *Rédiger un texte normatif. Manuel de légistique*, 7e édition, Paris, Berger-Levrault, octobre 2012, p 170.

[1211] P. A. TOURE, *L'entrée en vigueur des lois, des ordonnances et des actes administratifs*, Dakar, Abis éditions, 2021, p. 255 et s.

Faute d'insertion d'une disposition d'entrée en vigueur dans le texte, il ne sera applicable qu'à compter de sa promulgation s'il s'agit d'une loi ou de sa signature s'agissant des actes réglementaires.

Il faut préciser que le régime d'entrée en vigueur des textes non publiés ne s'applique pas aux ordonnances dont les modalités d'applicabilité sont fixées par la Constitution qui exige leur publication.

Ce régime spécial d'applicabilité ne concerne que les lois et les actes réglementaires à l'exclusion des actes administratifs individuels. Cela ne saurait étonner puisque l'entrée en vigueur de ces derniers actes administratifs est seulement subordonnée à leur notification, la publication des actes administratifs individuels n'ayant qu'une vocation informative.

B. L'applicabilité des actes administratifs à caractère individuel

522. Exigence de la notification. Aux termes des dispositions de l'article 12 de la loi n° 2021-21 du 02 mars 2021 précitée : « *Sauf exception prévue par la loi et sous réserve de dispositions contraires, les actes administratifs à caractère individuel, quelles qu'en soient la forme et l'origine, deviennent exécutoires dès leur notification. Ils ne sont opposables aux tiers que du jour où ceux-ci en ont pris officiellement connaissance* » [1212].

Ainsi, s'agissant des actes administratifs individuels, il y a une simultanéité entre l'opposabilité et l'applicabilité. En effet, l'entrée en vigueur d'un acte administratif individuel coïncide avec l'acquisition du caractère obligatoire ; c'est donc la date de l'accomplissement des formalités de publicité qui est décisive. La notification entraîne l'opposabilité immédiate puisque le destinataire de l'acte individuel est personnellement informé[1213].

Par leur portée particulière et leurs effets personnels, les actes administratifs à caractère individuel appellent plutôt une notification.

523. Notion de notification. La notification est un procédé de publicité des actes individuels consistant à porter une décision donnée à la

---

[1212] P. A. TOURE, *L'entrée en vigueur des lois, des ordonnances et des actes administratifs*, Dakar, Abis éditions, 2021, p. 257 et s.

[1213] En ce sens, A. BOCKEL, *Droit administratif*, Dakar-Abidjan, NEA, 1978, p. 175.

connaissance d'une personne déterminée, le plus souvent celle directement visée par cette décision[1214].

L'acte de portée individuelle n'est donc pas seulement celui qui ne concerne qu'une seule personne. Même s'il concerne plusieurs personnes, l'acte a un caractère individuel dès lors qu'il concerne ces personnes en leur qualité d'individus concrètement déterminés.

Ainsi, les décisions proclament les résultats d'examen ou de concours sont des actes individuels, parfois dits collectifs. Ou encore, la délibération du conseil municipal de la commune décidant de majorer le prix à l'hectare de la redevance exigée des ayants droit d'une section de commune constitue une décision individuelle qui doit être notifiée aux intéressés[1215].

La notification des actes administratifs à caractère individuel des autorités centrales est une prérogative du Secrétariat général du Gouvernement (SGG).

S'agissant des actes édictés par les autorités décentralisées, ils doivent faire l'objet d'une notification, qu'il s'agisse de délibérations des assemblées locales ou d'arrêtés des organes exécutifs. Il en est de même des actes administratifs des autorités déconcentrées.

La règle de la notification des actes de portée individuelle s'applique aussi bien aux actes soumis à transmission au préfet qu'aux actes non soumis à cette transmission.

524. Modalités de la notification. La notification est effectuée à l'intention du destinataire de l'acte administratif[1216].

[1214] E. GLASER, « La notification des actes administratifs », *RLCT* 2007, n° 21, p. 19 ; B. SARR, « L'entrée en vigueur de l'acte administratif unilatéral », *Annales africaines*, volume 1, avril 2021, n° 14, p. 120.

[1215] CE du 27 février 1995, *Chapelle et a.,* req. n° 133804, *Lebon* 107.

[1216] CE du 28 mai 1975, SARL « Les briqueteries Lepage », *AJDA* 1975, p. 466 ; CE du 25 juillet 2007, n° 287560, *JurisData* n° 2007-072437 ; *JCP* A 2007, 2270, note M. Yazi-Roman ; CE ass. du 7 avril 1933, Deberles, *Lebon*, p. 150.

Mais la notification est régulière quand elle est faite auprès du mandataire constitué par le destinataire de l'acte[1217].

La notification s'opère par la remise à l'intéressé d'une « *ampliation* » (double du texte de la décision signée) de l'acte (décret, délibération, arrêté ou décision) à notifier. C'est donc le texte intégral de l'acte qui doit être notifié. La notification peut être effectuée selon des modalités et procédés variés. La méthode de notification la plus classique et sûre consiste en l'envoi d'une lettre recommandée avec demande d'avis de réception.

En l'absence de disposition expresse, la notification peut se faire par tout moyen portant l'acte administratif à la connaissance personnelle du ou des intéressés.

525. Effets de la notification. Au-delà de l'applicabilité de l'acte individuel, la notification déclenche le délai du recours contentieux contre l'acte administratif individuel. En effet, elle constitue le point de départ du délai du recours pour excès de pouvoir contre l'acte administratif à caractère individuel.

Il résulte des dispositions de l'article 74-1 de la loi organique n° 2017-09 du 17 janvier 2017 abrogeant et remplaçant la loi organique n° 2008-35 du 08 août 2008 sur la Cour suprême, le délai de recours contre une décision administrative est de deux mois ; ce délai court à compter de la notification de la décision attaquée, à moins qu'elle ne doive être signifiée, auquel cas, il court à compter de la date de la signification[1218].

Le législateur a codifié cette règle dans la loi du 02 mars 2021. En effet, selon l'article 12, alinéa 2 de ce texte, les actes administratifs à caractère individuel « *ne sont opposables aux tiers que du jour où ceux-ci en ont pris officiellement connaissance* ». Pour les tiers, le délai de recours ne court qu'à compter de la publication du texte qui permet de s'assurer, du moins par une fiction, que les tiers en ont pris connaissance officiellement.

[1217] CE du 12 mai 1942, Cie anonyme sablières de la Seine, *Lebon*, p. 150 ; CE sect. du 5 décembre 1952, Desgouillon, *Lebon*, p. 561 ; *S.* 1953, p. 381, concl. Gazier ; CE du 10 décembre 2010, n° 328482 à n° 328486, M. Develter, *JurisData* n° 2010-025993 ; *Dr. fisc.* 2011, comm. 211, note ; *JCP* E 2011, 1192,

[1218] CE, sect. du 28 janvier 1966, Braeckman, *Lebon* 66.

La Chambre administrative de la Cour suprême a jugé dans l'arrêt *Serigne Babacar SECK* rendu le 05 août 2009 [1219] que les actes administratifs à caractère individuel, pour faire courir le délai du recours contentieux, doivent être notifiés aux intéressés et que faute de notification individuelle, le délai du recours contentieux n'a pu courir.

Les hauts magistrats ont considéré qu'en l'absence de notification d'une délibération du Conseil régional de Kaolack portant retrait de l'autorisation d'amodiation de chasse de Serigne Babacar SECK, il ne peut être reproché au requérant d'avoir omis de la signifier.

526. Théorie de la connaissance acquise. La théorie de la connaissance acquise est appliquée par la jurisprudence afin de favoriser la sécurité juridique. Son application permet de conclure à la forclusion de requérants dans certaines hypothèses révélant la connaissance de l'existence (voire du contenu) de l'acte litigieux sans que l'accomplissement de la publicité adaptée, à l'égard de ce requérant, puisse être établi[1220].

Mais dans le cadre du recours pour excès de pouvoir, le Conseil d'État a eu l'occasion de mettre en œuvre la théorie de la connaissance acquise[1221] lorsque le destinataire de l'acte attaqué est censé avoir pris connaissance de cet acte. Dans l'arrêt *Madické BA* rendu le 22 décembre 1993[1222], le Conseil d'État a jugé que le requérant qui fait état dans sa requête d'un certificat de cessation définitive de service daté du 07 mars 1987 le concernant et qu'il a versé au dossier a pris connaissance, à compter de cette date, de sa radiation, laquelle constitue le point de départ du délai de recours.

La haute juridiction administrative sénégalaise a jugé que « *la connaissance acquise d'une décision administrative au même titre que sa*

[1219] CS ch. adm. n° 31 du 25 août 2009, Serigne Babacar SECK c/ Conseil régional de Kaolack, in *Bulletin des arrêts de la Cour suprême*, n° 1, année judiciaire 2008-2009, p. 139.

[1220] CE du 11 décembre 2013, n° 365361, N'Dre Regnault, *JurisData* n° 2013-028530; *Dr. adm.* 2014, comm. 24, note G. Éveillard ; *JCP* A 2014, 2218, note O. Le Bot ; *Procédures* 2014, comm. 92, note S. Deygas.

[1221] L. MOLINERO, « La théorie de la connaissance acquise », *Rev. jur. Ouest* 1990/3, p. 303 à 357.

[1222] CE n° 0036 du 22 décembre 1993, Madické BA c/État du Sénégal, *inédit*.

publication ou sa notification fait courir le délai du recours contentieux »[1223].

Il faut préciser que la théorie de la connaissance acquise a vocation à s'appliquer aussi bien aux actes individuels qu'aux actes réglementaires.

Toutefois, la notification de l'acte individuel n'a aucun effet sur sa légalité. L'absence de notification affecte seulement son applicabilité, c'est-à-dire que l'acte ne peut être mis valablement à exécution[1224].

[1223] CS ch. adm. n°04 du 13 février 2014, Ousmane Kane c/ Conseil rural Ndendory, *inédit.*

[1224] CE du 31 mars 1989, *Ministre de l'Intérieur et de la décentralisation et Lambert, Lebon* 111 ; *AJDA* 1989. 338, chron. E. Honorat et E. Baptiste.

DOCUMENT N° 44 : L'ENTREE EN VIGUEUR DES TEXTES

La circulaire n° 006 PM/JUR du 19 janvier 1973 relative à la date d'entrée en vigueur des lois, décrets et arrêtés

REPUBLIQUE DU SENEGAL
Un Peuple- Un But-Une Foi

N° 006 PM/JUR

PRIMATURE

Dakar, le 19 janvier 1973

LE PREMIER MINISTRE

MESSIEURS LES MINISTRES

ET SECRETAIRES D'ETAT

Objet : Date d'entrée en vigueur des lois, décrets et arrêtés.

J'ai remarqué qu'un certain nombre de textes publiés au *Journal officiel* précisent dans un article spécial que, par exemple, « *le présent décret prendra effet à compter de la date de sa publication au Journal officiel* ». Ainsi en est-il des décrets n° 72-1442 72-1443 , 72-1444 , 72-1445 et 72-1446 du 13 décembre 1972 portant agrément respectivement de la Société d'exploitation des carrières de Bargny-Balybor, de la Société industrielle sénégalaise de menuiserie, de la Nouvelle entreprise pour la gestion d'opérations commerciales, industrielles et artisanales (NEGOCIA) de la Société industrielle de carbonisation de bois et de a Société sénégalaise pour la fabrication des matelas et meubles (SI FA M) au régime de faveur prévu par La loi n°72-46 du 12 juin 1972 et du décret n° 72-1447 du 13 décembre 1972 portant agrément en qualité d'entreprise conventionnée de la Société financière France-lngelheim, tous décrets pris sur le rapport du Ministre des Finances et des Affaires économiques et publiés au *Journal officiel* n° 24270 du 13 janvier 1973.

Je vous rappelle à cet égard que la loi n°70-14 du 06 février 1970 fixant les règles d'applicabilité des lois, des actes administratifs à caractère réglementaire et des actes administratifs à caractère individuel (publiée au numéro spécial du *Journal officiel* n° 4095 du 31 mars 1970) modifiée par la loi n° 71-07 du 21 janvier 1971 (publiée au *Journal officiel* n° 4148 du 20 février 1971) a fixé de manière précise les règles d'entrée en vigueur des lois, des décrets et de tous les actes administratifs. Ces règles sont de droit commun et s'imposent d'une manière générale. II est donc parfaitement inutile et superflu d'insérer dans un texte une disposition prévoyant que le texte en question entrera en vigueur à compter de la data de sa publication au *Journal officiel*.

Comme le permet la loi n°70-14 du 06 février 1970 9 ce n'est que dans les cas où la date de cette entrée en vigueur ne correspond pas à la date normalement prévue par ladite loi, qu'il convient de faire un article spécial indiquant expressément la date d'entrée en vigueur de ces textes particuliers , soit que cette date soit postérieure à la date normale, le texte n'entrant en vigueur que largement après sa publication au *Journal officiel*, comme c'est le cas par exemple pour l'application de la réforme régionale soit au contraire que cette entrée en vigueur soit rétroactive.

L'Assemblée générale consultative de la Cour suprême rectifie d'elle même dans le sens indiqué ci-dessus tous les textes qui lui sont soumis et donc notamment tous les projets de loi, mais je vous demande de communiquer cette circulaire à l'ensemble de vos services en leur demandant de veiller soigneusement à son application désormais en ce qui concerne les décrets non soumis à l'Assemblée générale consultative de la Cour suprême, c'est-à-dire en général les décrets individuels , et l'ensemble des arrêtés ministériels ou interministériels.

Je vous rappelle que, sauf nécessité contraire, il convient de n'insérer dans ces textes aucune disposition relative à leur date d'entrée en vigueur, la question étant réglée pour tous par la loi n° 70-14.

Abdou DIOUF

DOCUMENT N° 45 : L'ENTREE EN VIGUEUR DES TEXTES (SUITE)

La circulaire n° 00004 PM/SGG/SGA/PAT/SP du 05 mars 2018 sur les dispositions relatives à l'entrée en vigueur des textes législatifs et réglementaires

N°00004 PM/SGG/SGA/PAT/SP

CIRCULAIRE
A
Mesdames et Messieurs les Ministres,
Messieurs les Ministres délégués

Objet : Les dispositions relatives à l'entrée en vigueur des textes législatifs et réglementaires

Il m'a été donné de constater que certains départements ministériels ont tendance à insérer dans les projets de texte des dispositions fixant leur entrée en vigueur, soit à compter de la date de leur promulgation, soit au jour de leur publication au *Journal officiel.*

Je rappelle qu'en vertu des dispositions de l'article 2 de la loi n° 70-14 du 06 février 1970 fixant les règles d'applicabilité des lois, des actes administratifs à caractère réglementaire et des actes administratifs à caractère individuel, modifiée par la loi n° 71-07 du 21 janvier 1971, les lois promulguées et les actes administratifs à caractère réglementaire deviennent exécutoires dans la région du Cap-Vert et dans les communes de Diourbel, Kaolack, Saint-Louis et Thiès, le troisième jour suivant la date du dépôt au Secrétariat général du Gouvernement du *Journal officiel* dans lequel ils sont insérés.

Dans le reste du territoire, ces textes entrent en vigueur, le cinquième jour suivant la même date.

Ces règles constituent le droit commun de l'applicabilité des lois et des actes réglementaires. En principe, il n'est pas nécessaire de prévoir dans un texte une disposition déterminant sa date d'entrée en vigueur.

L'insertion de dispositions spéciales d'entrée en vigueur n'est nécessaire que lorsque la date d'entrée en vigueur du texte ne correspond pas à celle prévue par la loi n° 70-14 du 06 février 1970.

En premier lieu, il en est ainsi lorsque la date d'applicabilité est antérieure à celle légalement fixée (entrée en vigueur rétroactive). C'est le cas lorsque le texte entre immédiatement en vigueur le lendemain de sa publication par tout moyen approprié (art. 3 de la loi n° 70-14 du 06 février 1970). Il en est de même dans l'hypothèse où le texte régit des situations juridiques antérieures à son entrée en vigueur, sous réserve du respect des conditions relatives à la rétroactivité des textes.

Par exemple : « le présent décret s'applique aux procédures introduites avant son entrée en vigueur ».

En second lieu, une disposition d'entrée en vigueur est nécessaire lorsque la date d'applicabilité du texte est postérieure à la date normale (entrée en vigueur différée). L'article 2 de la loi n° 70-14 du 06 février 1970 réserve d'ailleurs la possibilité d'inclure dans les textes des « *dispositions expresses reportant leur entrée en vigueur à une date ultérieure* ».

Par exemple : « la présente loi entrera en vigueur six (6) mois à compter de sa publication au *Journal officiel* ».

En conséquence, je vous recommande de n'insérer dans les textes des dispositions spéciales d'entrée en vigueur que dans les cas susmentionnés où la date d'applicabilité ne correspond pas à celle fixée par la loi n° 70-14 du 06 février 1970 précitée.

J'attache du prix à la bonne application de la présente circulaire dont vous m'accuserez réception.

Ampliation :

Son Excellence Monsieur le Président de la République (à titre de compte rendu)

PARAGRAPHE II : LES RÈGLES PARTICULIÈRES RELATIVES À L'APPLICABILITÉ DES TEXTES LÉGISLATIFS ET RÉGLEMENTAIRES

527. Droit spécial de l'entrée en vigueur. Le droit spécial encore appelé « *droit particulier* » a pour objet de fixer des règles particulières qui dérogent souvent aux normes de droit commun. C'est tout le sens de l'adage « *specialia generalibus derogant* » (la loi spéciale déroge à la loi générale)[1225].

Dans le cadre du régime d'applicabilité des textes législatifs et réglementaires, il importe de rappeler que la Constitution a déjà instauré un régime spécial d'entrée en vigueur des ordonnances. En outre, le législateur a ainsi prévu des règles spéciales d'applicabilité de certains actes administratifs.

A. Les règles spéciales relatives à l'applicabilité des ordonnances

528. Spécificité des ordonnances. À l'image de l'ancienne loi n° 70-14 du 06 février 1970, la loi n° 2021-21 du 02 mars 2021 précitée ne prévoit pas les modalités d'entrée en vigueur des ordonnances qui constituent pourtant une catégorie normative particulière.

La Constitution semble exiger la publication des ordonnances, puisqu'elle subordonne l'applicabilité de ces normes à leur publication.

En vertu de l'article 77, alinéa 2 de la Constitution, les ordonnances prises par le Président de la République dans le domaine du pouvoir législatif sur habilitation de l'Assemblée nationale « *entrent en vigueur dès leur publication* ». La Constitution ne spécifie pas le mode de publication des ordonnances (affichage, insertion au *Journal officiel*, etc.). Mais dans la pratique normative, les ordonnances font l'objet d'une publication par

---

[1225] Sur cette question, P. A. TOURE, *Légistique. Techniques de conception et de rédaction des lois et des actes administratifs : une tradition de gouvernance normative*, Dakar, l'Harmattan, 2019, n° 355.

insertion au *Journal officiel*, au même titre que les lois et les actes administratifs à caractère réglementaire[1226].

Les modalités d'applicabilité des ordonnances sont fixées par la Constitution. En vertu de l'article 77, alinéa 2 de la Constitution, les ordonnances prises par le Président de la République dans le domaine du pouvoir législatif sur habilitation de l'Assemblée nationale « *entrent en vigueur dès leur publication* ».

Le droit constitutionnel sénégalais a prévu un régime spécifique d'entrée en vigueur des ordonnances. Dès que l'ordonnance est publiée, elle devient applicable, alors que l'entrée en vigueur des lois et autres actes administratifs réglementaires est, en principe, fixée à un jour franc après leur publication au *Journal officiel*.

Ainsi, il y a une simultanéité entre l'opposabilité et l'applicabilité. En effet, l'entrée en vigueur d'un acte administratif individuel coïncide avec l'acquisition du caractère obligatoire, c'est donc la date de l'accomplissement des formalités de publicité qui est décisive.

Mais l'applicabilité de l'ordonnance peut être très fugace, puisqu'elle est frappée de caducité lorsque le projet de loi de ratification n'est pas déposé sur le Bureau de l'Assemblée nationale à la date fixée par la loi d'habilitation.

B. Les règles spéciales relatives à l'applicabilité de certains actes administratifs

529. Régime particulier d'applicabilité. Au-delà des règles de droit commun relatives à l'applicabilité des textes législatifs et réglementaires, le législateur a aménagé des règles particulières d'entrée en vigueur dans le chapitre II de la loi n° 2021-21 du 02 mars 2021 intitulé « Dispositions particulières » applicables aux actes administratifs des autorités administratives déconcentrées et décentralisées.

[1226] P. A. TOURE, *L'entrée en vigueur des lois, des ordonnances et des actes administratifs*, Dakar, Abis éditions, 2021, p. 266 et s.

Il s'agit d'un régime particulier qui déroge au droit commun de l'applicabilité des textes administratifs[1227]. D'ailleurs, dans la pratique, les actes de ces autorités administratives ne sont ni déposés, ni enregistrés par les services du Secrétariat général du Gouvernement, mais au niveau de leurs propres services.

A cet égard, le législateur a renvoyé le régime relatif à l'applicabilité des actes administratifs des autorités décentralisées à des lois particulières et a innové en prévoyant un dispositif particulier d'entrée en vigueur des actes des autorités administratives déconcentrées.

1. Le renvoi des règles relatives à l'applicabilité des actes des autorités décentralisées aux lois particulières

530. Arrêtés des autorités décentralisées. Les autorités décentralisées (maire, président du conseil départemental, conseil municipal et conseil départemental) sont dotées d'un pouvoir réglementaire. A partir du moment où certaines compétences ont été attribuées aux autorités locales, il a paru nécessaire de leur donner également les moyens juridiques de les assumer, notamment le pouvoir d'édicter une réglementation. Il s'agit d'un véritable pouvoir réglementaire territorial[1228].

[1227] B. SEILLER, « L'entrée en vigueur des actes unilatéraux », *AJDA* 2004, p. 1463 ; J. PETIT, « L'entrée en vigueur des actes administratifs dans le Code des relations entre le public et l'administration », *AJDA* 2015, p. 2433.

[1228] A. HAQUET, « Quelle est l'étendue du pouvoir réglementaire des collectivités territoriales ? », *BJCL* 2003, p. 549 ; M. BOURJOL, « Déstabiliser le pouvoir réglementaire des collectivités locales, un débat toujours actuel », *Cah. sec. pub.* janvier 1982, n° 3-4, p. 30 ; M. BOURJOL, J-L. DOUENCE et L. FAVOREU, « Le pouvoir réglementaire local », *Les cahiers du CFPC*, 1983, p. 13 ; J-L. ALBERT, « L'acte en forme administrative, Quel destin pour l'article L. 1311-5 du Code général des Collectivités territoriales ? », *JCP* A 2004, 1526 ; J.- M. AUBY « Le pouvoir réglementaire des autorités des collectivités locales. À propos d'une controverse récente», *AJDA* 1984, p. 468-477 ; P.-L. FRIER, « Le pouvoir réglementaire local. Force de frappe ou puissance symbolique ? », *AJDA* 2003, p. 559 ; M. VERPEAUX, « Les actes des collectivités territoriales », *LPA* 2000, n° 95, p. 17 ; F-P. BÉNOIT, « Actes des collectivités locales : décisions des autorités locales. Chapitre 1 (folio n°4510) », *Encyclopédie collect.loc.*, 2012 ; L. JANICOTM. VERPEAUX, « Le pouvoir réglementaire local, entre unicité et diversité in A.-M. LE POURHIET (dir.), *Droit constitutionnel local*, Paris, Économica, 1999, p. 31 ; B. FAURE, « Le pouvoir réglementaire des collectivités locales », in *Quel avenir pour l'autonomie des collectivités locales ?,* Paris, éd. l'Aube, 1999, p. 343 ; B. FAURE, « Le pouvoir réglementaire des

L'article 109 du décret n° 74-571 du 13 juin 1974 portant règlement sur l'emploi et le service de la gendarmerie[1229] énonce que les autorités administratives étant investies de la responsabilité territoriale et de celle du maintien de l'ordre, la Gendarmerie a l'obligation non seulement de les renseigner mais encore de les consulter aussi souvent que les circonstances le nécessitent et de suivre leurs directives concernant les mesures qu'elle est appelée à appliquer pour l'exécution du service spécial.

531. Arrêtés du maire et du président du conseil départemental. La loi a confié aux maires des pouvoirs de police administrative. Le maire est chargé, sous le contrôle du représentant de l'État, de la police municipale et de l'exécution des actes de l'État qui y sont relatifs[1230]. Il résulte de l'article 119 du Code général des Collectivités territoriales que la police municipale a pour objet d'assurer le bon ordre, la sûreté, la tranquillité, la sécurité et la salubrité publics. Il s'agit d'un pouvoir de police municipale générale[1231].

Sous réserve des attributions dévolues aux représentants de l'État et aux maires, le président du conseil départemental, en tant qu'organe exécutif du département, est chargé de préparer et d'exécuter les délibérations du conseil départemental. L'article 34 du Code général des Collectivités territoriales énonce que le président du conseil départemental gère le domaine du département. À ce titre, il exerce les pouvoirs de police afférents à cette gestion, notamment en ce qui concerne la circulation sur

---

collectivités territoriales doit-il rester précaire ? » in Y. GAUDEMET et O. GOHIN (dir.), *La République décentralisée*, Paris, éd. Panthéon-Assas, 2004, p. 57 ; E. MALLA, *Contribution à la théorie de l'acte administratif local. Etude sur les spécificités des actes unilatéraux décentralisés,* Thèse Bordeaux, 1999.

[1229] JORS n° 4368, du 22-07-1974, p 1161.

[1230] V. art. 118 du Code général des Collectivités territoriales.

[1231] M. DIAGNE, *Droit administratif local*, Dakar, IGS, 2003, p. 175 et s. ; G.-D. MARILLIA, *Les pouvoirs du maire,* Paris, Berger-Levrault, 2003, 464 p ; M. SARR, *Le maire : la genèse et la singularité du rôle*, Dakar, l'Harmattan 2017, p. 463 ; P. CASSIA, « Le maire, agent de l'État », *AJDA* 2004, p. 245 ; « Le maire, agent de l'État », *CFP* 2004, n° 1, p. 4 ; G. LE CHATELIER, « Le point sur... les pouvoirs de police du maire », *AJCT* 2018, p. 358.

ce domaine, sous réserve des attributions dévolues aux représentants de l'État et aux maires.

532. Notion de délibération. Les organes délibérants de certaines assemblées, à savoir les conseils locaux (le conseil départemental et le conseil municipal), ainsi que les assemblées des universités (conseil académique) sont également investis du pouvoir normatif[1232]. Ces conseils exercent leur pouvoir réglementaire par voie de délibérations. Il s'agit d'une manifestation de volonté collective de l'organe délibérant ; c'est-à-dire d'actes par lesquels les organes délibérants de ces collectivités règlent les affaires de la collectivité ou de l'université. La notion de « délibérations » se trouve ainsi placée au cœur de la vie territoriale, où elle joue un rôle fondamental.

533. Délibérations des conseils départementaux. Le conseil départemental, en tant qu'organe délibérant du département, est chargé d'administrer le département. Il concourt, par ses délibérations à l'administration du département.

Le département a compétence pour promouvoir le développement économique, éducatif, social, sanitaire, culturel et scientifique, pour réaliser les plans départementaux de développement et organiser l'aménagement du territoire dans le respect de l'intégrité, de l'autonomie et des attributions des autres collectivités territoriales. Il peut engager des actions complémentaires de celles de l'État et des autres collectivités territoriales situées dans la circonscription administrative, dans les domaines et les conditions fixés par la loi.

534. Délibérations des conseils municipaux. Le conseil municipal, organe délibérant de la commune, assure, par ses délibérations, la gestion des affaires de la commune. Il est compétent pour statuer notamment sur le plan général d'occupation des sols ainsi que l'autorisation d'installation d'habitations ou de campements et l'affectation et la désaffectation des terres du domaine national. Il est compétent également pour se prononcer

---

[1232] G. KOUBI, « La délibération, manifestation de volonté, dans le droit des collectivités locales », *LPA* 1992, n° 71, p. 4 ; E. MELLA, *Essai sur la nature de la délibération locale*, Paris, LGDJ 2003.

sur le budget de la commune, la protection de la faune et de la flore et la lutte contre les déprédateurs et braconniers, la lutte contre les incendies et la pratique des feux de culture, l'organisation de l'exploitation de tous les produits végétaux de cueillette et des coupes de bois.

535. Délibérations des assemblées des universités. Les assemblées des universités peuvent exercer le pouvoir réglementaire par délibérations. A titre d'exemple, il résulte de l'article 8 du décret n° 70-1135 du 13 octobre 1970 portant statut de l'Université de Dakar que l'Assemblée de l'Université délibère et statue définitivement sur l'organisation des enseignements, les programmes, le régime des études et examens, la scolarité, les biens de l'université et les affaires contentieuses. Elle délibère aussi sur le budget de l'université et des institutions qui lui sont directement rattachées ainsi que sur le budget des facultés de l'Institut fondamentale d'Afrique noire (IFAN) et des écoles nationales supérieures.

L'assemblée de faculté a des attributions similaires. Elle délibère notamment sur toutes les questions concernant la vie de l'établissement, sur l'exercice de l'action en justice et sur l'acceptation des dons et legs[1233].

L'article 14 de la loi n° 2015-26 du 28 décembre 2015 relative aux universités publiques énonce que le conseil académique de l'université en tant qu'organe de délibération de toutes les questions d'ordre académique, a pour mission de délibérer sur les aspects scientifiques, académiques, pédagogiques, disciplinaires et de recherche. A ce titre, il délibère notamment sur les programmes et le contenu des programmes, le calendrier universitaire, le régime des études et des examens.

536. Portée du pouvoir réglementaire des autorités décentralisées. Le pouvoir réglementaire des autorités décentralisées constitue un pouvoir limité[1234].

[1233] V. art. 22 du décret n° 70-1135 du 13 octobre 1970 portant statut de l'Université de Dakar.

[1234] Sur cette question, A. HAQUET, « Quelle est l'étendue du pouvoir réglementaire des collectivités territoriales ? », *BJCL* 2003, p. 549 ; J.-M. AUBY, « Les aspects nouveaux du pouvoir réglementaire en droit administratif français, in *Mélanges Stassinopoulos*,

En premier lieu, elles disposent d'une compétence d'attribution qui suppose l'existence d'un texte particulier. L'exercice de leur pouvoir réglementaire doit être prévu par un texte (pas de compétence sans texte exprès).

En deuxième lieu, le pouvoir réglementaire des autorités décentralisées, à l'image de celui des autorités déconcentrées, ne peut s'exercer que dans le cadre géographique de la collectivité ou circonscription considérée.

En troisième lieu, il s'agit d'un pouvoir réglementaire secondaire. La norme réglementaire édictée par l'autorité décentralisée doit respecter les actes réglementaires du niveau supérieur (actes du Président de la République, du ministre, du gouverneur, du préfet, du sous-préfet). Le maire ne peut qu'ajouter aux mesures prises par les autorités étatiques ; il ne peut ni les réduire, ni les modifier[1235].

En quatrième lieu, la compétence réglementaire des autorités décentralisées est en principe soumise à un contrôle de légalité exercé par le représentant de l'État. Le principe du contrôle de légalité des actes des collectivités territoriales par le représentant de l'Etat est posé par le Code des Collectivités territoriales. Aux termes des dispositions de l'article 14 du Code général des Collectivités territoriales : « *Les actes des collectivités locales font l'objet d'un contrôle de légalité exercé par les représentants de l'Etat* ». L'article 116 du Code général des Collectivités territoriales énonce que les décisions et les arrêtés des maires sont immédiatement adressés au représentant de l'État qui en assure le contrôle dans les conditions prévues par les articles 243 et suivants du Code général des Collectivités territoriales. Ce contrôle de légalité concerne notamment les actes à caractère réglementaire pris par les collectivités territoriales dans tous les domaines qui relèvent de leur compétence, les décisions individuelles relatives à la nomination, à l'avancement de grade ou d'échelon d'agents des collectivités territoriales et les décisions

Paris, LGDJ, 1974, p. 09 ; du même auteur, « Le pouvoir réglementaire des autorités des collectivités locales. À propos d'une controverse récente », *AJDA* 1984, p. 468.
[1235] M. DIAGNE, *Droit administratif local*, Dakar, IGS, 2003, p. 178.

individuelles relatives aux sanctions soumises à l'avis du conseil de discipline et au licenciement d'agents des collectivités territoriales.

Les pouvoirs dévolus par la loi au maire, au président du conseil départemental et au conseil municipal sont importants[1236].

Dans la pratique, ces prérogatives ne sont pas effectivement exercées, pour être bien souvent mal appréhendées par les autorités décentralisées.

Aussi, les autorités administratives déconcentrées (gouverneur, préfet, sous-préfet) ont tendance à se substituer aux autorités décentralisées, parfois en violation de la loi ; il en est ainsi notamment en matière de police des routes et de plan de circulation.

537. Renvoi au Code général des Collectivités territoriales. Evoquant les modalités d'applicabilité des actes administratifs des autorités décentralisées, un auteur a écrit qu'« *à l'instar de tous les actes administratifs, les actes locaux doivent répondre aux conditions de droit commun établies pour leur entrée en vigueur par la loi n° 70-14 du 6 février 1970 modifiée par la loi n° 71-07 du 21 février 1971. C'est ainsi que les actes administratifs à caractère réglementaire devront être publiés dans le Journal officiel, tandis que les actes administratifs non réglementaires à caractère individuel ou collectif seront notifiés aux principaux intéressés* »[1237].

Cette analyse qui aligne le régime d'applicabilité des actes des autorités décentralisées sur celui prévu par l'ancienne loi du 06 février 1970 est très discutable. En effet, le législateur a aménagé un système particulier d'entrée en vigueur relatif aux actes administratifs des autorités décentralisées.

Le droit sénégalais a toujours renvoyé les règles relatives à l'entrée en vigueur des actes administratifs édictés par les autorités décentralisées à des lois particulières. Déjà, il résulte des dispositions de l'article 6, alinéa 2 de l'ancienne loi du 06 février 1970 précitée que les règles

---

[1236] V. art. 81 et s. du Code général des Collectivités territoriales.

[1237] I. DIALLO, *Le droit des collectivités locales au Sénégal*, Paris, l'Harmattan, 2007, p. 153.

d'applicabilité des actes à caractère réglementaire des autorités locales demeurent fixées par des lois particulières.

La loi n° 2021-21 du 02 mars 2021 susvisée a retenu la même solution. Aux termes des dispositions de l'article 16 de cette loi : « *Les règles relatives à l'applicabilité des actes des autorités administratives décentralisées sont fixées par des lois particulières* ».

Le législateur sénégalais a aménagé des règles particulières de publication et d'entrée en vigueur des arrêtés réglementaires des autorités de police locale, c'est-à-dire des autorités décentralisées[1238] dans la loi n° 2013-10 du 28 décembre 2013 portant Code général des Collectivités territoriales[1239]. Il faut préciser que ces règles avaient déjà été prévues par les articles 90 et 91 de l'ancien Code de l'Administration communale.

538. Notion d'acte « *exécutoire* ». Les dispositions du Code des Collectivités territoriales, contrairement à celles de la loi du 02 mars 2021 qui évoquent la notion d'applicabilité, visent le caractère « exécutoire » des actes des autorités administratives décentralisées.

L'emploi législatif de l'adjectif « *exécutoire* » est un héritage du droit français communal, depuis la loi du 18 juillet 1837. Le terme « *exécutoire* » s'est imposé progressivement, en France, et d'ailleurs assez lentement, du milieu du XIXe siècle au milieu du XXe, pour exprimer l'idée qu'un acte est susceptible de faire l'objet de mesures d'exécution.

Ce terme « *exécutoire* », qui exprime l'idée qu'un acte effectivement exécutable, peut de surcroît faire l'objet de mesures d'exécution forcée, est impropre pour exprimer le fait qu'un acte est susceptible d'être mis en œuvre, d'être exécuté, c'est-à-dire d'un acte applicable (entrée en vigueur)[1240]. Il faut insister sur le terme « *susceptible* » : l'entrée en

---

[1238] G. KOUBI, « Acte exécutoire et actes des autorités locales », *RDP,* 1990, p.1493.

[1239] En ce sens, M. DIAKHATE, *La rédaction administrative au Sénégal*, Dakar, *op. cit.*, p. 237; du même auteur, « Le régime de l'entrée en vigueur des actes législatifs et réglementaires au Sénégal, in *La procédure d'adoption des textes législatifs et réglementaires au Sénégal,* atelier ENA, 28 et 29 avril 2015.

[1240] F.-P. BÉNOIT, « Actes des collectivités locales : exécution des actes. Chapitre 4 (folio n°4530) », *Encyclopédie des collectivités locales*, 2012, n° 25 ; E. MATUTANO,

vigueur de l'acte lui confère une simple possibilité de produire ses effets et d'être mis à exécution. Il s'agit d'un acte qui virtuellement peut donner lieu à des mesures d'exécution.

Le terme « *exécutoire* » a plus sa place dans le vocabulaire du droit privé et des voies d'exécution. Est exécutoire l'acte qui peut être mis à exécution par la voie de l'exécution forcée, au cas où les personnes concernées ne s'y conforment pas d'elles-mêmes. Ainsi en est-il des jugements définitifs des tribunaux et de certains actes notariés revêtus de la formule exécutoire[1241].

L'article 194, alinéa 1er du COCC énonce que tout débiteur mis en demeure qui ne s'exécute pas peut y être contraint par les voies de droit.

En outre, aux termes des dispositions de l'article 28 l'Acte uniforme portant organisation des procédures simplifiées de recouvrement et des voies d'exécution (AUPSRVE) du 10 avril 1998[1242] : « *A défaut d'exécution volontaire, tout créancier peut, quelle que soit la nature de sa créance, dans les conditions prévues par le présent Acte uniforme, contraindre son débiteur défaillant à exécuter ses obligations à son égard ou pratiquer une mesure conservatoire pour assurer la sauvegarde de ses droits* ». Ces textes ont semblé avoir consacré un droit à l'exécution appelé le droit de saisie[1243].

Les voies d'exécution sont l'ensemble de voies de droit permettant à un créancier qui n'obtient pas l'exécution volontaire de la part de son débiteur d'utiliser des mesures de contrainte que la loi met à sa disposition[1244].

« Contrôle de légalité des actes des autorités locales », *Jurisclass. adm.*, fasc. 1011, 2017, n° 43.

1241 Sur la liste des titres exécutoires, V. art. 33 de l'Acte uniforme portant organisation des procédures simplifiées de recouvrement et des voies d'exécution.

1242 JO OHADA, n° 6, 01/1998, p. 1 et s. ; sur ce texte, V. J. ISSA-SAYEGH, « Présentation générale de l'Acte uniforme portant organisation des procédures simplifiées de recouvrement et des voies d'exécution » *Penant*, 1998, n° 827, p. 204.

1243 En ce sens, V. J. FOMETEU, « Théorie générale des voies d'exécution », in G. POUGOUE (dir), *Encyclopédie du droit OHADA*, Paris, Lamy, décembre 2011, p.2058.

1244 En ce sens, P. ND. DIOUF, « L'exécution des décisions des juges de la mise en état, des juges du fond, des ordonnances sur requête et du juge des référés », *EDJA*, n° 58,

À cet effet, une mention spéciale, appelée la « *formule exécutoire* », qui vaut réquisition de la force publique[1245], est apposée sur l'acte, et elle enjoint aux représentants de la force publique de prêter main-forte, pour assurer l'exécution de cet acte, ou même de faire eux-mêmes directement le nécessaire pour que l'acte soit exécuté.

Le problème de l'applicabilité des actes administratifs, et notamment des actes des collectivités territoriales, est tout différent. Il s'agit en la matière uniquement de savoir à partir de quel moment et à quelles conditions de tels actes peuvent être mis à exécution par leurs auteurs et sont également susceptibles d'être invoqués par les citoyens et les administrés.

L'emploi du terme « *exécutoire* », pour exprimer l'idée d'un acte susceptible d'exécution, constitue une erreur terminologique manifeste ; ce d'autant que le sens précis du terme « *exécutoire* » est parfaitement connu.

Dans ces conditions, le maintien du terme « *exécutoire* », dans le Code des Collectivités territoriales, présente le double inconvénient de ne pas correspondre à la réalité juridique et d'être une source de confusions qui obscurcissent bien inutilement la question des conditions d'entrée en vigueur des actes des autorités décentralisées.

539. Actes réglementaires. Obligation de transmission des actes au représentant de l'Etat. L'applicabilité des actes réglementaires des autorités décentralisées, en plus de la publicité (par publication au recueil ou affichage au tableau, etc.), est subordonnée à leur transmission au préfet.

Le législateur a ainsi instauré un contrôle de légalité des actes des collectivités territoriales exercé par le représentant de l'Etat.

Le principe du contrôle de légalité des actes des collectivités territoriales par le représentant de l'Etat est posé par le Code des Collectivités territoriales. Aux termes des dispositions de l'article 14 du Code général

---

juillet-août-septembre 2003, p. 16 et s. ; MINIATO, *Voies d'exécution et procédures de distribution*, 2010, Paris, Montchrestien, n°01.

[1245] V. art. 29 de l'Acte uniforme portant organisation des procédures simplifiées de recouvrement et des voies d'exécution (AUPSRVE) du 10 avril 1998.

des Collectivités territoriales : « *Les actes des collectivités locales font l'objet d'un contrôle de légalité exercé par les représentants de l'Etat* ». L'article 243 du Code général des Collectivités territoriales énonce que les actes pris par les collectivités territoriales sont transmis au représentant de l'Etat auprès du département ou de la commune, lequel en délivre aussitôt accusé de réception[1246].

La transmission au représentant de l'Etat consiste à communiquer les actes pris par l'autorité locale à l'autorité de tutelle[1247]. Cette transmission des actes au préfet a pour objet de permettre à celui-ci d'exercer le contrôle de la légalité de ces actes avant qu'ils puissent être mis à exécution. Il s'agit d'une procédure d'information et de détection des actes entachés d'illégalité.

L'obligation de transmission de l'acte au représentant de l'Etat constitue une formalité supplémentaire et une particularité du système d'entrée en vigueur des actes des autorités décentralisées par rapport au droit commun de l'applicabilité des textes.

La subordination de l'applicabilité des actes administratifs édictés par les autorités territoriales à l'accomplissement de la formalité supplémentaire de leur transmission au représentant de l'Etat tient au fait que les collectivités territoriales sont des démembrements de l'Etat dotés de la personnalité juridique et de l'autonomie financière. Ainsi, l'Etat veille, par le biais de l'exercice du pouvoir de tutelle, à ce que les actes administratifs qu'elles prennent soient conformes à la légalité[1248].

540. Caractères de la transmission. La transmission doit être effectuée dans des conditions telles qu'elle puisse être considérée comme opérée réellement au titre des dispositions du Code des Collectivités territoriales.

[1246] E. MELLA, « De la fonction de la transmission de la délibération locale auprès du représentant de l'État », *BJCL* 2008, p. 398 ; L. JANICOT et F-P. BÉNOIT, « Actes des collectivités locales : transmission au préfet. Chapitre 2 (folio n°4520) », *Encyclopédie collect. loc.*, 2012.

[1247] I. DIALLO, *Le droit des collectivités locales au Sénégal*, Paris, l'Harmattan, 2007, p. 166.

[1248] I. DIALLO, *op. cit.*, p. 152 ; Y. LUCHAIRE, « La persistance de la tutelle dans le droit des collectivités territoriales », *AJDA* 2009, p. 1134.

Il est donc nécessaire que la transmission soit faite par l'autorité décentralisée, avec la volonté de transmettre l'acte, et en vue d'en obtenir les effets en ce qui concerne le caractère exécutoire de l'acte transmis. Il n'y aura donc pas transmission valable si celle-ci est faite par une personne non qualifiée.

L'intention avec laquelle l'autorité décentralisée effectue la transmission doit donc être prise en compte. Une transmission effectuée à titre officieux en vue seulement de recueillir un avis ou un conseil du préfet ou du sous-préfet, ne vaudrait pas transmission au sens de la loi.

Il a été jugé que ne constitue pas la transmission prévue par la loi une demande d'avis sur la légalité d'une décision adressée au préfet par le directeur d'un établissement public local[1249].

541. Formes de la transmission. L'acte doit être transmis en la forme d'une « *expédition* », c'est-à-dire la copie littérale et intégrale de l'acte considéré, cette copie devant être certifiée conforme à l'original de l'acte par l'autorité décentralisée.

C'est l'acte établi lui-même, c'est-à-dire l'acte ayant valeur juridique qui doit être transmis. Cette règle s'applique à tous les actes, y compris à ceux des contrats qui sont soumis à transmission. Toutefois, lorsqu'il s'agit du texte d'un contrat joint en annexe lors de la transmission de la délibération autorisant sa passation, ce texte ne doit être joint qu'en tant que simple projet, et ne doit donc pas être signé avec valeur d'engagement contractuel.

542. Délai de la transmission. Aucun délai n'est imposé par la loi, en règle générale, pour la transmission des actes. La règle générale est donc que c'est à l'autorité décentralisée qu'il appartient de choisir le moment auquel il lui paraît opportun de procéder à la transmission officielle de l'acte ; en sachant que cette transmission conditionne le caractère exécutoire des actes constituant des décisions juridiques et fait courir le délai pendant lequel le représentant de l'État peut déférer l'acte à la juridiction administrative pour illégalité.

[1249] TA Amiens du 03 novembre 1987, *Demonchy, RJTCA* 1988. 130, n° 104.

L'autorité décentralisée dispose ainsi de la possibilité de faire étudier, si elle lui paraît douteuse, la légalité d'un acte, avant de faire en sorte qu'il devienne exécutoire.

543. Preuve de la transmission. La preuve de la réalité de la transmission, et donc de la réception de l'acte par le représentant de l'État, est un élément essentiel de la procédure. C'est en effet la réception effective de l'acte par le représentant de l'État qui conditionne l'acquisition de son caractère exécutoire par l'acte transmis.

À cet égard, la loi prévoit que la transmission de l'acte au représentant de l'État doit faire immédiatement l'objet d'un accusé de réception ; toutefois, ce dernier n'est pas le seul moyen d'établir la preuve de la transmission. En effet, la preuve de la réception des actes par le représentant de l'Etat peut être apportée par tout moyen. L'accusé de réception, qui est immédiatement délivré, peut être utilisé comme preuve[1250].

544. Portée de l'obligation de transmission des actes au représentant de l'Etat. L'obligation de transmission des actes au représentant de l'Etat présente une grande portée juridique.

En premier lieu, cette transmission présente un intérêt pour le représentant de l'État. En effet, c'est à compter de la date de transmission de l'acte par la collectivité territoriale que le représentant de l'État dispose d'un délai pour saisir le juge administratif. Le délai de deux mois pendant lequel le préfet peut déférer l'acte devant le tribunal administratif, pour illégalité, ne commence à courir qu'à compter de la transmission ; l'absence de transmission repousse donc le point de départ de ce délai. Il a été jugé qu'une demande de renseignement ne suffit pas à suspendre la demande de référé[1251].

Le Conseil d'État français a précisé que la transmission aux chefs de services déconcentrés placés sous l'autorité du préfet ne vaut pas transmission à ce dernier avec pour effet de faire courir le délai de

---

[1250] En ce sens, V. D. SY, *Droit administratif*, Dakar, l'Harmattan, 2014, 2eme édition, p. 200.

[1251] CE du 15 mai 2013, n° 357031, Office public habitat Nice et Alpes-Maritimes « Côte d'Azur Habitat », *Jurisdata* n° 2013-009502.

déféré[1252]. Le délai de déféré ne commence pas à courir tant que le préfet ou le sous-préfet n'a pas reçu effectivement l'acte devant être transmis.

La jurisprudence précise que le délai de deux mois « court à compter de la date à laquelle cet acte a été reçu par le préfet de département, en préfecture, ou le sous-préfet d'arrondissement compétent, en sous-préfecture, ou, si elle est antérieure, à la date à laquelle le texte intégral de l'acte a été porté à sa connaissance par les services de l'État placés sous son autorité, lorsque la commune concernée a transmis l'acte à ces derniers ».

La décision, explicite ou implicite, par laquelle une autorité décentralisée refuse de transmettre au représentant de l'État un acte dont celui-ci lui a demandé la transmission peut faire l'objet d'un recours pour excès de pouvoir, le juge administratif prononçant l'annulation de cette décision si l'acte est effectivement soumis à transmission[1253].

En second lieu, la transmission de l'acte au représentant de l'Etat a une portée à l'égard de l'acte lui-même, pour conditionner son entrée en vigueur[1254]. L'obligation de transmission qui n'est pas une condition d'existence de l'acte mais une condition de son entrée en vigueur, de son opposabilité. La transmission constitue « *une mesure de publicité originale imposée aux exécutifs locaux pour certains des actes juridiques les plus importants au nom de la collectivité locale qu'ils administrent* »[1255].

Il apparaît donc clairement que les autorités décentralisées sont obligées de transmettre ces actes mais qu'elles ne sont astreintes à aucun délai pour

---

[1252] CE du 6 juillet. 2007, req. n° 298744, Commune de Saint-Paul-Trois-Châteaux, *AJDA* 2008. 348, note I. Nguyên-Duy.

[1253] TA Strasbourg du 12 décembre 1985, confirmé par CE du 28 juill. 1989, Ville de Metz, *Lebon* 171, *AJDA* 1989. 793, concl. Michel de Guillenchmidt, *Rev. Trésor* 1990, no 5, p. 331, concl. de Guillenchmidt ; TA Cayenne du 9 juin 2005, Préfet de Guyanne c/ Commune de Cayenne, *AJDA* 2005. 2005, concl. Taoumi.

[1254] J.-F. LACHAUME, « Acquisition du caractère exécutoire pour les actes des collectivités territoriales soumis à transmission », *Collectivités-Intercommunalité* 2000, chron. 5.

[1255] J. MOREAU, « Bilan jurisprudentiel du contrôle administratif de légalité », in *AJDA*, 1 992, spécial, p. 50.

le faire. Aussi longtemps qu'elles n'accomplissent pas la formalité de la transmission, leurs actes ne sont ni exécutoires, ni opposables.

Mais force est de constater dans la pratique que les collectivités territoriales ne se soumettent pas toujours à cette formalité. Dès lors, les actes non transmis au représentant de l'Etat, donc en principe inopposables et non exécutoires, font pourtant l'objet d'actes d'exécution. Le Conseil d'Etat français a eu l'occasion de juger que la transmission de l'acte au représentant de l'Etat, étant une condition du caractère exécutoire de l'acte, son application avant transmission est illégale[1256].

Cette situation pose le problème du respect des textes relatifs à l'entrée en vigueur des actes des collectivités territoriales. L'effectivité des textes est un des grands problèmes du système sénégalais de décentralisation[1257].

Il existe un lien de cause à effet entre la transmission de l'acte au représentant de l'Etat et son caractère exécutoire (son applicabilité).

La délibération d'une assemblée locale autorisant la passation d'un contrat n'étant exécutoire qu'après sa transmission, le contrat signé avant la transmission de cette délibération est entaché d'un vice. Le fait qu'un avenant à un marché n'ait pas été transmis au préfet a pour conséquence que cet avenant n'est pas opposable au cocontractant, alors même que la délibération autorisant la conclusion de cet avenant a été transmise[1258].

545. Une applicabilité quinze jours après la réception de l'acte par le représentant de l'Etat. Le Code général des Collectivités territoriales a instauré un système d'applicabilité de certains actes des autorités locales quinze jours après la réception de l'acte par le représentant de l'Etat. En effet, les actes importants des collectivités territoriales visés par l'article 243 du Code général des Collectivités territoriales sont exécutoires de plein droit quinze jours après la délivrance de l'accusé réception par le représentant de l'Etat, sauf demande de seconde lecture et après leur

---

[1256] CE du 27 avril 1987, Commissaire de la République des Côtes-du-Nord, Rec., p.721, *AJDA*, 1987, note J.B. Auby.

[1257] Pour un essai d'étude de la question, V. I. DIALLO, *Effectivité du droit sénégalais des collectivités locales, thèse de doctorat en droit, Université Panthéon Sorbonne*, 2002.

[1258] CAA Bordeaux du 13 mai 1996, Entreprise générale Mas, req. 94BX00907, *Lebon* T. 740.

publication (notamment pour les actes réglementaires) ou leur notification aux intéressés (pour les actes individuels)[1259].

Les actes administratifs concernés sont les délibérations des conseils ou les décisions prises par délégation des conseils et les actes à caractère réglementaire pris par les collectivités territoriales dans tous les domaines qui relèvent de leur compétence en application de la loi.

En vertu de l'article 243, in fine du Code général des Collectivités territoriales, les actes administratifs susvisés « *sont exécutoires de plein droit, quinze jours après la délivrance de l'accusé de réception (...) et après leur publication ou leur notification aux intéressés* ».

Ce délai de quinze jours peut être réduit par le représentant de l'Etat à la demande du président du conseil départemental ou du maire.

Ce régime d'applicabilité des actes des collectivités territoriales témoigne de la volonté du législateur de laisser une marge de manœuvre au représentant de l'Etat et atténue, par la même occasion, le caractère immédiatement exécutoire dont bénéficient certains les actes des collectivités territoriales[1260].

546. Demande de seconde lecture. Mais en ce qui concerne les actes énumérés par l'article 243 du Code général des collectivités territoriales, le représentant de l'Etat à qui l'acte est transmis peut demander une seconde lecture.

La demande de seconde lecture revêt un caractère suspensif, aussi bien pour le caractère exécutoire de l'acte que pour tout délai de procédure contentieuse. Ainsi, lorsque le préfet sollicite une seconde lecture l'applicabilité de l'acte est suspendue[1261].

Ces actes sont exécutoires de plein droit, quinze jours après la délivrance de l'accusé de réception, sauf demande de seconde lecture de la part du

---

[1259] I. M. FALL, « Le contrôle de la légalité des actes des collectivités locales au Sénégal » : http://afrilex.u-bordeaux4.fr/sites/afrilex/IMG/pdf/05dossfallmadior.pdf, p. 84.
[1260] I. M. FALL, op. cit., p. 84.
[1261] G. KOUBI, « Acte exécutoire et actes des autorités locales », *RDP*, 1990, p.1493.

représentant de l'Etat, et après leur publication ou leur notification aux intéressés

Le délai de quinze jours peut également être réduit par le représentant de l'Etat à la demande du président du conseil départemental ou du maire.

La chambre administrative de la Cour suprême a déjà jugé dans un arrêt rendu le 26 juillet 2012[1262] que « *la demande de seconde lecture n'est qu'une simple faculté laissée à l'appréciation du représentant de l'Etat qui n'est pas tenu d'observer un délai minimum pour approuver les délibérations lesquelles, à la différence des procès-verbaux de réunion, ne renseignent pas sur le déroulement du vote* ».

547. Une applicabilité après la transmission de l'acte au représentant de l'Etat. Toutefois, d'autres actes moins importants, notamment « les actes répétitifs pris par les exécutifs locaux aux fins de la gestion quotidienne des collectivités territoriales » bénéficient d'un régime d'exécution de plein droit davantage libéral. En effet, ils sont exécutoires de plein droit dès qu'il est procédé à leur publication ou à leur notification aux intéressés, après transmission au représentant de l'Etat[1263].

L'article 244 du Code général des Collectivités territoriales énonce que les décisions réglementaires prises par le président du conseil départemental ou par le maire dans l'exercice de leurs pouvoirs de police et les actes de gestion quotidienne pris au nom des collectivités territoriales autres que ceux mentionnés à l'article 243 du Code général des Collectivités territoriales sont exécutoires en principe de plein droit « dès qu'il est procédé à leur publication, après transmission au représentant de l'État ».

En ce qui concerne les décisions et arrêtés du maire de ville, l'article 179 du Code général des Collectivités territoriales prévoit les mêmes règles d'entrée en vigueur.

En d'autres termes, les décisions réglementaires prises par le président du conseil départemental ou par le maire dans l'exercice de leurs pouvoirs de

---

1262 CA ch. adm. n°44 du 26 juillet 2012, Ousmane LY et autres c/ Etat du Sénégal, *inédit*.
1263 I. M. FALL, *ibid.*

police, les actes de gestion quotidienne pris au nom des collectivités territoriales autres que ceux mentionnés à l'article 243 du Code général des Collectivités territoriales sont exécutoires (applicables) dès leur transmission au représentant de l'Etat après leur publication.

Ainsi, dès la délivrance de l'accusé de réception de ces actes publiés par le représentant de l'Etat, ils entrent en vigueur ; il n'est pas nécessaire d'attendre l'expiration du délai de quinze jours après la délivrance de l'accusé de réception. Il a été jugé qu'un acte est « *exécutoire* » (le terme est pris ici au sens d'entrée en vigueur) à la date à laquelle il a été transmis au représentant de l'Etat[1264].

Contrairement aux actes des autorités déconcentrées, le législateur n'a pas instauré un système d'entrée en vigueur immédiate des actes des autorités décentralisées. L'applicabilité de ces actes n'intervient pas dès leur publication ; elle exige, en plus de la publication, la transmission des actes au représentant de l'Etat.

Le représentant de l'Etat ayant reçu les actes peut déférer à la Cour suprême ceux qu'il estime entachés d'illégalité, dans les deux mois suivant leur transmission[1265].

548. Portée de la formule « *de plein droit* ». Il se pose la question de la portée de la formule « *exécutoires de plein droit* » utilisée par le législateur. Le terme « *de plein droit* », tel qu'il figure aux articles 179, 243 et 244 du Code général des Collectivités territoriales, signifie que l'acte considéré est susceptible de faire l'objet de mesures d'exécution du seul fait de la volonté de l'autorité territoriale qui a édicté cet acte. Il n'est pas nécessaire qu'une autre volonté n'ait à intervenir, ni pour constater l'existence de l'acte, ni pour l'approuver ou le confirmer, ni pour en contrôler la légalité *a priori* ou qu'une autre formalité que celles déjà prévues pour l'entrée en vigueur de l'acte ne soit imposée comme condition d'applicabilité[1266]. En effet, dès la transmission de l'acte au

---

[1264] TA Lille du 27 mars 1985, Préfet, commissaire de la République de la région Nord-Pas-de-Calais c/ Président du conseil régional, *AJDA* 1985. 556, note Patrick Loquet.
[1265] V. art. 246 du Code général des Collectivités territoriales.
[1266] F.-P. BÉNOIT, « Actes des collectivités locales : exécution des actes. Chapitre 4 (folio n°4530) », *Encyclopédie collect. loc.*, 2012, n° 67.

représentant de l’Etat et sa publication, il devient applicable et entre dès lors dans la vie juridique.

549. Approbation préalable du représentant de l'État. L’article 245 du Code général des Collectivités territoriales réserve le cas de certains actes qui restent soumis à l'approbation préalable du représentant de l'État. Il s’agit des budgets primitifs et supplémentaires, des emprunts et garanties d’emprunts, des plans de développement des collectivités territoriales, des conventions financières de coopération internationale comportant des engagements d'un montant fixé par décret, les affaires domaniales et d’urbanisme, des garanties et prises de participation dans des sociétés privées exerçant des activités d'intérêt général à participation publique et des marchés supérieurs à un montant fixé par décret et les contrats de concession d'une durée supérieure à trente (30) ans[1267].

Les décisions relatives à ces matières sont transmises au représentant de l'État, pour approbation. Cette approbation est réputée tacite si elle n'a pas été notifiée à la collectivité territoriale dans le délai d'un mois à compter de la date de l'accusé de réception par le représentant de l'État.

Ce délai d'un mois peut être réduit par le représentant de l'État à la demande du président du conseil départemental ou du maire.

Le représentant de l'Etat défère à la Cour suprême les actes qu'il estime entachés d'illégalité, dans les deux mois suivant leur transmission[1268].

550. Nature de l’approbation. La nature juridique de l'approbation a donné lieu à des discussions et à des controverses[1269].

À cet égard, deux thèses se sont affrontées.

[1267] V. M. DIAGNE, *Le droit des collectivités locales en Afrique. L’exemple du Sénégal*, Dakar, Panafrika. Silex/Nouvelles du sud, 2010, p. 182-183.

[1268] V. art. 246 du Code général des Collectivités territoriales ; I. DIALLO, « L'avenir du déféré préfectoral en droit public français », *AJDA* 2005, p. 2438.

[1269] S. REGOURD, *Recherches sur l'acte de tutelle en droit administratif français,* Thèse, Toulouse, 1978, p. 1101 et s. ; J. CARBAJO, *L'application dans le temps des décisions administratives exécutoires,* Paris, LGDJ, 1980, p. 100 et s. ; G. MELLERAY, *La tutelle de l'État sur les communes,* Paris, Sirey, 1981, n° 118.

Selon la première thèse, l'approbation constitue une condition de l'acquisition du caractère exécutoire de l'acte, précisément une condition supplémentaire de son entrée en vigueur. Ainsi, en plus de l'exigence tenant à la publication ou à la notification, l'entrée en vigueur de l'acte serait conditionnée par l'intervention de l'approbation.

Une telle analyse conduit à donner à l'approbation la portée la plus large possible. En effet, les mesures d'exécution de l'acte ne peuvent intervenir qu'après cette approbation, mais encore toutes les conséquences découlant de son entrée en vigueur (notamment en ce qui concerne la fixation la date de prise d'effet des dispositions de l'acte) sont repoussées après l'approbation dans le cas des actes pour lesquels celle-ci était exigée.

Selon la seconde thèse, l'approbation constitue une condition suspensive de la mise en œuvre du caractère exécutoire de l'acte[1270]. Elle est considérée comme jouant le rôle d'une condition suspensive de la mise en œuvre du caractère exécutoire de l'acte, de son « *exécutabilité* ».

L'approbation ne constitue donc pas une condition de l'entrée en vigueur de l'acte pour lequel elle est exigée, et donc de l'acquisition de son caractère exécutoire ; ce caractère lui est acquis, selon les règles générales, par l'effet de l'accomplissement des formalités qui conditionnent son entrée en vigueur et par la fixation de la date d'effet de ses dispositions.

L'exigence de l'approbation n'est donc pas une condition supplémentaire s'ajoutant aux conditions générales de l'acquisition du caractère exécutoire par un acte. L'approbation joue un rôle différent : elle suspend, paralyse, jusqu'à son accomplissement, l'effet du caractère exécutoire acquis par ailleurs par l'acte en cause. Il s'agit donc là d'une simple condition suspensive.

Cette solution a été constamment appliqué en jurisprudence. Selon les juges, l'exécution est « *subordonnée à l'approbation* » ; les délibérations du conseil municipal fixant un plan d'alignement n'ayant pas encore été approuvées, « *par suite les arrêtés municipaux (d'application) sont*

[1270] MM. MASPETIOL et LAROQUE, *La tutelle administrative,* Paris, Sirey, 1930, p. 110.

entachés d'excès de pouvoir »[1271]. Dans plusieurs de ces arrêts, le Conseil d'État français emploie le terme « *exécutoire* » au sens de susceptible d'exécution effective. En réalité, les actes visés étaient exécutables en eux-mêmes ; c'est l'exécution qui était interdite avant que soit intervenue l'approbation.

L'acte d'approbation a été considéré, non pas comme une participation à la prise de l'acte, ni même comme une des conditions de l'accession de l'acte au caractère exécutoire, mais comme ayant simplement le caractère d'une condition suspensive de la mise en œuvre de ce caractère exécutoire, donc suspensive de l'exécution effective de l'acte. Aucune mesure d'exécution proprement dite de l'acte ne peut être prise ; toute mesure prise avant approbation est illégale et ne peut être validée par l'intervention ultérieure de l'approbation[1272].

Le principe selon lequel l'exigence de l'approbation suspend la possibilité de mettre à exécution l'acte soumis à approbation tant que cette approbation n'est pas intervenue s'applique à tous les actes des collectivités territoriales soumis à approbation.

[1271] CE du 04 mai 1928, *Buteau, Lebon* 549 ; CE du 20 juin 1930, *Commune de Larochepot, Lebon* 635 : la délibération est « exécutoire à partir de l'expiration du délai » d'approbation tacite ; CE du 24 juillet 1933, Bruel, *Lebon* 856 : la délibération « n'est devenue exécutoire qu'après l'expiration du délai d'approbation tacite » ; CE du 5 janvier 1934, *Monseigneur Chollet, Lebon* 25 : la délibération « est devenue exécutoire à l'expiration » du délai d'approbation tacite ; CE du 28 août 1942, *Viricel, Lebon* 252 : la délibération « n'est devenue exécutoire qu'après l'expiration » du délai d'approbation tacite ; CE du 14 novembre 1956, *Commune de Goussainville, Lebon* T. 633 ; *AJDA* 1957. II. 34, et la note : illégalité du licenciement d'un agent en exécution d'une délibération non approuvée ; CE du 28 novembre 1962, *Commune de Deuil-la-Barre, Lebon* 638 : la délibération, « faute d'avoir été régulièrement approuvée, n'était pas applicable » ; CE du 19 mars 1965, *Sieurs Jean-Louis, Sévère et Caraman, Lebon* 181 ; *D.* 1966, 162, concl. Galabert ; *AJDA* 1965. 478, chron. Puybasset et Puissochet, p. 469 : le « défaut d'approbation de la délibération a pour effet de faire obstacle à son exécution » ; CE du 19 février 1975, *Pignon, Lebon* 133 ; *Dr. adm.* 1975, n° 79 : la délibération devait « être approuvée par l'autorité de tutelle, pour devenir exécutoire » ; CE du 13 mars 1981, *Fédération Confédération générale du travail-Force ouvrière des employés et cadres, Lebon* T. 596 ; *RDP* 1982. 504 ; *Dr. adm.* 1981, n° 143 : l'exécution est « suspendue jusqu'à l'approbation ».

[1272] F.-P. BÉNOIT, « Actes des collectivités locales : exécution des actes. Chapitre 4 (folio n°4530) », *Encyclopédie collect. loc.*, 2012, n° 263.

La Cour suprême du Sénégal a jugé que selon les dispositions de l'ancien article 336 du Code des Collectivités territoriales, par dérogation au caractère exécutoire des actes des collectivités territoriales, restent soumis à l'approbation préalable du représentant de l'Etat, notamment les actes pris en matière domaniale. Dès lors, selon la haute juridiction, « *il ne s'agit pas d'une approbation préalable à l'adoption de la délibération mais plutôt à l'exécution de celle-ci* »[1273].

551. Modalités de l'exécution de l'acte approuvé. Selon la jurisprudence du Conseil d'État français, une fois l'approbation donnée, tout se passe comme si cette approbation était intervenue au jour même de la réalisation de l'acte soumis à approbation. L'approbation de l'acte aurait donc un effet rétroactif en ce qui concerne les conditions de son exécution. Ce principe du caractère rétroactif de l'effet de l'approbation est affirmé de façon expresse[1274].

De ce principe, le Conseil d'État français a fait découler une conséquence en ce qui concerne la date de prise d'effet des mesures d'exécution d'un acte soumis à approbation. En effet, la date de prise d'effet des dispositions de l'acte soumis à approbation, fixée par ce dernier, n'étant pas affectée par l'exigence de l'approbation, en raison du caractère rétroactif de celle-ci, il en résulte qu'une fois l'approbation intervenue, c'est la date d'effet ainsi fixée par l'acte lui-même qui doit être retenue comme date d'effet des mesures d'exécution alors devenues possibles[1275].

[1273] CS ch. adm. n° 32 du 09 avril 2015, Cheikh DIOUF et autres habitants du Village de Ndiobéne Gallo c/ Président du Conseil rural de Keur Socé, *inédit*.

[1274] CE du 19 mars 1965, Sieurs Jean-Louis, Sévère et Caraman, *Lebon* 181 ; *D.* 1966. 162, concl. Galabert ; *AJDA* 1965. 478, chronique Puybasset et Puissochet, p. 469 : l'approbation a un « effet rétroactif à la date à laquelle » la délibération est intervenue ; CE du 17 mars 1971, Sieurs Jean-Louis, Sévère et Caraman, *Lebon* 217 : « l'effet de cette approbation a rétroagi à la date à laquelle avait été prise la délibération » ; CE du 23 juillet 1974, *Commune de Cayeux-sur-Mer, Lebon* 435 : « *l'effet de cette approbation a légalement rétroagi à la date à laquelle avaient été adoptés ces statuts* ».

[1275] CE du 02 novembre 1938, Les petits-fils de François de Wendel, 2e espèce, req. n° 58287, *Lebon* 815 : l'approbation « n'a eu d'autre effet que de rendre la délibération exécutoire, mais ne pouvait avoir d'influence sur la date d'application de la taxe » ; CE 13 mars 1981, Fédération Confédération générale du travail, *précité* : « *l'intervention des autorités de tutelle intéresse exclusivement le caractère exécutoire des mesures qui sont soumises à leur approbation ; qu'ainsi, bien que leur exécution soit suspendue jusqu'à*

L'acte soumis à approbation entre en vigueur selon les règles générales applicables à tous les actes administratifs, donc à compter du moment où les formalités qui conditionnent cette entrée en vigueur (publicité, notification, transmission au représentant de l'Etat) ont été accomplies. Les effets de l'entrée en vigueur se produisent donc sans qu'il y ait lieu de prendre en considération le fait que l'acte est soumis à approbation.

552. Actes individuels. S'agissant des actes individuels du maire, ils ne sont exécutoires qu'après leur notification aux intéressés.

En ce qui concerne le maire de commune, l'article 117 du Code général des Collectivités territoriales énonce que les décisions et les arrêtés du maire ne sont exécutoires qu'après avoir été portés à la connaissance des intéressés, lorsqu'ils ne contiennent pas des dispositions générales par voie de notification individuelle. A cet égard, la notification est établie par le récépissé de la partie intéressée ou, à défaut, par l'original de la notification conservé dans les archives de la mairie.

L'article 179 du Code général des Collectivités territoriales prévoit les mêmes règles d'entrée en vigueur en ce qui concerne les décisions et arrêtés du maire de ville.

Ainsi, il a été jugé que l'existence de la notification peut être considérée comme établie au plus tard à la date à laquelle la personne concernée a adressé au représentant de l'État une demande en vue de l'annulation d'une délibération[1276].

L'absence de notification a simplement pour effet que l'acte ne peut être mis valablement à exécution[1277].

Mais au-delà de la notification, l'applicabilité de certains actes individuels édictés par les autorités décentralisées est subordonnée à leur transmission au représentant de l'Etat. Il s'agit des décisions individuelles relatives à la

---

l'intervention des autorités de tutelle, ces mesures prennent légalement effet à compter de la date à laquelle elles ont été rendues publiques » (« *rendues publiques* », c'est-à-dire entrées en vigueur ; en l'espèce, en effet, s'agissant d'un acte réglementaire, la date de prise d'effet ne pouvait être que postérieure à l'entrée en vigueur résultant de la publication »).

[1276] CE du 28 janvier 1987, Courtet, *Lebon* 17.

[1277] CE du 31 mars 1989, *Ministre de l'Intérieur et de la décentralisation et Lambert, Lebon* 111 ; *AJDA* 1989. 338, chron. E. Honorat et E. Baptiste.

nomination, à l'avancement de grade ou d'échelon d'agents des collectivités territoriales et des décisions individuelles relatives aux sanctions soumises à l'avis du conseil de discipline et au licenciement d'agents des collectivités territoriales.

Selon l'article 243 in fine du Code général des Collectivités territoriales, ces actes sont exécutoires de plein droit, quinze jours après la délivrance de l'accusé de réception, sauf demande de seconde lecture de la part du représentant de l'Etat, et après leur notification aux intéressés. Ce délai de quinze jours peut être réduit par le représentant de l'Etat à la demande du président du conseil départemental ou du maire.

S'agissant des décisions individuelles prises par le président du conseil départemental ou le maire dans l'exercice de leurs pouvoirs de police et des actes de gestion quotidienne pris au nom des collectivités territoriales autres que ceux mentionnés à l'article 243 du Code général des Collectivités territoriales, l'article 244 du dudit code précise qu'ils sont exécutoires en principe de plein droit dès qu'il est procédé à leur notification aux intéressés, après transmission au représentant de l'État.

2. La prévision d'un dispositif spécial relatif à l'applicabilité des actes des autorités administratives déconcentrées

553. Arrêtés des autorités administratives déconcentrées. Les autorités administratives déconcentrées, à savoir les gouverneurs, les préfets et les sous-préfets (chefs de circonscriptions administratives) peuvent participer à l'exercice du pouvoir réglementaire[1278]. En effet, ces autorités sont les délégués du Président de la République et les représentants de chacun des ministres[1279]. A ce titre, même en l'absence

---

[1278] Sur cette question, A. BOCKEL, « L'administration territoriale et locale », in *Encyclopédie juridique de l'Afrique*, Tome I, Dakar-Abidjan-Lomé, NEA, 1982, p. 171 et s. ; J.-B. AUBY, « Désarroi dans l'administration déconcentrée de l'État », *Dr. adm.* 2013, repère 8 ; M. LE ROUX, « La réforme de l'administration territoriale de l'État », *Dr. adm.* 2011, étude 2.

[1279] V. art. 3, 6 et 9 de la loi n°72-02 du 1er février 1972 relative à l'organisation de l'administration territoriale ; aussi V. art. 1er, 13 et 25 du décret n° 72-636 du 29 mai 1972 relatif aux attributions des chefs de circonscription administrative et des chefs de village modifié par le décret 96-228 du 22 mars 1996.

de textes spécifiques, ils sont habilités à prendre des mesures appropriées en vue de bien administrer leurs circonscriptions administrations.

Ces autorités bénéficient aussi de délégations spécifiques de pouvoirs émanant de titulaires du pouvoir réglementaire, à savoir le Président de la République ou les ministres.

554. Modalités d'applicabilité des actes. L'ancienne loi n° 70-14 du 06 février 1970 précitée a renvoyé à des lois particulières les modalités d'applicabilité des textes réglementaires de certaines autorités. Aux termes de l'article 6 de ladite loi, les règles d'applicabilité des actes à caractère réglementaire des autorités régionales demeurent fixées par des lois particulières.

Le législateur sénégalais a aménagé des règles particulières de publication et d'entrée en vigueur des arrêtés réglementaires des autorités de police locale, c'est-à-dire des actes des autorités décentralisées[1280] dans la loi n° 2013-10 du 28 décembre 2013 portant Code général des Collectivités territoriales[1281].

555. Constat d'un vide législatif. Toutefois, à notre connaissance, le législateur n'avait pas aménagé des règles particulières s'agissant des actes édictés par les « *autorités régionales* », c'est-à-dire les chefs de circonscriptions administratives (gouverneur, préfet, sous-préfet).

Par une circulaire n° 0036/MINT CAB 5 du 25 avril 1973 du Ministre de l'Intérieur sur les actes réglementaires des autorités locales et territoriales, M. Jean COLLIN a tenté de combler ce vide juridique en s'inspirant des modalités d'applicabilité des actes de l'Administration communale fixées par le Code de l'Administration communale applicable à l'époque.

En ce qui concerne les actes à caractère réglementaire, la circulaire n° 0036/MINT CAB 5 du 25 avril 1973 précitée énonce que leur applicabilité est subordonnée à l'accomplissement de formalités

---

1280 G. KOUBI, « Acte exécutoire et actes des autorités locales », *RDP,* 1990, p.1493.

1281 En ce sens, M. DIAKHATE, *La rédaction administrative au Sénégal*, Dakar, *op. cit.*, p. 237 ; du même auteur, « Le régime de l'entrée en vigueur des actes législatifs et réglementaires au Sénégal, in *La procédure d'adoption des textes législatifs et réglementaires au Sénégal,* atelier ENA, 28 et 29 avril 2015.

obligatoires, à savoir l'inscription de l'arrêté sur le registre spécial, l'affichage aux lieux accoutumés, la déclaration certifiée par l'auteur que l'acte selon laquelle l'affichage a eu lieu et la communication de l'arrêté aux autorités chargées de l'exécution[1282].

S'agissant des arrêtés permanents, c'est-à-dire ceux qui ne sont pas destinés à faire face à une situation transitoire, ils sont exécutoires dès qu'ils sont publiés ou notifiés régulièrement.

Les arrêtés temporaires pris par le gouverneur ou le préfet en matière de police municipale ne sont exécutoires qu'un mois après leur arrivée à la préfecture ou à la gouvernance, selon les cas[1283]. Il en est de même des actes réglementaires pris par les préfets à l'égard des arrondissements dans les domaines qui sont de la compétence des maires dans les communes. En cas d'urgence, l'autorité de tutelle peut en autoriser l'exécution immédiate.

La circulaire du 25 avril 1973 précitée précise que les arrêtés permanents pris en d'autres matières de police administrative sont exécutoires dès leur publication, sauf annulation, réformation ou suspension postérieure par l'autorité compétente.

Pour ce qui concerne les actes individuels des autorités déconcentrées, la circulaire n° 0036/MINT CAB 5 du 25 avril 1973, prévoit, conformément à l'article 5 de l'ancienne loi n°70-14 du 06 février 1970 fixant les règles d'applicabilité des lois et des actes administratifs, qu'ils deviennent exécutoires après leur notification aux intéressés.

Mais les dispositions de la circulaire n° 0036/MINT CAB 5 du 25 avril 1973 susvisée sont manifestement entachées d'illégalité. En effet, en

---

[1282] A. DESRAMEAUX, « L'information indirecte : une variante de la théorie de la connaissance acquise », *Dr. adm.* 2009, étude 15 ; A. CLAEYS, « Une nouvelle remise en cause de la théorie de la connaissance acquise », *AJDA* 2003, p. 42 ; X. CABANNES, « La théorie de la connaissance acquise ou la peau de chagrin », *RDP* 2000, p. 1763 ; Y. CLAISSE, « Les dispositions de l'article R. 104 du Code des tribunaux administratifs et des cours administratives d'appel sont-elles encore tenues en échec par la théorie de la connaissance acquise? », *D.* 1996, p. 340 ; G. EVEILLARD, « Le renouveau de la théorie de la connaissance acquise », *Dr. adm.* n° 04, avril 2014, comm. 24.

[1283] V. anc. art. 93 et 98 du Code de l'Administration communale.

vertu de l'article 6 de l'ancienne loi n°70-14 du 06 février 1970, les règles d'applicabilité des actes à caractère réglementaire des autorités régionales doivent être fixées « *par des lois particulières* » et non par voie de circulaire ministérielle[1284].

Pa ailleurs, face au vide juridique constaté dans le régime de l'applicabilité des actes administratifs des autorités déconcentrées, la jurisprudence administrative sénégalaise n'a pas hésité à étendre les règles d'entrée en vigueur prévues par la loi du 06 février 1970 aux actes administratifs précités. La Cour suprême, dans l'arrêt *Ousmane THIAM* et autres rendu le 18 juillet 1984[1285], avait, par une interprétation très extensive, procédé à la transposition du régime prévu par l'ancienne loi du 06 février 1970 aux actes des autorités régionales (chefs de circonscriptions administratives). Cette juridiction était saisie d'un recours pour excès de pouvoir contre l'arrêté n° 008/GRL/BT du 02 juin 1980 du Gouverneur de la Région de Louga portant délimitation des villages de Thiamène et de Maïmouna.

L'Etat avait soulevé une fin de non-recevoir tirée de la tardiveté du recours contentieux. Bien que l'acte attaqué était un acte réglementaire, l'Agent judiciaire de l'Etat avait invoqué la date de la notification comme constituant le point de départ du délai du recours contentieux.

La Cour suprême avait répondu que l'arrêté attaqué était soumis aux règles applicables aux actes réglementaires en vertu desquelles ces actes ne sont opposables aux tiers qu'après publication au *Journal officiel* ».

Selon la haute juridiction, « *l'arrêté attaqué est un acte réglementaire du Gouverneur de la Région de Louga ; qu'aux termes de l'article 6, alinéa 2 de la loi n° 70-14 du 06 février 1970, les règles d'applicabilité des actes à caractère réglementaires des autorités régionales et locales demeurent fixées par des lois particulières ; qu'en l'absence de lois particulières l'arrêté attaqué est soumis aux règles applicables aux actes*

[1284] En ce sens, J.C. GAUTRON et M. ROUGEVIN-BAVILLE, *Droit public du Sénégal*, Paris, éditions A. Pédone, 1977, p. 268 ; M. M. MBACKE, « L'entrée en vigueur des actes réglementaires en droit sénégalais », *RIPAS*, n° 23-24, janvier-décembre 1990, p. 127.
[1285] CS. ch. adm. n° 21 du 18 juillet 1984, Ousmane THIAM et autres, *inédit*

réglementaires en vertu desquelles ces actes ne sont opposables aux tiers qu'après publication au Journal officiel ».

Le juge administratif a eu recours à l'ancienne loi du 06 février 1970 pour déterminer les modalités d'applicabilité des actes réglementaires édictés par les autorités déconcentrées. Pourtant, l'article 2 de cette loi prévoit que « les règles d'applicabilité des actes à caractère réglementaire des-autorités régionales et locales demeurent fixées par des lois particulières ».

Or, ces dernières n'ayant pas été élaborées contrairement à ce que semble suggérer l'utilisation du verbe « demeurer ». Le juge administratif semble considérer que les règles d'applicabilité fixées par l'ancienne loi du 06 février 1970 constitue le droit commun de l'entrée en vigueur des textes, de sorte que dans le silence des lois particulières, elles trouvent à s'appliquer. Le professeur Ndèye Madjiguène F. DIAGNE a écrit à ce sujet que le raisonnement extensif du juge « a permis de surmonter les lacunes du droit écrit dans cette espèce qui constitue un exemple dans lequel le juge a opportunément suppléé le législateur »[1286].

556. Comblement du vide législatif. Le législateur a comblé le vide constaté dans la théorie de l'applicabilité des textes en prévoyant un régime spécifique relatif à l'applicabilité des actes des autorités administratives déconcentrées. Force est de constater que le dispositif mis en place est largement inspiré des règles applicables aux actes des autorités décentralisées prévues par le Code général des Collectivités territoriales.

557. Actes réglementaires. S'agissant des actes réglementaires édictés par les chefs de circonscriptions administratives, l'article 13 de la loi n° 2021-21 du 02 mars 2021 susvisée énonce qu'ils « ne sont exécutoires qu'après avoir été portés à la connaissance des intéressés, par voie de publication, d'affichage ou par tout autre moyen approprié. La publication est attestée par une déclaration faite par le chef de circonscription administrative ». Dès leur publication, qui peut être faite par tous moyens,

---

[1286] ND. M. F. DIAGNE, *Les méthodes et les techniques du juge en droit administratif sénégalais*, Thèse doctorat, Dakar, 1995, p. 318-319.

les actes des chefs de circonscriptions administratives accèdent à la vie juridique.

En énonçant que la publicité de l'acte par publication, affichage ou par tout autre moyen approprié, le législateur laisse un large pouvoir d'appréciation au chef de circonscription administrative quant aux procédés de publicité à employer. Comme pour les actes des autorités décentralisées, ceux édictés par les autorités déconcentrées peuvent faire l'objet d'un affichage sur les lieux concernés, d'une publication d'un recueil des actes administratifs, d'une publication dans la presse ou d'une combinaison de plusieurs de ces procédés à la fois.

Mais force est de constater que dans la pratique, c'est l'affichage au siège de la circonscription administrative qui est le procédé de publication le plus fréquent. Dès leur publication, les actes réglementaires pris par les organes exécutifs (président du conseil départemental ou maire) ou les organes délibérants (conseil départemental ou conseil municipal) des collectivités territoriales entrent en vigueur. Il semble que le législateur a instauré un système d'entrée en vigueur immédiate, c'est-à-dire qui joue dès la publication en ce qui concerne les actes administratifs édictés par les autorités décentralisées.

Le Code général des Collectivités territoriales a instauré, s'agissant des actes des autorités déconcentrées, un système assurant une simultanéité entre l'applicabilité et l'opposabilité des actes, à l'image du régime de l'entrée en vigueur des ordonnances.

558. Actes individuels. Les actes administratifs à caractère individuel édictés par les autorités déconcentrées sont exécutoires dès leur notification. La notification est établie par le récépissé délivré à la personne intéressée et conservé dans les archives de la circonscription administrative[1287].

L'article 15 de la loi n° 2021-21 du 02 mars 2021 susvisée précise que les actes pris par les chefs de circonscriptions administratives sont enregistrés à leur date dans un registre spécial tenu au siège de la circonscription

---

[1287] V. art. 14 de la loi n° 2021-21 du 02 mars 2021 susvisée.

administrative. La preuve de la notification et de sa date incombe à l'Administration[1288].

Le régime et les modalités de la notification des actes des autorités déconcentrées obéissent de façon générale aux mêmes règles que celles prévues pour les actes des autorités décentralisées[1289].

1288 CE du 12 juin 1974, Chabrerie, *Lebon*, p. 333 ; CE, 25 novembre 1981, Gani, *Lebon* T., p. 777 ; CE du 26 novembre 1986, min. Agr. c/ epx Valleix : *Dr. adm.* 1987, comm. ; CE du 23 septembre 1987, min. Trav., Emploi et Form. prof. c/ Sté « Ambulances 2000 », *Lebon*, p. 289 ; *AJDA* 1987, p. 611.
1289 V. *supra*, n° 207 et s.

CHAPITRE VI :
L'ÉVALUATION *A POSTERIORI* DES TEXTES LÉGISLATIFS ET RÈGLEMENTAIRES

« Les lois inutiles affaiblissent les lois nécessaires. », *Esprit des lois*, Livre XXIX, chap. XVI

559. Notion d'évaluation. À l'image des politiques publiques, les textes normatifs, qui sont censés traduire les options majeures desdites politiques, doivent faire être évalués en vue d'en mesurer la pertinence, l'efficacité et l'efficience.

Au Sénégal, bien souvent des réformes normatives sont engagées sans des secteurs d'activités (agriculture, énergie, santé, justice etc.), sans pour autant qu'elles soient précédées d'une véritable évaluation des législations ou réglementations antérieures.

Dans sa plus grande généralité sémantique, le terme « *évaluer* » signifie « *porter un jugement sur la valeur* »[1290]. Ainsi, l'évaluation d'une politique publique est une technique de management public qui consiste à porter une appréciation sur sa valeur, au regard d'un certain nombre de critères, tels que sa pertinence, son efficacité, son efficience, sa cohérence, sa capacité à répondre aux besoins qui l'ont fait naître[1291].

Elle implique la définition de critères, de normes et de référentiels pour objectiver la mesure ou le jugement de la valeur. Selon l'Organisation de Coopération et de Développement Économiques (OCDE), l'évaluation est « *une appréciation formelle et documentée d'un programme, d'une politique ou d'une organisation à partir de l'utilisation systématique d'une méthodologie d'analyse et avec l'intention d'être aussi objectif que possible* »[1292].

[1290] Définition du *Dictionnaire de la langue française Robert I*, 2e éd.

[1291] A. K. LO, *Système de contrôle, suivi évaluation de performance et redevabilité des services publics : cas du Sénégal*, octobre 2014 ; A. BA, *Suivi évaluation et gestion de la qualité des données*, Dakar, l'Harmattan, 2024.

[1292] OECD, 1998 - Best Practice Guidelines for Evaluation

L'évaluation, comme outil à la fois d'aide à la prise de décision et d'information des usagers, citoyens et contribuables sur la pertinence, le coût et les effets des politiques publiques, est au cœur des préoccupations des États et gouvernements[1293].

L'article 3 de la loi d'orientation n° 2022-10 du 19 avril 2022 relatif au système national de planification définit l'évaluation en général comme « *l'appréciation systématique et objective, à une période donnée du cycle de vie d'une politique, d'une stratégie, d'un programme ou d'un projet, depuis la conception jusqu'aux résultats, en passant par la mise en œuvre* ».

Dans le cadre de la gouvernance normative, en particulier, l'évaluation est une technique qui consiste à porter une appréciation sur la valeur ajoutée des textes législatifs et réglementaires, au regard de critères objectifs, en vue de répondre aux besoins des citoyens et d'atteindre des objectifs de politique publique.

Sous ce rapport, l'évaluation constitue un outil d'aide à la prise de décision sur la pertinence, le coût et les effets des interventions normatives.

SECTION PREMIÈRE : L'ÉVALUATION *A POSTERIORI* DES TEXTES

560. Évaluation *ex post*. Au-delà de l'évaluation *a priori*, encore appelée évaluation ex ante, effectuée à travers la réalisation des études d'impact et d'opportunité, les textes normatifs doivent, après leur entrée en vigueur et une période de mise en œuvre, faire l'objet d'une évaluation *a posteriori* (évaluation *a posteriori*) permettant de s'assurer de la pertinence, de l'efficacité, de l'efficience et des impacts de l'intervention normative.

[1293] A. NDIAYE, *Contribution à la mise en place d'un dispositif de coordination et de pilotage de l'évaluation des politiques publiques au Sénégal, Master spécialité Administration et finances publiques Parcours Administration publique spécialisée*, Strasbourg, 2015, p. 8.

Cette forme d'évaluation constitue une appréciation et un jugement des règles juridiques permettant d'examiner leurs résultats, leur efficacité et leur efficience à court, moyen ou long terme. A cet égard, la « *maintenance* » des textes implique une veille normative permanente.

L'enjeu est d'inscrire l'activité normative dans une dynamique améliorative et de l'aligner aux problématiques sociétales. En effet, ce n'est qu'après leur application effective que les effets et impacts des textes peuvent être pleinement mesurés, y compris les incidences imprévues.

Un texte normatif est censé apporter une réponse à un problème de société (protection de personnes vulnérables, financement d'un secteur d'activité, régulation d'un secteur, etc.) ; il est dès lors nécessaire, à la mise en œuvre, de mesurer s'il a effectivement permis d'atteindre un tel objectif. Des textes juridiques, pertinents et adaptés à l'origine, peuvent devenir obsolètes, voire désuets, en raison notamment des mutations sociétales, de l'évolution de mœurs et des innovations technologiques.

Ainsi, la démarche de l'évaluation *a posteriori* ne constitue pas le stade ultime du cycle normatif, puisqu'elle permet de s'assurer que les interventions normatives sont bien orientées vers les attentes des citoyens et les objectifs des pouvoirs publics, et au besoin, de réarticuler ou de rectifier la trajectoire de l'action publique par la redéfinition d'une nouvelle politique normative.

SECTION II : L'APPROCHE MÉTHODOLOGIQUE

561. Méthodologie. Pour être efficace, l'évaluation *a posteriori* doit être fondée sur une bonne approche méthodologique.

Ainsi, le processus d'évaluation peut être piloté par le ministère ayant initié le texte ou la réforme à évaluer. À cet effet, un comité d'évaluation des textes, impliquant toutes les parties prenantes, pourra être créé par arrêté du ministre maître d'œuvre. Par exemple, un comité d'évaluation de la réforme de l'Acte III de la décentralisation peut être institué par arrêté du Premier Ministre.

Mais rien de ne s'oppose à ce que le département ministériel d'externaliser le processus d'évaluation en s'attachant les services d'un consultant ou d'un groupe d'universitaires. Dans ce cas de figure, le ministre concerné doit mettre en place un comité technique de suivi ou de pilotage pour superviser le processus et s'assurer de la qualité du ou des livrables.

L'essentiel est que les services de l'État conduisent eux-mêmes le travail d'évaluation et soient associés, de façon effective, à toutes les étapes du processus.

Par ailleurs, il est recommandé d'impliquer toutes les parties prenantes à la démarche d'évaluation et surtout les acteurs chargés de la mise en œuvre du texte ou de la réforme à évaluer, notamment les professionnels, la société civile, les partis politiques, le secteur privé, et même les citoyens, dans le cadre d'une démarche inclusive et partenariale.

Dans ce cadre, il est fortement recommandé de faire procéder, dans les meilleurs délais, à l'évaluation *a posteriori* des textes législatifs et réglementaires, notamment à l'occasion d'une réforme en profondeur d'un texte ou d'un secteur d'activité, en vue de faire le point sur l'état de leur mise en œuvre et d'améliorer la législation et la réglementation y afférentes.

L'opération d'évaluation peut porter sur un texte spécifique. Par exemple, la loi n° 67-04 du 24 février 1967 tendant à réprimer les dépenses excessives à l'occasion des cérémonies familiales peut faire l'objet d'une évaluation.

Mais elle peut aussi concerner, par souci de cohérence, plusieurs textes relatifs à un secteur déterminé. Par exemple, la réforme du secteur hospitalier, la réforme de l'état civil, de la fiscalité, etc.).

SECTION III : LES CRITÈRES D'ÉVALUATION

562. Critères. Pour garantir la qualité et l'efficience de la démarche évaluative, il est nécessaire de procéder à la définition de critères pertinents pour objectiver la mesure ou le jugement de valeur sur les normes à évaluer.

En effet, l'évaluation doit permettre de faire le point sur l'état de mise en œuvre de la législation ou de la réglementation sur la base de référentiels précis. Il s'agit d'identifier les lacunes, les contraintes, les vides et inadaptations juridiques ainsi que les difficultés de mise en œuvre du cadre juridique et institutionnel traditionnel.

Ce diagnostic de fait peut également faire ressortir les opportunités et les atouts de l'application des textes juridiques classiques.

Parmi les critères d'évaluation les plus importants utilisés, on peut citer :

- les impacts directs ou indirects de la législation ou de la réglementation à évaluer : impacts sociaux, environnementaux, économiques, judiciaires, etc. ;
- le degré de réalisation des objectifs escomptés par les textes à évaluer: objectifs pas du tout atteints ou atteints partiellement ;
- la pertinence des textes à évaluer au nouveau contexte : inadéquation, inadaptation des textes, vide juridique, etc. ;
- la conformité des textes à évaluer aux instruments juridiques supérieurs (Constitution, traités internationaux, normes communautaires, etc.) : non-conformité de certaines dispositions à la Constitution, non-respect des engagements internationaux, transposition infidèle de directives communautaires, etc. ;
- l'efficacité et l'efficience des procédures prévues les textes à évaluer : lourdeurs, formalisme, complexité, lenteurs, détournement de procédures, etc.;

- l'effectivité ou le degré de mise en œuvre des textes à évaluer par les professionnels, les opérateurs économiques, le secteur privé, les fonctionnaires, etc. : difficultés ou divergences d'interprétation judiciaire, désuétude, difficultés d'application, etc.

SECTION IV : LES OUTILS DE L'ÉVALUATION

563. Outils d'analyse. Plusieurs outils d'analyse d'impact *a posteriori* peuvent être mobilisés pour les besoins de l'opération d'évaluation. Il peut s'agir :

- des études et enquêtes de terrain ;
- de la diffusion de questionnaires à l'intention des professionnels et autres acteurs ;
- de l'examen des décisions de justice ou de décisions d'autorités administratives ou de régulation mettant en œuvre les textes à évaluer, etc.

Il importe d'instaurer une véritable culture de l'évaluation des normes juridiques dans vos différents services.

À cet effet, dans le pilotage du processus d'évaluation, il est recommandé que les départements ministériels s'appuient sur les services du Secrétariat général du Gouvernement, notamment dans la mise en œuvre des outils d'évaluation (rédaction des termes de référence de la mission d'évaluation, établissement des questionnaires, réalisation des enquêtes, etc.).

Le rapport d'évaluation établi devra, au-delà du diagnostic de l'état d'application des textes en vigueur, comporter des recommandations en vue d'améliorer la législation ou la réglementation.

Ces préconisations constitueront le socle sur lequel s'articuleront les nouvelles options législatives ou réglementaires, par notamment la simplification ou la modernisation des procédures, la mise en place de nouveaux mécanismes de financement (création d'un fonds ou d'une redevance, etc.), l'instauration d'un dispositif de régulation d'un secteur (institution d'une autorité administrative indépendante) ou la correcte transposition d'une directive communautaire, etc.

Le rapport d'évaluation doit être transmis à la Primature en même temps que le projet de texte ou de réforme.

BIBLIOGRAPHIE

I. - OUVRAGES, MANUELS ET THÈSES

BERGEAL (C.), *Rédiger un texte normatif. Manuel de légistique*, 7e édition, Paris, Berger-Levrault, octobre 2012.

BESCH (M.), *Traité de légistique formelle*, Publication du Conseil d'État du Grand-Duché de Luxembourg, 2008.

BOCKEL (A.), *Droit administratif*, Dakar-Abidjan NEA, 1978.

DIAKHATE (M.), *Rédaction administrative*, Dakar, CREDILA, 2016.

DIAKHATE (M.), *La Constitution du Sénégal. La lettre, le politique et le juge*, Dakar l'Harmattan, 2023.

DIATTA (M. LO), *Droit sénégalais des marchés publics,* Dakar l'Harmattan, 2025.

DIOP (EL. H. O.), *La justice constitutionnelle au Sénégal. Essai sur l'évolution, les enjeux et les réformes d'un contre-pouvoir juridictionnel*, Dakar, CREDILA-OVIPA, 2013.

DIOP (M.), *L'administration d'État au Sénégal*, Dakar, édition Clairafrique, 2011.

FALL (I. M.), *Évolution constitutionnelle du Sénégal de la veille de l'indépendance aux élections de 2007,* CREDILA-CREPOS, 2007.

FALL (I. M.), *Les décisions et avis du Conseil constitutionnel du Sénégal*, Dakar, CREDILA, 2008.

FALL (I. M.), *Le pouvoir exécutif dans le constitutionnalisme des États d'Afrique*, Paris, l'Harmattan, 2008.

FALL (I. M.), *La réforme constitutionnelle du 20 mars 2016 au Sénégal. La révision consolidante record*, Dakar, l'Harmattan, 2017.

GANDOUIN (J.) et ROUSSIGNOL (J.-M.), *Rédaction administrative Afrique. Maghreb-Afrique subsaharienne,* Armand Colin, 4e édition mise à jour, 2013.

GAUTRON (J.C.) et ROUGEVIN-BAVILLE (M.), *Droit public du Sénégal*, Paris, éditions A. Pédone, 1977.

GILBERT (K.) et (C.) GROULIER, *Former à la légistique. Les nouveaux territoires de la pédagogie juridique,* Paris, LexisNexis, 2018.

GREVISSE (M.) et GOOSSE (A.), *Le bon usage*, 14e édition, Paris, De boeckduculot, 2010.

GREVISSE (M.), *Le bon usage. Grammaire française avec des remarques sur la langue française d'aujourd'hui,* Gembloux, éditions J. Duculot SA, 9e édition, 1969.

KEBE (A. A.), L. KOTE et NESSE (V. S.), *Recueil des textes de base régissant les finances publiques au Sénégal,* Dakar, l'Harmattan, 2023.

LAVROFF (D. G.), *La République du Sénégal*, Paris, LGDJ, 1966.

NIANG (M.), *Les agences d'exécution et la modernisation de l'État,* Dakar, l'Harmattan, 2017.

NIASSE (M.), *Traité de rédaction administrative. Devoir de restitution et de partage*, Dakar, l'Harmattan 2025.

NZOUANKEU (J.M.), *Constitution de la République du Sénégal. Texte consolidé*, Nzouankeu Alternatives. L'encrier et le porte-plume, édition mai 2017.

REMY (D.), *Légistique. L'art de faire les lois*, Paris, Romillart, 1994.

SAKHO (A.), *Le droit de la gouvernance d'entreprise*, Dakar, Harmattan, 2025.

SAKHO (L. G.), *Les agences publiques d'exécution face au défi de la performance : le cas du Sénégal*, Dakar l'Harmattan, 2025.

SY (A. L.), *Le secteur parapublic sénégalais entre réformes et immobilisme. Essai*, Dakar, Editions Edisal, 2025.

SY (D.), *Droit administratif*, Dakar, l'Harmattan, 2 e édition, 2014.

TOURE (P.A.), *La réforme de l'organisation judiciaire du Sénégal commentée et annotée*, Paris, l'Harmattan, 2016

TOURE (P.A.), *La réforme de la composition et de la compétence des juridictions du Sénégal commentée et annotée*, Dakar, Abis éditions, 2017.

TOURE (P.A.), *Légistique. Techniques de conception et de rédaction des lois et des actes administratifs : une tradition de gouvernance normative,* Dakar, l'Harmattan, 2018.

TOURE (P.A.), *Recueil de textes relatifs au travail législatif et réglementaire du Gouvernement. Commentés et annotés,* Dakar, l'Harmattan, 2019

TOURE (P.A.), *L'entrée en vigueur des lois, des ordonnances et des actes administratifs*, Dakar, Abis éditions, 2021.

TOURE (P.A.), *La transposition des directives de l'espace de l'UEMOA : entre exigence juridique et technique légistique,* Dakar, l'Harmattan, 2024.

TOURE (P.A.), *Le droit à l'assistance d'un avocat durant l'enquête dans l'espace UEMOA : l'exemple du Sénégal,* Dakar, l'Harmattan, 2025.

THIAM (C. T.), *Droit public du Sénégal*, volume I, L'État et le citoyen, Dakar, CREDILA, 1993.

II. - GUIDES RAPPORTS ET RECOMMANDATIONS

Guide de légistique, Paris, La documentation française, 3 e édition, mise à jour 2017.

Guide de la rédaction des lois et amendements, Assemblée nationale, juillet, 2007.

La rédaction des amendements, sous-amendements et motions de procédure, Sénat, service de la séance, octobre 2009.

Rédiger la loi. Guide de rédaction des propositions de loi et des amendements, Sénat, édition septembre 2007, p. 64 et s.

Conseil d'État, *Principes de technique législative. Guide de rédaction des textes législatifs et réglementaires*, 2008.

OCDE (2012), *Recommandation concernant la politique et la gouvernance règlementaires*.

OCDE (2017), *L'évaluation a posteriori de la réglementation*, in Government at a Glance 2017, éditions OCDE, Paris.

Conseil d'État, *Publication et entrée en vigueur des lois et de certains actes administratifs*, Paris, La Documentation française, 2001.

Inspection générale d'État, *Le rapport public sur l'état de la gouvernance et de la réédition des comptes*, juin 2014.

Rapport sur l'activité normative de l'année 2016, Secrétariat général du Gouvernement.

P. A. TOURE et B. PIGNEROL, *Guide de légistique*, Ministère de la Justice, Dakar, 2019.

III. ARTICLES DE DOCTRINE ET ACTES DE SEMINAIRES

ACKA (S. F.), « La promulgation de la loi en Afrique noire francophone (Bénin, Cameroun, Côte d'Ivoire, Sénégal) ». www.ohada.com ohadata D-07-14.

BOCKEL (A.), « La Cour suprême et le problème du retrait des actes administratifs », *Annales africaines* 1971, p. 7.

COULIBALY (A. L.), « Gouvernance normative. Nouvelle dynamique, nouvelle approche ! », in *Le Soleil*, du mercredi 21 septembre 2015, p. 12.

COULIBALY (A. L.), « De l'art de mal légiférer au paradigme du mieux légiférer : contribution à la recherche d'une nouvelle gouvernance normative au Sénégal», in A. SALL et I. M. FALL (dir.), *Actualités du droit public et de la science politique en Afrique, Mélanges en l'honneur de Babacar KANTE*, Dakar, l'Harmattan, 2017, p. 661 et s.

COULIBALY (A.), « La portée juridique de la signature du Président de la République dans la jurisprudence du Conseil d'État », *LPA*, 24 mars 1995, p. 4.

COULIBALY (A. L.) et TOURÉ (P. A.), « Au-delà des turbulences, la constitutionnalisation du principe de l'intelligibilité de la loi : à propos de la décision du Conseil constitutionnel n° 02/C/21 du 20 juillet 2021 » : https://www.pressafrik.com.

DIAGNE (A.A.), « Communication sur l'élaboration et la présentation des textes juridiques », *Session de formation en légistique*, Dakar, les 3, 4 et 5 mars 2015.

DIAKHATE (M.), « L'interprétation de la loi portant amnistie en droit facile » : https://ceracle.com

DIARRA (E.), « La procédure législative au Sénégal », *RIPAS*, n° 11, octobre-décembre 1984, p. 702-816.

DIEYE (A.), « Les lois d'habilitation en droit comparé. La situation dans quelques États d'Afrique noire francophone et en France », *Annales de l'Université de Toulouse I, Capitole*, tome IV, 2014, p. 133 et s.

DIOUF (G. A.), « L'arrêté préfectoral », in *Le pouvoir réglementaire des autorités administratives au Sénégal,* Actes du 5eme colloque de la RIPAS, Dakar, 11-15 décembre 1989, *RIPAS*, janvier-décembre 1990, n° 23-24, p. 177 et s.

DIOUF (E. Nd.), « Faits tenus pour criminels selon les règles du droit international : réflexions sur un aspect de la décision n° 1/C/2025 du 23 avril 2025 » : https://ceracle.com

GAUTRON (J-C.), « Réflexions sur l'autonomie du droit public sénégalais », *Annales africaines,* 1969, p. 29-41.

GEORGES (PH.), « La procédure législative au Sénégal, *Annales africaines*, 1965, p. 177.

KHOUMA (O.), « Le contrôle de la légalité externe des actes administratifs unilatéraux par le juge sénégalais. Un exemple de transposition de la jurisprudence administrative française » : http://afrilex.u-bordeaux4.fr

LAPEYRE (CH.), « La consultation du Conseil supérieur de la fonction publique en matière de statut particulier constitue une formalité préalable substantielle (note sous l'arrêt Souleymane SIDIBE-Amicale des Administrateurs civils du Sénégal (Cour suprême, 23 juillet 1975) », *Annales africaines*, 1975, p. 179 et s.

MBACKE (M. M.), « L'entrée en vigueur des actes réglementaires en droit sénégalais », *RIPAS*, n° 23-24, janvier-décembre 1990, p. 125 et s.

MBAYE (B. N.), « À propos du pouvoir réglementaire au Sénégal » in *Le pouvoir réglementaire des autorités administratives au Sénégal*, Actes du 5eme colloque de la RIPAS, Dakar, 11-15 décembre 1989, *RIPAS*, janvier-décembre 1990, n° 23-24, p. 33 et s.

MBAYE (K.), « Le droit africain. Ses voies et ses vertus », *Rev. sén. dr.*, juin 1968, n° 03, p. 05 et s.

MBAYE (K.), « L'expérience sénégalaise de la réforme du droit », in *RIDP*, vol. 22 n°1, janvier- mars 1970. pp. 35-42.

MBODJ (E-H.), « Le Premier Ministre dans l'ordonnancement constitutionnel sénégalais », *Alternatives Démocratique dans le Tiers-monde*, n° 06, juillet-décembre 1992, p. 57-71.

NDIAYE, « La portée abrogatoire des droits supranationaux de l'espace OHADA sur les dispositions du COCC », in I. Y. NDIAYE, J.J. L. CORREA et A.A. DIOUF (dir.), *Code des obligations civiles et commerciales du Sénégal (COCC) : cinquante ans après*, Vol 2, Dakar, CREDILA, l'Harmattan, 2018, p. 407 et s.

NDIAYE (I. Y.), « Le Conseil constitutionnel sénégalais », *Les Nouveaux Cahiers du Conseil constitutionnel,* 2014/4, n° 45, p. 77 à 103.

NDIAYE (C. A. W.), « La loi portant réglementation bancaire ou l'envers du droit UMOA », *Annales africaines*, volume 2, décembre 2021, n° 15, p. 229.

NDIAYE (S. A.), « Le régime de sortie de vigueur des actes créateurs de droits illégaux en Afrique : le cas du Sénégal », in A. SALL et I. M. FALL (dir.), *Actualités du droit public et de la science politique en Afrique, Mélanges en l'honneur de Babacar KANTE*, Dakar, l'Harmattan, 2017, p. 565 et s.

NDIAYE (Y.,) « L'art de mal légiférer (propos irrévérencieux sur certains textes de lois) », *Rev. Ass. sén. dr. pén.*, n° 02, juillet-décembre 1995, p. 53.

NIANE (I.), « L'Assemblée nationale et le parcours de la loi », in Constitutions et institutions publiques africaines, Études doctrinales, *EDJA*, p. 445 et s.

NIANG (L.) « Commentaires de lois : loi n° 70-14 du 06 février 1970 fixant les règles d'application des lois, des actes administratifs à caractère règlementaire et des actes administratifs à caractère individuel (JORS n° 4095 du mardi 31 mars 1970, p. 325)», *Rev. sén. dr.*, septembre 1970, n° 8, pp. 103-104.

NZOUANKEU (J. M.), « L'intérim du Président de la République », *RIPAS*, n° 10, avril-juin- 1984, p. 357.

NZOUANKEU (J. M.), « Remarques sur le pouvoir réglementaire au Sénégal » in *Le pouvoir réglementaire des autorités administratives au Sénégal*, Actes du 5eme colloque de la RIPAS, Dakar, 11-15 décembre 1989, *RIPAS*, janvier-décembre 1990, n° 23-24, p. 11 et s.

NZOUANKEU (J. M.), « Remarques sur quelques particularités du droit administratif sénégalais », *RIPAS*, n° 09, 1984, p. 1-36.

NZOUANKEU (J. M.), « Les domaines respectifs de la loi et du règlement en droit sénégalais », *RIPAS* n° 11, octobre-décembre 1984, p. 892.

OUATTARA (A.), « De la nature juridique des actes uniformes de l'OHADA », Ohadata D 02-08.

RIVES (G.), « Le droit criminel sénégalais », *Rev. sén. dr.*, juin 1974, n° 15, 7eme année, p. 45.

SALL (A.), « Le droit international et les nouvelles Constitutions africaines», *RJPIC*, n°03, septembre-décembre 1997.

SALL (A.), « Le juge national et la publication des traités : à propos de l'invocabilité du traité de l'OHADA devant les juridictions sénégalaises », Revue *EDJA*, n° 42, 1999, p. 71 et s.

SAMB (O.), « Procédures et effets attachés au défaut de transposition », *Echos finances*, n° 04, janvier-février-mars, 2017, p. 42 et s.

SY (P. D.), « Présentation de la nouvelle Constitution », *Nouvelles Annales africaines,* n° 01, 2007, p. 279 et s.

SY (P. M.), « Quelques remarques sur l'institution du recours pour excès de pouvoir au Sénégal depuis la création du Conseil d'État », *EDJA*, n° 53, avril-mai-juin 2002, p. 57 et s.

SYLLA (S.), « Le contrôle de constitutionnalité des lois au Sénégal », *RIPAS*, n° 11, octobre-décembre 1984, p. 817-888.

TALL (S. N.), « Les ordonnances en Afrique noire francophone », *Revue EDJA*, n° 64, janvier-février-mars 2005, p. 47 et s.

TALL (S. N.), « La Constitution sénégalaise de 2001 et le droit international public », *Nouvelles Annales africaines*, n° 01, 2007, p. 371 et s.

TANDIAN (I. M.), TANDIAN (I. M.), « La délégation de pouvoirs et de signature dans l'administration régionale et locale au Sénégal », *RIPAS* n° 23-24, janvier- décembre 1990, Actes du 5e colloque de la RIPAS, Dakar du 11 au 15 décembre 1989, p. 134 et s.

TOURE (P. A.), « La circulaire primatorale du 06 octobre 2015 : l'art de mieux légiférer », www.sudonline.sn

TOURE (P. A.), « La réforme constitutionnelle portant suppression du poste de Premier Ministre et l'organisation du travail gouvernemental », in *Droit administratif : convergence ou concurrence des disciplines juridiques ? Mélanges en l'honneur de Demba Sy,* tome 2, Toulouse, Presse universitaire de Toulouse 1, 2020, p. 475 et s.

TOURE (P. A.), « Le Secrétariat général du Gouvernement dans le nouveau schéma de pilotage de l'action gouvernementale », in *Les transformations de l'État, Mélanges en l'honneur de Babacar GUEYE,* Toulouse, Presse de l'Université Toulouse I Capitole, 2019, p. 753t

TOURE (P. A.), « Le secrétaire d'État : un délégataire de pouvoirs placé sous l'autorité du ministre titulaire », *Le Soleil*, n° 15422 des 23 et 24 octobre 2021, p. 21.

TOURE (P. A.), « Le cabinet : un service atypique du département ministériel » , *Le Quotidien*, n° 5876 du mardi 27 septembre 2022, p. 10.

TOURE (P. A.), « La réforme du secteur parapublic : évolution ou révolution administrative ? », *Le Soleil* n° 15585 et 155586 des 10 mai et 11 mai 2022, p. 16.

TOURE (P.A.), « Du sens et de la portée de la tutelle exercée par l'État sur les structures administratives autonomes », *Le Soleil* n° 15408 du mercredi 06 octobre 2021, p. 16.

TOURE (P.A.), « Le Guide de légistique du Sénégal : un fascinant outil de gouvernance normative », *Le soleil* n° 16086 du lundi 15 janvier 2024, p. 20.

TOURE (P. A.), « Les régimes dérogatoires de passation des marchés publics : quelle articulation normative ? », *Rev. sén. dr.* n° 40, janvier 2025, p. 373.

WODIE (F.), « La législation », in *Encyclopédie juridique de l'Afrique*, Tome premier, Abidjan-Dakar-Lomé, NEA, p. 322.

INDEX ALPHABETIQUE

Les chiffres renvoient aux numéros de paragraphes, et non aux numéros de pages.

D

E

Q

R

TABLE DES MATIÈRES

CONCEPTION : PAO ÉDITIONS L'HARMATTAN SÉNÉGAL
Impression réalisée par l'imprimerie ILP DAKAR
Dépôt légal du 1er tirage : Troisième trimestre 2025

Imprimé au Sénégal

www.ingramcontent.com/pod-product-compliance
Lightning Source LLC
LaVergne TN
LVHW011217061026
849535LV00001BA/68
* 9 7 8 2 3 3 6 5 6 8 0 9 6 *